Private Cloud und Home Server mit Synology NAS

Andreas Hofmann

Private Cloud und Home Server mit Synology NAS

Das umfassende Praxis-Handbuch

Von den ersten Schritten bis zum fortgeschrittenen Einsatz:
Datenverwaltung, Multimedia und Sicherheit

mitp

Bibliografische Information der Deutschen Nationalbibliothek
Die Deutsche Nationalbibliothek verzeichnet diese Publikation in der Deutschen Nationalbibliografie; detaillierte bibliografische Daten sind im Internet über <http://dnb.d-nb.de> abrufbar.

Bei der Herstellung des Werkes haben wir uns zukunftsbewusst für umweltverträgliche und wiederverwertbare Materialien entschieden.
Der Inhalt ist auf elementar chlorfreiem Papier gedruckt.

ISBN 978-3-7475-0149-8
1. Auflage 2020

www.mitp.de
E-Mail: mitp-verlag@sigloch.de
Telefon: +49 7953 / 7189 - 079
Telefax: +49 7953 / 7189 - 082

klimaneutral
natureOffice.com | DE-077-529981
gedruckt

Lektorat: Janina Bahlmann
Sprachkorrektorat: Petra Heubach-Erdmann
Covergestaltung: Christian Kalkert
Bildnachweis: © Synology; bongkarn / stock.adobe.com
Satz: III-satz, Husby, www.drei-satz.de
Druck: Plump Druck & Medien GmbH, Rheinbreitbach

Inhaltsverzeichnis

Einleitung ... 15

Teil I Grundlagen ... 19

1 **Die richtige Hardware für Ihre Anforderungen** ... 21
1.1 Das richtige Synology-Gerät für Sie ... 21
1.1.1 Die Modellbezeichnungen verstehen ... 21
1.1.2 Die Serien ... 23
1.1.3 Viele Modelle, viele Aufgaben ... 25
1.2 Die Wahl der Festplatten ... 31
1.2.1 Spezielle NAS-Festplatten ... 31
1.2.2 Die Bauform ... 32
1.2.3 Die Geschwindigkeit ... 32
1.2.4 Die Hersteller ... 32
1.2.5 Die richtige Kapazität ... 33
1.3 Die Festplattenkonfiguration ... 35
1.3.1 Was ist Redundanz? ... 35
1.3.2 Was ist ein RAID? ... 35
1.3.3 Warum ein RAID kein Backup ist ... 36
1.3.4 Die verschiedenen RAID-Level ... 36
1.3.5 SHR und SHR-2 ... 41
1.3.6 Der RAID-Rechner ... 41

2 **Zusammenbauen, aufstellen und installieren** ... 43
2.1 Zusammenbau ... 43
2.1.1 Modelle ohne Einschubrahmen ... 44
2.1.2 Modelle mit Einschubrahmen ... 44
2.2 Der richtige Aufstellort ... 49
2.2.1 Die Netzwerkverbindung – oder das gute alte Kabel ... 49
2.2.2 Die Umgebung im Auge behalten ... 50
2.3 Firmware-Installation: die erste Inbetriebnahme ... 51
2.3.1 Das NAS im Netzwerk finden ... 52
2.3.2 Die Firmware-Installation ... 56
2.3.3 DSM ohne Internetverbindung installieren ... 61

3 **DiskStation Manager – das Betriebssystem im Browser** ... 65
3.1 Die DSM-Benutzeroberfläche ... 65
3.1.1 Die Taskleiste ... 66

3.1.2 Das Hauptmenü 68
3.1.3 Der Desktop 69
3.1.4 Die Widgets 69
3.1.5 Benachrichtigungen 71
3.1.6 DSM personalisieren 72
3.1.7 Tastenkürzel des DSM 73
3.2 Speicherplatz verwalten 74
3.2.1 Speicher-Management auf dem NAS 74
3.2.2 Einen Speicherpool anlegen 76
3.2.3 Ein Volume anlegen 79
3.2.4 Ein Volume löschen 81
3.2.5 Einen Speicherpool löschen 81
3.3 Eine Tour durch DSM 81
3.3.1 DSM Hilfe 82
3.3.2 Support-Center 83
3.3.3 Systemsteuerung 83
3.3.4 Ressourcen-Monitor 89
3.3.5 Speicher-Manager 89
3.3.6 Paket-Zentrum 89
3.3.7 Protokoll-Center 96
3.3.8 Sicherheitsberater 96
3.3.9 Die Suche und Universal Search 96

4 Die Benutzerverwaltung 99
4.1 Die DSM-Standardbenutzer 99
4.2 Ein gutes Benutzer-Konzept finden 100
4.3 Einen neuen Benutzer anlegen 101
4.3.1 Benutzer bearbeiten 106
4.3.2 Benutzer löschen 106
4.4 Gruppen als Vorlagen für mehrere Benutzer 106
4.4.1 Standardgruppen 107
4.4.2 Gruppe erstellen 107
4.4.3 Mitglieder bearbeiten 108
4.5 Erweiterte Benutzerberechtigungen 108
4.5.1 Benutzerdefinierte Berechtigungen 108
4.5.2 Anwendungsberechtigung »Nach IP« 110
4.5.3 Grenzwertbereiche für Geschwindigkeitsbeschränkungen 111

Teil II Daten, Dateien und Speicherplatz 113

5 Dateiverwaltung 115
5.1 Privater Speicher – der Home-Ordner 115

5.2 Gemeinsame Ordner – der Drehpunkt des NAS 116
5.2.1 Vorgegebene Ordner 117
5.2.2 Gemeinsame Ordner erstellen 118
5.3 Die File Station 121
5.3.1 Aufbau der File Station 122
5.3.2 Ordner erstellen 123
5.3.3 Dateien und Ordner hochladen 124
5.3.4 Dateien und Ordner herunterladen 125
5.3.5 Arbeiten mit der File Station 125
5.3.6 Berechtigungen 134
5.3.7 Der Papierkorb 136
5.4 Mobiler Zugriff per App 140
5.4.1 Die App DS file 140

6 Dateidienste – vom Computer auf den NAS-Speicher zugreifen 143
6.1 Gemeinsame Ordner im Windows-Explorer 143
6.2 Gemeinsame Ordner im Finder auf einem Mac 149
6.3 FTP, FTPS und SFTP 151
6.4 WebDAV 157

7 Die Cloud – Daten und Geräte synchronisieren 161
7.1 Das NAS zur Cloud machen 162
7.1.1 Synology Drive Server installieren 162
7.1.2 Den Drive Server konfigurieren 164
7.2 Geräte synchronisieren 169
7.2.1 Der Desktop-Client 169
7.2.2 Die Smartphone-Apps 183
7.2.3 Das Webinterface 187
7.3 Die Cloud verwalten 190
7.4 Drive oder Netzlaufwerk 194
7.5 Die Alternative zu Drive 196

8 Backups – Daten sichern für den Ernstfall 197
8.1 Backup-Strategien 197
8.2 Daten auf dem NAS sichern 200
8.2.1 Datensicherungsaufgaben mit Drive 200
8.2.2 Datensicherung auf das NAS mithilfe der Betriebssystemfunktionen 205
8.3 Das NAS selbst sichern 209
8.3.1 Konfiguration manuell sichern 209
8.3.2 Hyper Backup – die ultimative Backup-Lösung 211
8.3.3 Ein anderes Synology NAS als Sicherungsziel 222
8.3.4 Synology-NAS-Geräte miteinander synchronisieren 226

Teil III Konfiguration für Fortgeschrittene 229

9 Das NAS über das Internet erreichen 231
9.1 Zugriff über QuickConnect 231
9.1.1 QuickConnect aktivieren 232
9.1.2 QuickConnect auf bestimmte Anwendungen/Dienste beschränken 232
9.1.3 Weitere Einstellungen 232
9.1.4 Zugriff auf das Synology NAS mit QuickConnect 233
9.2 Externen Zugriff einrichten 233
9.2.1 Den Router aus dem Internet erreichen – DDNS einrichten 234
9.2.2 Portfreigabe einrichten 237
9.2.3 Die eigene Domain verwenden 240
9.2.4 Namensauflösung im LAN 240
9.2.5 Sicherheit durch SSL-Verschlüsselung 247
9.3 VPN – sicherer Zugriff auf das NAS über das Internet 250
9.3.1 VPN-Server konfigurieren 250
9.3.2 VPN-Client einrichten 253

10 Sicherheit 257
10.1 Bedrohungen 257
10.2 Physische Sicherheit 259
10.3 Gemeinsame Ordner 260
10.4 Benutzerverwaltung 260
10.5 Passwörter 261
10.6 Verschlüsselung 263
10.6.1 Gemeinsame Ordner nachträglich verschlüsseln 264
10.6.2 Umgang mit verschlüsselten Ordnern 265
10.6.3 Der Schlüssel-Manager 266
10.6.4 Die Verschlüsselung von gemeinsamen Ordnern aufheben 269
10.7 Firewall 269
10.7.1 Firewall-Regeln 270
10.7.2 Die Firewall aktivieren 271
10.7.3 Regel-Prioritäten 273
10.7.4 Eine Regel anlegen 273
10.7.5 Die Firewall richtig nutzen 275
10.8 Standardports ändern 281
10.9 2-Faktor-Authentifizierung 282
10.10 Weitere Sicherheitsmaßnahmen 284
10.10.1 DSM absichern 284
10.10.2 https erzwingen 284
10.10.3 Software aktuell halten 285
10.10.4 Das System sauber halten 287
10.10.5 Antivirus Essentials nutzen 287
10.10.6 Den Sicherheitsberater nutzen 287

11 Den Betrieb anpassen und überwachen ... 291
11.1 Das Anwendungsportal ... 291
11.1.1 Benutzerdefinierte Ports ... 292
11.1.2 Aliasnamen ... 294
11.1.3 Benutzerdefinierte Domains ... 295
11.1.4 Zugangskontrolle ... 296
11.1.5 Login-Stil anpassen ... 298
11.2 System und Betrieb optimieren ... 299
11.2.1 Automatisches Abmelden verzögern ... 299
11.2.2 Energiemanagement ... 299
11.3 System und Betrieb überwachen ... 301
11.3.1 Systembenachrichtigungen aktivieren ... 302
11.3.2 Die Systemauslastung auf einem Blick – der Ressourcen-Monitor ... 304
11.3.3 Speicher-Analysator ... 308
11.3.4 Tipps zur Systementlastung ... 309

Teil IV Das NAS als Heimserver ... 311

12 Zugriff auf Multimedia-Dateien mit dem NAS als DLNA-Server ... 313
12.1 Aus dem NAS einen DLNA-Server machen ... 314
12.2 Medienordner hinzufügen ... 317
12.3 Medien wiedergeben ... 319
12.4 Transcodierung aktivieren ... 322
12.5 Geräte verwalten ... 323
12.5.1 Geräte von der Wiedergabe ausschließen ... 323
12.5.2 Verbindungsprobleme beheben ... 323

13 Bildermanagement mit der Photo Station ... 325
13.1 Photo Station installieren und einrichten ... 325
13.1.1 Allgemein ... 327
13.1.2 Fotos ... 328
13.1.3 Zugriff auf die Photo Station ... 330
13.2 Alben anlegen ... 332
13.3 Berechtigungen vergeben ... 333
13.4 Bilder zur Photo Station hinzufügen ... 334
13.4.1 Bilder direkt über die Photo Station hochladen ... 334
13.4.2 Bilder mit dem Synology Photo Station Uploader hochladen ... 336
13.5 Bilder mit der Photo Station verwalten ... 340
13.5.1 Navigation durch die Photo Station ... 340
13.5.2 Freigaben und Teilen ... 343
13.5.3 Smart-Alben ... 345
13.5.4 Portfolio ... 347

13.6 Photo Station gestalten 348
13.6.1 Über mich 348
13.6.2 Thema 348

14 **Musikwiedergabe mit der Audio Station** 351
14.1 Audio Station installieren und einrichten 351
14.1.1 Firewall 352
14.1.2 Einstellungen im Anwendungsportal 352
14.1.3 Rechteverwaltung 353
14.1.4 Einstellungen in der Audio Station 353
14.2 Musik mit der Audio Station verwalten 356
14.2.1 Musik zur Audio Station hinzufügen 357
14.2.2 Musik anzeigen, filtern und durchsuchen 357
14.2.3 Musik wiedergeben und steuern 360
14.2.4 Liedinformationen 362
14.2.5 Wiedergabelisten 365
14.2.6 Lieder teilen 367
14.2.7 Internetradio 368
14.3 Alternative Wiedergabemöglichkeiten 370
14.3.1 DLNA 370
14.3.2 DS-audio-App 371

15 **Filme mit der Video Station streamen** 375
15.1 Video Station installieren und einrichten 375
15.1.1 Einstellungen im Anwendungsportal 376
15.1.2 Berechtigungen 376
15.1.3 Firewall 376
15.2 Videos mit der Video Station verwalten 377
15.2.1 Videos hinzufügen 377
15.2.2 Bibliotheken 377
15.2.3 Videos in Bibliotheken organisieren 380
15.3 Filme mit der Video Station streamen 394
15.4 Offline-Transcodierung 398
15.5 Probleme, Lösungsansätze und Alternativen 400

16 **Produktivität, Organisation und Kollaboration** 403
16.1 Produktiv mit Synology Office 403
16.1.1 Synology Office einrichten 403
16.1.2 Bestehende Dokumente öffnen 404
16.1.3 Dokumente bearbeiten 404
16.1.4 Neue Dokumente erstellen 405
16.1.5 Gemeinsames Arbeiten 406
16.2 Das NAS als zentraler Kalender 407
16.2.1 Calendar installieren und einrichten 407
16.2.2 Einen neuen Kalender erstellen 410

16.2.3 Einen Kalender importieren ... 412
16.2.4 Einen Termin erstellen ... 412
16.2.5 Aufgaben und Aufgabenlisten ... 416
16.2.6 Kalender freigeben ... 418
16.2.7 Kalender exportieren ... 420
16.2.8 Kalender über CalDAV einbinden ... 420
16.3 Das NAS als Kontaktverwaltung ... 428
16.3.1 CardDAV Server installieren und einrichten ... 428
16.3.2 Geräte mit dem CardDAV Server verbinden ... 429
16.3.3 Adressbücher mit DSM verwalten ... 431
16.4 Organisiert mit Notizen ... 433
16.4.1 Note Station installieren und einrichten ... 433
16.4.2 Arbeiten mit der Note Station ... 433
16.5 Kommunikativ mit Synology Chat ... 441
16.5.1 Installation und Einrichtung des Chat-Servers ... 441
16.5.2 Chat ... 444

17 Das Synology NAS als E-Mail-Server ... 451
17.1 Vor- und Nachteile eines eigenen E-Mail-Servers ... 451
17.2 Das NAS zum Mail-Server machen ... 452
17.2.1 Den Postausgangsserver konfigurieren ... 453
17.2.2 Mailabruf konfigurieren ... 455
17.2.3 Sicherheitseinstellungen ... 456
17.2.4 E-Mail-Adressen einrichten ... 458
17.2.5 Spezielle Einstellungen und Serverüberwachung ... 459
17.2.6 Automatische Weiterleitungen und automatische Antworten ... 459
17.3 Den Mail-Server aus dem Internet erreichen ... 459
17.4 E-Mails schreiben und lesen ... 460
17.4.1 Mit der Mail Station E-Mails lesen und schreiben ... 460
17.4.2 Mail-Konto in externen Mail-Programmen einrichten ... 461

18 Zentrales Download-Management mit der Download Station ... 465
18.1 Die Download Station installieren und einrichten ... 465
18.1.1 Berechtigungen ... 466
18.1.2 Einstellungen im Anwendungsportal ... 466
18.1.3 Einstellungen in der Download Station ... 466
18.2 Downloads verwalten ... 467
18.2.1 Downloads hinzufügen ... 467
18.2.2 Archive automatisch entpacken ... 469
18.2.3 Torrents und NZB-Dateien automatisch laden ... 470
18.2.4 Einen Zeitplan erstellen ... 471
18.2.5 File-Hoster ... 472
18.2.6 Downloads suchen ... 473

19 Videoüberwachung mit der Surveillance Station 475
19.1 Die richtige Kamera finden 475
19.1.1 Anforderungen 475
19.1.2 Kompatibilität 478
19.2 Lizenzen und Gerätezahl 479
19.3 Die Surveillance Station installieren und einrichten 479
19.4 Die grafische Oberfläche 480
19.5 Die Kamera einrichten 482
19.5.1 Device Pack aktualisieren 482
19.5.2 Kamera hinzufügen 483
19.5.3 Kamera-Einstellungen 485
19.6 Die Live-Ansicht 487
19.7 Aufnahme nach Zeitplan 489
19.8 Ereigniserkennung 490
19.8.1 Sonderfall Bewegungserkennung 491
19.8.2 Andere Ereignisse 493
19.9 Bei Ereignissen benachrichtigen lassen 494
19.10 Die Chronik 494
19.11 Aufnahmen betrachten 496
19.12 Aufnahmen konfigurieren 497
19.12.1 Ereignisgesteuerte Aufnahme ausdehnen 497
19.12.2 Aufnahmespeicher begrenzen 498
19.13 DS cam und der Home Mode 498
19.13.1 Mobiler Zugriff auf die Surveillance Station 498
19.13.2 Home Mode – oder Pause muss sein 499
19.14 Automatisierte Steuerung des Überwachungssystems 501
19.14.1 Regeln erstellen 502

Teil V Das Synology NAS für Experten 507

20 Das Synology NAS als Webserver 509
20.1 Die Web Station 509
20.1.1 Die Web Station installieren und erste Einblicke 510
20.1.2 Den Webserver aufrufen 512
20.1.3 Den Webserver konfigurieren 513
20.1.4 Webserver neu starten 515
20.1.5 Virtuelle Hosts 517
20.1.6 https erzwingen 518
20.2 Mit MariaDB zum Datenbankserver 519
20.2.1 MariaDB installieren und einrichten 519
20.2.2 phpMyAdmin installieren 521
20.2.3 Zugriff über externe Programme 522
20.3 Webanwendungen als Pakete installieren 523
20.3.1 MediaWiki 523
20.3.2 WordPress 530

21 Nextcloud auf einem Synology NAS betreiben ... 533
21.1 Warum Nextcloud? ... 534
21.2 Manuelle Installation von Nextcloud ... 534
21.2.1 Vorbereitung ... 534
21.2.2 Nextcloud installieren ... 539
21.3 Nextcloud optimieren ... 543
21.3.1 Datenbank aktualisieren ... 545
21.3.2 Probleme mit CalDAV- und CardDAV-URLs ... 546
21.3.3 PHP-Variablen anpassen ... 546
21.3.4 HSTS aktivieren ... 547
21.3.5 PHP-Memory-Cache aktivieren ... 547
21.3.6 Redis – für besseres File Locking ... 547
21.3.7 Hintergrundaufgaben über den Cron vom NAS erledigen lassen ... 549
21.3.8 Upload-Probleme beheben/vermeiden ... 551
21.3.9 Das fehlende PHP-Modul »imagick« ... 552
21.3.10 Ein Blick in die Konfigurationsdatei von Nextcloud ... 552
21.3.11 Ergänzungen für open_basedir ... 553
21.3.12 Rechte anpassen ... 553
21.3.13 Die Änderungs-Checkliste ... 554
21.4 Nextcloud aktualisieren ... 555
21.4.1 Nextcloud mit dem Updater aktualisieren ... 556
21.4.2 Nextcloud manuell aktualisieren ... 559
21.4.3 Nach dem Update ... 560
21.5 Nextcloud und Ihr Synology NAS ... 561
21.5.1 Dokumentenkollaboration mit OnlyOffice ... 561
21.5.2 Kalender und Kontakte ... 563
21.5.3 Gemeinsame Ordner in Nextcloud einbinden ... 564

22 Weitere Themen rund um Ihr NAS ... 567
22.1 Mit der Kommandozeile auf Ihr NAS zugreifen ... 567
22.1.1 SSH auf dem NAS aktivieren ... 567
22.1.2 Mit PuTTY zum NAS verbinden ... 568
22.1.3 Arbeiten als root ... 569
22.1.4 Dateien und Skripte ... 569
22.1.5 Indizierung über die Kommandozeile ... 570
22.1.6 Wichtige Dateien und Pfade auf Ihrem NAS ... 570
22.2 NAS mit einem VPN verbinden ... 572
22.3 NAS migrieren ... 573
22.3.1 Mehr Festplattenspeicher muss her ... 574
22.3.2 In ein neues Gehäuse umziehen ... 580
22.4 Arbeitsspeicher erweitern ... 583
22.4.1 Ist mehr RAM notwendig? ... 584
22.4.2 RAM-Riegel einsetzen ... 585

Stichwortverzeichnis ... 589

Einleitung

Die Hauptaufgabe eines NAS ist, wie der Name **N**etwork **A**ttached **S**torage schon verrät, das Speichern von Daten, wobei der Datenspeicher in Ihr lokales Netzwerk eingebunden ist. Das macht es einfacher, das Speichermedium von einer Vielzahl an Geräten – und das simultan – zu erreichen und Daten abzulegen und wieder abzurufen. Daten können schnell und einfach geteilt werden. Durch eine Benutzerverwaltung kann auch gezielt gesteuert werden, wer auf welche Daten zugreifen kann. Das macht solche Lösungen nicht nur für den Heimbereich interessant, sondern auch für Unternehmen, Vereine sowie Bildungs- und Forschungseinrichtungen, die keine IT-Abteilung/IT-Experten an der Hand haben.

Das allein macht ein NAS schon zu viel mehr als einem externen Speichermedium. Einige NAS-Hersteller bieten mit ihren Geräten aber noch viel mehr als nur reine Datenverwaltungslösungen an. So hat sich Synology auf die Fahne geschrieben, die komplexe Welt der Netzwerkkonfiguration hinter einem einfach zu bedienenden Interface zu verbergen und für alle zugänglich zu machen. Mit einem NAS von Synology können Sie also nicht nur Ihre Dateien speichern, sicher und einfach auf sie zugreifen und sie teilen. Sie können auch von einer Fülle von Netzwerk-gestützten Features profitieren.

Sammeln und verwalten Sie zum Beispiel alle Ihre multimedialen Inhalte – egal, ob es sich um die Schnappschüsse Ihres Smartphones, Fotos Ihrer Profikamera oder um Ihre Musiksammlung oder Videos handelt – und das mit der ganzen Familie.

Erstellen und bearbeiten Sie gemeinsam mit anderen Office-Dokumente oder verwalten Sie Ihre Termine und Kontakte unabhängig davon, mit welchem Endgerät Sie darauf zugreifen müssen.

Überwachen Sie Ihr Zuhause mithilfe von IP-Kameras und einem Synology NAS.

Auf den Geräten von Synology steht auch ein Apache-Webserver zur Verfügung. Hosten Sie doch einfach Ihre eigene Website oder Ihren eigenen Blog.

Auf der Website von Synology können Sie eine Liste aller Anwendungspakete finden. Dazu gibt es noch eine Fülle von Drittanbieterpaketen.

Gründe, sich ein NAS anzulegen, gibt es also viele. Ich bin Software-Entwickler und IT-Enthusiast, beim Thema NAS bin ich aber durch meine Leidenschaft, die Fotografie und Bildbearbeitung, gelandet. Ich hatte schnell den Wunsch, meine Bilder zu organisieren, zu sichern und den Speicher in meinen Bearbeitungsworkflow einzubinden. Wer im Rohdatenformat fotografiert, hat einen schnell wachsenden Speicherbedarf. Dazu kommen noch die Photoshop-Dateien und das exportierte Endresultat. Da sprengt man das Limit von kostenlosen Cloud-Services schnell. Zudem lassen Datenschutz, Sicherheit und Flexibilität dabei zu wünschen übrig. Daher habe ich beschlossen, mit einem NAS meine eigene Cloud einzurichten. Mein IT-Background und meine Neugier haben dazu geführt, dass ich immer weitere Funktionen meiner DiskStation erforscht habe und mich auch an ungewöhnlichere Umsetzungen gewagt habe. Schnell habe ich gemerkt, dass das Interesse auch bei anderen Anwendern groß ist, und so habe ich begonnen, in meinem Blog über Synology NAS zu schreiben. Das hat dann wiederum zur Anfrage für dieses Buch geführt.

Es gibt natürlich auch NAS-Lösungen anderer Hersteller. Ich stehe in keiner Verbindung mit Synology. Der Grund, warum Synology so beliebt ist, ist die Software. Das Angebot ist umfangreicher als bei anderen Herstellern und Softwareupdates erscheinen seltener als bei den Konkurrenten, dafür sind sie ausgereifter und gut getestet. Ich bin also ehrlich begeistert von Synologys NAS-Geräten, es gibt aber auch Dinge, über die ich mich ärgere oder die ich kritisiere.

Für wen ist dieses Buch gedacht?

Das Buch richtet sich – vor allem in den späteren Kapiteln – an versierte Privatanwender. Wollen Sie wissen, was alles in Ihrem NAS steckt, wollen Sie ein Produkt Ihren Bedürfnissen anpassen und nicht Ihre Bedürfnisse an das Produkt? Scheuen Sie nicht davor zurück, sich weiteres Wissen anzueignen, Neues zu lernen und auch mal selbst nach einer Lösung zu suchen? Dann sind Sie hier genau richtig.

Aber auch als Einsteiger sind Sie hier nicht falsch. Auch dieses Buch beginnt am Anfang und Sie erfahren von mir alles, was Sie vor dem Kauf wissen müssen und wie Sie Ihr NAS in Betrieb nehmen. Die wichtigsten Funktionen lassen sich auch ohne tiefer gehendes IT-Wissen einrichten.

Denken Sie daran, das NAS in Ihrem Betrieb einzusetzen, werden Sie vor allem in den fortgeschrittenen Themen fündig. Sie müssen aber wissen, dass Synology Funktionen und Anwendungen speziell für die gewerbliche Nutzung anbietet. Einige dieser Funktionen sind den größeren und teureren NAS-Lösungen vorbehalten. Diese werden von mir in diesem Buch nicht behandelt.

Ich kann in diesem Buch unmöglich alle Funktionen und Anwendungsgebiete von Synology-NAS-Geräten beschreiben. Dennoch ist das Buch sehr umfangreich und Sie finden darin Themen, die an anderen Stellen nur grob oder gar nicht erklärt werden.

Eine rudimentäre Anleitung der einzelnen Funktionen finden Sie auch in der Hilfe von Synology. Ich gehe in diesem Buch genauer auf die Funktionen ein, weise Sie auf Fehlerquellen und Gefahren hin und beschreibe auch, wie die Funktionen miteinander in Wechselwirkung stehen bzw. wie Sie sie verknüpfen können.

Inhalt und Aufbau

In diesem Buch finden Sie umfassendes Wissen rund um die NAS-Geräte von Synology. Im Fokus stehen die wichtigsten Anwendungen und Funktionen des NAS, aber auch Grundlagen wie die Hardware-Auswahl und die Erstinstallation kommen nicht zu kurz. Im hinteren Teil des Buches finden Sie fortgeschrittenere Themen, bei denen das NAS die Grundlage bildet, die Software und Funktionen, die ich beschreibe, aber nicht mehr explizit für Geräte von Synology entwickelt wurden.

Grundsätzlich habe ich das Buch so gestaltet, dass Sie es von vorne bis hinten durchlesen können. Sie können natürlich einzelne Kapitel auslassen oder in abweichender Reihenfolge lesen. Ich habe mich bemüht, die Kapitel möglichst geschlossen zu gestalten und Themenbereiche zu gruppieren. Ihnen muss aber bewusst sein, dass in der IT und gerade im Bereich der Netzwerke viele Aufgaben themenübergreifend ausfallen. Selbst wenn Sie das Buch in der von mir angedachten Reihenfolge lesen, wird es gelegentlich erforderlich sein, in anderen Kapiteln nachzuschlagen. Die Art und Weise, wie Synology gewisse Anwendungen und Funktionen entworfen hat, hat es mir zusätzlich erschwert, die Kapitel unabhängig oder rein aufeinander aufbauend zu gestalten.

Das Buch gliedert sich in 5 Teile:

- **Teil I – Grundlagen:** Hier erfahren Sie, was Sie vor dem Kauf eines NAS beachten müssen, wie Sie Ihr NAS das erste Mal in Betrieb nehmen und wie Sie es für den weiteren Gebrauch konfigurieren. Abschließend lernen Sie die Benutzeroberfläche Ihres NAS kennen.
- **Teil II – Daten, Dateien und Speicherplatz:** Dieser Teil befasst sich mit der Grundaufgabe eines NAS: Dateien speichern, verwalten und einen Zugriff darauf bereitstellen. Hier erfahren Sie auch alles über Datensynchronisierung und Backups.
- **Teil III – Konfiguration für Fortgeschrittene:** Lernen Sie, wie Sie auf Ihr NAS zugreifen können, setzen Sie sich mit dem Thema Sicherheit auseinander und passen Sie die NAS-Konfiguration an Ihre Bedürfnisse an.
- **Teil IV – Das NAS als Heimserver:** Dateien speichern und bereitstellen ist längst nicht mehr alles, was man von einem NAS erwartet. Machen Sie aus Ihrem NAS einen Heimserver, egal ob Multimedia-Server für Musik, Bilder und Filme oder Productivity-Server für Dokumente, Kalender und Kommunikation. In Ihrem Synology NAS steckt sogar eine Überwachungs- und Sicherheitszentrale.
- **Teil V – Das Synology NAS für Experten:** Mithilfe des Webservers können Sie auf Ihrem NAS noch mehr Dienste und Anwendungen betreiben. Lernen Sie, die Möglichkeiten Ihres NAS zu nutzen und entfalten Sie sein ganzes Potenzial.

Hilfe, ich weiß nicht weiter

Es kommt für jeden NAS-Besitzer einmal der Punkt, da weiß man nicht weiter. Etwas, von dem man weiß, wie es funktioniert, lässt sich auf dem NAS so nicht einrichten, eine Anleitung, die bei vielen anderen Anwendern genau so zum Ziel geführt hat, endet im eigenen Fall in einer Sackgasse, man möchte etwas Neues probieren, hat aber nur wenig Ahnung von der Materie. Leider kann auch ich Ihnen mit diesem Buch keine absolut kugelsicheren Methoden an die Hand geben. Die IT ist ein Bereich, der ständig im Wandel ist und permanenten Änderungen unterliegt. Benutzeroberflächen, die heute so aussehen, können morgen schon ganz anders sein, Funktionen, die jahrelang gleich eingerichtet werden mussten, können nach einem Update ganz andere Schritte erfordern. Aber ich kann Sie beruhigen, Sie werden mit Ihren Problemen nicht allein gelassen. Es gibt Stellen, an denen Sie Hilfe erhalten können:

- Der Synology-Support – Als Käufer eines Synology NAS können Sie ein Synology-Konto erstellen und Ihr Gerät dort registrieren. Sie haben damit Zugang zum Support von Synology. Dahinter verbergen sich aber keine Call-Center-Angestellten, die Ihnen Standard-Hilfetexte zuschicken. Auch als Privatkunde haben Sie Zugriff auf einen kostenlosen technischen Support. Sie kommunizieren mit Synology-Experten, die sich mit Ihrem Problem befassen und Ihnen helfen.

- Die Synology-Community – Oft ist es aber gar nicht erforderlich, gleich den Support zu kontaktieren. Die Anzahl der Synology-Anwender ist groß und viele davon versammeln sich in den Communities, um ihr Wissen zu teilen, anderen zu helfen oder gemeinsam nach Lösungen zu suchen. Sie müssen sich dabei auch gar nicht auf Ihre Englisch-Kenntnisse verlassen, denn die deutsche Synology-Community ist sehr groß und auch aktiver als die englischsprachige. Unter `https://www.synology-forum.de` finden Sie bereits Lösungen zu vielen Problemen, und wenn Sie nicht fündig werden, wenden Sie sich mit Ihrem Anliegen einfach an die Community-Mitglieder.
- Auch von mir können Sie außerhalb des Buches noch Hilfe bekommen. In meinem Blog finden Sie Artikel rund um das Synology NAS, Themen, die nicht in dieses Buch gepasst haben, aber auch bekannte Anleitungen, die ich, im Gegensatz zu einem gedruckten Buch, ständig aktualisieren kann. Besuchen Sie mich unter `https://blog.viking-studios.net`.

Teil I

Grundlagen

Im ersten Teil des Buches erfahren Sie alles über die grundlegenden Themen in Bezug auf Synology NAS – angefangen bei der Auswahl der richtigen Hardware über die Installation von Hard- und Software bis hin zur ersten Tour durch die Benutzeroberfläche und der wesentlichen Handhabung Ihres NAS. Sie erfahren, worauf Sie bei der Auswahl des richtigen Modells achten müssen, welche Unterschiede die Modelle aufweisen und wie viele Festplatteneinschübe notwendig sind. Ich erkläre Ihnen außerdem, worauf Sie bei der Auswahl der Festplatten achten müssen, und nehme Sie anschließend mit auf einen kleinen Exkurs zum Thema »RAID«.

In diesem Teil:

- **Kapitel 1**
  Die richtige Hardware für Ihre Anforderungen 21
- **Kapitel 2**
  Zusammenbauen, aufstellen und installieren..... 43
- **Kapitel 3**
  DiskStation Manager – das Betriebssystem im Browser 65
- **Kapitel 4**
  Die Benutzerverwaltung.......................... 99

Die richtige Hardware für Ihre Anforderungen

Wenn Sie dieses Buch lesen, besitzen Sie mit großer Wahrscheinlichkeit schon ein Synology NAS. Sie können dieses Kapitel natürlich gerne überspringen, aber eventuell findet sich doch noch die eine oder andere interessante Information. Eventuell wollen Sie Ihr NAS irgendwann einmal gegen ein leistungsfähigeres Modell austauschen oder sich ein weiteres zulegen (Synology-Geräte lassen sich wunderbar vernetzen, das alte Modell muss nicht zwangsläufig verkauft oder entsorgt werden). Möglicherweise haben Sie sich schon ein Modell zugelegt, aber noch nicht in Betrieb genommen und Sie stellen fest, dass es nicht ganz zu Ihren Anforderungen passt, und Sie haben noch die Möglichkeit, es umzutauschen. Das Kapitel ist auch eine gute Gelegenheit, die umfangreichen Anwendungsmöglichkeiten von Synology NAS zu entdecken. Vielleicht war Ihnen gar nicht bewusst, dass diese kleine Wunderkiste noch viel mehr kann als den Anwendungszweck, für den Sie das Gerät angeschafft haben.

1.1 Das richtige Synology-Gerät für Sie

Synology bietet eine Vielzahl von Geräten, vom absoluten Einsteigergerät bis hin zur Speicherlösung für große Unternehmen. Es fällt nicht immer leicht, für sich das richtige Gerät zu finden. Wenn das Budget nur eine kleine Rolle spielt, kann man nur wenig falsch machen und auf eines der größeren und leistungsfähigeren Produkte zurückzugreifen. Fällt das Budget aber etwas kleiner aus, kann es schon einen Unterschied machen, für welches Gerät Sie sich entscheiden.

1.1.1 Die Modellbezeichnungen verstehen

Auf den ersten Blick erscheinen die Bezeichnungen, typisch für technische Geräte, recht nichtssagend. Allerdings steckt dahinter ein System. Hier sind einige Gerätebezeichnungen als Beispiel: DS218+, DS120j, DS1817, RS819.

Die Gerätetypen

Die ersten beiden Buchstaben weisen auf den Gerätetyp und damit den potenziellen Einsatzbereich hin. Folgende Typen bietet Synology derzeit an:

- DS – steht für *DiskStation*, es handelt sich um ein frei stehendes Gehäuse, das sich einfach im Wohnzimmer, im Arbeitszimmer oder an anderen Orten aufstellen lässt. Die DiskStation richtet sich überwiegend an den Heimanwender und stellt die breiteste Gruppe im Angebot von Synology dar.

- RS – steht für *RackStation*, diese Modelle sind für den Einbau in Serverschränken vorgesehen, sie bieten auch eine höhere Anzahl an Festplatteneinschüben.
- FS – die Gruppe der *FlashStation* bietet besonders leistungsfähige Geräte mit einer nochmal höheren Anzahl an Festplatteneinschüben. Aufgrund des hohen Preises richten sie sich an professionelle Anwender wie etwa Unternehmen.
- DX – steht für *DiskStation Expansion*, es handelt sich um Erweiterungseinheiten, in die weitere Festplatten eingesetzt werden können. Diese Erweiterungen können aber nur zusammen mit einer *DiskStation* betrieben werden.
- RX – die *RackStation Expansion* ist das DX-Äquivalent für die RackStation.
- NVR – steht für *Network Video Recorder*. Diese Geräte sind für die Videoüberwachung und die Aufzeichnung von Bildmaterial aus mehreren simultanen Quellen optimiert.
- VS – Diese Sondergeräte, genannt *VisualStation* bieten nur Zugriff auf die Videoüberwachungssoftware Surveillance Station.

Die Anzahl der Festplatteneinschübe

Die nachfolgenden 1 bis 2 Ziffern geben die Anzahl der Festplatten an, die vom NAS verwaltet werden können. Dass Geräte mit 1, 2 und 4 Einschüben Bezeichnungen wie DS120j, DS218+ und DS418 tragen, mag noch einfach nachzuvollziehen sein. Wenn ein Gerät mit 4 Einschüben dann die Bezeichnung DS918+ trägt, mag das auf den ersten Blick etwas verwirren. Allerdings gibt die Bezeichnung nicht an, wie viele Einschübe das Gerät selbst hat, sondern wie viele Platten es maximal verwalten kann; das schließt auch die Platten einer optionalen DX bzw. RX mit ein. Eine DS918+ kann also maximal mit den eigenen 4 Platten plus den 5 Platten einer Erweiterungseinheit (z.B. DX517) umgehen.

Die Modellreihe

Die letzten beiden Ziffern geben die Modellreihe an. Diese orientiert sich grob am Erscheinungsjahr. Die ersten Modelle der neuen Reihe erscheinen meist gegen Ende eines Jahres, tragen aber schon das Folgejahr in der Seriennummer. So ist Ende Oktober 2019 das erste Modell der 20er-Reihe erschienen, die DS120j. Für ein Modell findet sich nicht immer ein Äquivalent in einer neueren Serie. So gibt es in der 15er-Reihe die DS215j und für die DS215+ in der 18er-Reihe gibt es die DS218 als 218j, 218play, 218 und 218+. In der 17er-Reihe gibt es generell nur einzelne Modelle.

Die Zusatzbezeichnung

Am Ende der Modellbezeichnung weisen einige Modelle einen Zusatz auf, entweder in Form eines Zeichens, 1 bis 2 Buchstaben oder eines einzelnen Wortes. An diesem Zusatz lässt sich grob die Leistungsfähigkeit und der Einsatzzweck ablesen, ohne die Spezifikationen im Detail anzugeben. Die Bezeichnungen sind unabhängig von den vorhergenannten Merkmalen. Folgende Bezeichnungen gibt es:

- j – Ein kleines j kennzeichnet die j-Serie, günstigere, aber auch schwächere Geräte (siehe »Die j-Serie«, Seite 23).
- slim – Geräte mit dieser Bezeichnung sind besonders kompakt gebaut. Um Platz zu sparen, erlauben sie in der Regel nur den Einbau von 2,5"-Festplatten.

- play – Diese Geräte sind besonders für die Transcodierung von Videos geeignet. Sie sind technisch etwas schwächer als ihr Schwesternmodell ohne Zusatz und können auch andere Einschränkungen im Leistungsumfang aufweisen.
- + – Die +-Modelle sind technisch leistungsfähiger als ihr Schwesternmodell und bieten oft einen etwas erweiterten Leistungsumfang als diese (siehe »Die +-Serie«, Seite 24).
- xs – Die Modelle mit diesem Zusatz weisen ein besonders hohes maximales Speichervolumen (extra storage) auf (siehe »Die xs/xs+-Serie«, Seite 24). Sie eignen sich für das Sichern besonders hoher Datenvolumen bzw. haben eine extrem große Ausfallsicherheit aufgrund von Redundanz (Details zu Redundanz finden Sie in Abschnitt 1.3.1 »Was ist Redundanz?«)

1.1.2 Die Serien

Sind das Benennungsschema und die Einteilung der Geräte so weit verständlich? Nun, es geht noch komplizierter. Synology teilt alle Geräte in Serien ein. Die Serien geben nochmals eine grobe Auskunft darüber, wie leistungsfähig ein Gerät ist und für welches Einsatzgebiet es sich eignet. Das macht doch schon die Zusatzbezeichnung? Ja, tut sie, und die Zusatzbezeichnung gibt oft auch an, zu welcher Serie ein Modell gehört. Oft, aber eben nicht immer.

Die j-Serie

Geräte aus der j-Serie gibt es mit 1 bis 4 Festplatten. Sie erkennen sie an der Zusatzbezeichnung j (z.B. DS218j), aber auch einige Geräte mit der Zusatzbezeichnung *slim* zählen zu dieser Serie. Geräte aus der j-Serie richten sich besonders an Einsteiger beziehungsweise an Anwender mit geringen Anforderungen. In der j-Serie finden Sie ausschließlich Geräte vom Typ *DiskStation*. Diese sind besonders günstig, finden sich aber auch am untersten Leistungsspektrum wieder. In diesen Geräten sind nur schwächere CPUs der ARM-Architektur, mit derzeit 2 Kernen, verbaut (siehe Abschnitt »CPU und Arbeitsspeicher«, Seite 25). Auch der Arbeitsspeicher ist geringer als bei den anderen Serien. Durch die geringere Leistung ergeben sich Einschränkungen bei den Anwendungsgebieten. Modelle der j-Serie arbeiten langsamer und unterstützen nicht alle Anwendungen. Sie eignen sich also überwiegend für die Kernaufgabe einer *DiskStation*, die Datenverwaltung. Das Transcodieren von Videos bieten Geräte der j-Serie nicht an, auch andere Anwendungen sind nur eingeschränkt oder gar nicht möglich. Greifen Sie zu diesen Geräten, wenn Sie nur eine Aufgabe zuverlässig erledigt haben wollen, nicht mehrere Nutzer gleichzeitig auf das Gerät zugreifen oder die Zugriffszeit keine Rolle spielt. Ein geeigneter Einsatz wäre z.B. die Erledigung von Backup-Aufgaben, bei denen die Daten nicht in Echtzeit synchronisiert werden (wöchentliche/monatliche Backups). Da die Ausführungsdauer hier nicht unbedingt ausschlaggebend ist, können auch die Daten mehrerer Geräte gesichert werden, sofern das Speichervolumen es zulässt. Arbeiten Sie alleine mit der *DiskStation*, können Sie auch auf Echtzeitsynchronisation zurückgreifen.

Die Value-Serie

Geräte dieser Serie haben normalerweise keine Zusatzbezeichnung; Ausnahmen stellen die Geräte mit der Bezeichnung *play* dar. Sie zählen ebenfalls zur Value-Serie, sind aber etwas schwächer, dafür allerdings auch günstiger. Sie richten sich an Nutzer, die nach einer

Multimedia-Lösung, besonders das Streamen von Videos, für ihr Heimnetz suchen. Zur Value-Serie gehören neben *DiskStation*-Geräten auch schon die Einsteigermodelle der *RackStation*. Es gibt Geräte mit 1 bis 8 Festplatteneinschüben, wobei die DS1817 mit ihren 8 Einschüben mit einer Erweiterungseinheit (DX) auf maximal 18 Festplatten erweitert werden kann. Mit Geräten der Value-Serie können Sie bereits auf ein beachtliches Spektrum an Anwendungen zurückgreifen. Diese Geräte kommen auch viel besser mit dem gleichzeitigen Zugriff mehrerer Nutzer zurecht. Hier finden Sie schon CPUs mit bis zu 8 Kernen, auch wenn diese weiterhin auf der strom- und platzsparenden ARM-Architektur basieren. Die Geräte bieten Videotranscodierung, einige davon sogar bis zu 4K. Die Value-Serie empfiehlt sich dann, wenn mehrere Nutzer auf wenige Anwendungen zugreifen möchten oder wenn nur wenige Nutzer mehrere Anwendungen nutzen möchten.

Die +-Serie

In dieser Serie finden Sie sowohl *DiskStation* als auch *RackStation*, die sich an den bzw. die ambitionierteren Anwender richten. Sie erkennen sie am + am Ende der Modellbezeichnung. Sie sind technisch leistungsfähiger und weisen viel geringere Einschränkungen bis hin zu vollem Funktionsumfang auf. Hier sind derzeit in allen Geräten CPUs mit x86-Architektur verbaut (Intel Atom und Intel Celeron, siehe Abschnitt »CPU und Arbeitsspeicher«, Seite 25). Mit diesen Geräten stellen Sie problemlos eine Vielzahl von Anwendungen bereit, die von mehreren Nutzern gleichzeitig verwendet werden können. Geräte der +-Serie eignen sich je nach Aufgabe bereits für den Einsatz in kleinen und mittleren Unternehmen. Sie können beruhigt die Daten mehrerer Personen und Geräte in Echtzeit synchronisieren, eine Videoüberwachung einrichten, Videos streamen und Webseiten per Webserver hosten – und das gleichzeitig.

Die xs/xs+-Serie

Diese Serie enthält besonders leistungsstarke Geräte mit hoher Speicherkapazität, man erkennt sie am Zusatz xs bzw. xs+. Sie richtet sich an Unternehmen mit wachsenden Anforderungen. Bei den Geräten lässt sich der Arbeitsspeicher erweitern und sie bieten eine besonders hohe Anzahl an Festplatteneinschüben (4 bis 16), die mit kompatiblen Erweiterungseinheiten auf bis zu 36 bei den *DiskStation*-Modellen und auf überwältigende 108 Stück bei den *RackStation*-Modellen erweitert werden können. Diese Lösungen sind also mit steigendem Leistungs- und Speicherbedarf skalierbar. Die Hardware kann somit längere Zeit im Einsatz bleiben und muss nicht nach wenigen Jahren getauscht werden, nur weil das Unternehmen gewachsen ist.

Die FS-Serie

Die *FlashStations*, also *DiskStations* und *RackStations*, die ausschließlich Flash-Speicher unterstützen (siehe »Die Gerätetypen«, Seite 21), werden als eigene Serie geführt. Hier bricht Synology mit dem eigenen Benennungssystem. So hat die FS2017, anders als die Ziffer 20 vermuten lässt, 24 Einschübe für SSDs und kann sogar auf bis zu 72 SSDs erweitert werden. Die FS-Modelle richten sich an Aufgabengebiete, bei denen besonders viele Schreib- und Leseoperationen stattfinden und die Verarbeitungszeit möglichst gering ausfallen soll.

Sonderserien und -modelle

Es gibt immer wieder Geräte von Synology, die ähnlich der *FlashStations* eigene Bezeichnungen haben, obwohl sie vom Gerätetyp den bestehenden Modellen gleichen, keine der erwähnten Zusatzbezeichnungen führen und auch keiner Serie angehören bzw. das einzige Gerät der Serie sind. Sie sind meist für einen speziellen Verwendungszweck gedacht. Sie erscheinen meist sehr unregelmäßig oder sogar nur ein einziges Mal. Dazu zählen auch die für die Videoüberwachung optimierten Geräte. Als Bezeichnung dient *NVR* und sie wird als eigene Produktsparte vertrieben. Der NVR ist für die gleichzeitige Verarbeitung mehrerer Videosignale optimiert. Dafür sind andere Funktionen sowohl im Umfang als auch in der Leistung eingeschränkt. Die Hardware ist vergleichsweise schwach, dafür stehen mehr Anschlüsse zur Verfügung. Ein weiteres Sondermodell ist die *VisualStation*, dabei handelt es sich genau genommen um kein NAS. Das Gerät ermöglicht die Videoüberwachung ohne eigenen Computer. An das Gerät lassen sich mehrere Monitore anschließen und es bietet Zugriff auf Synologys Videoüberwachungssoftware.

1.1.3 Viele Modelle, viele Aufgaben

Jetzt, da Sie einen Überblick über die Produktpalette von Synology haben, fällt es Ihnen eventuell immer noch nicht leichter, sich für das richtige Gerät zu entscheiden. Ein höheres Budget macht die Sache auch nicht einfacher. Da Synology ein so breites Spektrum an Anwendungsfällen abdeckt, die alle ganz spezielle Anforderungen an die Hardware stellen, gibt es auch nicht das eine ultimative Modell, das zwar viel kostet, aber alles kann. Hier kommen Sie ins Spiel. Es ist an Ihnen, sich Gedanken darüber zu machen, wofür Sie das NAS einsetzen möchten und welche Anforderungen Sie daran stellen. Ich werde Ihnen möglichst viele Werkzeuge mit an die Hand geben, damit Sie die richtige Wahl treffen.

Nachdem Sie jetzt grob wissen, was so ein NAS von Synology alles kann und welche Produktgruppen es gibt, möchte ich Sie noch einmal im Detail auf Unterschiede und Einschränkungen aufmerksam machen. Es geht also um das Kleingedruckte, das, wenn man es übersieht, schnell zu Frust oder gar Enttäuschung führt.

CPU und Arbeitsspeicher

Es ist allgemein bekannt: Je besser die CPU, desto leistungsfähiger das System. Für unser NAS heißt das, desto schneller werden Aufgaben erledigt bzw. desto mehr Aufgaben können gleichzeitig erledigt werden. Es gab mal eine Zeit, da hat es gereicht, auf die Taktfrequenz der CPU zu achten – aktuell sind das einige Gigahertz (GHz) im unteren, einstelligen Bereich. Mittlerweile sind die Architekturen, auf denen die CPUs basieren, so vielfältig, dass ein einfaches Vergleichen der Taktfrequenz nicht ausreicht. Auch die Anzahl der Kerne sagt nicht direkt etwas über die Leistungsfähigkeit aus. Grundsätzlich gilt, je mehr Kerne eine CPU hat, desto mehr Aufgaben kann sie parallel abarbeiten, aber hier spielen noch viele andere Faktoren eine Rolle, etwa die Architektur. So kann eine 4-Kern-CPU für Mobilgeräte weitaus schwächer sein als eine Desktop-CPU mit nur 2 Kernen. Und selbst bei CPUs gleicher Kategorie heißt mehr Kerne nicht unbedingt mehr Leistung. So hat die aktuell stärkste Desktop-CPU der Firma AMD, der Ryzen Threadripper, 32 Kerne, das Pendant der Konkurrenzfirma Intel, der i9, hat nur 8 Kerne. Welche der beiden besser bzw. stärker ist, ist ein großes Streitthema in den Foren, Blogs und Communities. Warum das so ist? Wie viel mehr

Leistung Kerne bringen, hängt ganz vom Aufgabengebiet und der verwendeten Software ab. Viele Anwendungen nutzen auch heute noch nicht 4 Kerne voll aus, geschweige denn mehr davon.

Derzeit gibt es 2 große Architekturmodelle, die den Markt dominieren. Das ist auf der einen Seite die *x86*-Architektur, wie Sie sie von Ihrem PC oder Notebook kennen; die Platzhirsche sind hier Intel und AMD, gegen die sich kaum jemand behaupten kann. Auf der anderen Seite ist da die *ARM*-Architektur. Die Firma ARM vergibt Lizenzen an andere Hersteller, daher gibt es hier sehr viel mehr Hersteller als auf dem Desktop-Markt. Die CPUs der ARM-Architektur sind für mobile Endgeräte optimiert. Sie sind platzsparend und energieeffizient, aber auch viel schwächer als x86-Vertreter mit gleicher Taktfrequenz und Kernzahl. Allerdings nähert sich die Leistung immer mehr den energieeffizienten x86-Prozessoren an.

Sie werden von mir hier keine Vergleichstabellen bekommen. Wie schon erwähnt, fällt es schwer, die einzelnen Modelle miteinander zu vergleichen. Mit etwas Glück gibt es auf den diversen Vergleichsportalen eine Gegenüberstellung genau der 2 Prozessoren, die Sie miteinander vergleichen wollen. Aber genießen Sie die Benchmarks mit Vorsicht, denn je nachdem, welche Aufgaben man den CPUs stellt, können die Ergebnisse oft stark abweichen. Als Anhaltspunkt können Sie hier die NAS-Serie verwenden. So hat die j-Serie die schwächsten Prozessoren und die +-Serie die besseren. Noch besser wird's mit den xs-Modellen, die richten sich aber an Unternehmen (siehe Abschnitt 1.1.2, »Die Serien«).

Synology verwendet in seinen NAS-Produkten eine Vielzahl von ARM-Prozessoren, in den leistungsstärkeren und teureren Modellen aber auch eine Auswahl an x86-Prozessoren von Intel (überwiegend Modelle unter den wiederbelebten Markennahmen Atom und Celeron). So hat die j-Serie ausschließlich ARM-Prozessoren verbaut. x86-Prozessoren finden Sie in der Value-Serie in der auslaufenden 18. Modellreihe nur in der DS418play. In der +-Serie finden Sie hingegen derzeit nur noch CPUs mit x86-Architektur. Bei älteren Modellreihen sieht das noch anders aus. So war in der 15. Modellreihe selbst in der +-Serie ein x86-Prozessor noch eine Seltenheit. Wie das dann in der kommenden 20. Modellreihe aussieht, kann zum Zeitpunkt der Drucklegung dieses Buches nur vermutet werden.

Unabhängig von der Leistung der einzelnen Modelle kann die Prozessor-Architektur aber Ihre Gerätewahl beeinflussen, denn gewisse Anwendungen erfordern einen x86-Prozessor und laufen auf Modellen mit ARM-Prozessoren nur überaus langsam oder sind erst gar nicht verfügbar. Als Beispiel sei hier die Dritthersteller-Anwendung TeamSpeak genannt. Sie ist ausschließlich auf Geräten mit x86-Prozessor installierbar. Kontrollieren Sie die Anforderungen der Anwendungen, die Sie gerne auf Ihrem Synology NAS einrichten möchten. Für Anwendungen von Synology bietet die Webseite des Herstellers (`https://synology.com/de-de/dsm/packages`) eine Auflistung inklusive einer Liste an kompatiblen Geräten. Für Dritthersteller-Anwendungen müssen Sie sich bei der jeweiligen Paketquelle erkundigen.

Festplatteneinschübe

Die Anzahl der Festplatteneinschübe ist eine der wichtigsten Entscheidungen, die Sie treffen müssen, denn sie geben das maximale Datenvolumen Ihrer *DiskStation* vor. Haben Sie die maximale Anzahl an Platten verbaut, können Sie keine weitere mehr einbauen. Sie können nur auf größere Platten umsteigen, das schlägt aber ab einer gewissen Größe deutlich aufs Budget und irgendwann ist auch damit Schluss. Aktuelle *DiskStation*-Modelle können Platten mit einem maximalen Einzelvolumen von 16 TB erkennen. Haben Sie mehr Bedarf, können Sie sich eine Erweiterungseinheit (DX bzw. RX) zulegen, sofern Ihr Basisgerät diese unterstützt. Danach können Sie nur noch auf ein größeres Gerät umsteigen.

Das maximale Speichervolumen allein ist aber nicht das Einzige, woran Sie denken sollten. Ist Ihnen Ausfall- und Datensicherheit wichtig, sollten Sie auf Redundanz setzen. Das erreichen Sie mittels RAID-Konfiguration. Je nach RAID-Typ ist eine gewisse Anzahl an Platten notwendig, außerdem schmälert ein RAID Ihr nutzbares Datenvolumen. Alles über Festplatten und RAIDs erfahren Sie in Abschnitt 1.3 »Die Festplattenkonfiguration«.

Videotranscodierung

Das nächste große Thema bei den Unterschieden ist die Videotranscodierung. Auch 2020 gibt es Video-Dateiformate wie Sand am Meer, aber noch viel ausschlaggebender als das Dateiformat ist der Video-Codec, der verwendet wurde, um die Videodatei zu erstellen.

Video-Codec

Ein Video-Codec ist ein Algorithmenpaar, das zur Codierung und Decodierung digitaler Videos dient. Der Algorithmus wandelt die Rohdaten dabei in ein Format um, das dann gespeichert oder übertragen werden kann. Hierbei findet meist eine Komprimierung statt, da die Rohdaten viel zu groß wären, um sie z.B. auf einer Disk zu speichern oder sie über das Netz zu streamen. Das Wiedergabegerät muss dann die codierten Daten wieder decodieren, um sie darstellen zu können.

Grundsätzlich dient das NAS nur als Speicherort für die Videos und je nach eingesetzter Methode werden die Videos an das Wiedergabegerät (Browser, Fernseher, Tablet ...) übertragen. Das Decodieren bleibt dann dem jeweiligen Gerät (Hardwaretranscodierung) bzw. der von ihm benutzten Software (Softwaretranscodierung) überlassen.

DiskStation-Modelle der Value- und +-Serie unterstützen allerdings die Hardwaretranscodierung direkt am NAS. Hierbei erledigt die *DiskStation* schon das Decodieren und sendet ein passendes Format an das Wiedergabegerät. Der Vorteil hierbei ist, dass die Rechenleistung der *DiskStation* genutzt wird, um das Video zu decodieren, somit können Sie Videos auch auf schwächeren Endgeräten ansehen (z.B. Smartphones) oder auf Endgeräten, die nicht alle Formate unterstützen (Browsern, älteren Fernsehern und Konsolen). Allerdings können nicht alle *DiskStations* alle Formate in höchster Qualität transcodieren. Hier sind die Modellserien leider keine allzu zuverlässige Orientierung. Grundsätzlich ist es zwar so, dass die j-Serie keinerlei Transcodierung anbietet, bei den anderen Serien muss man aber jedes Modell einzeln betrachten. Anzunehmen wäre, je besser das Modell, desto besser die Transcodierung – anhand der beliebten 2-bay-Modelle sieht man aber, dass das genau nicht der Fall ist. So haben die schwächeren Modelle DS218 und DS218play eine bessere Ausgabequalität bzw. höhere Framerate bei der Transcodierung als die leistungsstärkere DS218+. 4K-Transcodierung finden Sie nur bei eher neueren Modellen, ältere bieten nur 1080p an, und auch hier unterstützen generell weniger Modelle die Transcodierung. Hier hilft nur, einen Blick in die Spezifikationen der einzelnen Modelle zu werfen oder aber die Hilfe-Seite von Synology zurate zu ziehen:

`https://synology.com/en-global/knowledgebase/DSM/tutorial/Multimedia/Can_my_Synology_NAS_transcode_4K_videos_for_my_device` bzw.:

`https://synology.com/de-de/knowledgebase/DSM/tutorial/Multimedia/Can_my_Synology_NAS_transcode_videos_for_my_device`

> **Achtung**
>
> Nur weil ein Modell die Transcodierung unterstützt, heißt das nicht, dass Sie davon auch etwas haben. In der Realität zeigt sich, dass die Transcodierung meist nicht gut genug arbeitet und so eine flüssige Videowiedergabe nicht möglich ist. Die Transcodierung sollte, wenn möglich, immer der Client – also das Wiedergabegerät – erledigen. Diese sind dafür ausgelegt und können das deutlich besser.

Mit Videos und damit, wie Sie Ihr NAS dazu nutzen können, auf diese zuzugreifen, befassen wir uns dann in Teil IV.

Hardware-Verschlüsselung

Alle Modelle bieten die Option, Ihre Daten zu verschlüsseln. Das heißt, Daten, die auf dem NAS liegen, werden verschlüsselt, also unleserlich abgelegt. Gelangt ein Unbefugter an diese Daten, kann er sie ohne den richtigen Algorithmus und den verwendeten Schlüssel nicht entziffern (Sie übrigens auch nicht). Die Verschlüsselung ist ein komplexer und aufwendiger Prozess, der einige Zeit in Anspruch nimmt. Das heißt, das Schreiben und Lesen verschlüsselter Daten ist langsamer als das von unverschlüsselten Daten. Das trifft vor allem dann zu, wenn die Ver- und Entschlüsselung mittels Software erledigt wird. Um diesen Umstand zu verbessern, wurden sogenannte Hardware-Verschlüsselungsmodule entwickelt. Es handelt sich dabei um einen separaten Bereich der CPU, der ausschließlich für Ver- und Entschlüsselung zuständig ist und dafür auch optimiert wurde. Mittlerweile haben alle Modelle (auch die der j-Serie) ein solches Modul, Modelle mit einem x86-Prozessor haben ein *AES-Ni*-Modul. Es verwendet zwar dieselbe Verschlüsselungsmethode wie die anderen Modelle, ist aber noch mal um einiges performanter. Spielen Sie mit dem Gedanken, ein älteres Modell zu erwerben, sollten Sie bedenken, dass nicht alle Modelle über ein Hardware-Modul verfügen. Wollen Sie Ihre Daten verschlüsseln, müssen Sie mit einer höheren Verarbeitungszeit rechnen und das bei jedem Lese- und Schreibzugriff.

Sonstige Einschränkungen

Zusätzlich zu den Hardware-Unterschieden und den absoluten Limitierungen aufgrund der Hardware gibt es noch diverse andere Unterschiede zwischen den einzelnen Modellen. Auf vielen Modellen sind zwar die gleichen Features und Anwendungen vorhanden, diese weisen aber oft nicht denselben Funktionsumfang auf oder weichen in anderen Parametern voneinander ab. So können unterschiedliche Modelle mit einer unterschiedlichen Anzahl an maximalen Benutzern, maximalen gleichzeitigen Verbindungen, Aufgaben oder indizierter Dateien umgehen. Auch manche Anwendungen sind auf gewisse Modelle beschränkt. Diese Limitierungen sind von Synology selbst festgelegt und basieren auf Leistungstests der Hardware. Damit soll sichergestellt werden, dass die Aufgaben und Anwendungen unter den ausgewiesenen Parametern auch ordnungsgemäß laufen. Einige dieser Limitierungen können umgangen werden. So können einige Anwendungen auf

Modellen installiert werden, für die sie offiziell nicht verfügbar sind. Zu empfehlen ist das aber nur, um die Anwendungen auszuprobieren oder um Konfigurationen auf Testgeräten zu überprüfen. Für die tatsächliche Nutzung eignen sich die manuell installierten Anwendungen nicht. Sie laufen viel zu langsam und haben dadurch negative Auswirkungen auf den gesamten Betrieb des NAS.

Lizenzen

Die Mehrzahl der Anwendungen, sowohl von Synology als auch von Drittherstellern, steht kostenlos zur Verfügung. Nur sehr wenige sind kostenpflichtig. Es handelt sich hierbei um Anwendungen, die zwar von Synology bereitgestellt werden, sich aber in irgendeiner Form einer Dritthersteller-Technologie bedienen, die nicht kostenlos zur Verfügung steht. So kostet die *exFAT*-Erweiterung 3,99 US-Dollar und muss pro NAS erworben werden. exFAT ist ein neues Dateisystem von Microsoft, dessen Nutzung eine Lizenz benötigt. Andere Anwendungen sind zwar kostenlos, allerdings sind diverse Funktionen an eine Lizenz gebunden. Beispiele hierfür sind die *Surveillance Station* und *MailPlus*. Die Surveillance Station erlaubt die Verwaltung von Überwachungskameras. Hierbei wird pro Kamera eine Lizenz benötigt. Auch MailPlus, Synologys Maillösung, die sich an Unternehmen richtet, benötigt ab einer gewissen Anzahl an Nutzerkonten eine Lizenz.

Beim Kauf eines Synology-Produkts ist eine gewisse Anzahl an Lizenzen bereits enthalten, sofern die jeweilige Software auf dem Gerät zur Verfügung steht. Die Anzahl der Lizenzen kann aber abweichen. So sind in der Regel Lizenzen für 2 Kameras für die Surveillance Station enthalten. Es gibt aber auch Geräte, die speziell für die Videoüberwachung gedacht sind, diese haben bereits 4 bzw. 8 Lizenzen inkludiert.

Modellvergleich

Jetzt, da Sie wissen, in welchen Punkten sich die einzelnen Geräte unterscheiden, fällt es Ihnen leichter, diese miteinander zu vergleichen. Nutzen Sie dazu am besten die Vergleichsfunktion auf der Produktseite von Synology. Hier werden alle Spezifikationen aufgelistet und die Geräte gegenübergestellt.

Nun sollten Sie alle notwendigen Informationen an der Hand haben, um das für Sie geeignete Gerät zu wählen. Das fällt nicht immer leicht, zumal es bei einem eher breiteren Anforderungsprofil oft nicht ganz eindeutig ist, welches Gerät das geeignetere ist. Das liegt daran, dass Synology im mittleren und oberen Preissegment eher spezialisierte Geräte anbietet, statt das eine Gerät, das alles kann, aber auch entsprechend teuer ausfällt.

Sie müssen sich aber auch nicht unbedingt auf ein einziges Modell festlegen. Es macht durchaus Sinn, sich mehr als nur ein Gerät zuzulegen. Alle Geräte lassen sich ganz einfach miteinander vernetzen und arbeiten hervorragend zusammen. So können Sie Aufgabengebiete bestens trennen. Ein NAS kann dann z.B. als Multimedia- und Smarthome-Lösung dienen, die nur im LAN verfügbar ist, ein 2. NAS ist über das Internet erreichbar und dient als Web- und Mail-Server. Ein drittes NAS steht außer Haus und wird nur bei Bedarf aktiviert, um als Ziel für Backups der anderen beiden zu dienen.

Die nachfolgende Tabelle soll Ihnen noch einmal eine Übersicht über einzelne Geräte und die verschiedenen Einsatzbereiche geben. Die Auswahl der Geräte richtet sich dabei an den Privatanwender und ist beispielhaft. Die Anzahl der Modelle ist zu groß und oft können

Aussagen wie »Modell A ist besser als Modell B« nicht getroffen werden, weil A zwar bessere Hardware hat, B aber mehr Funktionen unterstützt. Die drei Modelle der Vergleichstabelle liegen aber sehr weit auseinander, sodass die Unterschiede offensichtlich ausfallen.

	DS120j	DS218	DS918+
CPU	Dual Core 800 MHz (ARM)	Quad Core 1,4 GHz (ARM)	Quad Core 1,4 GHz (x86)
RAM	512 MB DDR3L	2 GB DDR4	4 HB DDR3L (erweiterbar)
Laufwerksfächer	1	2	4
Max. Laufwerke mit Erweiterung	-	-	9
Max. Benutzerkonten	512	2048	2048
Virtualisierung	nein	nein	ja
Synology Chat	nein	ja	ja
Synology Office	nein	ja	ja
Videotranscodierung	nein	ja	ja
Anwendungsgebiet	Für Anfänger und Einzelanwender, die ihre Daten sichern und von überall darauf zugreifen wollen und eventuell die ein oder andere Synology-Anwendung nutzen möchten (alleine und nicht gleichzeitig).	Für mehrere Anwender, die ihre Daten mit der Cloud synchronisieren wollen und wenn mehrere Synology-Anwendungen gleichzeitig von mehreren Benutzern genutzt werden sollen. DS218play und DS218+	Für die wirklich ambitionierten Anwender. Für viele Benutzer und große Datenmengen. Wenn das volle Spektrum der Synology-Anwendungen genutzt werden soll. Wenn mehrere Anwendungen gleichzeitig von mehreren Benutzern genutzt werden. Auch für kleine Unternehmen und Organisationen geeignet.

Tabelle 1.1: Ein kleiner Vergleich einiger Kernmerkmale. Einen vollständigen Vergleich finden Sie auf der Synology-Webseite.

Es muss aber nicht immer ein neues Modell sein. Im Handel erhalten Sie problemlos Modelle aus älteren Reihen. Auch gebraucht lassen sich aktuelle und ältere Modelle erstehen. Diese sind meist in gutem Zustand, da gerade Anwender, die sich sehr viel mit ihrem NAS beschäftigen, bald auf ein besseres Modell umsteigen und das Vorgängergerät verkaufen. Hier gestaltet sich der Vergleich aber etwas schwieriger. Synology listet auf der eigenen Webseite nur die Modelle der aktuellen Reihe auf. Es stehen zwar alle Datenblätter älterer Modelle zum Download bereit, dort finden sich aber nicht immer alle Angaben bzw. sie sind weniger detailliert aufgeführt als in der aktuellen Produktübersicht.

Hinweis

Synology liefert alle NAS-Produkte mit demselben Betriebssystem aus, dem DSM (DiskStation Manager). Die Software kann zwar je nach Produkt und Funktionsumfang Unterschiede aufweisen, die Basis und die Bedienung ist aber immer dieselbe. Sollten Sie sich also eine *RackStation* zulegen wollen oder bereits eine haben, können Sie die Anleitungen in diesem Buch genauso durchführen wie auf einer *DiskStation*.

1.2 Die Wahl der Festplatten

Ohne zumindest eine Festplatte ist Ihr NAS nichts weiter als ein abstrakter Dekogegenstand. Damit Sie Ihr NAS betreiben können, brauchen Sie also Festplatten. Modelle gibt es wie Sand am Meer, allerdings sollten Sie vor dem Kauf gut überlegen, zu welchem Sie greifen. Auch hier gibt es wieder mehrere Kriterien, auf die Sie achtgeben müssen.

1.2.1 Spezielle NAS-Festplatten

Grundsätzlich können Sie in jedes NAS herkömmliche Desktop-Festplatten einbauen. Allerdings sind diese nicht für den Dauerbetrieb geeignet. Einige Hersteller haben spezielle NAS-Festplatten im Programm. Deren Garantie umfasst eine längere Betriebsdauer pro Tag und ein höheres Schreibvolumen pro Jahr als normale Desktop-Festplatten. Aber Achtung, Dauerbetrieb heißt nicht gleich NAS-Festplatte. NAS-Platten (meist zu erkennen an dem Wort NAS im Produktnamen) haben spezielle Features, die andere Platten nicht haben. Zum einen ist da die schnelle Fehlerrückmeldung. Stößt eine herkömmliche Festplatte auf einen fehlerhaften Sektor, meldet sie nicht sofort einen Fehler, sondern versucht durch mehrmaliges Lesen, den Fehler zu kompensieren. Dadurch dauert der Lesevorgang etwas länger. Das fällt dem Benutzer nicht auf und er bekommt keinen Fehler zu Gesicht. In einem NAS kann so eine Fehlerkorrektur hinderlich sein, da Festplatten oft in RAID-Verbünden organisiert sind (siehe Abschnitt 1.3.2, »Was ist ein RAID?«). Hier ist es erforderlich, dass Fehler zügiger gemeldet werden. NAS-Platten haben auch eine bessere Vibrationskompensation. Festplatten schwingen im Betrieb – laufen mehrere Platten nebeneinander, übertragen sich die Schwingungen einer Platte auf alle anderen. Dadurch werden die Schwingungen verstärkt. Das erzeigt nicht nur mehr Lärm, sondern kann sich auch negativ auf die Lese- und Schreibvorgänge auswirken.

Hinweis

Einige Hersteller haben neben den herkömmlichen NAS-Festplatten noch eine Serie für den professionellen Einsatz im Programm. Diese werden üblicherweise mit dem Zusatz »Pro« gekennzeichnet. Diese Modelle bieten eine längere Garantie und im Falle eines Defekts ist meist eine kostenlose Datenrettung inkludiert. Auch die Menge an Lese- und Schreibzugriffen ist höher als bei anderen Festplatten (Desktop-HDD: ~60 TB/Jahr; NAS-HDD: ~180 TB/Jahr; NAS-Pro-HDD: 300 TB/Jahr). Für den Heimanwender sprechen die Mehrkosten aber nicht für die zusätzliche Leistung.

1.2.2 Die Bauform

Es gibt grundsätzlich 2 Bauformen: die am weitesten verbreitete Form von 3,5" und die etwas kleinere Form von 2,5". Die meisten NAS-Modelle von Synology weisen Festplatteneinschübe in der Größe von 3,5" auf, in diese können aber auch 2,5"-Festplatten verbaut werden. Die Modelle mit dem Zusatz *slim* können nur 2,5"-Platten aufnehmen. Der Unterschied dieser beiden Bauformen liegt in der Größe. 2,5"-Festplatten sind deutlich kleiner und dünner als 3,5"-Exemplare. Dadurch sind sie etwas leiser und energiesparender. Gleichzeitig bedeutet das aber auch, dass 2,5"-Festplatten nicht annähernd so hohe Kapazitäten erreichen wie die größeren Vertreter. So ist derzeit bei ca. 5 TB Schluss. Auch der Preis pro TB ist hier meist höher als bei gleichwertigen Festplatten mit 3,5". Ich empfehle daher, wenn nicht gerade triftige Gründe 2,5" verlangen, ausschließlich 3,5"-Festplatten zu verwenden. Nicht nur die höhere Kapazität spricht dafür. Von den 2,5"-Platten gibt es auch keine NAS-Varianten. Es gibt zwar durchaus Modelle für den Dauerbetrieb, aber ihnen fehlen Features wie die schnelle Fehlerrückmeldung und die Vibrationskompensation.

1.2.3 Die Geschwindigkeit

Neben der Bauform ist die Geschwindigkeit einer der Grundparameter einer Festplatte. Genauer ausgedrückt geht es hier um die Umdrehungsgeschwindigkeit, mit der sich die Platten drehen. Je höher die Drehzahl, desto schneller die Lese- bzw. Schreibgeschwindigkeit. Üblich sind entweder 5400 U/min oder 7200 U/min. Die Geschwindigkeit alleine gibt aber noch nicht den Datendurchsatz an, es kommt darauf an, wie viele Daten pro Umdrehung gelesen werden können. Langsamere Festplatten, die mehr Daten lesen, können somit genauso schnell lesen wie schnelle Festplatten, die weniger Daten pro Umdrehung verarbeiten. Höhere Drehzahl heißt natürlich auch mehr Stromverbrauch und mehr Wärmeentwicklung. Ein NAS soll zwar so schnell wie möglich arbeiten, gerade bei mehreren Nutzern, allerdings ist hier die Netzwerkverbindung der Flaschenhals. Bei einer Netzwerkgeschwindigkeit von 1 Gbit (entspricht 125 MB/s) müssen auch Festplatten mit 5400 U/min nicht voll ausgelastet sein, da diese bis zu 150 MB/s schaffen.

Tipp

Achten Sie nicht primär auf die Umdrehungsgeschwindigkeit. Achten Sie zuerst auf alle anderen hier vorgestellten Parameter wie NAS-HDD, Bauform und Gesamtkapazität. Die Umdrehungsgeschwindigkeit ergibt sich dann meist von alleine, da gerade NAS-Festplatten ab einer bestimmten Größe nur noch mit 7200 U/min angeboten werden. Befinden sich in Ihrer engeren Auswahl dennoch Festplatten mit unterschiedlichen Drehzahlen, dann achten Sie auf die tatsächliche maximale Lese- und Schreibrate. Diese ist bei Vergleichsportalen meist nicht angegeben. Hier hilft nur ein Blick in das Datenblatt des Herstellers.

1.2.4 Die Hersteller

Hersteller gibt es wie Sand am Meer, von billigem Schrott bis teuer (aber nicht immer besser) ist alles dabei. Nennenswerte NAS-Festplatten haben aber nur Toshiba, Seagate und Western Digital (WD) im Angebot. Toshiba ist etwas günstiger als die anderen beiden, schneidet in Sachen Qualität und Zuverlässigkeit dafür aber nicht ganz so gut ab wie die Konkurrenz. Das heißt aber nicht, dass das ein Ausschlussgrund ist. Auch Seagate und

Western Digital haben bessere und schlechtere Serien und Montagsexemplare gibt es in allen Modellreihen. Seagate und Western Digital, das ist wie Intel und AMD, wie Nvidia und AMD, am Ende also eine Glaubensfrage. WD-Festplatten kosten etwas mehr als vergleichbare Seagate-Platten, die Qualität ist aber nicht nennenswert höher. Wer die Nase vorne hat, das ändert sich von Modell zu Modell. Im NAS-Bereich haben sich 2 Serien etabliert, von Western Digital ist das die Serie *WD Red* und von Seagate die *IronWolf*-Serie. Beide sind ausgezeichnet. Seagate ist mit der IronWolf-Serie eine Partnerschaft mit Synology eingegangen. Haben Sie Platten dieser Serie in Ihrem NAS verbaut, steht Ihnen ein zusätzliches Festplatten-Überwachungsmodul mit noch genaueren Parametern zur Verfügung. Ein schlagendes Kaufargument ist aber auch das nicht.

Kompatibilität

Sollten Sie abseits von Seagate IronWolf und WD Red fündig geworden sein, werfen Sie doch einen kurzen Blick auf `https://www.synology.com/de-de/compatibility`, ob Ihr Favorit dort zu finden ist.

1.2.5 Die richtige Kapazität

Die Frage nach der richtigen Kapazität kann unter Umständen recht schwierig zu beantworten sein. Gerade dann, wenn das Budget eine Rolle spielt. Natürlich gilt: Je größer, desto besser, und wenn Geld keine Rolle spielt, können Sie wenig falsch machen, wenn Sie auf eine größere Platte zugreifen. Die meisten Synology-Geräte können derzeit einzelne Festplatten mit einer maximalen Größe von 16 TB verwalten. NAS-Festplatten in dieser Größe gibt es derzeit nur von Seagate und eine Platte kostet da gleich über 500 €. Je nach Gehäuse brauchen Sie aber zwei, vier oder mehr Festplatten. Überlegen Sie also gut, wie viel Kapazität Sie benötigen. An dieser Stelle müssen Sie sich auch über das Thema Redundanz Gedanken machen. Je nach Konfiguration haben Sie dann nur noch bis zur Hälfte des gesamten Volumens zur Verfügung. Lesen Sie in Abschnitt 1.3 »Die Festplattenkonfiguration« alles zum Thema Redundanz und RAID.

Wichtig

Es empfiehlt sich, bei mehreren Festplatten immer das gleiche Modell zu verwenden. Systeme mit modellgleichen Festplatten tendieren dazu, weniger fehleranfällig und ausfallsicherer zu sein als Systeme mit gemischten Festplatten.

Um herauszufinden, wie viel Kapazität Sie benötigen, müssen Sie sich überlegen, welche Nutzer ihre Daten auf dem NAS ablegen sollen, um welche Daten es sich handelt, welche Dienste Sie nutzen möchten und wie die Datenzuwachsrate aussieht. Gehen Sie beim Schätzen ruhig großzügig vor, meist übersieht man Daten oder möchte dann doch mehr Dienste auf dem NAS anbieten. Beachten Sie auch, dass das Betriebssystem und die Software des NAS ebenfalls Platz benötigen. Diese werden ebenfalls auf den Festplatten installiert.

Grundsätzlich sind Mediendateien die größten Dateien. Dabei sind Bilder meist noch die kleineren Dateien (<4 MB) gefolgt von Musikdateien (im mp3-Format 4 bis10 MB). Bei den Bildern kommt es aber darauf an, ob Sie nur Ihre Handyfotos archivieren wollen oder ob Sie im RAW-Format (>15 MB) fotografieren und diese Dateien ebenfalls sichern wollen. Auch bei digitaler Bildbearbeitung z.B. in Photoshop können die Arbeitsmappen je nach Layeranzahl und Auflösung sehr schnell zu großen Dateien anwachsen (psd-Dateien >100 MB). Die größten Dateien sind üblicherweise Videos. Hier ist die Schwankungsbreite sehr groß, da die Dateigröße von der Dauer, der Auflösung, der Qualität, dem verwendeten Codec und den enthaltenen Tonspuren abhängt. Videodateien können von einigen Hundert MB für Handy-Videos bis hin zu 16 GB und mehr für Full-HD-Videos haben. 4k-Videos sind dann noch mal um einiges größer.

Bedenken Sie auch, dass Dateien, die etwa über eine Cloud-Lösung mit dem NAS synchronisiert werden, auch einer Versionierung unterliegen, das heißt, ältere Versionen von Dateien werden aufgehoben, auch das bedarf Speicherplatz. Am schwersten zu bestimmen und am meisten unterschätzt ist die Datenzuwachsrate. Aus dem Stegreif wissen die wenigsten, wie schnell ihr verbrauchtes Datenvolumen in den letzten Monaten oder Jahren angewachsen ist. Das im Nachhinein zu erheben, erweist sich als eher schwierig, wenn Sie nicht gerade einige Monate mit der Anschaffung des NAS und der Festplatten warten wollen, um das Datenwachstum zu beobachten.

Dazu kommt eine Tatsache, die man leicht vergisst: Wenn Sie nicht gerade ein altes NAS durch ein neues bzw. eine Fülle an externen Festplatten durch ein NAS ersetzen, dann sind Sie üblicherweise schon einen längeren Zeitraum mit limitiertem Speicherplatz konfrontiert. Sie sind ganz unbewusst auf den limitierten Speicherplatz eingestellt. Sie behalten weit weniger Daten und löschen regelmäßig Dateien. Haben Sie mehr Speicher zur Verfügung, ändert sich Ihr Verhalten und die Datenzuwachsrate liegt deutlich höher. Oft entdeckt man auch erst später, was so ein Synology NAS alles kann und wozu man es einsetzen könnte.

Haben Sie Ihr benötigtes Datenvolumen geschätzt, verdoppeln Sie es, dann sind Sie auf der sicheren Seite.

Hinweis

Synology-Geräte haben keinen internen Speicher für die Systemsoftware, diese wird auf den Festplatten gespeichert, die Sie einbauen.

Tipp

Möchten Sie für längere Zeit gerüstet sein und denken über die Anschaffung eines NAS mit 4 oder mehr Festplatteneinschüben nach, möchten Ihr Budget aber nicht überstrapazieren, können Sie Folgendes tun: Legen Sie sich ruhig ein großes NAS zu, Sie müssen es nicht gleich voll bestücken. Fangen Sie mit mindestens 2 Festplatten mit ausreichend großem Volumen an. Wird der Speicherplatz in den nächsten Jahren knapp bzw. ist wieder etwas Budget vorhanden, können Sie weitere Festplatten nachbestücken. Achten Sie nur darauf, Festplatten desselben Modells zu verwenden. Ist das Modell nicht mehr erhältlich, behalten Sie zumindest den Hersteller bei und suchen Sie ein möglichst ähnliches Modell.

1.3 Die Festplattenkonfiguration

Es gibt viele Dinge, die Sie beachten müssen, wenn Sie sich ein NAS zulegen. Fast noch wichtiger als die Hardwareanforderungen selbst ist die Frage nach der Festplattenkonfiguration: RAID oder kein RAID und wenn, dann welches?

1.3.1 Was ist Redundanz?

Redundanz bedeutet so viel wie das Vorhandensein von eigentlich überflüssigen Informationen. Im IT-Bereich spricht man vom mehrfachen Vorhandensein der gleichen Daten. Während man grundsätzlich versucht, Duplikate zu vermeiden (Duplikate verbrauchen unnötig Speicherplatz, was passiert mit dem Duplikat, wenn das Original geändert wird?), so ist eines der Grundkonzepte zur ausfallsicheren Bereitstellung von Daten, gezielt Redundanzen herzustellen. Damit aber niemand per Hand eine Kopie erzeugen muss, gibt es sogenannte RAIDs.

1.3.2 Was ist ein RAID?

Ein RAID (**R**edundant **A**rray of **I**ndependent **D**isks) ist ein System, in dem einzelne Festplatten in logischen Laufwerken organisiert werden. Das dient dazu, Ausfallsicherheit in Bezug auf defekte Festplatten zu erreichen. Je nach Konfiguration kann auch der Datendurchsatz erhöht werden.

Eigentlich versucht man, in IT-Systemen Redundanz, also das mehrfache Vorkommen der gleichen Daten, zu verhindern. Bei einem RAID-System wird genau das gezielt herbeigeführt.

Grundsätzlich werden die Daten auf eine oder mehrere Festplatten gespiegelt. Fällt dann eine Festplatte aus, gehen die Daten nicht verloren und die defekte Platte kann ersetzt werden. Die neue Platte wird dann in das bestehende System eingegliedert und die Daten darauf gespiegelt. Diesen Vorgang nennt man »das RAID reparieren«. Je nachdem, wie viele Platten in welcher Konstellation angeordnet werden, spricht man von verschiedenen RAID-Leveln. Diese werden üblicherweise von einem Chip, einem sogenannten RAID-Controller, verwaltet. Ein RAID-System kann auch per Software realisiert werden, diese Variante weist aber eine Reihe von Nachteilen auf. So belasten die Kommunikation und die Festplattenzugriffe den Prozessor und somit den eigentlichen Systembetrieb, außerdem kann bei einem Softwaredefekt das RAID nicht mehr repariert werden. Je nach RAID-Level ist ein defektes RAID, das nicht repariert werden kann, wertlos. Die Daten können dann nicht mehr wiederhergestellt werden. Doch dazu später mehr.

Ein RAID-Controller bietet mehr Sicherheit, da alle Informationen auf dem Chip gespeichert sind und auch bei einem Software-Ausfall das RAID wiederhergestellt werden kann. Da es sich um eine separate Einheit handelt, beeinflussen Zugriffe und Kommunikation den Systembetrieb nicht.

Ein RAID erfordert also mehrere Festplatten; durch die Redundanz wird der maximal verfügbare Speicher verringert. Wie sich das verfügbare Volumen berechnet, können Sie in Abschnitt 1.3.4 »Die verschiedenen RAID-Level« nachlesen.

1.3.3 Warum ein RAID kein Backup ist

Eigentlich sind die gespiegelten Daten doch eine Kopie und somit ein Backup, oder nicht? Ein RAID ist kein richtiges Backup, da ein Backup von der Quelle örtlich getrennt sein muss. Ein Backup auf z.B. einer externen Festplatte ist vom eigentlichen System getrennt. Festplatten im RAID-Verbund sind Teil desselben Systems. Dazu kommt noch, dass die Daten automatisch gespiegelt werden und keine älteren Versionen behalten werden. Eine Änderung auf Platte A wird unverzüglich auf Platte B gespiegelt, und wird die Datei durch die Änderung beschädigt, ist sie auf beiden Platten verloren, die vorherige Version ist nicht mehr herstellbar. Daher sind RAIDs auch anfällig für CryptoLocker.

CryptoLocker

Es handelt sich hierbei um Schadsoftware, die, wenn sie in ein System eindringt, alle Daten verschlüsselt. Anschließend erhält der Benutzer die Aufforderung zur Zahlung eines bestimmten Betrags, meist in Form von Crypto-Währung. Erfolgt die Zahlung nicht innerhalb der Frist, wird der Schlüssel, der zur Verschlüsselung genutzt wurde, gelöscht. Ein Entschlüsseln der Daten ist mit einem Aufwand, der sich wirtschaftlich rechnet, nicht mehr möglich.

Ein Backup kann außerdem auch auf jedem anderen System wiederhergestellt werden. Eine einzelne Festplatte kann nicht aus dem RAID-Verbund entfernt und in ein anderes System eingebaut werden (um dort auf die Daten zuzugreifen).

1.3.4 Die verschiedenen RAID-Level

Das RAID-Level gibt an, wie die Daten gespiegelt werden und wie viele Festplatten gleichzeitig ausfallen können, ohne zu einem Datenverlust zu führen. Dabei gibt es echte und unechte RAID-Level sowie Kombinationen einzelner RAID-Level.

JBOD

JBOD steht für »**J**ust a **B**unch **O**f **D**iscs«. HDDs im JBOD-Verbund können dem System als einzelne Platten zur Verfügung gestellt werden oder als ein großes logisches Laufwerk. Werden mehrere Festplatten zu einem logischen Laufwerk zusammengefasst, sieht das Betriebssystem die einzelnen Platten als ein Laufwerk und beschäftigt sich nicht damit, welche Datei auf welcher physischen Platte gespeichert wird. Da es hierbei keinerlei Redundanz gibt, handelt es sich nicht um ein RAID bzw. wird es als unechtes RAID bezeichnet. Es kann nicht festgestellt werden, welche Daten beim Ausfall welcher Platte betroffen wären. Im schlimmsten Fall könnten zusammengehörende Daten auf verschiedenen Platten liegen, beim Ausfall einer Platte sind diese dann wertlos.

Werden HDDs im JBOD-Verbund dagegen als einzelne Platten zur Verfügung gestellt, muss das Betriebssystem bzw. der Benutzer selbst festlegen, wo welche Daten gespeichert werden. Hier ist jederzeit ersichtlich, welche Daten vom Ausfall einer Platte betroffen wären. Der Datenverlust tritt somit auch isolierter auf.

Auf NAS-Geräten von Synology stehen HDDs im JBOD-Verbund nur als ein großes logisches Laufwerk zur Verfügung. Möchten Sie die Festplatten einzeln nutzen, müssen Sie den Modus *Basis* verwenden. Mehr dazu erfahren Sie in Abschnitt 3.2 »Speicherplatz verwalten«.

RAID 0

Auch hierbei handelt es sich um ein unechtes RAID, da keine Redundanz gegeben ist. Bei einem RAID 0 werden die Daten auf zwei oder mehr Festplatten aufgeteilt (*Stripping*). Dadurch wird der Datendurchsatz gesteigert, da nicht eine Festplatte die ganze Datei lesen bzw. schreiben muss, sondern nur Teile davon. Wird eine Datei geschrieben, wird sie in mehrere Blöcke aufgeteilt und diese werden dann im Reißverschlussverfahren auf die Platten aufgeteilt (siehe Abbildung 1.1).

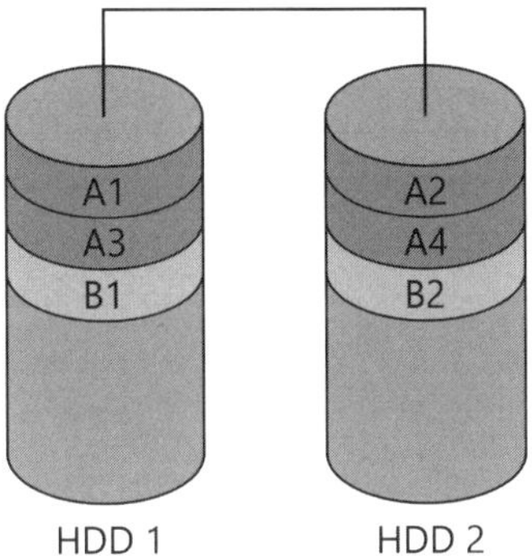

Abb. 1.1: Bei RAID 0 werden die Dateien (A und B) auf die Festplatten aufgeteilt.

Eine solche Konfiguration wird verwendet, wenn sehr viele Daten gelesen und geschrieben werden und die Zugriffszeiten möglichst gering ausfallen sollen (z.B. die Aufnahme und Wiedergabe von Ton- und/oder Bildmaterial). Da es hier keinerlei Redundanz gibt, verkraftet das System keinen Festplattenausfall. Schlimmer noch: Durch das Zerteilen und Verteilen einzelner Dateien sind alle Daten unbrauchbar, sollte eine Festplatte ausfallen.

RAID 1

Das RAID 1 ist eines der verbreitetsten RAID-Level. Hierbei werden die Daten 1:1 auf eine zweite Platte gespiegelt. Das System erfordert somit mindestens zwei Festplatten. Das verfügbare Volumen richtet sich hier nach dem maximalen Volumen der kleinsten beteiligten Festplatte. In der nachfolgenden Tabelle sehen Sie einige Beispiele.

Anzahl HDD	Plattenvolumen	Verfügbares Volumen	Anmerkung
2	beide 3 TB	3 TB	Hier werden die Platten optimal genutzt.
2	1 TB und 2 TB	1 TB	1 TB der 2-TB-Platte bleibt ungenutzt.
3	3 x 2 TB	2 TB	Hier werden die Daten zweimal gespiegelt.
3	1 x 1 TB und 2 x 2 TB	1 TB	Die Größe entspricht immer der kleinsten Platte, da die Spiegelung auf allen Platten Platz finden muss.

Tabelle 1.2: Hier ist nicht die Anzahl der Platten ausschlaggebend für das verfügbare Volumen, sondern allein das Volumen der kleinsten Platte.

Anzahl HDD	Plattenvolumen	Verfügbares Volumen	Anmerkung
4	4 x 2 TB	2 TB	Hier werden die Daten dreimal gespiegelt. Möchten Sie ein RAID 1, bei dem zwei Festplatten auf je eine weitere gespiegelt werden, müssen Sie zwei RAID 1 mit je zwei Platten anlegen.

Tabelle 1.2: Hier ist nicht die Anzahl der Platten ausschlaggebend für das verfügbare Volumen, sondern allein das Volumen der kleinsten Platte. (Forts.)

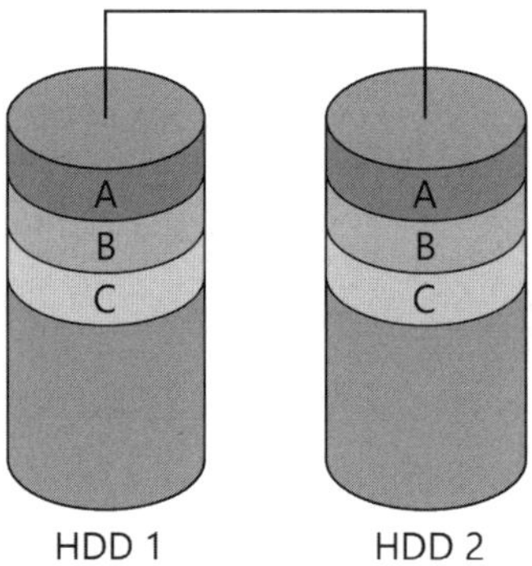

Abb. 1.2: Spiegelung der Dateien auf die zweite Festplatte, alles ist doppelt vorhanden.

Das RAID 1 ist deswegen so beliebt, weil es einfach ist und trotzdem ein gutes Maß an Sicherheit bietet. Beide Platten sind identisch beschrieben. Fällt eine Platte aus, kann die verbliebene Platte weiterhin ihren Dienst verrichten. Ein voller Zugriff auf die Daten ist so weiterhin möglich. Somit werden Leistungseinbußen verhindert, sollte keine Festplatte zum Tausch vorhanden sein. Andere (echte) RAID-Typen weisen nach dem Wegfall einer Festplatte langsamere Zugriffszeiten auf, da die fehlenden Daten rekonstruiert werden müssen (siehe unten).

Wichtig

Wie schon erwähnt, ersetzt die Spiegelplatte kein echtes Backup.

Die Anzahl der Platten, die ohne Datenverlust ausfallen können, beträgt immer eine weniger, als im RAID-Verbund vorhanden sind. Bei zwei Platten kann eine ausfallen, bei drei Platten können zwei gleichzeitig ausfallen und bei vier Platten drei usw.

Ein RAID 1 kann auch wieder aufgelöst werden, das heißt, es sind dann zwei einzelne Platten im System vorhanden. Beide weisen die gleichen Daten auf, aber vom Zeitpunkt des Auflösens an werden die Daten nicht mehr gespiegelt. Die Daten der zweite Platte können gelöscht werden, es steht dann wieder das volle Speichervolumen zur Verfügung.

RAID 5

Bei diesem RAID-Level werden die Daten wie bei einem RAID 0 gestrippt. Zusätzlich wird aber zu jedem Datensatz ein Paritätsblock berechnet. Dieser Block enthält Informationen, durch die man den zugehörigen Datensatz beim Ausfall einer Festplatte wiederherstellen kann. Für ein RAID 5 sind also mindestens drei Festplatten notwendig.

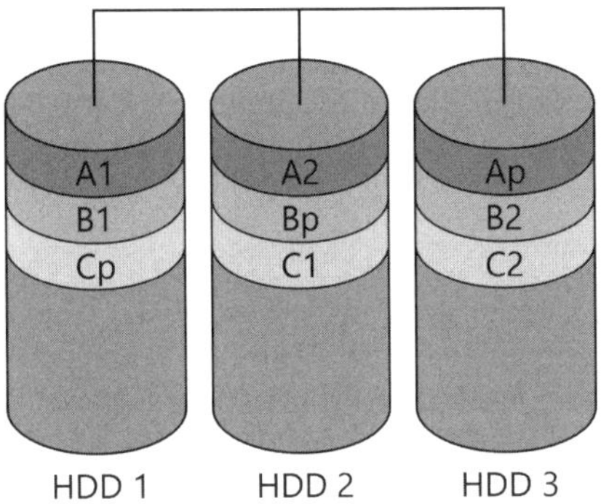

Abb. 1.3: Aufteilung auf zwei Platten und Paritätsblock auf der dritten Platte, RAID 5 kombiniert die Geschwindigkeit von RAID 0 mit der Sicherheit von RAID 1.

Wie in Abbildung 1.3 zu sehen ist, wird jeder Datensatz (A, B, C ...) in zwei Blöcke (A1, A2 ...) aufgespaltet und zusätzlich wird der Paritätsblock (Ap ...) berechnet. Die Paritätsblöcke werden aber nicht auf einer Platte abgelegt, sondern ebenfalls aufgeteilt.

Das Berechnen des Paritätsblocks erfordert Rechenleistung, allerdings nur beim Schreiben, beim Lesen wird die Parität nicht benötigt. Wie bei einem RAID 0 bietet das RAID 5 einen erhöhten Datendurchsatz. Durch den Paritätsblock besteht eine gewisse Ausfallsicherheit. Da die Daten aber nicht 1:1 gespiegelt werden, ist das verfügbare Volumen höher als bei einem RAID 1 mit gleichen Festplatten (vgl. Tabelle 1.2 und Tabelle 1.3).

Anzahl der HDDs	Plattenvolumen	Verfügbares Volumen
3	1 x 1 TB und 2 x 2 TB	2 TB
3	3 x 3 TB	6 TB
5	2 x 2 TB und 3 x 4 TB	8 TB
5	5 x 3 TB	12 TB

Tabelle 1.3: Das Volumen berechnet sich nach der Formel: (Anzahl HDD -1) x Volumen der kleinsten Platte.

Üblich ist RAID 5 mit drei oder fünf Festplatten, ausfallen kann aber immer nur genau eine Festplatte. Das ändert sich nicht durch mehr Festplatten im RAID-Verbund. Fällt eine Platte aus, ist entweder der Paritätsblock verloren und muss neu berechnet werden oder ein Datenblock ist verloren und muss neu berechnet werden. Bei zwei ausgefallenen Platten sind nicht mehr genug Informationen vorhanden, um die fehlenden Blöcke zu berechnen.

Die Anzahl der Festplatten hat auch einen Einfluss auf den Lese- und Schreibdurchsatz. Während der Lesedurchsatz mit jeder weiteren Platte erhöht wird, ist der Schreibdurchsatz sehr schwer zu berechnen. Die Performance hängt nicht nur von der Anzahl der Platten ab, sondern auch vom zu schreibenden Datenvolumen.

RAID 6

Das RAID 6 funktioniert ähnlich wie das RAID 5, verkraftet aber den Ausfall von zwei Festplatten. Hier werden zwei Paritätsblöcke berechnet, um die Daten bei einem Ausfall wiederherzustellen. Da die Berechnung und Verteilung der Blöcke hier sehr komplex ist, kann das Wiederherstellen des Verbundes viele Stunden und sogar bis zu mehreren Tagen dauern.

RAID 10

Das RAID 10 (RAID-Eins-Null, nicht RAID-Zehn) ist eine Kombination aus RAID 0 und RAID 1. Hierbei wird ein RAID 0 aus zwei RAID-1-Verbünden erstellt. Daher sind auch mindestens vier Platten notwendig. Daten werden hier vom RAID 0 gestrippt und an die jeweiligen RAID-1-Verbünde weitergegeben, diese spiegeln dann den erhaltenen Datenblock.

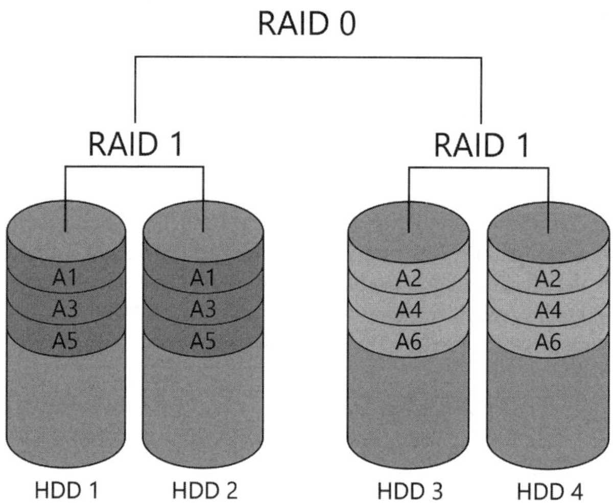

Abb. 1.4: RAID 10 – zwei RAID 1 werden zu einem RAID 0 verbunden.

Hier können bei vier Platten zwei gleichzeitig ausfallen, allerdings nicht im selben RAID-1-Verbund. Im Beispiel in Abbildung 1.4 können HDD 1 oder HDD 2 und HDD 3 oder 4 ausfallen, aber nicht gleichzeitig HDD 1 und 2 bzw. HDD 3 und 4. Ein RAID 10 bietet den Vorteil des besseren Datendurchsatzes wie ein RAID 0 und zusätzlich die Redundanz eines RAID 1.

RAID 01

Der Vollständigkeit halber erkläre ich Ihnen an dieser Stelle kurz das Gegenstück zum RAID 10, das RAID 01, allerdings können Sie dieses auf den NAS von Synology nicht konfigurieren. Das RAID 01 ist das genaue Gegenteil vom RAID 10. Hier wird ein RAID 1 aus zwei RAID 0 erstellt. Das RAID 1 spiegelt die Daten und die beiden RAID 0 teilen die Daten in Blöcke auf. Auch hier können zwei Festplatten ausfallen, doch dieses Mal ist es egal, ob im gleichen RAID-Verbund oder in verschiedenen. Es dürfen nur nicht die beiden Platten sein, die dieselben Blöcke enthalten. Verglichen mit dem RAID 10 hat das RAID 01 eine schlechtere Ausfallsicherheit und eine höhere Rekonstruktionszeit.

Es gibt auch noch viele andere RAID-Level und -Kombinationen. Das Prinzip ist meist das gleiche. Durch Abwandlung der Verfahren werden Parameter wie verfügbarer und verschwendeter Speicher, Datendurchsatzrate, Ausfallsicherheit und Wiederherstellungszeit optimiert. Ein perfektes System, das in allem gut ist, gibt es aber nicht. Da diese Systeme nicht auf den NAS von Synology zur Verfügung stehen, gehe ich an dieser Stelle nicht näher darauf ein.

1.3.5 SHR und SHR-2

Diese beiden sind keine RAID-Level. SHR steht für Synology Hybrid Raid. Dahinter steckt ein smartes System, das die Festplatten dynamisch verwaltet. Das SHR ist vor allem dann ratsam, wenn Sie mit RAID nicht vertraut sind. Das System stellt sicher, dass stets eine Redundanz gegeben ist, Ihnen dabei aber immer so viel Speichervolumen wie möglich zur Verfügung steht. SHR bietet eine möglichst optimale Konfiguration basierend auf der Anzahl eingebundener Festplatten und deren Volumen. Sie haben die Wahl zwischen Redundanz einer Platte (SHR) und Redundanz zweier Platten (SHR-2). Bei zwei Festplatten entspricht das SHR einem RAID 1, ab drei Festplatten wird das SHR dem RAID 5 und 6 sehr ähnlich. Der Vorteil von SHR ist allerdings, dass bei unterschiedlich großen Festplatten kein Speicher ungenutzt bleibt. Das SHR teilt alle Festplatten in Blöcke entsprechend der Größe der kleinsten Festplatte auf. Für SHR werden mindestens zwei und für SHR-2 mindestens vier Festplatten benötigt. Zusätzlich ist das Nachrüsten einzelner Platten mit unterschiedlicher Größe viel einfacher.

1.3.6 Der RAID-Rechner

Das verfügbare Volumen der einzelnen RAID-Level zu berechnen, ist nicht schwer, wenn Sie lauter gleich große Festplatten verwenden. Bei unterschiedlichen Platten kann das schon anders aussehen. Es gibt dafür aber eine einfache Lösung. Andere haben sich bereits die Arbeit für Sie gemacht und diverse RAID-Rechner implementiert. Synology selbst bietet einen an (`synology.com/de-de/support/RAID_calculator`). Sie können hier mit einfachen Klicks verschiedene Festplattenkombinationen ausprobieren und die verschiedenen RAID-Level miteinander vergleichen. So sehen Sie sofort, wie viel Speicher Ihnen zur Verfügung steht bzw. wie viele Platten welcher Größe Sie benötigen, um Ihren Speicherbedarf zu decken, und wie viel davon auf die Redundanz entfällt.

Hinweis

Sie müssen nicht alle Festplatten Ihres NAS in einen RAID-Verbund stecken. Sie können durchaus verschiedene RAID-Level nebeneinander konfigurieren (genügend Festplatten vorausgesetzt). Sie können auch gar kein RAID verwenden.

Kapitel 2

Zusammenbauen, aufstellen und installieren

Jetzt ist es so weit. Das NAS und die Festplatten Ihrer Wahl stehen bzw. liegen vor Ihnen. In diesem Kapitel erkläre ich Ihnen, wie Sie Ihr NAS zusammenbauen und in Betrieb nehmen. Dazu erfahren Sie von mir, was Sie bei der Inbetriebnahme eines NAS beachten und wo Sie es optimalerweise aufstellen sollten. Danach geleite ich Sie Schritt für Schritt durch die Erstinstallation. Am Ende dieses Kapitels ist Ihr NAS bereit, um von Ihnen erkundet zu werden. Dazu erfahren Sie in Kapitel 3 alles über die Benutzeroberfläche.

2.1 Zusammenbau

Mit Ihrem NAS erhalten Sie ein Netzwerkkabel, ein Netzteil und eine Kurzanleitung für den Zusammenbau. Diese kleinen Zettelchen werden gerade von versierteren Anwendern gerne übersehen. In diesem Fall liefert es aber einen wichtigen Hinweis, und zwar, wie Sie die Festplatten einbauen. Das funktioniert nämlich nicht bei allen Modellen gleich. Die meisten weisen aber in irgendeiner Form Einschubrahmen auf, in die Sie die Festplatten montieren können. Der Einschubrahmen kann dann ohne große Anstrengung und ohne mit Anschlusskabeln hantieren zu müssen einfach in das Gehäuse geschoben und dort gesichert werden. Es gibt aber auch Modelle, bei denen Sie die Festplatten direkt im Gehäuse montieren müssen. In welcher Reihenfolge Sie die Festplatten einbauen, ist übrigens egal. Dennoch sind die Einschübe nummeriert. Diese Nummerierung finden Sie auch später in der Software wieder. Sie hilft dabei, die Festplatten bzw. deren Inhalt zu identifizieren. Egal, ob eine Festplatte im RAID-Verbund defekt ist und Sie sie tauschen müssen oder ob Sie eine oder mehrere Festplatten gegen ein größeres Modell austauschen wollen.

Hinweis

Wie die Festplatten in Ihrem Modell eingebaut werden müssen, entnehmen Sie der beigelegten Kurzanleitung bzw. Sie können diese Information schon vor dem Kauf dem Datenblatt entnehmen.

HotSwap

Einige Modelle unterstützen HotSwap, das heißt, Sie können Festplatten im laufenden Betrieb austauschen. Das ist gerade dann sinnvoll, wenn die Festplatten in einem RAID-Verbund hängen und eine davon ausfällt. Sie können die defekte Platte einfach entfernen und eine neue einsetzen und anschließend das RAID reparieren. Andere Benutzer bekommen davon maximal in Form von höheren Zugriffszeiten bzw. verlangsamten Diensten etwas mit, können aber ohne einen Totalausfall weiterarbeiten.

Vorsicht

Unterstützt Ihr Gerät kein HotSwap, fahren Sie es vorher immer herunter und vergewissern Sie sich, dass es nicht mehr läuft, ehe Sie Festplatten entfernen oder hinzufügen. Auch wenn Sie die Festplatten das allererste Mal einbauen, sollte Ihr Gerät ausgeschaltet sein.

2.1.1 Modelle ohne Einschubrahmen

Das betrifft überwiegend die kleinen Einsteigermodelle. Die Gehäuse dieser Modelle sind komplett geschlossen. Es sind keinerlei Klappen oder Einschübe vorhanden. Um Festplatten ein- oder auszubauen, muss das Gehäuse komplett geöffnet werden. Dadurch wird ein Einbaurahmen (ähnlich dem eines Desktop-Computers) aus Metall sichtbar. In diesen muss die Festplatte direkt geschraubt werden. Hier gibt es außerdem keine HotSwap-Unterstützung. Die Festplatten können daher nur im ausgeschalteten Zustand montiert werden.

1. Öffnen Sie die *DiskStation*, indem Sie die Gehäuseabdeckung vorsichtig abnehmen. Dazu lässt sich eine Hälfte des Gehäuses ohne Werkzeug verschieben.
2. Darunter finden Sie einen Einbaurahmen. In diesen müssen Sie die Festplatte(n) schieben. Vergewissern Sie sich, dass der SATA-Anschluss der Festplatte zum Stecker auf der Platine zeigt. Schieben Sie die Festplatte so weit in den Rahmen, bis sie fest mit der Platine verbunden ist. Wenden Sie aber keine grobe Gewalt an.
3. Sind die Platten angeschlossen, fixieren Sie sie mit den beiliegenden Schrauben. Achten Sie auch hier darauf, die Schrauben nicht mit Gewalt festzuziehen. Sind die Schraubenlöcher im Rahmen nicht deckungsgleich mit den Gewinden der Festplatte, steckt sie nicht richtig im SATA-Anschluss der Platine.
4. Sind die Festplatten sicher montiert, schließen Sie das Gehäuse wieder.

Hinweis

Alle Geräte weisen an den Festplattenverbindungen Gummipuffer auf, egal ob es sich um Schraubverbindungen oder Steckverbindungen handelt. Diese Puffer sorgen dafür, dass sich die Vibrationen der laufenden Festplatten nicht auf das Gehäuse übertragen. Somit entstehen weniger Betriebsgeräusche. Entfernen Sie die Puffer also nicht und achten Sie darauf, sie bei der Montage nicht zu beschädigen.

2.1.2 Modelle mit Einschubrahmen

Diese Variante ist die häufigste und bei allen Gehäusemodellen anzutreffen. Aber auch hier gibt es wieder kleine, aber feine Unterschiede.

- Einige wenige Modelle verstecken die Einschubrahmen hinter einer Abdeckung (siehe Abbildung 2.1). Die kann einfach abgenommen werden. Dahinter sehen Sie Rahmen mit Bügeln, an denen die Rahmen herausgezogen werden können. Die Rahmen sind aber im Gehäuse arretiert. Um sie entnehmen zu können, müssen Sie den jeweiligen Knopf mit der Aufschrift »PUSH« drücken.

- Andere Modelle haben keine Abdeckung und weisen auf den ersten Blick auch keine Griffe für die Einschübe auf. Sie sehen lediglich pro Festplatteneinschub eine Plastikblende mit einer LED und einem Loch (siehe Abbildung 2.2). Drücken Sie die Blende im Bereich des Lochs nach innen, bis es klickt. Lassen Sie die Blende jetzt los, klappt sie auf dieser Seite nach außen. Sie können am so entstandenen Griff den Festplatteneinschub nach außen ziehen (siehe Abbildung 2.7).
- Die dritte Variante ähnelt der zweiten. Hier gibt es einen Knopf an der Blende sowie einen Schalter zum Verriegeln. Schieben Sie den Schalter nach rechts (weg vom Knopf); drücken Sie dann den Knopf, springt die Blende auf und fungiert ebenfalls als Griff für den Einschubrahmen.

Hinweis

Bei dem Loch in der Plastikblende handelt es sich um ein Schloss. Sie können den Schacht nach dem Einbau mit dem beiliegenden Schlüssel versperren. Lässt sich die Blende beim ersten Mal nicht hineindrücken, dann ist das Schloss versperrt; entsperren Sie es, um den Rahmen entnehmen zu können.

Achtung

Das Schloss ist keine wirksame Diebstahlsicherung. Das NAS ist leicht und kompakt. Ein Dieb wird eher das ganze Gerät mitnehmen, statt sich mit dem Ausbau von Festplatten zu beschäftigen. Das Schloss ist aber eine wirksame Sicherung gegen ahnungslose und neugierige Mitbewohner oder Familienmitglieder.

Abb. 2.1: Die Abdeckplatte kann einfach abgezogen werden, dahinter befinden sich die Einbauschächte.

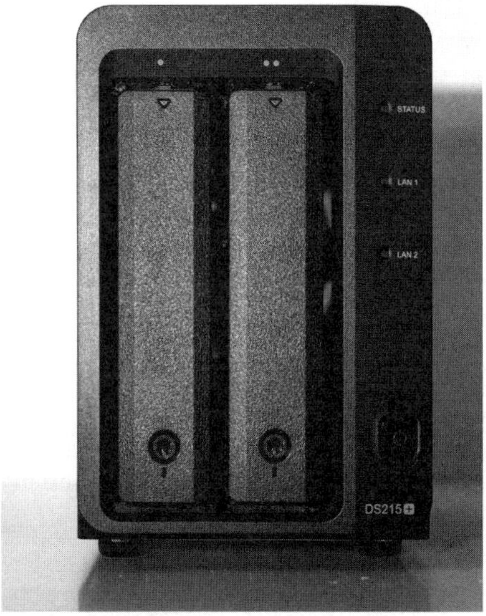

Abb. 2.2: Die Einbauschächte mit den Griffblenden

Die ersten beiden Varianten finden Sie bei den meisten *DiskStation*-Modellen (sofern es sich nicht um ein günstiges Modell ohne Einschubrahmen handelt). Die letztere Variante ist überwiegend bei den *RackStation*-Modellen zu finden.

Für den Einbau der Festplatten gehen Sie folgendermaßen vor:

1. Nehmen Sie gegebenenfalls die Abdeckung ab.
2. Entriegeln Sie den Festplatteneinschub und ziehen Sie ihn heraus.
3. An den beiden langen Rändern des Rahmens befindet sich je eine Plastiklamelle. Das hintere Ende ist mit der Aufschrift »Pull« sowie einem kleinen Pfeil an der Stirnseite markiert. Ziehen Sie die beiden Lamellen, wie angegeben, ab.

Abb. 2.3: Ziehen Sie die Lamelle hier vom Rahmen ab.

4. Legen Sie die Festplatte in den Rahmen. Die Anschlüsse müssen sich an der vom Griff abgewandten Seite befinden. Das Label der Festplatte muss nach oben zeigen.

Abb. 2.4: Ein falsches Einbauen ist so gut wie nicht möglich.

5. Stecken Sie die beiden Lamellen wieder an den Rahmen. Die beiden Stifte reichen durch den Rahmen bis in die seitlichen Schraubenlöcher der Festplatte. Sollten Sie Schwierigkeiten haben, die Lamellen zu befestigen, sitzt die Festplatte womöglich nicht richtig im Rahmen und die Löcher liegen nicht aufeinander.
6. Schieben Sie den Rahmen wieder zurück ins Gehäuse. Achten Sie darauf, dass der Rahmen vollständig im Gehäuse sitzt und die Festplattenanschlüsse fest verbunden sind. Wenden Sie einen festen Druck an, aber keine Gewalt. Lässt sich der Rahmen nicht komplett einschieben, haben Sie ihn verkehrt herum eingebaut oder die Festplatte sitzt falsch herum im Rahmen.

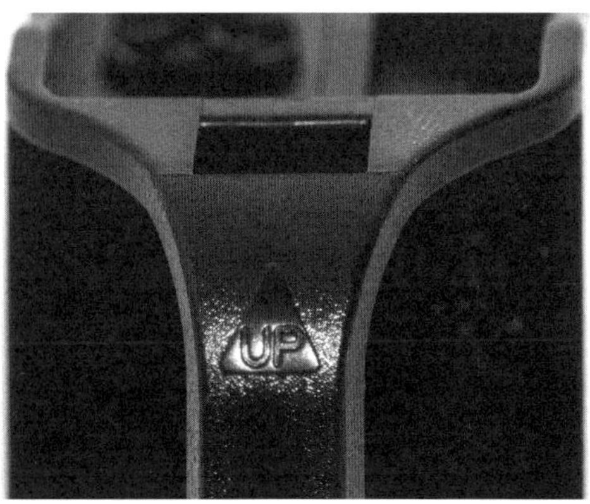

Abb. 2.5: Bei Modellen mit Abdeckung und Push-Knopf zeigt ein Pfeil am Rahmen an, wie er richtig eingeschoben wird.

7. Arretieren Sie den Einschubrahmen wieder, indem Sie den Griff gegen den Rahmen drücken, bis dieser einrastet. Bei den Modellen ohne ausklappbaren Griff muss der Rahmen nur richtig sitzen, dann schnappt die Arretierung automatisch ein.
8. Abschließend können Sie je nach Variante den Einschubrahmen verriegeln, entweder mit dem Schlüssel oder mit dem Schalter. Bei den Modellen mit Abdeckung müssen Sie diese lediglich wieder aufstecken.

Abb. 2.6: Schieben Sie den Einbaurahmen so weit hinein, bis der Push-Knopf wieder einrastet.

Abb. 2.7: Schieben Sie den Einbaurahmen ganz nach hinten, erst dann rastet die Griffblende richtig ein.

Hinweis

Grundsätzlich erfolgt die Montage der Festplatten komplett schraubenlos. Vor allem bei Modellen mit HotSwap-Fähigkeit spielt die schnelle und einfache Montage der Festplatten eine wichtige Rolle. Immerhin können Sie hier während des Betriebs die Festplatten austauschen.

2.2 Der richtige Aufstellort

Im Gegensatz zu den *RackStation*-Modellen, die für den Einbau in einen Serverschrank vorgesehen sind, sind die *DiskStation*-Modelle sehr kompakt und können theoretisch überall aufgestellt werden. Die einzige Bedingung ist eine Steckdose in Reichweite. Allerdings gibt es einige weitere Faktoren, die sich positiv bzw. negativ auf den Betrieb Ihres NAS auswirken können. Um Ihr NAS optimal zu betreiben, sollten Sie auch darauf achten, diese negativen Auswirkungen zu vermeiden oder zumindest zu minimieren.

2.2.1 Die Netzwerkverbindung – oder das gute alte Kabel

Keine Angst, ich verschone Sie mit dem Witz vom WLAN-Kabel. Einige Modelle bieten tatsächlich die Möglichkeit, sie mit einem WLAN-Modul zu erweitern. Davon rate ich aber ab. Greifen Sie lieber zum guten alten Patchkabel. Das schränkt Sie eventuell etwas ein, was den Aufstellort betrifft, ist aber ganz sicher die bessere Wahl. Patchkabel können auch gerne bis zu 100 Meter lang sein, es ist daher kein Problem, das NAS nicht in unmittelbarer Nähe zum Router aufzustellen und trotzdem noch per Kabel anzubinden. Greifen Sie zu einem der dünneren und flexibleren Patchkabel, geht's auch mit dem Verlegen leichter.

Aber warum die Kabelanbindung? Nun, ein kabelgebundenes Netzwerk ist einfach viel stabiler und sicherer als eine WLAN-Verbindung. Wenn Sie Ihr NAS nicht nur für gelegentliche Backups nutzen wollen, dann möchten Sie sicherlich, dass die Daten so schnell wie möglich zum NAS gelangen und wieder von dort heruntergeladen werden können. Wollen Sie Filme von Ihrem NAS streamen und das womöglich noch in 4K? Eine stabile Verbindung mit niedriger Latenz führt hier definitiv zum besseren Ergebnis.

WLAN erreicht auf dem Papier hervorragende Geschwindigkeiten, gerade mit 5G, das in den Startlöchern scharrt. In der Praxis sieht es aber so aus, dass WLAN von sehr vielen Faktoren beeinflusst wird. In Zeiten von Smartphones und dem Bestreben, immer online zu sein, und von immer neuen Geräten, die dazu ebenfalls fähig sind, sind wir umgeben von zahllosen elektromagnetischen Feldern und Funkwellen. All das kann Einfluss auf Ihr heimisches Funknetz haben. Auch die Bausubstanz Ihres Zuhauses hat starken Einfluss auf die Qualität Ihres WLAN und nicht zuletzt auch Ihr Router. Oft können wir auch gar nicht sagen, warum ein WLAN schlechter ist als ein anderes. Der eine kann problemlos Filme im WLAN streamen, der andere hat massive Probleme damit. Wie viele Smartphones sind in Ihrem Haushalt mit dem WLAN verbunden, wie viele Tablets oder Notebooks und was ist mit dem Drucker? Probieren können Sie natürlich, was Sie wollen. Sie können gerne Ihr NAS per WLAN in Ihr Heimnetz integrieren, aber wenn das WLAN für Sie kein Muss ist, dann rate ich Ihnen zum Kabel. WLAN mag zwar aufgrund der unkomplizierten Verbindung verlockend sein, aber eine Kabelverbindung führt zu den besseren Ergebnissen. Auch bei den Standrechnern im Haushalt geht nichts über das gute alte Kabel.

Apropos alt, es muss nicht gerade ein CAT-7-Kabel sein, prinzipiell reicht CAT 5 sowie jenes Kabel, das dem NAS beiliegt. Legen Sie sich aber ein neues zu – weil Sie etwa ein längeres benötigen –, so greifen Sie zumindest zu CAT 6. CAT 6 und CAT 7 unterscheiden sich nur durch die Abschirmung. Damit sind Sie zukunftssicher gerüstet für 10-Gigabit-Ethernet.

Wenn wir schon dabei sind, werfen Sie doch einmal einen Blick auf Ihren Router. Während 10-Gigabit-Geräte für den Heimgebrauch noch selten und teuer sind, so ist 1-Gigabit der aktuelle Standard. Ist Ihr Router eventuell schon etwas älter und unterstützt eine so hohe Geschwindigkeit nicht, sollten Sie überlegen, ihn auszutauschen.

Powerline-Adapter

Das sind diese kleinen Boxen mit den Ethernet-Anschlüssen, die Sie in die Steckdose stecken. Sie nutzen Ihr heimisches Stromnetz zur Erweiterung Ihres lokalen Netzes. Damit erreichen Sie auch entlegene Orte eines Hauses mit kabelgebundenem Netzwerk und das, ohne Kabel verlegen zu müssen.

Der Einsatz ist allerdings mit Vorsicht zu genießen. Die einen schwören darauf, die anderen verteufeln diese Adapter. Wie auch beim WLAN gibt es diverse Faktoren, die Einfluss auf die Funktionsqualität haben. Zahlen auf dem Papier sind leider nicht alles. Ich selbst kann von beidem berichten. In meiner alten Wohnung konnte ich problemlos zwei Stockwerke miteinander verbinden. In meiner neuen Wohnung hatte ich zwei Zimmer weiter schon enorme Geschwindigkeitseinbußen und regelmäßige Netzwerkausfälle von mehreren Minuten. Im Zweifelsfall probieren Sie es einfach aus, für ein NAS sollte es dann aber doch lieber die direkte Kabelverbindung sein.

2.2.2 Die Umgebung im Auge behalten

Bevor Sie jetzt munter drauflos Kabel verlegen, zeige ich Ihnen noch weitere Faktoren, die sich negativ auf den Betrieb Ihres Synology NAS auswirken können. So sollten Sie Ihr NAS nicht unbedingt im Keller aufstellen, sofern dieser nicht regelmäßig gereinigt wird. Die Geräte von Synology verfügen alle über mindestens einen Lüfter, allerdings über keine Staubfilter. Schmutzige und staubige Umgebungen sind also eher schlecht für Ihr NAS, da der Lüfter den Staub anzieht. Das gilt übrigens auch, wenn Ihr NAS auf dem Boden stehen sollte. Dort wird Staub schneller angezogen als an höher gelegenen Orten. Der Staub begünstigt die Wärmeentwicklung und behindert den kühlenden Luftstrom.

Wenn Sie jetzt auf die Idee gekommen sind, Ihr NAS in einen Schrank, Kasten, Vitrine oder Ähnliches zu stellen (und auf der Rückseite einen Durchlass für die Kabel zu schaffen), so sollten Sie sich das gut überlegen. Gerade im Dauerbetrieb und unter Last können Festplatten eine nicht zu verachtende Temperatur entwickeln. Die warme Abluft würde sich in einem Kasten oder Schrank stauen und kann zur Überhitzung des Geräts führen. Je mehr Festplatten Sie verbaut haben und je größer deren Kapazität ist, desto mehr Wärme produzieren sie. Kleine Modelle können schon im Schrank stehen, aber beachten Sie die Umgebungstemperatur. Wird es im Sommer sehr warm im Raum, ist der Schrank vielleicht doch keine so gute Idee. Ein Regal, das an mindestens einer Seite offen ist, eignet sich schon eher dafür. Bei diversen Möbelhäusern finden sich auch Bücherregale, die sowohl vorne als auch hinten offen sind. Und auch der Schreibtisch bietet sich, gerade bei kleineren NAS-Modellen, als Aufstellort an.

Da wir gerade beim Thema Staub sind. Fahren Sie Ihr NAS regelmäßig herunter und entnehmen Sie die Festplatteneinschübe und entfernen Sie den Staub sowohl von den Einschüben als auch vom Inneren des Geräts. Wie häufig Sie das machen sollten, hängt von der Umgebung ab, in der Sie Ihr NAS betreiben, und davon, wie häufig es in Betrieb ist.

Bedenken Sie bei der Wahl des Aufstellorts aber auch den Geräuschpegel. Sollten Sie nicht gerade extrem leise Festplatten im Einsatz haben, so ist der Geräuschpegel nicht zu vernachlässigen. Gerade bei Zugriffen geben die Platten durchaus Geräusche von sich, die als störend empfunden werden können. In Schlaf- oder Wohnzimmer kann sich so ein NAS also als störend erweisen. Aber auch in Zimmern, in denen konzentriert gearbeitet oder gelernt wird. Auch die Lüfter produzieren Geräusche, hier nimmt man aber (bei hochwertigen Lüftern) nicht das Drehen des Lüfters wahr, sondern den Luftstrom. Je mehr das NAS gekühlt werden muss, desto mehr Luft muss bewegt werden.

Hinweis

Einige *DiskStation*-Modelle weisen in der aktuellen Generation einen etwas lauteren Lüfter auf. Der Lüfter dreht selbst im leisen Modus sehr schnell. Es ist aber möglich, ihn gegen ein leiseres Modell zu tauschen.

Haben Sie endlich den perfekten Platz gefunden, vergessen Sie nicht die Steckdose, denn ohne Strom läuft Ihr NAS nicht. Dabei sollte die Steckdose nicht unbedingt von anderen Geräten in Anspruch genommen werden müssen. Denken Sie daran, niemals den Netzstecker zu ziehen, während Ihr NAS läuft. Fahren Sie es vorher immer herunter. Behalten Sie auch sorglose Mitbewohner, Familienmitglieder und Reinigungskräfte im Kopf, die auf der Suche nach einer Steckdose für den Staubsauger einfach das nächstbeste Kabel ziehen könnten. Schaffen Sie Abhilfe, indem Sie das NAS an eine Steckdosenleiste anschließen.

Tipp

Kaufen Sie sich eine Steckdosenleiste mit Überspannungsschutz. Diese sind nicht besonders teuer, schützen Ihre angeschlossenen Geräte aber vor Spannungsspitzen z.B. bei Blitzeinschlägen. Steckdosenleisten mit Überspannungsschutz haben eine Sicherung verbaut, die bei Überlast durchschmort. Die Steckdosenleiste ist dann zwar hinüber, Ihre Geräte und Ihr Geldbeutel werden es Ihnen aber danken.

So, genug Einwände meinerseits. Sie wissen jetzt, worauf Sie achten müssen. Haben Sie endlich den richtigen Platz für Ihr Synology NAS gefunden, die Festplatten richtig eingebaut und das Gerät an Strom und Netzwerk angeschlossen, dürfen Sie es endlich zum ersten Mal einschalten. Als Nächstes erkläre ich Ihnen, wie Sie das Betriebssystem auf Ihrem NAS installieren und es richtig in Betrieb nehmen.

2.3 Firmware-Installation: die erste Inbetriebnahme

Ihr Synology NAS erhalten Sie nicht vorinstalliert. Sie müssen die Firmware selbst installieren. Diese Software nennt sich DSM (DiskStation Manager) und liegt zur Drucklegung dieses Buches in der Version 6.2.2 vor. Sie haben mehrere Möglichkeiten, wie Sie die

Installation durchführen können. Ich werde Ihnen diese Möglichkeiten Schritt für Schritt erklären und auf Besonderheiten und mögliche Fehler eingehen.

DSM

DSM wird zwar als das Betriebssystem des NAS bezeichnet, aber eigentlich ist es nur eine Verwaltungssoftware und wird auf den eingebauten Festplatten installiert. Das eigentliche Betriebssystem ist ein Linux-Kernel. Dieser befindet sich auf einem internen Speicher. Das Linux-System bekommen Sie normalerweise nicht zu Gesicht, es sei denn, Sie befassen sich mit den fortgeschrittenen Themen, die ich Ihnen in Teil V dieses Buches vorstelle.

DSM ist eine Webanwendung, die ausschließlich im Browser bedient wird, Sie müssen also keinen extra Client auf Ihren Rechner herunterladen und installieren.

Hinweis

Bei der Installation wird auf jeder verbauten Festplatte eine Partition erstellt. Diese Partitionen werden alle zu einem RAID 1 zusammengefasst. DSM wird auf diesem RAID installiert und ist daher auf allen Platten vorhanden. Somit können Platten getauscht werden, ohne das NAS neu aufsetzen zu müssen.

Starten Sie Ihr NAS. Denn nur, wenn es hochgefahren ist, können Sie die weiteren Schritte durchführen. Während des Bootvorgangs blinkt die LED des Startknopfs. Ist Ihr NAS vollständig hochgefahren, leuchtet die LED dauerhaft auf und ein kurzer Signalton ertönt. Das Gerät ist jetzt bereit und Sie können mit dem Setup fortfahren. Der erste Startvorgang sollte nicht sehr lange dauern, da noch keine Firmware geladen werden muss.

2.3.1 Das NAS im Netzwerk finden

Bevor Sie die Software installieren können, müssen Sie sich mit Ihrem NAS verbinden und dazu müssen Sie es im Netzwerk auffinden. Dafür gibt es mehrere Methoden.

Das NAS per Namen finden

Jedes NAS von Synology unterstützt die automatische Namenszuteilung per DHCP. Sofern Ihr Router das unterstützt, können Sie Ihr NAS also durch einen Namen ansprechen, sobald es mit dem DHCP verbunden ist. Der Standardname hängt davon ab, um welches Modell es sich handelt.

- *DiskStation*, also alle Modelle mit DS in der Bezeichnung: *diskstation*
- *RackStation*, Modelle mit einer RS-Bezeichnung: *rackstation*
- *FlashStation*, FS-Modelle, Sie haben's erraten: *flashstation*

Öffnen Sie Ihren Browser und geben Sie `http://` gefolgt vom Namen des NAS ein. Da Sie nicht den Webserver des NAS ansprechen wollen, benötigen Sie noch die Portnummer. Hängen Sie also noch `:5000` an den Namen an – dieser Port wurde von Synology als Standard festgelegt und kann von Ihnen später geändert werden. Ports werden Ihnen in den meisten Kapiteln dieses Buches wieder begegnen, besonders aber in Abschnitt 11.1.1 »Benutzerdefinierte Ports«.

Für eine *DiskStation* würde die eingegebene Adresse folgendermaßen aussehen:

```
http://diskstation:5000
```

Bestätigen Sie die Eingabe mit [↵]. Hat alles geklappt, sollten Sie eine Willkommensmeldung ähnlich der in Abbildung 2.8 sehen. Bekommen Sie eine Fehlermeldung Ihres Browsers, versuchen Sie eine der nachfolgenden Methoden.

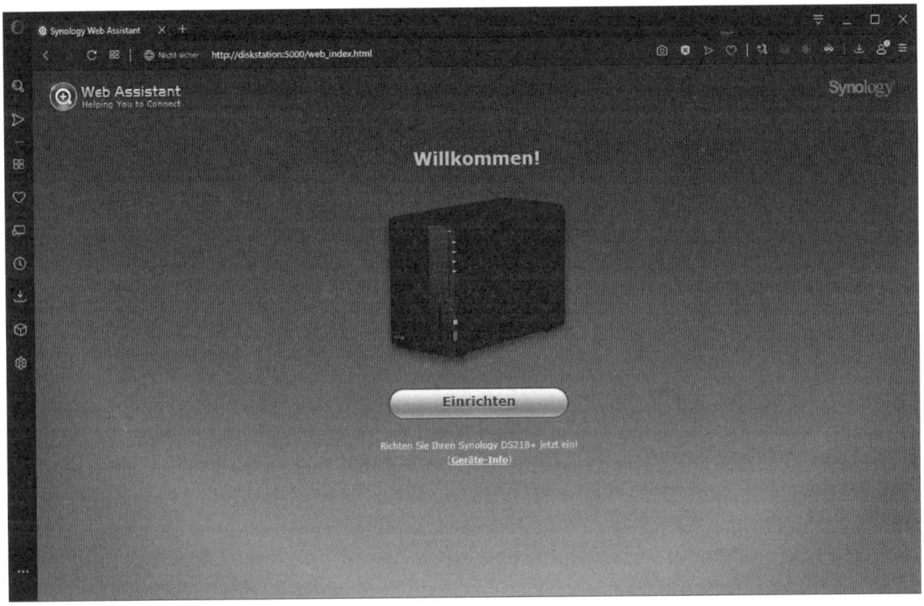

Abb. 2.8: Eine DiskStation im Browser aufrufen

Das NAS per find.synology.com finden

Haben Sie mit der Namensauflösung keinen Erfolg, können Sie auf einen Onlineservice von Synology zurückgreifen. Rufen Sie dazu die Seite `http://find.synology.com` in Ihrem Browser auf. Während die Namensauflösung keine aktive Internetverbindung benötigt, so müssen Sie für den Onlinedienst mit dem Internet verbunden sein.

Ist die Seite geladen, durchsucht der Dienst Ihr lokales Netzwerk nach allen verbundenen Geräten von Synology. Das sollte in der Regel nur wenige Sekunden dauern. Sie sollten dann eine Anzeige wie in Abbildung 2.9 im Browser sehen. Haben Sie mehrere Geräte im LAN, werden alle angeführt. Sie können mittels der Pfeile links und rechts zwischen den einzelnen Geräten hin und her schalten. Verbinden Sie sich zu Ihrem NAS durch Klicken auf den gleichnamigen Button. Im Gegensatz zur direkten Methode öffnet sich hier ein Popup mit dem Endbenutzer-Lizenzvertrag. Setzen Sie den Haken bei der Lesebestätigung und fahren Sie mit einem Klick auf OK fort. Sie landen dann beim Einrichtungsassistenten, genauso wie bei der oben beschriebenen Methode.

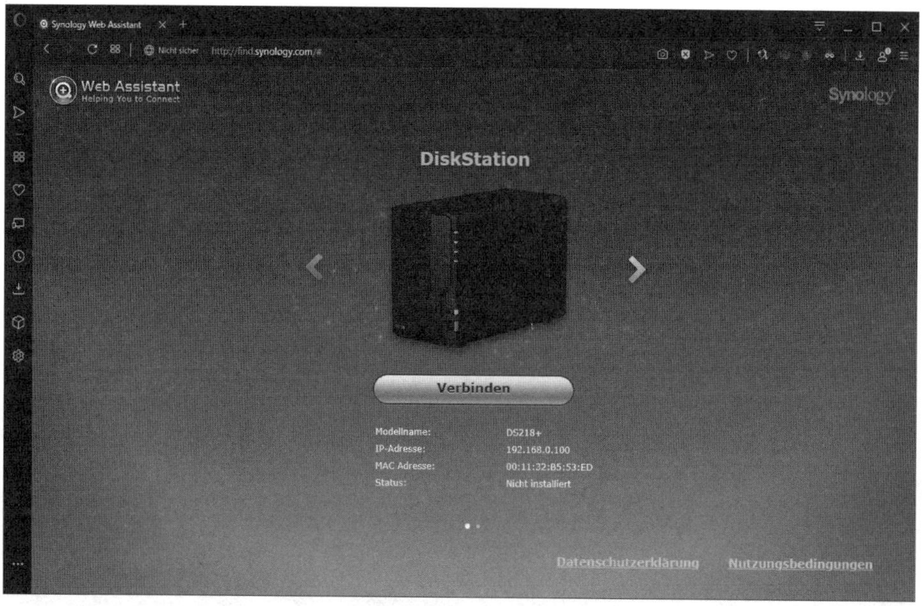

Abb. 2.9: DiskStation-Auswahl durch find.synology.com

Das NAS per IP finden

Sie können das NAS auch über die zugeteilte IP aufrufen. Dazu müssen Sie zuerst die IP-Adresse Ihres NAS herausfinden. Verbinden Sie sich dazu mit dem Webinterface Ihres Routers. Öffnen Sie die DHCP-Einstellungen. Dort gibt es meist einen Bereich, der alle Clients auflistet, die vom DHCP eine IP-Adresse zugewiesen bekommen haben. In dieser Liste sollten Sie Ihr NAS mit dem Standardnamen wiederfinden. Sollten Sie es anhand des Namens nicht finden, versuchen Sie es über die MAC-Adresse – die Chance ist hoch, dass diese mit 00:11:32 beginnt (zumindest bei *DiskStation*-Modellen). Haben Sie die IP-Adresse ermittelt, können Sie das NAS über den Browser erreichen. Die Eingabe könnte so aussehen:

```
http://192.168.0.1:5000
```

Das NAS per Synology Assistant finden

Die letzte Möglichkeit, wie Sie sich mit Ihrem NAS verbinden können, stellt die Software *Synology Assistant* dar. Öffnen Sie die Seite `https://www.synology.com/de-de/support/download` und wählen Sie im Formular Ihr Modell aus. Unter DIENSTPROGRAMME sollten Sie den SYNOLOGY ASSISTANT ganz oben in der Liste finden. Laden Sie die Version für Ihr Betriebssystem herunter und installieren Sie die Software.

Nach dem Start beginnt der Assistant, Ihr Netzwerk nach Geräten von Synology zu durchsuchen, ähnlich wie `find.synology.com`.

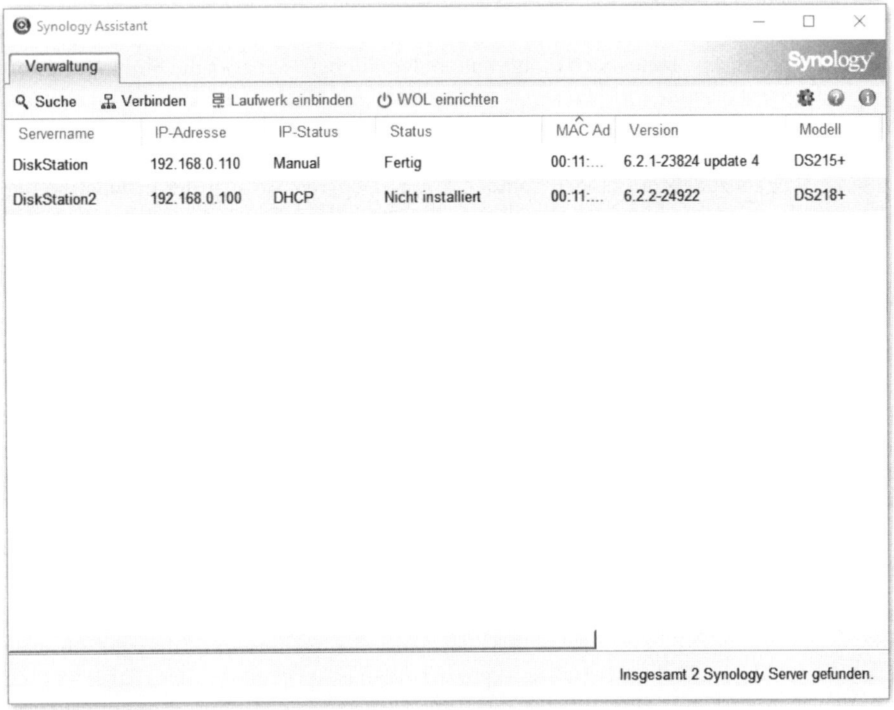

Abb. 2.10: Gefundene DiskStation-Geräte im Synology Assistant

Hat die erste Suche keinen Erfolg, starten Sie einen weiteren Suchvorgang per Klick auf das Lupen-Symbol. Wird das gewünschte NAS aufgelistet, können Sie sich per Doppelklick oder Rechtsklick und dem Eintrag VERBINDEN im Dropdown-Menü (alternativ auch per [Alt]+[C]) mit dem Gerät verbinden.

Es öffnet sich ein Fenster mit dem Endbenutzer-Lizenzvertrag. Nach Bestätigung des Vertrags öffnet sich ein Browserfenster und Sie gelangen auf dieselbe Seite wie auch beim Verbindungsaufbau per Name oder IP.

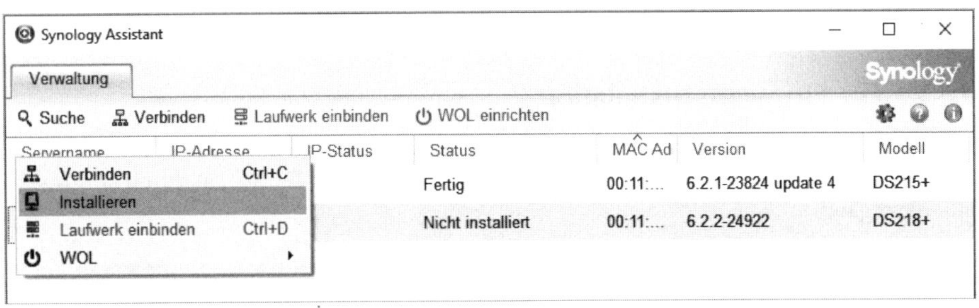

Abb. 2.11: Installieren über den Synology Assistant

Tipp

Der *Synology Assistant* bietet noch einige andere Funktionen, wie etwa die Einbindung von Netzlaufwerken oder die Einrichtung von Wake-On-LAN. Der Assistant kann aber nichts, was Sie nicht auf anderen Wegen zustande bringen könnten. Wenn Sie nicht gerade Dutzende oder mehr Synology-Geräte in Ihrem LAN verwalten müssen und Sie sich auch auf anderen Wegen mit Ihrem NAS verbinden können, sparen Sie sich die Installation der Software. Sie werden sie höchstwahrscheinlich nicht mehr aufrufen.

Das NAS per App finden

Die Funktion zum Auffinden von Synology-Geräten im LAN gibt es auch als App für Android und iOS unter dem Namen *DS finder*. Die App ist im jeweiligen Store zu finden. Damit sie funktioniert, muss das Smartphone mit dem WLAN Ihres Heimnetzes verbunden sein. Die App erlaubt Ihnen, die aktuellste Firmware auf Ihrem Gerät zu installieren, für die weitere Einrichtung ist dann aber doch wieder der Browser notwendig. Der Nutzen der App ist also nur marginal.

Fehler finden

Das Auffinden des NAS im Netzwerk sollte kein Problem darstellen. In herkömmlichen Heimnetzwerken gibt es kaum etwas, was das Auffinden verhindert. Haben Sie Ihr Netzwerk aber gut abgesichert oder stark konfiguriert, kann es vorkommen, dass das NAS nicht gefunden werden kann. Hier müssen Sie Ihre Netzwerkkonfiguration überprüfen. Folgende Punkte sind gute Anlaufstellen:

- Nutzen Sie in Ihrem Netzwerk keinen DHCP, sondern vergeben IP-Adressen manuell, bekommt das NAS keine IP. In diesem Fall können Sie PC und NAS direkt miteinander verbunden und den PC so konfigurieren, dass er eine IP per DHCP bezieht, die bekommt er dann vom NAS.
- Bekommen neue Geräte eine IP oder haben Sie das blockiert?
- Ist der LAN-Anschluss blockiert?
- Dürfen Geräte im Netzwerk miteinander kommunizieren?
- Verwenden Sie eine Netzwerk-Firewall?
- Deaktivieren Sie vorübergehend Sicherheitssoftware am Rechner.
- Prüfen Sie die Kabelverbindung.

2.3.2 Die Firmware-Installation

Egal, wie Sie sich mit Ihrem NAS verbunden haben, Sie gelangen immer zum selben Einrichtungsassistenten (*Web Assistant*). Dieser geleitet Sie Schritt für Schritt durch den Installationsvorgang.

Wichtig

Bei der Installation wird die aktuellste Firmware-Version installiert. Dafür ist eine aktive Internetverbindung erforderlich. Haben Sie keine Internetverbindung, weil sich Ihr NAS beispielsweise in einem Subnetz befindet, das keinerlei Verbindung nach außen hat, können Sie die Firmware über einen Umweg trotzdem installieren (siehe Abschnitt 2.3.3 »DSM ohne Internetverbindung installieren«).

1. Als Erstes muss DSM heruntergeladen werden. Klicken Sie auf JETZT INSTALLIEREN, um den Download und die anschließende Installation zu starten.
2. Bevor es losgeht, werden Sie aber noch darauf hingewiesen, dass dieser Vorgang alle Daten, die auf der/den Festplatte(n) vorhanden sind, löschen wird. Sie müssen diesen Hinweis bestätigen, bevor mit dem Installationsprozess begonnen wird.

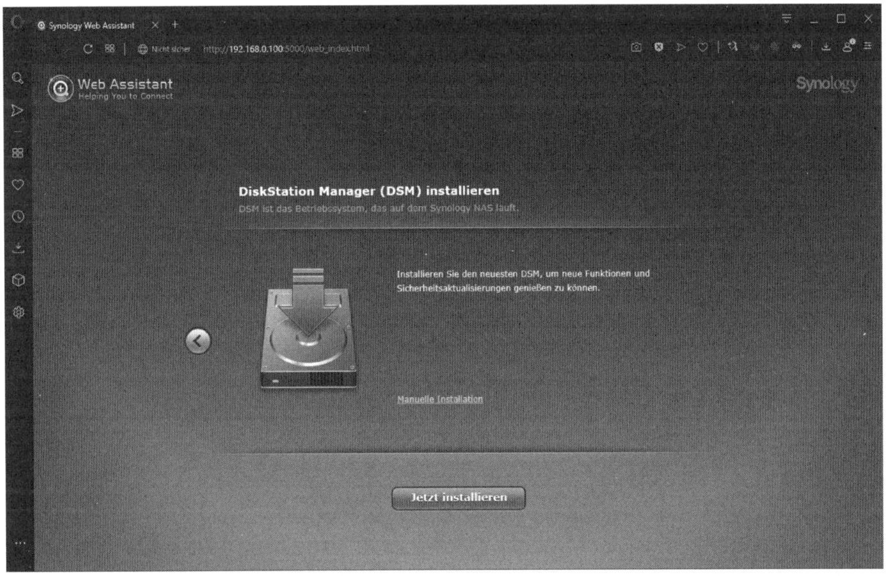

Abb. 2.12: Automatische DSM-Installation

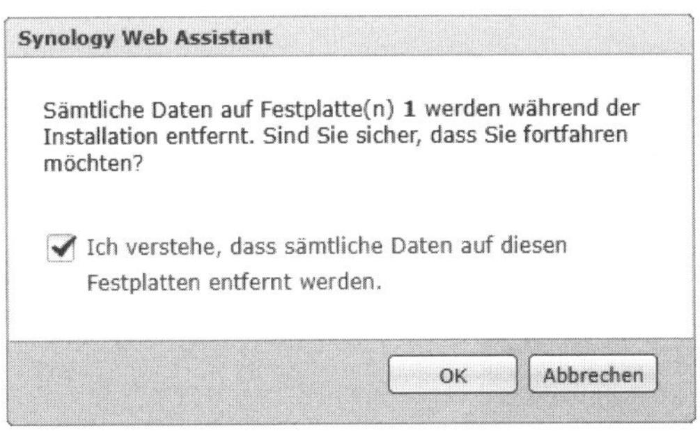

Abb. 2.13: Alle Daten auf den Festplatten werden gelöscht.

3. Sie sehen dann eine Fortschrittsanzeige, die Sie über den Stand der Installation informiert. Dazu werden Sie darauf hingewiesen, das NAS während des Vorgangs nicht auszuschalten. Die Installation würde dadurch abgebrochen werden.

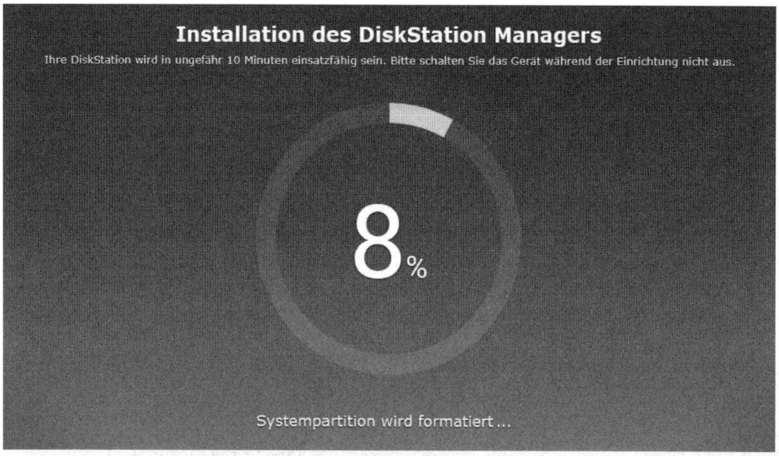

Abb. 2.14: Die Installation dauert nur einige Minuten.

Tipp

Sollte bei der Installation etwas schiefgehen, kann es sein, dass der Assistant DSM bereits als installiert anzeigt bzw. beim Aufruf des NAS das Benutzerlogin erscheint.

Schalten Sie das NAS aus und entnehmen Sie die Festplatten. Schließen Sie die Festplatten an Ihren PC oder an eine SATA-Dockingstation an und löschen Sie alle angelegten Partitionen (Rechtsklick auf DIESER PC|MEHR|VERWALTEN|DATENTRÄGERVERWALTUNG). Stecken Sie die Festplatten anschließend wieder ins NAS und starten Sie dieses. Sie können die Installation jetzt sauber von vorne beginnen.

4. Nach Abschluss der Installation startet das NAS automatisch neu. Im Browser sehen Sie einen Countdown von 10 Minuten. Der Neustart sollte nicht ganz so lange dauern. Sie erkennen den Status an der Power-LED am Gehäuse. Blinkt die LED, fährt das NAS gerade herunter bzw. wieder hoch. Ist es wieder hochgefahren leuchtet die LED und ein Signalton ist zu hören. Das Browserfenster sollte dann automatisch neu laden.

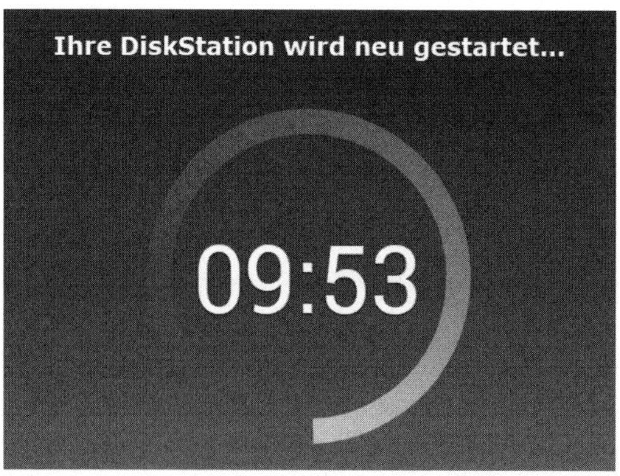

Abb. 2.15: Nach dem Neustart geht es weiter.

5. Jetzt geht es weiter mit der grundlegenden Einrichtung Ihres NAS. Sie müssen dazu einen Namen vergeben. Der Name wird später in DSM beim Login angezeigt und darunter ist das NAS auch in diversen Applikationen aufgeführt. Auch der Synology Assistant zeigt ihn an. Der gewählte Name ersetzt den Standardnamen des Geräts (*DiskStation* bei DS-Geräten).

Hinweis

Unter dem Namen ist Ihr NAS auch im Netzwerk ersichtlich und aufrufbar. Beachten Sie, dass sich die URL von `diskstation:5000` auf Ihren gewählten Namen ändert.

6. Weiterhin müssen Sie einen Benutzer anlegen. Der Benutzer hat Administratorrechte. Es gibt auf dem NAS ein Standard-Administrator-Konto, dieses wird deaktiviert, wenn Sie DSM auf dem hier beschriebenen Weg installieren. Mehr zu Administratoren und Benutzern erfahren Sie in Kapitel 4 »Die Benutzerverwaltung«. Vergeben Sie noch ein Passwort für den Benutzer und bestätigen Sie dieses durch eine erneute Eingabe.

Wichtig

Benutzer, allen voran Administratoren, sollten immer möglichst sichere Passwörter verwenden. Lesen Sie in Kapitel 10, Abschnitt 10.5 »Passwörter«, was wirklich sichere Passwörter sind, die Sie sich dennoch leicht merken können.

7. Setzen Sie den Vorgang durch Klicken auf WEITER fort.

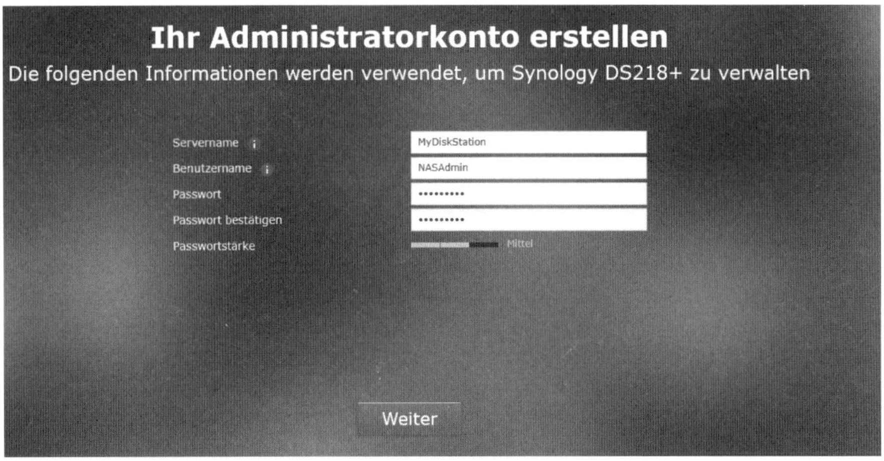

Abb. 2.16: Grundeinstellungen während des Einrichtungsvorgangs

8. Als Nächstes fordert Sie der Assistant auf, *QuickConnect* einzurichten (siehe Abbildung 2.17). QuickConnect erlaubt Ihnen, über das Internet auf Ihr NAS zuzugreifen, ohne das NAS und Ihren Router entsprechend zu konfigurieren. Details dazu erfahren Sie in Abschnitt 9.1 »Zugriff über QuickConnect«. Da wir uns mit dem externen Zugriff und

QuickConnect später noch ausführlich befassen, lassen wir die Einrichtung fürs Erste einmal aus.

Hinweis

Konfigurieren Sie nichts, von dem Sie nicht absolut sicher sind, dass Sie es brauchen, nur weil ein Installationsprozess es Ihnen vorschlägt. Alle Einstellungen, die Sie bei der Installation überspringen, können Sie später auch noch einrichten.

Klicken Sie auf den leicht zu übersehenden Text DIESEN SCHRITT ÜBERSPRINGEN unter dem WEITER-Button. Ein Popup weist Sie darauf hin, dass Sie durch das Überspringen später den aufwendigeren Weg gehen müssen. Das stimmt, wie schon erwähnt nicht, Sie können QUICKCONNECT auch später einrichten, das geht dann genauso schnell wie die Einrichtung an dieser Stelle.

9. Nach einem Klick auf WEITER möchte der Web Assistant empfohlene Pakete installieren. Auch hier überspringen Sie den Schritt, wenn Sie nicht genau wissen, dass Sie alle angegebenen Pakete benötigen. Mit Paketen befassen wir uns in Abschnitt 3.3.6 »Paket-Zentrum« sowie in den kommenden Teilen dieses Buches. Die Pakete können einzeln nachinstalliert werden. Da diese Speicherplatz benötigen, installieren Sie nichts, was Sie nicht brauchen.
10. Zu guter Letzt fragt Sie der Assistant, ob Sie den Netzwerkstandort Ihres Geräts freigeben möchten, damit es über `find.synology.com` gefunden werden kann. Da Sie DSM bereits installiert haben, benötigen Sie `find.synology.com` normalerweise nicht mehr. Sie erreichen Ihr NAS über seinen Namen oder seine IP. Sollten Sie mehrere Geräte verwalten, verwenden Sie den Synology Assistant, der hat mehr Funktionen als `find.synology.com` und findet Ihre Geräte auch ohne die Standortfreigabe.

    Aus Sicherheitsgründen geben Sie den Standort also nicht frei und klicken direkt auf LOS.

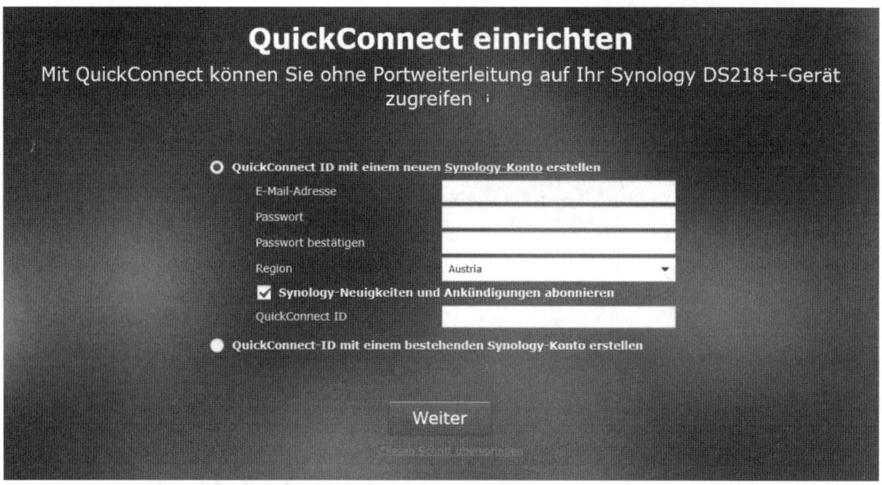

Abb. 2.17: Die Einrichtung von QuickConnect, ...

Abb. 2.18: ... die Installation der Pakete ...

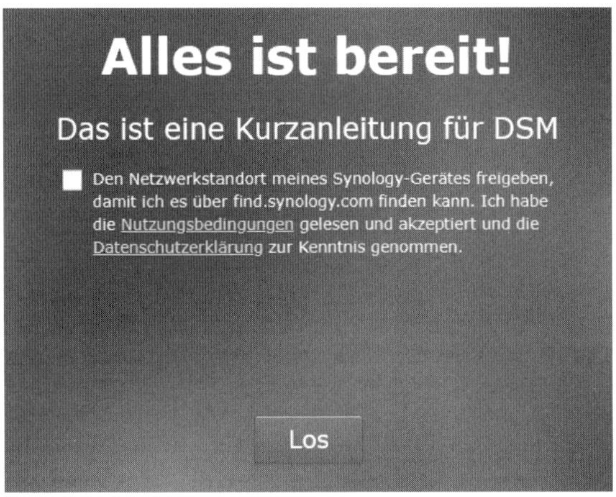

Abb. 2.19: ... und die Standortfreigabe können Sie einfach überspringen.

2.3.3 DSM ohne Internetverbindung installieren

Sollten Sie im Netzwerk, in dem das NAS aufgestellt ist, keinen Internetzugriff haben oder der Internetzugriff eingeschränkt sein, können Sie DSM auch ohne aktive Internetverbindung installieren.

1. Sie müssen dazu auf Ihrem Rechner den bereits erwähnten Synology Assistant installieren.
2. Laden Sie vorab von einem Ort mit Internetverbindung die Installationsdatei für DSM herunter.

Wählen Sie dazu unter `https://www.synology.com/de-de/support/download` Ihr Gerät aus. Im Reiter BETRIEBSSYSTEM ist die DSM-Datei mit der Endung `.pat` die einzige, die zur Auswahl steht. Sie können dort auch ältere DSM-Versionen herunterladen.

3. Starten Sie den Synology Assistant im LAN, mit dem das NAS verbunden ist.
4. Rechtsklicken Sie auf das gewünschte NAS und wählen Sie den Eintrag INSTALLATION. Der Eintrag VERBINDEN würde Sie wieder zum oben beschriebenen Installationsprozess führen.
5. Im nächsten Fenster öffnen Sie den Auswahldialog (DURCHSUCHEN) und wählen die zuvor heruntergeladene pat-Datei.
6. Ähnlich wie im zuvor beschriebenen Prozess müssen Sie jetzt ein Passwort für den Administrator wählen. Anders als bei der automatischen Installation vergeben Sie das Passwort allerdings für den Standardadministrator *admin*. Hier wird also kein eigenes Konto angelegt (siehe Kapitel 4 »Die Benutzerverwaltung«).

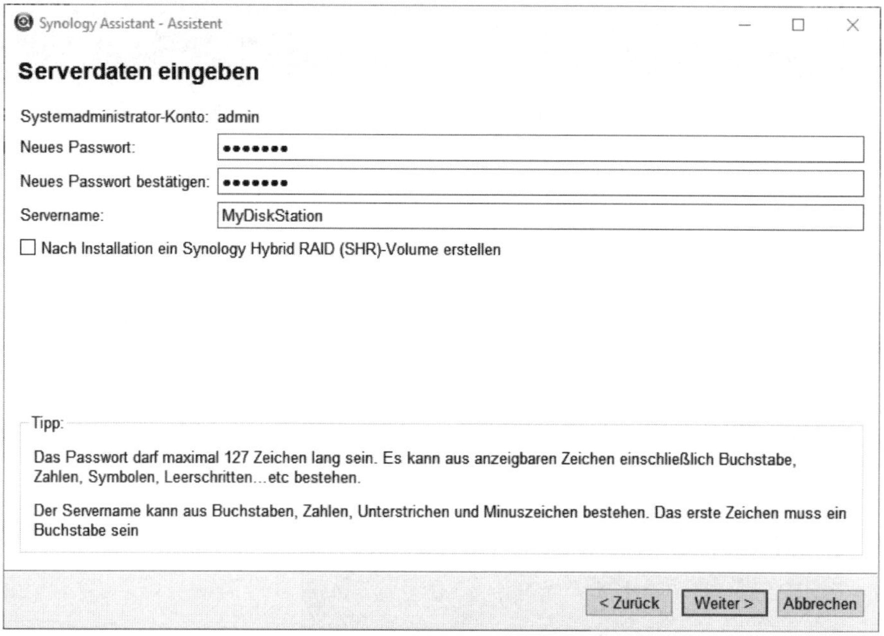

Abb. 2.20: Die Angaben sind ähnlich zur automatischen Installation.

7. Vergeben Sie einen Namen für Ihr NAS.
8. Haben Sie mehr als eine Festplatte verbaut, bietet Ihnen der Assistant an, nach der Installation automatisch ein *SHR-Volume* zu erstellen. Stellen Sie sicher, dass diese Option nicht ausgewählt ist, und bestätigen Sie die Eingaben mit Klick auf WEITER.
9. Im folgenden Fenster können Sie die Netzwerkverbindung des NAS konfigurieren. Sollte im Netzwerk ein DHCP vorhanden sein, der IP-Adressen automatisch zuweist, müssen Sie hier keine weiteren Einstellungen vornehmen. Nur wenn Geräte im Netzwerk manuell konfiguriert werden müssen, können Sie hier die entsprechende Option wählen und die IPs händisch eintragen.

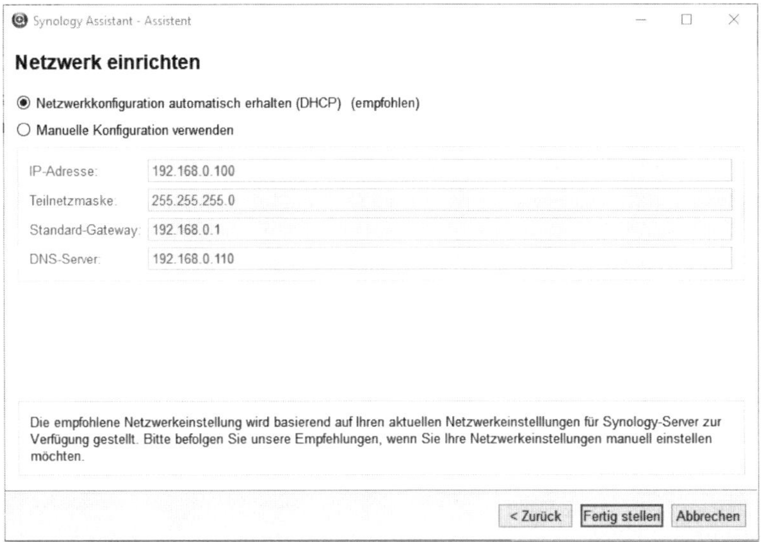

Abb. 2.21: Üblicherweise vergibt im Heimnetz der DHCP am Router die IP-Adressen.

10. Starten Sie die Installation mit Klick auf FERTIG STELLEN.
11. Die Installation wird jetzt durchgeführt, gefolgt von einem automatischen Neustart. Ist der Prozess abgeschlossen, können Sie den Assistant beenden und sich mit dem NAS über den Browser verbinden.

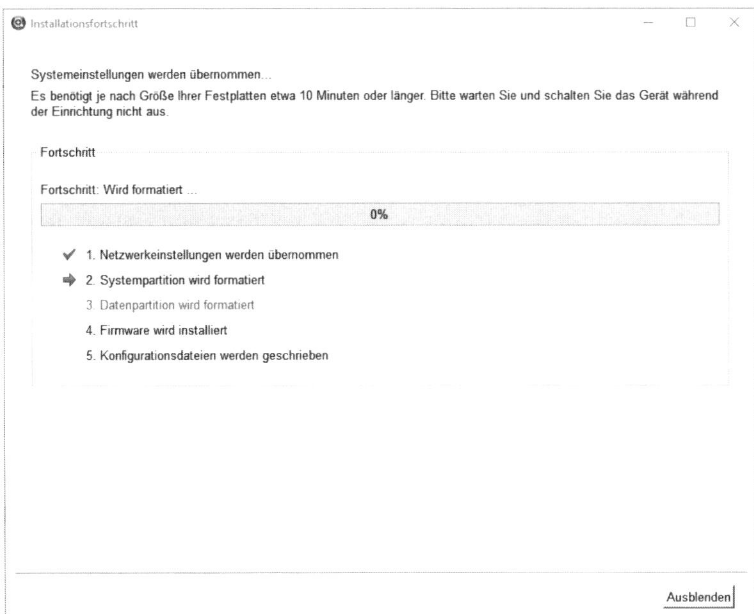

Abb. 2.22: Auch dieser Vorgang ähnelt dem der automatischen Installation im Browser.

Herzlichen Glückwunsch, DSM ist erfolgreich installiert und Sie können Ihr NAS jetzt benutzen. Sie sind automatisch in DSM eingeloggt. Synology möchte gerne Ihre anonymisierte Geräteanalyse haben. Auch hier können Sie getrost auf NEIN, DANKE! klicken. Eventuell sehen Sie einige Nachrichten zu Neuerungen in DSM, je nach installierter Version. Haben Sie die Hinweise bestätigt, sehen Sie ein kurzes, interaktives Tutorial, das Ihnen zeigt, wie Sie die DSM-Oberfläche bedienen.

Sie können DSM jetzt jederzeit über http://*<IP-Ihrer-DS>*:5000 oder http://*<Name-Ihrer-DS>*:5000 aufrufen. Sie können auch weiterhin den Synology Assistant verwenden, um sich mit Ihrem NAS zu verbinden.

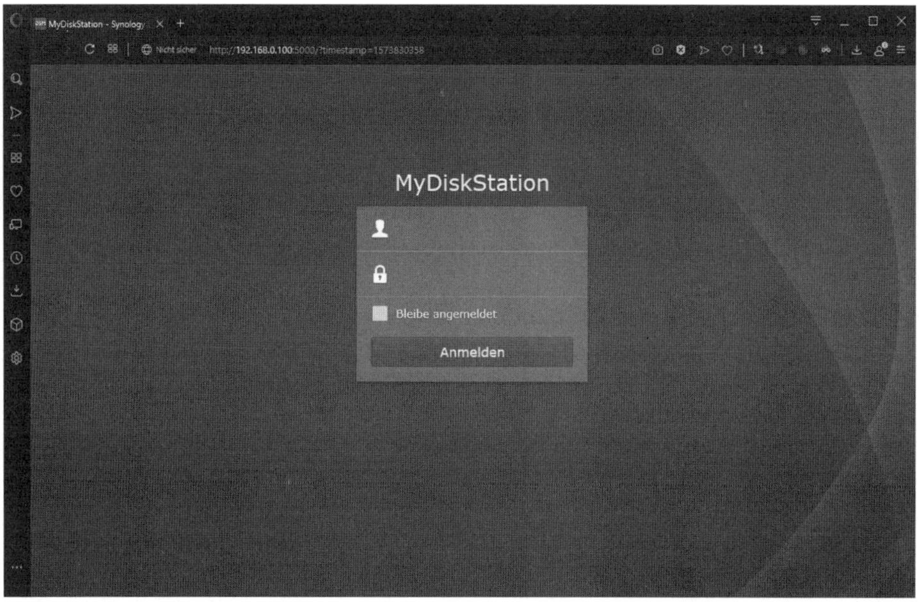

Abb. 2.23: Anmeldefenster des DSM

Im nächsten Kapitel nehme ich Sie mit auf eine Tour durch DSM und erklären Ihnen die Benutzeroberfläche und wie Sie sie bedienen. Ich zeige Ihnen die einzelnen Anwendungen und Optionen, außerdem erfahren Sie alles über die Benutzerverwaltung des NAS.

Kapitel 3

DiskStation Manager – das Betriebssystem im Browser

Der DiskStation Manager oder kurz DSM ist das Betriebssystem Ihres Synology NAS. Genauer ausgedrückt ist es ein auf einem Linux-Kernel basierendes Betriebssystem sowie die Weboberfläche des Betriebssystems. Für das Bedienen eines Synology NAS benötigen Sie keine Client-Software. Sie können von jedem Gerät aus auf Ihr NAS zugreifen, sofern Sie das nicht sperren (siehe Kapitel 10 »Sicherheit«). Sie könnten sogar weltweit auf Ihr NAS zugreifen, von jedem Computer mit Internetverbindung aus (siehe Kapitel 9 »Das NAS über das Internet erreichen«).

Aber schön der Reihe nach. Mit DSM verwalten Sie nicht nur Ihr NAS und deren Benutzer, Sie haben auch Zugriff auf alle grundlegenden Funktionen. DSM ist die ultimative Steuerzentrale. In diesem Kapitel erkläre ich Ihnen, wie Sie die Benutzeroberfläche bedienen und an Ihre Bedürfnisse anpassen. Sie lernen, wie Sie Benutzer anlegen und deren Rechte anpassen und wo welche Einstellungen zu finden sind.

3.1 Die DSM-Benutzeroberfläche

Die Benutzeroberfläche des DSM sieht ähnlich aus wie die herkömmlicher Desktop-Betriebssysteme. Sie weist auch dieselben Elemente auf, die auch die Oberflächen anderer Betriebssysteme ausmachen. Es gibt eine Taskleiste, ein Hauptmenü, einen Desktop mit Symbolen und Desktop-Widgets.

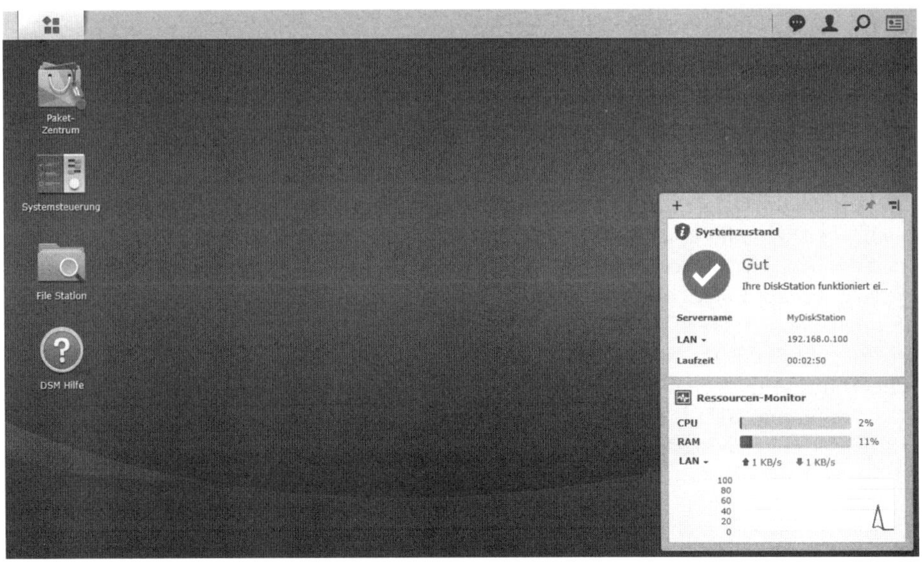

Abb. 3.1: Die unveränderte DSM-Oberfläche

3.1.1 Die Taskleiste

Die Taskleiste des DSM ist der von Windows sehr ähnlich, auf der linken Seite befindet sich der Button, der das Hauptmenü öffnet (❶, Abbildung 3.2). Starten Sie eine Anwendung, wird ihr Symbol im mittleren Bereich der Taskleiste angezeigt. Sie können mit einem Klick auf das Symbol zwischen den aktiven Fenstern hin und her schalten. Bleiben Sie mit dem Mauszeiger über einem Symbol, wird Ihnen eine Miniaturansicht des Fensters angezeigt.

Auf der rechten Seite sehen Sie eine Reihe von Icons, die Zugriff auf eine Reihe von Grundfunktionen bieten. Die Anzahl der Icons variiert, je nachdem in welchem Zustand sich Ihr NAS befindet. Vier Icons sind aber immer vorhanden:

- ❷ – Unter dem Sprechblasen-Icon finden Sie die Systembenachrichtigungen Ihres NAS (siehe Abschnitt 3.1.5 »Benachrichtigungen«).
- ❸ – Unter dem Benutzer-Icon verbirgt sich eine Auswahl an diversen Optionen und Aktionen, die der aktuell angemeldete Benutzer durchführen kann.
- ❹ – Über die Lupe gelangen Sie zur Suchfunktion des NAS (siehe Abschnitt 3.3.9 »Die Suche und Universal Search«).
- ❺ – Mit dem Widget-Icon können Sie die Anzeige der Desktop-Widgets ein- und ausschalten (alles zu den Widgets lesen Sie in Abschnitt 3.1.4 »Die Widgets«).

Abb. 3.2: Die DSM-Taskleiste

Weitere Icons

Abb. 3.3: Andere Icons, die situationsabhängig angezeigt werden

- ❻ – Schließen Sie externe Massenspeicher-Geräte an Ihr NAS an (entweder über USB oder eSata), erscheint dieses Icon in der Taskleiste. Ein Klick darauf zeigt Ihnen alle verbundenen Geräte. Hier können Sie die Geräte auch wieder auswerfen.

Wichtig: Massenspeicher auswerfen

Werfen Sie die Geräte immer aus, bevor Sie sie vom NAS trennen. Dieser Hinweis wird wohl ebenso häufig ignoriert wie das Popup mit dem Software-Lizenzvertrag. Das Trennen des Massenspeichers, ohne ihn vorher auszuwerfen, kann aber tatsächlich zu Datenverlust führen. Daten, die zum oder vom externen Speicher übertragen werden, werden gecacht. Trennen Sie die Verbindung, ist nicht sichergestellt, dass alle Daten dort sind, wo sie hingehören. Während sich der Cache in Windows deaktivieren lässt und externe Speicher sofort abgezogen werden können, steht Ihnen diese Möglichkeit auf dem NAS nicht zur Verfügung. Gerade bei Modellen mit schwächerer CPU oder bei hoher Auslastung kann es leicht zu beschädigten Daten kommen.

- ❼ – Das Icon für die Hintergrundaufgabe. Hier handelt es sich um Aufgaben und die Sie in DSM gestartet haben, die etwas mehr Zeit in Anspruch nehmen. Es handelt sich meist um das Kopieren, Verschieben oder Entpacken größerer Datenmengen. Starten Sie eine solche Aufgabe, öffnet sich ein kleines Popup, ähnlich wie Sie es von Windows oder anderen Systemen kennen. Im Unterschied zu diesen blockiert hier DSM alle anderen Funktionen. Mit dem Button AUSBLENDEN lässt sich das Popup aber schließen und die Aufgabe wird im Hintergrund fortgeführt, angezeigt durch das Icon in der Taskleiste. Dieses funktioniert im Übrigen genauso wie das der Upload-Aufgaben. Auch hier können Sie die Aufgaben in einem separaten Fenster öffnen.

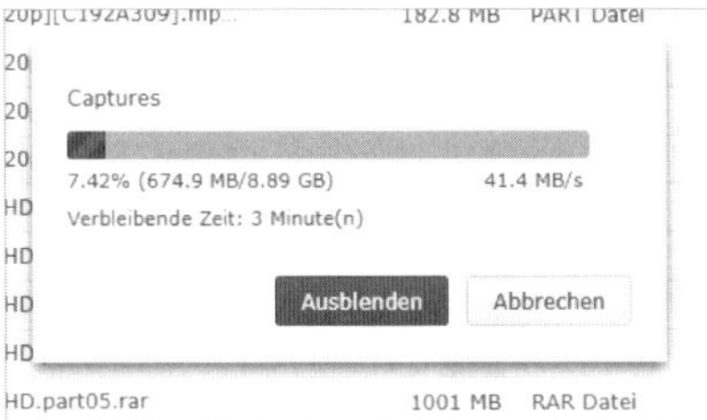

Abb. 3.4: Aufgaben, die länger dauern, können Sie in den Hintergrund verschieben.

Hinweis

Das separate Fenster heißt übrigens Dateiaufgaben-Monitor. Es ist dasselbe Fenster für Up- und Downloads, Hintergrundaufgaben und E-Mails. Sie können mithilfe der Tabs im Fenster zwischen den einzelnen Aufgabenbereichen hin und her schalten.

- ❽ – Das Icon für Uploads taucht immer dann auf, wenn Sie von einem anderen Gerät Dateien auf Ihr NAS hochladen. Der Upload läuft im Hintergrund, klicken Sie auf das Icon, öffnet sich ein Popup mit den nächsten fünf Upload-Aufgaben.

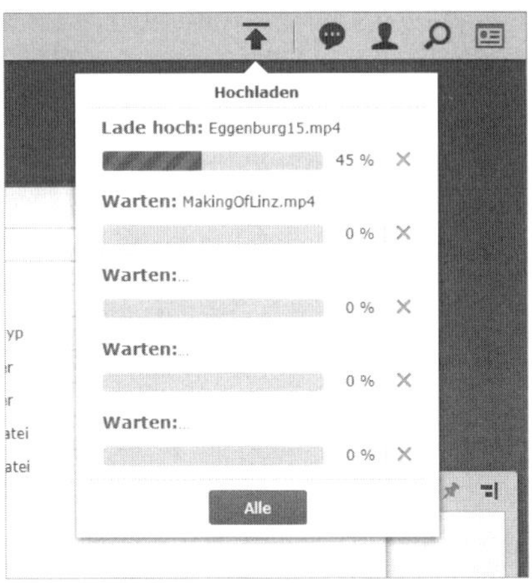

Abb. 3.5: Das Hochladen findet im Hintergrund statt, Sie können sich aber jederzeit einen Überblick verschaffen.

Sie sehen hier den Fortschritt der einzelnen Aufgaben und können diese auch mit einem Klick auf das X abbrechen. Der Button ALLE öffnet ein separates Fenster, in dem Sie alle Upload-Aufgaben mit detaillierten Angaben zu Größe, Upload-Geschwindigkeit und verbleibender Zeit finden.

- ❾ – Den *Pilot View* müssen Sie erst aktivieren, damit Sie das Icon dafür in der Taskleiste sehen. Klicken Sie dazu auf das Benutzer-Icon und öffnen Sie den Bereich PERSÖNLICH. Im Reiter SONSTIGES setzen Sie den Haken bei PILOT VIEW IN DER TASKLEISTE AKTIVIEREN. Der *Pilot View* ist ähnlich der [Win]+[Tab]-Tastenkombination oder der neuen Schaltfläche AKTIVE ANWENDUNGEN unter Windows. Sie sehen alle offenen Anwendungen und Fenster in einer Übersicht als Miniaturen. Das hilft, den Überblick zu bewahren, wenn besonders viele Anwendungen oder Fenster offen sind.

Abb. 3.6: Der Pilot View bringt eine rasche Übersicht über einen vollen Desktop.

Symbole an die Taskleiste heften

Wie auch bei anderen Betriebssystemen können Sie besonders häufig genutzte Anwendungen an die Taskleiste heften. Öffnen Sie dazu die gewünschte Anwendung. Klicken Sie mit der rechten Maustaste auf das Symbol und wählen Sie den Eintrag ZUR TASKLEISTE LEGEN. Schließen Sie die Anwendung, bleibt Ihr Symbol in der Taskleiste, über das Sie die Anwendung jederzeit starten können.

3.1.2 Das Hauptmenü

Im Hauptmenü (siehe Abbildung 3.2, ❶) finden Sie alle auf dem NAS installierten Anwendungen, unabhängig davon, ob es sich um vorinstallierte Programme oder von Ihnen selbst installierte Pakete handelt. Hier werden immer alle Pakete angezeigt, unabhängig davon, ob Sie sie zusätzlich auf dem Desktop abgelegt oder an die Taskleiste gepinnt haben. Das Hauptmenü bietet Ihnen auch eine Suchleiste, mit der Sie nach installierten Paketen suchen können. Die Suche startet, sobald Sie mit dem Tippen beginnen, und zeigt Ihnen alle Ergebnisse zur aktuellen Eingabe.

Symbole zum Desktop hinzufügen

Sie können Symbole auf dem Desktop ablegen, indem Sie sie aus dem Hauptmenü herausziehen und am Desktop ablegen oder indem Sie auf das Symbol im Hauptmenü rechtsklicken und ZUM DESKTOP HINZUFÜGEN auswählen.

Das Hauptmenü als Liste

Standardmäßig wird das Hauptmenü als Kachelansicht mit abgedunkeltem Hintergrund dargestellt. Sie können sich das Hauptmenü aber auch als Liste anzeigen lassen. Klicken Sie dazu auf das Benutzer-Icon und öffnen Sie den Bereich PERSÖNLICH. Im Reiter DESKTOP finden Sie den Punkt HAUPTMENÜSTIL. Im Dropdown-Menü wählen Sie die Option DROP-DOWN. Öffnen Sie jetzt das Hauptmenü, klappt eine Liste auf, in der die Symbole in drei Spalten angeordnet sind.

3.1.3 Der Desktop

Der Desktop ist die Hauptarbeitsfläche in DSM. Sie können hier Symbole für die einzelnen Pakete ablegen und diese von dort aus starten. Aktive Fenster werden auf dem Desktop angezeigt. Sie können diese, wie auch im *Windows-Explorer* oder auf dem Mac im *Finder*, minimieren, maximieren, verschieben, anordnen und deren Größe ändern.

3.1.4 Die Widgets

Widgets sind kleine Anwendungen, die Informationen zu einem gewissen Thema anzeigen. Nach der Installation von DSM werden bereits zwei Widgets angezeigt: der *Systemzustand* und der *Ressourcen-Monitor*. Mit dem Widget-Icon in der Taskleiste können Sie alle aktivierten Widgets verbergen oder anzeigen lassen. Durch Ziehen mit der Maus können Sie den Widget-Container am Desktop hin und her schieben. Die Größe des Containers kann nur in der Höhe angepasst werden. Durch Klicken auf ❶ (Abbildung 3.7) öffnet sich ein Menü, das Ihnen ermöglicht, den Container an eine der vier Ecken des Desktops zu docken. Mit dem Pin-Icon ❷ lässt sich der Container immer im Vordergrund anzeigen, egal welches Fenster sonst aktiv ist und egal ob Sie das Fenster über die Widgets schieben oder es maximiert haben. Das Minus-Icon ❸ versteckt den Container, genauso, wie es das Widget-Icon in der Taskleiste tut.

Abb. 3.7: Icons des Widget-Containers

Über das Plus-Icon ❹ können Sie weitere Widgets aktivieren. Die Widgets können Sie durch Ziehen innerhalb des Containers ordnen.

Bewegen Sie den Mauszeiger in den oberen Bereich des Widgets, erscheinen zwei, manchmal drei Icons (Abbildung 3.8):

- ❺ – Das Widget wird in der Taskleiste in einer stark vereinfachten Form dargestellt. Dadurch haben Sie wichtige Informationen immer im Blick, ohne den Arbeitsbereich am Desktop einzuschränken. Ein Klick auf das Icon in der Taskleiste bringt das Widget zurück in den Container. Diese Option steht aber nicht bei allen Widgets zur Verfügung.
- ❻ – Verkleinert das Widget etwas und zeigt nur die relevantesten Informationen an.
- ❼ – Entfernt das Widget aus dem Container.

Abb. 3.8: Icons der Widgets

Systemzustand

Dieses Widget zeigt Ihnen im Idealfall ein Häkchen in einem grünen Kreis und das Wort GUT an. Das Widget zeigt, wie der Name schon sagt, den Systemzustand Ihres NAS an. Gibt es ein Problem im System selbst, sehen Sie es hier. Zusätzlich sehen Sie den Namen des NAS, die Netzwerkschnittstelle und die darüber zugewiesene IP-Adresse sowie die Laufzeit. Ein Klick auf das Icon neben dem Titel öffnet das Info-Center (siehe Abschnitt »Info-Center«, Seite 85).

Abb. 3.9: Die wichtigsten Informationen des Systems auf einen Blick

Ressourcen-Monitor

Der Ressourcen-Monitor ist eine eigene Anwendung, die auf dem NAS vorinstalliert ist (siehe Abschnitt 11.3.2 »Die Systemauslastung auf einem Blick – der Ressourcen-Monitor«). Im Widget werden die wichtigsten Daten (CPU-, RAM- und Netzwerkauslastung) angezeigt. Das kleine Icon öffnet den Ressourcen-Monitor als Anwendung.

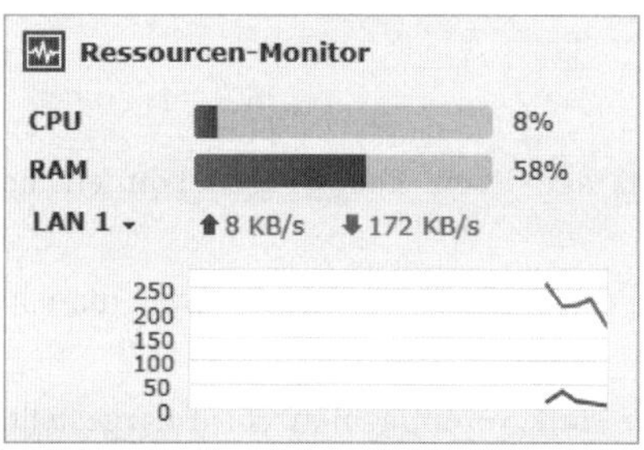

Abb. 3.10: Eine Übersicht der System-Ressourcen

Speicher

Dieses Widget zeigt Ihnen den Zustand des/der Speicher-Volumes an. Auch hier öffnet das kleine Icon neben dem Titel die dazugehörige Anwendung.

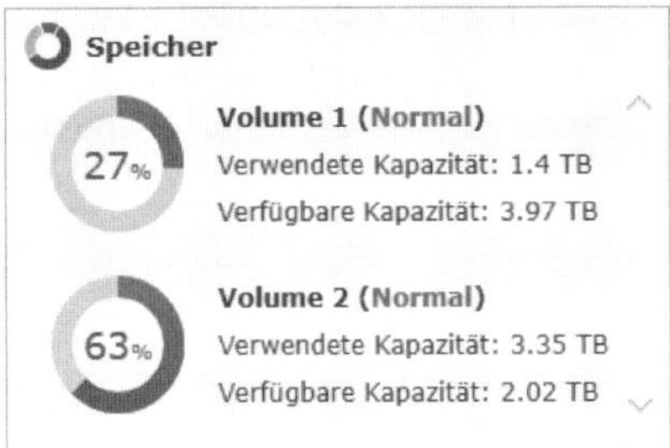

Abb. 3.11: Das Widget zeigt Ihnen alle konfigurierten Volumes und deren Speicherbelegung.

Verbundene Benutzer

Haben mehrere Benutzer Zugriff auf das NAS, ist dieses Widget besonders hilfreich. Es zeigt alle mit dem NAS verbundenen Benutzer an. Sie sehen den Kontonamen, das Protokoll, über das die Verbindung aufgebaut wurde, und die Verbindungsdauer. Zusätzlich haben Sie die Möglichkeit, die Verbindung direkt zu trennen, indem Sie auf das kleine rote Symbol beim jeweiligen Eintrag klicken. Welche Funktion das Icon neben dem Titel hat, muss ich wohl nicht mehr erwähnen. Mit Benutzern beschäftigen wir uns übrigens in Kapitel 4 »Die Benutzerverwaltung«.

Geplante Aufgaben

Hier wird Ihnen eine Liste der nächsten geplanten Aufgaben und deren Ausführungszeit gezeigt (siehe Abschnitt »Aufgabenplaner«, Seite 88).

Dateiänderungsprotokoll

Dieses Widget zeigt die letzten Änderungen an, die an Dateien vorgenommen wurden. Damit hier Einträge angezeigt werden, muss das Paket *Protokoll Center* installiert sein. Mehr zum Thema Paketinstallation erfahren Sie in Abschnitt 3.3.6 »Paket-Zentrum«.

Letzte Protokolle

Hier werden ganz allgemein Vorgänge, die vom System protokolliert werden, angezeigt. Das reicht von einfachen Meldungen vom Hoch- und Runterfahren über Verbindungen von externen Speichermedien bis hin zu erfolgreichen und fehlgeschlagenen Anmeldeversuchen.

3.1.5 Benachrichtigungen

Die Sprechblase (siehe Abschnitt 3.1.1 »Die Taskleiste«) zeigt Ihnen nicht nur an, wie viele neue Benachrichtigungen auf Sie warten, ein Klick auf das Icon öffnet auch die Liste aller aktiven Benachrichtigungen.

Der Titel einer Benachrichtigung zeigt Ihnen, wo das Ereignis aufgetreten ist, darunter finden Sie einen kurzen Text, der Ihnen mitteilt, was passiert ist, gefolgt vom Datum des Ereignisses. Am unteren Ende der Liste finden Sie zwei Buttons. ALLE ANZEIGEN öffnet die Benachrichtigungen in einem separaten Fenster, mehr Informationen oder Funktionen finden Sie dort aber nicht. ALLE LÖSCHEN leert die Liste der Benachrichtigungen.

In der rechten oberen Ecke der Benachrichtigungsliste finden Sie ein weiteres Icon. Ein Klick darauf, und es öffnen sich die Benachrichtigungseinstellungen. Hier können Sie festlegen, welche Dienste Benachrichtigungen auslösen können und wie die Benachrichtigungen sortiert werden sollen.

Abb. 3.12: Benachrichtigungen anzeigen

Sie können sich aber nicht nur direkt in DSM über Ereignisse benachrichtigen lassen, Sie haben auch die Möglichkeit, Benachrichtigungen per E-Mail zu erhalten. Wie das geht, erfahren Sie in Abschnitt 11.3.1 »Systembenachrichtigungen aktivieren«.

3.1.6 DSM personalisieren

Sie können einige Aspekte des DSM Ihren Wünschen anpassen. Die betreffenden Einstellungen dazu finden Sie im Bereich PERSÖNLICH, wenn Sie auf das Benutzer-Icon in der Taskleiste klicken. Einstellungen, die Sie hier vornehmen, gelten nur für das entsprechende Benutzerkonto.

- Im ersten Reiter KONTO finden Sie alle Angaben direkt zum Benutzer. Sie können hier die Beschreibung des Kontos sowie das Passwort und E-Mail-Adresse ändern. Des Weiteren können Sie hier Sprache und Datums- bzw. Zeitformat einstellen.

  In diesem Reiter aktivieren Sie auch die 2-Stufen-Verifizierung (2-Factor Authentication). Mehr dazu erfahren Sie in Abschnitt 10.9 »2-Faktor-Authentifizierung«.

  Ganz unten finden Sie den Button KONTOAKTIVITÄT. Dieser öffnet ein Fenster, in dem Sie verschiedene Aktivitäten finden, die mit dem Konto durchgeführt wurden.
- Im Reiter QUOTE können Sie direkt keine Änderung vornehmen, Sie sehen hier aber eine Auflistung aller Ordner auf dem NAS und die Quote (Einschränkung des Speicherplatzes für einen Benutzer) des Benutzers (siehe Abschnitt 4.3 »Einen neuen Benutzer anlegen«, Absatz 5).
- Im Reiter DESKTOP können Sie endlich Anpassungen vornehmen. Die erste Einstellung kennen Sie schon von Seite 69. Hier ändern Sie das Aussehen des Hauptmenüs. Die Einstellung DESKTOP-SYMBOLGRÖSSE ist selbsterklärend, hier stehen Ihnen zwei Optionen zur Auswahl.

  Aktivieren Sie die Einstellung BENUTZERDEFINIERTE FARBE, können Sie in den beiden Dropdown-Menüs darunter eine Farbe für Schrift und Hintergrund festlegen. Übrig bleibt noch die Einstellung HINTERGRUNDBILD ANPASSEN. Aktivieren Sie diese, können Sie ein Hintergrundbild auswählen. Ihnen stehen einige vorinstallierte Bilder zur Auswahl, Sie können aber auch eigene Bilder aus einem beliebigen Ordner des NAS auswählen. Im Dropdown-Menü darunter können Sie angeben, wie das Bild in den Desktop eingepasst wird, wie Sie es auch von anderen Betriebssystemen kennen. Das Hintergrundbild lässt sich übrigens mit der benutzerdefinierten Textfarbe kombinieren.

- Im Reiter E-MAIL-KONTO können Sie Konten anderer Anbieter verknüpfen und Dateien auf dem NAS als Anhänge versenden. Das hier verknüpfte Konto wird auch von verschiedenen Anwendungen für benutzerspezifische Benachrichtigungen verwendet und es wird Ihnen in diesem Buch noch öfter begegnen. Jeder Benutzer kann hier selbst ein Konto hinzufügen und bekommt auch nur Benachrichtigungen, die sein Benutzerkonto betreffen.
  - Klicken Sie auf HINZUFÜGEN.
  - Wählen Sie Ihren E-Mail-Anbieter bzw. CUSTOMIZE, sollte Ihr Anbieter nicht in der Liste sein.
  - Geben Sie die Anmeldedaten für Ihr E-Mail-Konto an und testen Sie die Verbindung.
  - Im nächsten Schritt können Sie die Kontakte des Mail-Kontos importieren. Ob Sie das möchten, bleibt Ihnen überlassen. Beenden Sie den Vorgang mit einem Klick auf BESTÄTIGEN.
- Im Reiter SONSTIGES finden Sie weitere Einstellungen für DSM:
  - BESTÄTIGUNGSDIALOG BEIM VERLASSEN VON DSM NICHT ANZEIGEN – Ist diese Option nicht aktiviert, erscheint ein Popup, wenn Sie sich von DSM abmelden wollen.
  - DSM BEIM ANMELDEN MIT DEN FENSTERN LADEN, WELCHE BEIM LETZTEN ABMELDEN AKTIV WAREN – Speichert alle Anwendungen und Fenster, die beim Abmelden noch offen sind. Beim nächsten Login werden diese wiederhergestellt.
  - SOFORTVORSCHAU AUF TASKLEISTE AKTIVIEREN – Zeigt eine Miniaturvorschau, wenn Sie den Mauszeiger über ein Symbol in der Taskleiste bewegen.
  - DESKTOP-TASTENKÜRZEL AKTIVIEREN – Ist diese Option aktiviert, stehen Ihnen diverse Tastenkürzel in DSM zur Verfügung (siehe Abschnitt 3.1.7 »Tastenkürzel des DSM«).
  - BARRIEREFREIHEIT DEAKTIVIEREN – Deaktiviert die Barrierefreiheit-Funktion von DSM.
  - SCHALTFLÄCHE PILOT VIEW IN DER TASKLEISTE AKTIVIEREN – Diese Option kennen Sie bereits von Seite 68.

3.1.7 Tastenkürzel des DSM

Obwohl DSM eine Webanwendung in Ihrem Browser ist, stehen Ihnen eine Reihe von Tastenkürzeln zur Verfügung. Diese erlauben Ihnen, schneller zu navigieren und Aufgaben ohne lange Mauswege zu erledigen. Um die verfügbaren Tastenkürzel anzuzeigen, drücken Sie [⇧]+[?], während Sie sich auf dem DSM-Desktop befinden. Es gibt noch weitere Tastenkürzel, die Sie nicht in der Übersicht finden werden. In Tabelle 3.1 sehen Sie einige davon.

Tastenkürzel	Ausgeführte Aktion
[Alt]+[D]	Öffnet eine Schnellsuche für Dokumente
[Alt]+[M]	Öffnet eine Schnellsuche für Musik

Tabelle 3.1: Weitere Tastenkürzel für DSM

Tastenkürzel	Ausgeführte Aktion
Alt+P	Öffnet eine Schnellsuche für Bilder
Alt+V	Öffnet eine Schnellsuche für Videos
F2	Öffnet den Dialog zum Umbenennen (vorausgesetzt, eine Datei oder ein Ordner wurde markiert)

Tabelle 3.1: Weitere Tastenkürzel für DSM (Forts.)

Hinweis

Die Wahl des Browsers, mit dem Sie DSM aufrufen, kann Auswirkungen auf die Tastenkürzel haben. Oft sind Tastenkürzel bereits mit Funktionen des Browsers belegt.

3.2 Speicherplatz verwalten

Jetzt, da Sie sich in DSM zurechtfinden, wird es Zeit, einen wichtigen Schritt durchzuführen, ohne den Ihr NAS keine ihrer zugedachten Aufgaben erfüllen kann. Sie müssen den Speicherplatz der eingebauten Festplatten in *Speicherpools* organisieren und sogenannte *Volumes* anlegen. Erst dann sind Sie in der Lage, eigene Ordner auf dem NAS anzulegen, Dateien hochzuladen und Pakete zu installieren.

Tipp

Versuchen Sie nicht gleich, ein lauffähiges System zu konfigurieren und mit Echtdaten zu befüllen. Nehmen Sie sich Zeit und testen Sie verschiedene Konfigurationen und Einstellungen aus. Scheuen Sie nicht davor zurück, Speicherkonfigurationen einfach auszuprobieren und anschließend wieder zu löschen. Das gilt für alles, was Sie hier im Buch finden. Probieren Sie alles aus und am Ende formatieren Sie die Festplatten und setzen das NAS neu auf. Wie Sie Ihr NAS konfigurieren, kann Einfluss auf Ihre Daten haben, die Sie später darauf ablegen. Erst wenn Sie mit dem System vertraut sind, sollten Sie sich an die Arbeit machen und es für den eigentlichen Betrieb konfigurieren.

3.2.1 Speicher-Management auf dem NAS

Der Speicher auf einem Synology NAS ist in mehreren Schichten organisiert. Die unterste Schicht stellt die Hardware dar, die oberste Ihre Dateien und Ordner. Öffnen Sie den *Speicher-Manager*, sehen Sie eine Übersichtsseite über den aktuellen Zustand Ihres Speichers. Im Menü auf der linken Seite sehen Sie die drei Schichten, die Sie mit dem Manager verwalten können.

Wie schon erwähnt, ist die unterste Schicht die Hardware, genauer die Festplatten, die Sie in Ihr NAS eingebaut haben. Im Bereich HDD/SSD sehen Sie die verbauten Platten. Hier müssen Sie nichts weiter einstellen, es stehen Ihnen aber einige Mittel zum Monitoring Ihrer Festplatten zur Verfügung. Mehr dazu können Sie in Kapitel 11 »Den Betrieb anpassen und überwachen« nachlesen.

Eine Ebene darüber liegen die *Speicherpools*. Diese können im gleichnamigen Menü verwaltet werden. Mittels Speicherpools können mehrere Festplatten zu einer logischen Einheit zusammengefasst werden. Auf dieser Ebene lässt sich auch die RAID-Konfiguration durchführen. Die Theorie zu den RAIDs finden Sie in Abschnitt 1.3 »Die Festplattenkonfiguration«.

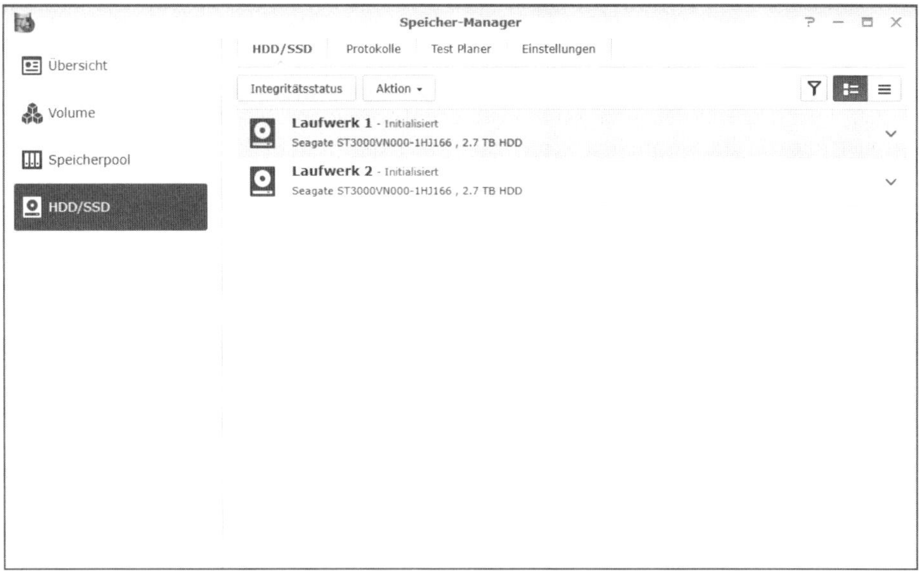

Abb. 3.13: Eine Liste der eingebauten Festplatten

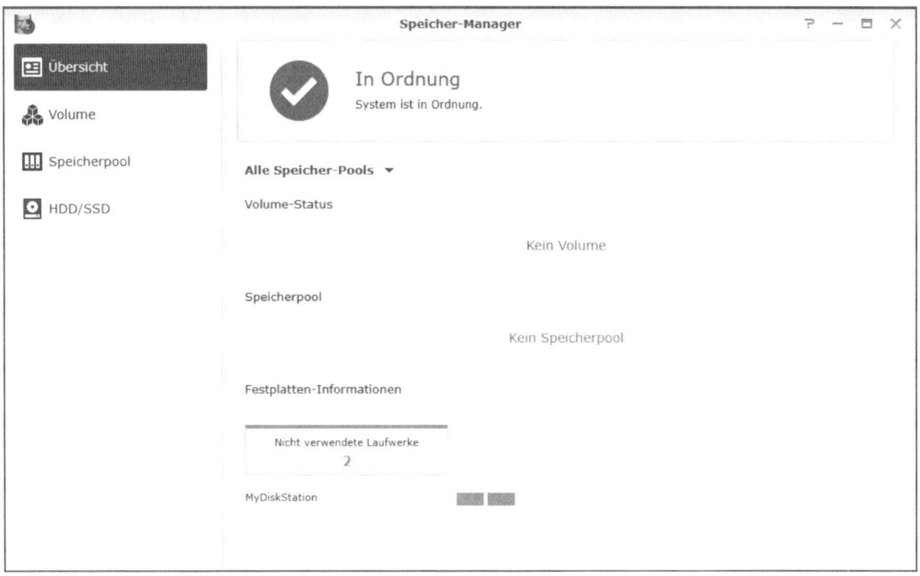

Abb. 3.14: Der Speicher-Manager nach der DSM-Installation

Die letzte Ebene, die Sie konfigurieren müssen, sind die sogenannten *Volumes*. Während Partitionen einen physischen Speicher in einzelne Bereiche teilen, fasst ein *Volume* mehrere Speichereinheiten zu einer logischen Einheit zusammen, die vom Betriebssystem als ein Speicherort angesehen wird.

3.2.2 Einen Speicherpool anlegen

Je nachdem, wie Sie DSM installiert haben, kann schon ein Speicherpool vorhanden sein. In der manuellen Installation kann man den Installationsassistenten daran hindern, ansonsten legt er für Sie automatisch einen Speicherpool mit SHR-1 RAID mit allen Festplatten an (SHR-1 entspricht bei zwei Festplatten einem RAID 1). Wie Sie einen Speicherpool löschen, können Sie weiter unten nachlesen.

1. Öffnen Sie das Menü SPEICHER-MANAGER|SPEICHERPOOL.
2. Klicken Sie auf ERSTELLEN.
3. Im folgenden Dialog müssen Sie die Grundeinstellung für den Speicherpool festlegen. In der Einstellung BESSERE LEISTUNG können Sie nur ein einziges Volume im entsprechenden Pool erstellen, dafür ist die Leistung besser. Die Einstellung GRÖßERE FLEXIBILITÄT erlaubt es Ihnen, mehrere Volumes pro Pool zu erstellen, allerdings auf Kosten der Leistung. Wenn Sie sich entschieden haben, klicken Sie auf WEITER.

Hinweis

Die Option SHR, also das dynamische RAID von Synology zu nutzen, ist nur bei der Auswahl von GRÖßERE FLEXIBILITÄT vorhanden.

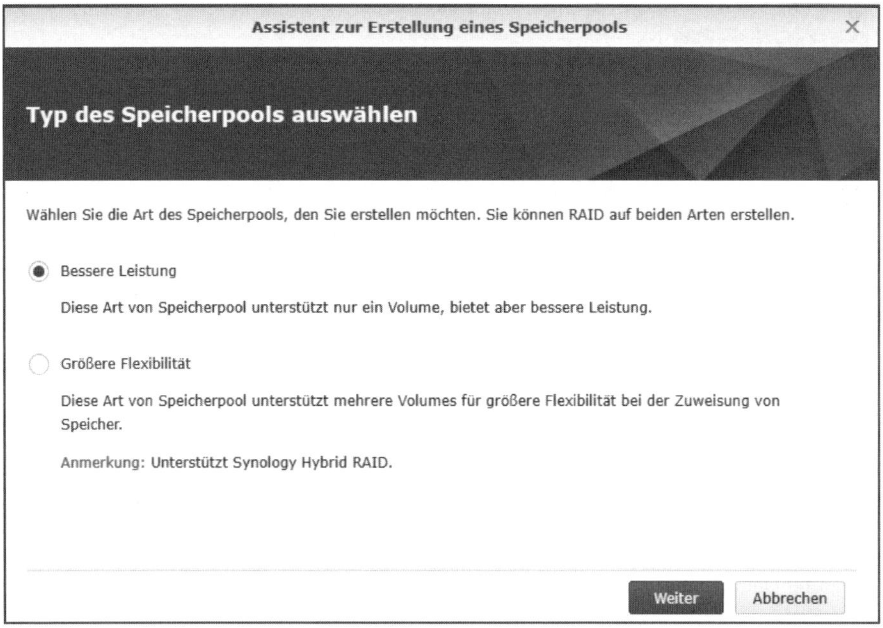

Abb. 3.15: Leistung oder Flexibilität

4. Im nächsten Schritt können Sie das RAID-Level bestimmen. Sie sehen dazu die Mindestanzahl an Festplatten, die für die Auswahl notwendig sind, und eine kurze Beschreibung des gewählten RAID-Levels. Zusätzlich können Sie dem Pool einen Namen geben. Haben Sie Ihre Wahl getroffen, klicken Sie auf WEITER.

Tipp

Wenn Sie kein RAID konfigurieren möchten, sondern Ihre Festplatten vollständig nutzen wollen, dann empfehlen ich Ihnen die Einstellung BASIS. Wählen Sie BASIS, wird kein RAID konfiguriert. Mit dieser Einstellung können Sie den Pool auf einer einzelnen Festplatte anlegen. Das sollten Sie auch unbedingt machen. Ist eine Festplatte defekt, sind nur der darauf befindliche Pool und die darin enthaltenen Daten verloren. Fassen Sie dagegen mehrere HDDs in einem Pool zusammen oder wählen JBOD, bei dem automatisch alle Platten zusammengefasst werden, gehen Sie ein hohes Risiko ein. Im Falle einer defekten Festplatte kann großer Schaden entstehen, da Sie nicht wissen, auf welche HDDs die Daten aufgeteilt werden. Details zu den einzelnen RAID-Typen können Sie in Abschnitt 1.3.4 »Die verschiedenen RAID-Level« nachlesen.

Abb. 3.16: Zuweisen eines RAID-Levels

Tipp

Sie können ein RAID-1 bzw. ein SHR-1 auch wieder zu einem RAID vom Typ BASIS auflösen, beispielsweise wenn Sie keine Redundanz benötigen (achten Sie immer auf Backups wichtiger Daten) oder wenn Ihnen der Speicherplatz ausgeht und Sie momentan keine größeren Festplatten anschaffen wollen oder können.

Genauso können Sie einen Speicherpool vom Typ BASIS zu einem RAID-1 bzw. SHR-1 erweitern. Dazu dürfen die anderen Festplatten aber keinem Speicherpool zugewiesen sein. Wie Sie RAIDs auflösen, erweitern und reparieren, lesen Sie in Abschnitt 22.3.1 »Mehr Festplattenspeicher muss her«.

5. Jetzt müssen Sie nur noch die Festplatte(n) wählen, auf denen Sie den Speicherpool anlegen möchten.

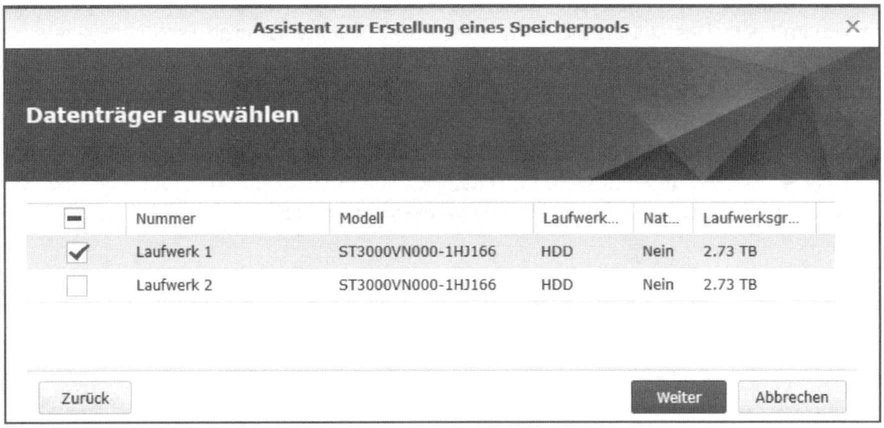

Abb. 3.17: Je nach gewählter Konfiguration können oder müssen Sie eine andere Anzahl an Platten zuweisen.

6. Ein Klick auf WEITER zeigt Ihnen eine Warnung, die besagt, dass alle Daten auf dem Laufwerk gelöscht werden. Bestätigen Sie diese mit OK. Das betrifft übrigens nicht die Installation von DSM oder bereits getätigte Einstellungen. Der für DSM reservierte Speicher bleibt unberührt.
7. Bevor der Speicherpool angelegt wird, haben Sie die Wahl, eine Laufwerksprüfung durchzuführen. Dabei werden fehlerhafte Sektoren erkannt und neu zugewiesen. Diese Prüfung wird einige Zeit in Anspruch nehmen (je nach Festplattengröße einige Stunden). Hatten Sie die Festplatten zuvor noch nicht in Ihrem NAS eingebunden und der Überprüfung unterzogen, sollten Sie die Überprüfung unbedingt durchführen. Fehlerhafte Sektoren führen zu defekten Dateien und anderen Problemen, je nachdem, welcher Prozess darauf schreibt.
8. Im letzten Fenster sehen Sie noch einmal eine Zusammenfassung Ihrer Einstellungen. Solange Sie diese nicht mit ÜBERNEHMEN bestätigen, können Sie sie jederzeit mit ZURÜCK anpassen.

Der Speicherpool wird angelegt und Sie erhalten den Hinweis, dass Sie zuerst ein Volume anlegen müssen, ehe Sie den Speicher nutzen können. Im Hintergrund wird die Laufwerksprüfung gestartet. Läuft die Prüfung, können Sie bereits ein Volume anlegen. Für weitere Tätigkeiten, vor allem das Hochladen von Daten, sollten Sie die Prüfung abwarten, da sie die Leistung der Festplatten stark einschränkt. Das Schreiben von Daten verzögert die Prüfung unter Umständen.

Abb. 3.18: Der neu angelegte Speicherpool während der Laufwerksprüfung

3.2.3 Ein Volume anlegen

1. Öffnen Sie den Bereich SPEICHER-MANAGER|VOLUME.
2. Klicken Sie auf ERSTELLEN.
3. Das erste Fenster kann etwas verwirren. Hier müssen Sie einen Modus wählen, allerdings steht Ihnen die Option SCHNELL nur dann zur Verfügung, wenn Sie noch gar keinen Speicherpool angelegt haben bzw. noch eine Festplatte vorhanden ist, die keinem Pool zugewiesen wurde. Mit dieser Option wird automatisch ein SHR-1-RAID erstellt. Der Modus ist also nur eine Abkürzung, bei der ein Speicherpool und ein einzelnes Volume (mit der Größe des gesamten Speicherpools) erstellt wird. Möchten Sie mehrere Volumes im Pool erstellen oder haben Sie schon alle Festplatten Speicherpools zugewiesen, bleibt Ihnen nur die Auswahl BENUTZERDEFINIERT. Alle weiteren hier beschriebenen Schritte beziehen sich auf die Auswahl BENUTZERDEFINIERT. Die Auswahl SCHNELL zeigt Ihnen nur einige davon.
4. Im nächsten Schritt müssen Sie den Speicherpool wählen bzw. einen neuen erstellen.
5. Haben Sie einen Pool gewählt, können Sie dem Volume eine Beschreibung geben. Sie sehen hier noch einmal die Kapazität des Pools. Unterstützt Ihr Pool mehrere Volumes, können Sie hier dem Volume eine gewisse Kapazität zuweisen.
6. Zu guter Letzt müssen Sie noch das Dateisystem auswählen. Die Auswahl hängt dabei von Ihrem NAS-Modell ab. Alle Synology-Geräte unterstützen *ext4*, ein Dateisystem, das man häufig in Zusammenhang mit Linux findet. Einige leistungsfähigere Modelle unterstützen *Btrfs*. Zusätzlich haben Sie noch die Möglichkeit, von Synology die Lizenz für *exFAT* zu erwerben. Im nächsten Abschnitt »Dateisysteme« finden Sie einige Erläuterungen, die Ihnen die Wahl erleichtern.
7. Sie sehen wieder eine Zusammenfassung Ihrer Einstellungen. Mit ÜBERNEHMEN schließen Sie den Vorgang ab und das Volume wird erstellt.

Hinweis

ext4-Systeme optimieren sich selbst, dieser Vorgang wird gleich nach dem Anlegen des Volumes ausgeführt – sofern nicht noch eine Laufwerksüberprüfung durchgeführt wird – und kann einige Minuten dauern. Wie der Hinweis verrät, können Sie das Volume aber bereits nutzen oder das NAS herunterfahren.

Für Volumes können übrigens keine Namen vergeben werden. Sie werden Volume X genannt, wobei X eine fortlaufende Nummer ist, beginnend bei 1.

Dateisysteme

Ein Dateisystem sorgt dafür, dass Daten auf einem Datenträger gespeichert, gelesen, geändert oder gelöscht werden können. Es gibt verschiedene Umsetzungen dieser Grundaufgaben. Sind Sie mit der IT-Welt weniger vertraut und verwenden nur eine Plattform (Windows, Mac etc.) bzw. mehrere Plattformen isoliert, mussten Sie sich vielleicht noch gar nicht mit Dateisystemen auseinandersetzen. Dieses Buch ist nicht der richtige Ort, um Dateisysteme im Detail zu erläutern. Ich beschränke mich daher auf die wichtigsten Eckpunkte, die für die Wahl des Dateisystems auf Ihrem NAS relevant sein könnten.

exFAT

exFAT ist ein neues Dateisystem von Microsoft. Wie der Name *extended FAT* schon verrät, ist es eine Weiterentwicklung von FAT. exFAT hat keine Beschränkungen der Dateigröße und kann unter einer Vielzahl von Betriebssystemen genutzt werden. Dafür kann es aber im Gegensatz zu NTFS nicht komprimiert werden. Die Performance von exFAT ist auf kleineren Laufwerken besser, bei größeren hat NTFS die Nase vorne.

Für Ihr NAS bedeutet das: Sollten Sie keinen Businesscase haben, der exFAT zwingend erfordert, sollten Sie exFAT einfach nicht beachten. Die Lizenz kostet zwar nur einige Euro, gilt aber nur pro Gerät und das Dateisystem hat für die Aufgaben des NAS keine Vorteile gegenüber den anderen Dateisystemen.

ext4 oder Btrfs

Btrfs wird für neu angelegte Volumes empfohlen. Es bietet Schutzfunktionen wie Schnappschüsse (Momentaufnahmen des aktuellen Datenbestands), Replikationen und Wiederherstellungspunkte auf Systemebene. Zusätzlich gibt es eine Selbstheilungsfunktion, die vor *Bit Rot* schützt. Allerdings wird Btrfs eine schlechtere Performance nachgesagt, gerade wenn es um Datenbanken bzw. viele Lese- und Schreibzugriffe geht.

In der Synology-Community sind dazu verschiedene Messungen gemacht worden. Es gibt Setups, bei denen Btrfs keine Einbußen gegenüber ext4 gebracht hat, es gibt aber Anwender, deren Setup mit Btrfs deutlich langsamer läuft bzw. zu Problemen führt. Pauschal kann ich Ihnen hier also keine eindeutige Antwort geben. Nutzen Sie Ihr NAS als reinen Backup-Speicher, können Sie mit Btrfs aufgrund der Sicherheitsfunktionen wenig falsch machen. Nutzen Sie Ihr NAS aber als Heimserver, kann ext4 die bessere Wahl sein. Im Zweifelsfall gilt wie immer: ausprobieren. Sie könne auch ein ext4-Volume und ein Btrfs-Volume anlegen und die Aufgaben entsprechend auf die Volumes aufteilen.

Bit Rot

Bit Rot ist der Verfall von digitalem Speicher. Betroffen sind davon HDDs genauso wie SSDs (und in umfassenderer Betrachtungsweise alle anderen digitalen Speichermedien). Der Verfall entsteht über die Zeit und macht sich dann bemerkbar, wenn Daten archiviert werden, also immer am selben Fleck liegen, ohne neu geschrieben zu werden. Der Verfall ist sehr gering und führt nicht sofort zu einer unlesbaren/verlorenen Datei. Allerdings leidet die Qualität stark darunter. Bei nur einem falschen Bit kann eine kleine Bilddatei enorme Artefakte aufweisen, bei drei falschen Bits ist das Bild kaum noch zu erkennen.

3.2.4 Ein Volume löschen

Möchten Sie all Ihre Daten auf dem NAS auf einmal löschen oder Ihren Speicher anders organisieren, können Sie Volumes ganz einfach wieder löschen. Denken Sie nur daran, Ihre Daten zu sichern, sollten Sie diese behalten wollen.

1. Öffnen Sie den Bereich SPEICHER-MANAGER|VOLUME.
2. Klicken Sie auf das Volume, das Sie löschen möchten.
3. Klicken Sie auf ENTFERNEN.
4. Es öffnet sich ein Fenster, in dem aufgelistet wird, welche gemeinsamen Ordner (siehe Anschnitt 5.2 »Gemeinsamer Ordner«) und Pakete sich auf dem Volume befinden. Eventuell müssen Pakete angehalten werden (siehe Abschnitt 3.3.6 »Paket-Zentrum«), ehe Sie das Volume löschen können. Klicken Sie auf ENTFERNEN.
5. Eine Meldung informiert Sie darüber, dass alle Daten des Volumes gelöscht werden. Bestätigen Sie mit JA.
6. Sie müssen Ihr Passwort eingeben, um das Volume endgültig zu löschen.
7. Der Löschvorgang kann einige Minuten dauern.

Haben Sie mehrere Volumes in einem Speicherpool angelegt und möchten diese löschen, können Sie direkt den ganzen Speicherpool löschen.

3.2.5 Einen Speicherpool löschen

1. Öffnen Sie den Bereich SPEICHER-MANAGER|SPEICHERPOOL.
2. Klicken Sie auf den Speicherpool, den Sie löschen möchten.
3. Die nächsten Schritte entsprechen Abschnitt 3.2.4 Punkt 4–6.
4. Zuerst werden die betroffenen Volumes und danach der Speicherpool gelöscht. Der Vorgang kann einige Minuten dauern.

Der *Speicher-Manager* bietet Ihnen aber noch mehr Funktionen, als nur Speicher anzulegen und wieder zu löschen. Er hilft Ihnen weiter, wenn das RAID beschädigt ist, wenn Sie Festplatten tauschen oder ihren Zustand überwachen möchten (siehe Abschnitt 11.3 »System und Betrieb überwachen« und Abschnitt 22.3.1 »Mehr Festplattenspeicher muss her«, Seite 574).

3.3 Eine Tour durch DSM

Wie DSM aufgebaut ist und wie Sie darin navigieren, haben Sie schon gelernt. Bevor wir uns der Dateiverwaltung und den vielen Paketen widmen, die Synology bietet, nehme ich

Sie mit auf eine Tour durch DSM. Sie lernen die Basisanwendungen kennen, auf die Sie, egal was Sie mit Ihrem NAS machen wollen, immer wieder treffen. Wenn ich Ihnen später die verschiedenen Features des NAS erkläre, finden Sie die Menüs und Einstellungen in den Basisanwendungen viel schneller. Außerdem bekommen Sie so einen Blick auf ein unverändertes DSM. Durch das Installieren neuer Pakete kommen auch neue Elemente und Einstellungen dazu, die hin und wieder auch in Wechselwirkung zueinander stehen. Je mehr Sie mit Ihrem NAS machen, umso schwieriger wird es gelegentlich, nachzuvollziehen, welche Einstellung weswegen gemacht wurde bzw. worauf sie einen Einfluss hat.

Tipp

Machen Sie sich Notizen. Schreiben Sie auf, was Sie warum konfigurieren. Gerade bei sehr speziellen Einstellungen, die nicht sehr offensichtlich sind, ist es nach Monaten meist nicht mehr nachvollziehbar, warum etwas gemacht wurde oder warum etwas so funktioniert, wie es funktioniert.

Ein DSM-Update kann dazu führen, dass Einstellungen verschwinden, woanders zu finden sind oder anders aussehen. Mit Notizen ist es dann einfacher, Fehler zu finden oder Einstellungen zu ändern. Das war auch der Grund, warum ich angefangen habe, meinen Blog zu schreiben. Ich nutze die Artikel selbst immer wieder, um nachzuschlagen, wie etwas gemacht wird bzw. wo ich was eingestellt habe.

3.3.1 DSM Hilfe

Beginnen wir mit dem Nützlichsten zuerst: der *DSM Hilfe*. Die Anwendung DSM Hilfe finden Sie im Hauptmenü und nach einer Neuinstallation von DSM meist auch schon auf dem Desktop. Mit der Anwendung haben Sie Zugang zu den Support- und Hilfeseiten von Synology. Sie finden hier strukturiert Hilfe zu fast allen Themen rund um Ihr NAS.

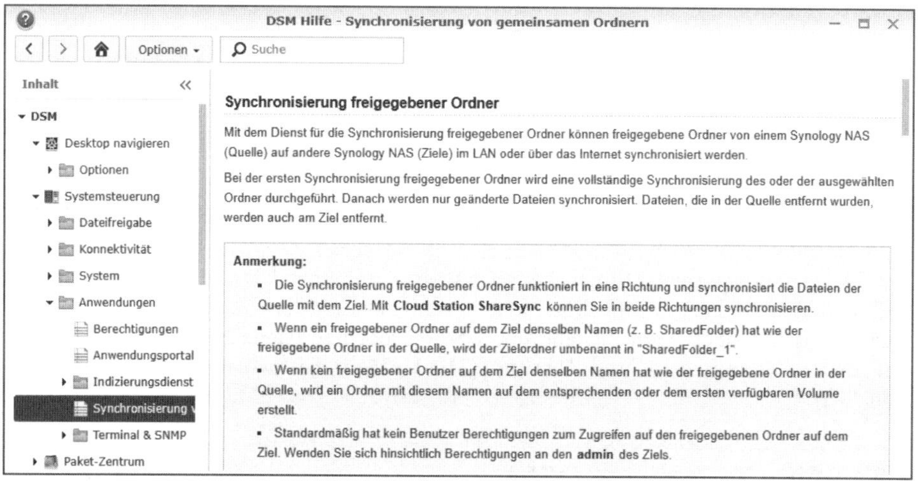

Abb. 3.19: Die komplette Hilfe, kompakt und übersichtlich in einer Anwendung

Die Erklärungen einzelner Features sind zwar sehr kurz gehalten und Anleitungen komplexer Szenarien werden Sie hier nicht finden, aber die DSM Hilfe ist eine gute erste

Anlaufstelle, um sich mit diversen Themen vertraut zu machen. Es googelt sich viel einfacher, wenn man schon eine Grundahnung hat, wonach man eigentlich sucht. Sollten Sie einmal nicht wissen, wozu ein Menü oder eine Einstellung dient, bieten fast alle Fenster ein Fragezeichen-Icon  , mit dem Sie direkt auf die entsprechende Hilfeseite gelangen.

3.3.2 Support-Center

Als Käufer eines Synology-Geräts haben Sie automatisch Zugang zum Support von Synology. Sie müssen kein Businesskunde sein oder ein eigenes Supportpaket bestellen. Haben Sie Probleme mit Ihrem NAS oder es verhält sich nicht so, wie es sollte, kontaktieren Sie ruhig den Support. Natürlich empfiehlt es sich, zuerst in der Community oder im Internet generell nach dem Problem zu suchen – mit großer Wahrscheinlichkeit sind Sie nicht der Einzige mit diesem Problem. Sind Sie es doch oder konnten Sie online keine Lösung finden, hilft der Support aber gerne weiter.

Der Support ist übrigens ziemlich gut. Grundsätzlich gibt es Support auf Deutsch, sollte gerade kein deutschsprachiger Mitarbeiter verfügbar sein, werden Sie gebeten, Ihr Anliegen noch einmal auf Englisch zu beschreiben. Die Mitarbeiter sind sehr kompetent und die erste Antwort erhalten Sie meist innerhalb weniger Tage. Hat ein Mitarbeiter begonnen, sich um Ihr Problem zu kümmern, erfolgen weitere Antworten innerhalb kürzester Zeit (je nachdem wie schnell Sie Ihrerseits zurückschreiben). Aus eigener Erfahrung kann ich sagen, dass die meisten Mitarbeiter sehr engagiert sind und sich wirklich lange mit einem Problem beschäftigen. Ein schnelles Abspeisen mit Standardantworten gibt es hier nicht. Ich war von meinen bisherigen Kontakten mit dem Support ehrlich überrascht.

Sie können sich übrigens nicht nur bei Problemen an den Support wenden. Wenn Sie der Meinung sind, ein Feature oder eine Funktion fehlt, können Sie das ebenfalls dem Support melden.

Ein Supportticket können Sie auf der Seite `www.synology.com/de-de/support` erstellen oder eben direkt in DSM mit dem Support-Center. Dazu ist es notwendig, dass Sie ein Konto bei Synology (https://account.synology.com) erstellt und die Seriennummer Ihres NAS registriert haben.

Die Seriennummer eintragen

Melden Sie sich bei Ihrem Synology-Konto an und klicken Sie auf Meine Geräte und dort auf Gerät hinzufügen. Geben Sie die Seriennummer Ihres NAS-Geräts ein und fügen Sie das Gerät hinzu. Unter Meine Geräte sehen Sie eine Liste all Ihrer registrierten Geräte und, sofern konfiguriert, QuickConnect und DDNS.

Im Support-Center finden Sie auch den Fernzugriff für Support-Mitarbeiter und andere Diagnose-Tools, die helfen, Fehler zu finden.

3.3.3 Systemsteuerung

Die *Systemsteuerung* ist eine der umfangreichsten und wichtigsten Anwendungen in DSM. Sie ist das Herzstück des NAS. In der Systemsteuerung finden Sie alle wichtigen Menüs und Einstellungen, die für die Nutzung des NAS erforderlich sind.

Im folgenden Abschnitt gebe ich Ihnen eine Übersicht über die einzelnen Bereiche. Details zu deren Aufgaben und Einstellungen erkläre ich dann in den Kapiteln des Buches, in denen die jeweiligen Einstellungen erforderlich sind. Sollten die Einstellungen keinen direkten Zusammenhang mit den anderen Themen dieses Buches haben, werde ich sie direkt in diesem Abschnitt erläutern.

Hinweis

Einzelne Optionen können je nach NAS-Modell unterschiedlich ausfallen. Auch bei Software-Updates innerhalb einer DSM-Hauptversion können sich Änderungen und Abweichungen ergeben.

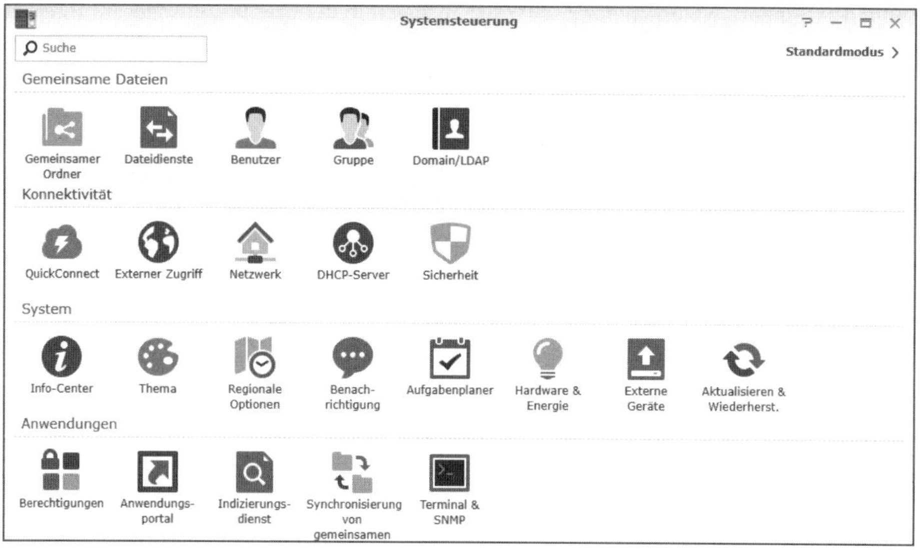

Abb. 3.20: Die Systemsteuerung im erweiterten Modus

Damit Sie Zugriff auf den vollen Umfang der Systemsteuerung haben, klicken Sie rechts oben auf ERWEITERTER MODUS. Die einzelnen Menüs sind in Gruppen angeordnet.

- GEMEINSAME DATEN – Hier finden Sie alles zum Thema Daten und Benutzer. Egal, ob Sie das NAS alleine oder mit anderen nutzen, ob jeder die Daten für sich auf dem NAS ablegt oder mit anderen teilen möchte, hier finden Sie die passenden Einstellungen dazu.
- KONNEKTIVITÄT – In dieser Gruppe finden Sie Menüs zur Netzwerkverwaltung und zur Erreichbarkeit Ihres NAS, auch das wichtige Menü SICHERHEIT finden Sie hier.
- SYSTEM – Menüs dieser Gruppe helfen Ihnen, DSM und den Betrieb des NAS an Ihre Bedürfnisse anzupassen.
- ANWENDUNGEN – In der letzten Gruppe finden Sie Menüs, die in keine der anderen Gruppen passen. Mit manchen davon lassen sich gewisse Aspekte einiger der von Synology bereitgestellten Pakete verwalten.

Gemeinsamer Ordner und Dateidienste

Im Menü GEMEINSAMER ORDNER können Sie die sogenannten *gemeinsamen Ordner* anlegen und verwalten. Sie sind Teil der Speicherverwaltung eines Synology NAS. Unter DATEI-

DIENSTE lassen sich verschiedene Wege konfigurieren, wie Sie auf die Dateien auf Ihrem NAS, außerhalb von DSM, zugreifen können. In Kapitel 5 erfahren Sie alles zu den gemeinsamen Ordnern, wie Sie Ihre Daten auf Ihr NAS bekommen und wie Sie auf sie zugreifen können.

Benutzer und Gruppen

Diese beiden Menüs bilden die Benutzerverwaltung Ihres NAS. Hier können Sie Benutzer anlegen, sie in Gruppen organisieren und deren Rechte managen. In Kapitel 4 »Die Benutzerverwaltung« erkläre ich Ihnen, wie das funktioniert.

Domain/LDAP

Hier haben Sie die Möglichkeit, Ihr NAS in eine LDAP-Umgebung zu integrieren. LDAP ist ein Netzwerkprotokoll zur Abfrage eines verteilten Verzeichnisses. Das Verzeichnis kann Personendaten, Systemkonfigurationen und andere Daten enthalten. Diese Funktionen werden üblicherweise in Unternehmen verwendet. Meist wird dabei durch eine zentrale Benutzerdatenbank der Zugriff auf unterschiedliche Systeme und Ressourcen geregelt. Benutzer können sich dann mit ein und demselben Login bei verschiedenen Diensten anmelden.

QuickConnect

QuickConnect ist ein Service von Synology und eine einfache und schnelle Möglichkeit, über das Internet auf Ihr NAS zuzugreifen (siehe Abschnitt 9.1 »Zugriff über QuickConnect«).

Externer Zugriff

Der Name lässt ein wichtiges und großes Menü vermuten, allerdings finden Sie hier nur wenige Einstellungen. Der externe Zugriff auf Ihr NAS erfordert einiges an Arbeit und nur ein Teil davon findet auf dem NAS selbst statt. Dieser Teil ist dafür auf mehrere Anwendungen und Menüs aufgeteilt. Unter dem Titel »Das NAS über das Internet erreichen« befasst sich das ganze Kapitel 9 mit dem externen Zugriff auf Ihr NAS.

Netzwerk und DHCP-Server

Die Einstellungen dieser Menüs dienen der erweiterten Netzwerkkonfiguration, abseits des einfachen Heimnetzes.

Sicherheit

Dieses Menü behandelt einen besonders wichtigen Aspekt Ihres NAS: die Sicherheit. Der Sicherheit widme ich ein eigenes Einführungskapitel (Kapitel 10), das Thema zieht sich aber auch durch alle anderen Kapitel.

Info-Center

Das *Info-Center* ist eine zentrale Anlaufstelle für Informationen rund um Ihr NAS und dessen Betrieb. Im Reiter ALLGEMEIN finden Sie wichtige Informationen zum System wie Hardware-Bezeichnungen und Software-Version, aber auch eine Temperaturanzeige. (Hierbei handelt es sich um die CPU-Temperatur. Fahren Sie mit der Maus über den grünen Punkt, wird der genaue Wert angezeigt.) Der Reiter NETZWERK zeigt Ihnen Informationen wie zugewiesene IP-Adressen und die MAC-Adresse(n) der Netzwerkschnittstelle (n) Ihres NAS. Der Reiter SPEICHER bietet die wichtigsten Daten zum konfigurierten Speicher. Die Informationen, die Sie im *Speicher-Manager* (siehe Seite 74) finden, sind aber weit umfangreicher.

Unter DIENST finden Sie alle auf dem NAS verfügbaren Dienste. Sie sehen, ob die Dienste aktiviert wurden und wie deren Status lautet.

Tipp

Dieser Reiter dient – neben der Übersichtsfunktion – eher dazu, bereits konfigurierte Dienste schnell zu aktivieren und zu deaktivieren. Möchten Sie einen Dienst zum ersten Mal einrichten, sollten Sie das im entsprechenden Menü erledigen, da oft weitere Einstellungen getätigt werden müssen, um den Dienst nutzen zu können. Viele der hier aufgelisteten Dienste sind Thema der kommenden Kapitel. Sie erfahren von mir, wo Sie diese Menüs finden und wie Sie die Dienste richtig aktivieren und konfigurieren.

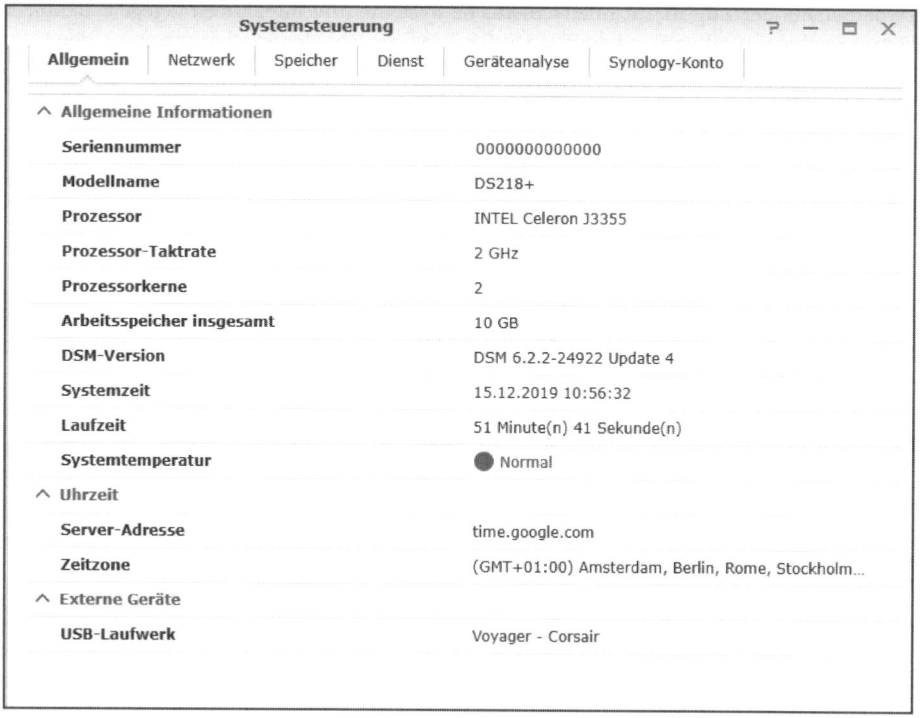

Abb. 3.21: Systeminformationen im Info-Center. Wenn Sie sich über die 10 GB RAM der DS218+ wundern, dann schauen Sie doch in Kapitel 22 vorbei.

Im Reiter GERÄTEANALYSE können Sie die Übermittlung der Geräteanalyse und die Mitteilung des Netzwerkstandorts aktivieren, beides Optionen, die ich Ihnen geraten habe, bei der Installation nicht zu aktivieren (siehe Abschnitt 2.3.2 »Die Firmware-Installation«). Sollten Sie mit der Datenübermittlung einverstanden sein, können Sie sie hier natürlich aktivieren. Auch die Mitteilung des Netzwerkstandorts kann hilfreich sein. Das bedeutet aber auch, dass andere Ihr NAS unter gewissen Umständen leichter finden können.

Im letzten Reiter können Sie das NAS mit einem Synology-Konto verbinden. Dieses Konto wird für einige Dienste sowie für zusätzliche Software-Lizenzen benötigt.

Thema

Hier können Sie zwischen dem hellen und dem dunklen Thema (Skin) wählen und einige Anpassungen an der DSM-Login-Seite vornehmen.

Regionale Optionen

Wie der Name vermuten lässt, finden Sie hier alles zum Thema Uhrzeit/Datum und Sprache. Die Uhrzeit wird automatisch über das Internet bezogen, Sie haben aber die Möglichkeit, diese auch manuell einzustellen bzw. den NTP-Server (zuständig für die korrekte Uhrzeit) zu wechseln. Zusätzlich haben Sie die Möglichkeit, einen NTP-Dienst auf dem NAS zu aktivieren und andere Geräte in Ihrem Netzwerk die Zeit vom NAS beziehen zu lassen.

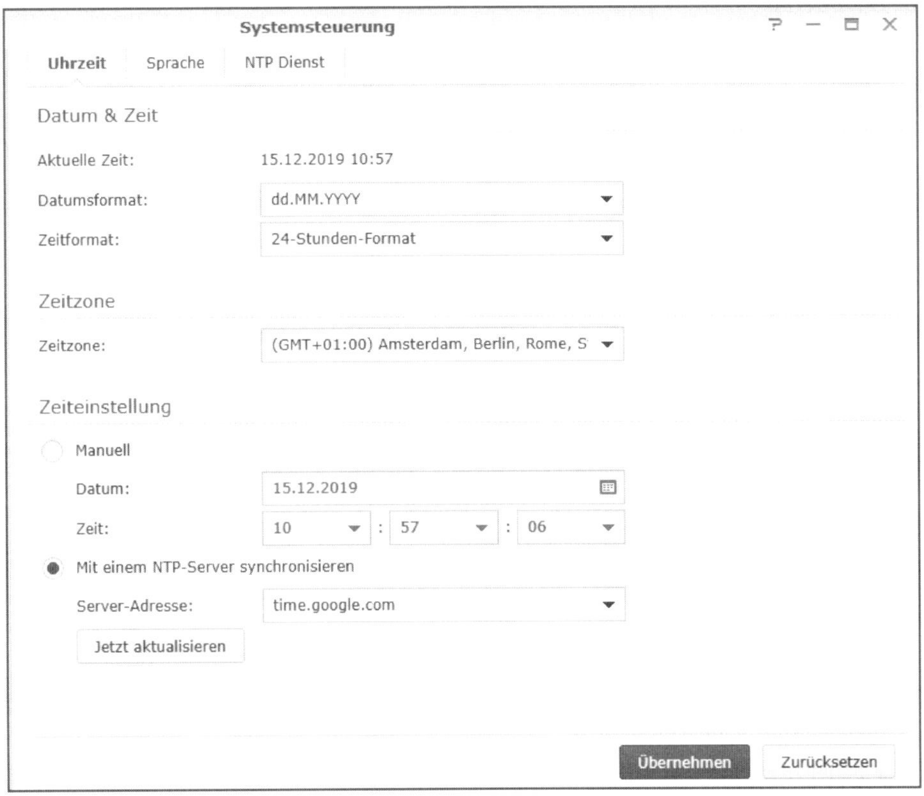

Abb. 3.22: Datum und Zeit konfigurieren in den regionalen Optionen

Benachrichtigung

Hier konfigurieren Sie die Benachrichtigungen, die Sie von Ihrem NAS erhalten können und über welche Kanäle Sie diese erhalten können. Mehr dazu in Abschnitt 11.3.1 »Systembenachrichtigungen aktivieren«.

Aufgabenplaner

Der *Aufgabenplaner* des NAS ist ein mächtiges Werkzeug. Sind Sie mit Linux vertraut, ist Ihnen der Begriff *CRON* eventuell bekannt. Sie haben hier die Möglichkeit, Aufgaben zu erstellen, die zu bestimmten Zeitpunkten und/oder in regelmäßigen Abständen durchgeführt werden. Der Aufgabenplaner kann auch selbst geschriebene bash-Skripte ausführen. Damit stehen Ihnen unzählige Möglichkeiten offen. Geplante Aufgaben und bash-Skripte werden Ihnen in Teil V begegnen.

Hardware & Energie

Die Einstellungen in diesem Menü steuern das Verhalten des NAS in diversen Situationen rund um den (Hardware-)Betrieb, also Hoch- und Runterfahren, Dauerbetrieb und Ruhezeiten. In Kapitel 11 »Den Betrieb anpassen und überwachen« sehen wir uns das Menü etwas genauer an.

Externe Geräte

In diesem Menü finden Sie eine Auflistung aller angeschlossenen externen Geräte. Neben der Auflistung bietet das Menü aber auch einige Verwaltungsfunktionen. So können Sie angeschlossene Massenspeicher formatieren oder über den Button EINSTELLUNGEN die Zugriffsrechte der Benutzer auf den Speicher festlegen. Unter dem Reiter DRUCKER können Sie Netzwerkdrucker hinzufügen oder eine Verbindung zu *Google Cloud Print* herstellen.

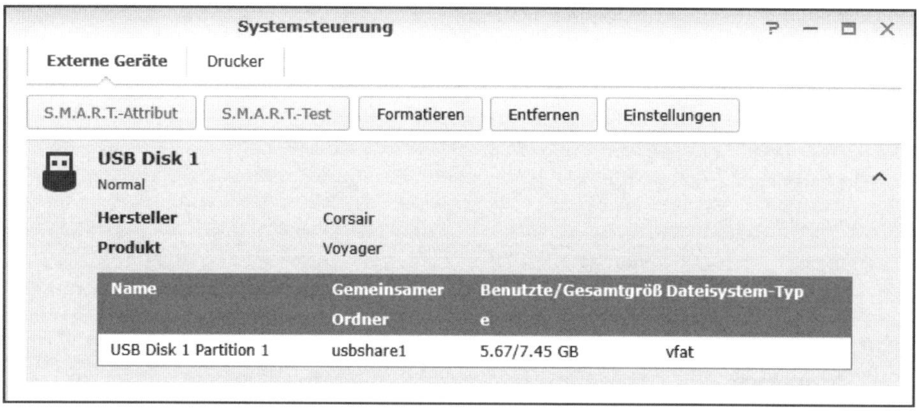

Abb. 3.23: Ansicht der externen Datenträger im Menü EXTERNE GERÄTE

Aktualisieren & Wiederherstellen

Hier halten Sie Ihre DSM-Installation auf dem neuesten Stand (siehe Abschnitt 10.10.3 »Software aktuell halten«) oder sichern Ihre Systemkonfiguration (siehe Abschnitt 8.3.1 »Konfiguration manuell sichern«).

Berechtigungen

Berechtigungen können in DSM an mehreren Stellen konfiguriert werden. Einige der Einstellungen überlappen sich, andere können nur an bestimmter Stelle gesetzt werden. Das kann manchmal verwirrend sein. Ich werde das Thema Berechtigungen an passenderer Stelle in Abschnitt 4.3 »Einen neuen Benutzer anlegen« wieder aufgreifen. Außerdem werde ich auch in den Kapiteln zu den einzelnen Anwendungen noch einige Worte über Berechtigungen verlieren.

Anwendungsportal

Im *Anwendungsportal* können Sie die Erreichbarkeit einiger Anwendungen festlegen. Details dazu finden Sie in Abschnitt 11.1 »Das Anwendungsportal«.

Indizierungsdienst

Die *Medienindizierung* ist wichtig, damit Multimediadateien (Fotos, Musik und Videos) vom NAS richtig verarbeitet werden und die entsprechenden Anwendungen die notwendigen Informationen bereitgestellt bekommen. Wenn wir uns in Teil III dieses Buches (ab Kapitel 12 »Zugriff auf Multimedia-Dateien mit dem NAS als DLNA-Server«) mit den Multimediafunktionen des NAS beschäftigen, werde ich auch die Indizierung im Detail erläutern.

Synchronisierung von gemeinsamen Ordnern

Hier können Sie gemeinsame Ordner mit anderen NAS-Geräten oder Servern synchronisieren.

Terminal & SNMP

Hier aktivieren Sie den Zugriff auf Ihr NAS über *Fernzugriffsdienste* (Telnet/SSH). Dieser Zugriff ist besonders wichtig. Mit DSM können Sie viele Aspekte Ihres NAS kontrollieren, einige fortgeschrittene Themen erfordern aber Konfigurationen, die Sie nicht in DSM finden, diese müssen Sie direkt in den Konfigurationsdateien auf der Linux-Ebene eintragen. In Abschnitt 22.1 »Mit der Kommandozeile auf Ihr NAS zugreifen« erfahren Sie, wie das im Detail geht. Sie benötigen den Zugriff in einigen Kapiteln dieses Buches.

3.3.4 Ressourcen-Monitor

Mit dieser Anwendung können Sie die Leistung Ihres NAS überwachen. Der *Ressourcen-Monitor* ähnelt dem erweiterten Modus des *Windows Task-Managers*. Sie sehen die Auslastung einzelner Komponenten und alle Prozesse, die gerade von Ihrem NAS ausgeführt werden. Eine ausführliche Erklärung folgt in Abschnitt 11.3.2 »Die Systemauslastung auf einem Blick – der Ressourcen-Monitor«.

3.3.5 Speicher-Manager

Den Speicher-Manager kennen Sie bereits aus Abschnitt 3.2 »Speicherplatz verwalten«.

3.3.6 Paket-Zentrum

Das *Paket-Zentrum* ist Synologys »App-Store«. Nach der Installation von DSM stehen Ihnen nur die notwendigen Verwaltungsprogramme und die Dateiverwaltung zur Verfügung. Sie können die Funktionalität Ihres NAS erweitern, indem Sie weitere Anwendungen, die sogenannten Pakete, über das Paket-Zentrum installieren. Somit sparen Sie Speicherplatz, indem Sie nur die Pakete installieren, die Sie nutzen möchten. Sie können dabei aus einer

Vielzahl von Paketen wählen, die Synology für Sie bereitstellt, aber auch aus einer Fülle an Paketen, die von Drittanbietern kommen.

Aufbau des Paket-Zentrums

Abb. 3.24: Das Paket-Zentrum finden Sie auf dem DSM-Desktop oder im Hauptmenü.

Das Paket-Zentrum finden Sie auf dem DSM-Desktop, aber auch im Hauptmenü. Eventuell ziert ein roter Punkt das Icon. Das bedeutet, dass für ein oder mehrere Pakete Updates vorhanden sind. Öffnen Sie das Paket-Zentrum zum ersten Mal, müssen Sie den AGB und der Datenschutzerklärung zustimmen. Das Paket-Zentrum startet für gewöhnlich in der Ansicht ALLE PAKETE. Auf der linken Seite können Sie die Ansicht wechseln. Im Hauptfenster wird der jeweilige Inhalt angezeigt. ALLE PAKETE zeigt, wie der Name schon sagt, alle Pakete, gruppiert nach Paketquelle. Dabei werden sowohl nicht installierte als auch installierte Pakete aufgelistet. In der Ansicht INSTALLIERT finden Sie nur die aktuell installierten Pakete sowie eventuelle Updates dafür. In der Ansicht BETA-PAKETE finden Sie Pakete, die sich noch in Entwicklung befinden, aber bereits getestet werden können.

Tipp

Verwenden Sie Beta-Software nie für den produktiven Einsatz. Die Software kann noch sehr instabil sein und kritische Fehler aufweisen. Wenn Sie Beta-Software testen, dann niemals mit wichtigen Daten, für die kein Backup existiert.

Abb. 3.25: Das Paket-Zentrum, der Weg zu mehr Funktionen für Ihr NAS

Sie können die Ansicht BETA-PAKETE auch unter EINSTELLUNGEN|BETA ausblenden.

Möchten Sie ein Paket installieren, können Sie über die Suchleiste nach einem konkreten Paket suchen oder Sie durchstöbern das *Paket-Zentrum*. Ein Klick auf INSTALLIEREN startet sofort den Installationsassistenten. Um nähere Informationen über ein Paket zu bekommen, klicken Sie innerhalb des Rechtecks mit dem Paketnamen. Sie sehen eine Beschreibung, die Änderungen der aktuellsten Version und eine Auswahl ähnlicher Pakete sowie weitere Details zum Paket. Sind Sie fündig geworden, kann die Installation beginnen.

Ein Paket installieren

1. Öffnen Sie das Paket-Zentrum.
2. Wählen Sie das gewünschte Paket aus.
3. Klicken Sie auf INSTALLIEREN.
4. Ist auf dem NAS mehr als ein Volume konfiguriert, müssen Sie das Volume wählen, auf dem Sie das Paket installieren möchten. Sie können nach Wunsch die Wahl des Volumes speichern und zukünftig alle Pakete auf diesem Volume installieren.

Hinweis

Während DSM auf einem versteckten RAID 1 installiert und somit auf allen eingebauten Festplatten vorhanden ist, wird ein Paket nur auf einem konkreten Volume installiert. Bei Festplattenwechsel oder -defekt gehen die Pakete also verloren, haben Sie keine Redundanz konfiguriert.

5. Je nach Paket können weitere Schritte folgen, in denen Sie Angaben für die Installation machen müssen.
6. Im letzten Schritt sehen Sie eine Zusammenfassung. Anders als z.B. bei mobilen Geräten muss ein installiertes Paket nicht zwangsläufig auch ausgeführt werden. Sie haben die Option, das Paket nach der Installation gleich starten zu lassen. Nur ein gestartetes Paket kann seine Aufgabe erfüllen. Bestätigen Sie mit ÜBERNEHMEN. Danach startet die Installation.

Sie können Pakete auch manuell installieren, falls sie nicht in einer Paketquelle vorhanden sind oder Sie selbst ein Paket entwickeln.

Hinweis

Über die manuelle Installation lassen sich auch einige Pakete installieren, die nicht für Ihr Modell verfügbar sind (z.B. Docker ist nur auf stärkeren Modellen verfügbar, läuft aber auch auf schwächeren Modellen). Sie müssen aber mit Performanceproblemen rechnen.

Um Pakete manuell zu installieren, klicken Sie im Paket-Zentrum auf MANUELLE INSTALLATION, wählen das Paket von Ihrem Rechner und klicken auf WEITER. Der Installationsassistent startet, als hätten Sie das Paket aus einer Paketquelle gewählt.

Paketabhängigkeiten

Manche Pakete haben Abhängigkeiten, das heißt, sie benötigen ein oder mehrere andere Pakete, um installiert und gestartet werden zu können. Bei der Installation eines Pakets mit Abhängigkeit(en) werden Sie darauf hingewiesen und gefragt, ob Sie die notwendigen Pakete vorher installieren möchten. Pakete, die von anderen Paketen benötigt werden, können auch nicht einfach gestoppt oder deinstalliert werden. In diesem Fall erhalten Sie eine Information, welche Pakete davon abhängig sind, und werden aufgefordert, diese zuerst zu stoppen.

Abb. 3.26: Sind notwendige Pakete nicht vorhanden, werden sie gleich mit installiert.

Pakete verwalten

Das Paket-Zentrum ist nicht nur Bezugsquelle für neue Pakete, es dient auch zur Verwaltung bereits installierter Pakete. In der Ansicht INSTALLIERT sind alle Pakete aufgelistet, die sich auf dem NAS befinden. Eine Ausnahme stellen die Verwaltungstools dar, diese sind für den Betrieb des NAS erforderlich. Wie bereits erwähnt, muss ein Paket auch gestartet werden, damit es seine Aufgabe erfüllen kann. Ein Paket, das ausgeführt wird, verbraucht natürlich Ressourcen.

Abb. 3.27: WebDAV Server ist installiert, wird aber derzeit nicht ausgeführt.

Tipp

Wenn Sie ein Paket nur gelegentlich benötigen, können Sie es stoppen und nur dann ausführen, wenn Sie es benötigen. Das spart vor allem auf schwächeren NAS-Modellen Ressourcen, die für andere Aufgaben verwendet werden können.

In der Übersicht ist sofort ersichtlich, ob ein Paket ausgeführt wird – der Button trägt die Beschriftung ÖFFNEN – oder nicht – der Button trägt die Beschriftung AUSFÜHREN.

Mit einem Klick auf ÖFFNEN wird das Paketfenster angezeigt – das entspricht einem Klick auf das Icon am Desktop oder im Hauptmenü.

Hinweis

Nicht alle Pakete haben eine tatsächliche Benutzeroberfläche (*File Station, Photo Station*), bei einigen handelt es sich um Dienste, die im Hintergrund laufen, Erweiterungen für andere Pakete (*Synology Office*) oder es öffnet sich lediglich ein Konfigurationsmenü, um die Einstellungen des Pakets zu bearbeiten (*Web Station, WebDAV Server*).

Ein Klick auf AUSFÜHREN startet das entsprechende Paket.

Die Detailansicht gleicht im Wesentlichen der, die Sie von nicht-installierten Paketen kennen. Lediglich der Button ist anders belegt. Neben der Standardaktion (ÖFFNEN/AUSFÜHREN) bietet er zusätzliche Aktionen.

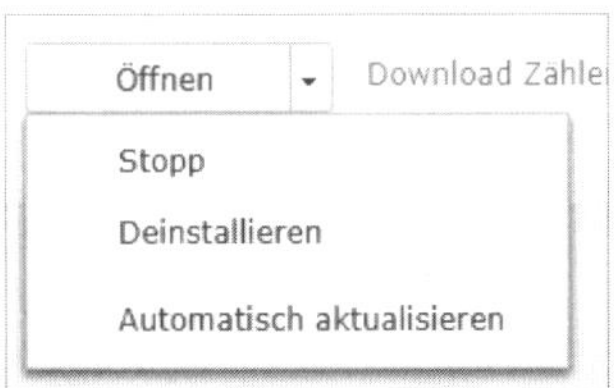

Abb. 3.28: Ein Button, mehrere Aktionen

- STOPP – Steht nur bei laufenden Paketen zur Verfügung. Wie der Name schon verrät, wird das Paket gestoppt. Die Funktion des Pakets steht nicht mehr zur Verfügung, die App verbraucht keine CPU-Leistung und keinen Arbeitsspeicher. Sie liegt aber immer noch auf der Festplatte und alle Daten und Einstellungen bleiben erhalten. Das Paket kann jederzeit gestartet werden und verrichtet seinen Dienst wie zuvor.

Hinweis

Ist eine laufende Anwendung von diesem Paket abhängig, können Sie es nicht stoppen. Sie werden in einem Popup darauf hingewiesen, zuvor das abhängige Paket zu stoppen. Dasselbe gilt bei einer Deinstallation.

- DEINSTALLIEREN – Entfernt das Paket komplett vom NAS, sofern keine Abhängigkeit besteht.

- AUTOMATISCH AKTUALISIEREN – Hierbei handelt es sich nicht um eine direkte Aktion. Ein Klick setzt einen Haken neben den Eintrag. Ist diese Option aktiv, wird das Paket automatisch aktualisiert, wenn ein Update veröffentlicht wird.

Pakete aktualisieren

Stehen Updates zur Verfügung, werden Sie mit einer Benachrichtigung darüber informiert. Öffnen Sie das Paket-Zentrum und wechseln Sie in die Ansicht INSTALLIERT. Sie sehen eine Liste mit allen Paketen, die aktualisiert werden können. Dabei können Sie Pakete einzeln aktualisieren oder alle vorhandenen Updates installieren.

Hinweis

Manche Pakete müssen für ein Update gestoppt werden. Bedenken Sie das, wenn mehrere Benutzer auf Ihr NAS zugreifen.

Abb. 3.29: Für zwei Pakete gibt es ein Update.

Sie können auch die Option AUTOMATISCH AKTUALISIEREN aktivieren (siehe oben). Das können Sie für jedes Paket in der Detailansicht vornehmen oder über EINSTELLUNGEN|AUTOMATISCH AKTUALISIEREN und dort entweder für alle aktivieren oder nur einzelne Pakete anhaken.

Eine Paketquelle hinzufügen

Die offizielle Paketquelle von Synology ist vorkonfiguriert. Sie enthält die bereits erwähnten Gruppen SYNOLOGY, in der Sie Pakete direkt vom Hersteller finden, sowie die Gruppe DRITTANBIETER. Die darin enthaltenen Pakete wurden von den jeweiligen Anbietern selbst entwickelt. Die Zusammenarbeit mit Synology ist derart eng, dass die Pakete in die offizielle Paketquelle aufgenommen wurden. Das ist aber noch längst nicht alles. Prinzipiell kann jeder (der des Programmierens mächtig ist) ein Paket für Synology-Geräte entwickeln und auch eine eigene Paketquelle (eine Webadresse, die das Paket zum Download bereitstellt) erstellen. Im Internet finden sich aber auch Paketquellen, die Pakete gesammelt anbieten.

Die wichtigste Paketquelle (neben der offiziellen) ist die Community-Paketquelle. Sie enthält nicht nur von der Community entwickelte Anwendungen, sondern auch bekannte Open-Source-Anwendungen in Form von Paketen von Synology NAS. Hin und wieder schaffen es Pakete aus der Community-Quelle auch in die offizielle Quelle.

Um eine Paketquelle hinzuzufügen, benötigen Sie zuerst ihre Adresse. Eine Liste verschiedener Paketquellen finden Sie unter:

`https://www.synology-wiki.de/index.php/Paketzentrum_Quellen`

1. Öffnen Sie PAKET-ZENTRUM|EINSTELLUNGEN.
2. Um Pakete aus anderen Quellen hinzuzufügen, müssen Sie dies zuerst zulassen. Im Reiter ALLGEMEIN müssen Sie im Bereich VERTRAUENSEBENE zumindest SYNOLOGY INC. UND VERTRAUENSWÜRDIGE HERAUSGEBER auswählen. Je nachdem, welche Pakete Sie installieren wollen, müssen Sie auch JEDER HERAUSGEBER auswählen. Stimmt die Vertrauensebene nicht, können Sie zwar die Paketquelle hinzufügen und alle Pakete betrachten, beim Versuch, ein Paket zu installieren, dessen Herausgeber nicht vertraut wird, bekommen Sie eine Fehlermeldung in Form einer Benachrichtigung (siehe Abbildung 3.32).
3. Im Reiter PAKETQUELLEN klicken Sie auf HINZUFÜGEN.
4. Vergeben Sie einen Namen und fügen Sie die Adresse der Paketquelle ein.

Abb. 3.30: Alles, was Sie benötigen, ist die URL der Quelle.

5. Bestätigen Sie Ihre Eingaben mit OK.
6. Jede Paketquelle ist mit einem Zertifikat abgesichert. Dieses wird bei ihrem Hinzufügen importiert. Eine Meldung informiert Sie darüber. (Sie können sich die Zertifikate im Reiter ZERTIFIKAT ansehen.)
7. Fügen Sie weitere Paketquellen hinzu oder schließen Sie die Einstellungen mit OK.
8. Im Paket-Zentrum ist eine neue Ansicht COMMUNITY für die Paketquelle(n) verfügbar. Unter COMMUNITY finden Sie alle Paketquellen, die Sie selbst hinzugefügt haben.

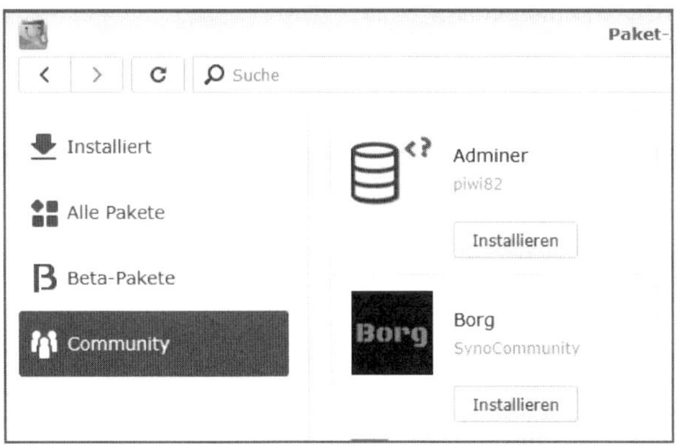

Abb. 3.31: Unter COMMUNITY werden die Pakete aller fremder Paketquellen zusammengefasst.

Wollen Sie die wichtigsten Pakete näher kennenlernen, werfen Sie einen Blick auf Teil IV und Teil V dieses Buches.

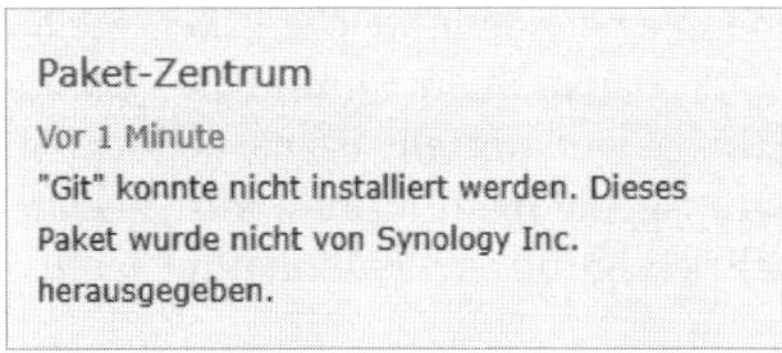

Abb. 3.32: Wollen Sie fremde Pakete installieren, haben diese aber nicht in den Einstellungen zugelassen, erhalten Sie eine Fehlermeldung.

3.3.7 Protokoll-Center

Hierbei handelt es sich um die Anwendung zum Widget *Letzte Protokolle*. Die Protokolle dienen zur Auswertung und Überwachung. Das vorinstallierte Protokoll-Center beinhaltet allerdings nur die Basisfunktionen. Wollen Sie Funktionen wie das Senden und Empfangen von Protokollen sowie das Archivieren von Protokollen nutzen, müssen Sie das Paket *Protokoll-Center* im Paket-Zentrum installieren. Darauf weist Sie auch eine Meldung hin, die beim Öffnen des Protokoll-Centers erscheint. Scrollen Sie nach unten und bestätigen Sie, dass Sie diese Meldung nicht mehr sehen möchten.

- Im Bereich ÜBERBLICK sehen Sie in einem Verlauf, wann Meldungen dem Protokoll hinzugefügt wurden, sowie die letzten 50 Protokolle.
- Unter PROTOKOLLE finden Sie eine vollständige Liste aller Protokolle.
- Unter BENACHRICHTIGUNGEN können Sie Regeln definieren. Tritt eine Meldung auf, die den Regeln entspricht, bekommt der Administrator eine Benachrichtigung.
- Im Bereich ARCHIVEINSTELLUNGEN können Sie festlegen, ab wann (Alter oder Größe) Protokolle archiviert werden sollen, wohin diese gespeichert werden sollen und in welcher Form.
- Mit PROTOKOLL SENDEN haben Sie die Möglichkeit, die Protokolle an einen Syslog-Server zu schicken, das kann auch ein anderes Synology NAS sein. Das empfangende NAS listet die Sender unter PROTOKOLLEMPFANG auf.

3.3.8 Sicherheitsberater

Der *Sicherheitsberater* hilft Ihnen, gewisse Grundeinstellungen anzupassen, um die Sicherheit auf Ihrem NAS zu erhöhen. Eine genauere Beschreibung des Sicherheitsberaters finden Sie in Abschnitt 10.10.6 »Den Sicherheitsberater nutzen«.

3.3.9 Die Suche und Universal Search

Ihnen stehen zwei Suchfunktionen zur Verfügung. Zum einen ist da die Suche. Sie erreichen sie über das Lupen-Icon in der Taskleiste. Hier können Sie schnell einen Suchbegriff eingeben, aber auch den Suchbereich eingrenzen. Es lassen sich alle Einstellungen und Menüs von DSM durchsuchen, aber auch alle indizierten Ordner (siehe unten).

Abb. 3.33: Suchen Sie schnell nach Dateien, Einstellungen und Anwendungen.

Die zweite Möglichkeit heißt *Universal Search*. Sie finden die Anwendung im Hauptmenü. Mit Universal Search können Sie noch genauere Suchabfragen erstellen und nach Bereichen filtern. Sie können auch all Ihre Dateien, die Sie auf Ihrem NAS ablegen, durchsuchen. Dazu müssen die Ordner aber zur Indizierung hinzugefügt werden. Öffnen Sie dazu UNIVERSAL SEARCH|VOREINSTELLUNGEN (Zahnrad-Icon)|LISTE INDIZIERTER ORDNER. Einige Anwendungen fügen hier selbst Ordner hinzu. Im Reiter BENUTZERDEFINIERT können Sie Ordner hinzufügen. Klicken Sie dazu auf ERSTELLEN, wählen Sie einen Ordner aus und wählen Sie, welche Art von Daten der Ordner enthält. Haben Sie einen Ordner hinzugefügt, beginnt die Indizierung. Je nach Leistung Ihres NAS und Menge an Daten kann dieser Vorgang einige Minuten bis Stunden dauern.

Nach der Installation von DSM werden Sie noch keine Ordner vorfinden. Wie Sie Ordner erstellen, erfahren Sie in Kapitel 5 »Dateiverwaltung«.

Abb. 3.34: Ordner müssen Sie selbst zur Indizierung hinzufügen.

Ist die Indizierung abgeschlossen, können Sie Ihre Dateien durchsuchen. Dabei werden nicht nur Dateinamen einbezogen, sondern auch Metadaten von Multimediadateien wie Interpret, Bandnamen oder Titel. Die Suchergebnisse werden sofort angezeigt, da nicht die Ordner durchsucht werden müssen, sondern die Index-Datenbank, wo bereits alle wichtigen Informationen abgespeichert sind.

Abb. 3.35: Entscheiden Sie selbst, nach welchen Kriterien ein Ordner indiziert werden soll.

Abb. 3.36: Die Suchergebnisse können Sie nach Bereichen filtern.

Achtung

Verwechseln Sie die Indizierung von *Universal Search* nicht mit der Medienindizierung unter SYSTEMSTEUERUNG|INDIZIERUNGSDIENST. Nur die Multimediaanwendungen haben Zugriff auf die Medienindizierung.

Kapitel 4

Die Benutzerverwaltung

Soll Ihr NAS von mehreren Personen genutzt werden, dann sind Benutzerkonten und Rechteverwaltung unverzichtbar. Aber selbst, wenn Sie Ihr NAS alleine nutzen, sollten Sie sich über das Thema Benutzer und Rechte Gedanken machen. In diesem Kapitel erfahren Sie nicht nur, wie es geht, sondern auch, warum Benutzer und Rechte so wichtig sind. Außerdem bekommen Sie von mir wieder wertvolle Praxistipps.

Abb. 4.1: Die Benutzerverwaltung in der Systemsteuerung

4.1 Die DSM-Standardbenutzer

Bei der Installation des NAS werden zwei Standardbenutzer angelegt, die auch nicht gelöscht werden können.

Der erste Benutzer lautet auf den Namen *admin*. Haben Sie DSM über den *Synology Assistant* installiert, haben Sie auch ein Passwort für diesen Benutzer vergeben und nutzen ihn bereits, um auf Ihr NAS zuzugreifen. Haben Sie DSM aber mithilfe des *Web Assistant* installiert, haben Sie ein eigenes Administratorkonto samt Passwort angelegt. Der Benutzer *admin* existiert zwar trotzdem, ist aber deaktiviert.

Der zweite Standardbenutzer hat den Namen *guest* und ist nach der Installation immer deaktiviert. Der Benutzer hat stark eingeschränkte Rechte und dient eher Demonstrationszwecken. Sollten Sie einen Gast-Benutzer benötigen, legen Sie sich selbst einen an und lassen Sie den Benutzer *guest* deaktiviert.

Nutzen Sie noch den Standard-Administrator (*admin*), dann sollten Sie so bald wie möglich einen eigenen Administrator anlegen und *admin* deaktivieren, da *admin* und *guest* ein Sicherheitsrisiko darstellen. Da die beiden Benutzer auf jedem Synology NAS vorhanden sind, können Angreifer mit ihrer Hilfe gezielt versuchen, Zugriff auf das NAS zu erlangen. Sind die beiden Benutzer deaktiviert, verkleinert sich die Angriffsfläche.

4.2 Ein gutes Benutzer-Konzept finden

Gerade, wenn man das NAS alleine benutzt, scheint es praktisch, alles mit dem eigenen Administrator-Konto zu erledigen. Aus Sicherheitsgründen ist es aber besser, für jede Aufgabe einen eigenen Benutzer anzulegen. Wollen Sie Ihr NAS über das Internet erreichen, gilt das umso mehr.

Bedenken Sie, nicht nur reale Personen, die auf Ihr NAS zugreifen, benötigen einen Benutzer. Einige Dienste und Anwendungen möchten Sie eventuell gemeinsam mit anderen nutzen oder der Zugriff ist nicht direkt einer realen Person zuzuordnen. Logindaten sind dafür dennoch nötig. Jeder dieser Zugriffe vergrößert die Angriffsfläche. Problematisch sind beispielsweise gemeinsam genutzte Geräte, die auf Ihr NAS zugreifen und selbst keine Benutzeranmeldung bieten, z.B. ein SmartTV, von dem Sie auf Ihre Filme, Musik oder Bilder zugreifen. Die Apps, die dafür genutzt werden, speichern meist die Anmeldedaten und verbinden sich automatisch, da solche Dienste jederzeit verfügbar sein sollen. Gerade auf SmartTVs, wo meist keine Hardware-Tastatur vorhanden ist, wäre es auch extrem mühsam, wenn man sich jedes Mal erneut anmelden müsste.

Achtung

Bei gemeinsam genutzten Anwendungen oder Zugängen, die keiner realen Person zugeordnet werden können, tendieren wir – also diejenigen, die das NAS angeschafft und eingerichtet haben – dazu, das eigene Konto überall anzugeben. Das ist ein großes Sicherheitsrisiko, vor allem, wenn es sich dabei auch noch um ein Konto mit Administratorrechten handelt.

Richtig schwierig wird es, wenn man sich von den Synology-Anwendungen wegbewegt und Dienste von Drittanbietern (z.B. WordPress) einrichtet. Diese laufen meistens auf dem Webserver Ihres NAS und benötigen selbst Zugangsdaten, um ausgeführt werden zu können. Das geschieht meist einmalig beim Einrichten dieser Dienste und später vergisst man schnell, wo überall Anmeldedaten hinterlegt wurden bzw. dass überhaupt welche hinterlegt wurden. Nutzen Sie überall Ihr Administrator-Konto, kann das aus folgenden Gründen sehr schnell unangenehm werden:

- Gelingt es einem Angreifer, der Anmeldedaten nur eines einzigen Dienstes habhaft zu werden, hat er sofort Zugriff auf alle anderen. Handelt es sich dabei auch noch um Ihren Administrator, kann der Angreifer unter Umständen direkt und uneingeschränkt auf Ihr NAS zugreifen.
- Führen Sie Änderungen am Benutzerkonto durch, kann das Einfluss auf Dienste haben, die dieser Benutzer verwendet. Ärgerlich, wenn Sie nur etwas ausprobieren

möchten und der Videostream abbricht, der gerade von einem Familienmitglied gestartet wurde.

- Sie können einzelne Dienste gezielt kontrollieren, wenn Sie für jeden einen eigenen Benutzer angelegt haben. Läuft alles über ein einziges Konto, kann es sehr mühsam sein, herauszufinden, wo Sie Anmeldedaten hinterlegt haben.
- Ein Benutzer, der Zugriff auf alle Dienste hat, braucht auch alle entsprechenden Rechte. Das kann dazu führen, dass das Konto in einer Anwendung mehr Rechte hat, als Sie ihm eigentlich zugestehen wollen. Das gilt sowohl für menschliche Nutzer als auch für Angreifer und computergesteuerte Zugriffe.

Keine Sorge, Sie müssen nicht gleich zu Beginn alle notwendigen Benutzer anlegen. In den nachfolgenden Kapiteln werde ich das Thema Benutzer und Rechte immer wieder anschneiden. Fürs Erste genügt es, wenn Sie sich der Bedeutung der Benutzer bewusst werden und den Standard-Administrator ersetzen, sollte das bei der Installation noch nicht passiert sein.

Richten Sie in weiterer Folge einen neuen Dienst auf Ihrem NAS ein, sollten Sie immer auch einen neuen Benutzer anlegen und ihm nur die für den Dienst notwendigen Rechte geben. In 99% der Fälle sind dafür auch keine Administratorrechte notwendig.

4.3 Einen neuen Benutzer anlegen

Hinweis

Die Screenshots, die ich hier verwende, stammen von einer DiskStation, auf der schon diverse Software-Pakete installiert und Dienste eingerichtet wurden. Die Benutzerverwaltung ist sehr umfangreich und ich möchte sie Ihnen in diesem Kapitel auch möglichst umfassend erklären.

Sie werden in den Bildern Elemente vorfinden, die es so nicht auf einem frisch installierten NAS gibt. Lassen Sie sich davon nicht abschrecken und haben Sie keine Angst, falsche Angaben zu machen, Einstellungen auszulassen oder bei Ihnen nicht so vorzufinden wie auf den Screenshots. Sie können die Benutzer jederzeit und im vollen Umfang bearbeiten.

1. Öffnen Sie SYSTEMSTEUERUNG|BENUTZER und klicken Sie auf ERSTELLEN.
2. Vergeben Sie einen Namen für den neuen Benutzer. Das Feld BESCHREIBUNG können Sie zwar leer lassen; bei Benutzern, die Sie nicht für menschliche Mitbenutzer anlegen, können Sie hier angeben, wofür das Konto genutzt wird bzw. wo sie dieses einsetzen (z.B. Videostreaming SmartTV oder Fotogalerie Familientablet). Vergeben Sie ein sicheres Passwort (ich darf Sie erneut auf Abschnitt 10.5 und die Thematik »sichere Passwörter« hinweisen). Die automatisch generierten Passwörter sind übrigens sehr kurz und nur wenig brauchbar.

   Anschließend stehen Ihnen noch einige Optionen zur Verfügung. Sie können z.B. den neuen Benutzer per E-Mail benachrichtigen (dazu müssen Sie die E-Mail-Benachrichtigung konfiguriert haben). Theoretisch könnten Sie auch das Passwort in der E-Mail anzeigen lassen, sehen Sie aber davon ab. Passwörter im Klartext zu notieren, ist immer eine schlechte Idee und besonders schlecht ist es, diese per E-Mail zu versenden. Wenn möglich, teilen Sie dem Benutzer das Passwort über einen sicheren Kanal mit oder übergeben es ihm persönlich. Wenn das nicht möglich ist, zwingen Sie den Benutzer, das von Ihnen festgelegte Passwort beim ersten Anmeldevorgang zu ändern.

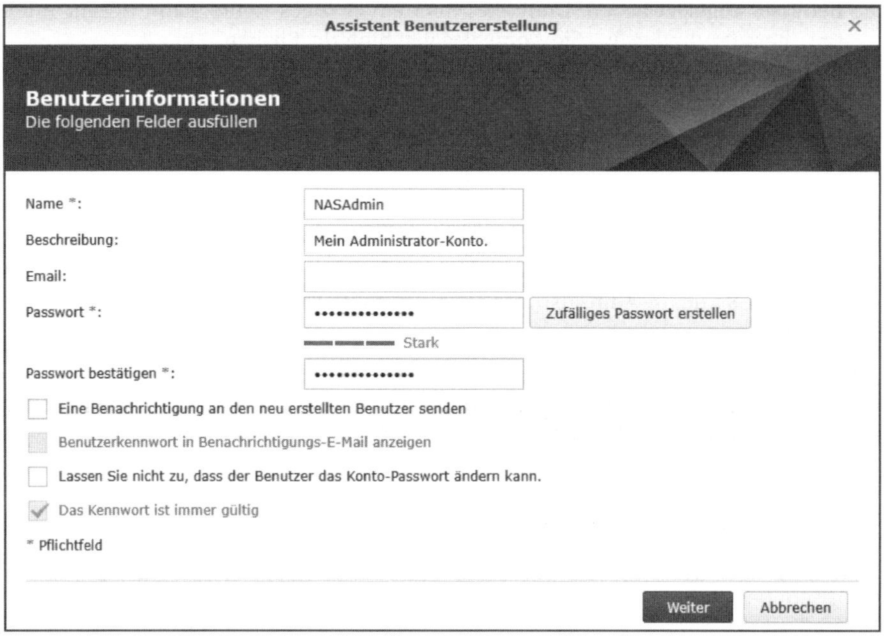

Abb. 4.2: Basisangaben für den neuen Benutzer

Handelt es sich um einen Benutzer, der zur Nutzung eines Dienstes vorgesehen ist, sollten Sie die Option LASSEN SIE NICHT ZU, DASS DER BENUTZER DAS KONTO-PASSWORT ÄNDERN KANN aktivieren. Das verhindert, dass jemand, der die Logindaten kennt, unerlaubt das Passwort ändert. Richten Sie beispielsweise ein Benutzerkonto ein, damit Ihre WG Filme streamen kann, wäre es doch unangenehm, wenn ein Mitglied das Passwort ändert, ohne die anderen darüber zu informieren. Die Option ist auch dann sinnvoll, wenn Sie davon ausgehen, dass die Person, für die dieses Konto gedacht ist, keine sicheren Passwörter verwendet. Gerade ältere Mitmenschen und auch jene, die mit der IT-Welt und deren Gefahren nicht so vertraut sind, greifen oft zu sehr unsicheren Passwörtern. Mit dieser Option können Sie verhindern, dass der Benutzer sein Passwort auf den Namen seines Haustieres, den Geburtstag des Partners oder sonstige kritische Eingaben ändert. Haben Sie alle Angaben gemacht, klicken Sie auf WEITER.

3. Im nachfolgenden Fenster können Sie den Benutzer einer Gruppe zuweisen. Die Gruppe *users* ist vorausgewählt und kann auch nicht abgewählt werden. Haben Sie keine eigenen Gruppen angelegt, können Sie die Auswahl so belassen, es sei denn, Sie wollen ein Konto mit Administratorrechten anlegen. Ein Benutzer kann auch mehreren Gruppen zugewiesen werden. Näheres zu den Gruppen erfahren Sie in Abschnitt 4.4 »Gruppen als Vorlagen für mehrere Benutzer«.

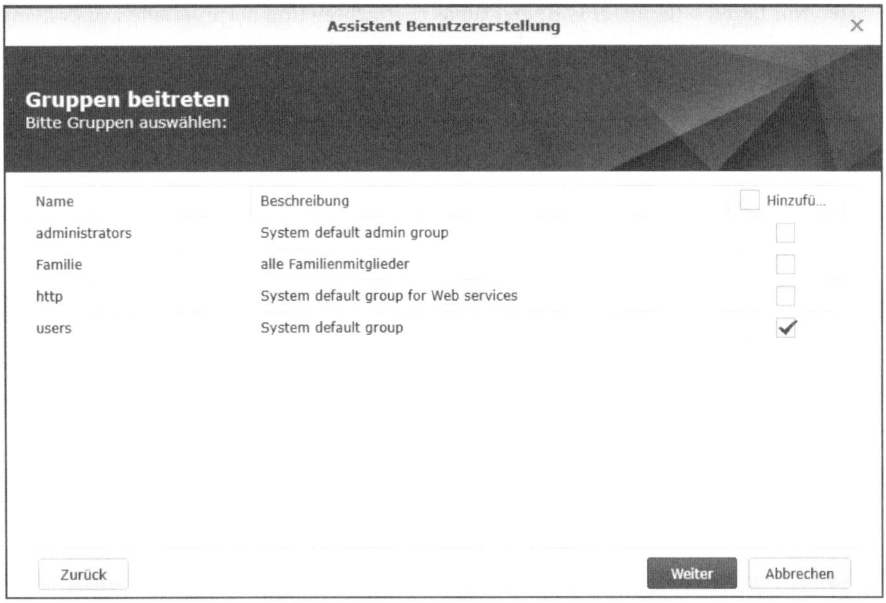

Abb. 4.3: Der neue Benutzer ist immer der Gruppe *users* zugeordnet, weitere Gruppen können nach Belieben zugeordnet werden.

4. Im folgenden Schritt können Sie die Zugriffsberechtigung auf die gemeinsamen Ordner (siehe Abschnitt 5.2 »Gemeinsame Ordner – der Drehpunkt des NAS«) festlegen. Dateiberechtigungen können nur auf Ebene der gemeinsamen Ordner vergeben werden. Berechtigungen werden von der zugewiesenen Gruppe übernommen, diese sehen Sie in der Spalte GRUPPENBERECHTIGUNGEN. Sollte in der Gruppe keine Berechtigung vorhanden sein, bleibt die Spalte leer.

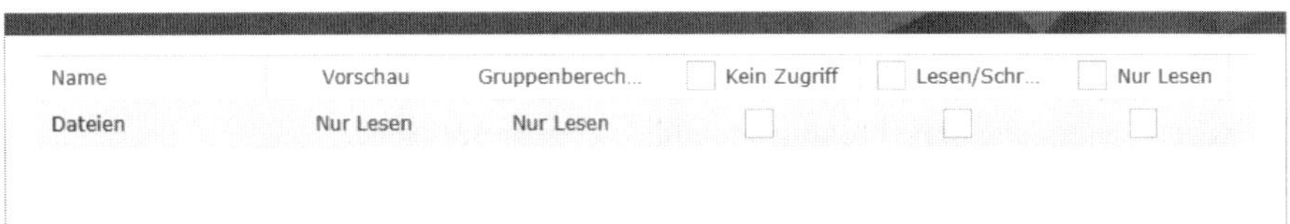

Abb. 4.4: Berechtigungen von Gruppen werden auf ihre Mitglieder übertragen.

Sie müssen übrigens kein Häkchen setzen, wenn Sie mit der Voreinstellung in der Spalte VORSCHAU bereits zufrieden sind. Ihnen stehen – wie bei anderen Betriebssystemen üblich – 4 Berechtigungen zur Verfügung:

- Kein Zugriff – Benutzer haben keinerlei Zugriff auf den gemeinsamen Ordner oder die dort gespeicherten Daten (gemeinsame Ordner können vor Benutzern ohne Zugriff verborgen werden, siehe Abschnitt 5.2.2 »Gemeinsame Ordner erstellen«).
- Lesen/Schreiben – Benutzer können Dateien in den gemeinsamen Ordnern speichern, bestehende Daten ansehen, herunterladen, verschieben und ändern/überschreiben.

- Nur Lesen – Benutzer können Dateien betrachten und herunterladen, aber keinerlei Änderungen durchführen oder neue Dateien hochladen.
- Benutzerdefiniert – Hier können Sie sehr genau angeben, was ein Benutzer im jeweiligen gemeinsamen Ordner darf und was nicht (siehe »Benutzerdefinierte Berechtigungen«, Seite 108).

Abb. 4.5: Berechtigungen für die gemeinsamen Ordner

Ist der Benutzer mehreren Gruppen mit unterschiedlichen Rechten zugewiesen oder machen Sie abweichende Angaben, gilt folgende Priorität: KEIN ZUGRIFF überschreibt alle anderen Rechte, LESEN/SCHREIBEN überschreibt NUR LESEN. In der Spalte VORSCHAU sehen Sie, welche Berechtigung tatsächlich angewendet wird.

Setzen Sie die Rechte so streng wie möglich. Verweigern Sie dem Benutzer den Zugriff auf gemeinsame Ordner, auf die er nicht zugreifen soll und muss. Möchten Sie Dateien mit einem Benutzer teilen, erlauben Sie ihm nur den Lesezugriff, und nur dort, wo es notwendig ist, erteilen Sie dem Benutzer auch Schreibrechte. Haben Sie die Rechte Ihren Wünschen entsprechend gesetzt, klicken Sie auf WEITER.

5. Nach den Rechten für die einzelnen Ordner, können Sie jetzt Kontingente, also ein Datenvolumen, das der Benutzer auf dem jeweiligen Volume belegen darf, vergeben. Machen Sie hier keine Angaben, gilt ein unbegrenztes Kontingent. Auf *Btrfs-Speicherpools* können Sie das Kontingent pro gemeinsamen Ordner festlegen, auf anderen Dateisystemen können Sie das Kontingent nur auf Volume-Ebene einstellen (siehe Abbildung 4.6). Für Mitglieder der Administrator-Gruppe ist das Kontingent immer unbegrenzt.

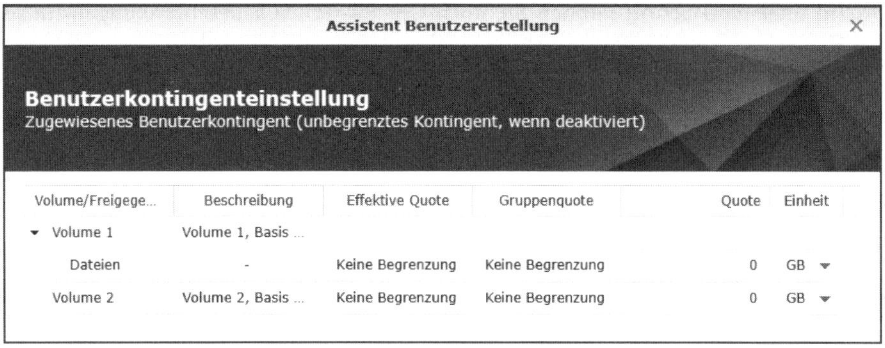

Abb. 4.6: Volume 1 liegt auf einem Btrfs-Speicherpool, Volume 2 auf einem ext4-Speicherpool.

6. Im nächsten Schritt können Sie die Berechtigungen für die einzelnen Anwendungen zuweisen (die *Photo Station* ist hier ausgenommen, siehe Abschnitt 13.3 »Berechtigungen vergeben«). Hier steht Ihnen ZULASSEN bzw. VERWEIGERN zur Verfügung sowie die Option NACH IP (siehe »Anwendungsberechtigung ›Nach IP‹«, Seite 110).

   In der Liste finden Sie nur aktivierte Dienste und installierte Anwendungen. Installieren Sie neue Pakete oder aktivieren Dienste, müssen Sie die Reche für die Benutzer nachträglich anpassen. Auch hier sollten Sie die Rechte wieder so streng wie möglich setzen, vor allem der Zugriff auf DSM will wohlüberlegt sein. Stehen Benutzereinstellungen bzw. die Einstellungen mehrerer Gruppen in Konflikt, dann hat VERWEIGERN die höhere Priorität.

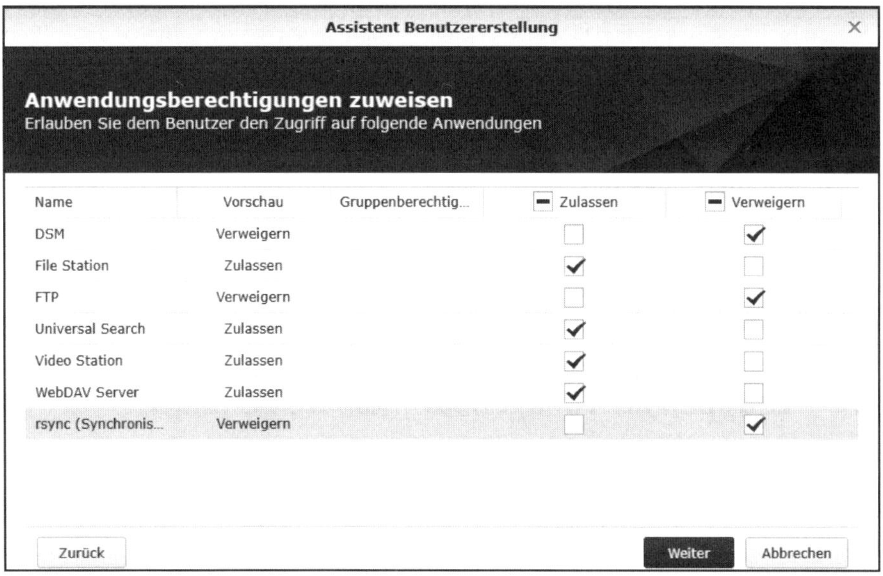

Abb. 4.7: Die Berechtigungen können für jede installierte Anwendung und jeden aktivierten Dienst gesetzt werden.

7. Im folgenden Schritt können Sie noch Geschwindigkeitsbeschränkungen für jeden Dienst festlegen. Sie haben hier die Wahl zwischen drei Modi, die Sie im rechten Dropdown auswählen:
   - Gruppeneinstellungen übernehmen – Wie der Name schon sagt, werden hier die Einstellungen der Gruppe übernommen.
   - Geschwindigkeitsbegrenzung einrichten – Bei diesem Modus werden die Werte, die Sie für Upload und Download eintragen, als Grenzwerte herangezogen.
   - Grenzwertbereich anpassen – Hier können Sie einen Zeitplan für den Benutzer festlegen (siehe »Grenzwertbereiche für Geschwindigkeitsbeschränkungen«, Seite 111).
8. Auf der letzten Seite sehen Sie die Zusammenfassung all Ihrer Einstellungen. Es werden dabei allerdings nur die Angaben angezeigt, die Sie für den Benutzer gemacht haben. Übernommene Rechte aus eventuell zugewiesenen Gruppen werden hier nicht ausgewiesen.

   Bestätigen Sie mit einem Klick auf ÜBERNEHMEN.

4.3.1 Benutzer bearbeiten

Wollen Sie die Einstellungen für einen Benutzer nachträglich ändern, wählen Sie ihn unter SYSTEMSTEUERUNG|BENUTZER aus und klicken Sie auf den Button BEARBEITEN. Im Fenster, das sich geöffnet hat, sehen Sie die Reiter entsprechend den Seiten, die Sie bei der Erstellung des Benutzers durchgegangen sind. Dort können Sie alle Einstellungen ändern.

Im ersten Reiter können Sie den Benutzer auch deaktivieren, das heißt, der Benutzer kann nicht mehr verwendet werden. Er bleibt aber in der Benutzerverwaltung aufgelistet.

Tipp

Sofern nicht schon bei der DSM-Installation passiert, legen Sie sich einen eigenen Benutzer an und weisen Sie ihn der Gruppe *administrators* zu. Loggen Sie sich mit dem neuen Administrator-Konto ein und deaktivieren Sie das Konto *admin*.

4.3.2 Benutzer löschen

Wählen Sie den Benutzer unter SYSTEMSTEUERUNG|BENUTZER aus und klicken Sie auf den Button LÖSCHEN. Sie erhalten einen Hinweis, dass beim Löschen des Benutzers auch sein *Home-Ordner* mitgelöscht wird (siehe Abschnitt 5.1 »Privater Speicher – der Home-Ordner«).

4.4 Gruppen als Vorlagen für mehrere Benutzer

Gruppen sind dann hilfreich, wenn Sie mehrere Benutzer-Konten benötigen, wobei einige dieser Konten dieselben Berechtigungen erhalten sollen. Anstatt die Berechtigungen für jeden Benutzer einzeln einzustellen, erstellen Sie eine Gruppe mit den entsprechenden Berechtigungen. Beim Erstellen der Benutzer können Sie diese dann der entsprechenden Gruppe zuweisen.

4.4.1 Standardgruppen

In der Gruppenverwaltung sind drei Standardgruppen eingetragen, die Sie bearbeiten aber nicht löschen können.

- *administrators* – Hierbei handelt es sich um die Gruppe der Administratoren. Diese kann interessanterweise bearbeitet und Rechte können sogar eingeschränkt oder entzogen werden. Wollen Sie Administratoren mit eingeschränkten Befugnissen, legen Sie besser eine neue Gruppe an, bevor Sie sich selbst aussperren.
- *http* – Diese Gruppe wird vom Webserver genutzt. Auch hier sind Änderungen mit Vorsicht zu genießen, besonders wenn Sie das Paket *Web Station* (siehe Kapitel 20 »Das Synology NAS als Webserver«) und andere Anwendungen installiert haben, die über den Webserver laufen.
- *users* – Jeder Benutzer ist dieser Gruppe zugeordnet, hier können Mitglieder nicht entfernt werden.

4.4.2 Gruppe erstellen

1. Öffnen Sie SYSTEMSTEUERUNG|GRUPPE und klicken Sie auf ERSTELLEN.
2. Vergeben Sie einen Namen für die Gruppe und optional eine Beschreibung (siehe Abbildung 4.8).
3. Vergeben Sie Zugriffsrechte auf gemeinsame Ordner (siehe Seite 103, Punkt 4). Sie müssen nicht überall Rechte setzen. Setzen Sie nur dort Rechte, wo die Angaben für alle Benutzer gleich ausfallen.
4. Stellen Sie ein Kontingent (Datenvolumen, das einem Mitglied der Gruppe maximal zusteht) ein, falls erwünscht. Angaben können erst gemacht werden, wenn Sie den Haken in der Spalte KONTINGENT AKTIVIEREN gesetzt haben.
5. Vergeben Sie die Berechtigungen für Anwendungen und Dienste, wo dies gewünscht ist (siehe Seite 105, Punkt 6).
6. Setzen Sie bei Bedarf Geschwindigkeitseinschränkungen. Zur Auswahl haben Sie den Modus KEINE und die aus der Benutzerverwaltung bekannten Modi GESCHWINDIGKEITSBESCHRÄNKUNG EINRICHTEN und GRENZWERTBEREICH ANPASSEN (siehe »Grenzwertbereiche für Geschwindigkeitsbeschränkungen«, Seite 111).
7. Bestätigen Sie die Zusammenfassung mit ÜBERNEHMEN.

Abb. 4.8: Basisangaben für eine neue Gruppe

Bearbeiten und löschen können Sie Gruppen genauso wie die Benutzer über die entsprechenden Buttons.

4.4.3 Mitglieder bearbeiten

Unter SYSTEMSTEUERUNG|GRUPPEN finden Sie einen weiteren Button mit der Aufschrift MITGLIEDER BEARBEITEN. Es öffnet sich ein Fenster, in dem Sie die Mitglieder verwalten können. So können Sie hier Mitglieder hinzufügen, ohne den Umweg über die Benutzerverwaltung zu gehen und jeden Benutzer einzeln zu bearbeiten. Um Benutzer der Gruppe hinzuzufügen, klicken Sie auf HINZUFÜGEN. Aus der Auswahl (siehe Abbildung 4.9) können Sie Benutzer auswählen (Mehrfachauswahl mit gedrückter [Strg]-/[⌘]-Taste) und mit OK bestätigen.

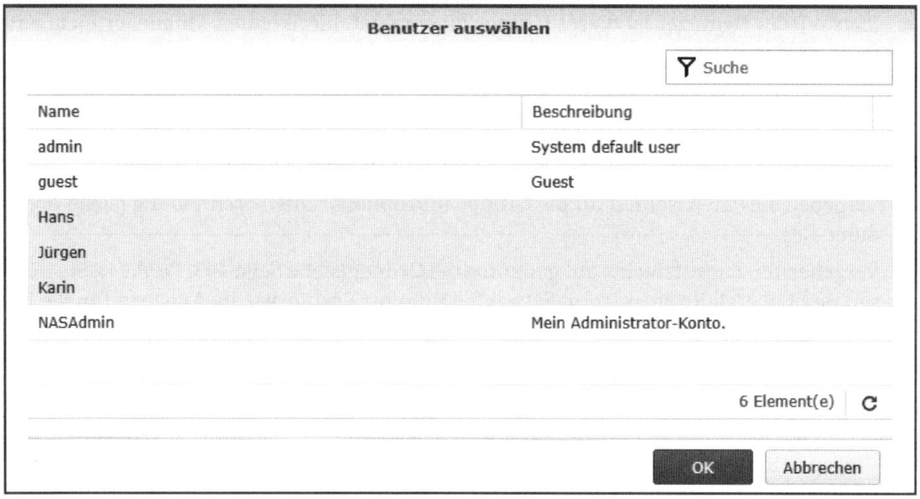

Abb. 4.9: Bequem mehrere Benutzer zu einer Gruppe hinzufügen

Mit ENTFERNEN können Sie ausgewählte Benutzer wieder entfernen.

4.5 Erweiterte Benutzerberechtigungen

Sowohl auf Benutzer- als auch auf Gruppenebene stehen Ihnen Methoden zur Verfügung, die Ihnen erlauben, den Zugriff auf Dienste und Anwendungen des NAS noch feiner einzustellen.

4.5.1 Benutzerdefinierte Berechtigungen

Die Spalte BENUTZERDEFINIERT steht Ihnen im Reiter BERECHTIGUNGEN unter SYSTEMSTEUERUNG|BENUTZER (bzw. GRUPPEN)|BEARBEITEN zur Verfügung. Beim Erstellen von Benutzern oder Gruppen steht Ihnen die Option noch nicht zur Verfügung.

Setzen Sie den Haken in dieser Spalte, öffnen sich zwei weitere Fenster, wobei hier nur das oberste davon relevant und verwendbar ist. Diese Fenster gehören zur Berechtigungsverwaltung der gemeinsamen Ordner (siehe Abschnitt 5.2 »Gemeinsame Ordner – der Drehpunkt des NAS«). Aus diesem Grund können Sie auf diese Option auch nur beim Bearbeiten von Benutzern und Gruppen zugreifen: Beim Erstellen sind die notwendigen Einträge in der Ordnerverwaltung noch nicht vorhanden.

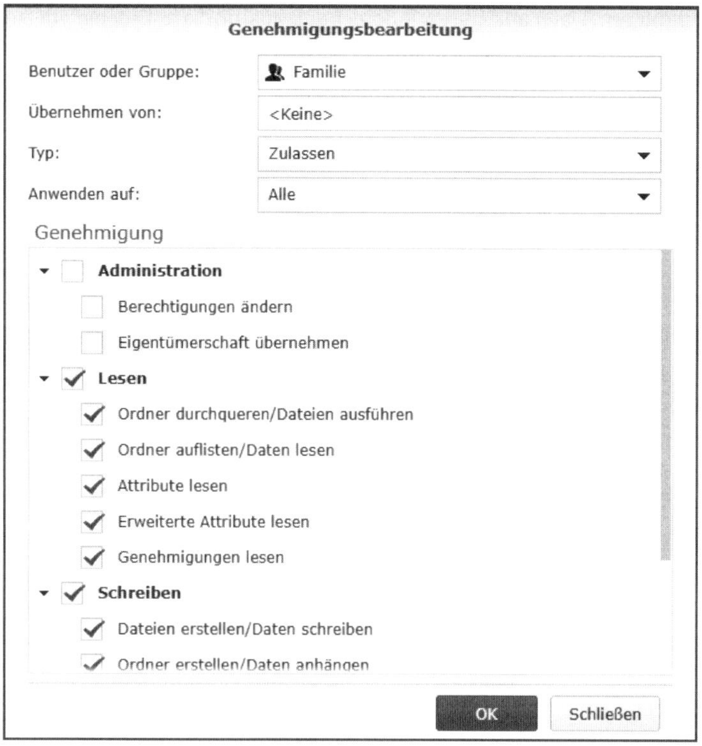

Abb. 4.10: Benutzerdefinierte Berechtigungen sind über die Ordnerverwaltung möglich.

Im Fenster können Sie folgende Einstellungen vornehmen:

- Benutzer oder Gruppe – Da sich Benutzerverwaltung und Ordnerverwaltung dieses Fenster teilen, besteht die Möglichkeit der Auswahl. Der Benutzer oder die Gruppe, die Sie gerade bearbeiten, ist bereits vorausgewählt.
- Übernehmen von – dient nur zur Ansicht. Da Sie explizit einen Benutzer oder eine Gruppe bearbeiten, wird hier <KEINE> angezeigt.
- Typ – Wählen Sie, ob die weiter unten ausgewählten Rechte zugelassen oder verweigert werden sollen.
- Anwenden auf – Wählen Sie, auf welcher Ebene die Angaben angewendet werden sollen.
- Genehmigungen – Hier wählen Sie aus, was ein Benutzer darf und was nicht. Wie ein gesetzter Haken gewertet wird, hängt von Ihrer Auswahl unter TYP ab.
  - Administration
    - Berechtigungen ändern – Ändern von Berechtigungen für den entsprechenden gemeinsamen Ordner.

  - Eigentümerschaft übernehmen – Jeder angelegte Ordner und jede Datei haben einen Eigentümer. Mit dieser Genehmigung weisen Sie den Benutzer als Eigentümer zu.
- Lesen
  - Ordner durchqueren/Datei ausführen – Berechtigt. ausführbare Dateien auszuführen.
  - Ordner auflisten/Daten lesen – Berechtigt zum Lesen (Öffnen) einer Datei.
  - Attribute lesen – Berechtigt zum Lesen der Dateiattribute.
  - Erweiterte Attribute lesen – Berechtigt zum Lesen der erweiterten Dateiattribute.
  - Genehmigungen lesen – Berechtigt zum Lesen der Ordner-/Dateiberechtigungen.
- Schreiben
  - Dateien erstellen/Daten schreiben – Berechtigt zum Erstellen und Ändern einer Datei.
  - Ordner erstellen/Daten anhängen – Berechtigt zum Erstellen von Ordnern bzw. zum Anhängen von Daten am Ende einer Datei.
  - Attribute schreiben – Berechtigt zum Schreiben und Ändern von Dateiattributen.
  - Erweiterte Attribute schreiben – Berechtigt zum Schreiben und Ändern von erweiterten Dateiattributen.
  - Unterordner und Dateien löschen – Berechtigt zum Löschen von Ordnern und Dateien (ausgenommen dem Ordner/der Datei, auf der die Genehmigungen erstellt werden).
  - Löschen – Berechtigt zum Löschen der Datei oder des Ordners, auf dem die Genehmigungen erstellt werden.

Haben Sie die Genehmigungen angepasst, bestätigen Sie mit OK. Bestätigen Sie auch das zweite Fenster mit OK, um in die Benutzer- bzw. Gruppenverwaltung zurückzukehren. Sie sehen jetzt einen Haken in der Spalte BENUTZERDEFINIERT, es sei denn, Sie haben *Lesen* inklusive aller Unterpunkte bzw. *Lesen und Schreiben* inklusive aller Unterpunkte zugelassen. Dann finden Sie den Haken in der entsprechenden Spalte.

4.5.2 Anwendungsberechtigung »Nach IP«

Bearbeiten Sie die Anwendungsberechtigungen eines Benutzers oder einer Gruppe (Reiter APPLIKATIONEN), steht Ihnen eine neue Spalte zur Verfügung. Mit der Option NACH IP können Sie den Zugriff auf Anwendungen und Dienste durch die Beschränkung auf eine bestimmte IP oder ein Subnetz noch genauer festlegen. Die Einstellung wirkt aber immer im Zusammenhang mit dem jeweiligen Nutzer bzw. der Gruppe. Möchten Sie Zugriffe auf IP-Ebene unabhängig von Benutzern und Gruppen administrieren, müssen Sie die Firewall des NAS konfigurieren (siehe Abschnitt 10.7 »Firewall«).

Wenn Sie für eine Anwendung NACH IP auswählen, öffnet sich ein Fenster, in dem Sie zwei Möglichkeiten haben, den Zugriff zu regeln.

- Im Reiter FREIGABE-LISTE können Sie Adressen und Subnetze angeben, von denen aus dem Benutzer der Zugriff auf die jeweilige Anwendung oder den Dienst erlaubt ist.
- Von IPs und Subnetzen, die im Reiter LISTE BLOCKIERTER IPS angegeben sind, ist der Zugriff nicht gestattet.

Das Erstellen eines Eintrags funktioniert in beiden Reitern gleich. Klicken Sie auf IP-ADRESSE HINZUFÜGEN. Im Popup haben Sie die Wahl zwischen SINGLE HOST, also der Angabe einer einzelnen IP, oder SUBNETZ, wo Sie ein ganzes IP-Netz (Netzadresse und Subnetz-Maske) angeben. Sie können beliebig viele Einträge erstellen und diese natürlich auch einzeln löschen.

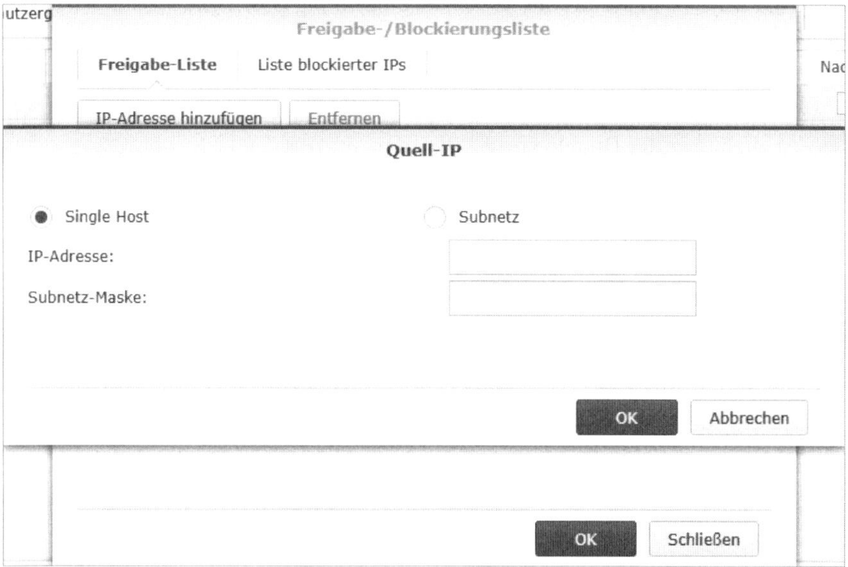

Abb. 4.11: Zugriffe auf Anwendungen von verschiedenen IPs erlauben oder blockieren

Tipp

Wenn es um Zugriffsberechtigungen geht, ist das »Whitelisting« gegenüber dem »Blacklisting« zu bevorzugen. Details dazu finden Sie in Kapitel 10 »Sicherheit«.

4.5.3 Grenzwertbereiche für Geschwindigkeitsbeschränkungen

Anstatt einer Gruppe oder einem Benutzer fixe Geschwindigkeitseinschränkungen zuzuweisen, können Sie auch Beschränkungen über einen *Zeitplan* regeln. Sie können also Benutzern bzw. Anwendungen, die – über diese Benutzer – auf das NAS zugreifen, eine Begrenzung auferlegen, um wichtigeren Prozessen den Vorrang zu geben. So können Sie andere Benutzer einschränken, während Sie das NAS vorrangig nutzen möchten. Sie können Backup-Prozesse abends einschränken, wenn das NAS für Videostreaming benötigt wird, und volle Geschwindigkeit erlauben, wenn niemand zu Hause ist oder nachts, wenn Sie schlafen.

1. Wählen Sie dazu in den Einstellungen für Geschwindigkeitsbeschränkungen beim Erstellen oder Bearbeiten eines Benutzers oder einer Gruppe im Dropdown die Option GRENZWERTBEREICH ANPASSEN
2. Klicken Sie auf ANPASSEN.
3. Sie können zwei Geschwindigkeitsbeschränkungen definieren. Zusätzlich können Sie auch die Gruppeneinstellungen über die Option GRUPPENEINSTELLUNGEN ANWENDEN zuweisen. Insgesamt stehen für jeden Benutzer vier Begrenzungseinstellungen zur Verfügung: zwei über den Zeitplaner der Gruppe und zwei über den eigenen Zeitplaner.
4. Weisen Sie die Einstellungen in der Wochentabelle zu. Wählen Sie dazu eine Option durch Anklicken des farbigen Kästchens ganz oben im Fenster aus. Klicken Sie anschließend auf die Zeitslots in der Tabelle, für die die Einstellung gelten soll. Sie können durch Geklickt-Halten und Ziehen mit der Maus auch mehrere Slots auswählen.
5. Bestätigen Sie den Zeitplan mit OK.

Für jede Anwendung/jeden Dienst kann ein eigener Zeitplan erstellt werden. Achten Sie darauf, diesen auch über das Dropdown zu aktivieren.

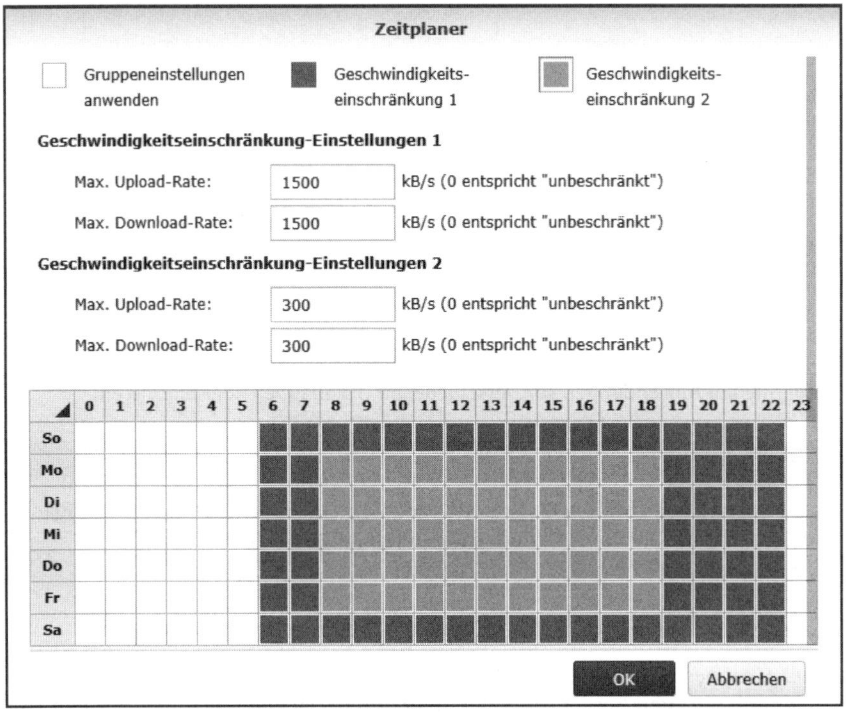

Abb. 4.12: Geschwindigkeitsbeschränkungen nach Zeitplan

Teil II

Daten, Dateien und Speicherplatz

Auch wenn NAS-Geräte für den Heimgebrauch immer mehr zu kleinen Heimservern mutieren – die Hauptexistenzberechtigung eines NAS ist es, Speicherplatz zur Verfügung zu stellen. Dateien sollen sicher abgelegt werden können und von überall im Netzwerk aus erreichbar sein, ohne an ein persönliches Arbeitsgerät (Computer, mobiles Gerät) gebunden zu sein.

In den nächsten Kapiteln lernen Sie alle Facetten der Dateiverwaltung eines Synology NAS kennen, egal ob Sie auf Ihre Dateien von mehreren Geräten aus zugreifen wollen, sie mit anderen teilen oder gemeinsam bearbeiten möchten oder sie schlicht sichern und vor Verlust schützen wollen. In Teil II lernen Sie alle Werkzeuge kennen, die ein NAS zu einem NAS machen.

In diesem Teil:

- **Kapitel 5**
  Dateiverwaltung 115
- **Kapitel 6**
  Dateidienste – vom Computer auf den NAS-Speicher zugreifen 143
- **Kapitel 7**
  Die Cloud – Daten und Geräte synchronisieren 161
- **Kapitel 8**
  Backups – Daten sichern für den Ernstfall 197

Dateiverwaltung

Nachdem Sie in den vorigen Kapiteln alle Grundlagen über Ihr NAS kennengelernt haben, wissen, wie Sie DSM installieren, und sich in der Benutzeroberfläche zurechtfinden, wird es endlich Zeit, dass wir uns mit den eigentlichen Aufgabengebieten des NAS befassen. In diesem Kapitel erfahren Sie alles über die grundlegendste und wichtigste Aufgabe: die Dateiverwaltung. Auch wenn ein NAS immer mehr Features aufweist, ist die Uraufgabe immer noch das Abspeichern und Bereitstellen von Daten. Ich erkläre Ihnen, wie Sie Dateien auf Ihr Synology NAS hoch- und wieder runterladen. Welche Möglichkeiten es gibt, auf den Speicher zuzugreifen und wie Sie diesen in andere Umgebungen einbinden können, erfahren Sie dann in Kapitel 6.

5.1 Privater Speicher – der Home-Ordner

Auf einem Synology NAS können Sie an zentraler Stelle spezielle Ordner anlegen, für die Sie genau festlegen können, welche Nutzer welche Rechte haben. Mit diesem Konzept ist es kinderleicht, Daten mit mehreren Benutzern zu teilen und gemeinsam zu bearbeiten. Diese speziellen Ordner heißen *gemeinsame Ordner* und in Abschnitt 5.2 befassen wir uns noch genauer damit.

Oft besteht aber Bedarf an Speicherplatz, der zwar von überall erreichbar sein soll, aber nur einem selbst zugänglich ist. Natürlich könnten Sie für jeden Nutzer einen gemeinsamen Ordner anlegen und nur dem jeweiligen Nutzer Zugriff gewähren. Bei sehr vielen Nutzern wäre das aber sehr umständlich und der Vorgang müsste bei jedem neuen Nutzer durchgeführt werden. Glücklicherweise stellt DSM einen Dienst bereit, der Ihnen all die Arbeit abnimmt, den *Benutzer-Home-Dienst*. Haben Sie diesen aktiviert, wird jedem Benutzer (außer dem Benutzer *guest*) ein *Home*-Verzeichnis angelegt. Nur der Nutzer selbst und Administratoren haben Zugriff auf diesen Ordner.

1. Öffnen Sie SYSTEMSTEUERUNG|BENUTZER|ERWEITERT und scrollen Sie nach unten, bis Sie den Abschnitt BENUTZERBASIS finden.
2. Aktivieren Sie den BENUTZER-HOME-DIENST, indem Sie das Häkchen bei der entsprechenden Option setzen.
3. Wählen Sie das Volume, auf dem die Home-Verzeichnisse angelegt werden sollen. Die einzelnen Home-Verzeichnisse werden im Ordner `homes` zusammengefasst.
4. Je nach Bedarf aktivieren Sie den Papierkorb (siehe Abschnitt 5.3.7 »Der Papierkorb«) für die Home-Ordner.
5. Bestätigen Sie mit ÜBERNEHMEN.

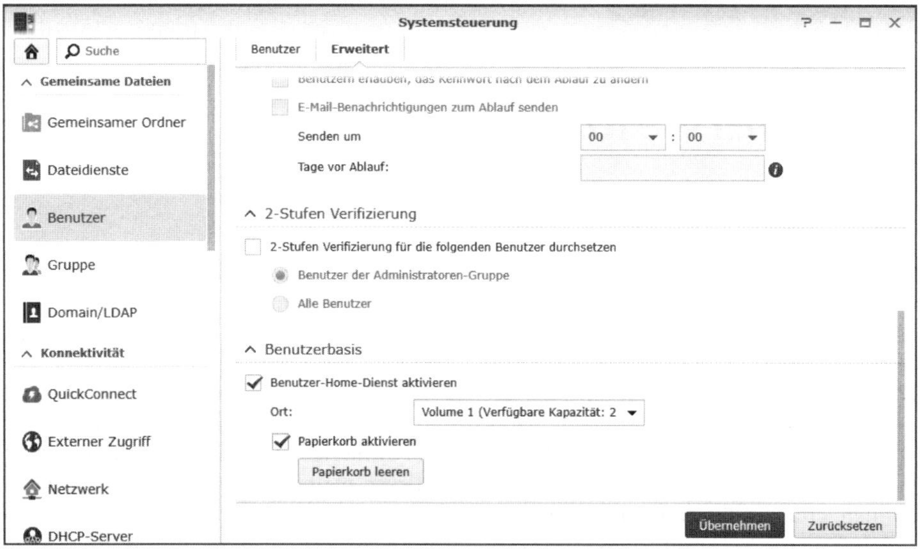

Abb. 5.1: Den Benutzer-Home-Dienst finden Sie in den erweiterten Benutzereinstellungen.

Ist der Dienst aktiviert, finden Sie unter SYSTEMSTEUERUNG|GEMEINSAME ORDNER den Eintrag HOMES. Öffnen Sie die File Station, sehen Sie einen Ordner `home`. Dies ist Ihr privater Ordner.

Ist Ihr Benutzer ein Administrator, sehen Sie ebenfalls einen Ordner `homes`. Hierbei handelt es sich um den gemeinsamen Ordner, in dem alle Benutzerordner zusammengefasst sind.

Werfen Sie einen Blick in `homes`, sehen Sie für jeden bestehenden Benutzer ein Verzeichnis mit dem Namen des Benutzerkontos. Für jeden neuen Benutzer wird hier ein neues Verzeichnis angelegt.

Hinweis

Auf dem Dateisystem finden Sie Ihren `home`-Ordner unter dem Namen Ihres Benutzerkontos. Der Eintrag `home` in der File Station ist nur ein Alias, der auf den Benutzerordner verweist.

Wollen Sie `homes` löschen, müssen Sie vorher den Benutzer-Home-Dienst deaktivieren.

5.2 Gemeinsame Ordner – der Drehpunkt des NAS

Nutzen Sie Ihr NAS alleine, könnten Sie all Ihre Daten in Ihrem `home`-Verzeichnis ablegen. Ratsam ist das aber nicht. Die oberste Ordnerebene auf einem Synology NAS sind die sogenannten gemeinsamen Ordner. Diese können Sie verschlüsseln, Berechtigungen von Benutzern und diverse andere Einstellungen verwalten. Mit Unterordnern können Sie diese Dinge nicht bzw. nur eingeschränkt tun. Auch Anwendungen agieren auf Ebene der gemeinsamen Ordner, teilweise auch mit speziellen gemeinsamen Ordnern. Anstatt also alle Ihre Dateien in Ihr `home`-Verzeichnis zu stopfen, organisieren Sie sie mithilfe der gemeinsamen Ordner. Legen Sie dann doch noch weitere Benutzer an, können Sie Berechtigungen ganz einfach zuweisen.

5.2.1 Vorgegebene Ordner

Grundsätzlich starten Sie nach der DSM-Installation ohne gemeinsame Ordner. Sie können davon mehr oder weniger beliebig viele (die genaue Anzahl hängt vom NAS-Modell ab) davon erstellen. Unter gewissen Umständen erstellt aber auch das System gemeinsame Ordner für Sie. Diese sind fest vorgegeben und erfüllen einen bestimmten Zweck. Einen davon – `homes` – haben Sie schon kennengelernt. Nachstehend finden Sie eine Übersicht dieser speziellen Ordner.

Name	Funktion
chat	Wird von *Synology Chat* erstellt.
public	Dieser Ordner wird bei einigen NAS-Modellen bei der ersten Einrichtung automatisch erstellt.
web	Dieser Ordner ist das Wurzelverzeichnis für den Webserver, er wird bei der Installation des Pakets *Web Station* erzeugt.
photo	Dient zur Verwaltung von Fotos und Videos und wird durch die *Photo Station* oder den *Medienserver* eingerichtet.
music	Dient zur Verwaltung von Liedern und wird bei der Installation der *Audio Station* erstellt.
video	Dient zur Verwaltung von Filmen, Serien und Videos und wird durch die *Video Station* oder den *Medienserver* eingerichtet.
surveillance	Enthält Aufzeichnungen der *Surveillance Station*, die den Ordner auch erstellt. Der Ordner bietet nur Lesezugriff und nur der Systemadministrator kann darauf zugreifen.
homes	Enthält die persönlichen `home`-Ordner der einzelnen Benutzer, er wird erstellt, wenn Sie den *Benutzer-Home-Dienst* aktivieren.
NetBackup	Dieser Ordner wird automatisch erstellt, wenn Sie die Netzwerksicherung aktivieren.
usbshare	Schließen Sie ein externes USB-Gerät an Ihr NAS an, wird ein Ordner `usbshare[`*`Nummer`*`]` erstellt. Nachdem das Gerät getrennt wurde, wird der Ordner entfernt.
satashare	Schließen Sie ein externes eSata-Laufwerk an Ihr NAS an, wird ein Ordner `satashare[`*`Nummer`*`]` erstellt. Nachdem das Gerät getrennt wurde, wird der Ordner entfernt.

Tipp

DSM hält Sie nicht davon ab, selbst Ordner mit den oben genannten Namen zu erstellen. Sie sollten davon aber absehen, wollen Sie sich Mühen ersparen.

5.2.2 Gemeinsame Ordner erstellen

Um einen gemeinsamen Ordner zu erstellen, gehen Sie folgendermaßen vor:

1. Öffnen Sie Systemsteuerung|Gemeinsamer Ordner.
2. Klicken Sie auf Erstellen und wählen Sie den Eintrag Erstellen.

Abb. 5.2: Gemeinsame Ordner werden in der Systemsteuerung verwaltet.

3. Der *Erstellungsassistent Freigegebener Ordner* führt Sie Schritt für Schritt durch den Erstellungsprozess. Die Ordner heißen übrigens in einigen Assistenten und Menüs »Freigegebene« Ordner, überall sonst in DSM heißen sie »Gemeinsame« Ordner. Hier dürfte die Übersetzung nicht ganz konsistent sein.

   Im ersten Schritt müssen Sie die Basisinformationen eingeben. Dazu zählen:

   - Name des gemeinsamen Ordners
   - eine optionale Beschreibung
   - der Ort, also das Volume, auf dem der gemeinsame Ordner erstellt werden soll
   - Verbergen Sie diesen gemeinsamen Ordner unter Netzwerkumgebung – Ist diese Option aktiv, wird der Ordner nicht im Windows-Explorer unter Netzwerk angezeigt. Das ändert nichts an der Erreichbarkeit und den Zugriffsbefugnissen. Der Ordner kann weiterhin unter *<NASName>*\\`<Ordnername>` aufgerufen werden. (Der Zugriff erfolgt über den SMB-Dienst, der nach der Installation bereits aktiviert ist, Näheres dazu erfahren Sie in Abschnitt 6.1 »Gemeinsame Ordner im Windows-Explorer«.)
   - Unterordner und Dateien vor Benutzern ohne Berechtigung ausblenden – ist diese Option aktiviert, werden Unterordner und Dateien vor Benutzern ohne Zugriffsrechte ausgeblendet, allerdings funktioniert diese Option nur im Zusammenhang mit dem Windows-Dateifreigabeprotokoll. Der gemeinsame Ordner selbst wird nicht ausgeblendet nur die Unterordner und Dateien. Das hilft, Verwirrung zu vermeiden, denn sonst sieht der Benutzer Ordner und Dateien, die er nicht öffnen kann. Außerdem können so keine Rückschlüsse auf den Inhalt gezogen werden.
   - Papierkorb aktivieren – Näheres dazu erfahren Sie in Abschnitt 5.3.7 »Der Papierkorb«.

4. Im nächsten Schritt haben Sie die Möglichkeit, den gemeinsamen Ordner zu verschlüsseln. In Abschnitt 10.6 »Verschlüsselung« erfahren Sie Näheres zur Verschlüsselung von gemeinsamen Ordnern.
5. Erstellen Sie den gemeinsamen Ordner auf einem Volume mit Btrfs-Dateisystem, stehen in einem zusätzlichen Schritt einige erweiterte Optionen zur Auswahl.

   - Daten-Prüfsumme für erweiterte Dateiintegrität aktivieren – Diese Option aktiviert die Datenprüf- und Reparaturfunktionen des Btrfs-Dateisystems. Die Option kann nur zum Zeitpunkt des Erstellens gewählt und nicht nachträglich geändert werden.

Hinweis

Synology empfiehlt, die Option nicht zu aktivieren, wenn der gemeinsame Ordner für folgende Aufgaben genutzt wird: Hosten von Datenbanken oder virtuellen Maschinen, Speichern der Aufnahmen der Surveillance Station, Ausführen von Diensten, die kleine oder zufällige Schreiboperationen erfordern.

In der Community hat sich gezeigt, dass die tatsächlichen Auswirkungen ganz unterschiedlich ausfallen. So gibt es Anwender, die bei den genannten Diensten durch Btrfs keine Nachteile oder sogar Verbesserungen gegenüber ext4 erfahren haben, mindestens genauso viele haben aber Probleme mit den genannten Diensten unter Btrfs. Letztendlich spielen hier mehr Faktoren als nur die Dienste eine Rolle. Im Zweifelsfall probieren Sie einfach aus, was für Sie besser funktioniert.

- Haben Sie die Prüfsummen aktiviert, können Sie auch die Dateikomprimierung aktivieren. Hier werden die Dateien komprimiert, um Speicherplatz zu sparen. Die Komprimierungsrate hängt natürlich vom Dateityp ab. Bei Textdateien ist sie höher als z.B. bei Multimediadaten. Überlegen Sie sich also, wofür Sie den gemeinsamen Ordner nutzen wollen und ob eine Komprimierung Sinn macht. Auch diese Option können Sie nachträglich nicht mehr ändern. Haben Sie den gemeinsamen Ordner verschlüsselt, steht diese Option übrigens nicht zur Verfügung.
- GEMEINSAMES ORDNERKONTINGENT AKTIVIEREN – Mit dieser Option haben Sie die Möglichkeit, dem Ordner ein maximales Kontingent zuzuweisen. Ist diese Kapazität erreicht, können keine weiteren Daten mehr im gemeinsamen Ordner gespeichert werden.

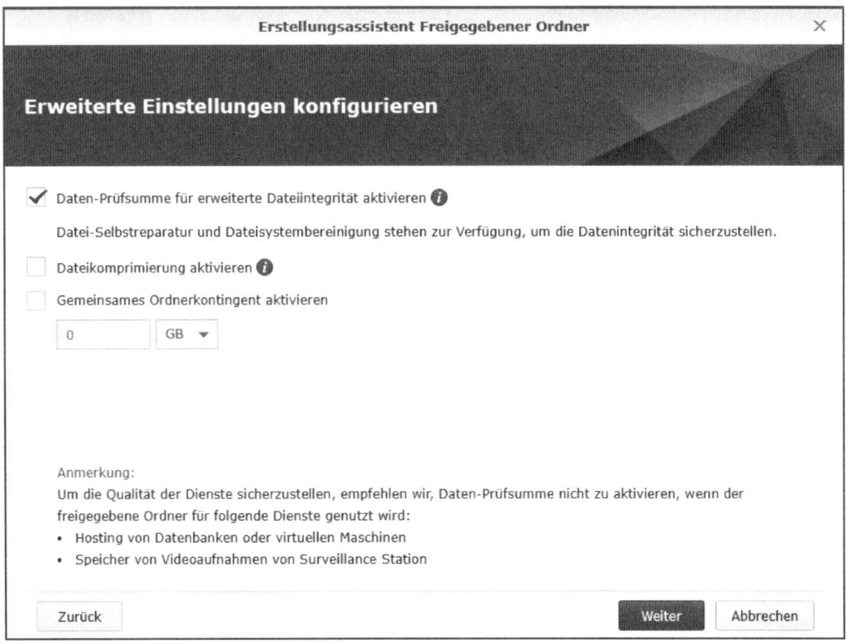

Abb. 5.3: Diesen Schritt sehen Sie nur, wenn Sie den gemeinsamen Ordner auf einem Btrfs-Speicherpool erstellen.

6. Im vermeintlich letzten Schritt sehen Sie eine Zusammenfassung Ihrer Eingaben. Mit ÜBERNEHMEN bestätigen Sie diese und der gemeinsame Ordner wird bereits erstellt. Im Anschluss öffnet sich sofort das Fenster zum Bearbeiten gemeinsamer Ordner (auch hier unter dem Namen »freigegebener« Ordner).
7. Im Reiter BERECHTIGUNGEN können Sie die Zugriffsrechte der einzelnen Benutzer festlegen. Details zu den Zugriffsrechten entnehmen Sie Abschnitt 4.3 »Einen neuen Benutzer anlegen«, Absatz 3 auf Seite 102. Da der gemeinsame Ordner schon erstellt wurde, steht Ihnen auch schon die Option BENUTZERDEFINIERT zur Verfügung (siehe Abschnitt 4.3 »Einen neuen Benutzer anlegen«, Absatz 4, Seite 103).

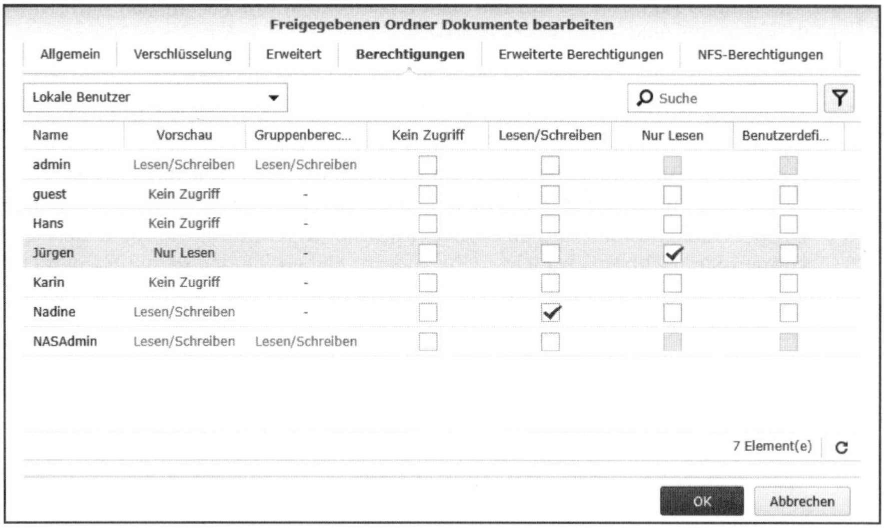

Abb. 5.4: Die Berechtigungen funktionieren genauso wie bei der Erstellung der Benutzer, nur, dass Sie hier die Benutzer aufgelistet haben und nicht die Ordner.

8. Im Reiter ERWEITERTE BERECHTIGUNGEN finden Sie Optionen, die von verschiedenen Freigabeprotokollen berücksichtigt werden. Das liegt daran, dass die verschiedenen Protokolle nicht alle dieselben Optionen unterstützen. Die Optionen unter ERWEITERTE EINSTELLUNGEN werden nur von der *File Station* FTP und WebDAV berücksichtigt, die »Erweiterten Freigabeberechtigungen« werden von der Dateifreigabe von Windows und Apple, der File Station sowie WebDAV und FTP berücksichtigt.
   - DURCHSUCHEN VON VERZEICHNISSEN DEAKTIVIEREN – Ist diese Option aktiv, wird der Inhalt vom gemeinsamen Ordner für Benutzer nicht mehr angezeigt. Die Option gilt für Benutzer, die keine Administratoren sind, diese können die Inhalte des Ordners dann tatsächlich nicht mehr sehen, sie können aber weiterhin Dateien hochladen. Die Option wird genutzt, wenn z.B. der Ordner zur Abgabe/Einreichung von Unterlagen von Schülern, Geschäftspartnern oder Kunden genutzt wird.
   - ÄNDERUNGEN AN BESTEHENDEN DATEIEN DEAKTIVIEREN – Ist diese Option aktiv, können zwar Dateien hochgeladen/gespeichert sowie geöffnet/heruntergeladen werden, allerdings nicht verschoben, kopiert oder überschrieben/geändert.

- HERUNTERLADEN VON DATEIEN DEAKTIVIEREN – Mit dieser Option können Sie das Herunterladen der Dateien im gemeinsamen Ordner unterbinden.
- Die ERWEITERTEN FREIGABEBERECHTIGUNGEN sind genauso aufgebaut wie die Windows ACL-Berechtigungen (das sind die, die Sie im Reiter BERECHTIGUNGEN festgelegt haben). Mit den erweiterten Berechtigungen steht Ihnen eine zusätzliche Kontrollebene für die genannten Dienste zur Verfügung.

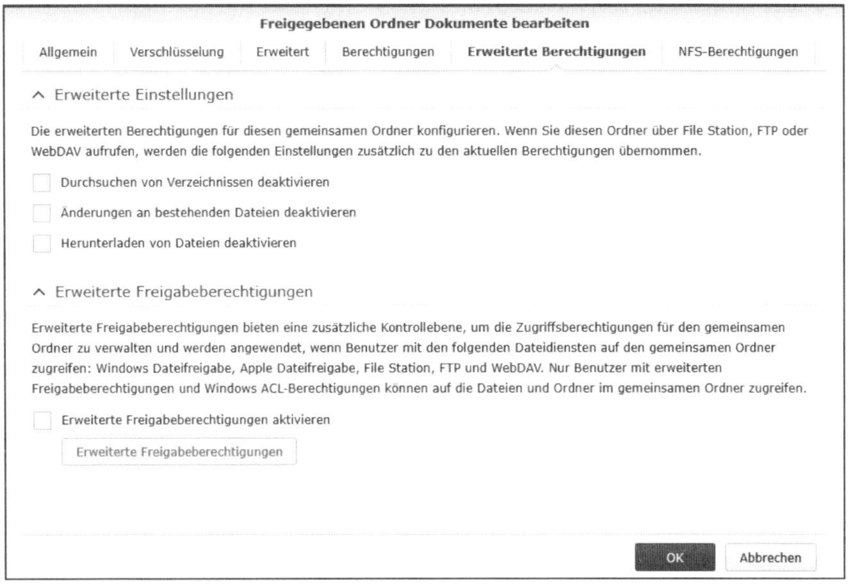

Abb. 5.5: Die erweiterten Berechtigungen gelten nur für bestimmte Dienste.

9. Im Reiter NFS-BERECHTIGUNGEN können Sie Berechtigungen für den NFS-Dienst festlegen, sofern dieser aktiviert ist.
10. Bestätigen Sie Ihre Einstellungen mit OK.

Sie können die Einstellungen des gemeinsamen Ordners (ohne die oben erwähnten Ausnahmen) jederzeit ändern, indem Sie den Ordner unter SYSTEMSTEUERUNG|GEMEINSAMER ORDNER markieren und auf BEARBEITEN klicken. Mit LÖSCHEN können Sie den Ordner löschen, vorausgesetzt es handelt sich nicht um einen der vorgegebenen Ordner und dessen Anwendung oder Dienst ist noch aktiv.

5.3 Die File Station

Die *File Station* ist Ihr zentrales Tool, wenn es um die Dateiverwaltung geht. Sie ist vergleichbar mit dem Windows-Explorer oder dem Finder auf einem Mac. Die File Station ist von Beginn an auf Ihrem Synology NAS installiert und Sie finden sie sowohl auf dem DSM-Desktop als auch im Hauptmenü von DSM. Um die File Station nutzen zu können, muss zumindest ein Volume konfiguriert sein (siehe Abschnitt 3.2 »Speicherplatz verwalten«), außerdem müssen Sie mindestens einen gemeinsamen Ordner angelegt haben. Fehlt

Ihnen dieser, werden Sie beim Öffnen der File Station darauf hingewiesen (siehe Abbildung 5.6). Mit einem Klick auf OK gelangen Sie direkt zum Erstellungsassistenten für gemeinsame Ordner (siehe Abschnitt 5.2.2 »Gemeinsame Ordner erstellen«). Alternativ können Sie auch den Benutzer-Home-Dienst aktivieren (Abschnitt 5.1 »Privater Speicher – der Home-Ordner«).

Abb. 5.6: Ohne gemeinsamen Ordner funktioniert die File Station nicht.

5.3.1 Aufbau der File Station

Die File Station sollte von der Benutzeroberfläche her keine große Überraschung sein. Wie bei anderen Datei-Explorern finden Sie im oberen Bereich des Fensters Buttons zur Navigation, eine Zeile mit dem Ordnerpfad (den Sie, wie gewohnt auch per Hand eintippen können), eine Suchleiste und natürlich diverse Schaltflächen für die unterschiedlichsten Aufgaben, die man in der File Station erledigen kann.

Abb. 5.7: Die File Station, ein typische Datei-Explorer

Auf der linken Seite finden Sie die Verzeichnisstruktur Ihres NAS, mit den gemeinsamen Ordnern als oberste Ebene. Da das Betriebssystem des NAS auf Linux basiert, sind die gemeinsamen Ordner natürlich nicht alle Verzeichnisse, die vorhanden sind. Innerhalb von DSM können Sie auf die anderen Verzeichnisse aber nicht zugreifen. Wie das dennoch möglich ist, erfahren Sie in Abschnitt 22.1 »Mit der Kommandozeile auf Ihr NAS zugreifen«.

Sie können die Verzeichnisstruktur mit einem Klick auf die kleinen Pfeile neben den Ordnern erweitern und so die Unterordner anzeigen. Klicken Sie auf einen Ordner, wird dessen Inhalt im rechten Fenster angezeigt.

Im rechten Teil der File Station sehen Sie den Inhalt des aktuell ausgewählten Ordners. Mit einem Doppelklick können Sie aufgelistete Ordner öffnen.

5.3.2 Ordner erstellen

Um nun eigene Ordner zu erstellen, gibt es zwei Möglichkeiten.

1. Öffnen Sie die File Station.
2. Navigieren Sie zum gewünschten Ort, an dem Sie den neuen Ordner erstellen wollen.
3. Wählen Sie ERSTELLEN|ORDNER ERSTELLEN.
4. Geben Sie einen Namen für den neuen Ordner ein.
5. Bestätigen Sie mit OK.

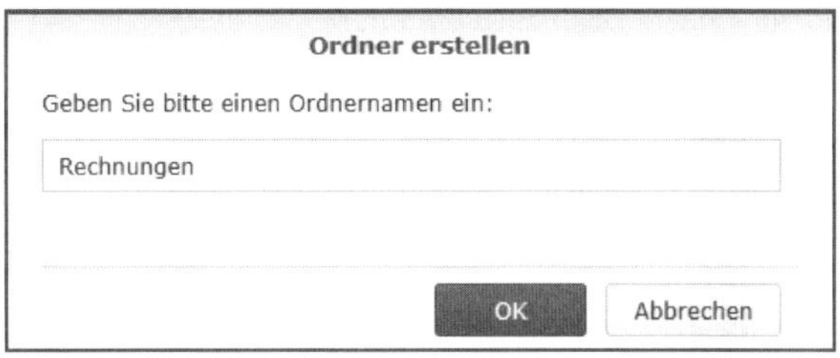

Abb. 5.8: Mehr als einen Namen braucht es nicht.

Alternativ können Sie mit dem Kontextmenü arbeiten. Gehen Sie dazu folgendermaßen vor:

1. Öffnen Sie das Kontextmenü mit einem Rechtsklick auf einer der folgenden Stellen:
   - einen Ordner in der Verzeichnisstruktur auf der linken Seite
   - das Ansichtsfenster auf der rechten Seite (bei einem Rechtsklick auf einen Ordner im Ansichtsfenster, wird der neue Ordner auf derselben Ebene erzeugt wie auch der angeklickte Ordner)
2. Wählen Sie im Kontextmenü ORDNER ERSTELLEN.
3. Geben Sie einen Namen für den neuen Ordner ein.
4. Bestätigen Sie mit OK.

Natürlich können Sie auch bestehende Ordner von Ihrer Festplatte hochladen.

5.3.3 Dateien und Ordner hochladen

Auch beim Hochladen von Dateien haben Sie wieder zwei Optionen.

1. Öffnen Sie die File Station.
2. Navigieren Sie in den Ordner, in den Sie die Datei hochladen möchten.
3. Klicken Sie auf HOCHLADEN oder alternativ öffnen Sie das Kontextmenü. Im Dropdown können Sie wählen, ob Sie, falls die Datei bereits existieren sollte, diese überschreiben oder den Vorgang überspringen möchten.
4. Es öffnet sich der Datei-Explorer Ihres Betriebssystems. Navigieren Sie zur Datei, die Sie hochladen möchten, und bestätigen Sie die Auswahl.
5. Die Datei wird anschließend hochgeladen. Bei kleineren Dateien werden Sie den Vorgang kaum merken. Bei größeren Dateien wird in der Taskleiste das Upload-Icon angezeigt. Klicken Sie darauf, sehen Sie den aktuellen Fortschritt (siehe Abbildung 5.9).

Sie können auch mehrere Dateien gleichzeitig hochladen. Markieren Sie dazu mehrere Dateien mit gedrückter [Strg]/[⌘]-Taste.

Hinweis

Ordner können Sie auf diese Weise keine hochladen. Ein ausgewählter Ordner wird durch den Datei-Explorer beim Bestätigen geöffnet. Selbst wenn Sie mit [Strg]/[⌘] eine Mehrfachauswahl erstellen, wird immer ein Ordner geöffnet. Um dennoch Ordner hochzuladen, müssen Sie auf den Upload via Drag & Drop zurückgreifen.

Abb. 5.9: Upload größerer Dateien

Die zweite Variante ist das Hochladen von Dateien und/oder Ordnern per Drag & Drop.

1. Öffnen Sie die File Station.
2. Navigieren Sie zum Ordner, in den Sie etwas hochladen möchten.
3. Öffnen Sie den Explorer/Finder und navigieren Sie zu den Dateien/Ordnern, die Sie hochladen wollen.
4. Ziehen Sie die hochzuladenden Elemente in das Ansichtsfenster der File Station.
5. Ein Popup fragt Sie, ob eventuell existierende Dateien überschrieben oder der Vorgang übersprungen werden soll (siehe Abbildung 5.10). Sie haben die Möglichkeit, die Option IMMER ÜBERSCHREIBEN zu aktivieren.

6. Die Dateien werden hochgeladen.

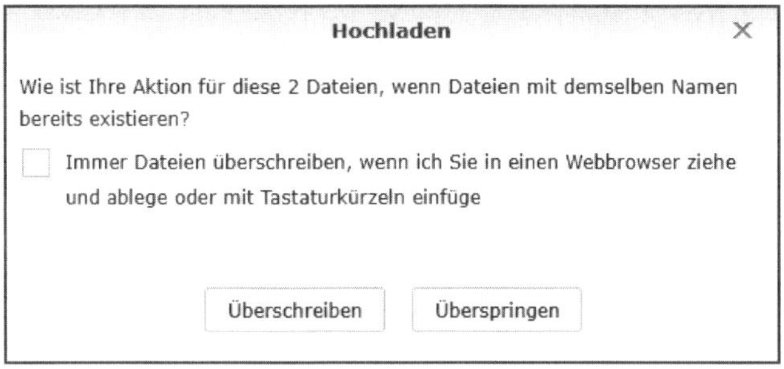

Abb. 5.10: Was soll bei einem Dateikonflikt passieren?

Diese zweiten Möglichkeiten, Dateien hochzuladen, stellen nur die Mittel von DSM und der File Station dar. Es gibt noch eine Vielzahl anderer Möglichkeiten, wie Sie Dateien auf Ihrem NAS speichern und auch auf sie zugreifen können. Die Synology-Geräte unterstützen die gängigen Dateiübertragungsprotokolle. Mit diesen beschäftigen wir uns in Kapitel 6 »Dateidienste – vom Computer auf den NAS-Speicher zugreifen«.

5.3.4 Dateien und Ordner herunterladen

Das Herunterladen funktioniert ähnlich wie das Hochladen.

- Markieren Sie die Elemente, die Sie herunterladen möchten, und wählen Sie AKTION| HERUNTERLADEN. Alternativ öffnen Sie das Kontextmenü auf den ausgewählten Elementen und wählen dort HERUNTERLADEN. Sie haben die Wahl zwischen einem Download als einzelne Datei(en) (DOWNLOAD) oder als Archiv (ALS .ZIP HERUNTERLADEN).
- Sie können einzelne Dateien herunterladen, indem Sie sie im Ansichtsfenster der File Station doppelt anklicken. Je nach Browsereinstellung werden Sie aufgefordert, einen Speicherort zu wählen, oder die Datei wird direkt im eingestellten Ordner abgespeichert.

5.3.5 Arbeiten mit der File Station

Wie schon mehrfach erwähnt, ist die File Station ein vollwertiger Datei-Explorer. Sie können die Dateien, die Sie auf dem NAS abgelegt haben, ganz einfach in der File Station verwalten.

Alternative zum Kontextmenü

Das Kontextmenü ist nicht nur per Klick mit der rechten Maustaste erreichbar, auch AKTION öffnet das Kontextmenü.

Dateien/Ordner umbenennen

Das Umbenennen geht ganz einfach, entweder über das Kontextmenü UMBENENNEN auswählen oder mit der bekannten [F2]-Taste.

Dateien/Ordner verschieben oder kopieren

Auch das Verschieben bzw. Kopieren funktioniert ganz wie gewohnt entweder per Drag & Drop oder über das Kontextmenü. Der einzige Unterschied zu den Datei-Explorern bekannter Desktopbetriebssysteme: Sie müssen schon vor dem Auftreten eines Dateikonflikts entscheiden, ob Sie die Duplikate überschreiben möchten oder ob die betroffene Datei übersprungen werden soll.

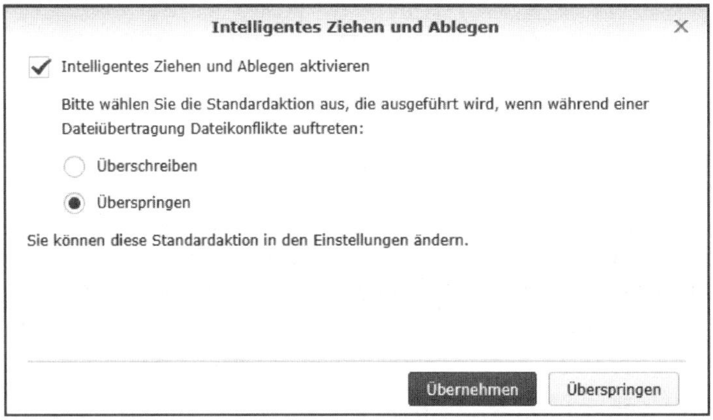

Abb. 5.11: Ein Popup fragt Sie, ob Sie das Intelligente Ziehen und Ablegen aktivieren wollen.

- **Drag & Drop:** Markieren Sie die Elemente, die Sie verschieben bzw. kopieren möchten, und ziehen Sie sie in den neuen Ordner (in der Verzeichnisstruktur oder im Ansichtsfenster). Machen Sie das zum ersten Mal, erscheint ein Popup, das es Ihnen ermöglicht, eine Standardaktion (Intelligentes Ziehen und Ablegen) für Konflikte beim Drag & Drop-Verschieben/Kopieren festzulegen (siehe Abbildung 5.11). Die Auswahl kann jederzeit in den Einstellungen (FILE STATION|EINSTELLUNGEN|ALLGEMEIN) wieder geändert werden. Wenn Sie das Popup mit ÜBERSPRINGEN schließen, öffnet sich ein Kontextmenü, in dem Sie die Auswahl zwischen VERSCHIEBEN UND KOPIEREN bzw. ÜBERSCHREIBEN UND ÜBERSPRINGEN haben (siehe Abbildung 5.13).

Hinweis

Wenn Sie das Popup überspringen, erscheint es bei der nächsten Drag & Drop-Aktion erneut. Möchten Sie keine Standardaktion festlegen und immer das Kontextmenü erhalten, aktivieren Sie INTELLIGENTES ZIEHEN UND ABLEGEN vorerst und deaktivieren Sie es anschließend in der File Station unter EINSTELLUNGEN|ALLGEMEIN wieder.

Abb. 5.12: Die Meldung zeigt Ihnen an, welcher Ordner das Ziel ist und ob die Aktion möglich ist.

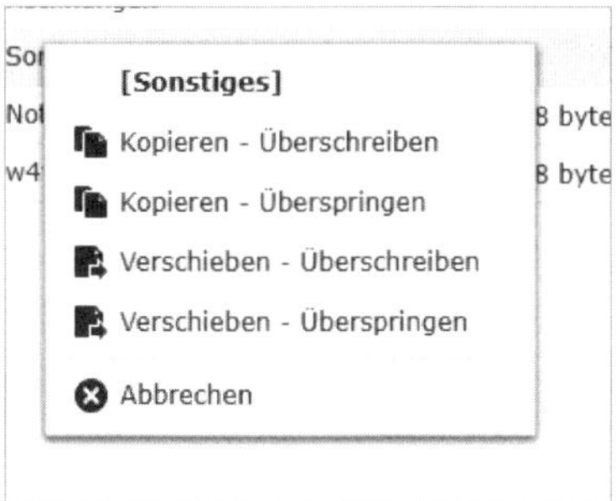

Abb. 5.13: Drag & Drop-Kontextmenü

- **Kontextmenü:** Markieren Sie die Elemente, die Sie verschieben bzw. kopieren wollen, und öffnen Sie das Kontextmenü (Rechtsklick oder AKTION). Bewegen Sie die Maus über KOPIEREN NACH/VERSCHIEBEN NACH ... und wählen Sie die gewünschte Aktion aus. Im folgenden Dialog navigieren Sie zum gewünschten Ordner, wählen die gewünschte Option für Konflikte und bestätigen mit OK.

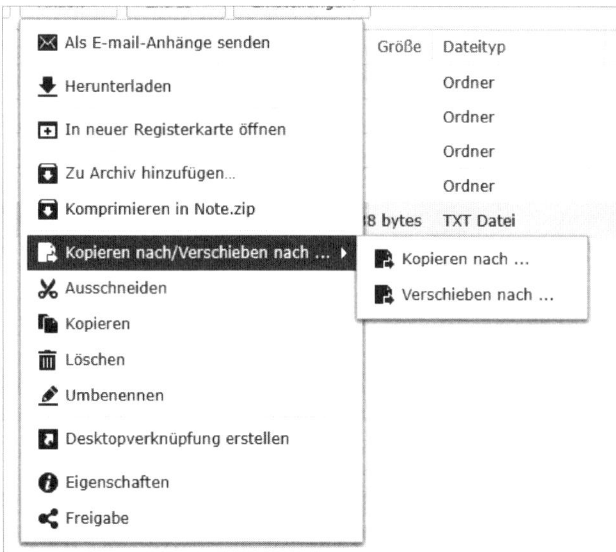

Abb. 5.14: Das Kontextmenü enthält fast alle Dateioperationen, auch das Kopieren und Verschieben.

Abb. 5.15: Wählen Sie das Ziel und die Option für Dateikonflikte.

Datei-/Ordnereigenschaften

Wie gewohnt, können Sie sich die Eigenschaften einer Datei oder eines Ordners anzeigen lassen. Klicken Sie dazu mit der rechten Maustaste auf das gewünschte Element und wählen Sie aus dem Kontextmenü den Eintrag EIGENSCHAFTEN. Sie können auch mehrere Elemente markieren – in den Eigenschaften sehen Sie dann den gemeinsamen Speicherbedarf der Elemente. Das kann bei sehr großen Elementen schon mal ein wenig dauern. Je nach Leistungsstärke Ihres NAS-Modells können einige Minuten vergehen, bis Sie den Wert angezeigt bekommen.

Verknüpfungen erstellen

Sie können für häufig verwendete Dateien und Ordner Verknüpfungen auf dem DSM-Desktop erstellen. Nutzen Sie dazu entweder das Kontextmenü oder ziehen Sie das Element auf den Desktop.

Dateien und Ordner teilen

Sie können Dateien und Ordner ganz einfach mit anderen teilen. Dabei haben Sie die Wahl, ob Sie die Freigabe mit anderen DSM-Benutzern oder Personen ohne DSM-Benutzerkonto teilen möchten.

Hinweis

Benutzer können Inhalte aus freigegebenen Ordnern nur herunterladen – sie können nichts in die geteilten Ordner hochladen. Um anderen das Hochladen zu ermöglichen, müssen Sie eine Dateianforderung erstellen (siehe Seite 131).

Abb. 5.16: Der Dialog zur Erstellung einer Dateifreigabe

1. Markieren Sie die Datei/den Ordner, die/den Sie freigeben möchten.
2. Öffnen Sie das Kontextmenü und wählen Sie FREIGABE.
3. Im folgenden Dialog können Sie die Freigabe konfigurieren:
   - Über den Button GÜLTIGKEITSZEITRAUM öffnen Sie ein Fenster, in dem Sie einen Zeitraum festlegen können, in dem die Freigabe gültig ist. Zusätzlich können Sie festlegen, ob die Freigabe nach einer bestimmten Anzahl an Zugriffen ihre Gültigkeit verliert (siehe Abbildung 5.17).
   - In den Feldern DATEIPFAD und GETEILTE VERKNÜPFUNG können Sie keine Änderungen vornehmen, hier sehen Sie das Ziel der Freigabe und den Freigabelink. Das Textfeld erleichtert das Kopieren des Inhalts.
   - Die Freigabe ist standardmäßig offen, das heißt, jeder, der den Link kennt (oder errät), kann auf die Freigabe zugreifen. Sie können den Zugriff aber einschränken, indem Sie die Option SICHEREN AUSTAUSCH AKTIVIEREN anhaken. Sie haben jetzt die Möglichkeit, die Freigabe nur mit DSM-Benutzern zu teilen, indem Sie die entsprechende Option auswählen und im Textfeld die Benutzernamen eintippen oder die Benutzer über das Dropdown auswählen. Möchten Sie eine sichere Freigabe für Nicht-DSM-Benutzer einrichten, wählen Sie MIT ANDEREN TEILEN und vergeben Sie ein sicheres Passwort (Details zu sicheren Passwörtern finden Sie in Abschnitt 10.5 »Passwörter«).
4. Sie haben mehrere Möglichkeiten, wie Sie die Freigabe übermitteln können:
   - Sie können den Freigabelink aus dem Textfeld kopieren und verschicken.

- Sie können sich einen QR-Code für die Freigabe anzeigen lassen. Klicken Sie dazu auf QR-CODE ABRUFEN. Sie haben die Möglichkeit, den QR-Code als Bild zu speichern; klicken Sie ihn mit der rechten Maustaste an und wählen Sie BILD SPEICHERN UNTER oder eine ähnliche Funktion Ihres Browsers.
- Sie können die Freigabe per E-Mail verschicken. Klicken Sie dazu entweder auf den blauen Text DIE STANDARD-E-MAIL – dabei wird die E-Mail über die E-Mail-Benachrichtigung des NAS versendet (Sie müssen ein E-Mail-Konto eingerichtet haben, siehe Abschnitt 3.1.6 »DSM personalisieren«) – oder auf E-MAIL, dadurch öffnet sich das Standard-E-Mail-Programm Ihres Computers.

5. Speichern Sie die Freigabe.
6. Der Freigabelink wird automatisch in die Zwischenablage kopiert, Sie können ihn an beliebiger Stelle mit [Strg]/[⌘]+[V] einfügen.

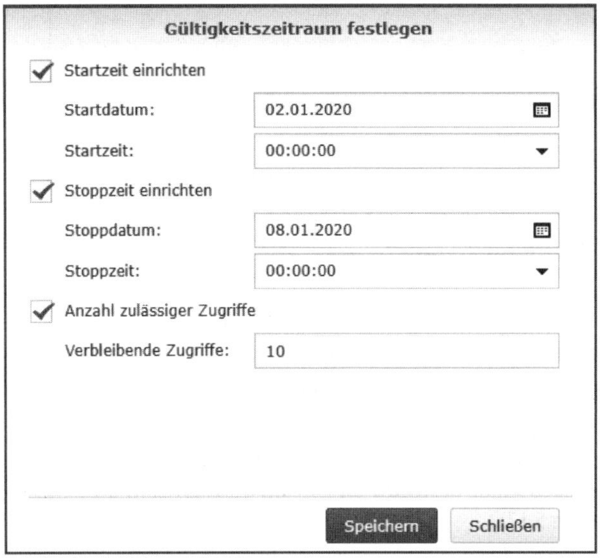

Abb. 5.17: Erstellen Sie einen Gültigkeitszeitraum.

DSM-Benutzer bekommen eine Benachrichtigung für neue Freigaben und sehen Freigaben, auf die sie Zugriff haben, in ihrer File Station.

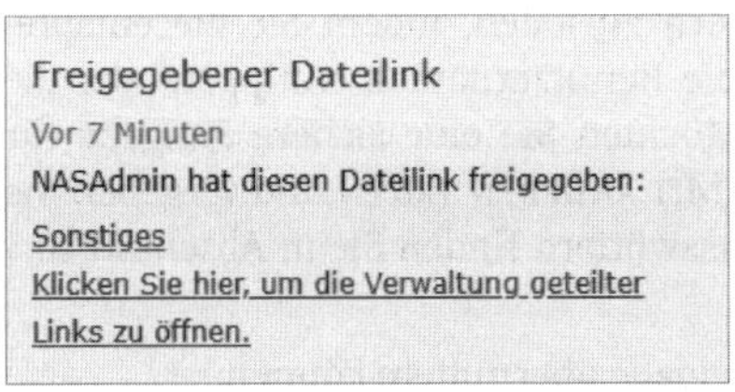

Abb. 5.18: Freigabe-Benachrichtigung in DSM

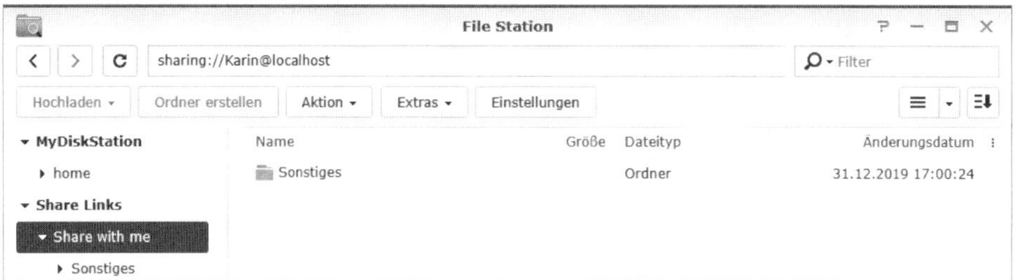

Abb. 5.19: Freigaben in der File Station

Dateianforderung erstellen

Freigaben können nur gelesen werden. Möchten Sie einen Ordner freigeben, damit andere Dateien dorthin hochladen, müssen Sie eine Dateianforderung erstellen. Gehen Sie dazu genauso vor wie bei der Freigabe: Wählen Sie aus dem Kontextmenü DATEIANFORDERUNG ERSTELLEN. Sie können wieder einen Gültigkeitszeitraum erstellen, den Freigabelink kopieren oder per E-Mail verschicken. Nur ein QR-Code steht Ihnen nicht zur Verfügung, dafür können Sie zusätzlich Ihren Namen und eine Nachricht eingeben.

Ihnen wird sofort auffallen, dass Sie zwar ein Passwort vergeben, aber keine DSM-Benutzer zuweisen können. Das liegt daran, dass gemeinsame Ordner genau dafür gedacht sind, also für die Zusammenarbeit mehrerer DSM-Benutzer. In den Berechtigungen können Sie festlegen, was ein Benutzer darf und was nicht. Die Dateianforderung ist nur für externe Personen gedacht.

Abb. 5.20: Angaben für die Dateianforderung

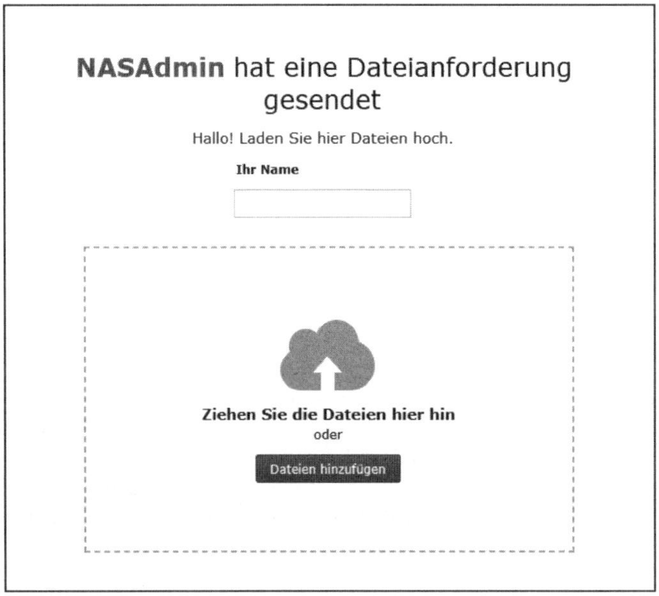

Abb. 5.21: Der Empfänger kann einen Namen angeben und Dateien per Drag & Drop oder per Auswahldialog hochladen.

Freigaben und Anforderungen verwalten

Natürlich haben Sie die Möglichkeit, alle Freigaben an zentraler Stelle zu verwalten. Öffnen Sie File Station|Extras|Verwaltung geteilter Links. Das Fenster hat einen Reiter für Ihre geteilten Dateien und Ordner (Alle Links), wobei hier Administratoren auch die geteilten Inhalte anderer Benutzer sehen. Sie können die Freigaben bearbeiten und löschen.

Teilen zeigt Ihnen erneut den Link zur Freigabe an und mit Ungültige Verknüpfungen entfernen können Sie die Freigaben nicht mehr vorhandener Dateien und Ordner, aber auch abgelaufene Freigaben gesammelt löschen. Abgelaufene Freigabe bleiben nämlich in der Liste erhalten.

Abb. 5.22: Alle Freigaben, die Sie (bzw. falls Sie als Administrator eingeloggt sind, die irgendjemand) erstellt haben

Im Reiter MIT MIR GETEILTE LINKS sehen Sie Inhalte, die andere mit Ihnen geteilt haben. ANSICHT zeigt Ihnen Details zur Freigabe.

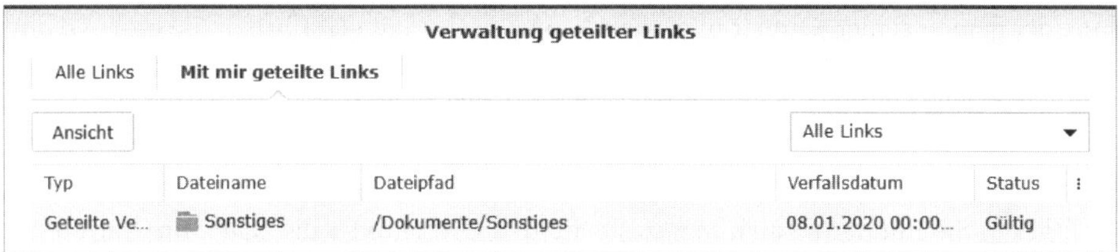

Abb. 5.23: Freigaben, die mit Ihnen geteilt wurden

Ansicht anpassen

Auch diese Funktion kennen Sie bereits aus anderen Datei-Explorern. Mit den beiden rechten Buttons in der File Station können Sie die Ansicht nach Ihren Wünschen anpassen. Mit der linken der beiden Schaltflächen passen Sie die Darstellung der Dateien und Ordner im Ansichtsfenster an. Mit der rechten können Sie die Sortierung der Elemente ändern.

Abb. 5.24: Wie sollen Dateien und Ordner dargestellt werden?

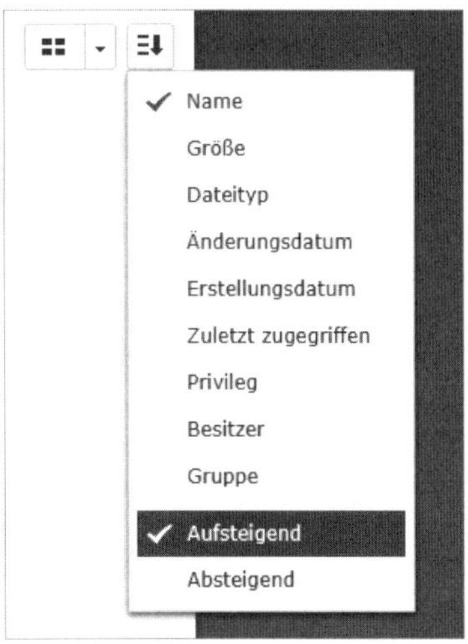

Abb. 5.25: Auch die Sortierung kann geändert werden.

5.3.6 Berechtigungen

Mit dem Thema Berechtigungen haben wir uns schon ausführlich bei der Erstellung von Benutzern und Gruppen (siehe Abschnitte 4.3, 4.4 und 4.5) befasst und auch bei der Erstellung der gemeinsamen Ordner in diesem Kapitel (siehe Seite 118) hatten Sie erneut damit zu tun. Damit ist das Thema aber noch lange nicht abgeschlossen, denn auch auf Ordner- und Dateiebene können die Berechtigungen bearbeitet werden.

Berechtigungen bearbeiten

1. Klicken Sie mit der rechten Maustaste auf den Ordner oder die Datei, für den/die Sie die Berechtigungen bearbeitet wollen.

Hinweis

Sie können Elemente auf derselben Ebene nur einzeln bearbeiten. Bei einer Mehrfachauswahl wird Ihnen der Reiter GENEHMIGUNG nicht angezeigt. Für Ordner und Dateien in den Ebenen darunter können Sie die Änderungen übernehmen, indem Sie den darüber liegenden Ordner bearbeiten.

2. Wählen Sie im Kontextmenü den Eintrag EIGENSCHAFTEN und dort den Reiter GENEHMIGUNG. Sie sehen hier bereits Einträge – das sind diejenigen, die Sie beim Erstellen des gemeinsamen Ordners vergeben haben. Die Berechtigungen werden für alle Ordner und Dateien übernommen und können nicht geändert werden.

Abb. 5.26: Die vom gemeinsamen Ordner übernommenen Berechtigungen sind ausgegraut.

3. Klicken Sie auf ERSTELLEN. Es öffnet sich das Fenster, das Sie schon in Abschnitt 4.5 »Erweiterte Benutzerberechtigungen« kennengelernt haben. Wählen Sie einen oder mehrere Benutzer bzw. Gruppen aus dem Dropdown und verteilen Sie die gewünschten Berechtigungen. Mit einem Klick auf OK werden der bzw. die Einträge angelegt.

Sie können Benutzer oder Gruppen auch nachträglich bearbeiten oder ganz löschen. Voraussetzung hierfür ist aber, dass Sie diese auf Ordner- bzw. Dateiebene hinzugefügt haben. Einträge, die vom gemeinsamen Ordner übernommen wurden, können Sie hier nicht löschen. In diesem Fall wird aus dem Button BEARBEITEN stattdessen ANSICHT und hier sehen Sie zwar die Berechtigungen, können aber keine Änderungen vornehmen, auch wenn die Darstellung als Checkboxen erfolgt. Sie können die Änderungen, die Sie machen, für alle enthaltenen Unterordner und Dateien übernehmen. Setzen Sie dazu das entsprechende Häkchen am unteren Ende des Fensters und schließen Sie das Fenster mit OK.

Berechtigungen vererben

Berechtigungen werden vererbt, das heißt, wenn Sie einen neuen Ordner oder eine neue Datei erstellen, bekommt das neue Element die Berechtigungen des Ordners, in dem es erstellt wurde. Das ist ziemlich praktisch. Es wäre doch mühsam, müssten Sie für jeden neuen Ordner und jede Datei, die Sie anlegen oder hochladen, die Rechte neu vergeben.

Die vererbten Berechtigungen sind unter EIGENSCHAFTEN|GENEHMIGUNG grau dargestellt. Weiter oben habe ich erwähnt, dass diese Einträge nicht verändert werden können. Das stimmt so nicht ganz. Unter Umständen möchten Sie für eine Datei oder einen Ordner andere Berechtigungen setzen als die vererbten. Dazu haben Sie zwei Möglichkeiten:

- EIGENSCHAFTEN|GENEHMIGUNGEN|ERWEITERTE OPTIONEN|ÜBERNOMMENE GENEHMIGUNGEN AUSSCHLIEẞEN – Hier werden die vererbten Berechtigungen komplett entfernt, Sie müssen die Berechtigungen für dieses Element selbst festlegen.
- EIGENSCHAFTEN|GENEHMIGUNGEN|ERWEITERTE OPTIONEN|ÜBERNOMMENE GENEHMIGUNGEN AUSDRÜCKLICH MACHEN – Hier werden die vererbten Berechtigungen übernommen, aber anders als im Ursprungszustand können Sie die Einträge jetzt bearbeiten bzw. einzeln löschen.
- EIGENSCHAFTEN|GENEHMIGUNGEN|ERWEITERTE OPTIONEN|ÜBERNOMMENE GENEHMIGUNGEN EINSCHLIEẞEN – Diese Option ist nur verfügbar, wenn Sie zuvor eine der beiden anderen Optionen ausgewählt haben. Sie stellt den Ursprungszustand wieder her.

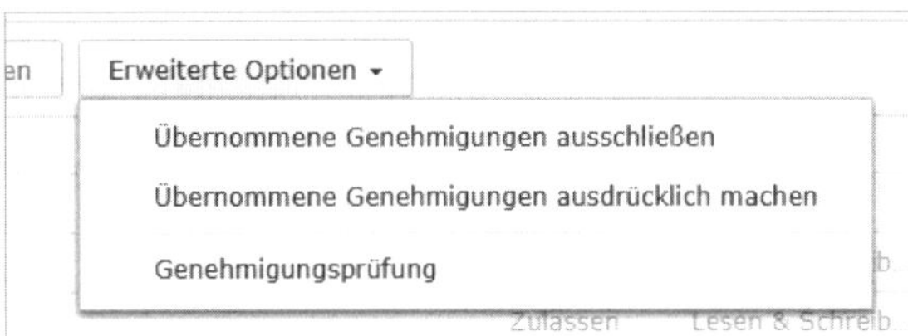

Abb. 5.27: Vererbung bearbeiten mit den erweiterten Optionen

Effektive Berechtigung prüfen

Es gibt viele Stellen, an denen Sie die Berechtigungen modifizieren können. Was auf der einen Seite praktisch ist – da Sie sich nicht durch eine Reihe von Menüs arbeiten müssen, wenn Sie neue Benutzer, Gruppen oder Ordner anlegen –, kann mitunter auch etwas verwirrend sein, da man durch Übernahme und Vererbung schnell den Überblick verliert. Glücklicherweise bietet die File Station ein Mittel, um die tatsächlich angewandte, eben die effektive Berechtigung anzeigen zu lassen.

1. Öffnen Sie dazu wie oben beschrieben EIGENSCHAFTEN|GENEHMIGUNG.
2. Öffnen Sie ERWEITERTE OPTIONEN|GENEHMIGUNGSPRÜFUNG (siehe Abbildung 5.27).
3. Sie sehen den gewählten Ordner. Wählen Sie im Dropdown BENUTZER ODER GRUPPE, für wen Sie die Berechtigungen prüfen wollen.
4. Unter GENEHMIGUNG sehen Sie, welche Berechtigungen der ausgewählte Benutzer/die ausgewählte Gruppe für den zuvor gewählten Ordner hat.

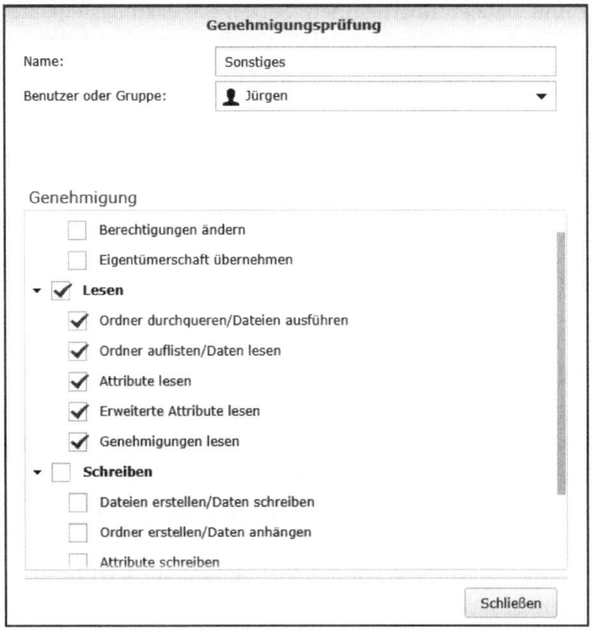

Abb. 5.28: Berechtigungen, die der Benutzer *Jürgen* für den Ordner `Sonstiges` besitzt.

Sie können hier wiederum Berechtigungen nur einsehen, diese aber nicht bearbeiten, auch wenn die Anzeige über Checkboxen erfolgt.

Hinweis

Entsprechen die Berechtigungen nicht Ihren Vorstellungen, müssen Sie ein wenig Ursachenforschung betreiben. Denken Sie an die Berechtigungspriorität: Kein Zugriff > Lesen/Schreiben > Nur Lesen. Im Gegensatz zu anderen Betriebssystemen spielt es keine Rolle, wo die Rechte gesetzt wurden (Gruppe oder einzelner Benutzer), die Priorität gilt über alle Ebenen hinweg.

5.3.7 Der Papierkorb

Wer hat nicht schon mal unabsichtlich eine Datei gelöscht oder ist nach einiger Zeit draufgekommen, dass die Datei doch noch benötigt wird? Am Computer gibt's den Papierkorb und auch auf dem Synology NAS ist das kein Problem. Dateien, die Sie löschen, werden dann verschoben, statt sofort gelöscht. Da ein *Papierkorb* aber Speicherplatz benötigt, können Sie für jeden gemeinsamen Ordner selbst entscheiden, ob Sie den Papierkorb aktivieren wollen und wie lange er gelöschte Dateien behalten soll.

Den Papierkorb aktivieren

Den Papierkorb können Sie bereits bei der Erstellung eines gemeinsamen Ordners aktivieren (siehe Abschnitt 5.2.2 »Gemeinsame Ordner erstellen«). Natürlich können Sie den Papierkorb auch nachträglich aktivieren.

1. Öffnen Sie SYSTEMSTEUERUNG|GEMEINSAMER ORDNER.
2. Wählen Sie den gemeinsamen Ordner, für den Sie den Papierkorb aktivieren wollen.
3. Klicken Sie auf BEARBEITEN.
4. Aktivieren Sie im Reiter ALLGEMEIN den Papierkorb.
5. Sie können den Zugriff auf den Papierkorb auf Administratoren beschränken.
6. Übernehmen Sie die Änderungen mit Klick auf OK.

Auf demselben Weg können Sie den Papierkorb auch wieder deaktivieren.

Dateien wiederherstellen

Haben Sie den Papierkorb aktiviert, finden Sie auf der obersten Ebene des gemeinsamen Ordners einen Ordner `#recycle`. Darin werden alle Dateien und Ordner abgelegt, die Sie löschen. Dabei wird die ursprüngliche Verzeichnisstruktur beibehalten.

Abb. 5.29: Die Datei `Smartphone.pdf` wird gelöscht.

Löschen Sie beispielsweise im gemeinsamen Ordner `Dokumente` die Datei `Smartphone.pdf` im Unterordner `Rechnungen/2016`, dann wird die Datei im Papierkorb unter demselben Ordnerpfad (`Rechnungen/2016`) abgelegt.

Abb. 5.30: Sie finden die Datei in `#recycle` unter demselben Ordnerpfad.

Wollen Sie die Datei wiederherstellen, navigieren Sie zu der Datei im Papierkorb und verschieben Sie sie per Drag & Drop oder über das Kontextmenü an den ursprünglichen oder einen beliebigen neuen Ort. Ein konkreter »Wiederherstellen«-Button, wie ihn der Papierkorb Ihres Betriebssystems aufweist, existiert nicht.

Papierkorb leeren

Manuell können Sie den *Papierkorb* leeren, indem Sie den Inhalt von *#recycle* löschen oder über den gleichnamigen Button unter SYSTEMSTEUERUNG|GEMEINSAMER ORDNER|BEARBEITEN|ALLGEMEIN. Wollen Sie den Papierkorb nicht manuell leeren, können Sie eine automatische Leerung erstellen.

1. Öffnen Sie SYSTEMSTEUERUNG|AUFGABENPLANER.
2. Wählen Sie ERSTELLEN|GEPLANTE AUFGABE|PAPIERKORB.
3. Vergeben Sie einen Namen für den Vorgang (z.B. *Papierkorb Dokumente leeren*).
4. Im Reiter ZEITPLAN können Sie festlegen, wann die Leerung stattfinden soll. Die Ausführung können Sie beliebig auf die Wochentage verteilen oder auf einen bestimmten Tag im Monat legen und eine Wiederholung von monatlich bis jährlich konfigurieren. Am Ausführungstag selbst können Sie ein Intervall von einmal am Tag bis zu stündlich festlegen.

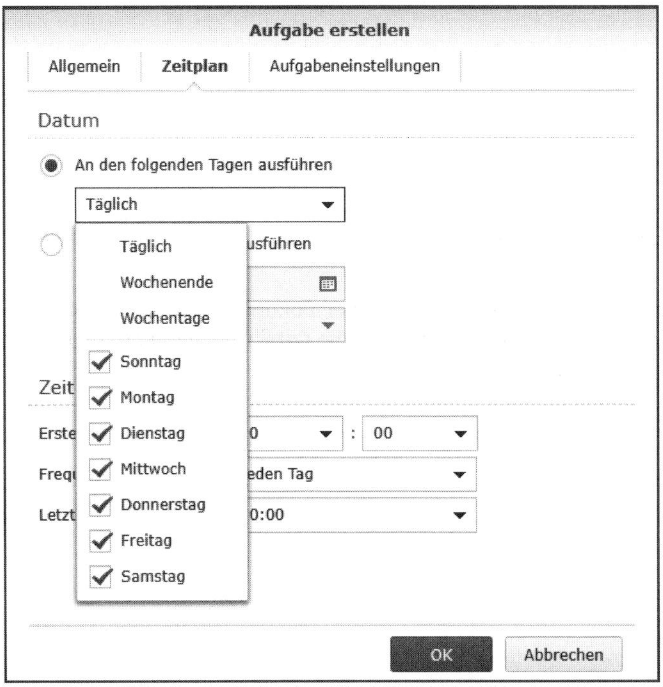

Abb. 5.31: Ausführung an Wochentagen ...

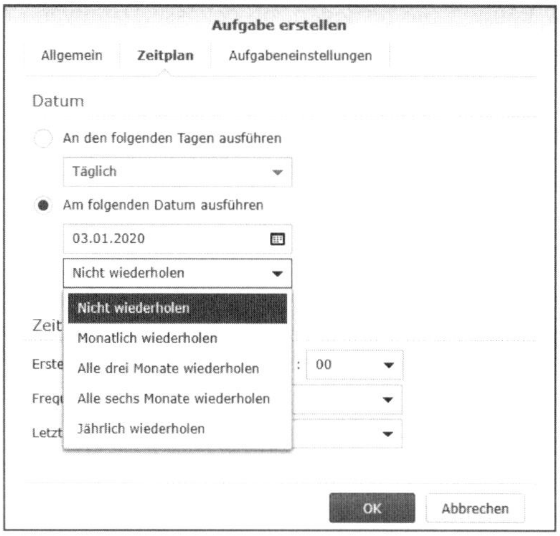

Abb. 5.32: ... oder an bestimmten Tagen im Jahr

5. Im Reiter AUFGABENEINSTELLUNGEN legen Sie die Bedingungen für die Leerung fest. So haben Sie die Wahl, ob Sie alle Papierkörbe leeren wollen oder nur die einzelner gemeinsamer Ordner. Weiterhin können Sie festlegen, ob alle Dateien gelöscht werden sollen oder ob Sie:
   a. Dateien löschen, die älter als x Tage sind
   b. den Papierkorb auf eine bestimmte Größe (in MB) beschränken (die Löschreihenfolge kann auf Alter oder Dateigröße festgelegt werden)

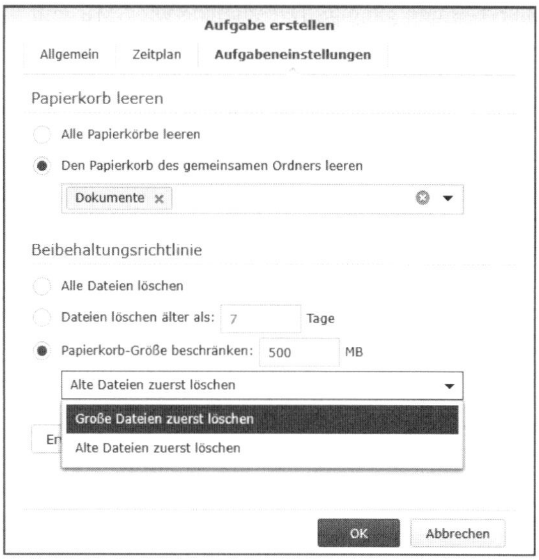

Abb. 5.33: Welche Papierkörbe sollen geleert werden und soll dabei etwas behalten werden?

6. Unter ERWEITERTE EINSTELLUNGEN können Sie festlegen, ob gewisse Dateitypen oder Dateigrößen behalten werden sollen.

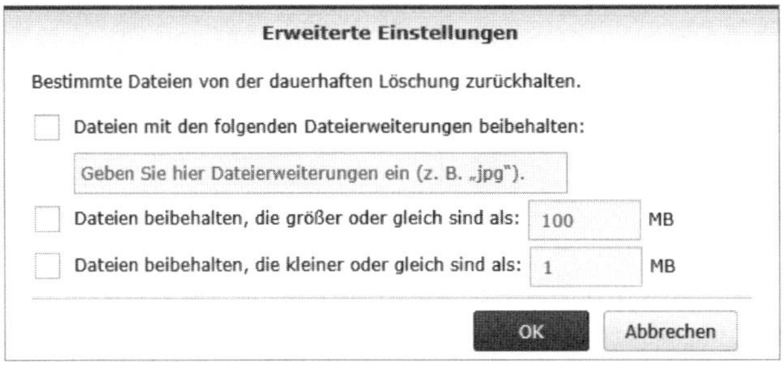

Abb. 5.34: Weitere Einstellungen für das Behalten von Dateien

7. Bestätigen Sie die Aufgabe mit OK.

Sie sehen die neu erstelle Aufgabe im *Aufgabenplaner*. Der Eintrag zeigt auch, wann die Aufgabe das nächste Mal ausgeführt wird. Sie können die Aufgabe jederzeit bearbeiten oder löschen (AKTION|LÖSCHEN oder Rechtsklick und LÖSCHEN). Wollen Sie die Aufgabe vorübergehend deaktivieren, entfernen Sie den Haken in der Spalte AKTIVIERT und klicken auf SPEICHERN.

5.4 Mobiler Zugriff per App

Natürlich wollen wir in der heutigen Zeit nicht nur von unseren PCs auf das NAS zugreifen, sondern auch von unseren mobilen Geräten, wie Smartphones und Tablets. Mittlerweile kann man auch auf mobilen Geräten gängige Dateidienste wie SMB und WebDAV nutzen, wenn nicht vom Betriebssystem aus, dann zumindest per App. Die Einrichtung erfolgt meist genau wie auch auf dem Computer. Sie können stattdessen aber auch eine der Apps nutzen, die Synology für die gängigen Mobilgeräte herausgebracht hat.

Hinweis

Auch wenn hier von mobilen Geräten die Rede ist, wir befinden uns weiterhin im lokalen Netzwerk. Die in diesem Kapitel vorgestellten Lösungen funktionieren nur dann, wenn Sie mit dem heimischen WLAN verbunden sind. Wie Sie auch von unterwegs auf Ihre Daten zugreifen, erfahren Sie in Kapitel 9 »Das NAS über das Internet erreichen«.

5.4.1 Die App DS file

DS file einrichten

1. Laden Sie die kostenlose App *DS file* aus dem jeweiligen App-Store.
2. Vergewissern Sie sich, dass Sie mit dem WLAN verbunden sind.
3. Beim ersten Start müssen Sie die Verbindungsinformationen angeben:
   - IP-Adresse Ihres NAS, alternativ funktionieren QuickConnect oder eine eigene Domain (siehe Kapitel 9 »Das NAS über das Internet erreichen«)

- Benutzername und Passwort des DSM-Benutzers
- Verwenden Sie aus Sicherheitsgründen stets *https*.
- Sie können die Anmeldedaten speichern, damit Sie sich nicht jedes Mal neu anmelden müssen.

4. Tippen Sie auf ANMELDEN.
5. Erlauben Sie der App, auf Ihre lokalen Daten zuzugreifen.
6. War der Anmeldevorgang erfolgreich, sehen Sie alle gemeinsamen Ordner, für die der verwendete Benutzer Berechtigungen hat.

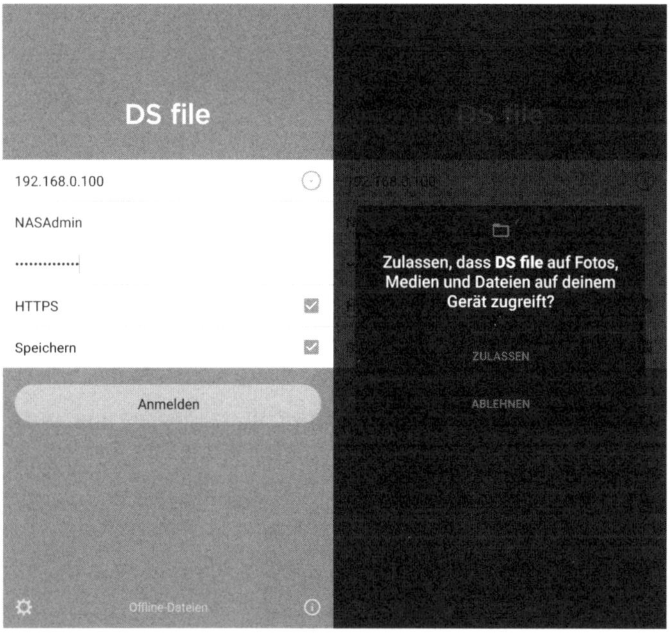

Abb. 5.35: Anmeldedaten eingeben und Zugriff erteilen

DS file bedienen

- Durch Antippen der Ordner können Sie diese öffnen. Durch Tippen auf den Pfeil links oben kommen Sie wieder eine Ebene höher.
- Dateien können Sie ebenfalls per Tippen öffnen, Sie werden aber nach einer App gefragt, die diesen Dateityp öffnen kann.
- Sie können Dateien auch auf das Gerät herunterladen. Dazu ist es aber erforderlich, der App Zugriff auf den Gerätespeicher zu gewähren. Tippen Sie auf die drei Punkte neben der Datei und anschließend auf HERUNTERLADEN. Sie können einen Speicherort für die Datei wählen.
- Heruntergeladene Dateien können Sie sich unter OFFLINE-DATEIEN – erreichbar über das Hauptmenü (drei Striche) – ansehen und diese auch öffnen, wenn Sie keine Verbindung zum NAS haben. Änderungen an Offline-Dateien werden bei vorhandener Verbindung mit dem NAS abgeglichen.

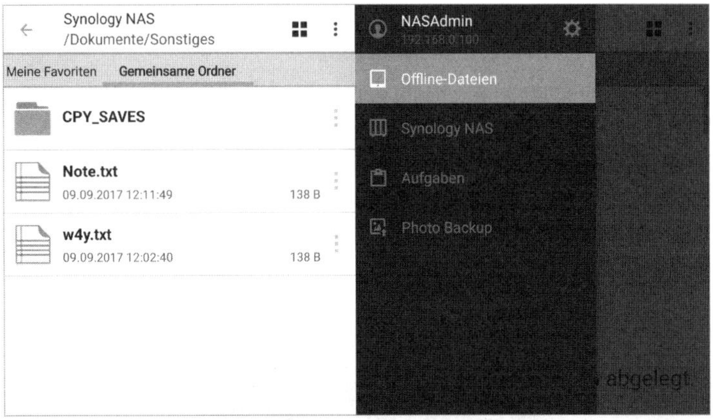

Abb. 5.36: Links: die Explorer-Ansicht; rechts: das Menü

- Sie können Dateien auch hochladen. Öffnen Sie dazu den gewünschten Ordner und öffnen Sie das Dreipunktemenü (rechts, ganz oben). Wählen Sie HINZUFÜGEN. Sie können entweder einen Ordner erstellen oder eine Datei hinzufügen.
- Über das Dreipunktemenü (neben der Datei oder dem Ordner) können Sie diese auch freigeben. Der erzeugte Link enthält allerdings den Servernamen, mit dem Sie sich angemeldet haben. Solange Sie nur im LAN unterwegs sind, ist das die IP-Adresse, daher können auch nur diejenigen darauf zugreifen, die sich in Ihrem LAN befinden.
- Über das Dreipunktemenü können Sie Dateien auch kopieren, verschieben und umbenennen sowie deren Eigenschaften einsehen.

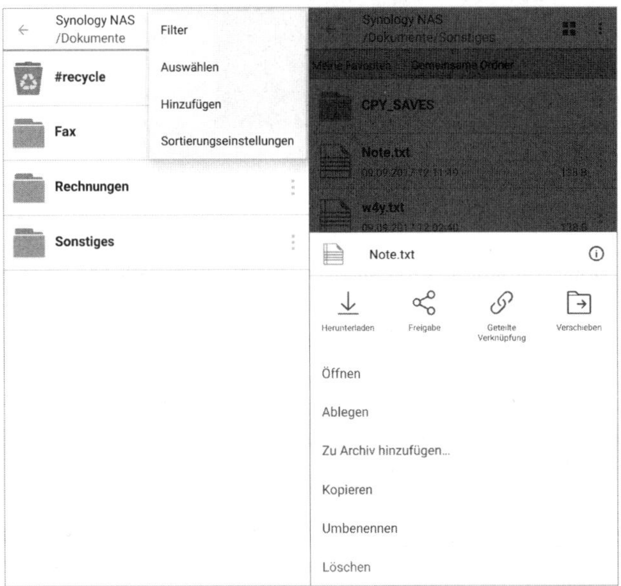

Abb. 5.37: Links: das Dreipunktemenü des Explorers; rechts: das Dreipunktemenü einer Datei

Kapitel 6

Dateidienste – vom Computer auf den NAS-Speicher zugreifen

Natürlich können Sie DSM und die *File Station* nutzen, um Ihre Dateien auf dem NAS abzulegen und wieder darauf zuzugreifen. Wie das funktioniert, haben Sie bereits in Kapitel 5 gelernt. Besonders praktikabel ist das aber nicht.

Stellen Sie sich vor, Sie erstellen eine Datei und laden sie auf Ihr NAS hoch. Wollen Sie die Datei öffnen, müssten Sie sie zuerst herunterladen. Ändern Sie die Datei, müssten Sie sie anschließend wieder hochladen. Oder Sie wollen die Datei irgendwo dauerhaft auf Ihrem Rechner einbinden, dann müsste jeweils eine Kopie auf dem NAS und eine auf dem Rechner liegen, denn andere Programme können nicht über DSM und die *File Station* auf Dateien zugreifen.

Sie sehen, einfach, schnell und praktisch ist das Ganze nicht. Wie gut, dass Synology NAS die gängigsten Dateidienste unterstützt und Sie so direkt auf *gemeinsame Ordner* zugreifen und diese auch in andere Programme einbinden können.

6.1 Gemeinsame Ordner im Windows-Explorer

SMB-Dienst aktivieren

Der Zugriff in Windows erfolgt über den *SMB-Dienst*. Dieser sollte automatisch aktiviert sein. Sollte das nicht der Fall sein oder sollten Sie ihn deaktiviert haben, können Sie ihn wie folgt aktivieren:

1. Öffnen Sie SYSTEMSTEUERUNG|DATEIDIENSTE|SMB/AFP/NFS.
2. Setzen Sie das Häkchen bei SMB-DIENST AKTIVIEREN.
3. Die Arbeitsgruppe entspricht der *Standard-Windows-Arbeitsgruppe*, passen Sie diese an falls Sie eine andere verwenden.
4. Sofern gewünscht, können Sie den Zugriff auf frühere Versionen deaktivieren. Dieses Feature finden Sie in den Dateieigenschaften im Windows-Explorer. Der Zugriff funktioniert nur dann, wenn der DSM-Benutzer zum Zeitpunkt des Snapshots existiert und Lesezugriff auf den Ordner gehabt hat.
5. Auf Wunsch können Sie auch das Übertragungsprotokoll aktivieren. Zugriffsvorgänge auf Dateien (z.B. Lesen, Schreiben, Erstellen, Löschen), die über SMB stattfinden, werden protokolliert.
6. Speichern Sie die Änderungen mit Klick auf ÜBERNEHMEN.

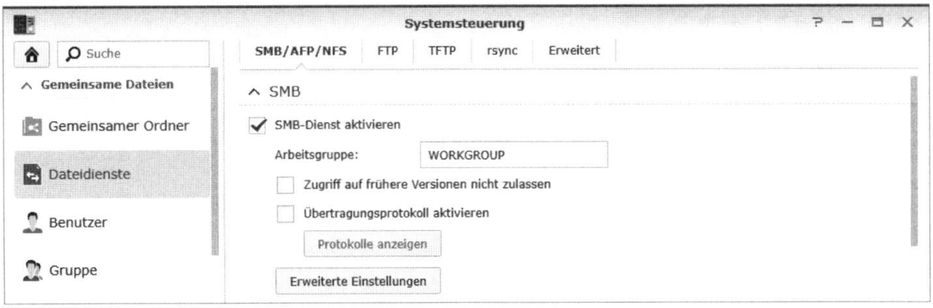

Abb. 6.1: Der SMB-Dienst sollte bereits aktiviert sein, ein Kontrollblick schadet aber nicht.

Netzwerkumgebung

Die einfachste Möglichkeit, auf die gemeinsamen Ordner Ihres NAS zuzugreifen, ist die *Netzwerkumgebung*. Allerdings ist die Windows-Netzwerkumgebung nicht die sicherste. Die Netzwerkumgebung zeigt alle Geräte, die im selben Netzwerk und derselben Arbeitsgruppe sind (und der überwiegende Teil der Privatanwender verwendet die Standard-Arbeitsgruppe). Auch wenn Anwender nicht automatisch Zugriff haben, so ist allein die Anzeige vorhandener Geräte manchmal unerwünscht. Für Hacker erleichtert es den Angriff, wenn sie wissen, welche Geräte es gibt, die sie angreifen können. Dazu ist die Netzwerkumgebung sehr langsam und oft unzuverlässig. Natürlich können Sie sie dennoch nutzen, wenn Sie sie bevorzugen. Erinnern Sie sich an die Installation von DSM in Abschnitt 2.3.2 »Die Firmware-Installation«? Da habe ich empfohlen, die Freigabe des Netzwerkstandorts nicht zu aktivieren. Wenn Sie dem nachgekommen sind, ist das NAS nicht in der Netzwerkumgebung aufgelistet.

Hinweis

Auch wenn die Option deaktiviert ist, ist ein direkter Zugriff auf gemeinsame Ordner per SMB über den Explorer weiterhin möglich. Es geht hier nur um die Anzeige in der Netzwerkumgebung.

Um die Option nachträglich zu aktivieren, gehen Sie wie folgt vor:

1. Öffnen Sie SYSTEMSTEUERUNG|DATEIDIENSTE|ERWEITERT.
2. Scrollen Sie nach unten, bis Sie den Abschnitt WS-DISCOVERY finden.
3. Aktivieren Sie die Windows-Netzwerkerkennung.
4. Bestätigen Sie die Änderung mit ÜBERNEHMEN.

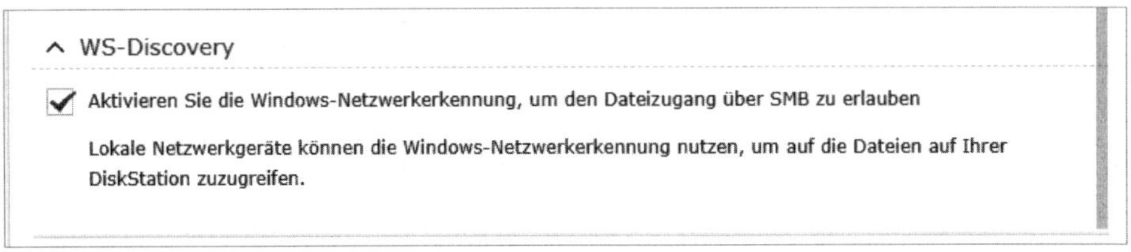

Abb. 6.2: Netzwerkerkennung in der Systemsteuerung aktivieren

Jetzt können Sie im Windows-Explorer auf NETZWERK gehen. Dort ist jetzt unter COMPUTER ein Eintrag mit dem Namen Ihres NAS vorhanden.

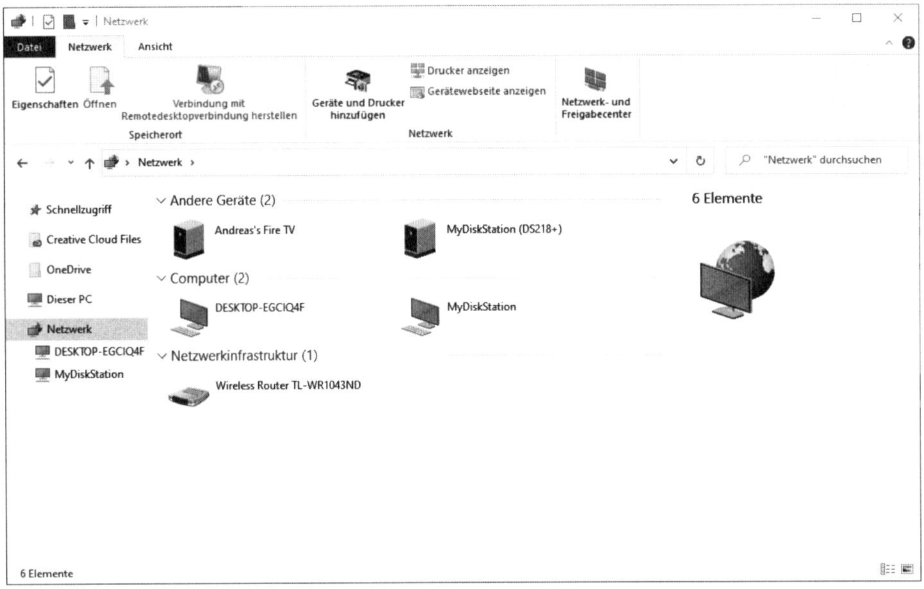

Abb. 6.3: Ihre DiskStation in der Netzwerkumgebung

Öffnen Sie diesen, müssen Sie sich zuerst anmelden (außer ein DSM-Benutzer stimmt mit dem Login Ihres Windows-Rechners überein).

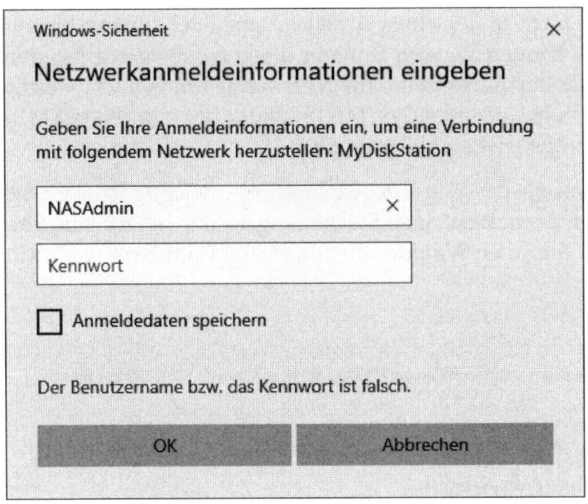

Abb. 6.4: Passt der Windows-Benutzer nicht, müssen Sie sich manuell anmelden.

Nach erfolgreicher Anmeldung sehen Sie die gemeinsamen Ordner, wie Sie sie auch in der File Station sehen würden. Sie können auf die Ordner und Dateien zugreifen, als wäre es lokaler Speicher. Sie können auch auf die Netzwerkumgebung aus anderen Programmen zugreifen, um Dateien von dort zu öffnen oder dorthin abzuspeichern.

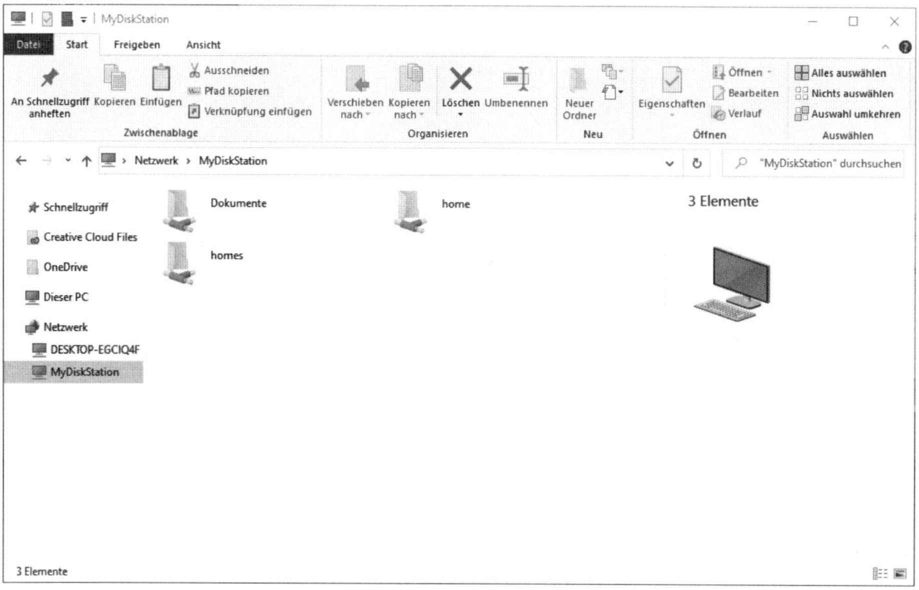

Abb. 6.5: Die gemeinsamen Ordner, auf die der verwendete Benutzer Zugriff hat

Direkter Zugriff

Befinden sich NAS und Computer nicht in derselben Arbeitsgruppe oder können Sie auf die Netzwerkumgebung verzichten, können Sie vom Explorer direkt auf die gemeinsamen Ordner zugreifen. Das geht mithilfe der Adresszeile. Ihr NAS verrät Ihnen auch, welche Adresse Sie eingeben müssen. Sie finden sie unter SYSTEMSTEUERUNG|DATEIDIENSTE|SMB/AFP/NFS am Ende des SMB-Abschnitts (siehe Abbildung 6.6).

Geben Sie die Adresse in die Adresszeile des Windows-Explorers ein. Wichtig ist, dass Sie unter Windows Backslashes (\ ) benutzen. Bestätigen Sie die Eingabe mit ↵ und die Verbindung zum NAS wird hergestellt. Stimmen Windows-Benutzer und DSM-Benutzer nicht überein, müssen Sie sich anmelden.

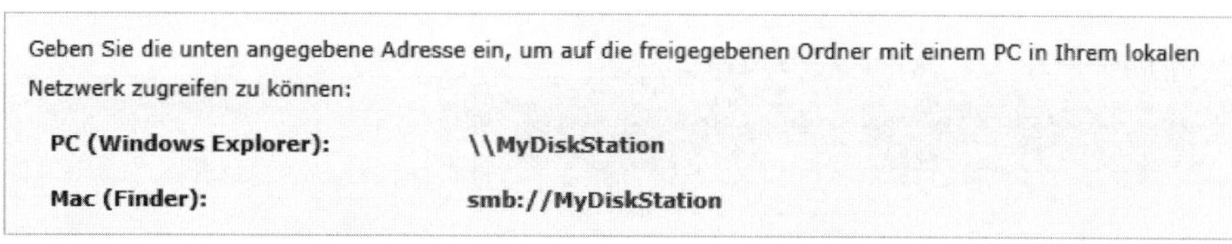

Abb. 6.6: Die DiskStation verrät Ihnen, welche Adresse Sie benutzen müssen.

Sie können auch direkt auf einen der gemeinsamen Ordner zugreifen, indem Sie die Adresse erweitern, z.B.: `\\MyDiskStation\Dokumente`. Der Zugriff funktioniert auch über den Finder auf einem Mac, verwenden Sie dazu `smb://<NAS-Name>/<Ordnername>`.

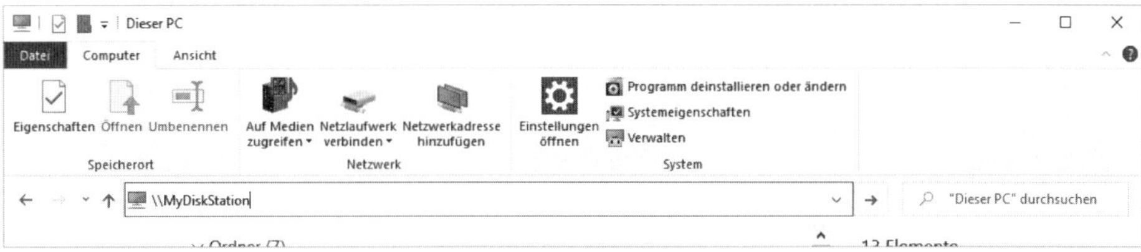

Abb. 6.7: Freigabe-Adresse im Windows-Explorer

Gemeinsamen Ordner als Netzlaufwerk einbinden

Damit Sie nicht jedes Mal die Adresse eingeben müssen, können Sie gemeinsame Ordner auch als *Netzlaufwerk* einbinden. Prinzipiell könnten Sie so viele Netzlaufwerke einrichten, wie Sie wollen. Da Laufwerke unter Windows aber durch einen Buchstaben repräsentiert werden, gibt es dann doch ein Limit.

1. Öffnen Sie den Windows-Explorer.
2. Klicken Sie im Navigationsbereich auf DIESER PC, sollte Ihr Explorer diesen Bereich nicht beim Start öffnen.
3. In der Multifunktionsleiste gehen Sie auf NETZLAUFWERK VERBINDEN.

Abb. 6.8: Die Schaltfläche zum Verbinden von Netzlaufwerken

4. Wählen Sie einen Laufwerksbuchstaben für das neue Netzlaufwerk.
5. Geben Sie die Adresse des gemeinsamen Ordners ein, den Sie als Netzlaufwerk einbinden möchten.
6. Lassen Sie den Haken bei VERBINDUNG BEI ANMELDUNG WIEDERHERSTELLEN stehen.
7. Aktivieren Sie VERBINDUNG MIT ANDEREN ANMELDEINFORMATIONEN HERSTELLEN, wenn Ihr Windows-Benutzer vom DSM-Benutzer abweicht. Windows fragt dann gleich nach den Anmeldedaten und versucht nicht jedes Mal eine Anmeldung mit dem Windows-Konto. Das spart Zeit.
8. Bestätigen Sie mit FERTIG STELLEN.

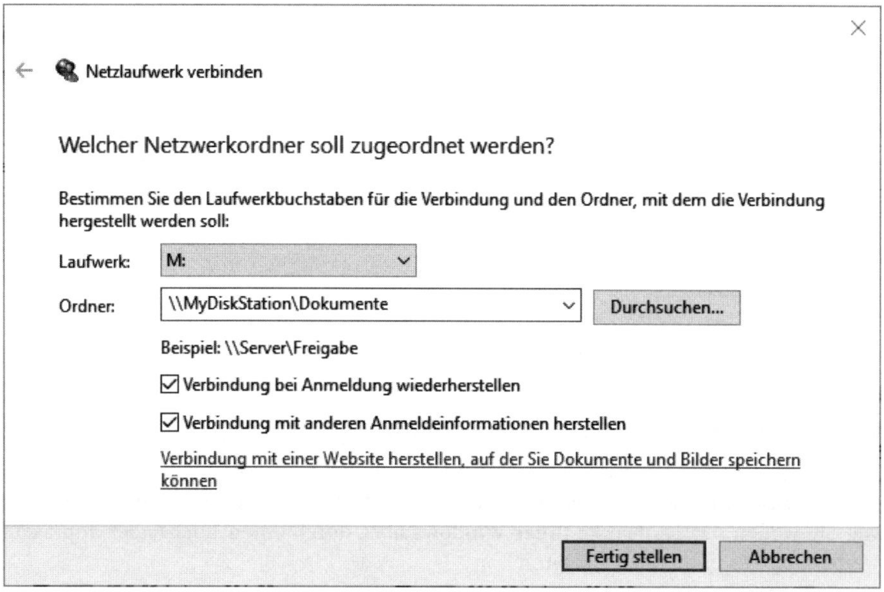

Abb. 6.9: Angaben für das Netzlaufwerk

Der gemeinsame Ordner ist jetzt im Explorer im Bereich DIESER PC unter NETZWERKADRESSEN aufgelistet. Sie können darauf zugreifen wie auf eine im Computer verbaute Festplatte.

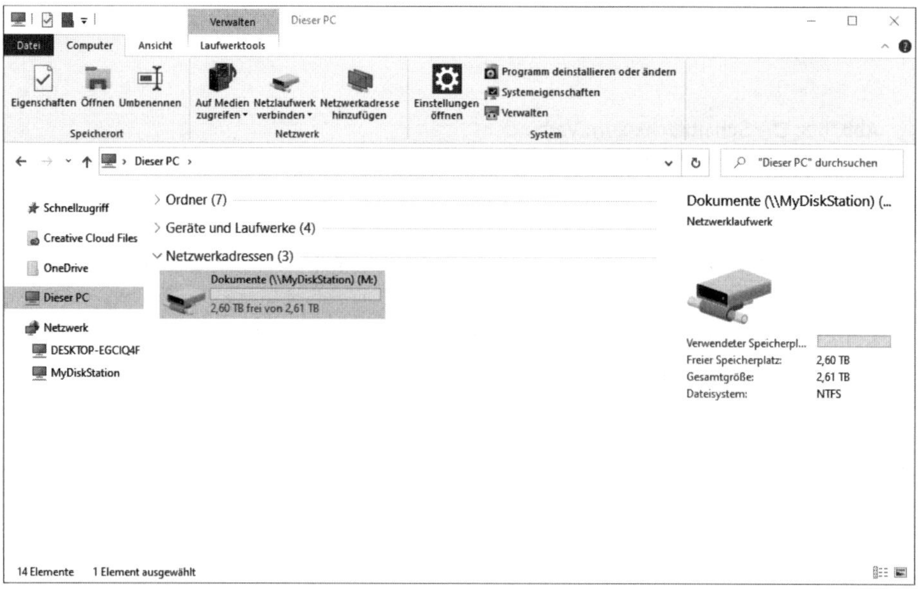

Abb. 6.10: Der gemeinsame Ordner als Laufwerk im Windows-Explorer ...

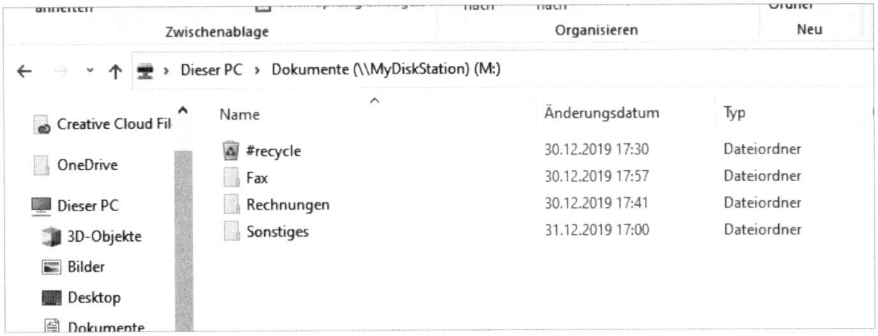

Abb. 6.11: ... zeigt denselben Inhalt wie die File Station.

6.2 Gemeinsame Ordner im Finder auf einem Mac

AFP aktivieren

1. Öffnen Sie SYSTEMSTEUERUNG|DATEIDIENSTE|SMB/AFP/NFS.
2. Setzen Sie das Häkchen bei AFP-DIENST AKTIVIEREN.

Netzwerkordner in den Finder einbinden

Um eine Netzwerkressource in den Finder einzubinden, gehen Sie wie folgt vor:

1. Öffnen Sie den Finder.
2. Öffnen Sie GEHE ZU|MIT SERVER VERBINDEN ... .

Abb. 6.12: Merken Sie sich diesen Menüpunkt, er wird Ihnen später noch einmal begegnen.

3. Fügen Sie die AFP-Adresse ein (zu finden in DSM unter SYSTEMSTEUERUNG|DATEIDIENSTE).

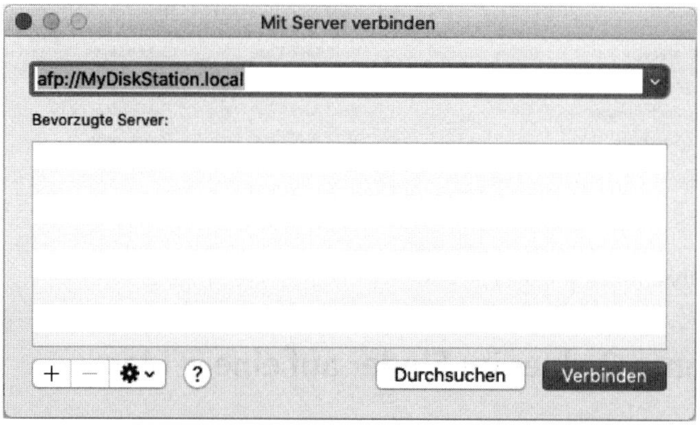

Abb. 6.13: Geben Sie hier die AFP-Adresse ein, entweder mit oder ohne weiteren Ordnerpfad.

4. Klicken Sie auf VERBINDEN.
5. Wählen Sie aus der Liste gemeinsamer Ordner den gewünschten Ordner aus. Alternativ können Sie die AFP-Adresse im obigen Punkt um den Ordnerpfad ergänzen. Klicken Sie auf OK.

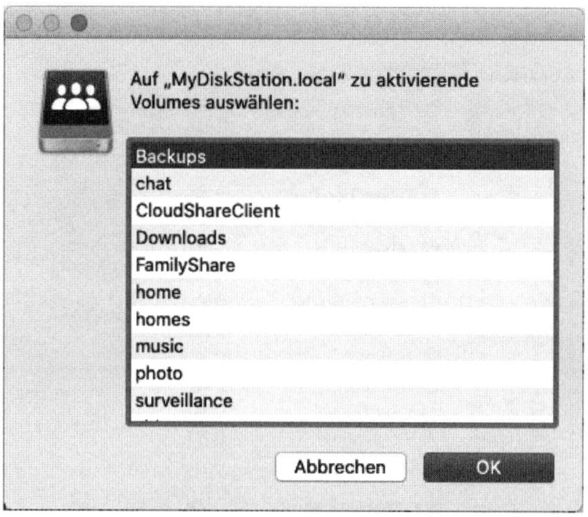

Abb. 6.14: Geben Sie den Ordnerpfad nicht selbst an, können Sie einen gemeinsamen Ordner aus der Liste wählen.

6. Der Ordner wird jetzt im Finder unter ORTE angezeigt.

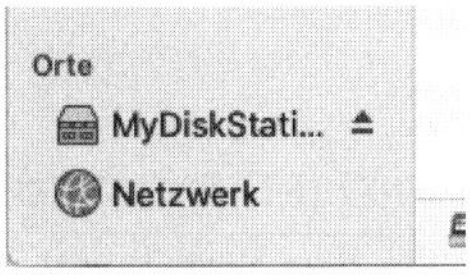

Abb. 6.15: Der Netzwerkordner im Finder

Sie können jetzt Dateien und Ordner viel bequemer und schneller auf Ihr NAS hochladen. Der Upload über den Browser dauert üblicherweise länger, gerade bei einzelnen Dateien wird der Unterschied deutlich. Das liegt daran, dass jede neue Datei einen gewissen Overhead erzeugt, da sie vom Dateisystem erstellt und verarbeitet werden muss.

In Tabelle 6.1 sehen Sie die Upload-Dauer eines Ordners mit 15.567 Dateien und einer Gesamtgröße von 2,36 GB. Der Ordner wurde einmal direkt (mit allen einzelnen Dateien) hochgeladen und einmal in ein Archiv gepackt (unkomprimiert).

Upload-Aufgabe	Upload via	Dauer
Einzelne Dateien	DSM/*File Station*	2h 28m 21s
Archiv	DSM/*File Station*	28s
Einzelne Dateien	SMB/Netzlaufwerk	2m 55s
Archiv	SMB/Netzlaufwerk	21s

Tabelle 6.1: Ergebnisse des Upload-Versuchs

6.3 FTP, FTPS und SFTP

Vorsicht

FTP ist absolut unsicher! Benutzername, Passwort und Dateien werden unverschlüsselt im Klartext übertragen. Das sollten Sie niemals tun, schon gar nicht, wenn Sie Daten über das Internet übertragen. Wenn Sie eine derartige Übertragung benötigen, verwenden Sie unbedingt eine der sichereren Varianten: FTPS bzw. SFTP.

Hinweis

Sowohl FTPS als auch SFTP erfordern Mechanismen, die erst später im Buch erläutert werden. Lesen Sie am besten die Kapitel 9 »Das NAS über das Internet erreichen« und Kapitel 10 »Sicherheit«, ehe Sie sich mit FTPS und SFTP beschäftigen.

FTPS

FTPS nutzt ein SSL-Zertifikat, um die Verbindung abzusichern. Um FTPS nutzen zu können, benötigen Sie eine Domain, die auf Ihr NAS verweist, und ein SSL-Zertifikat, das auf diese Domain ausgestellt ist. Wie Sie dazu kommen, lesen Sie in Kapitel 9 »Das NAS über das Internet erreichen«.

FTPS einrichten

1. Öffnen Sie SYSTEMSTEUERUNG|DATEIDIENSTE|FTP.
2. Setzen Sie einen Haken bei FTP SSL/TLS VERSCHLÜSSELUNGSDIENST (FTPS) AKTIVIEREN.
3. Unter PORTNUMMER EINSTELLUNG DES FTP-SERVICE ändern Sie den Port 21 auf eine andere Nummer (am besten ab 50000 und bis 65000). Was es damit auf sich hat, lesen Sie in Kapitel 10 »Sicherheit«.
4. Unter VERBINDUNGSEINSCHRÄNKUNGEN können Sie die maximalen Verbindungen pro IP beschränken und eine Bandbreitenlimitierung festlegen. Damit können Sie verhindern, dass andere Benutzer Ihr NAS bzw. Netzwerk lahmlegen, sofern diese FTP nutzen dürfen.
5. Im Abschnitt ALLGEMEIN unter ERWEITERTE EINSTELLUNGEN können Sie für Benutzer das Root-Verzeichnis festlegen, also das Verzeichnis, in dem der Benutzer nach einem Verbindungsaufbau landet. Aktivieren Sie dazu BENUTZER-ROOT-VERZEICHNIS ÄNDERN und klicken Sie dann auf BENUTZER AUSWÄHLEN. Im nächsten Fenster klicken Sie auf HINZUFÜGEN. Wählen Sie jetzt einen Benutzer oder eine Gruppe und weisen Sie ein Verzeichnis zu. Sie können BENUTZERBASIS wählen (damit ist das `home`-Verzeichnis gemeint) oder Sie wählen einen *gemeinsamen Ordner* aus. Bestätigen Sie dann mit OK.
6. Haben Sie alle Einstellungen vorgenommen, bestätigen Sie mit ÜBERNEHMEN.
7. Öffnen Sie SYSTEMSTEUERUNG|SICHERHEIT|ZERTIFIKAT|KONFIGURIEREN.
8. Kontrollieren Sie, ob bei FTPS das Zertifikat ausgewählt ist, das auf die Domain ausgestellt wurde, mit der Sie auf Ihr NAS per FTPS zugreifen wollen. Wenn nicht, wählen Sie das richtige Zertifikat aus und bestätigen mit OK.

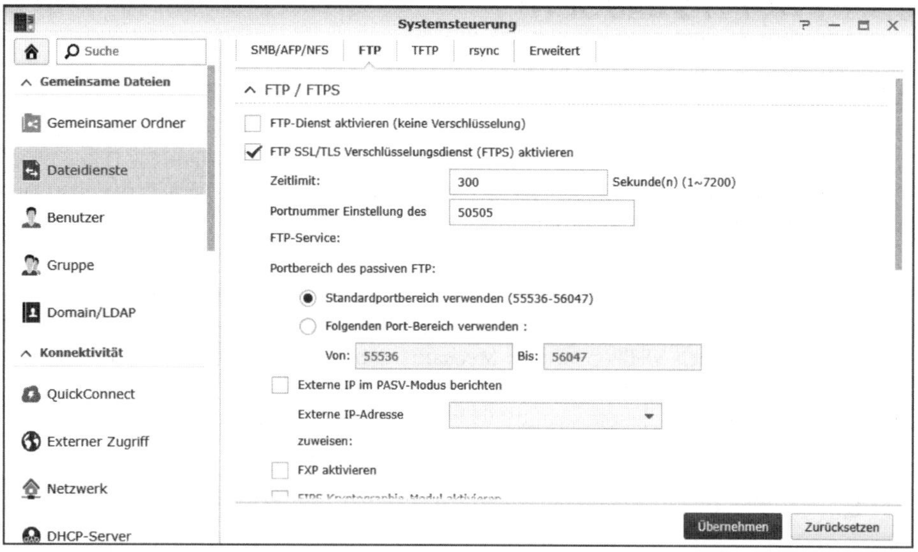

Abb. 6.16: FTPS-Server einrichten

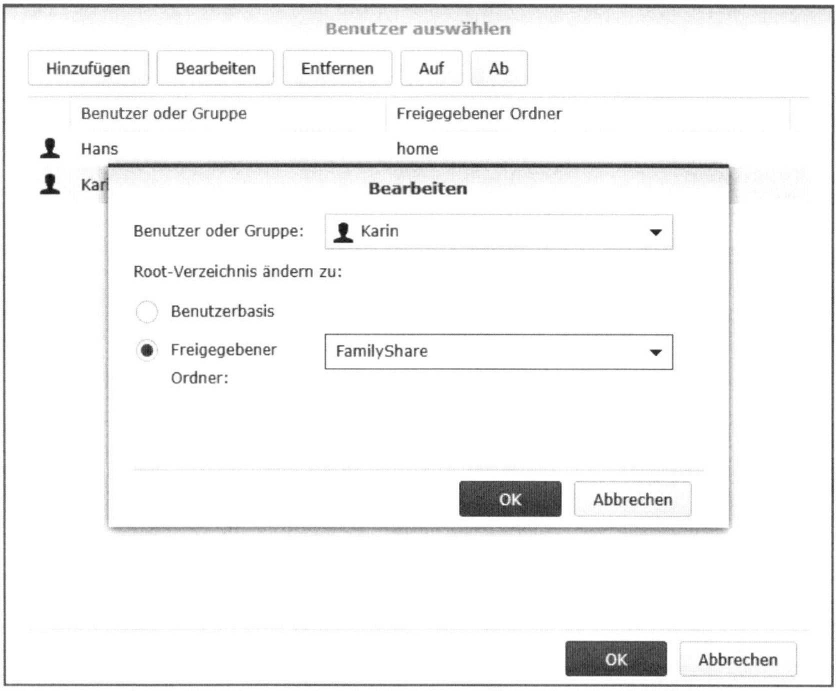

Abb. 6.17: Benutzer-Root-Verzeichnis anpassen

Mit dem NAS per FTPS verbinden

1. Nutzen Sie einen FTP-Client oder Browser Ihrer Wahl.
2. **Für Clients:** Geben Sie als Serveradresse `ftpes://`*`<Domain>`* (z.B. `ftpes://myds.synology.me`) ein. Geben Sie die Benutzerdaten für einen DSM-Benutzer mit Berechtigung für FTP an und bei PORT geben Sie die Portnummer an, die Sie zuvor bei Schritt 3 vergeben haben. Klicken Sie auf VERBINDEN. Der Client zeigt Ihnen jetzt das SSL-Zertifikat an, bestätigen Sie das Zertifikat.

   Für Browser: Geben Sie als Serveradresse `ftpes://`*`<Domain>`*`:`*`<Portnummer>`* (z.B. `ftpes://myds.synology.me:50505`) in die Adresszeile des Browsers ein. Bestätigen Sie mit ↵. Sie werden jetzt aufgefordert, Ihre Benutzerdaten einzugeben.

Hinweis

Ich möchte noch einmal auf das Sicherheitsrisiko von FTP hinweisen. Nutzen Sie immer eine abgesicherte Verbindung zu Ihrem NAS. Sollten Sie FTP aber dennoch benötigen, sollte es für Sie anhand der Anleitung oben ein Leichtes sein, dieses einzurichten.

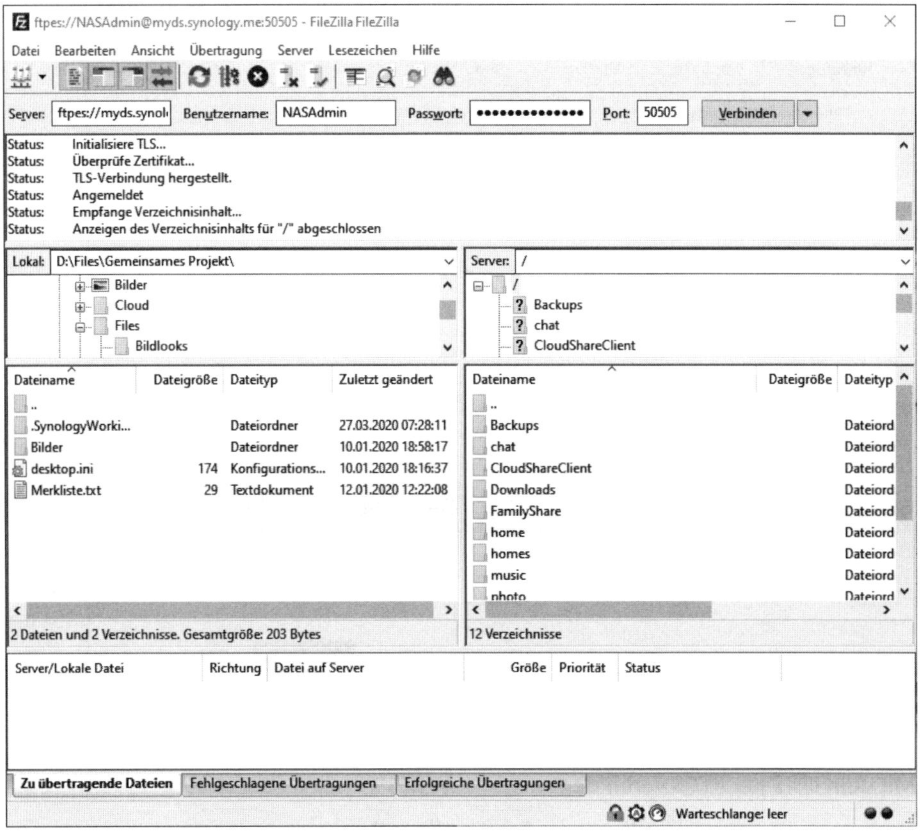

Abb. 6.18: Verbindung zum NAS per FTPS in FileZilla

SFTP

SFTP benötigt keine Anmeldedaten, stattdessen wird ein Schlüsselpaar genutzt. Dadurch können keine Benutzerdaten abgefangen werden, das erhöht die Sicherheit. Es ist auch kein SSL-Zertifikat erforderlich, dafür ist der Einrichtungsaufwand höher. Sie müssen sich via PuTTY mit Ihrem NAS verbinden können. (Lesen Sie in Abschnitt 22.1 »Mit der Kommandozeile auf Ihr NAS zugreifen«, wie das geht.) Außerdem muss der Benutzer-Home-Dienst aktiviert sein (siehe Abschnitt 5.1 »Privater Speicher – der Home-Ordner«).

SFTP einrichten

1. Gehen Sie zu SYSTEMSTEUERUNG|DATEIDIENSTE|FTP.
2. Im Abschnitt SFTP aktivieren Sie den SFTP-Dienst und ändern die Portnummer auf eine beliebige Nummer zwischen 50000 und 65000.
3. Laden Sie PuTTYgen (`https://www.puttygen.com/`) herunter und starten Sie es.
4. Generieren Sie ein RSA-Schlüsselpaar mit mindestens 2048 Bit mit Klick auf GENERATE.

5. Geben Sie eine Passphrase für das Schlüsselpaar ein.
6. Klicken Sie auf SAVE PRIVATE KEY und speichern Sie den privaten Schlüssel.
7. Klicken Sie mit der rechten Maustaste auf den öffentlichen Schlüssel (die lange Zeichenkette) und wählen Sie KOPIEREN, um ihn in die Zwischenablage zu kopieren.

Abb. 6.19: Schlüsselpaar mit PuTTYgen generieren

Wichtig

Verwenden Sie beim Übertragen von Schlüsseln – egal ob Sie den Schlüssel auf Ihren Rechner herunterladen oder ob Sie Schlüssel auf einen anderen Server migrieren – immer eine gesicherte Verbindung (https, FTPS, SFTP). Der Schlüssel kann sonst abgefangen werden.

8. Verbinden Sie sich via PuTTY mit Ihrem NAS.
9. Erstellen Sie einen neuen Ordner `.ssh` in Ihrem `home`-Verzeichnis:

```
mkdir /var/services/homes/<Benutzername>/.ssh
```

10. Wechseln Sie in das Verzeichnis:

```
cd /var/services/homes/<Benutzername>/.ssh
```

11. Erstellen Sie die Datei »authorized_keys«:

```
touch authorized_keys
```

12. Öffnen Sie die Datei im Editor:

```
vi authorized_keys
```

13. Fügen Sie jetzt den öffentlichen Schlüssel aus der Zwischenablage ein. Drücken Sie [I] und klicken Sie mit der rechten Maustaste. Der Schlüssel sollte jetzt eingefügt sein. Drücken Sie [ESC] und geben Sie dann `:x` ein und drücken Sie [↵].
14. Passen Sie die Rechte an:

```
cd ..
chmod 700 .ssh
chmod 600 .ssh/authorized_keys
chown <Benutzername> -R .ssh
chmod 755 /var/services/homes/<Benutzername>
```

Vor allem der letzte Befehl ist wichtig. Die Standardrechte des `home`-Verzeichnisses sind zu locker und führen zu einer Fehlermeldung beim Verbindungsaufbau.

Mit dem NAS per SFTP verbinden

1. Fügen Sie den privaten Schlüssel zum FTP-Client hinzu. In FileZilla beispielsweise unter BEARBEITEN|EINSTELLUNGEN|SFTP|SCHLÜSSELDATEI HINZUFÜGEN.
2. Bauen Sie eine Verbindung zum Server auf.
   - Als Serveradresse können Sie eine Domain, die IP oder den NAS-Namen verwenden, z.B. sftp://192.168.0.100.
   - Verwenden Sie den Benutzernamen, für den Sie das Schlüsselpaar angelegt haben/dessen `home`-Verzeichnis Sie genutzt haben. Lassen Sie das Passwort leer.
   - Geben Sie die selbst gewählte Portnummer an.
3. Klicken Sie auf VERBINDEN.
4. Haben Sie für den Schlüssel eine Passphrase angegeben, müssen Sie diese eingeben.
5. Sie sehen den Fingerprint des Servers, akzeptieren Sie diesen.

Sie sollten jetzt Zugriff auf Ihr NAS haben. Wenn Sie die Fehlermeldung `Server refused our key` erhalten, prüfen Sie noch einmal, ob Sie die Rechte richtig gesetzt haben.

Sie können den Prozess für jeden DSM-Benutzer wiederholen. Generieren Sie aber für jeden Benutzer ein eigenes Schlüsselpaar. Jeder Benutzer muss auf seinen privaten Schlüssel gut achtgeben.

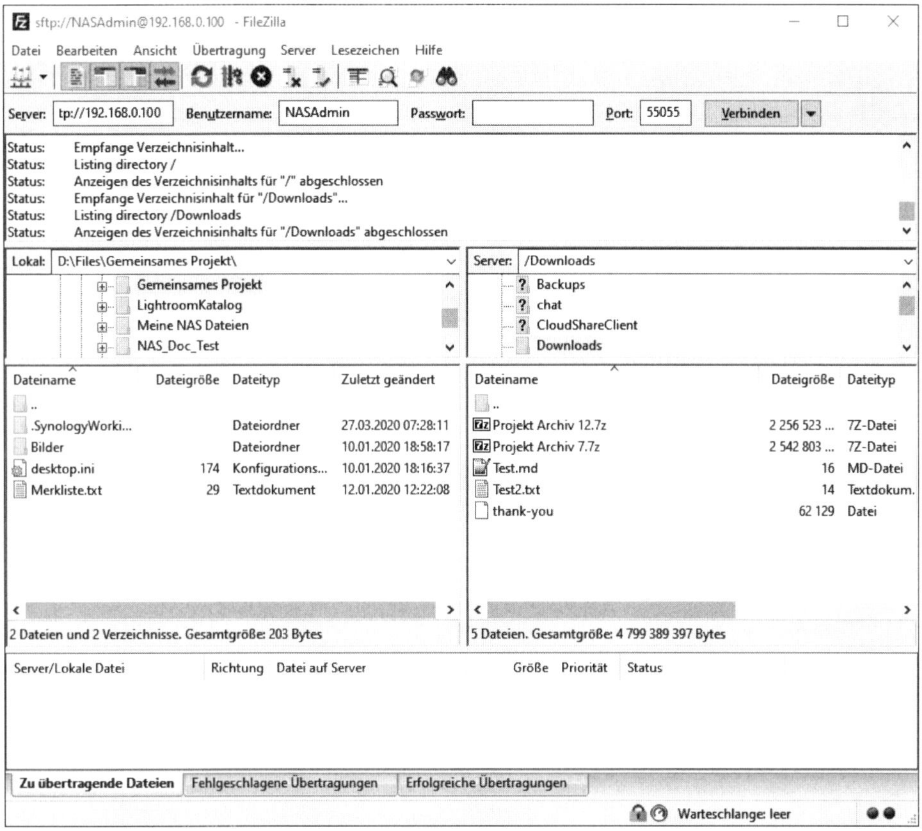

Abb. 6.20: Mit FileZilla per SFTP auf Ihr NAS zugreifen

6.4 WebDAV

WebDAV ist ein weiteres Protokoll zur Übertragung von Daten über ein Netzwerk. Das Besondere an WebDAV: Es basiert auf *http*. Weiterhin unterstützt WebDAV Benutzerrechte und ist somit eine gute und weitaus sicherere Alternative zu SMB (besonders beim Fernzugriff). Um Ihr NAS zu einem WebDAV-Server zu machen, benötigen Sie ein zusätzliches Paket, den *WebDAV Server*. Wie Sie Pakete auf Ihrer DiskStation installieren, habe ich in Abschnitt 3.3.6 »Paket-Zentrum« erklärt.

Das NAS zum WebDAV-Server machen

1. Installieren Sie das Paket *WebDAV Server* auf Ihrem NAS. Es handelt sich dabei um ein Standardpaket von Synology.
2. Öffnen Sie *WebDAV Server*.
3. Aktivieren Sie HTTP und HTTPS. Synology hat schon eigene Ports dafür festgelegt. Sie können diese nutzen, aber auch selbst Ports festlegen. Solange Sie WebDAV nur im LAN benutzen, sind die Ports weniger wichtig. Möchten Sie per WebDAV aus dem Internet

auf Ihr NAS zugreifen, müssen Sie diese Ports in Ihrem Router freigeben. Alles zur Portfreigabe lesen Sie in Abschnitt 9.2.2 »Portfreigabe einrichten«.

4. Sie können nach Wunsch WebDAV im Abschnitt ERWEITERTE EINSTELLUNGEN weiter konfigurieren.
   - ANONYMOUS WEBDAV AKTIVIEREN – Theoretisch können Sie WebDAV ohne Benutzerauthentifizierung verwenden. Beim Login wird der Benutzer *anonym* ohne Passwort verwendet. Auf dem NAS müssten Sie einen Benutzer *Anonymous WebDAV* erstellen und ihm die korrekten Zugriffsrechte auf die gemeinsamen Ordner geben, auf die Sie mit WebDAV zugreifen wollen.
   - DAVDEPTHINFINITY AKTIVIEREN – Es gibt WebDAV-Clients, die eine Dateipfad-Längenbeschränkung aufweisen. Haben Sie derartige Probleme, können Sie diese mit DAVDepthInfinity beheben.
   - WEBDAV-PROTOKOLL AKTIVIEREN – Wie auch bei den anderen Dateidiensten können Sie ein Protokoll aktivieren und aufzeichnen, welche Operationen über WebDAV durchgeführt werden.
   - Für WebDAV können Sie auch eine Geschwindigkeitsbeschränkung aktivieren, Details dazu finden Sie in Abschnitt 4.3 »Einen neuen Benutzer anlegen«, Seite 106 und Abschnitt 4.5.3 »Grenzwertbereiche für Geschwindigkeitsbeschränkungen«.
   - Speichern Sie die Konfiguration mit ÜBERNEHMEN und schließen Sie anschließend das Fenster.

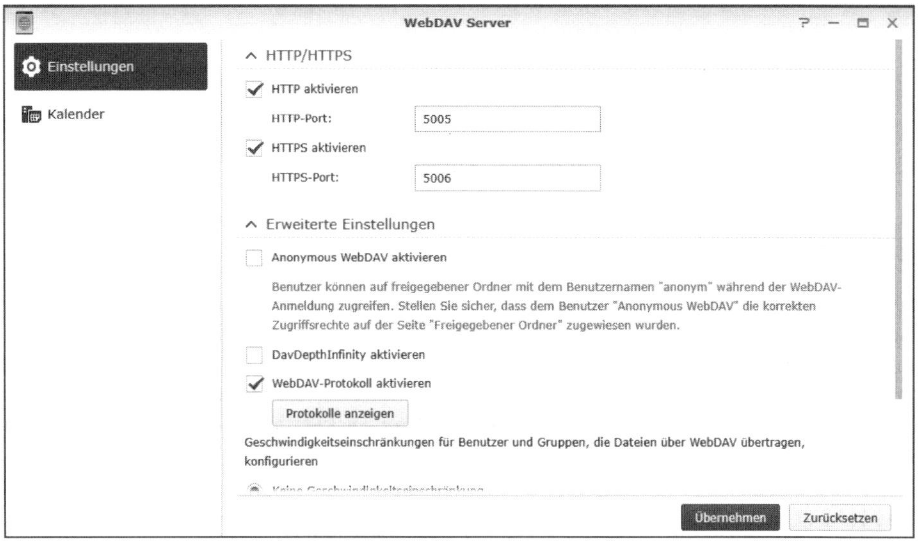

Abb. 6.21: WebDAV Server am Synology NAS

Ihr NAS ist jetzt ein WebDAV-Server. Jetzt können Sie gemeinsame Ordner in den Datei-Explorer Ihres Betriebssystems einbinden.

Hinweis

Nach der Installation haben alle Benutzer die Berechtigung für WebDAV. Sie sollten also die Benutzer bzw. Gruppen bearbeiten und nur jenen den Zugriff erlauben, die diesen auch benötigen.

WebDAV unter Windows

Wichtig

Damit Sie WebDAV im Windows-Explorer einbinden können, benötigen Sie für Ihr NAS eine Domain und ein SSL-Zertifikat, das auf diese Domain ausgestellt ist. Wie das geht, erkläre ich Ihnen in Kapitel 9 »Das NAS über das Internet erreichen«.

Windows unterstützt zwar nativ WebDAV, die Einbindung funktioniert aber nicht so reibungslos wie bei Apple. Die Einbindung über SMB als Netzlaufwerk erweist sich meist als die bessere Wahl. Kleine Dateien stellen kein Problem dar, bei größeren Dateien hängt der Kopiervorgang im letzten Moment für längere Zeit. Selbst Synology empfiehlt, für Windows einen WebDAV-Client zu verwenden.

WebDAV mag zwar höhere Transfergeschwindigkeiten erreichen als SMB, verliert aber – zumindest im Windows-Explorer – wieder durch die lange Wartezeit am Schluss.

Tipp

Kostenlose Produkte (z.B. WinSCP) können zwar eine Verbindung zu WebDAV-Zielen aufbauen, binden diese aber oft nicht als Netzlaufwerk ein. WebDAV-Clients, die das können, sind meist kommerzielle Produkte und alleine die Tatsache, einen zusätzlichen Client zu verwenden, macht das zu einer eher unangenehmen Lösung. Benötigen Sie nur im LAN Zugriff auf Ihre gemeinsamen Ordner, empfehle ich SMB und Netzlaufwerke zu verwenden (siehe Abschnitt 6.1 »Gemeinsame Ordner im Windows-Explorer«).

Möchten Sie WebDAV im Windows-Explorer dennoch nutzen, richten Sie der Verbindung mit folgender Anleitung ein:

1. Starten Sie den Windows-Explorer.
2. Klicken Sie im Navigationsbereich auf DIESER PC.
3. Im Register COMPUTER klicken Sie auf NETZWERKADRESSE HINZUFÜGEN.
4. Gehen Sie im Assistenten auf WEITER, bis Sie zur Eingabe der INTERNET- ODER NETZWERKADRESSE gelangen. Geben Sie dort die Domain ein, die auf Ihr NAS verweist, gefolgt von einem Doppelpunkt und der Portnummer des WebDAV-Servers und anschließend einem Slash (/) und dem Namen des gemeinsamen Ordners. Der Zugriff muss über *https* erfolgen: `https://`*`<Domain>`*`:`*`<WebDAV-HTTPS-Port>`*`/`*`<Ordnername>`*, beispielsweise `https://myDS.synology.me:5006/Dokumente`.

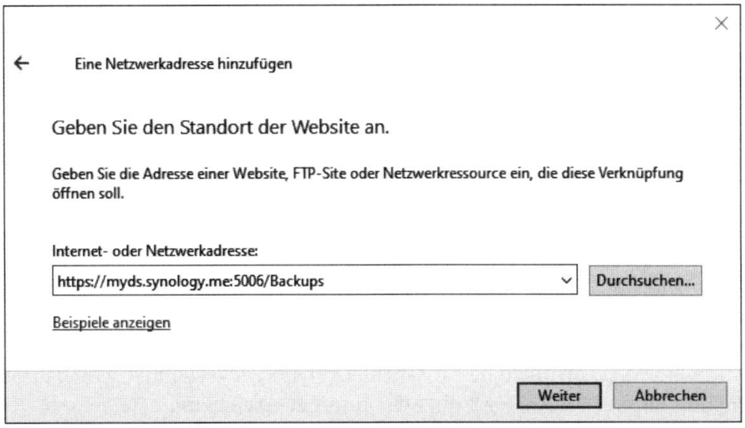

Abb. 6.22: Die URL setzt sich aus NAS-Adresse, WebDAV-Port und Ordnerpfad zusammen.

5. Klicken Sie auf WEITER und geben Sie die Benutzerdaten für Ihr NAS ein.
6. Vergeben Sie einen Namen für die Freigabe und klicken Sie auf WEITER und FERTIG STELLEN.
7. Der verbundene Ordner wird im Windows-Explorer unter NETZWERKADRESSEN angezeigt.

Abb. 6.23: Die WebDAV-Quelle im Explorer

WebDAV unter Mac OS

1. Öffnen Sie den Finder.
2. Klicken Sie auf GEHE ZU|MIT SERVER VERBINDEN ... (siehe Abbildung 6.12).
3. Geben Sie die WebDAV-Adresse ein und klicken Sie auf VERBINDEN.
4. Der Ordner wird jetzt im Finder unter ORTE angezeigt (siehe Abbildung 6.15).

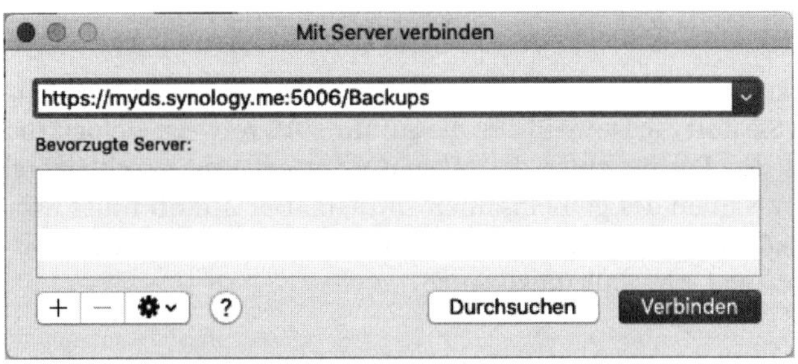

Abb. 6.24: Die URL ist die gleiche wie unter Windows.

Kapitel 7

Die Cloud – Daten und Geräte synchronisieren

Im letzten Kapitel haben Sie erfahren, wie Sie Ihre Dateien auf dem NAS ablegen und wie Sie wieder auf die Dateien zugreifen. Dateien manuell zu kopieren ist aber im täglichen Gebrauch nicht sonderlich praktikabel. Es ist zwar bequem, den Speicher des NAS direkt am eigenen Computer nutzen zu können, aber etwas Wichtiges fehlt.

Was ist, wenn Sie eine Datei unbeabsichtigt ändern, sie überspeichern oder mit Änderungen nicht zufrieden sind und gerne die Datei in den Zustand vor der Änderung zurückversetzen würden? Die File Station oder die Einbindung von Netzlaufwerken bieten keine Versionierung. Sie haben immer nur den aktuellen Zustand Ihrer Datei zur Hand. Mehr noch: Was ist, wenn Sie mit mehreren Computern an einem größeren Projekt arbeiten und nicht immer Zugriff auf Ihr NAS haben?

Sicherlich ist Ihnen das Konzept der Cloud nicht unbekannt. Ihr lokaler Datenbestand wird mit der Cloud – einem Speicher, der über ein Netzwerk erreichbar ist – synchronisiert. Dadurch können Sie nicht nur den Datenstand auf mehreren Geräten synchron halten, die Cloud protokolliert auch alle Änderungen und Sie können frühere Versionen wiederherstellen.

Vielleicht nutzen Sie ja schon eine Cloud (Dropbox, OneDrive, iCloud ...). Diese Dienste bieten tolle Funktionen, allerdings haben sie auch ihre Schwächen. Der Speicherplatz ist bei den kostenlosen Varianten meist gering und reicht gerade mal aus, um Dokumente und einige Schnappschüsse zu sichern. Fotografieren Sie sehr viel oder gar in RAW, wird der Speicher schnell knapp. Eine mittlere Musiksammlung dürfte auch schwer zu sichern sein und von Filmen wollen wir gar nicht erst reden. Zusätzlicher Speicher ist meist teuer, dazu kommt noch die oftmals langsame Uploadgeschwindigkeit.

Ein weiteres Problem, das viele unterschätzen, ist das Thema Datenschutz. Zum einen sind Sie darauf angewiesen, dass Ihr Anbieter Ihre Daten absichert, zum anderen können Sie nicht sicher sein, was der Anbieter mit Ihren Daten macht. Für die meisten Cloud-Dienste gelten die US-Datenschutzgesetze. Ein häufiges Argument, das immer wieder fällt: Ich habe keine wichtigen/geheimen Daten. Aber viele wissen gar nicht, was Daten über einen Menschen preisgeben können. Sie sollten immer darauf achten, wem Sie Ihre Daten anvertrauen. Das gilt besonders dann, wenn es sich nicht nur um Ihre privaten Daten handelt, sondern um geschäftliche. Haben Sie ein eigenes Unternehmen oder entstehen die Daten im Zuge eines kreativen Prozesses (Fotografie, Musik-Komposition, Schriftstellerei ...), dann sollte der Schutz Ihres geistigen Eigentums ein dringendes Anliegen sein.

Fühlen Sie sich unwohl, Ihre Daten dem Internet und einem Cloud-Anbieter anzuvertrauen? Wieso betreiben Sie dann nicht Ihre eigene Cloud?

Nicht ganz zufällig können Sie aus Ihrem NAS eine Cloud machen. In diesem Kapitel erkläre ich Ihnen, wie Sie das mithilfe der Synology-Pakete umsetzen. Ihre Cloud muss dabei nicht aus dem Internet erreichbar sein. Wenn Sie das aber möchten, dann erfahren Sie in Kapitel 9 »Das NAS über das Internet erreichen«, wie das geht.

7.1 Das NAS zur Cloud machen

7.1.1 Synology Drive Server installieren

Um aus Ihrem Synology NAS eine Cloud zu machen, benötigen Sie das Paket *Synology Drive Server*, ein offizielles Paket von Synology, das Sie über das *Paket-Zentrum* beziehen können.

Vorsicht

Im Paket-Zentrum finden Sie auch das Paket *Cloud Station Server*. Wie der Name vermuten lässt, handelt es sich auch hierbei um eine Server-Anwendung, die Ihr NAS zur Cloud macht. Allerdings ist das der veraltete Vorgänger von *Synology Drive*.

Die *Cloud Station* war sehr sparsam in Bezug auf Features und auch die Konfiguration war nur rudimentär und konnte mit den meisten anderen Cloud-Lösungen nicht mithalten. Anstatt die Anwendung zu verbessern, hat Synology die eigene Cloud von Grund auf neu entwickelt und als neues Paket inklusive neuer Apps für Mobilgeräte unter dem Namen *Synology Drive* veröffentlicht. Der Vorgänger wurde noch nicht entfernt, um (vor allem gewerbliche) Nutzer nicht zum Umstieg zwingen zu müssen.

Die folgenden Schritte zeigen Ihnen die Installation von Synology Drive.

1. Öffnen Sie das Paket-Zentrum und installieren Sie das Paket *Synology Drive Server* (siehe »Ein Paket installieren«, Seite 91).

Abb. 7.1: Das gesuchte Paket im Paket-Zentrum

2. Der *Drive Server* hat einige Abhängigkeiten. Sollten Sie die entsprechenden Pakete noch nicht installiert haben, weist Sie der Installationsassistent darauf hin, welche Pakete benötigt werden und dass diese automatisch mitinstalliert werden.

Hinweis

Abhängige Pakete werden automatisch heruntergeladen, der Installationsassistent wird aber für jedes davon separat ausgeführt. Das passiert, bevor der Installationsassistent des von Ihnen gewünschten Pakets ausgeführt wird. Achten Sie darauf, sofern Sie unterschiedliche Zielvolumes angeben möchten.

Tipp

Die Option NACH DER INSTALLATION AUSFÜHREN sollte bei allen Abhängigkeiten aktiviert sein. Der Drive Server kann nicht gestartet werden, wenn die vorausgesetzten Pakete nicht ausgeführt werden.

3. Nach der Installation finden Sie im Hauptmenü drei neue Icons:
   - Die *Synology Drive Admin-Konsole* – Hier gelangen Sie zum Konfigurationsmenü, in dem Sie die Einstellungen für Ihren Drive Server anpassen können.

Abb. 7.2: Das Einstellungsmenü der Cloud

   - *Synology Drive* – Dahinter verbirgt sich das Webinterface Ihrer Cloud, es ist sowohl lokal verfügbar als auch über das Internet, wenn Sie das wünschen und die entsprechende Konfiguration vornehmen. Der Vorteil des Webinterface liegt darin, dass Sie Ihre Cloud von jedem beliebigen Gerät mit Internetverbindung nutzen können (sofern Sie den externen Zugriff eingerichtet haben), ohne eine Client-Software installieren zu müssen.

Abb. 7.3: Die Verknüpfung für das Webinterface

   - *Synology Drive ShareSync* – Mit *ShareSync* können Sie gemeinsame Ordner zwischen zwei oder mehreren NAS-Geräten synchronisieren. Damit befassen wir uns allerdings erst in Kapitel 8 etwas genauer.

Abb. 7.4: Der Sync-Client für die DiskStation

7.1.2 Den Drive Server konfigurieren

Prinzipiell ist der Drive Server vorkonfiguriert und könnte bereits ohne Weiteres genutzt werden. Es ist aber immer von Vorteil, einen Blick auf die Konfiguration zu werfen und sie an die eigenen Bedürfnisse anzupassen.

Öffnen Sie dazu die SYNOLOGY DRIVE ADMIN-KONSOLE. Unter ÜBERBLICK sehen Sie einige Statusinformationen zu Drive – das sind zu Beginn noch nicht viele. Grundsätzlich kann die Cloud mit allen gemeinsamen Ordnern arbeiten, Sie müssen diese aber zuerst für Drive aktivieren.

Wechseln Sie dazu auf TEAM ORDNER. Hier sehen Sie die gemeinsamen Ordner aufgelistet. Haben Sie den Benutzer-Home-Dienst aktiviert (siehe Abschnitt 5.1 »Privater Speicher – der Home-Ordner«), finden Sie hier zusätzlich den Eintrag EIGENE DATEIEN, der bereits aktiviert wurde. Hierbei handelt es sich um einen Ordner im `home`-Verzeichnis eines jeden Benutzers. Dieser ist nur dem jeweiligen Benutzer zugänglich (und den Administratoren). Der Ordner selbst heißt *Drive* und Sie finden ihn in der *File Station* in Ihrem `home`-Verzeichnis.

Hinweis

Der Ordner `Drive` wird erst angelegt, wenn sich ein Benutzer nach der Installation des Drive Server anmeldet. Wenn Sie nach der Installation als Admin in die `home`-Verzeichnisse der anderen Benutzer sehen, werden Sie den Ordner `Drive` noch nicht entdecken.

Hinweis

Solange der Benutzer-Home-Dienst läuft, ist auch der Ordner `Drive` aktiviert. Sie können zwar den Eintrag `Eigene Dateien` deaktivieren, dabei werden Sie aber nur zur Deaktivierung des Benutzer-Home-Dienstes umgeleitet.

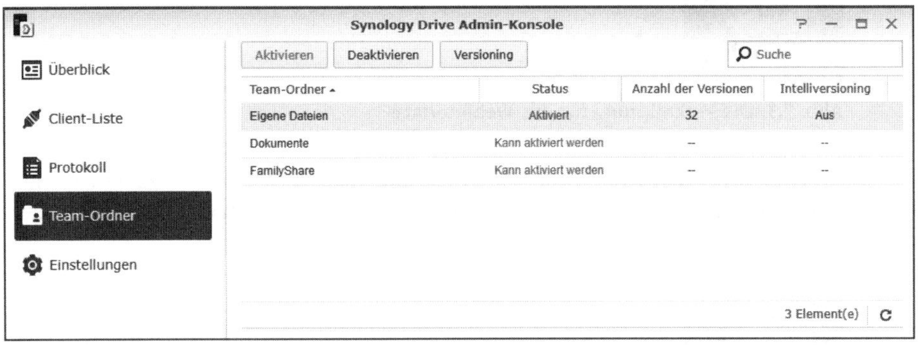

Abb. 7.5: Die gemeinsamen Ordner und deren Status in der Cloud

Tipp

In der Cloud steht Ihnen nur der Ordner `Drive` zur Verfügung, nicht aber das `home`-Verzeichnis selbst. Haben Sie bereits Dateien/eine Ordnerstruktur in `home` abgelegt und wollen diese synchronisieren, müssen Sie sie nach `Drive` verschieben. Stört Sie das, können Sie alternativ für jeden Benutzer einen gemeinsamen Ordner anlegen, auf den nur er Zugriff hat.

Möchten Sie, dass Benutzer auf einen gemeinsamen Speicher zugreifen können, oder wollen Sie bestehenden Speicher synchronisieren, müssen Sie den gemeinsamen Ordner für die Verwendung der Cloud-Funktion einrichten. Um einen gemeinsamen Ordner für die Cloud zu aktivieren, gehen Sie folgendermaßen vor:

1. Markieren Sie den gewünschten gemeinsamen Ordner und klicken Sie auf AKTIVIEREN.
2. Anschließend werden Sie gefragt, ob Sie die Versionskontrolle aktivieren wollen. Dabei werden bei Änderungen alte Versionen einer Datei in einer Datenbank erfasst.

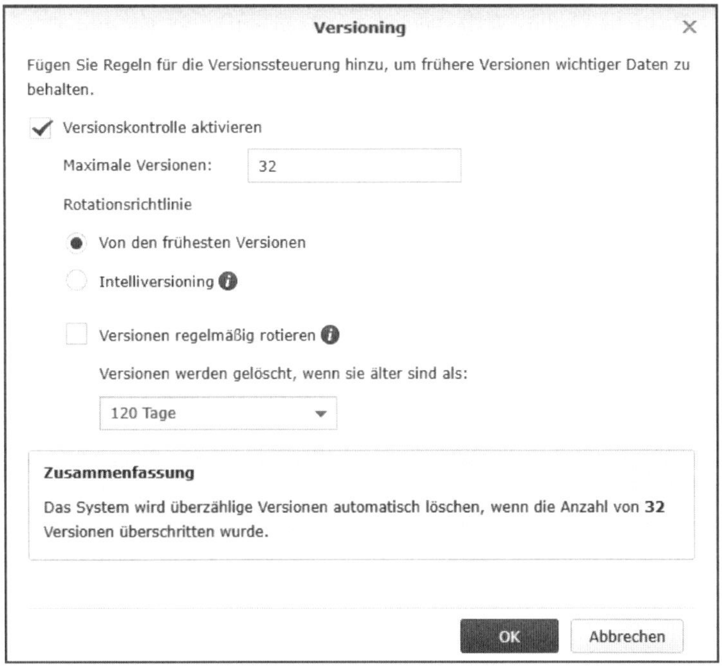

Abb. 7.6: Die Einstellungen der Versionskontrolle

3. Legen Sie fest, wie viele Versionen beibehalten werden sollen.
4. Bei den Rotationsrichtlinien geht es darum, welche Versionen behalten werden sollen, wenn die maximale Anzahl erreicht wurde. Bei VON DEN FRÜHESTEN VERSIONEN wird einfach die älteste Version gelöscht, sobald die maximale Anzahl erreicht wurde. Bei INTELLIVERSIONING versucht ein Algorithmus, festzulegen, welche Versionen wichtiger sind und welche nicht. Hier werden ältere und jüngere Versionen gelöscht. Erhalten bleiben sollen die Versionen, bei denen größere Änderungen oder Änderungen nach langer Zeit vorgenommen wurden.
5. Wollen Sie die Versionskontrolle zusätzlich beschränken, können Sie VERSIONEN REGELMÄẞIG ROTIEREN aktivieren und eine Altersgrenze in Tagen festlegen. Versionen werden

dann auf jeden Fall gelöscht, wenn sie älter als dieser Wert sind, auch dann, wenn die Anzahl maximaler Versionen nicht überschritten wird. Damit können Sie die Versionskontrolle von Altlasten freihalten, also Dateien, die seit langer Zeit nicht mehr geändert wurden und mit hoher Wahrscheinlichkeit auch nicht mehr geändert werden.

6. Bestätigen Sie Ihre Angaben mit OK. Sie erhalten eine Meldung, die Sie darauf hinweist, die Berechtigungen zu kontrollieren. Nutzer, die auf dem gemeinsamen Ordner nur Leseberechtigungen haben, können den Inhalt zwar auf ihre Geräte synchronisieren und lokal Änderungen vornehmen, diese werden aber nicht auf das NAS zurücksynchronisiert.

   Bestätigen Sie die Meldung ebenfalls mit OK.

Hinweis

Sie können aktivierte Ordner jederzeit wieder aus der Cloud entfernen. Die gespeicherten Dateien bleiben natürlich erhalten, die gespeicherten älteren Versionen werden dabei aber gelöscht.

7. Der gemeinsame Ordner ist jetzt für Drive aktiviert. Wie in der Meldung angedeutet, sollten die Berechtigungen kontrolliert werden. Dabei sind zwei Arten von Berechtigungen wichtig:

   a. Die Berechtigung, *Synology Drive* zu nutzen. Bei der Installation von *Synology Drive Server* wird allen Benutzern das Recht, Drive zu nutzen, gewährt. Sie können dies nachträglich über die Benutzer oder Gruppen einschränken.

   b. Die Berechtigungen für den gemeinsamen Ordner. Alle Benutzer, die über die Cloud auf einen gemeinsamen Ordner zugreifen dürfen, müssen entsprechende Rechte darauf haben.

   Je nachdem, wie Sie die Rechte verwalten wollen, öffnen Sie die Systemsteuerung und gehen in das Menü BENUTZER bzw. GRUPPEN.

8. Wählen Sie den Benutzer oder die Gruppe aus und klicken Sie auf BEARBEITEN.

9. Im Reiter APPLIKATIONEN finden Sie den Eintrag SYNOLOGY DRIVE. Hier können Sie Benutzern den Zugriff verweigern (ZULASSEN ist bei allen Standard).

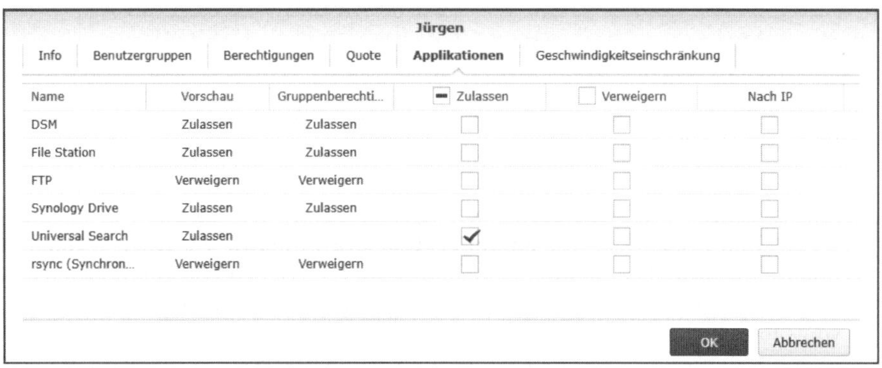

Abb. 7.7: Die Benutzerberechtigungen für das neu installierte Synology Drive

10. Darf der Benutzer `Drive` nutzen, kontrollieren Sie im Reiter BERECHTIGUNGEN die Rechte für den gemeinsamen Ordner.
11. Bestätigen Sie die Änderungen mit OK und wiederholen Sie die Schritte für jeden Benutzer/jede Gruppe.

Hinweis

Der gemeinsame Ordner und die Rechte dafür sind nur dann notwendig, wenn Sie mit anderen Benutzern einen gemeinsamen Datenbestand synchronisieren wollen. Soll jeder Benutzer einen Ordner für sich haben, können Sie dafür das `home`-Verzeichnis nutzen oder jedem Benutzer einen gemeinsamen Ordner anlegen.

Zu synchronisierende Dateien einschränken

Sie haben die Möglichkeit, Einschränkungen festzulegen, welche Dateien synchronisiert werden sollen und welche nicht.

1. Öffnen Sie SYNOLOGY DRIVE ADMIN-KONSOLE|EINSTELLUNGEN.
2. Im Reiter BENUTZER-SYNCHRONISIERUNGSPROFILE klicken Sie auf ERSTELLEN.
3. Benennen Sie das Profil.
4. Erstellen Sie einen Filter.

Abb. 7.8: Dateien von der Synchronisierung mittels Filter ausschließen

- Sie können die Größe von Dateien limitieren, größere Dateien werden dann nicht synchronisiert.

- Sie können Dateitypen von der Synchronisierung ausschließen. Entweder Sie schließen ganze Kategorien (Bilder, Videos ...) aus oder Sie klicken auf den schwarzen Pfeil neben der Kategorie und wählen einzelne Dateiendungen aus.
- Ganz unten steht Ihnen eine Textbox für die Erstellung individueller Filter zur Verfügung. Sie können konkrete Dateinamen angeben oder neue Dateiendungen mit `*.`<*Endung*> hinzufügen. *Wildcards* im Namen wie `M*.txt` sind nicht zulässig. Mit Klick auf das rote X entfernen Sie die Einträge wieder.

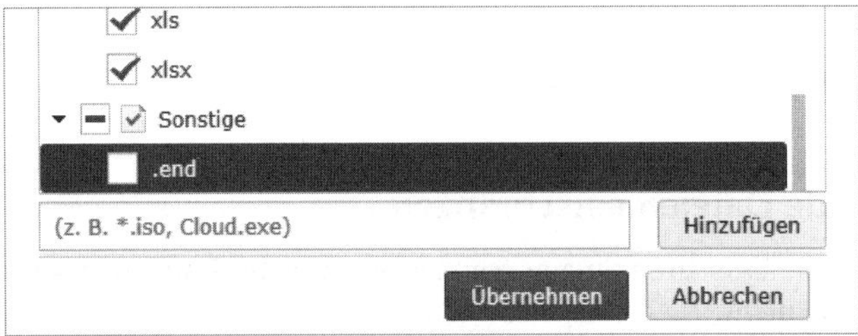

Abb. 7.9: Eigene Filterregeln finden Sie unter SONSTIGE.

5. Im Reiter ANGEWANDTER BENUTZER weisen Sie das Profil einzelnen Benutzern zu, für die der Filter gelten soll. Gruppen können Sie kein Profil zuweisen. Sie können Benutzern auch mehrere Profile zuweisen.

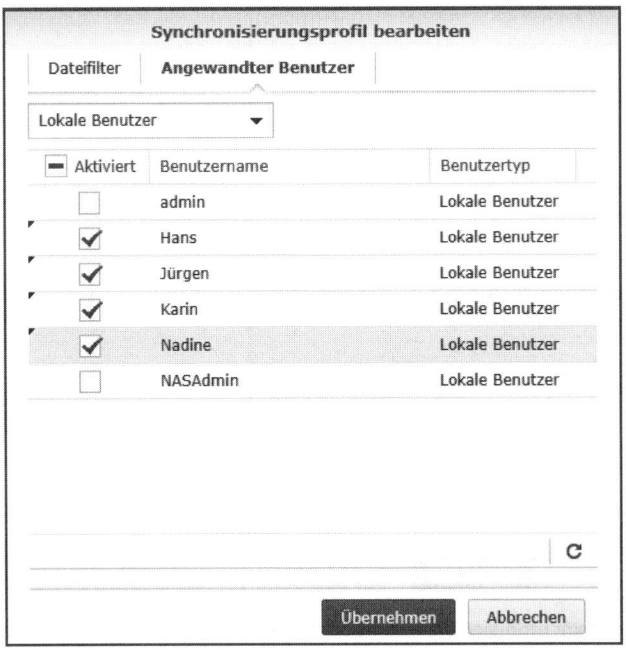

Abb. 7.10: Filter können Sie nur Benutzern zuweisen, nicht aber Gruppen.

6. Schließen Sie den Vorgang mit Klick auf ÜBERNEHMEN ab.

Hinweis

Sind einem Benutzer mehrere Profile zugewiesen, wird für diesen Benutzer eine Datei dann synchronisiert, wenn sie zumindest einem der Profile entspricht. Genauso gilt für den Benutzer das höchste Dateigrößenlimit aller zugewiesenen Profile.

In der Liste sehen Sie alle erstellten Profile. Diese können Sie wieder löschen oder bearbeiten. Nach einer Änderung müssen Sie auf ÜBERNEHMEN klicken, um sie wirksam zu machen. ZURÜCKSETZEN verwirft die Änderungen wieder.

7.2 Geräte synchronisieren

Der Synology Drive Server ist installiert und konfiguriert. Ihr NAS ist jetzt eine Cloud. Jetzt ist es an der Zeit, Ihre Geräte mit der Cloud zu synchronisieren. Ob Sie bereits Dateien in den für Drive aktivierten Ordnern haben oder diese erst von Ihren Geräten aus befüllen wollen, spielt dabei keine Rolle.

7.2.1 Der Desktop-Client

Den Client installieren und einrichten

Für Windows, Mac und Linux existieren eigene Clients. Diese finden Sie im Downloadbereich von Synology unter `https://www.synology.com/de-de/support/download`. Sie müssen im Download-Zentrum zwar ein Modell auswählen, der Drive Client ist aber für alle Modelle derselbe. Sie finden die Installationsdatei in der Kategorie DESKTOP-DIENSTPROGRAMME.

1. Laden Sie den Synology Drive Client herunter und installieren Sie ihn auf Ihrem Rechner.
2. Starten Sie den Drive Client. Auf der Willkommensseite erhalten Sie den Hinweis, dass Synology Drive Server auf Ihrem NAS installiert sein muss. Klicken Sie auf JETZT STARTEN.
3. Sie haben die Wahl zwischen zwei Verhalten. Entweder Sie erstellen eine *Synchronisierungsaufgabe* oder eine *Datensicherungsaufgabe*.

   Bei der *Synchronisierungsaufgabe* wird zwischen Ihrem NAS und Ihrem Computer synchronisiert. Der Datenstand wird dabei ständig synchron gehalten.

   Bei einer *Datensicherungsaufgabe* werden Dateien von Ihrem Computer in regelmäßigen Abständen auf Ihr NAS gesichert, allerdings nicht vom NAS auf Ihren Computer heruntergeladen. Die Versionskontrolle steht Ihnen aber auch hier zur Verfügung.

   In diesem Kapitel befassen wir uns mit der Synchronisierung. Alles zum Thema Datensicherung erfahren Sie in Kapitel 8 »Backups – Daten sichern für den Ernstfall«.

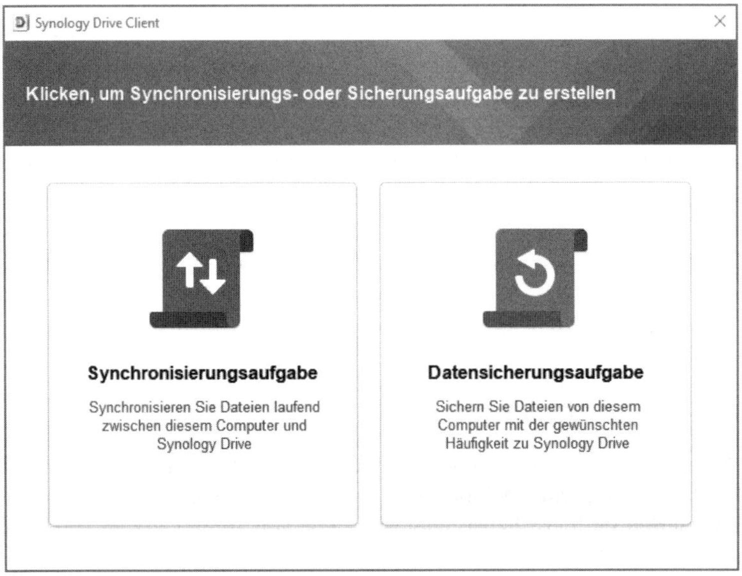

Abb. 7.11: Wollen Sie den Ordner ständig synchron halten oder nur gelegentlich auf das NAS sichern?

4. Jetzt müssen Sie die Verbindung zu Ihrem NAS herstellen. Dazu können Sie eine Domain (siehe Abschnitt 9.2 »Externen Zugriff einrichten«), die QuickConnect ID (siehe Abschnitt 9.1 »Zugriff über QuickConnect«) oder aber die lokale IP (sofern sich Rechner und NAS im selben Netz befinden) verwenden. Befinden sich beide Geräte im selben Netz, können Sie auch die Suche (Lupen-Icon) verwenden. Geben Sie den Namen und das Passwort des gewünschten Benutzers ein. Achten Sie darauf, dass SSL aktiviert ist, und klicken Sie auf WEITER.

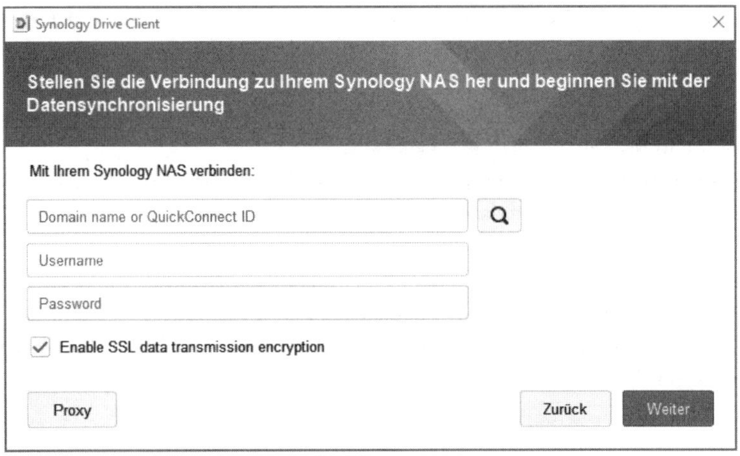

Abb. 7.12: Verbinden Sie sich mit Ihrem NAS, SSL sorgt dafür, dass die Daten verschlüsselt übertragen werden.

5. Sofern Sie noch kein offizielles Zertifikat auf Ihrem NAS eingerichtet haben, bekommen Sie einen Hinweis über ein nicht vertrauenswürdiges Zertifikat. Bestätigen Sie diese mit TROTZDEM FORTFAHREN. Alles über Zertifikate erfahren Sie in Abschnitt 9.2.5 »Sicherheit durch SSL-Verschlüsselung«.
6. Im nächsten Schritt bestimmen Sie, welche Ordner miteinander synchronisiert werden sollen. Fahren Sie dazu mit der Maus über das NAS-Symbol bzw. das Computer-Symbol und klicken Sie auf das Stift-Icon.
   - Im Auswahldialog Ihres NAS sehen Sie alle Ordner, die Sie in Abschnitt 7.1.2 »Den Drive Server konfigurieren« aktiviert haben. Wählen Sie den gewünschten Ordner aus. Bei Bedarf können Sie weitere Unterordner erstellen.
   - Der Auswahldialog für den Computer funktioniert genau gleich. Er weist lediglich eine weitere Checkbox auf. Ist diese angehakt, wird im ausgewählten Ordner automatisch ein Unterordner `Drive` angelegt, der für die Synchronisierung benutzt wird.

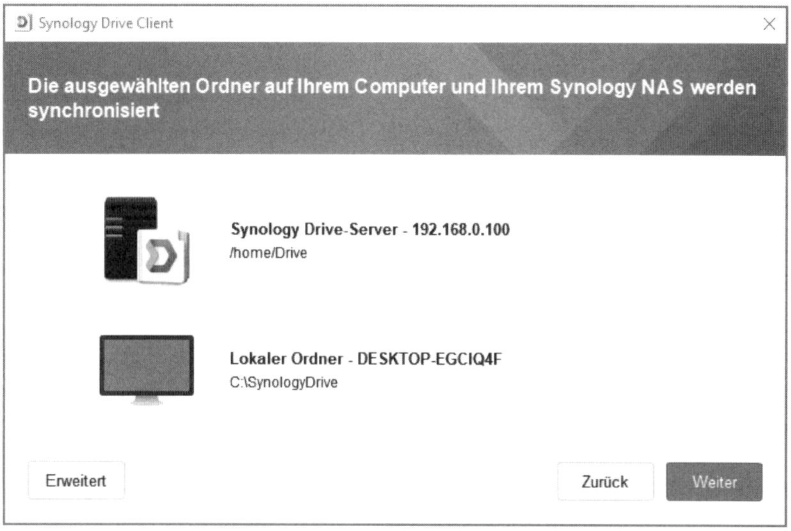

Abb. 7.13: Wählen Sie, welche Ordner (lokal und am NAS) Sie synchronisieren wollen.

Hinweis

Sie können beliebig viele Synchronisationsaufgaben hinzufügen. Sie sind dabei nicht auf gemeinsame Ordner beschränkt, sondern können auch Unterordner auswählen. Haben Sie einen Ordner in einer Aufgabe ausgewählt, können Sie in einer anderen Aufgabe aber keinen Ordner wählen, der diesen Ordner beinhaltet oder der sich selbst in diesem Ordner befindet.

7. Bevor Sie mit dem nächsten Schritt fortfahren, haben Sie unter ERWEITERT die Möglichkeit, einige Anpassungen vorzunehmen.
   - Im Reiter ORDNER können Sie Unterordner von der Synchronisierung ausschließen sowie Dateien und Ordner einschließen, die normalerweise nicht synchronisiert werden.

- Im Reiter DATEIFILTER können Sie, wie im vorigen Abschnitt »Zu synchronisierende Dateien einschränken« beschrieben, Filterregeln erstellen.

Hinweis

Die hier erstellten Regeln kann jeder Benutzer für sich selbst erstellen. Filter, die der Administrator auf dem NAS erstellt hat, können damit aber nur ergänzt, nicht umgangen werden.

- Im Reiter SYNCHRONISATIONSMODUS legen Sie fest, ob die Synchronisierung in beide Richtungen erfolgen soll oder ob Sie die Dateien nur vom NAS herunterladen wollen (weil der Benutzer beispielsweise nur Lese-Rechte hat). Für einen Einweg-Upload erstellen Sie statt einer *Synchronisierungsaufgabe* eine *Datensicherungsaufgabe*.

  Deaktivieren Sie die ERWEITERTE KONSISTENZPRÜFUNG, sparen Sie Ressourcen des NAS ein und die Synchronisierung erfolgt schneller, dafür ist der Dateiabgleich ungenauer.

  Bei der SYNCHRONISIERUNG BEI BEDARF werden nur Dateilisten heruntergeladen, die tatsächliche Datei jedoch nur dann, wenn Sie auf sie zugreifen. Dadurch sparen Sie auf dem Client-Gerät Speicherplatz. Details dazu finden Sie weiter unten.

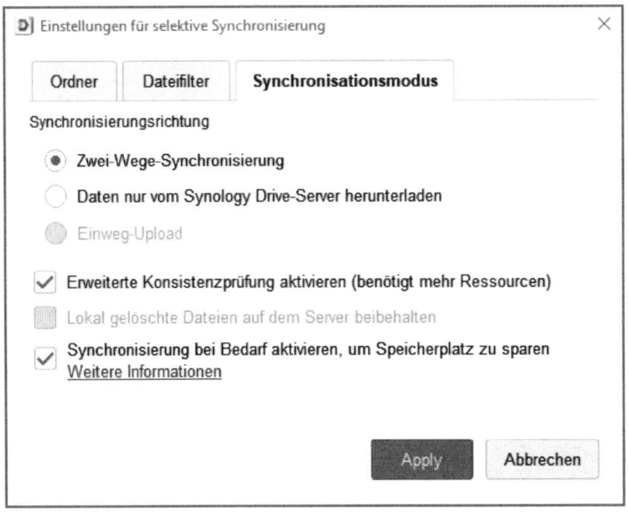

Abb. 7.14: Wie soll synchronisiert werden? Die ausgegrauten Optionen finden Sie jetzt unter DATENSICHERUNGSAUFGABE als separate Funktion.

8. Im letzten Schritt haben Sie die Möglichkeit, mit Ihnen geteilte Ordner und Dateien in einen separaten Ordner auf Ihren Rechner herunterzuladen. Sie können diese Option auch noch nachträglich aktivieren und natürlich auch wieder deaktivieren (siehe unten).
9. Mit Klick auf FERTIG wird die Aufgabe eingerichtet, und sollten sich bereits Dateien lokal und/oder am NAS befinden, startet anschließend die Synchronisierung.

Vorsicht

Bei sehr großen Datenmengen kann der erste Synchronisierungsvorgang etwas länger dauern. Schwächere NAS-Modelle verlängern die Dauer zusätzlich. Lassen Sie Ihren Rechner am besten laufen, bis die initiale Synchronisierung abgeschlossen ist.

Tipp

Wollen Sie sehr große Datenmengen synchronisieren, splitten Sie diese am besten auf. Anstatt eine Synchronisierungsaufgabe für Ihren gesamten Datenbestand anzulegen, erstellen Sie mehrere (beispielsweise nach Kategorie: Dokumente, Musik, Fotos, Videos, oder nach Unterordnern). Sie können dazu auf dem NAS mehrere gemeinsame Ordner bereitstellen oder Sie wählen Unterordner für die Synchronisierungsaufgabe.

Ein weiterer Vorteil: Tritt bei der Synchronisierung ein Fehler auf, ist nur die Teilaufgabe betroffen und Probleme lassen sich schneller beheben.

Den Drive Client nutzen

Den lokalen Ordner können Sie ganz wie gewohnt weiterhin nutzen. Im Explorer sehen Sie lediglich ein geändertes Icon.

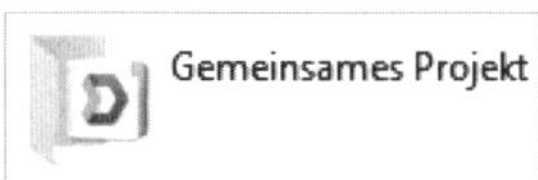

Abb. 7.15: Das geänderte Ordner-Icon im Windows-Explorer

Den Client selbst finden Sie im Info-Bereich der Taskleiste. Eventuell müssen Sie die ausgeblendeten Symbole anzeigen lassen.

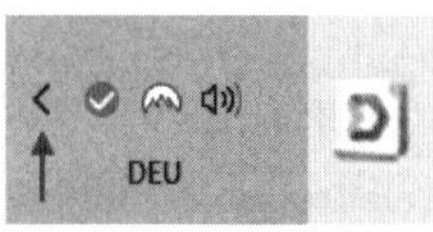

Abb. 7.16: Das Icon versteckt sich im Info-Bereich, die Icons können über den Pfeil in der Nähe der Uhr in der Taskleiste eingeblendet werden.

Ein Doppelklick öffnet die Anwendung. Der Aufbau ist wie bei anderen Synology-Anwendungen. Auf der linken Seite finden Sie die Navigationsleiste und im rechten, größeren Bereich den jeweiligen Inhalt.

Im Client finden Sie folgende Ansichten:

- SYNC-AUFGABEN – Hier finden sie alle Synchronisierungsaufgaben. Sie können hier auch neue Aufgaben erstellen, bestehende Aufgaben entfernen (einzeln oder alle Aufgaben eines NAS) oder pausieren (ebenfalls einzeln oder alle). Auch die Synchronisierungsregeln können hier nachträglich bearbeitet werden. Den lokalen Ordner können

Sie von hier aus direkt öffnen, allerdings nicht, wie man annehmen könnte, mit einem Doppelklick oder über das Kontextmenü. Um den Ordner zu öffnen, müssen Sie auf den in Blau geschriebenen Pfad des Ordners klicken.

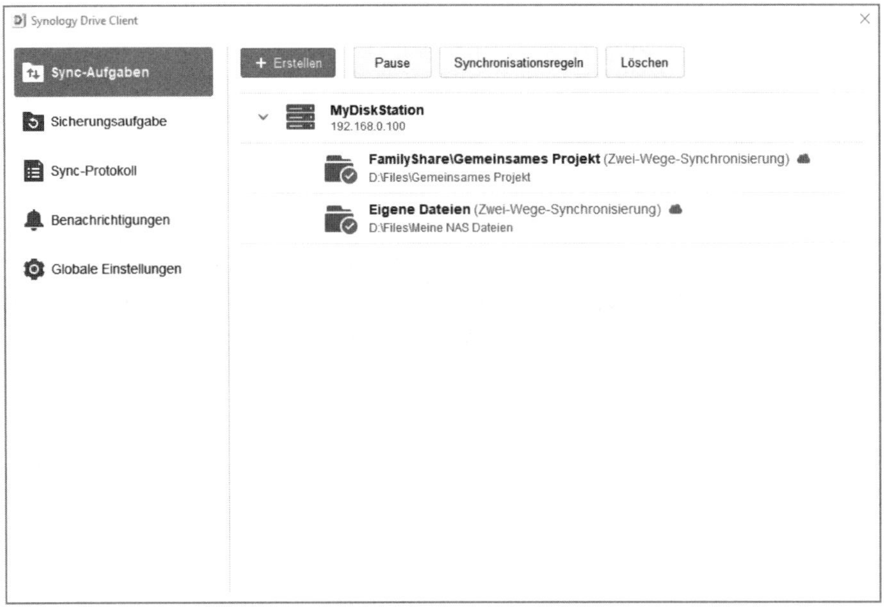

Abb. 7.17: Die von Ihnen eingerichteten Aufgaben samt Status, auch mehrere NAS können verknüpft werden.

- SICHERUNGSAUFGABEN – Hier finden Sie die Datensicherungsaufgaben, die Sie in Kapitel 8 näher kennenlernen werden.
- SYNC-PROTOKOLL – Hier werden sämtliche Änderungen aufgezeichnet, die der Client durchführt.
- BENACHRICHTIGUNGEN – Hier erhalten Sie Benachrichtigungen rund um Ordner und Dateien, die sich in der Cloud befinden und auf die der Benutzer Zugriff hat.
- GLOBALE EINSTELLUNGEN – Anders als die Synchronisierungsregeln betreffen die globalen Einstellungen alle Aufgaben bzw. das Verhalten des Drive Client. Im nächsten Abschnitt werfen wir einen genaueren Blick auf die Optionen.

Globale Einstellungen

Im Reiter ALLGEMEIN finden Sie die wichtigsten Einstellungen. Sie sollten sich vor allem die Einstellung für Dateikonflikte ansehen. Hier haben Sie die Wahl, ob die letzte Version behalten werden soll oder immer die Server-Version. Eine genauere Erklärung zu diesen Einstellungen finden Sie in Abschnitt »Konflikte beheben« auf Seite 180.

Bei der Installation des Clients wurde auch eine Desktop-Verknüpfung angelegt. Diese öffnet direkt einen lokalen Ordner. Welcher das ist, können Sie hier festlegen. Sollten Sie die Verknüpfung gelöscht haben, können Sie sie hier neu erzeugen lassen, indem Sie einen Ordner auswählen und auf APPLY klicken.

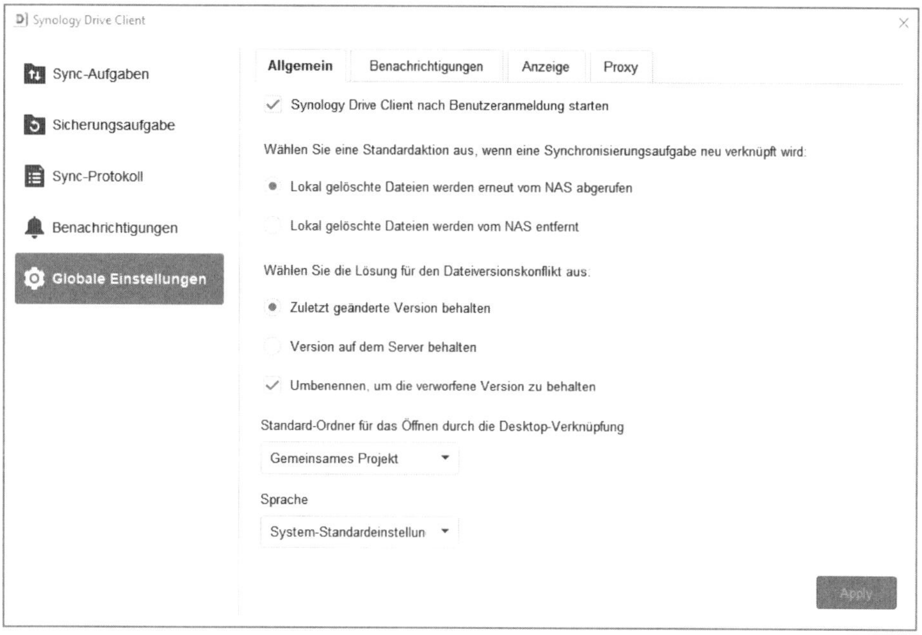

Abb. 7.18: Die Einstellungen sind wichtig und mit Sorgfalt festzulegen, da sie zu Datenverlust führen können.

Im Reiter BENACHRICHTIGUNGEN können Sie diese nur an- oder ausschalten.

Im Reiter ANZEIGE finden Sie unter anderem die Möglichkeit, die Symbolüberlagerungen im Explorer sowie die Einträge im Kontextmenü zu deaktivieren.

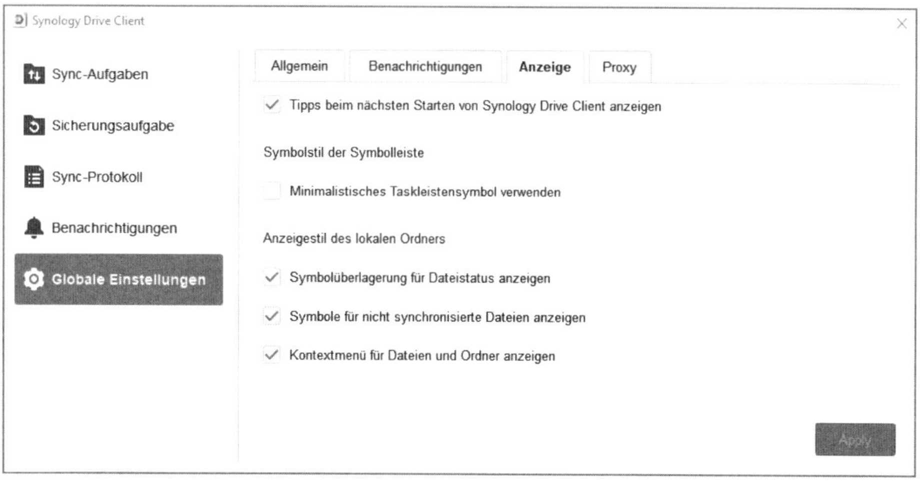

Abb. 7.19: Legen Sie fest, wie sehr Drive in den Datei-Explorer integriert wird.

Im Reiter PROXY können Sie einen Proxy konfigurieren, falls der Netzwerkverkehr über einen solchen geleitet wird.

Dateien hinzufügen

Datcicn können Sie sowohl auf Ihrem NAS als auch auf Ihrem Rechner hinzufügen. Der Drive Client synchronisiert den Ordner bei Änderungen. Haben Sie die SYNCHRONISIERUNG BEI BEDARF aktiviert, werden neue Dateien am Server lokal zwar angezeigt, aber noch nicht heruntergeladen (siehe unten).

Leider gibt der Client im Hauptfenster keinerlei Auskunft darüber, wie viele Dateien synchronisiert werden, wie lange die Synchronisierung voraussichtlich noch dauert oder wie weit sie fortgeschritten ist. Der Drive Client hat aber noch eine weitere Ansicht. Klicken Sie nur einmal auf das Symbol im Info-Bereich der Taskleiste, öffnet sich ein kleines Fenster (siehe Abbildung 7.20). Es zeigt die letzten Änderungen sowie die Benachrichtigungen. Findet ein Upload statt, sehen Sie hier den Fortschritt der einzelnen Dateien – der Gesamtfortschritt ist nicht ersichtlich. Sie sehen während des Hochladens auch nur, wie viele Dateien insgesamt synchronisiert werden. Wenn der Upload abgeschlossen ist, werden alle Dateien nochmals überprüft, erst dann verringert sich der Zähler. Eine Methode, um die Dauer abzuschätzen, ist das jedoch nicht. Auch für den Download gibt es hier keinerlei Fortschrittsanzeigen.

Abb. 7.20: Die Schnellansicht zeigt den Uploadfortschritt an.

Status überprüfen

Der Synchronisierungsstatus ist jederzeit ersichtlich. So sehen Sie im Drive Client für jede Aufgabe, ob sie auf dem neuesten Stand ist (Abbildung 7.21, ❶), ob die Synchronisierung gerade läuft (Abbildung 7.21, ❷), ob die Synchronisierung pausiert wurde (Abbildung 7.21, ❸) oder ob die Datei nicht synchronisiert wird (roter Kreis mit weißem X). Bei Verbindungsversuchen bzw. wenn der Server nicht erreichbar ist, sehen Sie einen blauen Kreis mit weißen Punkten. Einige der Symbole finden Sie auch im Explorer wieder, sie zeigen den Zustand eines Ordners/einer Datei an.

Abb. 7.21: Die verschiedenen Statussymbole – hier die Sync-Ordner im Client

Synchronisierung bei Bedarf

Wie bereits erwähnt, steht Ihnen diese Option in den Synchronisierungsregeln zur Verfügung und ist bei der Einrichtung einer Synchronisierungsaufgabe bereits aktiviert. Nutzen Sie die Bedarfssynchronisierung, werden keine Dateien vom Server heruntergeladen, Sie sehen aber die Ordnerstruktur sowie die darin enthaltenen Dateien (inklusive Thumbnails bei Bildern). Die Ordner und Dateien sind allerdings nicht mit dem grünen Haken markiert, sondern mit einer blauen Wolke (siehe Abbildung 7.22). Erst wenn Sie die Datei öffnen, beginnt Drive, diese zu synchronisieren (grüner Haken).

Sie können Speicher auf Ihrem Rechner auch wieder freigeben, wenn Sie Dateien nicht mehr oder temporär nicht benötigen, den Speicher aber für andere Daten freischaufeln müssen. Öffnen Sie dazu das Kontextmenü für den Ordner oder die Datei und wählen Sie SYNOLOGY DRIVE|SPEICHERPLATZ FREIGEBEN (siehe Abbildung 7.23) – das Symbol wird wieder zur blauen Wolke. Das ist gerade auf Laptops mit beschränktem Speicher und/oder bei größeren Dateien/Projekten hilfreich.

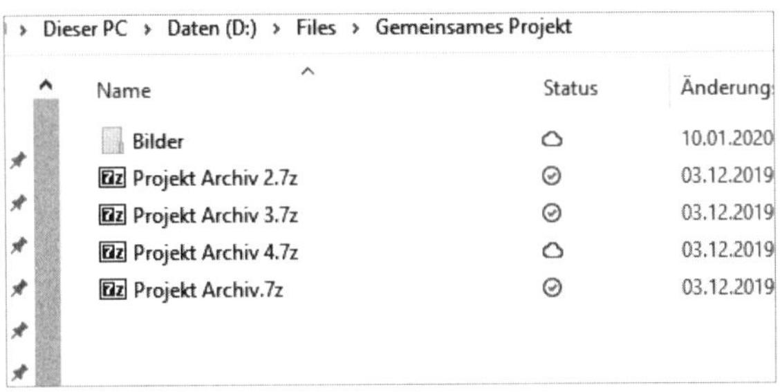

Abb. 7.22: Die Dateien mit dem grünen Haken befinden sich tatsächlich auf der lokalen Festplatte, die mit einer blauen Wolke nicht.

Vorsicht

Achten Sie darauf, die benötigten Dateien zu synchronisieren, ehe Sie dort damit arbeiten wollen, wo Sie keine Verbindung zum Server haben.

Löschen Sie die Synchronisierungsaufgabe, bleiben lokal nur jene Dateien erhalten, die Sie auch heruntergeladen haben.

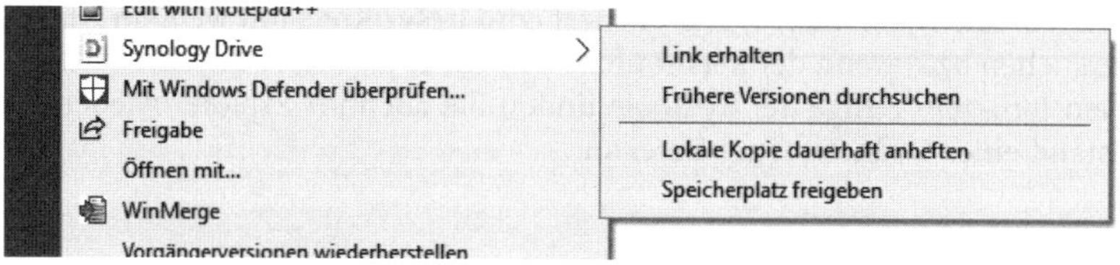

Abb. 7.23: Das Kontextmenü einer Datei in einem synchronisierten Ordner

Lokale Dateien schützen

Wollen Sie verhindern, dass eine lokale Kopie mit Änderungen vom Server überschrieben wird, können Sie diese Datei sperren. Wählen Sie dazu im Kontextmenü SYNOLOGY DRIVE|LOKALE KOPIE DAUERHAFT ANHEFTEN (siehe Abbildung 7.23). Mit SYNOLOGY DRIVE|LOKALE KOPIE LÖSCHEN heben Sie die Sperre wieder auf.

Frühere Versionen

Ein Vorteil der Cloud ist die Versionierung. Änderungen werden in einer Datenbank erfasst und es ist möglich, auf die Änderungen zuzugreifen und frühere Versionen wiederherzustellen. Um die früheren Versionen einer Datei anzuzeigen, öffnen Sie das Kontextmenü durch einen Klick mit der rechten Maustaste auf die entsprechende Datei. Wählen Sie SYNOLOGY DRIVE|FRÜHERE VERSIONEN DURCHSUCHEN (siehe Abbildung 7.23). Es öffnet sich ein Fenster, in dem alle gespeicherten Versionen der Datei angezeigt werden.

> **Hinweis**
>
> Wie viele Versionen bzw. wie lange sie gespeichert werden, legen Sie bei der Aktivierung der Versionierung fest (siehe Abschnitt 7.1.2 »Den Drive Server konfigurieren«).

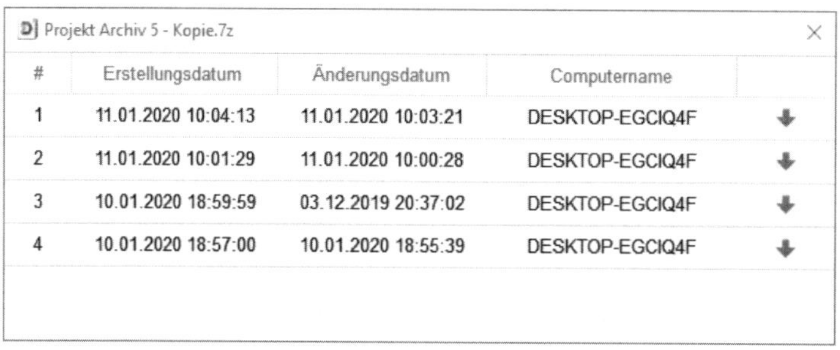
Projekt Archiv 5 - Kopie.7z

#	Erstellungsdatum	Änderungsdatum	Computername	
1	11.01.2020 10:04:13	11.01.2020 10:03:21	DESKTOP-EGCIQ4F	
2	11.01.2020 10:01:29	11.01.2020 10:00:28	DESKTOP-EGCIQ4F	
3	10.01.2020 18:59:59	03.12.2019 20:37:02	DESKTOP-EGCIQ4F	
4	10.01.2020 18:57:00	10.01.2020 18:55:39	DESKTOP-EGCIQ4F	

Abb. 7.24: Auf welchem Gerät wurde wann eine Änderung gemacht? Jede davon kann heruntergeladen werden.

Sie sehen Erstellungs- und Änderungsdatum sowie den Namen des Geräts, auf dem die Änderung gemacht wurde. Mit einem Klick auf den orange Pfeil können Sie die jeweilige Version herunterladen. Sie können die Datei separat speichern oder die Datei in Ihrem Synchronisierungsordner überschreiben, um die frühere Version wiederherzustellen. Dieselbe Funktion steht allen Benutzern auch in der File Station zur Verfügung. Der Eintrag im Kontextmenü heißt hier allerdings SYNOLOGY DRIVE ADMIN-KONSOLE.

Sie können auch gelöschte Dateien wiederherstellen. Dafür müssen Sie aber einen anderen Weg gehen, denn das Kontextmenü können Sie für eine nicht vorhandene Datei nicht öffnen.

Öffnen Sie in DSM die Synology Drive Admin-Konsole. Mit Klick auf VERSIONSEXPLORER öffnet sich ein Fenster, das der File Station ähnelt. Sie sehen alle gemeinsamen Ordner, die in der Cloud aktiviert sind, und deren Dateien und Ordner.

Wichtig

Der Versionsexplorer ist nur als Administrator verfügbar.

Setzen Sie den Haken bei GELÖSCHTE DATEIEN ANZEIGEN, wird Ihnen auch die gesuchte Datei angezeigt. Mithilfe der Buttons in der Menüleiste oder dem Kontextmenü können Sie diese wiederherstellen, separat herunterladen oder ihre früheren Versionen anzeigen lassen.

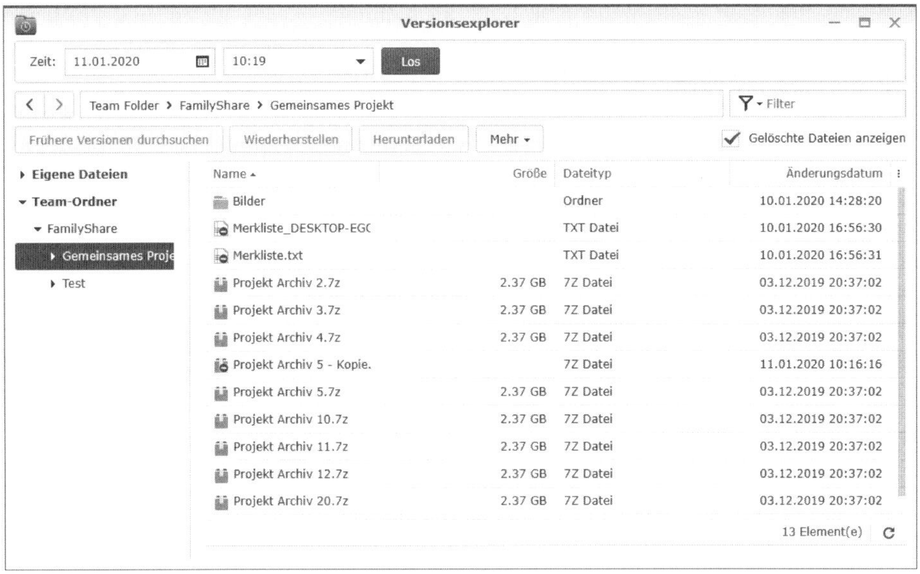

Abb. 7.25: Nur Administratoren haben im Versionsexplorer Zugriff auf gelöschte Dateien.

Hinweis

Haben Sie für den gemeinsamen Ordner den Papierkorb aktiviert, finden Sie gelöschte Dateien auch dort. Sie können sie auch über den Papierkorb wiederherstellen, danach ist aber nur der letzte Stand der Datei vorhanden, die früheren Versionen gehen verloren.

Auch ein unwiderrufliches Löschen der Datei ist möglich. Sie verschwindet dann auch aus der Versionsverwaltung.

Hinweis

Das unwiderrufliche Löschen entfernt die Datei und deren frühere Versionen nur aus der Versionsverwaltung und der Datenbank. Im Papierkorb finden Sie sie weiterhin.

Stellen Sie eine gelöschte Datei wieder her, sind die früheren Versionen über den Client nicht mehr einsehbar. Im Versionsexplorer können Sie aber in der Menüleiste einen früheren Zeitpunkt auswählen. In der Explorer-Ansicht wird Ihnen dann der Zustand zu diesem Zeitpunkt angezeigt. Auch die Versionen, die zu der Zeit verfügbar waren, sind dann wieder im Versionsexplorer einsehbar.

Zugegeben, ganz optimal gelöst ist das nicht. Wünschenswert wäre hier, dass nach dem Wiederherstellen die früheren Versionen auch im Client angezeigt würden, zumal der Versionsexplorer für normale Benutzer nicht zugänglich ist.

Konflikte beheben

Konflikte entstehen dann, wenn eine Datei an mehreren Stellen gleichzeitig bearbeitet wird. Genauer ausgedrückt entscheidet der Zeitpunkt des Synchronisierens, ob und bei wem der Konflikt entsteht. Bearbeitet Benutzer A die Datei zur selben Zeit wie Benutzer B, ist entscheidend, wer die Datei zuerst abspeichert und mit dem Server synchronisiert. Für den Schnelleren der beiden kann die Datei problemlos mit dem Server synchronisiert werden, der Langsamere von beiden hat dann einen Dateikonflikt. Einen Konflikt kann auch ein Benutzer alleine durch mehrere Änderungen nacheinander auslösen. Wird z.B. eine Änderung auf Gerät A vorgenommen, die gespeichert, aber nicht synchronisiert wird (weil der Server nicht verfügbar ist), und zu einem späteren Zeitpunkt wird eine Änderung über Gerät B synchronisiert, entsteht ein Konflikt, sobald Gerät A wieder eine Verbindung zum Server hat.

Was genau bei einem Konflikt passiert, hängt davon ab, welche Einstellungen Sie im Drive Client unter GLOBALE EINSTELLUNGEN|ALLGEMEIN vorgenommen haben.

- ZULETZT GEÄNDERTE VERSION BEHALTEN – Hier ist das Änderungsdatum der Datei ausschlaggebend. Ist die lokale Datei jünger, wird sie hochgeladen und die Version vom Server in der Versionierung (sofern aktiviert) erfasst. Ist die Datei am Server jünger, wird die lokale Änderung verworfen, durch die Serverversion ersetzt und auch nicht von der Versionierung erfasst. Das kann dann problematisch werden, wenn Sie eine Änderung nicht gleich nach dem Speichern synchronisieren können und in der Zeit bis zur nächsten Synchronisation eine neuere Änderung hochgeladen wird.
- VERSION AUF DEM SERVER BEHALTEN – Ist diese Option aktiv, wird immer die Serverversion behalten, egal wann die Änderung vorgenommen wurde. Tritt ein Konflikt auf, wird die lokale Änderung verworfen und auch nicht in der Versionierung erfasst.

Wichtig

Achten Sie unbedingt darauf, dass die Option Umbenennen, um die verworfene Version zu behalten aktiviert ist. Sie ist eigentlich von Haus aus aktiviert und Sie sollten sie nicht deaktivieren. Fehlt der Haken, wird die verworfene Datei einfach überspeichert. Alle Änderungen in der verworfenen Datei gehen dann unweigerlich verloren (sofern Sie die Datei nicht noch geöffnet haben und sie erneut speichern können).

Ist die Option aktiviert, wird eine neue Datei angelegt nach dem Muster <Originalname> <Gerätename><Änderungsdatum>_Conflict (siehe Abbildung 7.26). Sie haben dann die Möglichkeit, die die beiden Dateien abzugleichen und beide Änderungen zusammenzuführen.

Abb. 7.26: Die obere Datei ist die von Drive anerkannte Änderung, die untere die Datei, die zum Konflikt geführt hat. Beide werden synchronisiert.

Hinweis: Dateien zusammenführen

Reine Textdateien können meist automatisch mit sogenannten Merge-Tools (z.B. P4merge, Kdiff3 ...) zusammengeführt werden. Bei Office-Dokumenten (Texte, Tabellen ...) geht das nicht automatisch, da deren Aufbau zu komplex ist, per Hand lässt sich das Problem aber oft noch lösen. Bei Bildern wird die Sache schon schwieriger. Hierfür gibt es spezialisierte Tools, das Resultat hängt aber stark von den Änderungen ab. Schwierig bis unmöglich ist die Zusammenführung von komplexen Binärdateien, etwa von großen Projektdateien (Projekte aus Grafik-, Sound- und Videoprogrammen), hier ist oft auch die manuelle Zusammenführung nicht mehr möglich.

Dateien freigeben/teilen

Mit dem Drive Client hält auch die Freigeben/Teilen-Funktion Einzug auf Ihrem Rechner. Im Kontextmenü (nach einem Rechtsklick auf einen Ordner oder eine Datei) finden Sie Synology Drive|Link erhalten. Es öffnet sich ein Fenster ähnlich dem von Abschnitt »Dateien und Ordner teilen«, Seite 128.

Unter Berechtigungen sehen Sie den Link, unter dem die Datei oder der Ordner verfügbar sein wird. Sie können hier auch einstellen, wer Zugriff haben darf und welche Rechte der Benutzer/die Gruppe hat. Sie haben zwar Zugriff auf die DSM-Benutzer und -Gruppen (fangen Sie im Feld zu tippen an, werden Ihnen die passenden Vorschläge gezeigt), die Berechtigungsverwaltung von DSM steht aber nicht zur Verfügung. Stattdessen wird mit sogenannten *Rollen* gearbeitet. Jede Rolle hat gewisse Rechte. Benutzern und Gruppen kann eine Rolle zugewiesen werden. Welche Rechte die Rollen besitzen, sehen Sie, wenn Sie die Maus über das blaue i-Icon bewegen.

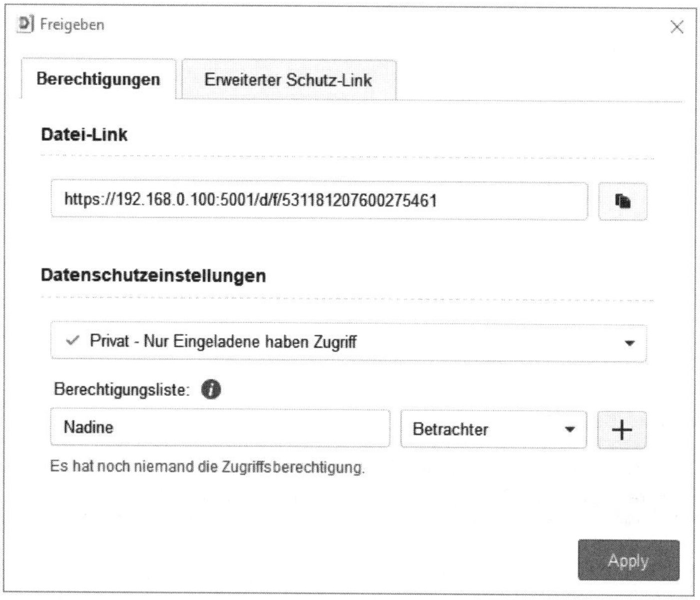

Abb. 7.27: Legen Sie fest, wer den Inhalt sehen bzw. bearbeiten darf.

Wollen Sie den Link auch für Personen ohne DSM-Konto freigeben, müssen Sie dies unter ERWEITERTER SCHUTZ-LINK aktivieren und die Schutzeinstellungen festlegen.

Synchronisierungsprobleme beheben

Sollte der Synchronisierungsalgorithmus versagen und Dateien nicht mehr synchronisiert werden können, müssen Sie das Problem selbst lösen. Hier kann es schnell zu Datenverlust, genauer ausgedrückt dem Verlust von Änderungen kommen.

Folgende Vorgehensweise hat sich in der Praxis bewährt:

1. Pausieren Sie umgehend die Synchronisierung im Drive Client.
2. Haben mehrere Benutzer Zugriff auf die Datei und können Sie nicht feststellen, ob diese gerade darauf zugreifen oder während der Behebung des Problems darauf zugreifen werden (z.B. bei einer unüberschaubaren Nutzeranzahl bzw. Nutzern außerhalb des Hauses), müssen Sie ihnen den Zugriff verwehren. Das erreichen Sie, indem Sie den Benutzern bzw. der Gruppe die Schreibrechte für den gemeinsamen Ordner oder die Rechte für Drive vorübergehend entziehen.

Hinweis

Eine einfachere Methode, um Benutzern vorübergehend den Zugriff zu verwehren, ist die Einrichtung von Firewall-Regeln. Die Firewall erkläre ich Ihnen in Abschnitt 10.7 »Firewall«.

3. Sichern Sie, falls vorhanden, lokal geänderte Dateien an einem Ort, der nicht mit der Cloud synchronisiert wird.

4. Entfernen Sie im Drive Client die fehlerhafte Synchronisierungsaufgabe.
5. Im Drive Client muss unter GLOBALE EINSTELLUNGEN|ALLGEMEIN unter WÄHLEN SIE EINE STANDARDAKTION AUS, WENN EINE SYNCHRONISIERUNGSAUFGABE NEU VERKNÜPFT WIRD die Option LOKAL GELÖSCHTE DATEIEN WERDEN ERNEUT VOM NAS ABGERUFEN aktiv sein. Das sorgt dafür, dass fehlende Dateien nicht gelöscht, sondern wieder heruntergeladen werden.
6. Löschen Sie lokal jene Dateien, die das Problem ausgelöst haben. Im Zweifelsfall löschen Sie alle Dateien im Ordner.
7. Erstellen Sie die Synchronisierungsaufgabe neu. Der Client lädt anschließend die Dateien erneut vom Server herunter.
8. Ersetzen Sie die heruntergeladenen Dateien durch die Kopien, die Sie in Punkt 3 angelegt haben. Jetzt können die Änderungen zum Server hochgeladen werden und von der Versionierung erfasst werden.
9. Anschließend können Sie die unter Punkt 2 entfernten Berechtigungen wieder erteilen.

Lässt sich auch dadurch das Problem nicht beheben, könnte der Fehler in der Versionsdatenbank liegen. Wiederholen Sie dazu die Punkte 1 bis 4 von oben. Sichern Sie aber alle Dateien, nicht nur die, die geändert wurden. Löschen Sie auf Ihrem NAS anschließend die Dateien bzw. den ganzen Ordner und legen den Ordner neu an. Dasselbe machen Sie auch lokal auf Ihrem Rechner. Richten Sie die Synchronisierungsaufgabe wieder ein. Sobald diese den Status AUF NEUESTEM STAND aufweist, kopieren Sie die gesicherten Dateien wieder in den Ordner und lassen diese synchronisieren.

Konnten Sie das Problem immer noch nicht beheben, müssen Sie die Versionsdatenbank komplett löschen. Wiederholen Sie dazu wieder die Schritte 1 bis 4 und sichern Sie alle Dateien lokal. Deaktivieren Sie danach auf Ihrem NAS unter SYNOLOGY DRIVE ADMIN-KONSOLE|TEAM-ORDNER den entsprechenden gemeinsamen Ordner. Dabei wird die Versionsdatenbank dieses Ordners gelöscht. Alle älteren Versionen der enthaltenen Dateien gehen dadurch verloren. Löschen Sie den Ordner, den Sie synchronisiert haben. Richten Sie danach die Synchronisierung wieder ein (mit leeren Ordnern) und fügen Sie anschließend die Dateien neu hinzu.

7.2.2 Die Smartphone-Apps

Hinweis

Solange Ihr NAS nicht über das Internet erreichbar ist, gilt auch hier, dass die Apps nur funktionieren, wenn sich Ihr mobiles Gerät im WLAN befindet.

Synology Drive

Auch für mobile Geräte gibt es wieder eine App, mit der Sie Zugriff auf die Cloud erhalten. Natürlich erhalten Sie auch mit DS file (siehe Abschnitt 5.4 »Mobiler Zugriff per App«) den gewohnten Zugriff auf den gemeinsamen Ordner, auch wenn er in der Cloud aktiviert wurde. Um Ihr mobiles Gerät mit Ihrem NAS zu synchronisieren, benötigen Sie aber die App *Synology Drive*. Sie finden sie im App-Store Ihres Vertrauens. Öffnen Sie die App und geben Sie die Anmeldedaten ein.

Hinweis

Haben Sie *DS file* oder eine andere Synology-App auf Ihrem Gerät eingerichtet, übernimmt Synology Drive die Anmeldedaten.

Wichtig

Achten Sie darauf, dass der Haken bei HTTPS gesetzt ist. Ansonsten werden Ihre Daten unverschlüsselt übertragen. Mehr dazu erfahren Sie in Kapitel 10 »Sicherheit«.

Der Aufbau der App ist dem von DS file recht ähnlich. Für die grundsätzliche Bedienung der App lesen Sie Anschnitt 5.4 »Mobiler Zugriff per App«.

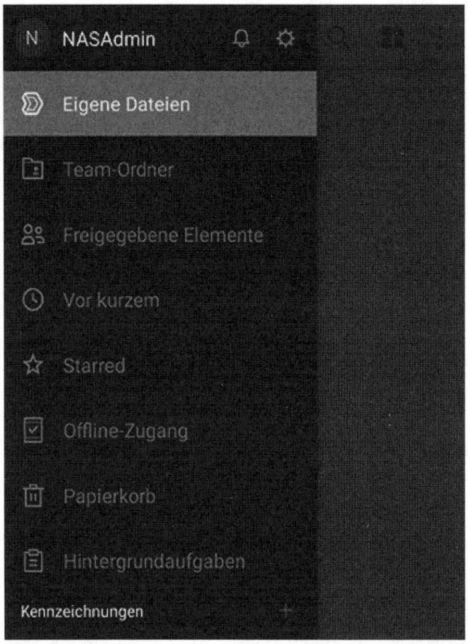

Abb. 7.28: Die Synology-Drive-App ist kein richtiger Sync-Client, sie bietet Zugriff auf Drive, Dateien müssen aber manuell hinzugefügt werden.

Eine Synchronisierungsaufgabe müssen oder können Sie in der App nicht anlegen. Ihnen stehen im Menü (siehe Abbildung 7.28) alle aktivierten Ordner zur Verfügung.

Um ehrlich zu sein, gibt es nur wenig Unterschiede zwischen Synology Drive und DS file. Mit Drive haben Sie lediglich Zugriff auf die Cloud-Ordner, dafür werden hochgeladene Dateien in die Versionierung aufgenommen (sofern aktiviert). Ansonsten gleichen sich die beiden Apps: Daten werden nicht automatisch mit dem mobilen Gerät synchronisiert. Sie können Dateien betrachten, herunterladen bzw. offline verfügbar machen und eben hochladen. Das muss aber manuell von Ihnen angestoßen werden. Natürlich steht Ihnen auch die Freigeben-Funktion zur Verfügung.

DS cloud

Glücklicherweise steht aber auch *DS cloud*, die Vorgänger-App von *Synology Drive*, noch zum Download im App-Store bereit, diese ist auch mit Drive kompatibel. Laden Sie die App herunter und starten Sie sie. Auch hier müssen Sie wieder die Anmeldedaten eingeben, sofern diese nicht übernommen werden.

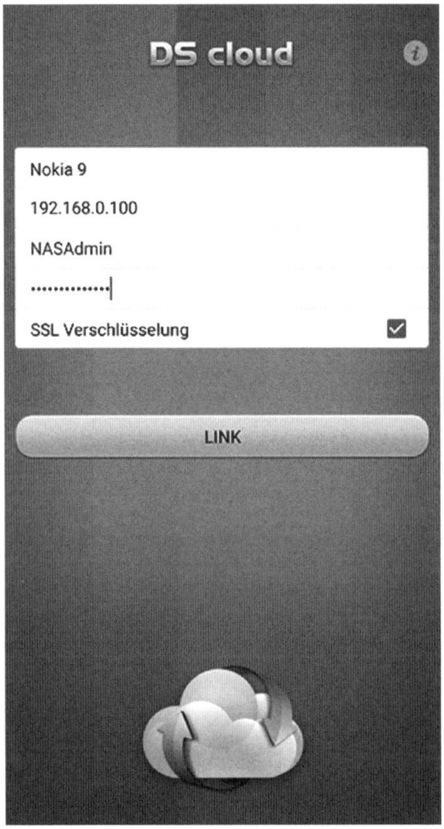

Abb. 7.29: DS cloud ist mit Drive kompatibel.

Wichtig

Sie haben's erraten, SSL-VERSCHLÜSSELUNG sollte unbedingt aktiviert sein. Auch hier erhalten Sie einen Hinweis zum Zertifikat, sollten Sie noch kein offizielles Zertifikat nutzen. Fahren Sie trotzdem fort.

In der App können Sie im Gegensatz zu Drive auswählen, ob ein Ordner Ihres NAS mit dem Smartphone synchronisiert werden soll. Durch Tippen auf den Ordnernamen navigieren Sie eine Ebene tiefer. Durch Anhaken des Ordners treffen Sie eine Auswahl. Sie können auch einen lokalen Ordner auswählen, indem Sie auf INTERNER SPEICHER oder, falls vorhanden, auf den externen Speicher tippen.

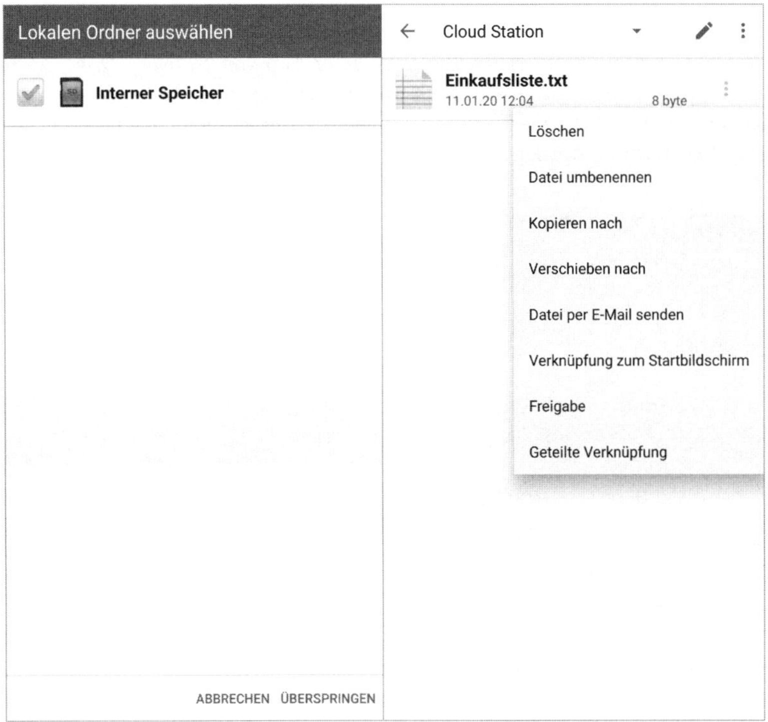

Abb. 7.30: Links: Wahl des lokalen Speicherplatzes; rechts: Dreipunktemenü einer Datei

Tipp

Beachten Sie, dass Ihr mobiles Gerät nur begrenzten Speicher hat. Geben Sie also acht, wenn Sie große Ordner zur Synchronisierung auswählen.

In den nachfolgenden Einstellungen können Sie wie auch beim Desktop-Client die Synchronisationsregeln festlegen. Zusätzlich haben Sie hier die Auswahl, ob Unterordner mitsynchronisiert werden sollen oder nicht. Die SYNCHRONISIERUNG NACH BEDARF steht unerfindlicherweise nicht zur Verfügung, gerade da, wo sie am meisten Sinn gemacht hätte.

Eine eigene Sicherungsaufgabe gibt es nicht, dafür steht bei der Synchronisierungsrichtung die Option NUR UPLOAD zur Auswahl. Anschließend können Sie die Synchronisierung auf WLAN-Verbindungen beschränken.

Eine weitere Einschränkung der App: Sie können zwar Ordner erstellen, aber keine Dateien hinzufügen, zumindest nicht direkt in der App. Hierzu müssen Sie den Umweg über andere Apps (Explorer-Apps) gehen. Die Anwendung ist hier so gedacht, dass Sie als lokalen Ordner einen Ordner wählen, in den Ihr mobiles Gerät und/oder andere Apps Dateien ablegen. Da die Ordnerstruktur auf Ihrem mobilen Gerät aber meist vorgegeben und nicht immer sehr gut strukturiert ist, kann es hier erforderlich sein, mehrere Synchronisierungsaufgaben einzurichten.

Sie können über DS cloud die Dateien auch öffnen – Bearbeiten funktioniert aber nicht (auch wenn die Datei in einer anderen App geöffnet wird), denn die Dateien können nicht gespeichert werden. Wollen Sie eine Datei bearbeiten, müssen Sie auch hier den Umweg über andere Apps gehen, die Datei also direkt über diese App öffnen. Dafür wird die Datei nach dem Speichern sofort mit der Cloud synchronisiert. Die Freigabe-Funktion ist aber auch in DS cloud enthalten, so wie in den anderen Apps.

Welche App ist die bessere?

Bei der App-Entwicklung zeigt Synology einige Schwächen. Auch wenn Drive sowohl am Server als auch bei den Desktop-Clients DS cloud abgelöst hat und mit vielen Verbesserungen daherkommt, ist die Drive-App weder Fisch noch Fleisch. Sie ähnelt DS file, hat aber nur auf die Cloud-Ordner Zugriff, dafür werden Dateien versioniert. Ein direktes Synchronisieren ist aber nicht möglich. Hier konnte die alte DS-cloud-App nicht abgelöst werden (wie schon die Download-Zahlen zeigen). In DS cloud können zwar Synchronisierungsaufgaben erstellt werden, dafür fehlen Funktionen wie die Synchronisierung nach Bedarf, die gerade auf mobilen Geräten Sinn machen.

Welche App die bessere ist, hängt davon ab, welche Anforderungen Sie an sie stellen.

Aufgabe	geeignete App
Gelegentlich Dateien öffnen, die auf dem NAS liegen	*DS file*, *Drive* (wenn die entsprechenden Ordner in der Cloud aktiviert sind)
Gelegentlich Dateien vom mobilen Gerät auf das NAS hochladen (ohne Versionierung)	*DS file* (hier haben Sie auf alle gemeinsamen Ordner Zugriff)
Gelegentlich Dateien vom mobilen Gerät auf das NAS hochladen (mit Versionierung)	*Drive* (Beschränkung auf aktivierte Ordner)
Dateien zwischen mehreren Geräten synchronisieren	*DS cloud*
Dateien regelmäßig und automatisch vom mobilen Gerät auf das NAS sichern	*DS cloud*

Tabelle 7.1: Wofür eignet sich welche App?

Tipp

Sind Sie mit den Apps nicht zufrieden, gibt es zur Cloud-Lösung von Synology auch eine Alternative. Lesen Sie dazu Abschnitt 7.5 »Die Alternative zu Drive«.

7.2.3 Das Webinterface

Eine Funktion, die beinahe jede Cloud-Lösung bietet, ist ein Webinterface. Auch Synology Drive bringt ein solches mit. Dadurch haben Sie Zugriff auf die Dateien in Ihrer Cloud, ohne auf dem End-Gerät den Client installieren zu müssen.

Öffnen können Sie das Webinterface folgendermaßen:

- Wenn Sie in DSM eingeloggt sind, über die Verknüpfung SYNOLOGY DRIVE.
- Über den *Drive Client*. Klicken Sie dazu einmal auf das Symbol im Info-Bereich der Taskleiste. Im Drive-Fenster klicken Sie links unter auf SYNOLOGY DRIVE.
- Durch Eingabe der Links im Browser – zugegeben, der ist nicht besonders schön noch gut zu merken. Das lässt sich aber ändern. Wie? Das erfahren Sie in Abschnitt 11.1 »Das Anwendungsportal«.

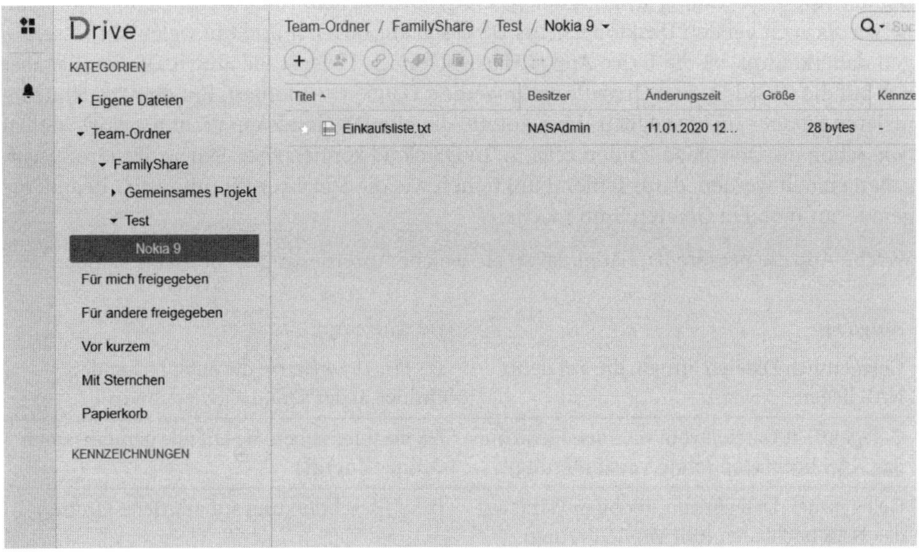

Abb. 7.31: Der Aufbau ist schlicht und übersichtlich.

Das Webinterface ist ähnlich aufgebaut wie die Drive-App. Sie sehen alle aktivierten Ordner, auf die der Benutzer Zugriff hat, sowie für Sie freigegebene Elemente und Freigaben, die Sie erstellt haben. Dazu stehen Ihnen, unter anderem, folgende Funktionen zur Verfügung (Abbildung 7.32):

- ❶ Ordner erstellen oder Dateien hinzufügen – Beim Hinzufügen von Dateien haben Sie die Wahl, ob Sie eine Datei vom Computer hochladen wollen oder ob Sie eine Datei auf Ihrem NAS in den Cloud-Ordner kopieren wollen (siehe Abbildung 7.34).
- ❷ Freigeben von Inhalten – Der Dialog entspricht dem des Clients (siehe »Dateien freigeben/teilen«, Seite 181).
- ❸ Zeigt den Freigabe-Link an.
- ❹ Hinzufügen von Kennzeichnungen (Tags) – Sie können Dateien mit Stichworten versehen, diese dienen als Filter.
- ❺ Standardoperationen wie Kopieren, Verschieben, Löschen.
- ❻ Zugriff auf die früheren Versionen erhalten Sie mit VERLAUF (siehe Abbildung 7.33).

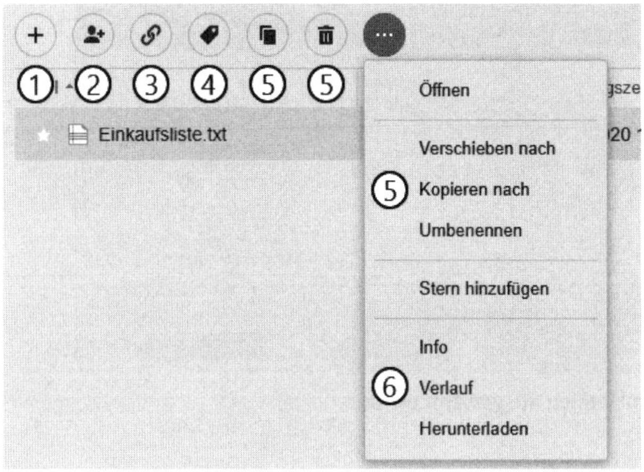

Abb. 7.32: Die Funktionsleiste mit allen Funktionen, die Sie bereits aus dem Client kennen

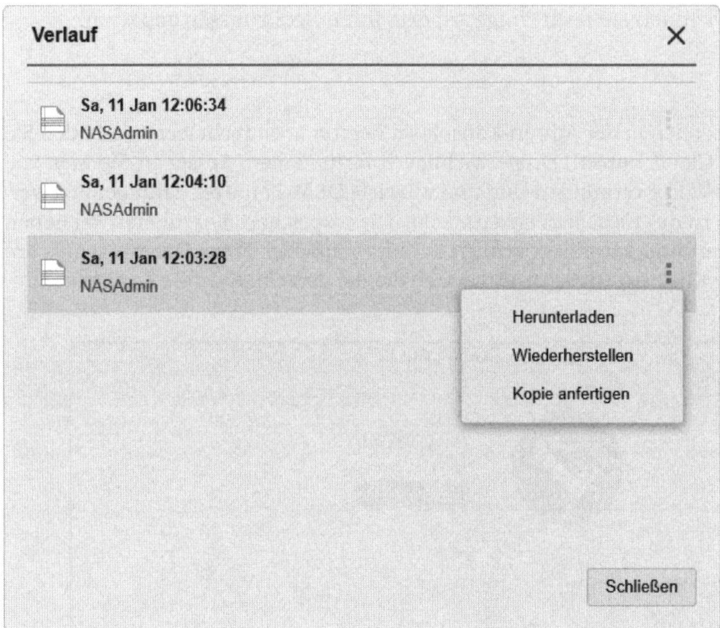

Abb. 7.33: Auch hier haben Sie Zugriff auf die früheren Dateiversionen.

Mit Ausnahme von ERSTELLEN müssen Sie eine Datei markiert haben, um die Funktionen nutzen zu können. Sie können aber auch mit einem Rechtsklick auf eine Datei das Kontextmenü aufrufen und auf die Funktionen zugreifen.

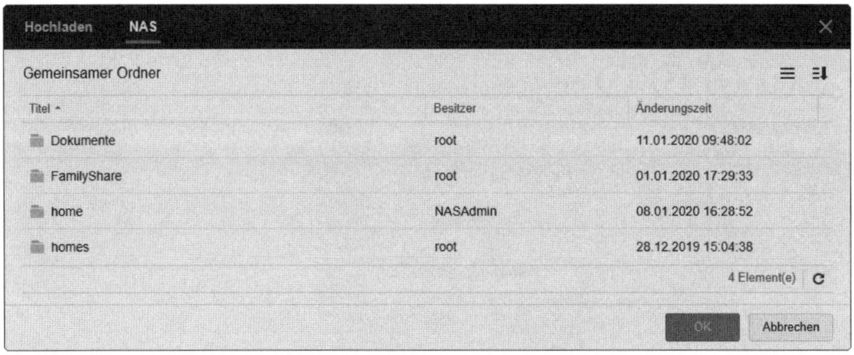

Abb. 7.34: Auch vom NAS können Dateien ausgewählt werden.

7.3 Die Cloud verwalten

Wir haben uns eingangs schon mit der *Synology Drive Admin-Konsole* beschäftigt, aber noch nicht alle Aspekte abgedeckt. Die Konsole hilft Ihnen einerseits, die Cloud im Auge zu behalten, andererseits können Sie noch einige Aspekte Ihren Bedürfnissen anpassen.

Überblick

Während der erste Bereich in der Admin-Konsole zu Beginn noch recht leer war, finden Sie hier, sobald Sie die Cloud nutzen, einige wichtige Informationen. So sehen Sie hier, wie viele Clients mit der Wolke verbunden sind und wie viele DSM-Benutzer dafür genutzt werden. Wichtiger noch ist die *Versionierungsdatenbank*. Diese speichert die früheren Versionen der einzelnen Dateien und kann sehr schnell auf ein Vielfaches Ihres Datenbestands anwachsen. Mit einem Klick auf BERECHNEN können Sie die derzeitige Größe ermitteln.

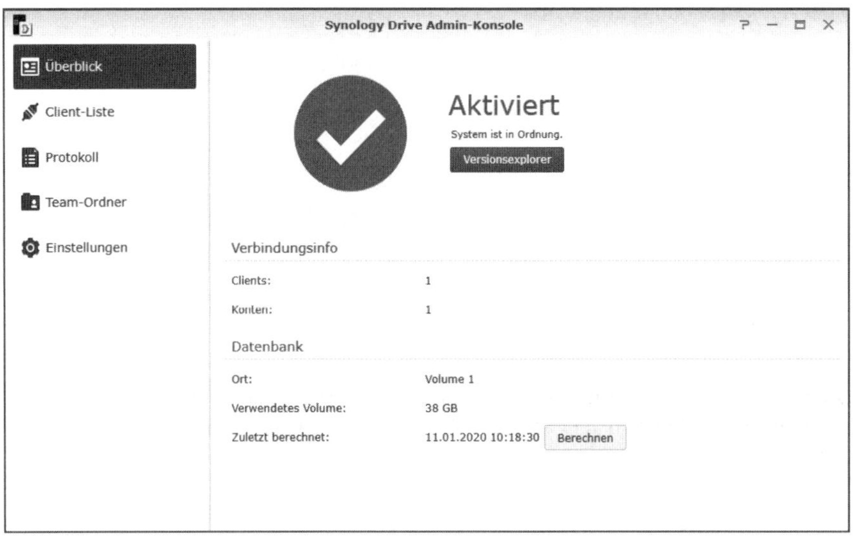

Abb. 7.35: Verbindungsinformationen und Datenbankgröße auf einem Blick

Client-Liste

Der zweite Bereich, den wir noch nicht abgedeckt haben, enthält eine Liste mit allen jemals verbundenen Clients. Die Liste enthält Gerätename, aber auch die verwendete Clientsoftware sowie den aktuellen Verbindungsstatus und andere hilfreiche Informationen. Ausschlaggebend ist, dass Sie mit VERKNÜPFUNG AUFHEBEN in der Lage sind, die Verbindung zwischen Client und Cloud zu trennen.

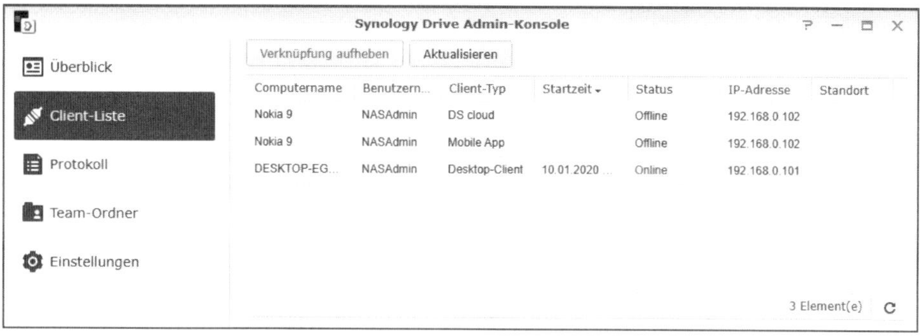

Abb. 7.36: Eckdaten aller verknüpfter Clients

Protokoll

Diese Ansicht liefert Ihnen eine Auflistung aller Aktionen, die in der Cloud stattfinden. Das kann hilfreich sein, wenn Probleme mit der Synchronisierung auftreten, aber auch wenn Dateien unerwartete Änderungen aufweisen oder Änderungen scheinbar verloren gegangen sind.

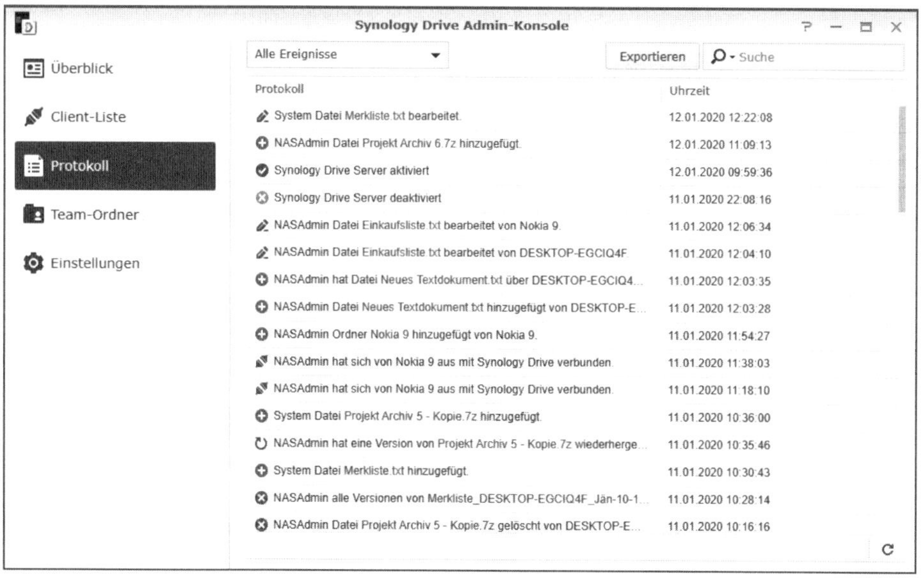

Abb. 7.37: Dateiänderungen, verbundene Clients, gelöschte Versionen, alles wird aufgezeichnet.

Einstellungen

Den Reiter BENUTZER-SYNCHRONISIERUNGSPROFILE kennen Sie schon aus Abschnitt »Zu synchronisierende Dateien einschränken«, Seite 167. Im Reiter SONSTIGES finden Sie Optionen zur Anpassung Ihrer Cloud. Hier finden Sie auch die Datenbank wieder. Sie haben die Möglichkeit, die Datenbank auf ein anderes Volume zu verschieben oder die Papierkörbe zu leeren. Mit *Papierkörbe* sind nicht die Papierkörbe der gemeinsamen Ordner gemeint, die Sie über die File Station erreichen, sondern die gespeicherten Versionen gelöschter Objekte in der Versionierungsdatenbank.

Tipp

In Abschnitt 3.2.3 »Ein Volume anlegen« habe ich Ihnen die Vorzüge des Btrfs-Dateisystems erläutert. Datenbanken gehören nicht dazu. Wenn es die Speicherkonfiguration Ihres NAS zulässt, verschieben Sie die Datenbank auf ein Volume mit ext4-Dateisystem.

Tipp

Wird die Datenbank zu groß und Ihr Speicher ist knapp, verringern Sie die Anzahl der aufbewahrten Versionen und die Dauer.

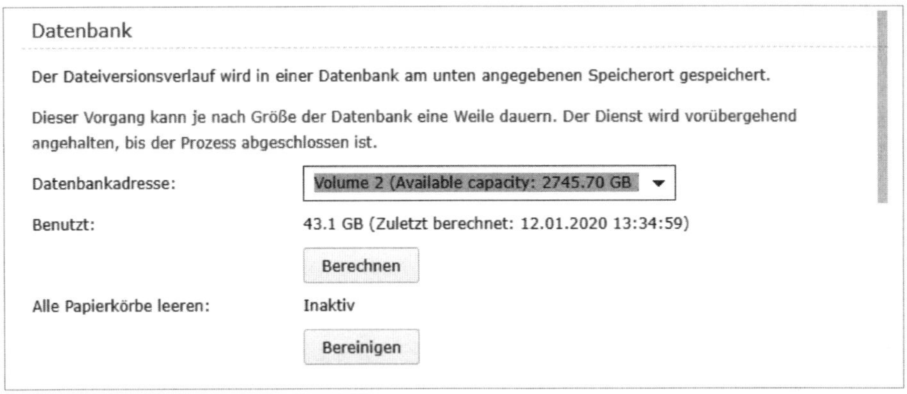

Abb. 7.38: Die Datenbank kann bei Bedarf auf ein anderes Volume verschoben werden. Das kann aber dauern. Drive wird gestoppt und synchronisiert währenddessen keine Dateien.

Im zweiten Abschnitt INDIZIERUNG VON INHALTEN können Sie die Indizierung der Cloud-Ordner aktivieren. *Indizierte Dateien* durchsucht deren Inhalt und Metadaten (Text, Albumname, Aufnahmedatum etc.) und speichert die Informationen in einer Datenbank. *Universal Search* kann dann auf diese Datenbank zugreifen und Dateien noch gezielter suchen als nur nach dem Dateinamen. Über INDIZIERUNGSEINSTELLUNGEN ANPASSEN können Sie die Einstellungen für jeden Ordner individuell gestalten.

Vorsicht

Die Indizierung dauert je nach Datenvolumen einige Zeit und belegt Ressourcen. Auf schwächeren NAS-Modellen kann das mehrere Stunden dauern und das NAS deutlich verlangsamen.

Leistung verbessern

Der Abschnitt LEISTUNG hilft Ihnen, den Betrieb Ihrer Cloud zu optimieren. Genauer ausgedrückt können Sie nicht genutzten Arbeitsspeicher als Datenbank-Cache nutzen. Die Datenbank ist auf der bzw. den eingebauten Festplatten gespeichert, die Zugriffsgeschwindigkeit ist also unter anderem von der Lese- bzw. Schreibgeschwindigkeit der Festplatte abhängig. Nutzen Sie den Arbeitsspeicher als Cache, werden häufiger benutzte Daten dort zwischengelagert. Der Zugriff auf Arbeitsspeicher ist bei Weitem schneller als der auf Festplatten- oder Flashspeicher.

Aktivieren Sie diese Option, können Sie festlegen, wie viel RAM für andere Anwendungen reserviert bleibt. Wollen Sie Ihrer Cloud höhere Priorität einräumen, können Sie den RAM, der als Cache benutzt wird, auch für andere Anwendungen blockieren.

Beispiel

Bei 30% reserviertem Arbeitsspeicher und bei aktivierter Option VERHINDERN, DASS ANDERE ANWENDUNGEN DEN DATENBANK-CACHE-SPEICHER BELEGEN werden maximal 70% des RAM-Speichers für den Datenbank-Cache benutzt. Diese 70% stehen ausschließlich der Datenbank zur Verfügung. Ist die Option nicht aktiviert, haben andere Anwendungen garantiert Zugriff auf die reservierten 30%, können aber bei Bedarf auch auf die anderen 70% zugreifen.

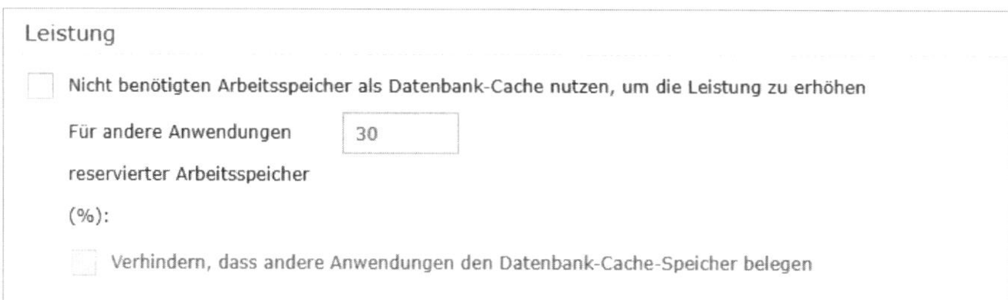

Abb. 7.39: Das Aktivieren dieser Option kann die Leistung Ihres NAS verbessern, aber auch verschlechtern.

Wenn Sie die Leistung Ihrer Cloud verbessern wollen, müssen Sie wissen, wofür Sie Ihr NAS nutzen und wie viel RAM die jeweiligen Prozesse benötigen, ansonsten können die Einstellungen, die Sie hier vornehmen, den Betrieb Ihrer DiskStation negativ beeinflussen. Der Ressourcen-Monitor (siehe Abschnitt 11.3.2 »Die Systemauslastung auf einem Blick – der Ressourcen-Monitor«) hilft Ihnen, die Verteilung des Arbeitsspeichers zu ermitteln.

Auch die Erweiterung des RAMs (sofern von Ihrem Modell unterstützt, siehe Abschnitt 22.4 »Arbeitsspeicher erweitern«), kann hier den Spielraum vergrößern.

Freigabe

Die Abschnitte FREIGABE und FREIGABE-LINK ANPASSEN helfen Ihnen, die Freigabe für Benutzer einzuschränken sowie den Freigabe-Link anzupassen.

Wichtig

Sie sollten unbedingt die Option VERWENDUNG VON HTTPS FÜR ERSTELLTE FREIGABE-LINKS ERZWINGEN aktivieren. Daten werden sonst unverschlüsselt übertragen und können abgefangen werden. Mehr zum Thema HTTPS können Sie in Kapitel 10 »Sicherheit« nachlesen.

Hinweis

Standardmäßig wird als Domain für Freigabelinks der NAS-Name oder die lokale IP verwendet. Haben Sie DDNS eingerichtet (siehe Abschnitt 9.2.1 »Den Router aus dem Internet erreichen – DDNS einrichten«), wird die DDNS-Domain verwendet. Haben Sie eine eigene Domain eingerichtet (siehe Abschnitt 9.2.3 »Die eigene Domain verwenden«), können Sie mit ANPASSEN VON FREIGABE-LINKS AKTIVIEREN das Dropdown darunter freischalten und mit der Auswahl BENUTZERDEFINIERT Ihre eigene Domain eintragen.

Zu guter Letzt können Sie noch das Protokoll begrenzen und die E-Mail-Benachrichtigung aktivieren (dazu müssen Sie zuerst ein E-Mail-Konto auf Ihrem NAS einrichten, siehe Abschnitt 3.1.6 »DSM personalisieren«).

7.4 Drive oder Netzlaufwerk

Ob Sie Drive benutzen oder den gemeinsamen Ordner als Netzlaufwerk einbinden, hängt davon ab, wie Sie mit Ihren Daten arbeiten, welcher Art die Daten sind und wie Sie darauf zugreifen.

Bearbeiten Sie die Dateien regelmäßig, sollten Sie sie mit Drive in der Cloud verwalten. Durch die Versionierung können Sie jederzeit zu älteren Versionen zurückkehren oder gelöschte Elemente wiederherstellen – das gilt auch für Daten, die beschädigt wurden oder wenn sie durch einen CryptoLocker verschlüsselt wurden. Da die Daten lokal und auf dem NAS liegen, haben Sie bereits ein Backup der Daten. Dafür verlieren Sie etwas an Übertragungsgeschwindigkeit (siehe Tabelle 7.2). Die Dateien müssen verglichen und bei Änderungen in der Versionsdatenbank erfasst werden. Wenn Sie an Orten arbeiten, an denen Sie keinen Zugriff auf Ihr NAS haben, bringt die Cloud den Vorteil, dass Sie Ihre Daten auch lokal abgelegt haben. Die Synchronisierung kann auch zu einem späteren Zeitpunkt erfolgen. Bedenken Sie aber, dass die Versionsdatenbank Speicher benötigt. Fällt dieser auf Ihrem NAS knapper aus, kann es erforderlich sein, auf die Versionierung zu verzichten oder sich auf die wichtigsten und kritischsten Dateien zu beschränken.

Handelt es sich um Dateien, die selten bis gar nicht geändert werden, bzw. um Dateien, die Sie nur konsumieren (Filme, Musik), dann ist eine Versionierung nicht notwendig. Hier macht ein Netzlaufwerk oft mehr Sinn, da die Übertragungsrate höher ist. Auch wenn Sie auf den Datenbestand alleine zugreifen und auf eine Versionierung verzichten möchten, kann das Netzlaufwerk komfortabler sein. Da Sie hier mit nur einem einzigen Datenbestand arbeiten, fehlt Ihnen aber das Backup. Ist Ihr NAS nicht erreichbar, haben Sie auch keinen Zugriff auf Ihre Dateien.

Unterm Strich ist die Entscheidung eine Geschmackssache. Keine der Methoden weist in den üblichen Anwendungsfällen gravierende Vor- oder Nachteile auf. Natürlich können Sie einige gemeinsame Ordner als Netzlaufwerk einbinden und andere in der Cloud nutzen.

Hinweis

Der Drive Server erfasst alle Änderungen in aktivierten Ordnern, auch wenn Sie nicht über den Drive Client übertragen werden. Eine Änderung, die über ein Netzlaufwerk erfolgt, wird in der Versionierung erfasst und mit allen Clients synchronisiert.

Upload-Vergleich

Die folgende Tabelle kennen Sie bereits aus Kapitel 6. Ich habe sie um die Uploaddauer via Drive Desktop Client und dem Webinterface ergänzt. Die Versionierung war für diesen Ordner aktiviert. Da die Dateien verglichen und in der Versionsdatenbank erfasst werden müssen, dauert der Upload etwas länger. Besonders gravierend ist dieser Overhead bei den einzelnen Dateien festzustellen. Schlusslicht bleibt die File Station über DSM.

Zur Erinnerung: Es handelt sich um einen Ordner mit 15.567 Dateien mit einer Gesamtgröße von 2,36 GB. Natürlich dauert der Vorgang nur so lange, wenn das komplette Datenvolumen auf einmal in den Ordner kopiert wird und auch nur bei der ersten Synchronisation. Ab dann werden nur noch Änderungen übertragen. Hier sind dann kleine Einzeldateien im Vorteil. Ändern Sie eine kleine Datei, wird nur diese hochgeladen, ändern Sie dieselbe Datei im Archiv, muss das ganze Archiv hochgeladen werden.

Upload-Aufgabe	Upload via	Dauer
Einzelne Dateien	DSM/File Station	2h 28m 21s
Archiv	DSM/File Station	28 s
Einzelne Dateien	SMB/Netzlaufwerk	2m 55s
Archiv	SMB/Netzlaufwerk	21s
Einzelne Dateien	Drive Client (Desktop)	51m 40s
Archiv	Drive Client (Desktop)	42s
Archiv	Drive Webinterface	1m 11s

Tabelle 7.2: Vergleich der Uploadmöglichkeiten

7.5 Die Alternative zu Drive

Sagt Ihnen Drive nicht zu, Sie wollen aber dennoch Ihr NAS zur Cloud machen, gibt es Alternativen. Sucht man nach Lösungen für die eigene Cloud, stößt man früher oder später unweigerlich auf *Nextcloud* bzw. *ownCloud*. Dabei handelt es sich um Cloud-Software, die auf einem Webserver läuft. Da auch das Synology NAS als Webserver betrieben werden kann, haben Sie die Möglichkeit, Nextcloud/ownCloud darauf zu installieren. Wie das geht, erkläre ich Ihnen in Kapitel 21 »Nextcloud auf einem Synology NAS betreiben«.

Sie können Cloud-Software aber auch auf einem anderen Rechner oder beispielsweise einem Raspberry Pi installieren und den Speicher Ihres NAS dort einbinden.

Kapitel 8

Backups – Daten sichern für den Ernstfall

Backups – oder auch Sicherungskopien – der Daten sollte jeder machen und das regelmäßig. Und viele von uns tun es trotzdem nicht oder haben es einmal getan, aber dann nie wieder.

Wichtige (Papier-)Dokumente bewahren wir an sicheren Orten auf, aber kein Ort ist absolut sicher. Also fertigen wir Kopien an (digitale Sicherungskopien lassen wir für unser Gedankenspiel außen vor). Bei Gegenständen geht das leider nicht. Bei digitalen Dokumenten und Objekten sieht die Sache schon besser aus. Immerhin können wir die kopieren, so oft wir wollen. Daten lassen sich also denkbar einfach sichern.

Mit der Anschaffung eines NAS haben Sie schon die besten Voraussetzungen für ordentliche Backups. Ich unterstelle Ihnen an dieser Stelle, das NAS sogar aus diesem Grund gekauft zu haben. Und selbst wenn nicht – nach dem Lesen der bisherigen Kapitel ist Ihnen sicherlich schon der Gedanke gekommen, wie gut sich doch so ein Synology NAS für Backups eignet.

Sehr gut, haben Sie aber auch daran gedacht, die Daten und die Konfiguration Ihres NAS selbst zu sichern? Hab' ich Sie jetzt erwischt? Keine Angst. In diesem Kapitel erfahren Sie nicht nur, wie Ihnen das NAS das Sichern Ihrer Daten vereinfacht, ich zeige Ihnen auch, wie Sie Backups Ihres NAS anlegen.

8.1 Backup-Strategien

Daten zu sichern, ist wichtig, auch wenn digitale Daten jederzeit vervielfältigt werden können. Datenverlust kann sowohl physisch als auch digital verursacht werden.

Physische Ursachen

- Zerstörung des Datenträgers (durch mechanische Zerstörung, Feuer, Wasser etc.)
- Verlust der Daten durch Überspannung/Kurzschlüsse
- Diebstahl
- Verschleiß des Mediums

Digitale Ursachen

- unbeabsichtigtes Löschen/Überschreiben/Ändern
- Datenträgerformatierung

- Bitrot (Informationsverlust auf Bit-Ebene, wenn eine Datei über lange Zeit am selben physischen Ort gespeichert wird)
- Viren
- Verschlüsselung (CryptoLocker)
- Fehler auf Bit-Ebene bei Datenübertragung/Kopieren

Je nach Art des Verlustes besteht die Chance auf Datenrettung. Die kann teilweise selbst durchgeführt werden, teilweise nur von Fachleuten. So eine Datenrettung kann einiges kosten und im Privatbereich ist der Nutzen meist zu gering, als dass die Kosten gerechtfertigt sind. Natürlich sind nicht alle Daten gleich wichtig. Steuerunterlagen sind viel kritischer als Familienfotos, der Verlust Letzterer schmerzt aber mitunter sehr. Daher ist es ratsam, stets auf Backups zu achten.

3-2-1, abgesichert

Experten empfehlen die Datensicherung (im Privatbereich) nach der 3-2-1-Regel, und zwar das Sichern der Daten in **3**-facher Ausführung, mit **2** verschiedenen Methoden, dabei wird **1** der Backups an einem anderen Ort gelagert.

Bei den drei Kopien handelt es sich um die »Original«-Daten am System und um zwei Backups. Warum zwei? Ein Backup ist nicht immer fehlerfrei. Das Backup kann verloren gehen (aus denselben Gründen wie oben aufgezählt), die Backupmethode kann fehlerhaft sein und das Backup unbrauchbar machen oder beim Erstellen des Backups schleicht sich ein Fehler ein.

Sie sollten die beiden Backups mit je einer anderen Methode anfertigen. Wie schon erwähnt, kann eine Backup-Methode auch mal versagen, die Software kann fehlerhaft sein und das Backup ist kompromittiert oder sein Wiederherstellen funktioniert nicht. Würde man beide Backups mit derselben Methode anfertigen, wären in diesem Fall beide Backups unbrauchbar. Auch der Zeitpunkt, wann das Backup erstellt wird, sollte unterschiedlich sein. Hat sich ein Virus eingeschlichen oder wurden die Daten verschlüsselt, ist nur das letzte Backup davon betroffen.

Ein Backup sollten Sie außer Haus aufbewahren. Das verhindert, dass bei Diebstahl, Brand, Überschwemmung oder anderem Unglück, das Ihr Zuhause bzw. die darin enthaltenen Gegenstände zerstört, beide Sicherungskopien betroffen sind. Dieser Punkt ist der am schwierigsten umzusetzende, da Sie dazu einen weiteren sicheren Ort benötigen. Das kann z.B. ein vertrauenswürdiger Freund, ein Familienmitglied oder das Büro sein. Natürlich kann es vorkommen, dass keine vertrauenswürdige Person zur Verfügung steht und die Lagerung im Büro nicht möglich ist. Als Alternative bietet sich ein Bankschließfach an. Die sind aber meist nicht ganz billig.

Bedenken Sie auch die Wahl des Backup-Mediums. Am einfachsten sind Datenträger, die können an den jeweiligen Ort gebracht und für das nächste Backup bzw. zum Wiederherstellen von dort geholt werden. Wohnt die Familie aber am anderen Ende der Welt, wird daraus eher nichts. Ein Problem der Datenträger ist die Größe. Das Sicherungsmedium muss mindestens so groß sein wie der zu sichernde Datenbestand. Sie benötigen also doppelt so viel Speicherplatz. Das kann ordentlich ins Geld gehen. Die Festplatten sind dann auch nicht mehr so einfach zu transportieren wie ein USB-Stick. Hier kann auch das Bankschließfach Probleme bereiten, die sind in der Größe meistens begrenzt. Die günstigsten Schließfächer sind für Dokumente gedacht und meist nicht sehr hoch. Größere Schließfächer kosten mehr. Platz könnte man mit SSDs einsparen, die sind aber wieder teurer als normale Festplatten.

Eine Möglichkeit, Daten außerhalb der eigenen vier Wände zu sichern, ohne einen konkreten Ort nutzen zu müssen, ist die Sicherung in der Cloud. Und zwar nicht in der eigenen, wie Sie in Kapitel 7 kennengelernt haben, sondern bei Anbietern. Dazu zählen die großen wie iCloud, Dropbox und Co., aber es gibt auch Hosting-Anbieter, die Cloud-Software für die eigene Cloud-Lösung (Nextcloud, ownCloud ...) nutzen. Das Problem hier sind aber unter anderem auch die Kosten. In den kostenlosen Versionen sind nur wenige GB (1 bis 5 GB) Speicher enthalten. Den größten kostenlosen Speicher mit 50 GB stellte bis vor Kurzem noch Mega zur Verfügung. Dieses Angebot wurde aber mittlerweile entfernt. 1 bis 5 GB reichen zwar, um die wichtigsten Daten hochzuladen, für Sammlungen größerer Dateien aber nicht. Kreative im digitalen Bereich stoßen da schnell an die Grenzen. Natürlich kann der Speicher kostenpflichtig erweitert werden, die Preise dafür sind aber nicht ohne. Dazu ist das Thema Datenschutz immer wieder ein Problem. Die meisten Anbieter haben ihre Server in den USA und es gelten die dortigen Datenschutzbestimmungen. Auch was die Abwehr von unberechtigten Zugriffen angeht, sind Ihre Daten stärker gefährdet, da die Dienste ja über das Internet erreichbar sind. Auch hier sind Sie wieder vom entsprechenden Anbieter abhängig.

Ein Backup außer Haus zu lagern, ist also nicht immer problemlos möglich und bei physischen Datenträgern auch nicht sonderlich bequem. Ich stelle Ihnen in diesem Kapitel aber trotzdem zwei Lösungen vor, die sich mit einem NAS umsetzen lassen.

Backups verschlüsseln

Backups sollten verschlüsselt werden, gerade wenn Sie sie außer Haus oder im Cloud-Speicher von Drittanbietern lagern. Ist ein Backup unverschlüsselt, hat derjenige, dem das Backup in die Hände fällt, freien Zugriff auf Ihre Dateien.

Für Cloud-Lösungen gibt es Verschlüsselungscontainer, also eine Software, die Ihre Daten in den Synchronisierungsordnern verschlüsselt. Nutzen Sie Backup-Software, bietet diese oft die Option, die Daten beim Sichern zu verschlüsseln. Außerdem haben Sie die Möglichkeit, Festplatten verschlüsseln zu lassen.

Die Sicherheit Ihrer Daten kostet aber einen gewissen Preis. So können für Verschlüsselungssoftware bzw. Backup-Software mit Verschlüsselung Kosten anfallen. Verschlüsselung und Entschlüsselung kostet zudem Zeit und beansprucht Ressourcen (CPU). Verschlüsseln Sie die Daten in Ihrer Cloud, können Sie ohne die Verschlüsselungssoftware nicht darauf zugreifen. Das schließt die Nutzung von Webinterfaces oft aus.

Achtung

Verlieren Sie den Schlüssel, der für die Verschlüsselung genutzt wurde, ist das Backup verloren. Sie können dann nicht mehr auf die Dateien zugreifen.

Auch auf Ihrem NAS stehen Ihnen verschiedene Formen der Verschlüsselung zur Verfügung. Mehr dazu lesen Sie in Abschnitt 5.2.2 »Gemeinsame Ordner erstellen« und im Abschnitt »Datensicherungsaufgabe erstellen«, Seite 211.

Backups prüfen

Ein Backup zu haben, ist unverzichtbar. Einfach nur ein Backup anzufertigen, reicht aber noch nicht. Nachdem Sie eine neue Backup-Strategie angewandt haben, sollten Sie auch prüfen, ob das Backup korrekt angelegt wurde und ob es sich wiederherstellen lässt. Das ist gerade dann notwendig, wenn es sich nicht nur um eine einfache Kopie handelt, sondern das Backup mit einer Software erstellt wurde, die auch eine Wiederherstellungsfunktionalität besitzt.

Stellen Sie ein angefertigtes Backup wieder her und prüfen Sie, ob der Vorgang korrekt durchgeführt werden kann.

Achtung

Führen Sie den Test mit Probedaten durch oder gehen Sie sicher, dass Sie über ein weiteres, funktionierendes Backup verfügen.

Natürlich müssen Sie nicht jedes Backup überprüfen. Es geht nur darum, festzustellen, dass die angewandte Backup-Methode funktioniert, und zwar sowohl das Sichern als auch das Wiederherstellen. Eine neuerliche Prüfung von Zeit zu Zeit kann aber nicht schaden. Es wäre äußerst ärgerlich, wenn Sie im Notfall auf ein Backup zurückgreifen wollen und dann feststellen müssen, dass die Wiederherstellung nicht funktioniert.

8.2 Daten auf dem NAS sichern

Ihre Daten auf dem NAS zu sichern, sollte mit dem Wissen aus Kapitel 5 bis Kapitel 7 kein Problem sein. Sie haben mehrere Möglichkeiten, ein Backup anzulegen. Sie können die Daten manuell auf ein Netzlaufwerk kopieren oder auch eine Sicherungssoftware dafür benutzen. In der Software können Sie oft Zeitpläne anlegen, nach denen die Datensicherung durchgeführt wird.

Oder Sie sichern Ihre Daten lieber kontinuierlich, indem Sie sie mit Synology Drive synchronisieren. Arbeiten Sie nur gelegentlich an Ihren Dateien, kann das Sicherungsintervall größer ausfallen. Arbeiten Sie beinahe täglich daran, kann der Datenverlust schmerzlich sein, wenn das letzte Backup bereits einen Monat alt ist.

Die Intervallsicherung hat den Vorteil, dass Sie das NAS nur bei Bedarf einschalten müssen, sofern Sie es sonst nicht nutzen. Nutzen Sie die Cloud, muss das NAS laufen, damit der Datenabgleich durchgeführt werden kann. Natürlich können Sie Synology Drive nutzen, auch wenn Sie Ihr NAS nicht rund um die Uhr in Betrieb haben wollen. Sie können die Betriebszeiten festlegen und Ihr NAS fährt automatisch hoch und wieder runter (siehe Abschnitt 11.2.2 »Energiemanagement«). Es ist also durchaus möglich, die Cloud zu nutzen und die Synchronisierung nur einmal in der Woche durchführen zu lassen.

Es gibt aber noch andere Wege, wie Sie Ihre Daten sichern können.

8.2.1 Datensicherungsaufgaben mit Drive

Synology Drive bietet nicht nur die Möglichkeit, Ihre lokalen Daten stets mit dem NAS synchron zu halten, der Drive Client erlaubt es auch, *Datensicherungsaufgaben* zu erstellen.

Vorbereitung

Voraussetzung ist, dass Sie auf Ihrem Synology NAS den *Drive Server* installiert haben (siehe Abschnitt 7.1 »Das NAS zur Cloud machen«): Auf Ihrem Rechner müssen Sie den *Drive Client* installieren (siehe Abschnitt 7.2.1 »Der Desktop-Client«). Läuft der Client, kann eine Datensicherungsaufgabe hinzugefügt werden.

Für die Sicherung sollten Sie einen eigenen gemeinsamen Ordner erstellen (siehe Abschnitt 5.2.2 »Gemeinsame Ordner erstellen«). Ein Backup sollte gut aufbewahrt werden und Sie sollten damit nicht arbeiten bzw. darauf zugreifen. Das Backup dient dazu, im Notfall Dateien wiederherzustellen. Benutzen Sie das Backup, können sich die Daten verändern und das Backup beschädigt werden. Mit einem eigenen gemeinsamen Ordner können Sie die Rechte so festlegen, dass kein anderer Benutzer darauf zugreifen kann.

Verwenden Sie einen eigenen Benutzer (siehe Kapitel 4 »Die Benutzerverwaltung«) für das Erstellen von Backups, die keinem konkreten Benutzer zugeordnet werden können. Sie können ausschließlich diesem Nutzer Zugriff auf den gemeinsamen Ordner für die Sicherung gewähren. So kann ganz sicher kein anderer Benutzer auf das Backup zugreifen und der verwendete Benutzer soll auch auf keine anderen Ordner oder Dienste zugreifen können. Für Sicherungen, die einzelne Benutzer betreffen, also persönliche Daten, sollte jeder Benutzer sein DSM-Login verwenden. Verwenden andere Personen Ihr NAS für Backups, haben aber kein DSM-Login, sollten Sie jeder Person einen eigenen Benutzer anlegen. Bei einem gemeinsamen Konto könnte eine Person die Backups einer anderen Person unbeabsichtigt löschen oder verändern und auch auf deren Daten zugreifen.

Sicherungsaufgabe einrichten

1. Wählen Sie im Navigationsbereich des Clients SICHERUNGSAUFGABE.
2. Klicken Sie auf SICHERUNGSAUFGABE ERSTELLEN.

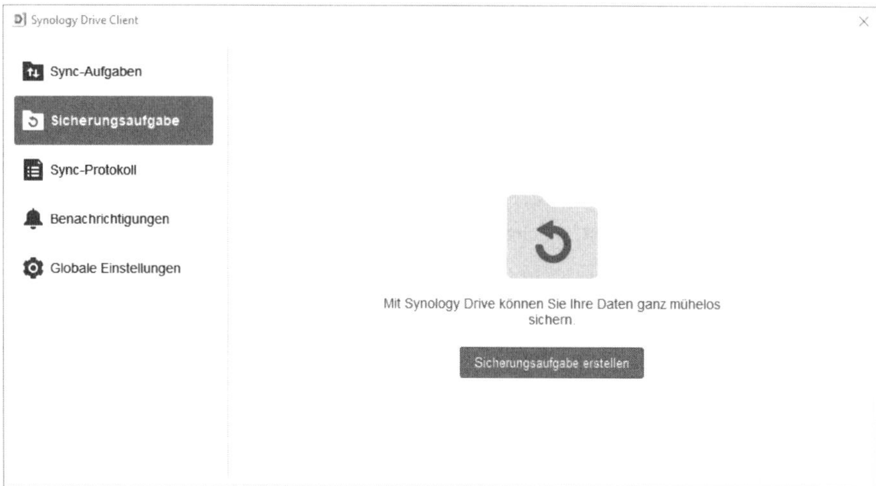

Abb. 8.1: Der Drive Client kann nicht nur Ordner synchronisieren.

3. Haben Sie bereits Synchronisierungsaufgaben erstellt, können Sie das verbundene Synology NAS auswählen, ansonsten müssen Sie eine neue Verbindung aufbauen, indem Sie das NAS suchen oder die Adresse eingeben. Geben Sie die Benutzerdaten ein und klicken Sie auf WEITER.
4. Im nächsten Schritt wählen Sie, welche lokalen Ordner oder Festplatten gesichert werden sollen. Passen Sie die unten angeführten Optionen nach Wunsch an und klicken Sie auf WEITER.
   - Über den Button SELECT können Sie den Ort auf dem NAS wählen, in dem das Backup abgelegt werden soll.
   - Unter BACKUP RULES können Sie Dateien von der Sicherung ausschließen genau wie in Abschnitt 7.1.2 »Den Drive Server konfigurieren«.

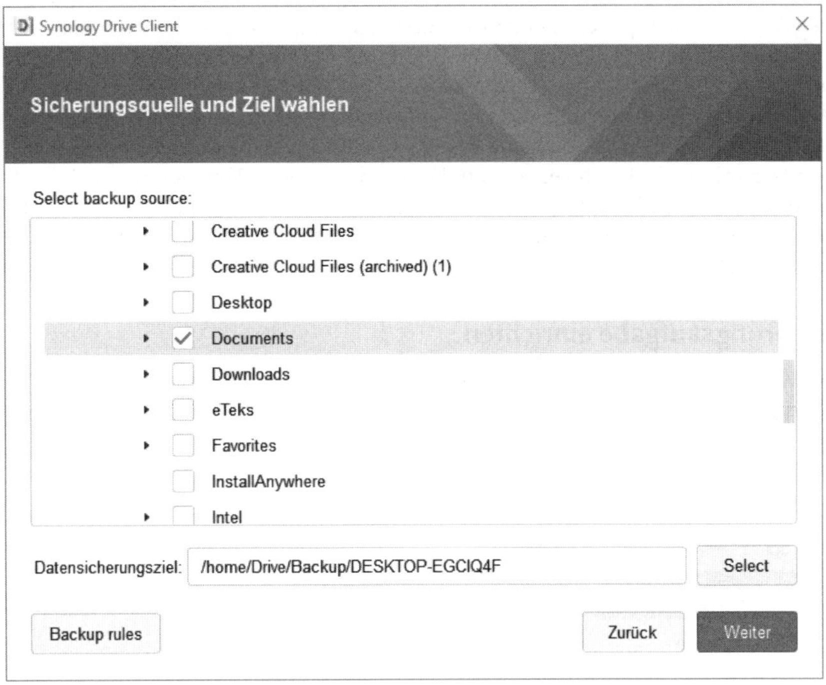

Abb. 8.2: Legen Sie fest, welche Ordner wohin gesichert werden sollen.

5. Als Nächstes müssen Sie den Backup-Modus auswählen. Zur Wahl stehen:
   - Kontinuierliche Sicherung – Änderungen werden sofort auf das NAS übertragen.
   - Manuelle Datensicherung – Die Aufgabe wird angelegt, aber es wird nichts gesichert, ehe Sie nicht den entsprechenden Button (im Drive Client unter SICHERUNGSAUFGABE) anklicken.
   - Geplante Datensicherung – Hier können Sie einen Zeitplan erstellen und festlegen, wann die Datensicherung durchgeführt werden soll.

Hinweis

Im Gegensatz zur *Synchronisierungsaufgabe* wird die *Datensicherungsaufgabe* nur in eine Richtung durchgeführt, egal welchen Backup-Modus Sie auswählen.

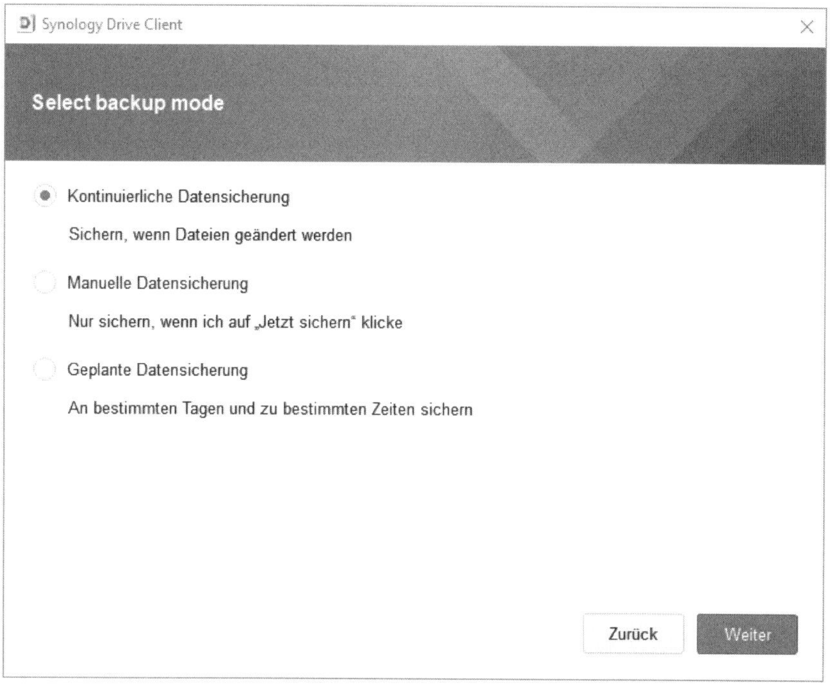

Abb. 8.3: Der Backup-Modus legt fest, wann und wie oft gesichert wird bzw. ob Sie selbst die Sicherung starten müssen.

6. Haben Sie sich für eine geplante Datensicherung entschieden, müssen Sie anschließend festlegen, wann diese durchgeführt werden soll. Wählen Sie dazu aus, an welchem Tag das Backup erstellt werden soll. Sie haben die Wahl von täglich bis wöchentlich oder legen einzelne Wochentage fest. Als Nächstes wählen Sie die Startzeit des Backups. NAS und Computer müssen zu dieser Zeit eingeschaltet sein, damit das Backup angelegt und hochgeladen werden kann.

   Reicht Ihnen »täglich« nicht, können Sie noch die Häufigkeit festlegen, von einmal am Tag bis stündlich. Sie können auch einen Endzeitpunkt festlegen. Reicht die Zeit nicht, kann das Backup ein andermal fortgesetzt werden. Zusätzlich stehen Ihnen zwei Optionen zur Verfügung (siehe Abbildung 8.4), die Sie nach Bedarf aktivieren können. Die erste lässt den Rechner nach der letzten Sicherung des Tages automatisch herunterfahren. Aktivieren Sie die zweite Option, wird die Datensicherungsaufgabe nach dem Hochfahren automatisch fortgesetzt, sollte sie durch ein Herunterfahren des Systems unterbrochen worden sein. Die Aufgabe wird auch automatisch gestartet, sollte der Computer zum geplanten Zeitpunkt nicht eingeschaltet gewesen sein.

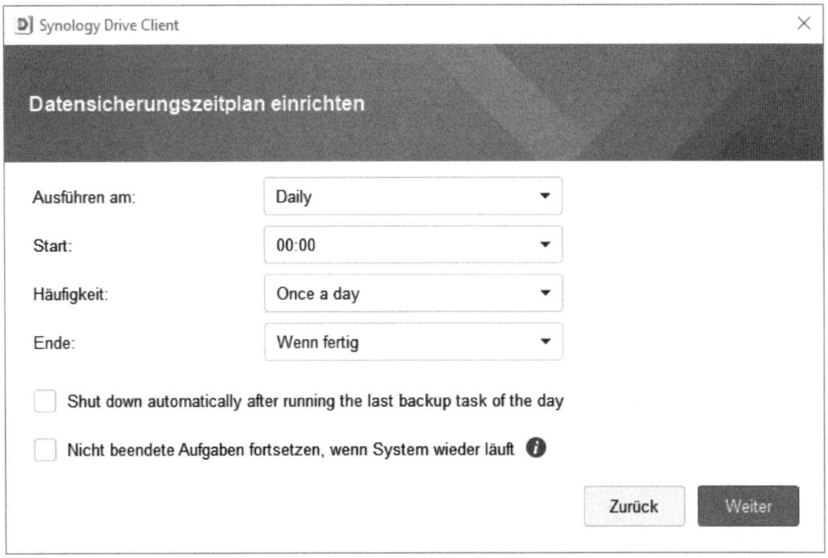

Abb. 8.4: Planen Sie Backups zu Zeiten, an denen Sie nicht am Rechner arbeiten müssen, und auch die DiskStation sollte nicht ausgelastet sein.

7. Im letzten Schritt sehen Sie noch einmal die Zusammenfassung. Bestätigen Sie diese, schließt sich der Assistent und Sie sehen die Datensicherungsaufgabe im Drive Client. Zusätzlich werden Sie gefragt, ob Sie die Sicherung gleich durchführen möchten.

Hinweis

Es kann nur eine einzelne Datensicherungsaufgabe durchgeführt werden. Sie können beliebig viele Ordner und/oder Festplatten sichern, aber alles nur in einer einzigen Aufgabe. Leider können verschiedene Ordner nicht mit verschiedenen Modi oder zu verschiedenen Zeiten gesichert werden.

Die Sicherung wird aber nur inkrementell durchgeführt. Das bedeutet, dass bei einer Sicherung nur die geänderten Dateien übertragen werden. Das spart Zeit und Speicherplatz.

Wie bei der Synchronisierung werden die einzelnen Versionen geänderter Dateien abgespeichert.

Sicherung wiederherstellen

Das Wiederherstellen der Sicherung geht ebenfalls über den Synology Drive Client. Gehen Sie dazu einfach auf SICHERUNGSAUFGABE|WIEDERHERSTELLEN. Es öffnet sich ein neues Fenster ähnlich dem Versionsexplorer aus Abschnitt »Frühere Versionen«, Seite 178. Wählen Sie den Ordner oder die Datei, den/die Sie wiederherstellen möchten, und klicken Sie auf HERUNTERLADEN, um die Datei am Rechner zu speichern, oder auf WIEDERHERSTELLEN, um sie am ursprünglichen Ort abzuspeichern. Mit FRÜHERE VERSIONEN DURCHSUCHEN können Sie Daten auch aus früheren Sicherungen wiederherstellen.

8.2.2 Datensicherung auf das NAS mithilfe der Betriebssystemfunktionen

Betriebssysteme besitzen bereits selbst Werkzeuge, um Daten zu sichern. Unter Windows ist das der *Dateiversionsverlauf*, unter iOS die *Time Machine*. Beides können Sie so konfigurieren, dass Ihr NAS als Sicherungsziel genutzt wird.

Auch hier sollten Sie einen eigenen gemeinsamen Ordner und einen eigenen Benutzer für die Sicherung verwenden (siehe oben).

Windows Dateiversionsverlauf

Dem Dateiversionsverlauf müssen Sie nur die Netzwerkadresse (siehe Abschnitt 6.1 »Gemeinsame Ordner im Windows-Explorer«) des gemeinsamen Ordners angeben (*<NAS-Name>**<gemeinsamerOrdner>**<Unterordner>*).

1. Öffnen Sie Systemsteuerung|System und Sicherheit|Sicherungskopien von Dateien mit dem Dateiversionsverlauf speichern.

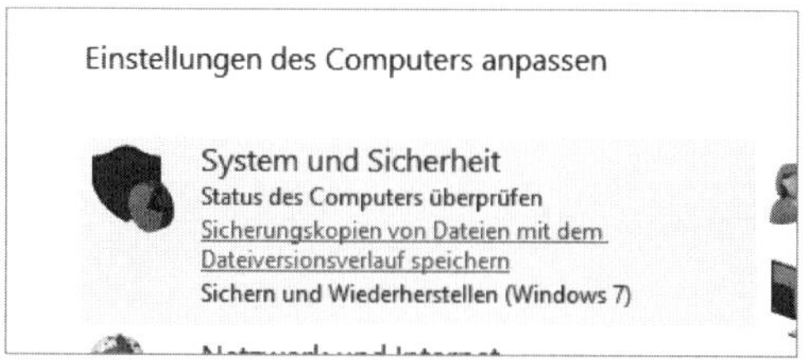

Abb. 8.5: Der Dateiversionsverlauf in der Systemsteuerung

2. Klicken Sie auf Netzwerkadresse auswählen. Lassen Sie das NAS in der Netzwerkumgebung anzeigen, können Sie über den Explorer zum richtigen Ordner navigieren. Haben Sie die Anzeige in der Netzwerkumgebung deaktiviert, müssen Sie die Netzwerkadresse per Hand eingeben. Melden Sie sich mit dem Backup-Benutzer an und speichern Sie die Anmeldedaten.

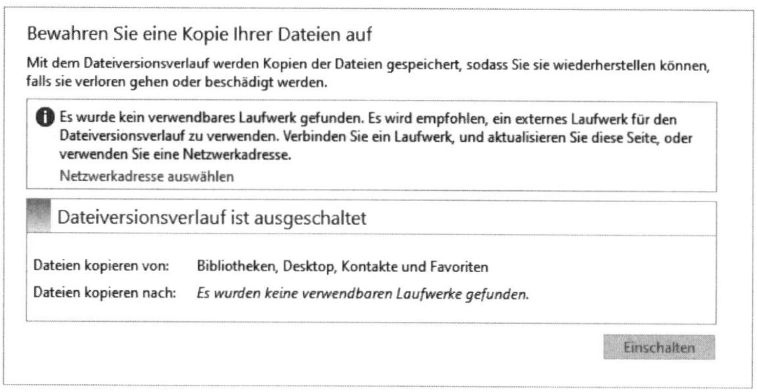

Abb. 8.6: Bevor der Dateiversionsverlauf aktiviert werden kann, ist die Hinterlegung einer Netzwerkadresse erforderlich.

> **Achtung**
>
> Windows erlaubt nicht, mit verschiedenen Anmeldedaten zur gleichen Zeit auf dieselbe Netzwerkressource zuzugreifen. Haben Sie also Ihr NAS bereits als Netzlaufwerk eingebunden und die Anmeldedaten gespeichert, werden diese für jeden weiteren Zugriff auf diese Ressource verwendet.
>
> Sie können diese Limitierung aber mit einem kleinen Trick aufweichen. Geben Sie bei der Netzwerkadresse statt des Namens des NAS die IP-Adresse an. Windows akzeptiert dies als neue Netzwerkressource und Sie können sich mit einem anderen Benutzer anmelden.

3. Der Ordner kann jetzt als Ziellaufwerk ausgewählt werden.

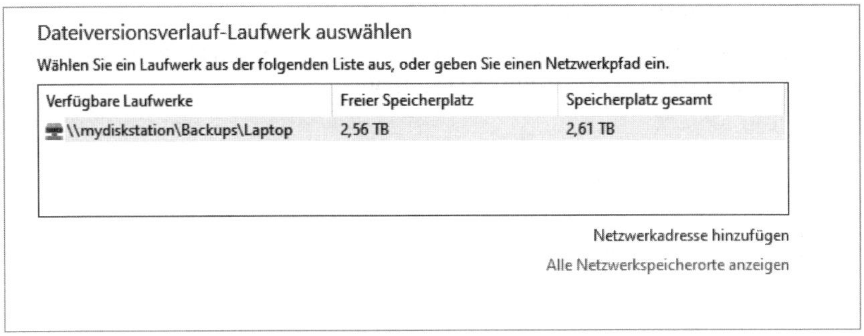

Abb. 8.7: Sie können mehrere Adressen hinterlegen; aktiv sein kann aber nur eine.

4. War der Dateiversionsverlauf bisher nicht aktiviert, können Sie das jetzt mit einem Klick auf EINSCHALTEN nachholen. Der Vorgang dauert einen Moment und danach beginnt Windows, die persönlichen Benutzerdaten auf das NAS abzulegen. Hatten Sie den Dateiversionsverlauf bereits im Einsatz, werden Sie gefragt, ob Sie die Daten vom bisherigen Ziel auf das neue übertragen wollen.

Apple Time Machine

Ihr NAS lässt sich auch als Ziel für Sicherungen mit Apple Time Machine festlegen. Auch hier sollten Sie einen eigenen Backup-Benutzer verwenden und nicht Ihr eigenes Benutzerkonto. Die Einrichtung von Apple Time Machine erfolgt wie auch für andere Speicherziele:

1. Legen Sie einen gemeinsamen Ordner für die Sicherung an. Anders als unter Windows ist es nicht möglich, Unterordner für einzelne Geräte zu verwenden. Ich empfehle, den Papierkorb für diesen Ordner nicht zu aktivieren, um ungewolltes Anwachsen des Speicherbedarfs zu verhindern.
2. Weisen Sie dem Benutzer, den Sie für die Sicherung verwenden, Lese- und Schreibrechte für diesen Ordner zu.
3. Aktivieren Sie auf Ihrem NAS unter SYSTEMSTEUERUNG|DATEIDIENSTE|ERWEITERT|BONJOUR die Einträge BONJOUR TIME MACHINE BROADCAST ÜBER SMB AKTIVIEREN oder BONJOUR TIME MACHINE BROADCAST ÜBER AFP AKTIVIEREN, je nachdem, welches Protokoll Sie bevorzugen.

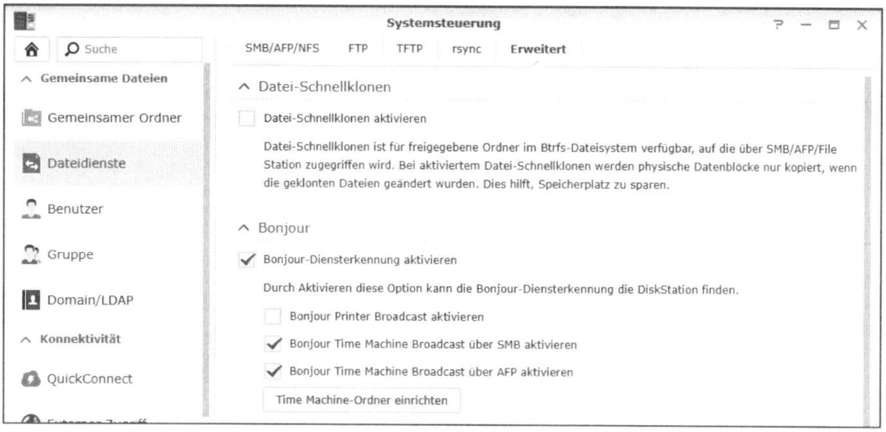

Abb. 8.8: Aktivieren Sie den Bonjour-Dienst, damit Ihr Mac den gemeinsamen Ordner finden kann.

4. Klicken Sie auf Time Machine-Ordner aktivieren und setzen Sie einen Haken beim gemeinsamen Ordner, den Sie unter Punkt 1 angelegt haben.

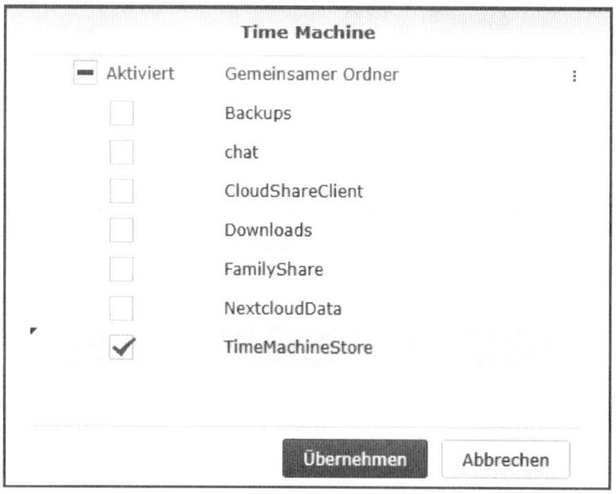

Abb. 8.9: Nur aktivierte Ordner stehen für die Time Machine zur Verfügung, Unterordner sind nicht möglich.

5. Klicken Sie auf Übernehmen.
6. Klicken Sie erneut auf Übernehmen.
7. Haben Sie sich für die SMB-Variante entschieden, weist Sie ein Popup darauf hin, dass der Dienst neu gestartet wird. Bestätigen Sie mit einem Klick auf OK.
8. Öffnen Sie auf Ihrem Mac Systemeinstellungen|Time Machine|Backup-Volume auswählen.

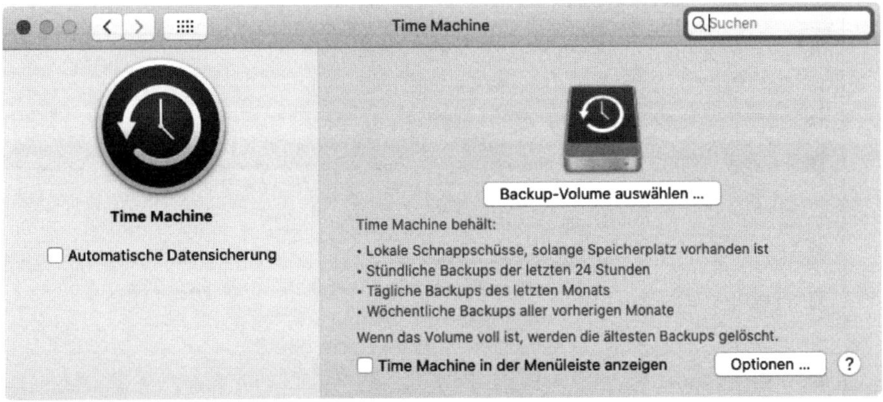

Abb. 8.10: Legen Sie einen Speicherort für die Time Machine fest.

9. Wählen Sie aus der Liste den gemeinsamen Ordner aus und bestätigen Sie mit einem Klick auf VOLUME VERWENDEN. Wenn Sie es wünschen, können Sie die Backups verschlüsseln, aktivieren Sie dazu die gleichnamige Option (siehe Abbildung 8.11).

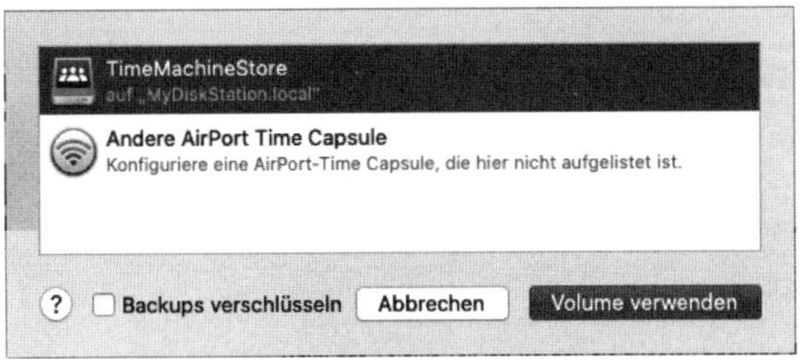

Abb. 8.11: Dank des Bonjour-Dienstes findet die Time Machine den gemeinsamen Ordner selbst.

10. Geben Sie die Logindaten für den DSM-Benutzer an, den Sie für das Backup vorgesehen haben, und klicken Sie auf VERBINDEN.

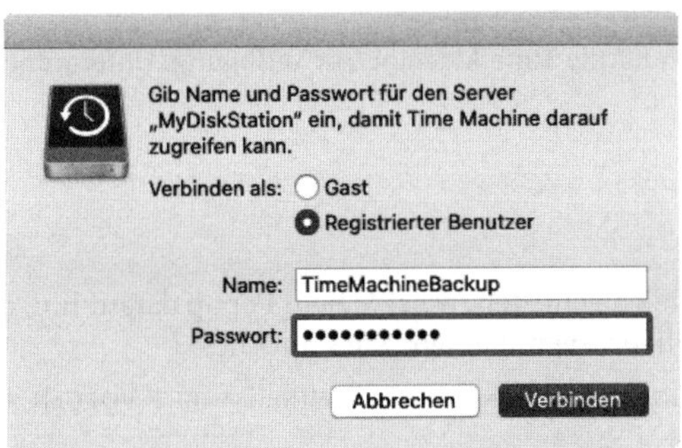

Abb. 8.12: Nur noch die Daten für den DSM-Benutzer angeben und die Time Machine ist einsatzbereit.

Time Machine ist jetzt fertig konfiguriert. Sie haben die Wahl zwischen einer automatischen und einer manuellen Sicherung. Der erste Sicherungsvorgang dauert je nach zu sicherndem Volumen einige Zeit.

Backup-Images

Es gibt Software, die von Ihrem Gerät ein komplettes Abbild, sogenannte Images, erstellt. Die Popularität dieser Backupmethode ist aber in den letzten Jahrzehnten immer mehr gesunken. Betriebssystem, Daten und Softwareinstallationen sind derart groß und komplex geworden, dass Images riesige Ausmaße annehmen und der Sicherungsvorgang viel Zeit benötigt. Ein Fehler kann viel Arbeit zunichtemachen. Dazu kommt, dass Software viel öfter Updates erfährt, und statt mit einem Softwareschlüssel wird die Software oft nur noch über das Internet freigeschaltet. Ein Image, das mehrere Monate alt ist, wiederherzustellen, benötigt oft mehr Nachsorge als eine komplette Neuinstallation des Systems. Trotzdem gibt es immer noch Situationen, in denen Images durchaus Sinn machen. In diesem Fall können Sie Ihr NAS als Ziel der Sicherung angeben. Voraussetzung ist natürlich eine Software, die diese Art der Sicherung anbietet.

8.3 Das NAS selbst sichern

Jetzt haben Sie Ihre Dateien fleißig auf Ihrem NAS gesichert, aber nach der 3-2-1-Regel fehlt noch ein weiteres Backup. Außerdem ist auch Ihr NAS nicht vor Datenverlust gefeit.

Nicht nur das, eventuell haben Sie Daten exklusiv auf dem NAS liegen. Auch diese Daten wollen Sie eventuell gesichert wissen. Und Dateien sind noch nicht alles. Bisher haben wir das Synology NAS als Datenspeicher betrachtet, aber ab Teil III des Buches zeige ich Ihnen, was die Geräte von Synology noch alles können. Das erfordert mitunter einiges an Konfigurationsarbeit. Bei einem Festplattendefekt oder Verlust des NAS wäre diese Arbeit verloren. Also wollen wir auch hiervon ein Backup erstellen.

Wie auch bei der Sicherung Ihrer lokalen Daten stehen Ihnen wieder mehrere Methoden offen.

Hinweis

An dieser Stelle darf ich Sie erneut daran erinnern, dass ein RAID kein Backup ersetzt. Ein RAID schützt Sie lediglich davor, Daten durch den Defekt einer oder mehrerer HDDs zu verlieren. Sind aber alle Platten betroffen (Diebstahl, Feuer ...) hilft Ihnen das freilich nicht sehr viel. Im RAID werden die Daten noch dazu in Echtzeit gespiegelt und das ohne Versionierung. Werden Ihre Dateien durch Schadsoftware verschlüsselt oder beschädigt, hilft Ihnen auch ein RAID-System nicht weiter.

8.3.1 Konfiguration manuell sichern

Um die Konfiguration manuell zu sichern, sind nur wenige Schritte notwendig.

1. Melden Sie sich in DSM an.
2. Öffnen Sie SYSTEMSTEUERUNG|AKTUALISIEREN & WIEDERHERSTELLEN.

Abb. 8.13: Zugriff auf DSM-Updates und Systemkonfiguration in der Systemsteuerung

3. Wechseln Sie in den Reiter SICHERUNG DER SYSTEMKONFIGURATION.
4. Klicken Sie auf KONFIGURATION SICHERN.
5. Sie erhalten eine Meldung darüber, welche Einstellungen genau gesichert werden. Essenziell sind die gemeinsamen Ordner und die Benutzer. Bestätigen Sie diese.
6. Die Datei mit der Endung `.dss` wird über den Browser heruntergeladen.

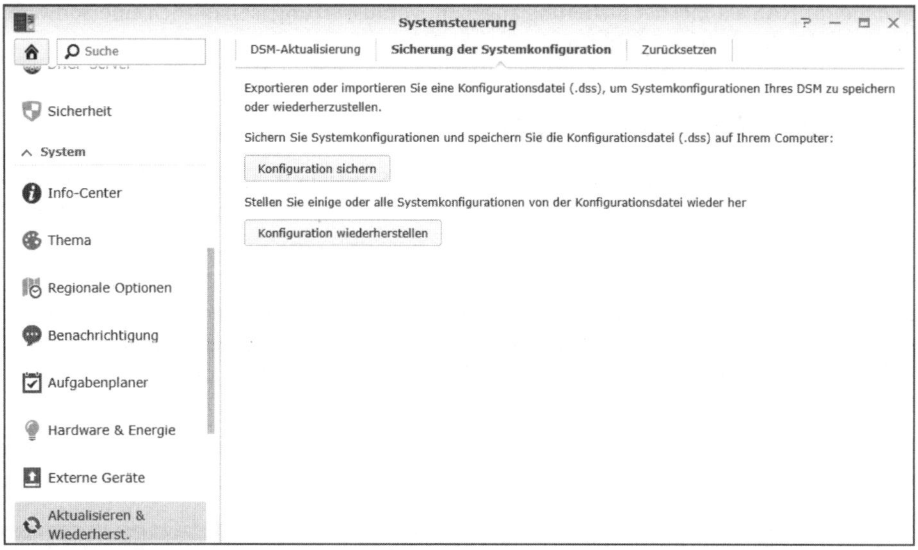

Abb. 8.14: Hier können Sie die Systemkonfiguration sichern ...

Hinweis

Mit »gemeinsame Ordner« ist hier die Konfiguration der Ordner gemeint, also welche Ordner sind vorhanden und welche Rechte und Einstellungen wurden konfiguriert. Der Inhalt selbst wird nicht gesichert.

Zum Wiederherstellen der Konfiguration müssen Sie nur auf den entsprechenden Button klicken und die `.dss`-Datei auswählen.

Es gibt aber eine weit komfortablere Lösung, die Konfiguration und auch Daten zu sichern.

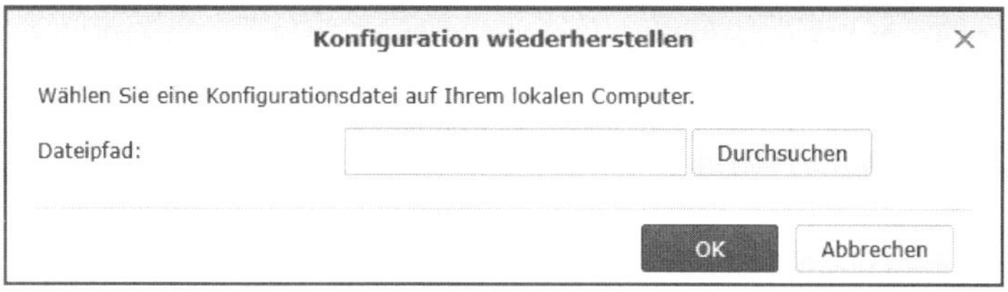

Abb. 8.15: ... und wiederherstellen.

8.3.2 Hyper Backup – die ultimative Backup-Lösung

Hyper Backup ist ein weiteres Paket von Synology. Es ermöglicht Ihnen, Dateien, Pakete und die Konfiguration umfassend zu sichern. Installieren Sie das Paket *Hyper Backup* über das Paket-Zentrum (siehe Abschnitt 3.3.6 »Paket-Zentrum«). Bei der Installation muss keine Konfiguration vorgenommen werden.

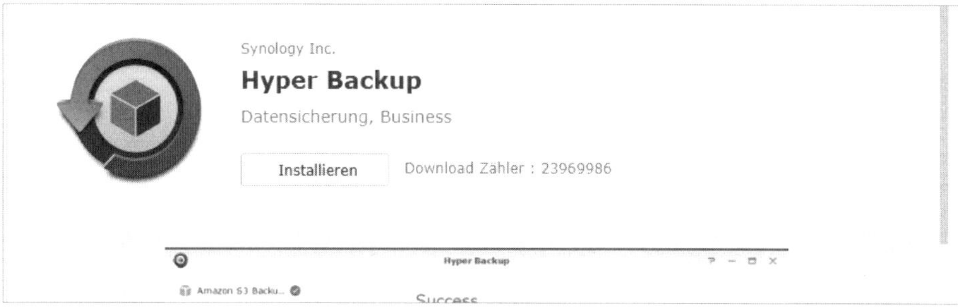

Abb. 8.16: Hyper Backup im Paket-Zentrum

Datensicherungsaufgabe erstellen

1. Starten Sie *Hyper Backup*. Ist noch keine Sicherungsaufgabe vorhanden, startet der Assistent sofort.
2. Zuerst müssen Sie ein Sicherungsziel auswählen. Hier steht Ihnen eine Fülle an Möglichkeiten zur Auswahl. So haben Sie Zugriff auf diverse Cloud-Services wie Dropbox und Google Drive, aber auch auf entfernte Server, die Sie via rsync oder WebDAV erreichen können. Aber auch das NAS selbst oder ein daran angeschlossenes, externes Laufwerk kann genutzt werden. Die weiteren Schritte erkläre ich Ihnen anhand einer Sicherung auf ein externes USB-Laufwerk. Wählen Sie dazu LOKALER ORDNER UND USB und klicken Sie auf WEITER.

Einzelversion

Einige Sicherungsziele stehen zusätzlich als Einzelversion zur Verfügung. Normalerweise werden bei der Sicherung die Dateien in ein eigenes Dateiformat komprimiert und in einer Datenbank erfasst. Dadurch verbrauchen Backups weniger Speicherplatz und bei wiederholten Sicherungen werden nur die Änderungen gesichert (Stichwort Versionierung). Der Nachteil: Diese Sicherungen können nur über Hyper Backup wiederhergestellt werden bzw. über die Desktop-Software *Hyper Backup Browser* ausgelesen werden. (Sie finden den Browser im Download-Bereich der Synology-Webseite.) Die Sicherung erzeugt eine Datei mit der Endung `.hbk`.

Bei der Sicherung als Einzelversion werden die Dateien 1:1 im Speicherziel abgelegt. Sie können die Dateien zwar mit jedem beliebigen Explorer auslesen, das Backup verbraucht dadurch aber mehr Speicherplatz. Bei wiederholten Sicherungen werden alle Dateien erneut abgelegt.

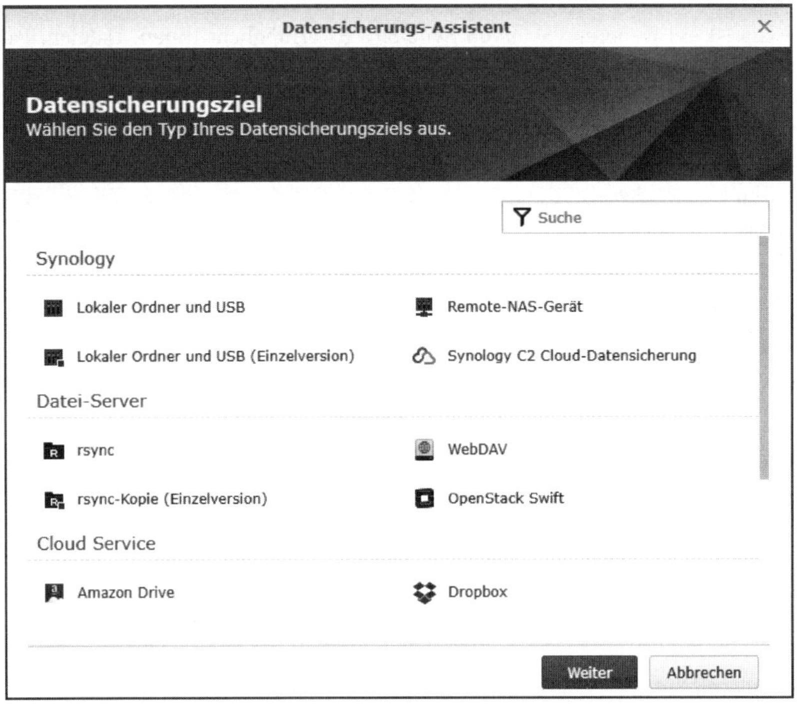

Abb. 8.17: Hyper Backup bietet eine Vielzahl an Sicherungszielen.

3. Im nächsten Schritt wählen Sie aus, wo genau die Sicherung angelegt werden soll. Externe Laufwerke werden als gemeinsamer Ordner gemountet. Sie finden das Laufwerk als USBSHAREX bzw. SATASHAREX im Dropdown-Menü. Zusätzlich geben Sie noch einen Namen für ein Verzeichnis an, in dem die Sicherung angelegt wird. Versuchen Sie, einen Namen zu wählen, der Ihnen sagt, was darin gesichert wird.

   Die Option MIT VORHANDENER AUFGABE NEU VERKNÜPFEN benötigen Sie dann, wenn Sie eine bereits angelegte Sicherung in ein anderes Sicherungsziel verschoben haben, z.B. wenn Sie die Sicherung auf eine andere Festplatte verschoben haben, sich die Serverdaten eines Sicherungsziels geändert haben oder Sie das NAS neu aufgesetzt haben bzw. eine Sicherung auf einem anderen Gerät verwenden wollen.

Abb. 8.18: Dieser Schritt erfordert je nach gewähltem Ziel andere Angaben.

4. (Optional) Sie können jetzt angeben, welche gemeinsamen Ordner Sie sichern möchten. Sie können diesen Schritt auch überspringen, sollten Sie keine Daten, sondern Konfigurationen sichern wollen.

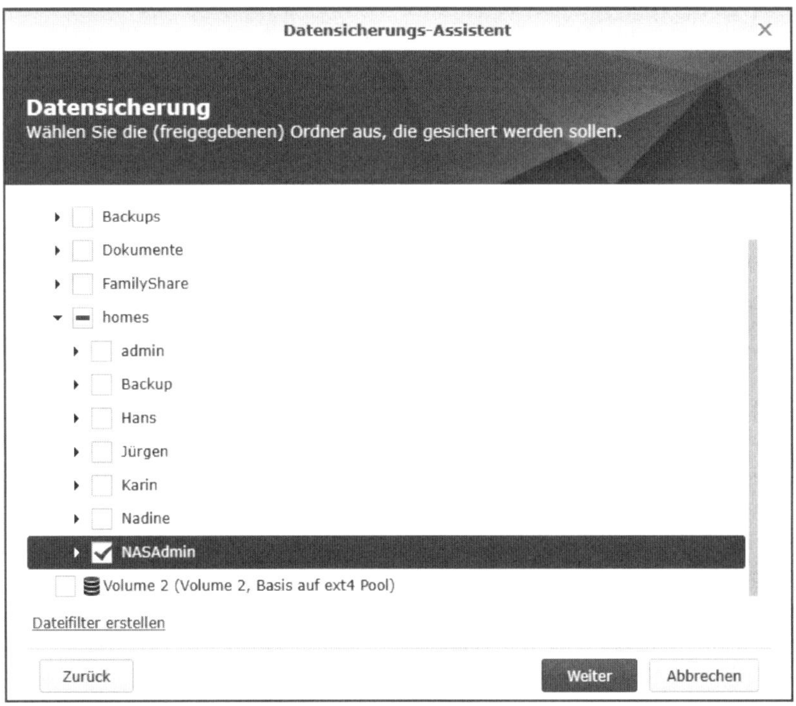

Abb. 8.19: Sie können beliebige gemeinsame Ordner oder Verzeichnisse sichern, müssen aber keine auswählen, wenn Sie etwa nur Anwendungen sichern wollen.

5. (Optional) Die nächste Auswahl betrifft installierte Pakete (siehe Abbildung 8.20). Hier werden die Konfigurationen der Pakete gesichert, diese sind in der Systemkonfiguration nicht enthalten.

Hinweis

Nicht alle Pakete können gesichert werden, entweder weil diese keine Einstellungen haben, die gesichert werden können, oder einfach weil die Pakete nicht unterstützt werden (z.B. *Video Station*). Auch die *Photo Station* stellt eine Ausnahme dar. Sie erfordert, dass der gemeinsame Ordner `/photo` mitgesichert wird. Wollen Sie den Drive Server sichern, müssen Sie alle aktivierten gemeinsamen Ordner mitsichern.

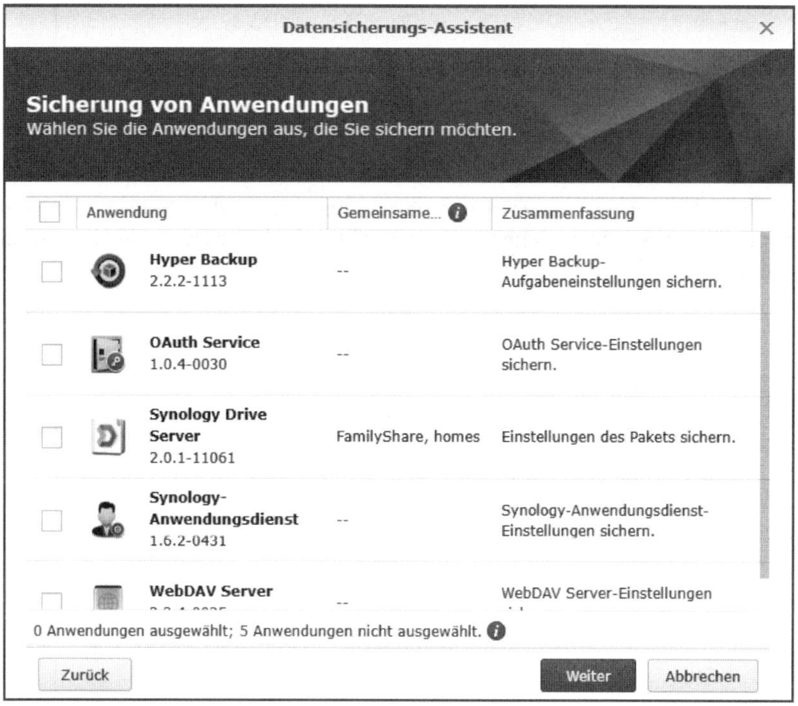

Abb. 8.20: Manche Anwendungen erfordern auch die Sicherung gemeinsamer Ordner.

6. Im nächsten Schritt geben Sie der Sicherungsaufgabe einen Namen (auch der sollte sprechend sein) und Sie legen die Einstellungen für die Sicherung fest.
   - AUFGABENBENACHRICHTIGUNG AKTIVIEREN – Erhalten Sie Benachrichtigungen über erfolgreiche oder fehlgeschlagene Sicherungen.
   - DETAILLIERTES DATEIÄNDERUNGSPROTOKOLL AKTIVIEREN – Ist diese Option aktiviert, werden Informationen zu Dateiänderungen mitgesichert. Das benötigt mehr Speicherplatz. Die Informationen können Sie anschließend über VERSIONSLISTE|INFORMATIONEN ZUR DATENSICHERUNGSVERSION|DATEIÄNDERUNGSDETAILS HERUNTERLADEN abrufen.
   - KONFIGURATIONSSICHERUNG AKTIVIEREN – Die Systemkonfiguration wird immer mitgesichert. Die Option kann nicht deaktiviert werden und wird nur der Übersicht halber angezeigt. Wird beim Wiederherstellen des Backups ein Konflikt festgestellt, wird die aktuelle Systemkonfiguration durch die gesicherte ersetzt. Ein Konflikt

besteht dann, wenn Sie z.B. einen gemeinsamen Ordner gesichert haben, dieser auf dem NAS zum Wiederherstellungszeitpunkt aber nicht existiert (z.B. wenn Sie das NAS neu aufsetzen oder auf ein anderes Modell umziehen). Auch fehlende Benutzer führen zu einem Konflikt.

- EXTERNES GERÄTEZIEL ENTFERNEN – Wirft das externe Laufwerk nach Abschluss der Sicherung automatisch aus.
- GESICHERTE DATEN KOMPRIMIEREN – Die Sicherung wird komprimiert, das Erstellen und Wiederherstellen dauert länger, dafür verbraucht die Sicherung weniger Speicherplatz. Diese Option kann nachträglich nicht mehr geändert werden.
- SICHERUNGSZEITPLAN AKTIVIEREN – Sie können die Sicherung manuell auslösen oder automatisch nach Plan durchführen lassen. Die Einstellungen für den Zeitplan sind hier etwas eingeschränkt, so steht Ihnen nur die Auswahl der Wochentage sowie einer Uhrzeit zur Verfügung. Daraus ergibt sich eine minimale Sicherung von einmal in der Woche bis zu einer maximalen Sicherung von einmal täglich. Sie können die Sicherungsaufgabe nachträglich bearbeiten, dabei kann der Zeitplan dann individueller gestaltet werden.
- INTEGRITÄTSPRÜFPLAN AKTIVIEREN – Dabei wird das Backup auf Beschädigungen überprüft und ob es wiederhergestellt werden kann. Sie können die Prüfung zeitlich limitieren, um Systemressourcen nicht zu lange zu binden.
- CLIENT-SEITIGE VERSCHLÜSSELUNG AKTIVIEREN – Verschlüsselt das Backup. Diese Option kann nachträglich nicht mehr verändert werden.

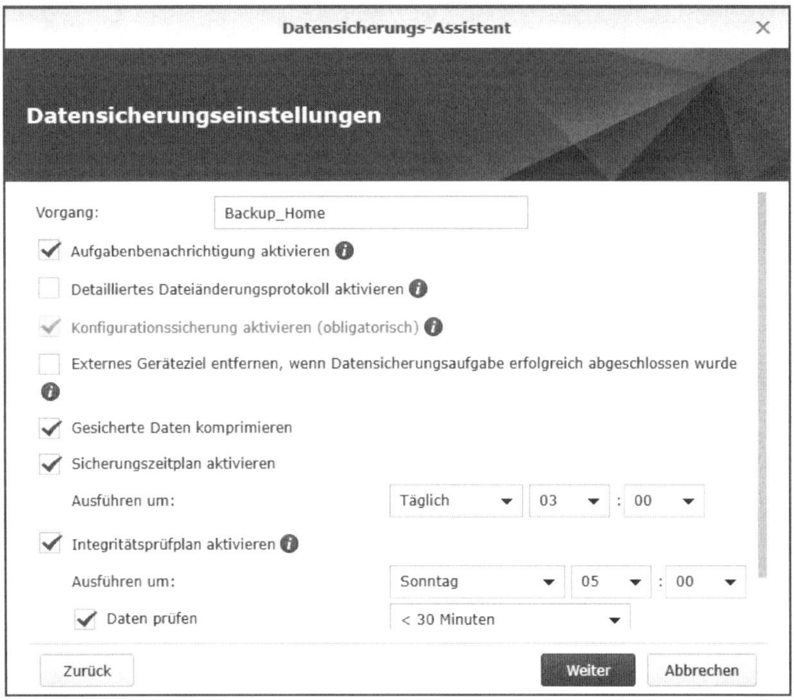

Abb. 8.21: Ähnlich zur Sicherungsaufgabe im Drive Client können Sie das Backup an Ihre Bedürfnisse anpassen.

Tipp

Planen Sie Backups dann ein, wenn Sie das NAS nicht nutzen. Sichern Sie Anwendungen, kann es sein, dass diese für die Sicherung gestoppt werden. Die Sicherung benötigt auch Ressourcen, die sie sich mit anderen Diensten teilen muss.

Läuft Ihr NAS nicht durchgehend, können Sie es für geplante Sicherungen automatisch hochfahren lassen (siehe Abschnitt 11.2.2 »Energiemanagement«).

7. Das Konzept der Rotation kennen Sie schon aus der Versionsverwaltung aus Abschnitt 7.1.2 »Den Drive Server konfigurieren«. Die Rotation sollten Sie auf jeden Fall aktivieren, da sonst keine Backups gelöscht werden und Ihnen früher oder später der Speicher ausgeht. Natürlich können Sie Backups per Hand löschen. Bei der Rotation haben Sie die Auswahl, einfach immer die ältesten Backups löschen zu lassen, oder Sie nutzen *Smart Recycle*. Dabei werden Versionen der letzten Tage, Wochen und Monate unterschiedlich gewertet und eine Mischung aus älteren und neueren Backups behalten. Die genauen Regeln sehen Sie, wenn Sie den Mauszeiger über das blaue Info-Icon bewegen.

   Passen Ihnen die Regeln nicht, können Sie mit BENUTZERDEFINIERTE AUFBEWAHRUNG eigene Regeln festlegen. Der Zeitstrahl ganz unten zeigt, wie die Aufbewahrung aussehen könnte. Das war der letzte Schritt, eine Zusammenfassung gibt es hier nicht. Mit ÜBERNEHMEN schließen Sie die Einrichtung ab.

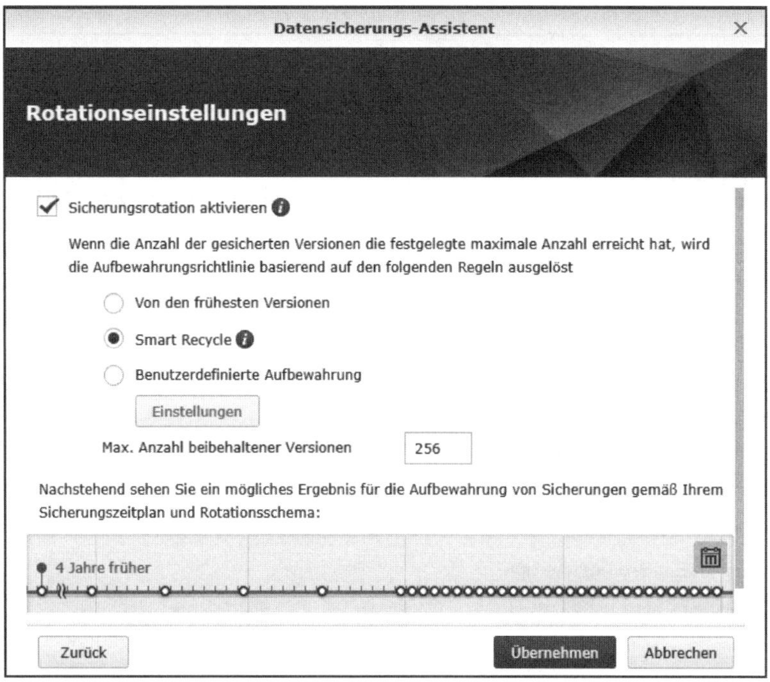

Abb. 8.22: Die Rotation hilft, Speicherplatz zu sparen

8. Sie werden gefragt, ob Sie die Sicherung gleich ausführen möchten.

Sicherung ausführen

Die Sicherung wird zu den eingestellten Zeiten automatisch durchgeführt. Haben Sie den Sicherungsplan nicht aktiviert, müssen Sie die Sicherung manuell ausführen. Wählen Sie dazu die Aufgabe in *Hyper Backup* aus und klicken Sie auf JETZT DATENSICHERUNG DURCHFÜHREN. Die Dauer hängt vom Datenvolumen, den eingesetzten Festplatten (Lese- und Schreibgeschwindigkeit) und dem Übertragungsmedium (USB, eSATA, LAN, Internet) ab. Haben Sie die Verschlüsselung aktiviert, dauert der Vorgang länger als ohne.

Abb. 8.23: Eine laufende Sicherungsaufgabe in Hyper Backup

Tipp

Ist das Speicherziel nicht erreichbar, kann die Ausgabe nicht ausgeführt werden. Sichern Sie auf ein externes Speichermedium, gehen Sie sicher, dass es vor der Durchführung geplanter Backups angeschlossen ist.

Mit der Option EXTERNES GERÄTEZIEL ENTFERNEN wird das externe Medium nach der Sicherung automatisch ausgeworfen. Externe Festplatten werden dadurch in den Ruhezustand versetzt. Das schont die Festplatte und spart Energie (vor allem wenn es sich um Festplatten mit eigener Stromversorgung handelt). Sie müssen während der Datensicherung daher auch nicht anwesend sein.

Sicherungsaufgaben verwalten

In Hyper Backup können Sie (fast) beliebig viele Sicherungsaufgaben hinzufügen. Sie können dieselben Elemente auch in unterschiedlichen Sicherungszielen auswählen. So können Sie besonders wichtige Dateien täglich sichern und dieselben Dateien auch mit den anderen Dateien z.B. in einem monatlichen Backup einschließen. Wählen Sie eine Sicherungsaufgabe aus, zeigt Ihnen Hyper Backup den Status der Sicherung an (erfolgreich durchgeführt, gerade am Durchführen oder abgebrochen). Darunter sehen Sie Informationen zum Sicherungsziel – und ob dieses verbunden ist – sowie die Aufgabeneinstellungen, die Sie auch jederzeit bearbeiten können. Hier steht Ihnen auch die detaillierte Zeitplanerstellung zur Verfügung.

Natürlich können Sie Aufgaben auch wieder löschen. Dabei können Sie wahlweise nur die Aufgabe löschen oder aber zusätzlich auch die gesicherten Daten am Ziel.

Abb. 8.24: Die Details einer erfolgreichen Sicherung

Weitere Details zur Sicherung sind in der Statistik ersichtlich.

Sie können Sicherungen auch durchsuchen, sofern das Sicherungsziel verfügbar ist. Dazu öffnen Sie den Backup-Explorer oder Datensicherungs-Explorer, wie er dann im Fenster heißt (wie schon erwähnt, ist Synology bei der deutschen Übersetzung nicht gerade konsistent). Das Fenster ähnelt der File Station, nur dass Sie unten zusätzlich den Zeitstrahl sehen. Dort können Sie die verschiedenen Backup-Versionen auswählen. Das ist besonders dann nützlich, wenn Sie eine Datei oder einen Ordner benötigen (z.B. nach unbeabsichtigtem Löschen), aber nicht das gesamte Backup wiederherstellen wollen.

Achtung

Sie können auf das Backup auch direkt am Ziel zugreifen. Bei einer Sicherung als Einzelversion geht das über das Dateisystem, bei einer normalen Sicherung benötigen Sie den Backup Browser. Beachten Sie aber, dass ein Zugriff auf ein Backup dieses beschädigen oder zumindest beeinflussen kann. Hier kann eine anschließende Integritätsprüfung helfen. Markieren Sie dazu die Sicherungsaufgabe in Hyper Backup, klicken Sie auf das Icon mit den drei Balken und wählen Sie INTEGRITÄT DER SICHERUNG ÜBERPRÜFEN.

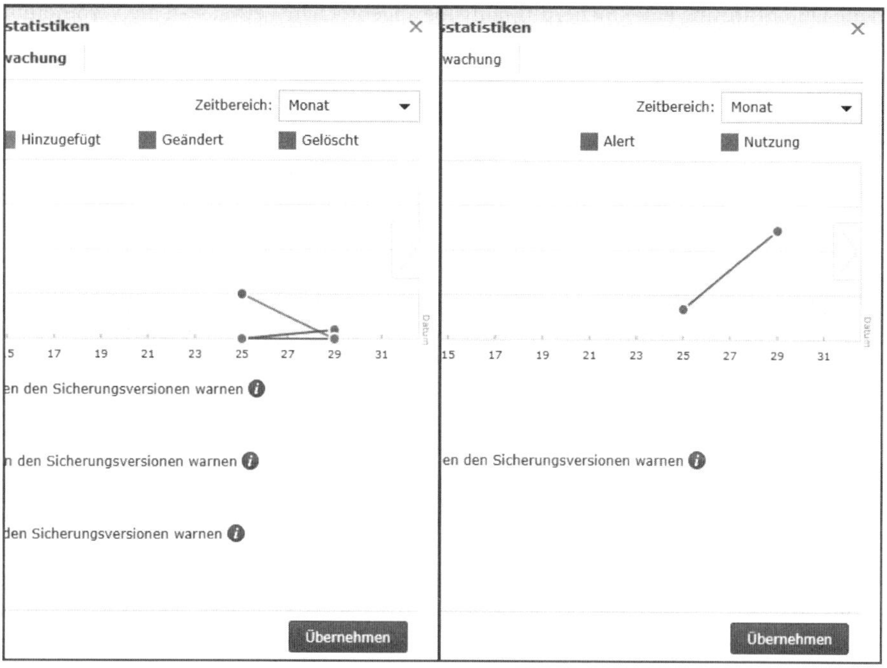

Abb. 8.25: Verschiedene Statistiken des Backups

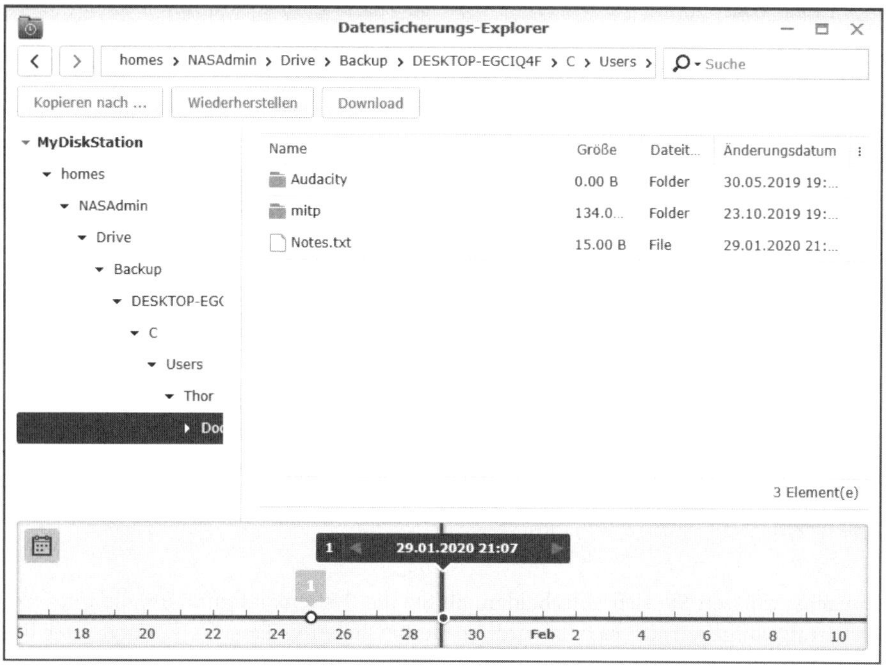

Abb. 8.26: Der Datensicherungs-Explorer gewährt Zugriff auf alle angelegten Backups.

Wird die Durchführung einer Sicherungsaufgabe abgebrochen – etwa, weil die Verbindung zum Ziel unterbrochen wurde oder der Speicherplatz ausgegangen ist –, können Sie die Sicherung nach Behebung des Problems wieder fortsetzen.

Sicherung wiederherstellen

Das Wiederherstellen eines Backups geht ganz einfach. Gehen Sie sicher, dass das Sicherungsziel mit Ihrem NAS verbunden bzw. erreichbar ist und führen Sie folgende Schritte aus:

1. Öffnen Sie *Hyper Backup*.
2. Klicken Sie auf das Wiederherstellen-Icon und wählen Sie den Eintrag DATEN.
3. Wählen Sie die Sicherungsaufgabe, dessen Backup Sie wiederherstellen wollen.

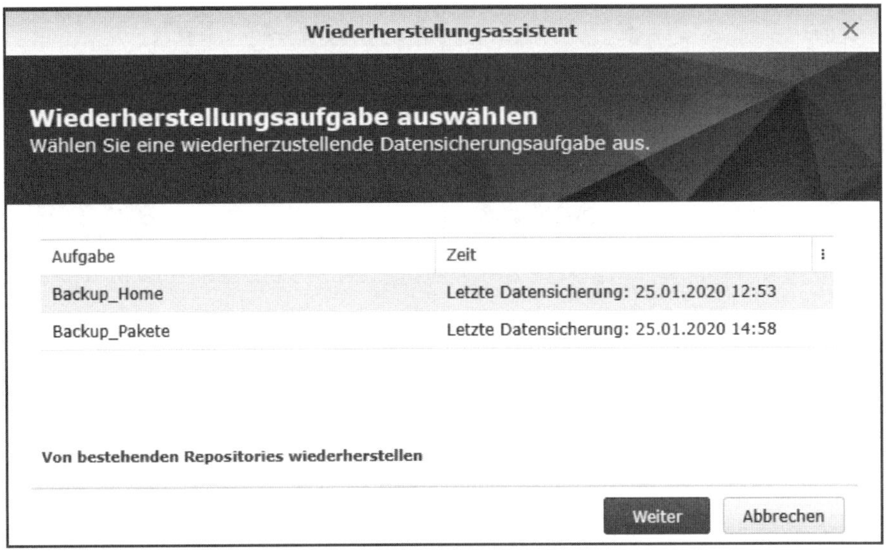

Abb. 8.27: Daten wiederherstellen anhand einer bestehenden Aufgabe oder aus einer Quelle, zu der keine Aufgabe vorhanden ist

Hinweis

Haben Sie Ihr NAS neu aufgesetzt oder ein neues NAS-Gerät in Betrieb genommen, können Sie ebenfalls ein Backup »wiederherstellen«. Wählen Sie dazu in Schritt 3 VON BESTEHENDEN REPOSITORIES WIEDERHERSTELLEN. Sie können dann nach einem Backup suchen, das mit Hyper Backup angelegt wurde, ohne die entsprechende Sicherungsaufgabe angelegt zu haben.

4. Zunächst müssen Sie sich entscheiden, ob Sie die Systemkonfiguration, die mit jeder Sicherungsaufgabe mitgesichert wird, wiederherstellen wollen. Sie können über das Dropdown die gewünschte Version der Konfiguration auswählen. Im Fenster darunter

sehen Sie, welche Einstellungen in der Konfiguration enthalten sind und welche Werte sie haben. Bei der Wiederherstellung der Systemkonfiguration werden die Einstellungen zur bestehenden Konfiguration hinzugefügt, nur bei abweichenden Einstellungen werden die bestehenden überschrieben.

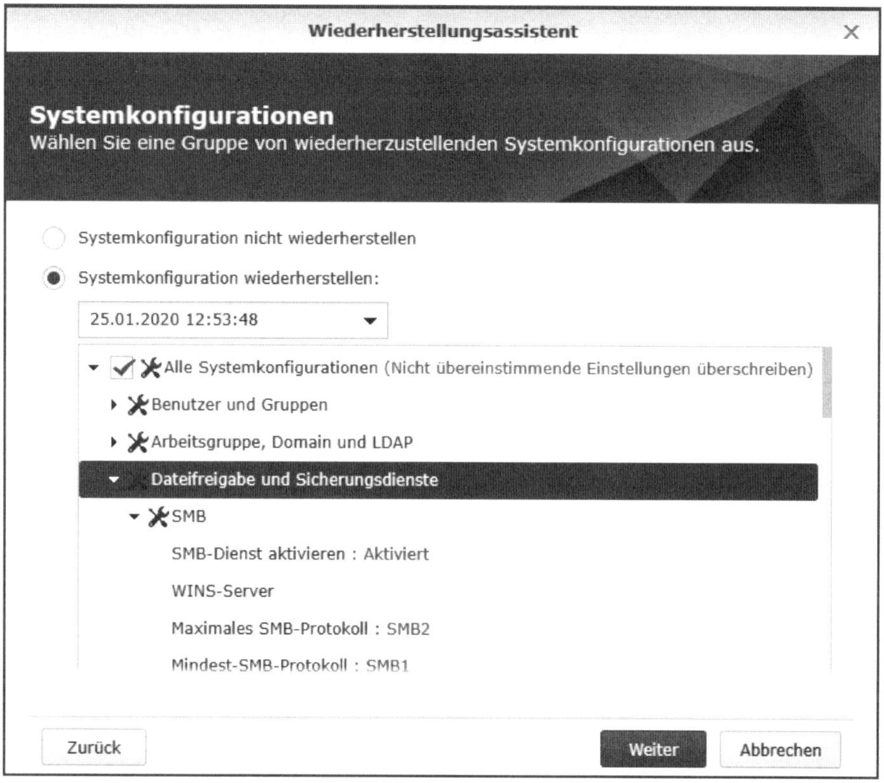

Abb. 8.28: Der Assistent zeigt Ihnen, welche Einstellungen in der Konfiguration enthalten sind.

Beispiel: Einstellungen ergänzen oder überschreiben

Sie haben auf Ihrem NAS die Benutzer Franz und Sissi angelegt und in der wiederherzustellenden Konfiguration sind die Benutzer Wolfgang und Franz enthalten. Nach dem Wiederherstellungsvorgang sind alle drei Benutzer auf dem NAS vorhanden.

Hat der lokale Benutzer Franz keinen Zugriff auf den gemeinsamen Ordner `Dokumente`, der Benutzer Franz aus dem Backup allerdings schon, hat der Benutzer nach der Wiederherstellung die Zugriffsrechte.

5. Im nächsten Schritt wählen Sie den gemeinsamen Ordner bzw. Unterordner davon aus, die Sie wiederherstellen wollen. Anhand der Zeitleiste wählen Sie die Version aus. Ist der gemeinsame Ordner noch nicht auf dem NAS vorhanden, wird er im Zuge des Vorgangs

angelegt. Ist der Ordner mit einem roten Zeichen markiert, ist ein gleichnamiger Ordern bereits vorhanden, der Inhalt wird durch die ausgewählte Version überschrieben.

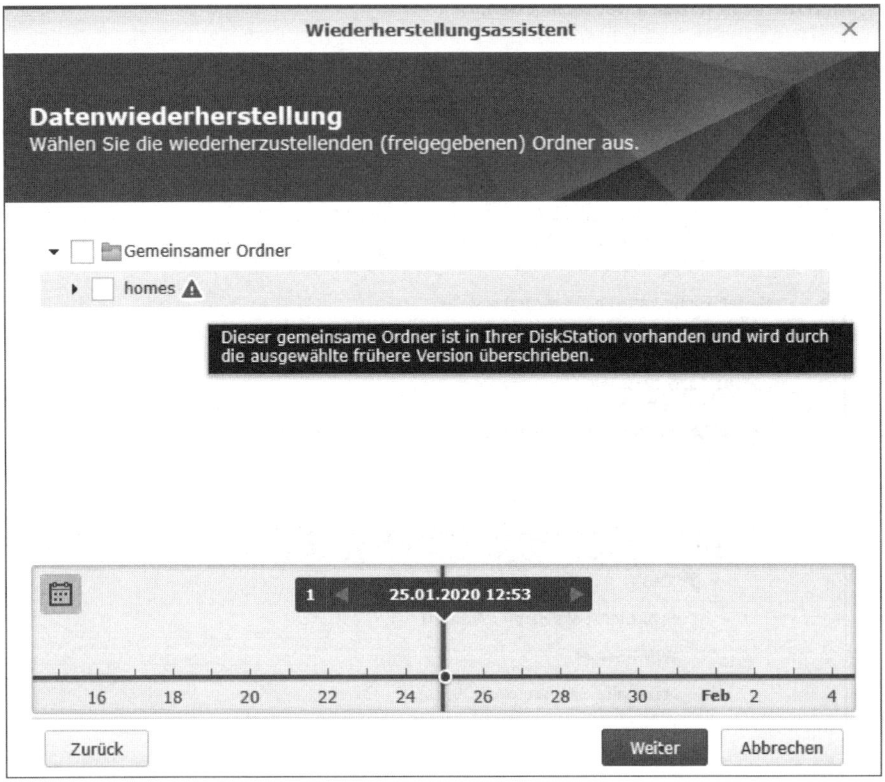

Abb. 8.29: Gibt es einen gleichnamigen Ordner bereits, wird er ersetzt.

6. Im letzten Schritt sehen Sie eine Zusammenfassung. Mit einem Klick auf ÜBERNEHMEN wird der Vorgang gestartet.

Sicherungsaufgaben neu verknüpfen

Ziehen Sie auf ein neues NAS-Gerät um oder wollen Sie Ihr bestehendes neu aufsetzen, können Sie vorhandene Sicherungen auf das neue Gerät übernehmen. Wählen Sie dazu im Datensicherungs-Assistenten MIT VORHANDENER AUFGABE NEU VERKNÜPFEN aus. Wählen Sie dann das Sicherungsziel und den Ordner aus, in dem das Backup enthalten ist. Die nachfolgenden Schritte sind die gleichen wie auch bei der Erstellung einer neuen Sicherungsaufgabe. Sie müssen die Konfiguration erneut vornehmen, da die Einstellungen der Aufgabe selbst nicht im Backup vorhanden sind.

8.3.3 Ein anderes Synology NAS als Sicherungsziel

NAS-Geräte von Synology lassen sich hervorragend verbinden. So besteht die Möglichkeit, ein Gerät als Sicherungsziel für ein anderes Gerät zu wählen. Das kann besonders hilfreich sein, wenn Sie sich an die 1 aus der 3-2-1-Regel zurückerinnern. Ein Backup sollte außer Haus gelagert werden. Also vielleicht haben Sie ja einen Verwandten oder Bekannten, der ebenfalls ein Synology NAS hat oder eines gebrauchen könnte, dann können Sie Ihre Geräte gegenseitig als Sicherungsziel verwenden. Oder Sie können ein Zweitgerät bei sich im Büro oder bei jemandem zu Hause aufstellen. Schaffen Sie sich selbst ein neues Gerät an, können Sie den Vorgänger natürlich verkaufen oder Sie nutzen ihn als Gerät für Backups.

NAS als Sicherungsziel vorbereiten

Damit Sie ein Synology NAS als Sicherungsziel verwenden können, müssen Sie das Paket *Hyper Backup Vault* installieren.

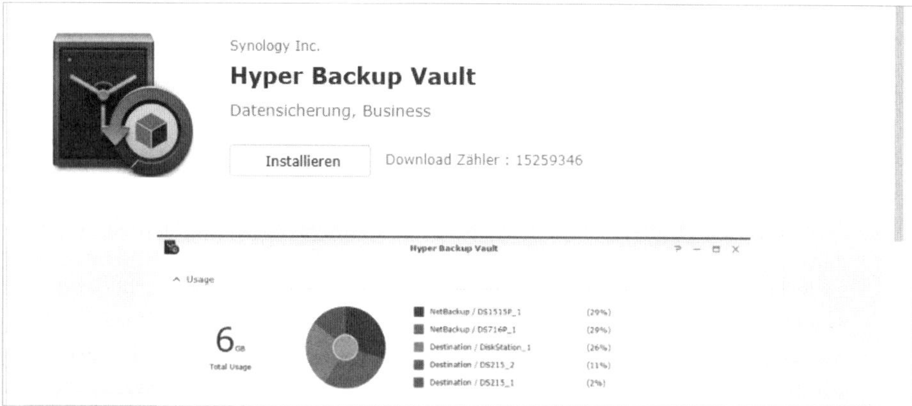

Abb. 8.30: Hyper Backup Vault finden Sie im Paket-Zentrum.

Hinweis

Befinden sich die beiden Geräte nicht im selben LAN, dann muss das Zielgerät über das Internet erreichbar sein. Dazu muss auf dem Zielgerät entweder QuickConnect eingerichtet sein (siehe Abschnitt 9.1 »Zugriff über QuickConnect«) oder es ist über eine Domain erreichbar (siehe Abschnitt 9.2 »Externen Zugriff einrichten«). Zusätzlich muss im Router des Ziels der Port 6281 freigegeben und an das NAS weitergeleitet werden.

Zusätzlich benötigen Sie einen gemeinsamen Ordner, in dem die Sicherungen angelegt werden, dazu ist auch ein Benutzer erforderlich, der Zugriff auf diesen gemeinsamen Ordner hat.

Sicherung auf einem anderen NAS einrichten

1. Öffnen Sie auf dem Quell-NAS *Hyper Backup*.
2. Erstellen Sie eine neue Sicherungsaufgabe und wählen Sie als Sicherungsziel REMOTE-NAS-GERÄT.

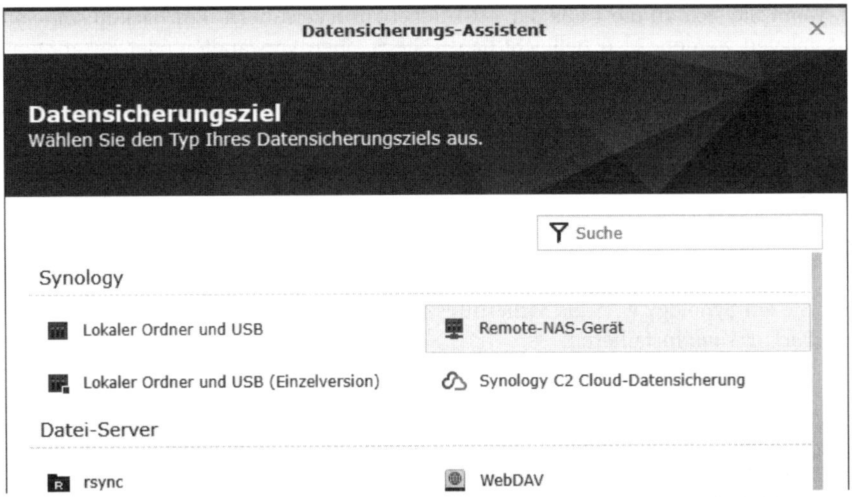

Abb. 8.31: Andere Synology NAS als Sicherungsziel

3. Im nächsten Ziel müssen Sie die Verbindung zum Zielgerät konfigurieren.
   - Geben Sie die Adresse des Ziel-NAS ein. Sie können hier eine Domain, eine IP-Adresse oder die QuickConnect-ID verwenden. Befindet sich das NAS im selben LAN, können Sie auch das Dropdown-Menü öffnen. Der Assistent sucht dann nach Geräten im Netz.
   - Sie sollten Ihre Daten stets verschlüsselt übertragen, gerade wenn die Sicherung über das Internet läuft. Schalten Sie also die Übertragungsverschlüsselung ein und klicken Sie auf VERTRAUEN. Das Quellgerät bezieht daraufhin das Zertifikat des Zielgeräts.

Hinweis

Für die verschlüsselte Übertragung muss am Zielgerät ein SSL-Zertifikat eingerichtet sein. Nach der Installation von DSM ist bereits ein Standard-Zertifikat installiert. Alles Weitere zu Zertifikaten finden Sie in Abschnitt 9.2.5 »Sicherheit durch SSL-Verschlüsselung«.

   - Unter PORT können Sie selbst einen Port angeben, dieser muss im Router des Ziels freigegeben sein.
   - Geben Sie die Anmeldedaten für den vorbereiteten Benutzer an.
   - Öffnen Sie das Dropdown-Menü für den gemeinsamen Ordner. Der Assistent meldet sich am Zielgerät an und listet nur die Ordner auf, auf die der angegebene Benutzer zugreifen darf. Geben Sie zusätzlich einen Verzeichnisnamen für die Sicherung ein.
   - Mit einem Klick auf WEITER werden die Angaben geprüft. Verwenden Sie für die verschlüsselte Übertragung das Standard-Zertifikat oder ein selbst signiertes Zertifikat, kann dieses nicht überprüft werden. Sie erhalten eine entsprechende Meldung. Vertrauen Sie dem Ziel-Gerät,klicken Sie erneut auf VERTRAUEN und WEITER.

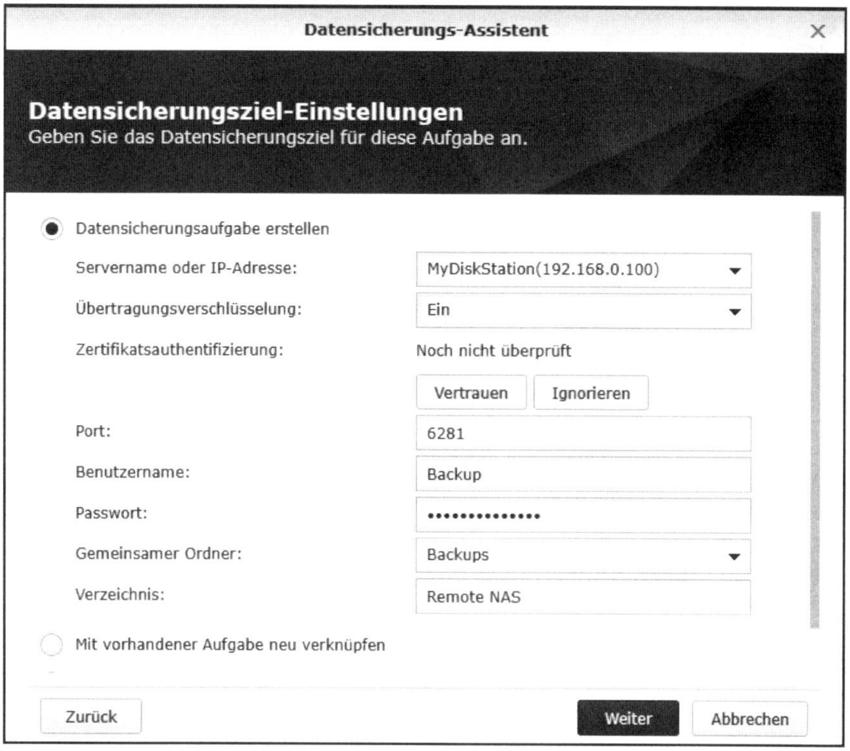

Abb. 8.32: Achten Sie auf eine verschlüsselte Verbindung.

4. In den nächsten Schritten konfigurieren Sie die Sicherungsaufgabe wie schon in Abschnitt »Datensicherungsaufgabe erstellen«, Seite 211.
5. Anschließend ist die Aufgabe bereit und die Sicherung auf das andere Synology NAS kann durchgeführt werden.

Sich mit Hyper Backup Vault einen Überblick verschaffen

Am Zielgerät können Sie sich mit Hyper Backup Vault einen Überblick über alle Sicherungsaufgaben, die dieses NAS als Ziel haben, verschaffen. Unter Überblick sehen Sie das Datenvolumen, das alle Backups einnehmen. Darunter sehen Sie, ob gerade eine Sicherung durchgeführt wird. Unter Alle Aufgaben sehen Sie die Aufgaben aufgelistet und können zu jeder Aufgabe Details wie Statistiken, Einstellungen und ein Protokoll einsehen. Hier wäre es auch möglich, auf den Datensicherungsexplorer zuzugreifen (über das Icon Versionsliste). Ist das Backup verschlüsselt, wird dazu aber das Passwort oder der Schlüssel benötigt.

Vorsicht

Nutzen Sie das NAS eines anderen bzw. wenn auch andere Nutzer Zugriff auf Hyper Backup Vault haben, sollten Sie Ihre Backups stets verschlüsseln, sofern Sie nicht wollen, dass andere auf Ihre Daten zugreifen können.

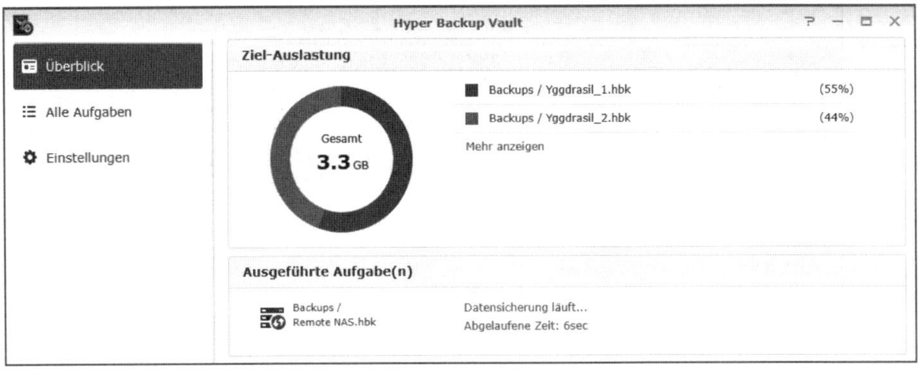

Abb. 8.33: Überblick über alle Sicherungen und über laufende Sicherungen

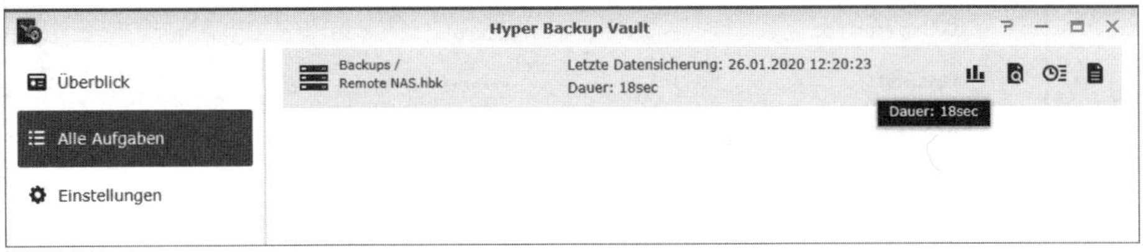

Abb. 8.34: Zugriff auf die einzelnen Sicherungsaufgaben

Unter EINSTELLUNGEN können Sie die Anzahl gleichzeitiger Sicherungsaufgaben festlegen.

8.3.4 Synology-NAS-Geräte miteinander synchronisieren

Synology bietet noch ein weiteres Werkzeug, um Daten von einem NAS auf ein anderes zu übertragen. Genauer geht es darum, zwei NAS-Server miteinander zu synchronisieren. Es handelt sich dabei also nicht um ein Backup im herkömmlichen Sinn. Ich meine *Synology Drive ShareSync*. So wie Sie in Kapitel 7 gelernt haben, Ihre Geräte mit Ihrem NAS zu synchronisieren, so können Sie auch mehrere NAS miteinander synchronisieren. Sie können mit ShareSync Daten auf ein anderes NAS sichern, es lassen sich aber noch ganz andere Anwendungsfälle damit abdecken.

Mehrere NAS-Geräte zu synchronisieren, ist vor allem für den professionellen Bereich interessant, wo Geräte in verschiedenen Netzen eines Unternehmens betrieben werden. So können mehrere Firmenstandorte ein eigenes NAS für die Bereitstellung einer Cloud für die jeweiligen Mitarbeiter nutzen. Für die Vernetzung der einzelnen Standorte und der Mitarbeiter über Standorte hinweg können die einzelnen NAS-Geräte miteinander synchronisiert werden.

Tipp

Interessieren Sie sich für technische Details von Synology Drive bzw. den professionellen Einsatz, dann empfehle ich Ihnen das *Synology Drive White Paper*. Sie finden es im Bereich DOKUMENTE im Download-Zentrum auf `www.synology.com`.

Synchronisierung einrichten

Synchronisieren Sie Ihre Geräte mit dem NAS, so ist das NAS der Server und die Geräte sind der Client. Synchronisieren Sie mehrere NAS-Geräte miteinander, so muss es auch dort einen Server und einen oder mehrere Clients geben, auch wenn diese Clients vielleicht selbst als Server für Geräte agieren.

Auf dem Server-NAS muss also der Drive Server installiert sein und auf den Client-NAS Synology Drive ShareSync. Da sich die Anwendungen nicht einzeln installieren lassen, müssen Sie auf allen beteiligen NAS einfach nur das Paket *Synology Drive* installieren (siehe Abschnitt 7.1 »Das NAS zur Cloud machen«). Auf dem Server-NAS müssen Sie außerdem einen bzw. mehrere gemeinsame Ordner und einen bzw. mehrere Benutzer einrichten, die für die Synchronisierung benutzt werden. Der bzw. die gemeinsamen Ordner müssen in der Synology-Drive-Admin-Konsole aktiviert werden (siehe Abschnitt 7.1.2 »Den Drive Server konfigurieren«).

Hinweis

Befindet sich die beiden Geräte nicht im selben LAN, dann muss das Zielgerät über das Internet erreichbar sein. Dazu muss auf dem Zielgerät entweder QuickConnect eingerichtet sein oder es ist über eine Domain erreichbar.

1. Öffnen Sie auf dem Client-NAS das Paket *Synology Drive ShareSync*. Klicken Sie auf JETZT STARTEN oder fügen Sie eine neue Aufgabe hinzu.
2. Geben Sie die Adresse des Server-NAS ein. Sie können die IP, die Domain oder die QuickConnect-ID verwenden. Geben Sie dann einen Benutzer an, mit dem die Synchronisierung durchgeführt wird. Dieser muss auf dem Server-NAS angelegt sein. Nutzen Sie unbedingt die SSL-Verschlüsselung, gerade bei Übertragungen über das Internet.

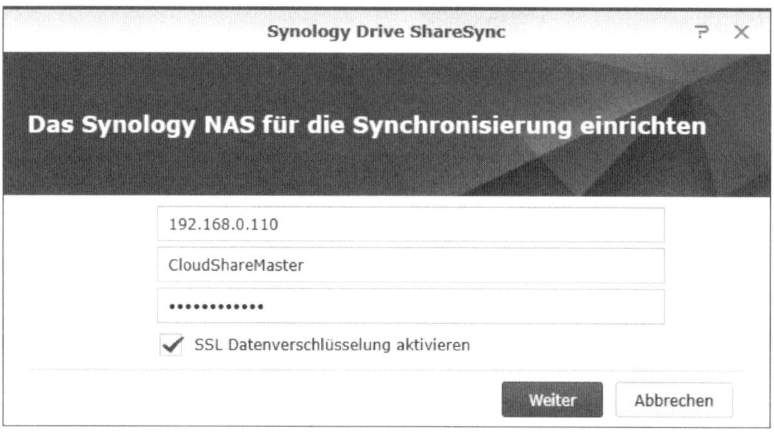

Abb. 8.35: Geben Sie die Anmeldedaten für die andere DiskStation an.

3. Im nachfolgenden Schritt wählen Sie den Ordner für die Synchronisierung aus. Aktivieren Sie dazu den gewünschten gemeinsamen Ordner des Server-NAS. Mit einem Klick auf das Ordner-Icon können Sie den gemeinsamen Ordner des Client-NAS auswählen.

Hinter dem Schraubenschlüssel-Icon verbergen sich die Synchronisierungseinstellungen, die Sie schon aus Kapitel 7 kennen.

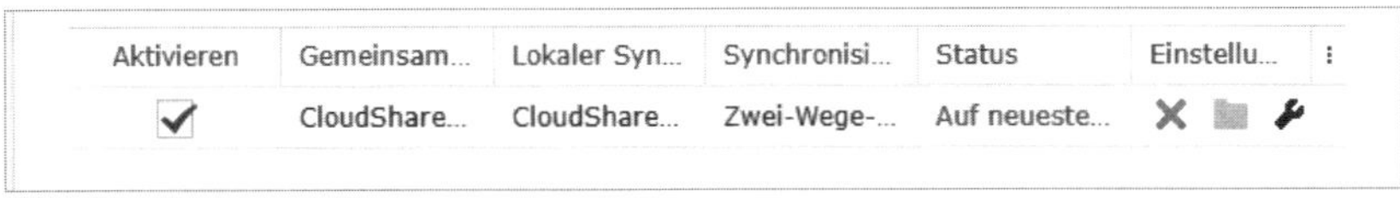

Abb. 8.36: Verknüpfen Sie die gewünschten Ordner.

Die Synchronisierung ist jetzt eingerichtet. Auf dem Client-NAS finden Sie ein neues Symbol in der Taskleiste. Das Symbol zeigt Ihnen den Status der Synchronisierung an und bietet Ihnen den Zugriff auf die einzelnen gemeinsamen Ordner sowie auf die ShareSync-Anwendung. Diese bietet Ihnen dieselben Einstellungen, wie sie auch für die Synchronisierung zwischen NAS und Endgeräten zur Verfügung stehen.

Abb. 8.37: Statusanzeige und Schnellzugriff in der Taskleiste

Abb. 8.38: Der Aufbau ähnelt Hyper Backup.

Teil III

Konfiguration für Fortgeschrittene

Mit den Grundlagen sind Sie jetzt vertraut und bevor wir uns mit dem beschäftigen, was aus Ihrem Synology NAS einen Heimserver macht, befassen wir uns noch einmal genauer mit dem Betriebssystem des NAS.

Nachdem Sie Ihre Dateien jetzt mit Ihrem NAS organisieren, ist es an der Zeit, sich über die Erreichbarkeit im Internet Gedanken zu machen. Aber auch das Thema Sicherheit ist von großer Wichtigkeit und darf nicht zu kurz kommen. Außerdem lernen Sie, das NAS an Ihre Bedürfnisse anzupassen, es zu überwachen, aber auch, wie Sie es so konfigurieren, dass es sich selbst überwacht und Sie benachrichtigt.

In diesem Teil:

- **Kapitel 9**
  Das NAS über das Internet erreichen 231
- **Kapitel 10**
  Sicherheit.................................... 257
- **Kapitel 11**
  Den Betrieb anpassen und überwachen 291

Kapitel 9

Das NAS über das Internet erreichen

Bisher hat der Zugriff auf Ihr NAS ausschließlich im eigenen Netzwerk stattgefunden, auch wenn viele der Zugriffsmethoden ebenfalls über das Internet funktionieren und die mobilen Apps genau dafür gemacht sind. Dienste, Anwendungen und Dateien im Internet freizugeben, bedeutet aber immer ein Sicherheitsrisiko. Ein Risiko, das Sie bereit sein müssen einzugehen, wenn Sie von den Möglichkeiten eines externen Zugangs profitieren wollen.

In diesem Kapitel erkläre ich Ihnen, wie Sie Ihr NAS bzw. Bereiche davon im Internet verfügbar machen, und das möglichst sicher. In diesem Zusammenhang ist auch das nachfolgende Kapitel 10 »Sicherheit« sehr wichtig.

9.1 Zugriff über QuickConnect

QuickConnect ermöglicht unerfahrenen Nutzern, Dienste des Synology NAS über das Internet zu erreichen, ohne im Router eine Portfreigabe konfigurieren zu müssen.

QuickConnect funktioniert über einen Server-Dienst von Synology. Das NAS baut eine ständige, sehr langsame Verbindung zu diesem Server auf. Anfragen aus dem Internet werden ebenfalls an diesen Server übermittelt. Das NAS holt die Anfragen dann von dort ab und verarbeitet sie. QuickConnect funktioniert aber auch im lokalen Netz ohne den Umweg über den Synology Server.

- QuickConnect lässt sich zwar schnell einrichten, bringt aber eine Menge Nachteile mit sich.
- QuickConnect funktioniert nur mit den Synology-Apps. Dritthersteller-Anwendungen oder den Webserver können Sie über QuickConnect nicht erreichen.
- QuickConnect erfordert eine ständige Verbindung Ihres NAS zum Synology-Server.
- Die Verbindung zum Synology-Server ist äußerst langsam. QuickConnect steht kostenlos zur Verfügung, dementsprechend knapp sind die Ressourcen, die Synology bereitstellt.
- All Ihre Daten werden über einen fremden Server geleitet. Dieser Server hat Zugriff auf Ihre Daten. QuickConnect ist aus Sicht des Datenschutzes daher bedenklich.

Achtung

Ich erkläre QuickConnect der Vollständigkeit halber. Aufgrund der vielen Nachteile rate ich vom Einsatz aber ab. Ich empfehle, die Freigabe selbst einzurichten (siehe Abschnitt 9.2 »Externen Zugriff einrichten«).

9.1.1 QuickConnect aktivieren

1. Öffnen Sie SYSTEMSTEUERUNG|QUICKCONNECT|ALLGEMEIN.
2. Aktivieren Sie QuickConnect über die Checkbox.
3. Geben Sie Ihre Kontoinformationen ein oder registrieren Sie ein neues Synology-Konto.
4. Erstellen Sie eine *QuickConnect-ID*. Die ID kann aus Buchstaben, Ziffern und Bindestrichen (-) bestehen und muss mit einem Buchstaben beginnen.
5. Bestätigen Sie die Angaben mit einem Klick auf ÜBERNEHMEN.

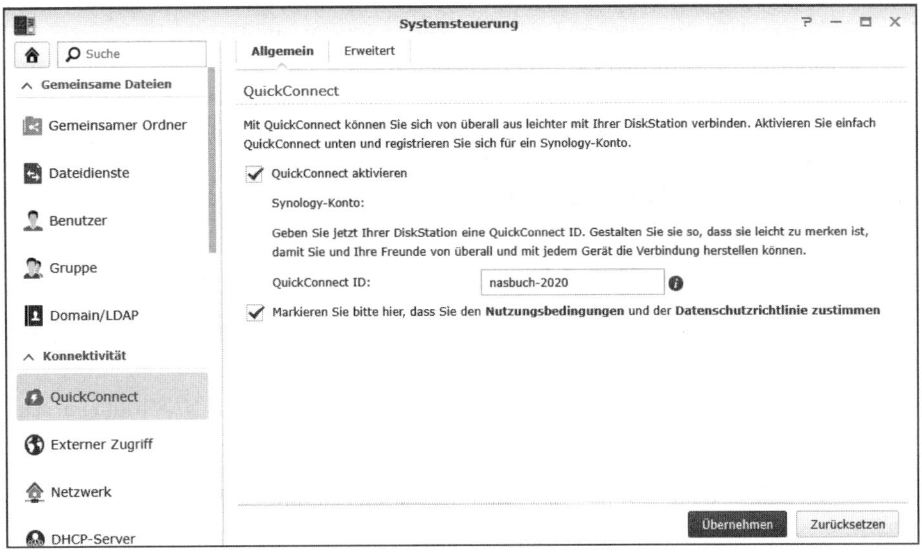

Abb. 9.1: Für QuickConnect benötigen Sie ein Synology-Konto.

9.1.2 QuickConnect auf bestimmte Anwendungen/Dienste beschränken

Da Sie keine Portfreigabe einrichten müssen, sind grundsätzlich alle Synology-Anwendungen erreichbar. Sie haben aber mit QuickConnect die Möglichkeit, den Zugriff nur auf bestimmte Anwendungen oder Dienste zu ermöglichen. Unter SYSTEMSTEUERUNG|QUICKCONNECT|ERWEITERT können Sie die installierten Anwendungen/Dienste auswählen, die Sie mit QuickConnect erreichen wollen (siehe Abbildung 9.2).

9.1.3 Weitere Einstellungen

- QUICKCONNECT RELAY-DIENST AKTIVIEREN – Hierbei handelt es sich um die eigentliche Aufgabe von QuickConnect. Ist für eine Anfrage der entsprechende Port nicht im Router geöffnet, wird die Anfrage über den Synology-Server geleitet.
- PORTWEITERLEITUNGSREGELN AUTOMATISCH ERSTELLEN – Haben Sie einen UPnP-fähigen Router, würde DSM bei aktivierter Option selbst Portfreigaben erstellen. Ich rate davon ab. Deaktivieren Sie diese Option, falls Sie QuickConnect nutzen wollen, und lesen Sie weiter unten nach, wie Sie Portfreigaben einrichten.

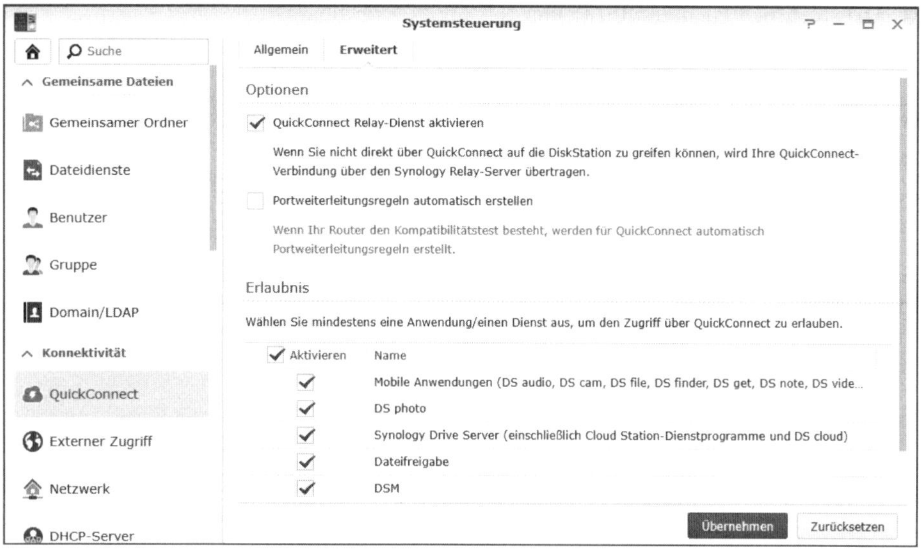

Abb. 9.2: QuickConnect anpassen und auf bestimmte Dienste beschränken

Achtung

Erstellen Sie Portfreigaben immer selbst. Nur dann können Sie sichergehen, wie sich Ihr Netzwerk verhält. Durch UPnP können ungewollt Ports geöffnet werden, die ein Sicherheitsrisiko darstellen, wenn Sie den Zugriff nicht ausreichend absichern.

9.1.4 Zugriff auf das Synology NAS mit QuickConnect

Sie können die QuickConnect-ID jetzt nutzen, um eine Verbindung zu Ihrem NAS aufzubauen. Außerdem können Sie QuickConnect in allen mobilen Apps von Synology (*DS find, DS file, Drive, DS cloud, DS photo* etc.), den Synology-Desktop-Clients wie dem *Synology Drive Client*, der *Note Station* und *Chat*, aber auch in DSM-Anwendungen wie *Hyper Backup* und *Synology Drive ShareSync* verwenden.

Synology empfiehlt für die Leistungsverbesserung von QuickConnect, die Ports der Anwendungen am Router freizugeben – also das zu tun, was QuickConnect verspricht, dass Sie es nicht tun müssen. Damit Sie die Ports nicht per Hand freigeben müssen, bietet Synology die Konfiguration über UPnP an. Der Aufwand ist damit kaum geringer, als wenn Sie Ihr NAS per Hand im Internet freigeben, nur dass Sie mit QuickConnect und UPnP zwei Werkzeuge verwenden, die Ihnen nicht die volle Kontrolle und den vollen Funktionsumfang gewähren.

Ich empfehle Ihnen, den externen Zugriff selbst einzurichten. QuickConnect erspart Ihnen lediglich die Einrichtung von DDNS (siehe folgenden Abschnitt).

9.2 Externen Zugriff einrichten

Damit Sie Anwendungen und Dienste Ihres Synology NAS auch ohne QuickConnect aus dem Internet aufrufen können, sind einige Schritte notwendig.

- DDNS einrichten, damit Ihr Router von außen erreichbar ist
- Anwendungsports auf Ihrem Router freigeben, damit Anfragen auch weitergeleitet werden.
- Die eigene Domain verwenden (optional)
- Sicherheit durch SSL

Je nachdem, welche Anwendung Sie über das Internet erreichen möchten, sind noch weitere Schritte notwendig, um diese zu konfigurieren bzw. richtig abzusichern.

In diesem Kapitel werde ich den Internetzugriff anhand der Anwendungen demonstrieren, die ich in den vorangegangenen Kapiteln bereits vorgestellt habe. Für die Anwendungen, die ich bisher noch nicht beschrieben habe, werde ich in den jeweiligen Kapiteln näher auf das Thema Internet eingehen.

Tipp

Das Thema externer Zugriff überlappt sich sehr stark mit anderen Themen, wie etwa der Sicherheit (Kapitel 10) oder dem Webserver bzw. der *Web Station* (Kapitel 20). Da es sehr schwierig ist, einzelne Bereiche einem Thema eindeutig zuzuordnen bzw. diese in linearer Form zu erläutern, werde ich Sie häufig auf die anderen Kapitel verweisen. Gerade das Thema Sicherheit sollten Sie im Zusammenhang mit dem Internet nicht unterschätzen. Ich empfehle Ihnen daher, zusätzlich zu diesem Kapitel auch das Kapitel über Sicherheit sowie die anderen Querverweise zu lesen, ehe Sie einzelne Schritte in die Tat umsetzen.

9.2.1 Den Router aus dem Internet erreichen – DDNS einrichten

Ihr Router bekommt von Ihrem ISP (Internet Service Provider) eine globale IP-Adresse zugewiesen. Diese IP ist die Quell-Adresse bei Anfragen in das Internet und die Ziel-Adresse für Antworten bzw. Anfragen von außen. Die meisten privaten Nutzer bekommen von ihrem ISP eine dynamische IP-Adresse, das heißt, die IP ist nur eine gewisse Zeit lang ihrem Router zugeordnet (meist 24 Stunden, danach erfolgt bei vielen Providern eine kurze Zwangstrennung). Nach Ablauf der Zeit bzw. bei erneutem Verbindungsaufbau erhält der Router eine andere IP.

Um Ihr NAS über das Internet zu erreichen, müssen Sie die externe IP-Adresse Ihres Routers ansprechen. Das wird schwierig, wenn diese sich ständig ändert. Abhilfe schafft hier *DDNS* (dynamic DNS).

Hinweis

Hat Ihnen Ihr Provider eine statische IP-Adresse zugewiesen, benötigen Sie kein DDNS. Haben Sie keine eigene Domain, können Sie DDNS aber dennoch nutzen, um einen Domainnamen zu erhalten, mit dem Sie auf Ihr NAS zugreifen können.

Wie DDNS funktioniert

Der DNS ist ein Dienst, der auf einem Server läuft. Dieser Dienst verknüpft IP-Adressen mit Domainnamen. Rufen Sie eine Domain auf, wird zuerst eine Anfrage an einen DNS gesendet. Der DNS liefert die zugehörige IP-Adresse zum übermittelten Domainnamen. Mit dieser IP-Adresse wird dann die eigentliche Kommunikation durchgeführt. DNS-Einträge werden vom Inhaber der Domain erstellt. Ändert sich jetzt die dynamisch zugewiesene IP-Adresse, liefert der DNS eine falsche Antwort, sofern der DNS-Eintrag nicht angepasst wird. Diese Anpassung per Hand vorzunehmen, ist nicht praktikabel.

Die Lösung für dieses Problem heißt *dynamic DNS*. DDNS-Anbieter verwalten eigene Domains und weisen den Kunden Subdomains zu. Zusätzlich bieten sie einen Dienst an, über den automatisch geänderte IP-Adressen übermittelt und die DNS-Einträge aktuell gehalten werden.

Damit die neue IP-Adresse übermittelt werden kann, ist ein DDNS-Client erforderlich. Dieser muss innerhalb des lokalen Netzwerks laufen, dessen externe IP er melden soll. Der Client kann eine Desktop-Software, das NAS oder der Router selbst sein (sofern dieser DDNS unterstützt). Haben Sie eine eigene Domain, können Sie diese auf die DDNS-Domain verweisen lassen, aber dazu später mehr.

Es gibt DDNS-Anbieter in Hülle und Fülle, kostenlos sind aber nur wenige und diese weisen meist Einschränkungen auf. Synology bietet aber selbst einen DDNS-Service an, der beim Kauf eines Synology NAS kostenlos ist. Um den DDNS-Service nutzen zu können, müssen Sie sich ein Synology-Konto anlegen und dort die Seriennummer Ihres NAS-Geräts eintragen (siehe folgenden Abschnitt). Ein Konto können Sie unter `https://account.synology.com` erstellen.

Die Seriennummer eintragen

Sofern Sie das nicht bereits getan haben, müssen Sie die Seriennummer Ihres NAS in Ihrem Synology-Konto eintragen. Melden Sie sich bei Ihrem Synology-Konto an und klicken Sie auf MEINE GERÄTE und dort auf GERÄT HINZUFÜGEN. Geben Sie die Seriennummer Ihres NAS-Geräts ein und fügen Sie das Gerät hinzu. Unter MEINE GERÄTE sehen Sie eine Liste all Ihrer registrierten Geräte und, sofern konfiguriert, *QuickConnect* und *DDNS*.

Den DDNS-Client auf dem NAS konfigurieren

1. Gehen Sie zu SYSTEMSTEUERUNG|EXTERNER ZUGRIFF|DDNS.
2. Klicken Sie auf HINZUFÜGEN.
3. Wählen Sie SYNOLOGY als Serviceanbieter.
4. Geben Sie die Anmeldetaten für Ihr Synology-Konto ein, sofern Ihr NAS noch nicht mit Ihrem Konto verbunden ist.
5. Wählen Sie einen Hostnamen.
6. Klicken Sie zuerst auf VERBINDUNG TESTEN, um zu überprüfen, ob Ihre Angaben korrekt sind, bestätigen Sie anschließend mit OK.
7. Der DDNS-Client versucht sofort, die externe IP an den DDNS-Service zu übermitteln. In der Spalte STATUS ist ersichtlich, ob der Vorgang erfolgreich durchgeführt werden konnte. In Ihrem Synology-Konto können Sie den DDNS-Status ebenfalls prüfen.

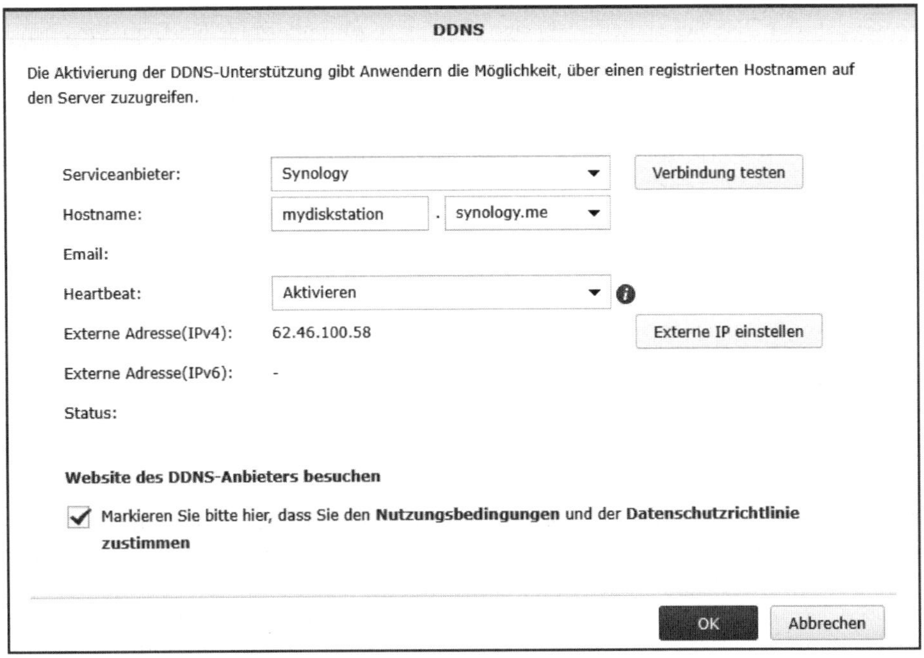

Abb. 9.3: Konfigurieren Sie den Synology-DDNS direkt in DSM.

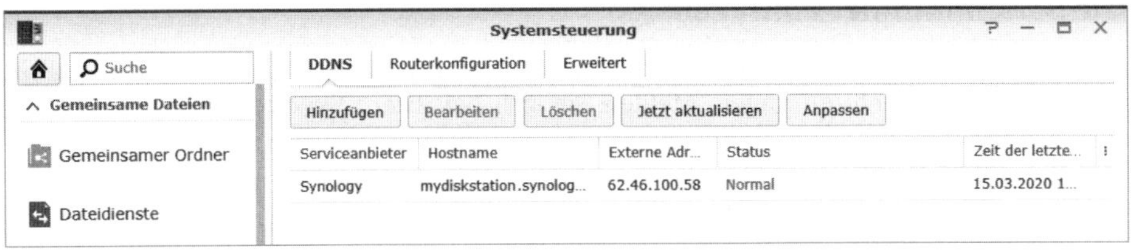

Abb. 9.4: DDNS wurde erfolgreich eingerichtet und die externe IP wurde übermittelt.

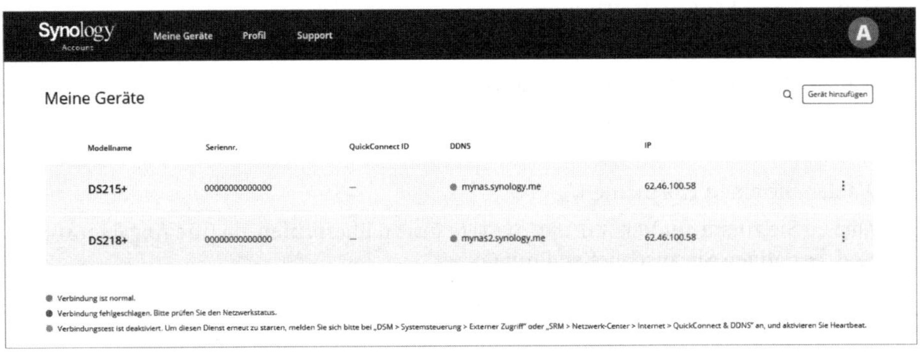

Abb. 9.5: Auch in Ihrem Konto sehen Sie die DDNS-Angaben.

Ändert sich die externe IP-Adresse, meldet der DDNS-Client auf Ihrem NAS die neue IP-Adresse automatisch an den DDNS-Service von Synology. Mit Ihrem DDNS-Hostnamen erreichen Sie so jederzeit Ihren Router.

Für jedes NAS, das Sie in Ihrem Konto registrieren, können Sie eine eigene DDNS-Domain einrichten. Pro Gerät können Sie aber nur einen DDNS-Hostnamen von Synology beziehen. Ein einzelner DDNS-Hostname reicht aber aus, auch wenn Sie mehrere NAS-Geräte in Ihrem lokalen Netz erreichen wollen. Auch NAS-Geräte anderer Hersteller oder eigene Server können dadurch prinzipiell erreicht werden, da der Hostname auf Ihre externe IP (Ihren Router) verweist und nicht auf das Gerät direkt. Einzige Prämisse: Der DDNS-Client muss ausgeführt werden. Ist das NAS mit dem Client ausgeschaltet, können auch die anderen Geräte nicht mehr erreicht werden, wenn sich die externe IP ändert.

Tipp

Unterstützt Ihr Router DDNS, ist es ratsam, dies zu nutzen. Der Router bekommt die neue IP-Adresse direkt zugewiesen, kann also ohne Zeitverlust die Änderung melden. Wenn Sie nicht gerade einen Synology-Router betreiben, müssen Sie allerdings auf einen anderen DDNS-Anbieter ausweichen.

Möchten Sie unterschiedliche Dienste über verschiedene Hostnamen bzw. Subdomains erreichen, müssen Sie sich eine eigene Domain zulegen oder einen DDNS-Anbieter suchen, der Subdomains anbietet. Kostenlose Anbieter bieten oft gar keine oder nur wenige Subdomains an. Eine eigene Domain ist da meist günstiger und vor allem individuell gestaltbar.

DDNS-Anbieter hinzufügen

Sollten Sie einen anderen Anbieter nutzen wollen und diesen in der Liste des DDNS-Clients Ihres NAS nicht finden, können Sie einen neuen Eintrag hinzufügen.

Auf diese Weise können Sie auch denselben Anbieter mehrfach hinzufügen und somit z.B. mehrere Konten gleichzeitig aktualisieren. Im DSM-DDNS-Client können problemlos mehrere Konten gleichzeitig aktiv sein.

9.2.2 Portfreigabe einrichten

Ihr Router ist jetzt über das Internet erreichbar – er weiß aber nicht, was er mit Anfragen von außen tun soll. Erreichen wollen Sie ja nicht den Router, sondern Ihr NAS. Sie müssen den Router also dazu bringen, die Anfragen an das richtige Ziel weiterzuleiten. Das geschieht durch die Portweiterleitung. Dabei werden Anfragen, die an einem bestimmten Port eingehen, an ein anderes Gerät weitergeleitet. Mit diesem Prinzip werden Anfragen in jedem Netzwerk weitergeleitet. Damit Sie Geräte aus dem lokalen Netz aus dem Internet erreichen können, ändert der Router per *NAT* (Network Address Translation) Netzwerkadressen so ab, dass es so aussieht, als wäre er das eigentliche Ziel. Anfragen, die der Router über einen bestimmten Port erhält, werden dann an eine lokale Ressource (Ihr NAS) weitergeleitet. Antworten auf diese Anfrage werden von der Ressource an den Router zurückgesendet und dieser ändert die lokale Adresse wieder auf seine externe Adresse und sendet die Antwort an den Aufrufer. Dieser hat den Eindruck, der Router wäre sein Ziel, von den internen Abläufen bekommt er nichts mit.

Den richtigen Port ermitteln

Damit Sie eine Anwendung erreichbar machen können, müssen Sie den Port, den diese nutzt, auf Ihrem Router »freigeben« bzw. eine Weiterleitung einrichten. Für einige Protokolle sind die Ports relativ bekannt, wie etwa Port 80 für *http* und Port 443 für *https*. Andere Ports sind weniger bekannt bzw. Anwendungen nutzen oft auch eigene Ports. Es gibt zwei Möglichkeiten, den richtigen Port zu ermitteln:

- Die DSM-Firewall bietet eine Liste aller bekannten Anwendungen (siehe Abschnitt 10.7 »Firewall«). Dort können Sie nach der gewünschten Anwendung suchen und deren Port(s) ablesen.
- Sie finden unter der Adresse `https://www.synology.com/de-de/knowledgebase/DSM/tutorial/Network/What_network_ports_are_used_by_Synology_services` ebenfalls eine Liste der verwendeten Ports.

Abb. 9.6: Portfreigabe auf einer Fritz!Box

> **Hinweis**
>
> Der Sicherheit wegen empfiehlt es sich, die Standardports der Synology-Anwendungen zu ändern. Natürlich müssen Sie diese geänderten Ports für die Weiterleitung am Router verwenden. Die Anwendungsliste der Firewall zeigt immer die tatsächlich genutzten Ports an. Ändern Sie eine Portnummer, spiegelt sich das in der Liste wider. Natürlich können Sie auch im Anwendungsportal die Ports ablesen. Details dazu finden Sie in Abschnitt 11.1.1 »Benutzerdefinierte Ports«.

NAT-Tabelle erstellen

Um eine Portweiterleitung einzurichten, müssen Sie sich im Verwaltungsprogramm Ihres Routers anmelden. Da sich der Vorgang je nach Gerät und Hersteller unterscheiden kann, ist die folgende Anleitung nur als grobe Richtlinie zu verstehen.

1. Gehen Sie in das entsprechende Menü in der Verwaltungsoberfläche des Routers. *NAT*, *Portweiterleitung*, *Weiterleitung* oder *Virtueller Server* (z.B. auf TP-Link-Geräten) sind einige Beispiele, wie der Menüpunkt heißen kann. Auf der DD-WRT-Firmware finden Sie den Punkt unter Applications & Gaming|Port Rang Forwarding, OpenWrt führt ihn unter Network|Firewall|Port Forwards und im Fritz!OS finden Sie ihn unter Internet|Freigaben|Portfreigaben.
2. Fügen Sie einen neuen Eintrag hinzu.
3. Beim NAT wird der Zugriff auf die externe IP und einen spezifischen Port auf eine interne IP und denselben Port umgeleitet (98.13.97.23:443 wird zu 192.168.0.10:443). Wird auch auf einen anderen Port umgeleitet (98.13.97.23:87 wird zu 192.168.0.10:443), spricht man vom *Portforwarding*. Normalerweise reicht einfaches NAT.

Portforwarding kann dann notwendig sein, wenn mehrere Instanzen desselben Dienstes betrieben werden.

- Geben Sie als externen Port (manchmal Service-Port genannt) den Port der Anwendung an, die Sie verfügbar machen wollen. Als Beispiel dient hier der Port 7001 für die *File Station* (*https*).
- Als internen Port verwenden Sie dieselbe Portnummer und als IP die lokale Adresse Ihres NAS.

  Es ist wichtig, dass Sie Ihrem NAS eine statische, lokale IP-Adresse zugewiesen haben. Die NAT-Tabelle ändert sich nicht automatisch, wenn einem Gerät eine andere Adresse als bisher zugewiesen wird. Details hängen von der Routersoftware ab.

Achtung

Die File Station benutzt nur dann Port 7001, wenn Sie den benutzerdefinierten Port im Anwendungsportal aktiviert haben (siehe Abschnitt 11.1 »Das Anwendungsportal«), was Sie auch tun sollten. Die File Station nutzt sonst denselben Port wie DSM und Sie sollten aus Sicherheitsgründen DSM nicht im Internet freigeben.

Wiederholen Sie den Vorgang für jeden Dienst, den Sie über das Internet erreichen wollen.

Achtung

Geben Sie nur jene Ports frei, die Sie auch tatsächlich benötigen. Jeder offene Port ist eine zusätzliche Angriffsfläche für Angriffe aus dem Internet.

Die wichtigsten Schritte haben Sie hinter sich. Sie sollten jetzt in der Lage sein, den bzw. die Dienste über den DDNS-Hostnamen zu erreichen. Um die Verbindung zu testen, verwenden Sie am besten die mobile Datenverbindung Ihres Smartphones. Installieren Sie die gewünschte Synology-App und geben Sie bei den Verbindungsdaten den DDNS-Hostnamen ein. Haben Sie den benutzerdefinierten Port aktiviert, müssen Sie auch die Portnummer angeben.

Sie können jetzt alle Anwendungen und Dienste, die Sie in den vergangenen Kapiteln kennengelernt haben, im Internet freigeben.

Wichtig

Nutzen Sie Synology-Apps am Smartphone, ist die Chance hoch, dass Sie sowohl eine mobile Datenverbindung als auch WLAN nutzen. Im lokalen Netz wird der DDSN-Hostname nicht funktionieren. Im nächsten Abschnitt erfahren Sie, warum und wie Sie das Problem lösen.

Auch wenn Sie Ihr NAS bereits aus dem Internet erreichen können, gibt es weitere Schritte, die Sie umsetzen möchten bzw. umsetzen sollten.

9.2.3 Die eigene Domain verwenden

Haben Sie bereits eine eigene Domain registriert oder wollen Sie sich eine für Ihr NAS zulegen, können Sie diese ganz einfach für den Zugriff auf Ihr NAS einrichten. Sie erreichen Ihr NAS dann sowohl über den DDNS-Hostnamen als auch Ihre eigene Domain.

Die folgenden Schritte setzen voraus, dass Sie bereits eine Domain registriert haben.

1. Loggen Sie sich in die Verwaltungsoberfläche Ihres Domain-Anbieters ein.
2. Erstellen Sie einen neuen DNS-Eintrag.
3. Wählen Sie als Typ CNAME.
4. Erstellen Sie bei Bedarf eine neue Subdomain und als Ziel geben Sie den DDNS-Hostnamen ein.
5. Speichern Sie den Eintrag. Es kann einige Zeit dauern, bis die Änderung wirksam ist.

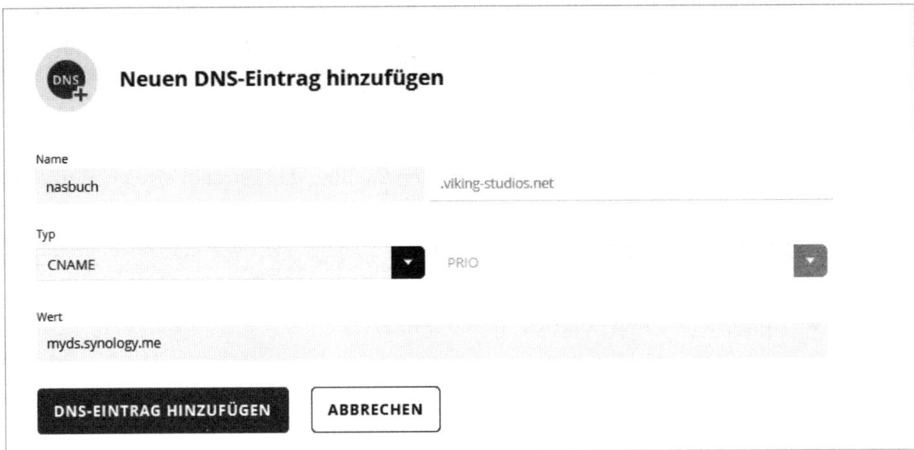

Abb. 9.7: Neuer CNAME-Eintrag in den DNS-Einstellungen der Domain-Verwaltung

Mehr ist nicht notwendig. Sie können beliebig viele Subdomains auf Ihren DDNS-Hostnamen verweisen lassen. Subdomains funktionieren übrigens auch dann, wenn Sie ein Kombi-Angebot aus Webspace und Domain nutzen.

Hinweis

Verfügen Sie über eine statische IP-Adresse, wählen Sie statt CNAME A und geben als Ziel Ihre statische IP ein.

9.2.4 Namensauflösung im LAN

Versuchen Sie, NAS im lokalen Netz über die eingerichtete Domain aufzurufen, wird Ihnen Ihr Browser höchstwahrscheinlich eine Fehlermeldung präsentieren. Bisher funktioniert der Aufruf über die Domain nur aus dem Internet. Das ist gerade bei mobilen Geräten, die unterwegs und zu Hause im WLAN genutzt werden, problematisch. Das liegt daran, dass Consumer-Router die Namensauflösung für Ziele im lokalen Netz unterbinden. Für eine korrekte Auflösung müsste Ihr Router NAT-Loopback beherrschen, aus Sicherheitsgründen wird dieses aber von vielen Routerherstellern deaktiviert oder gar nicht erst implementiert. Eine Alternative dazu wäre dnsmasq, das ebenfalls keine Standardfunktion darstellt. Ich erkläre Ihnen in diesem Abschnitt, wie Ihnen die lokale Namensauflösung gelingt.

Hinweis

Auch wenn Ihre Domain im lokalen Netzwerk noch nicht aufgelöst werden kann, Ihr NAS ist weiterhin über die lokale IP und den NAS-Namen erreichbar.

Eventuell funktioniert die Namensauflösung bei Ihnen bereits. Das tatsächliche Verhalten kann von der verwendeten Router-Hard- und -Software und der Konfiguration Ihres Heimnetzes abweichen. In diesem Fall können Sie den Abschnitt überspringen. Die hier vorgestellten Lösungen sollten davon aber unabhängig funktionieren. Um die richtige Namensauflösung zu testen, öffnen Sie die Eingabeaufforderung von Windows und geben Sie die folgenden Befehle ein:

```
nslookup <Domain>↵
tracert -d <Domain>↵
```

```
C:>nslookup nasbuch.viking-studios.net
Server:  nasbuch.viking-studios.net
Address:  192.168.0.20

Name:    nasbuch.viking-studios.net
Address:  192.168.0.20


C:>tracert -d nasbuch.viking-studios.net

Routenverfolgung zu nasbuch.viking-studios.net [192.168.0.20]
über maximal 30 Hops:

  1    <1 ms    <1 ms    <1 ms  192.168.0.20

Ablaufverfolgung beendet.

C:>
```

Abb. 9.8: Hier wird die Domain richtig auf die lokale IP aufgelöst.

Liefert die Ausgabe die lokale IP-Adresse Ihres NAS, ist alles in Ordnung. Wird aber Ihre externe IP-Adresse angezeigt oder erfolgt gar keine Auflösung, müssen Sie für eine korrekte Auflösung sorgen.

Lokaler DNS

Für Anwender, die keinen professionellen Router betreiben, gibt es aber auch eine Lösung: ein eigener DNS-Server im LAN. Wie der Zufall so will, kann man auf den Synology-NAS-Geräten einen solchen einrichten.

1. Installieren Sie das Paket *DNS Server.*
2. Öffnen Sie den *DNS Server.*
3. Erstellen Sie im Bereich ZONEN eine neue *Master-Zone* (ERSTELLEN|MASTER ZONE).
4. Als Typ wählen Sie FORWARD ZONE und geben die (Sub-)Domain an, die Sie auflösen möchten. Unter MASTER DNS SERVER geben Sie die lokale IP Ihres NAS ein. Haben Sie noch andere DNS-Server in Ihrem LAN, tragen Sie hier die IP des Master-Servers ein. Die weiteren Einstellungen können Sie aus Abbildung 9.9 übernehmen bzw. nach Ihren Wünschen anpassen.

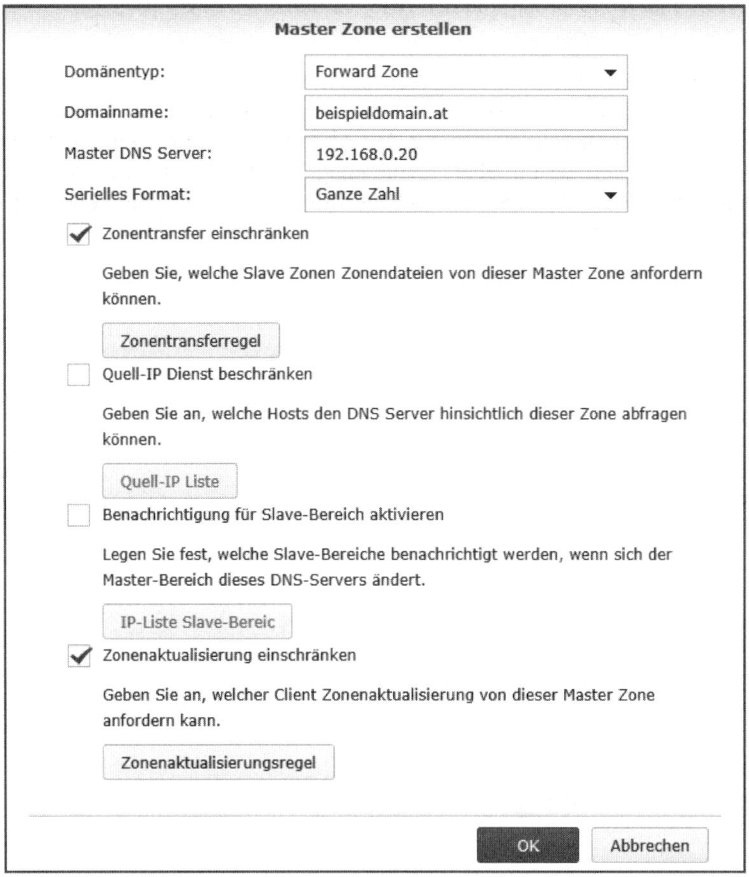

Abb. 9.9: Beispieleinstellungen für die Forward-Zone

5. Bestätigen Sie die Angaben mit einem Klick auf OK.
6. Markieren Sie den Eintrag und gehen Sie auf BEARBEITEN|RESSOURCENEINTRAG.
7. Zwei Einträge sind bereits vorhanden (siehe Abbildung 9.10). Erstellen Sie jetzt für jede Subdomain einen neuen Eintrag vom Typ *A* (ERSTELLEN|A TYPE). Unter NAME tragen Sie die Subdomain ein. Die Domain ist bereits angegeben und Sie müssen sie nur noch ergänzen. Unter IP-ADRESSE tragen Sie die lokale IP des Geräts ein, das Sie über die Sub-

domain erreichen wollen. Sie sind dabei nicht auf Ihr NAS beschränkt, Sie können hier Einträge für alle Geräte im lokalen Netz eintragen. Haben Sie Einträge für alle gewünschten Subdomains erstellt, klicken Sie auf FERTIG STELLEN.

Abb. 9.10: Die bereits vorhandenen Ressourceneinträge

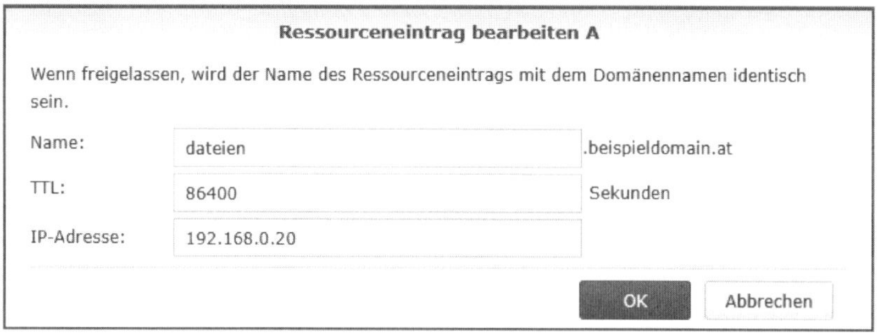

Abb. 9.11: Erstellen Sie einen Eintrag für jede Subdomain.

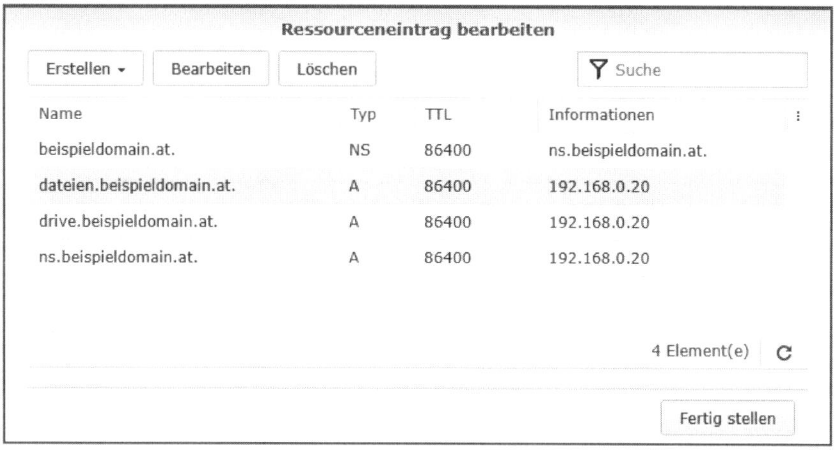

Abb. 9.12: Die Domain und zwei Subdomains zeigen auf das NAS.

8. (Optional) Erstellen Sie eine weitere Master-Zone, als Typ wählen Sie diesmal REVERSE ZONE. Diese dient dazu, eine IP zurück in einen Hostnamen aufzulösen. Der Domainname leitet sich aus der lokalen Netzadresse ab. Sie müssen die ersten drei Blöcke der Netzadresse in umgekehrter Reihenfolge eingeben. Aus 192.168.0.0 wird z.B. 0.168.192,

aus 10.0.0.0 wird 0.0.10. Bei NAMESERVER wählen Sie im Dropdown-Menü die Domain aus, die Sie gerade konfigurieren (es darf nur ein Eintrag vorhanden sein, wenn Sie den DNS-Server neu konfigurieren). Bestätigen Sie mit OK.

Abb. 9.13: Beispieleinstellungen für die Reverse-Zone

9. Markieren Sie den neuen Eintrag und gehen Sie auf BEARBEITEN|RESSOURCENEINTRAG. Ein Eintrag ist bereits vorhanden. Erstellen Sie jetzt für jeden zuvor angelegten A-Eintrag einen Eintrag vom Typ *PRT* (ERSTELLEN|PRT TYPE). Unter NAME ergänzen Sie die letzte Stelle der lokalen IP-Adresse des Zielgeräts und unter HOST/DOMÄNE tragen Sie die komplette Subdomain ein. Erstellen Sie noch einen weiteren PRT-Eintrag für `ns.`<*Domain*> (siehe Abbildung 9.15). Schließen Sie den Dialog mit Klick auf FERTIG STELLEN.

Abb. 9.14: Ein Ressourceneintrag ist auch hier bereits vorhanden.

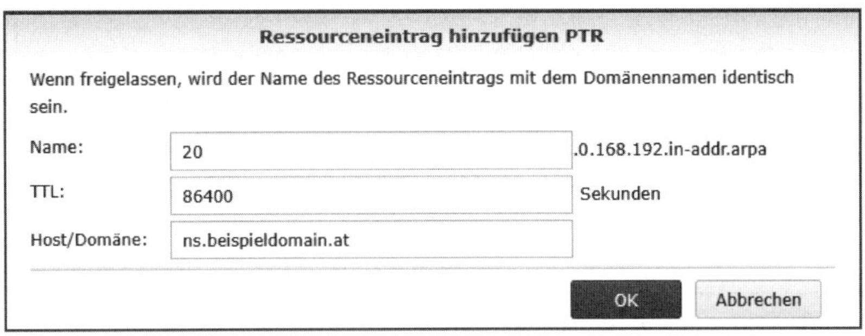

Abb. 9.15: Erstellen Sie PTR-Einträge für jede Subdomain und für den NS-Eintrag.

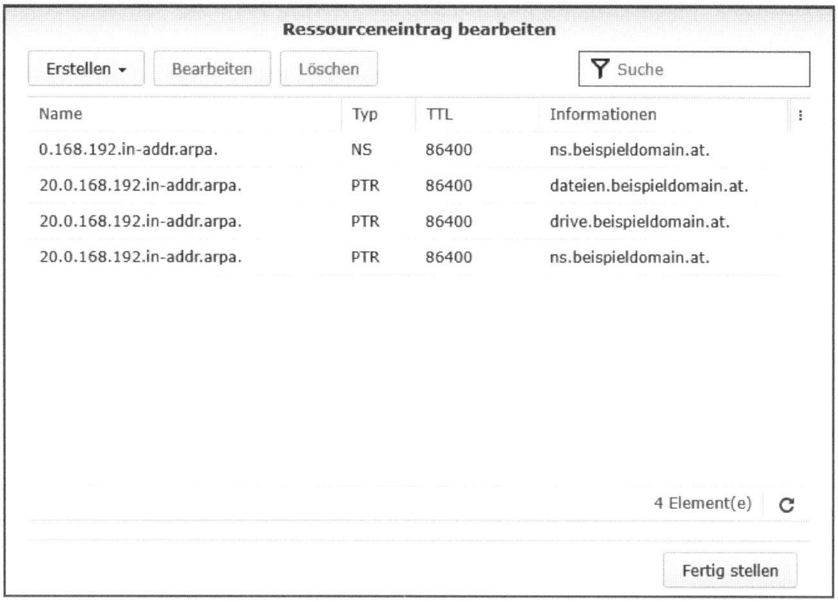

Abb. 9.16: Die fertigen Ressourceneinträge der Reverse-Zone passend zur Forward-Zone

Der DNS-Server ist jetzt einsatzbereit. Sie müssen nur noch dafür sorgen, dass jedes Gerät im LAN diesen auch nutzt. Zusätzlich müssen Anfragen, die Ihr DNS nicht auflösen kann, an einen anderen DNS weitergeleitet werden. Das können Sie auf unterschiedliche Weise regeln:

- Weisen Sie Ihren Geräten im LAN die IP-Adresse manuell zu, müssen Sie auch den DNS manuell eintragen. Als ersten/primären DNS tragen Sie dazu die lokale IP-Adresse Ihres NAS ein. Als alternativen DNS tragen Sie die lokale IP-Adresse Ihres Routers oder eines DNS Ihrer Wahl ein.
- Nutzen Sie einen DHCP (z.B. den des Routers), können Sie den DNS bequem an alle Geräte verteilen lassen. In den DNS-Einstellungen Ihres Routers müssen Sie Ihr NAS als primären DNS eintragen und als alternativen DNS die lokale Router-IP oder einen DNS Ihrer Wahl.

Hinweis

Manche Router können die Anfragen nicht weiterleiten – das merken Sie daran, wenn Sie plötzlich keine Seite mehr im Internet erreichen. In diesem Fall müssen Sie als alternative DNS-Adresse die IP-Adresse eines tatsächlichen DNS-Servers eintragen. Sie können den DNS Ihres Providers angeben, den Google-DNS oder einen beliebigen offenen DNS.

Die Änderungen werden nicht gleich auf Ihrem Rechner wirksam. Damit nicht bei jedem Seitenaufruf eine Namensauflösung gemacht werden muss, werden die Ergebnisse zwischengespeichert. Den Cache können Sie aber ganz einfach leeren:

Geben Sie in der Eingabeaufforderung den Befehl `ipconfig /flushdns` ein und bestätigen Sie mit [↵]. Für das Äquivalent für macOS bitte ich Sie, die Suchmaschine Ihres Vertrauens zu fragen, da der Befehl je nach Betriebssystemversion ganz anders lautet. Jetzt können Sie Ihr NAS über Ihre Domain und weiterhin Seiten aus dem Internet erreichen.

Achtung

Einige Router (allen voran Fritz!Box-Geräte) haben einen DNS-Rebind-Schutz. Dieser verhindert DNS-Antworten, die auf das lokale Netz verweisen. Sie müssen den DNS-Rebind-Schutz deaktivieren oder die entsprechenden Domains als Ausnahme hinzufügen. In Fritz!OS finden Sie den DNS-Rebind-Schutz unter HEIMNETZ|NETZWERK|NETZWERKEINSTELLUNGEN.

Alternative – hosts-Datei

Alternativ zum DNS können Sie auch die hosts-Datei verwenden. Diese Lösung ist in der Umsetzung simpler und schneller, allerdings nur dann praktikabel, wenn die Anzahl der Computer überschaubar bleibt, da Sie die Einträge für jedes Gerät getrennt vornehmen müssen. Für mobile Geräte ist die Lösung allerdings nicht verwendbar, da sie nur im lokalen Netz funktioniert.

Öffnen Sie unter Windows die Datei `C:\Windows\System32\drivers\etc\hosts` und tragen Sie am Ende der Datei folgende Zeile ein *<lokale IP> <Domain>* z.B. `192.168.0.10 yds.synology.me`.

Sie können mehrere Domains auf dieselbe lokale IP verweisen lassen. Verwenden Sie für jeden Eintrag eine neue Zeile. Speichern Sie anschließend die Datei. Dazu sind Administratorrechte nötig. Sollte Ihr Editor das Speichern nicht erlauben, speichern Sie die Datei an einem anderen Ort und kopieren Sie sie danach wieder nach `C:\Windows\System32\drivers\etc\` und ersetzen Sie die ursprüngliche Datei. Starten Sie danach die Eingabeaufforderung und geben Sie den Befehl `ipconfig /flushdns` ein. Sollten die Einträge danach nicht funktionieren, hilft oft ein Neustart.

Hinweis

Ich habe die Erfahrung gemacht, dass – je nach verwendeter Hard- und Software – Änderungen, die in kurzen Zeitabständen erfolgen, oft nicht wirksam werden (trotz *flushdns* und Neustart). Hier hilft dann nur Abwarten und Teetrinken oder ein Neustart aller beteiligen Geräte.

Problemfall VPN

Verwenden Sie einen VPN-Provider und sind mit dessen VPN verbunden, funktioniert die Namensauflösung auch ohne DNS und Änderungen der hosts-Datei. Das liegt daran, dass alle Netzwerkanfragen über den VPN-Server laufen und dieser die Namensauflösung übernimmt und die Anfrage an Ihre externe IP/Ihren Router weiterleitet. Das ist zwar ein netter Nebeneffekt, er hat aber auch einen großen Nachteil. Sämtliche Kommunikation und Datenübertragung mit Ihrem NAS läuft dann über das Internet und den VPN-Server. Die

Übertragung ist zwar gesichert, allerdings werden die Daten über das Internet wesentlich langsamer übertragen als im lokalen Netz. Sie werden also von der Down- und Uploadgeschwindigkeit Ihres Internetanschlusses ausgebremst. Der VPN-Server bremst die Übertragung auch noch zusätzlich.

Sie haben zwei Möglichkeiten, dieses Problem zu beheben: Wenn Ihr VPN-Anbieter *Split-Tunneling* unterstützt, dann können Sie Ihre Domain dort eintragen. Anfragen an diese Domain werden dann nicht mehr durch das VPN geleitet.

Achtung

Nutzen Sie Split-Tunneling auf Ihrem Mobilgerät, werden Anfragen an die Domain nicht nur im eigenen lokalen Netzwerk von VPN ausgenommen, sondern auch in allen anderen Netzwerken. Die Auflösung wird zwar immer funktionieren, allerdings ohne den Schutz des VPNs.

Steht Ihnen Split-Tunneling nicht zur Verfügung können Sie die oben erwähnte Lösung mit der hosts-Datei umsetzen, das hat denselben Effekt.

9.2.5 Sicherheit durch SSL-Verschlüsselung

Eigentlich widmet sich erst das nächste Kapitel dem Thema Sicherheit, da wir uns aber gerade damit befassen, das NAS mit dem Internet zu verbinden, greife ich hier schon ein wenig vor.

In den vergangenen Kapiteln habe ich immer wieder versucht, Sie von der Wichtigkeit einer verschlüsselten Verbindung zu überzeugen. Ich hoffe, Sie haben die Option stets aktiviert bzw. aktiv gelassen. Damit eine Verbindung verschlüsselt werden kann, ist ein SSL-Zertifikat notwendig. Ein Exkurs zum Thema SSL, Verschlüsselung und Zertifikaten würde den Rahmen dieses Buches sprengen – noch dazu kenne ich Ihren Wissensstand diesbezüglich nicht, daher verschone ich Sie an dieser Stelle damit. Zu Beginn des Buches habe ich aber angekündigt, dass es auch die ein oder andere Hausübung geben wird. Da Sie einen Server im Internet betreiben wollen, sollten Sie zumindest die grundlegende Funktion von Zertifikaten kennen.

In DSM finden Sie eine sehr umfangreiche Zertifikatsverwaltung. Ein Standardzertifikat ist dabei schon eingerichtet, daher konnten Sie auch schon verschlüsselte Verbindungen benutzen. Der ein oder andere Dienst wird das Zertifikat aber ablehnen oder Sie mit einer Sicherheitswarnung konfrontieren, da das Zertifikat für `synology.com` ausgestellt ist und es sich um ein selbst signiertes Zertifikat handelt. Haben Sie DDNS von Synology konfiguriert, wurde bereits ein weiteres Zertifikat auf die DDNS-Domain ausgestellt. Verwenden Sie Ihre eigene Domain, müssen Sie selbst ein Zertifikat anlegen.

DSM erlaubt die Erstellung folgender Zertifikate:

- Selbst signiertes Zertifikat – ähnlich dem vorhandenen Standardzertifikat. Erstellen Sie das Zertifikat selbst, können Sie es zumindest auf Ihre Domain ausstellen. Ein gültiger Zertifizierungspfad fehlt Ihnen aber. Ihnen stehen nicht alle Optionen der Zertifikatserstellung zur Verfügung. Alternativ können Sie das Zertifikat auf dem Rechner erstellen und dann importieren.

- *Let's Encrypt*-Zertifikat erstellen – Let's Encrypt bietet kostenlos gültige Zertifikate an, diese gelten für 90 Tage und können ab 30 Tagen vor Ablauf erneuert werden.
- Ein vorhandenes Zertifikat importieren – Beziehen Sie Ihr Zertifikat von einem anderen Anbieter oder erstellen Sie Ihre Zertifikate per Hand, können Sie diese importieren.

Ich empfehle Ihnen, ein *Let's Encrypt*-Zertifikat zu verwenden. Das Zertifikat ist gültig und besteht alle Prüfungen, Sie werden daher keine Fehlermeldung im Browser erhalten und alle Apps und Anwendungen (auch von Drittherstellern) akzeptieren es. Das Zertifikat ist nur 90 Tage gültig, danach muss es erneuert werden. Für die Erstellung und die Erneuerung muss der Port 80 in Ihrem Router freigegeben werden und auf Ihr NAS umgeleitet werden. Dazu aber mehr im nächsten Abschnitt.

Hinweis

Für DDNS-Hostnamen anderer Anbieter können Sie mit sehr hoher Wahrscheinlichkeit kein *Let's Encrypt*-Zertifikat erstellen. Pro Domain kann nur eine gewisse Anzahl an Zertifikaten ausgestellt werden. Da alle Nutzer eines DDNS-Service dieselbe Domain haben, ist die Anzahl maximaler Zertifikate eigentlich immer erreicht. Sie können zwar Glück haben und einen neuen Anbieter finden oder ein Anbieter stellt zusätzliche Domains zur Verfügung, die erst wenige benutzen. Das kann sich aber schnell ändern. Haben Sie keine eigene Domain und wollen Sie sich auch keine zulegen, müssen Sie in diesem Fall auf ein selbst signiertes Zertifikat ausweichen.

Let's-Encrypt-Zertifikat erstellen

Vorbereitung

Damit der nachfolgende Vorgang durchgeführt werden kann, muss Ihr NAS über Port 80 aus dem Internet erreichbar sein. Erstellen Sie daher für Port 80 eine Freigabe auf Ihrem Router.

Anfrage erstellen

1. Öffnen Sie SYSTEMSTEUERUNG|SICHERHEIT|ZERTIFIKAT.
2. Klicken Sie auf HINZUFÜGEN.
3. Wählen Sie NEUES ZERTIFIKAT HINZUFÜGEN und klicken Sie auf WEITER.
4. Wählen Sie ZERTIFIKAT VON LET'S ENCRYPT ABRUFEN, SOLL DAS STANDARDZERTIFIKAT WERDEN, setzen Sie den Haken bei der entsprechenden Option und klicken Sie auf WEITER.
5. Unter DOMAINNAME tragen Sie die gewünschte Domain ein, auf die das Zertifikat ausgestellt werden soll. Unter EMAIL müssen Sie eine gültige E-Mail-Adresse angeben. Sie können für jede Subdomain ein eigenes Zertifikat erstellen oder ein Zertifikat für mehrere Domains. Wildcard-Zertifikate werden nicht unterstützt. Möchten Sie ein Zertifikat für mehrere (Sub-)Domains erstellen, geben Sie diese unter BETREFF ALTERNATIVER NAME, getrennt durch ein Semikolon (;) ein.
6. Klicken Sie auf ÜBERNEHMEN. Das Zertifikat wird jetzt von Let's Encrypt angefragt.

Haben Sie das Zertifikat erhalten, entfernen Sie aus Sicherheitsgründen die Freigabe für Port 80 wieder aus Ihrem Router.

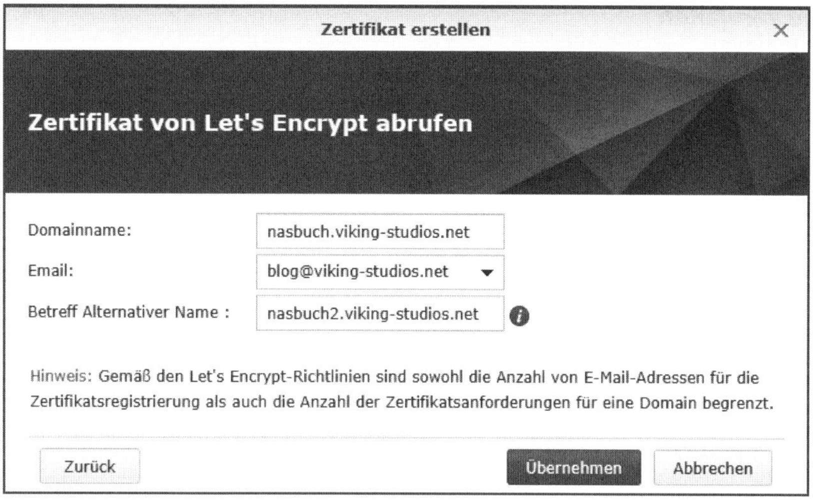

Abb. 9.17: Sie können ein Zertifikat auch für mehrere Domains ausstellen lassen.

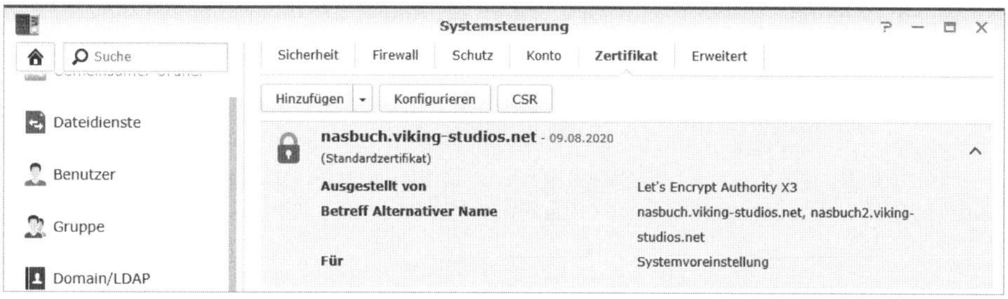

Abb. 9.18: Das neu angeforderte Zertifikat

Zertifikat erneuern

Sie erhalten von Let's Encrypt E-Mail-Benachrichtigungen, wenn das Zertifikat sich dem Ende der Gültigkeit nähert. Sie können Zertifikate frühestens 30 Tage vor Ablauf erneuern. Dazu muss Port 80 offen sein. Markieren Sie das entsprechende Zertifikat und klicken Sie auf den PFEIL NEBEN HINZUFÜGEN|ZERTIFIKAT ERNEUERN. Schließen Sie Port 80 nach der Erneuerung wieder.

Ist Port 80 offen, wenn das Zertifikat seine Gültigkeit verliert, wird es automatisch erneuert.

Wichtig

Vergessen Sie nicht, dass ein offener Port 80 ein Sicherheitsrisiko darstellt, wenn Sie die Weiterleitung auf https nicht erzwingen. Öffnen Sie den Port nur dann, wenn Sie ihn auch brauchen, und schließen Sie ihn danach auch wieder. Alternativ können Sie die Umleitung von *http* auf *https* erzwingen, siehe Abschnitt 10.10.2 »https erzwingen«, beachten Sie aber, dass diese Option nicht für die Photo Station und die Web Station gilt (siehe Abschnitt 13.1.3 »Zugriff auf die Photo Station« und Abschnitt 20.1.6 »https erzwingen«).

Zertifikate verwalten

Haben Sie mehrere Zertifikate erstellt, müssen Sie diese auch den Diensten zuweisen, die unter den jeweiligen Domains erreichbar sind. Öffnen Sie dazu SYSTEMSTEUERUNG|SICHERHEIT|ZERTIFIKAT|KONFIGURIEREN. Die Liste ist abhängig davon, welche Dienste und Anwendungen Sie auf Ihrem NAS installiert und aktiviert haben. Über das Dropdown-Menü können Sie Diensten ein Zertifikat zuweisen. Für Webseiten, die Sie auf der Web Station beitreiben, können Sie nur ein gemeinsames Zertifikat zuweisen (Systemvoreinstellung). Möchten Sie Webseiten unter verschiedenen Domains erreichen, müssen Sie für diese ein gemeinsames Zertifikat erstellen oder Sie konfigurieren virtuelle Hosts (siehe Abschnitt 20.1.5 »Virtuelle Hosts«). Diese erscheinen dann ebenfalls in der Liste und Sie können jedem virtuellen Host ein eigenes Zertifikat zuweisen.

9.3 VPN – sicherer Zugriff auf das NAS über das Internet

Möchten Sie nur einzelne Dienste für ausgewählte Benutzer über das Internet freigeben, können Sie die Sicherheit erhöhen, indem Sie einen VPN-Zugang nutzen. Dadurch können Sie alle Dienste auf das lokale Netz beschränken und müssen auf Ihrem Router nur eine Freigabe für den VPN-Port erstellen. Damit Sie per VPN auf Ihr lokales Netz zugreifen können, benötigen Sie einen VPN-Server im LAN. Sofern Ihr Router das unterstützt, können Sie den VPN-Zugriff auf diesem konfigurieren, Sie können aber auch Ihr NAS dazu nutzen.

Achtung

Sie können Ihr NAS nicht mit einem VPN verbinden (siehe Abschnitt 22.2 »NAS mit einem VPN verbinden«) und gleichzeitig einen VPN-Server laufen haben.

9.3.1 VPN-Server konfigurieren

Den VPN-Server finden Sie im Paket-Zentrum. Die Installation erfordert keine speziellen Schritte, die Konfiguration wird erst danach durchgeführt.

Hinweis

Die Anleitung erklärt die Einrichtung eines VPN-Servers mit OpenVPN. Ihr NAS unterstützt auch PPTP und L2TP/IPsec. Die Einrichtung für die anderen Protokolle läuft aus Sicht des NAS gleich ab. Details zu den anderen Protokollen können Sie der Synology-Hilfe, der Dokumentation des jeweiligen Protokolls oder dem Internet entnehmen. Sie können auch mehrere Protokolle gleichzeitig betreiben.

Wichtig

PPTP wird aufgrund von Sicherheitslücken nicht mehr empfohlen.

1. Öffnen Sie den VPN-Server.
2. Wechseln Sie in den Bereich ALLGEMEINE EINSTELLUNGEN. Dort finden Sie die Option VPN-BERECHTIGUNG FÜR NEU HINZUGEFÜGTE LOKALE BENUTZER GEWÄHREN. Entscheiden Sie selbst, ob neue Benutzer automatisch Zugriff auf das VPN erhalten sollen.

3. Im Bereich PRIVILEG können Sie für alle Benutzer regeln, wer auf welches Protokoll Zugriff hat.

Achtung

Benutzerkonten mit Umlauten werden nicht unterstützt.

4. Wechseln Sie in den Bereich OPENVPN und aktivieren Sie den OpenVPN-Server.
5. Die voreingestellten Werte sind so weit in Ordnung und können von Ihnen nach Bedarf angepasst werden. Interessant ist DYNAMISCHE IP-ADRESSE: Verbinden Sie sich mit dem VPN, erhalten Sie eine neue IP-Adresse, diese stammt nicht aus Ihrem lokalen Netz, sondern aus einem eigenen Netz. Hier können Sie festlegen, welches Netz das sein soll. Die Einstellung ist wichtig für Firewall-Regeln oder andere IP-basierte Einstellungen.

   Standardmäßig verwendet OpenVPN Port 1194. Vergeben Sie eine eigene Portnummer, um die Sicherheit zu erhöhen (siehe Abschnitt 11.1 »Das Anwendungsportal«).

   Wichtig ist außerdem die Option CLIENTS DEN SERVER-LAN-ZUGRIFF ERLAUBEN. Aktivieren Sie diese, wenn Sie per VPN auf Ihr NAS oder andere Geräte in Ihrem LAN zugreifen möchten.
6. Haben Sie die Einstellungen fertig angepasst, klicken Sie zuerst auf ÜBERNEHMEN und dann auf KONFIGURATIONSDATEI EXPORTIEREN.

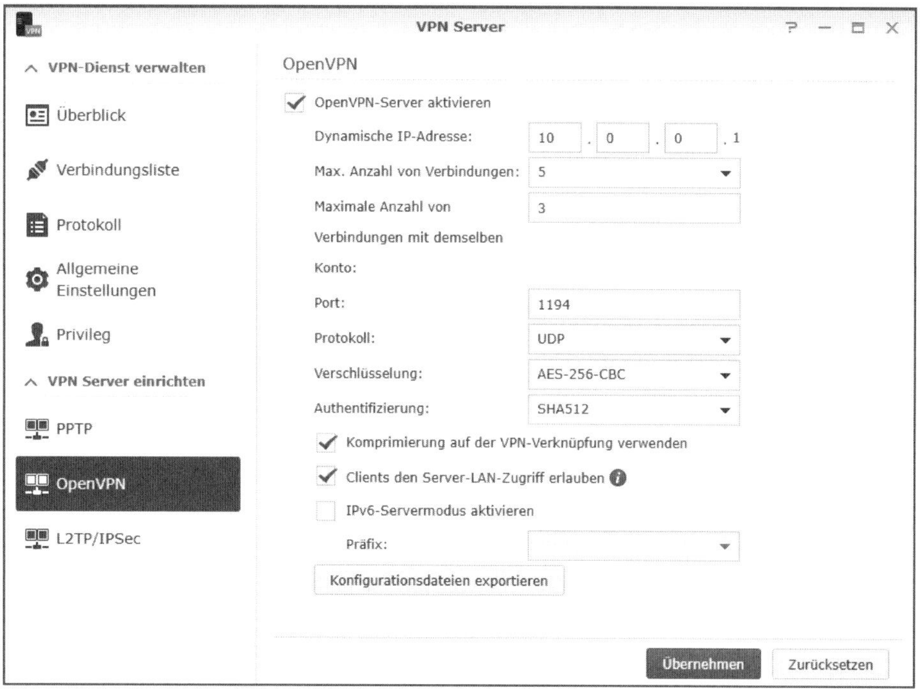

Abb. 9.19: Der konfigurierte OpenVPN-Server

Die heruntergeladene Zip-Datei müssen Sie auf die Geräte übertragen, die eine Verbindung mit dem VPN aufbauen sollen.

Firewall-Einstellungen

In Abschnitt 10.7 »Firewall« stelle ich Ihnen ein wichtiges Sicherheitsinstrument vor. Alles zur Funktion und grundlegenden Bedienung der Firewall können Sie dort nachlesen. In diesem Abschnitt beschreibe ich nur die für den VPN-Server relevanten Regeln.

Nutzen Sie die Firewall und den VPN-Server, gibt es zwei Bereiche, die Sie beachten müssen. Auf der einen Seite müssen Sie auf Ihrer LAN-Schnittstelle mit einer Firewall-Regel festlegen, wer bzw. von wo aus der VPN-Server genutzt werden darf. Sie können festlegen, ob der Server überall aus dem Internet genutzt werden darf, oder die Nutzung nur aus gewissen Ländern zulassen.

Anwendung	Port	Protokoll
PPTP	1723	TCP
OpenVPN	1194	UDP
L2TP/IPsec	1701	UDP
L2TP/IPsec	4500,500	UDP

Tabelle 9.1: Die angebotenen VPN-Protokolle und die verwendeten Ports

Der zweite Bereich ist eine neue Schnittstelle, die mit der Einrichtung des VPN-Servers in der Firewall hinzugekommen ist. Im Schnittstellen-Dropdown-Menü ist der Eintrag VPN hinzugekommen. Die dort festgelegten Regeln gelten nur für Verbindungen, die über VPN aufgebaut werden. Sie müssen selbst entscheiden, ob jeder, der sich mit VPN verbinden darf, auch Zugriff zu allen Ressourcen haben darf oder ob Sie den Zugriff zusätzlich einschränken wollen.

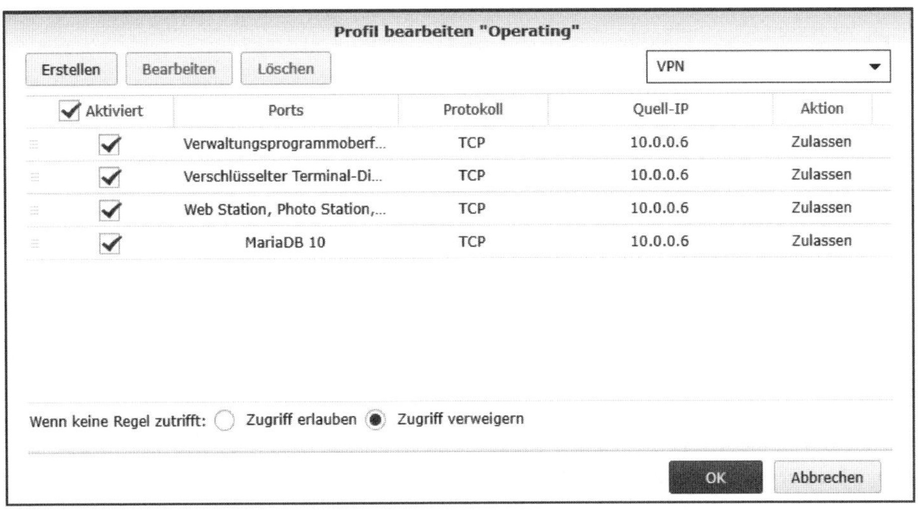

Abb. 9.20: Beispiel für Firewall-Regeln im VPN

Wichtig

Egal, ob Sie den Zugriff per Firewall einschränken oder nicht, Benutzeranmeldungen und -berechtigungen gelten immer.

Weitere Einstellungen

Bevor Sie den VPN-Client installieren und einrichten können, müssen Sie noch einige Einstellungen vornehmen.

Unter SYSTEMSTEUERUNG|SICHERHEIT|ZERTIFIKAT|KONFIGURIEREN finden Sie einen neuen Eintrag VPN SERVER. Haben Sie mehrere Zertifikate eingerichtet, weisen Sie hier das Zertifikat zu, das auf die Domain ausgestellt wurde, die Sie für die VPN-Verbindung nutzen wollen.

In Ihrem Router müssen Sie jetzt den Port 1194 bzw. die Nummer, die Sie vergeben haben, freigeben.

9.3.2 VPN-Client einrichten

1. Laden Sie sich den OpenVPN-Client für Ihren Rechner herunter und installieren Sie ihn (`https://openvpn.net/community-downloads/`).
2. Exportieren Sie das Archiv mit den Konfigurationsdateien in den Unterordner `config` im Installationsordner von OpenVPN. Standardmäßig ist das `C:\Program Files\OpenVPN\config`. Oder Sie erstellen einen neuen Ordner am Ort Ihrer Wahl.
3. Öffnen Sie jetzt die Konfigurationsdatei (`.ovpn`-Datei). In der Zeile `remote YOUR_SERVER_IP 1194` müssen Sie `YOUR_SERVER_IP` durch die Domain ersetzen, die auf Ihr NAS zeigt.

Hinweis

Um die Verbindung korrekt zu testen, sollte Ihr Rechner nicht mit dem eigenen LAN verbunden sein. Nutzen Sie beispielsweise den WiFi-Hotspot Ihres Smartphones.

4. Öffnen Sie die OpenVPN-GUI.
5. (Optional) Falls Sie die Konfigurationsdatei in einem eigenen Ordner abgelegt haben: Klicken Sie mit der rechten Maustaste auf das OpenVPN-Icon im Info-Bereich der Taskleiste und wählen Sie EINSTELLUNGEN. Im Reiter ERWEITERT können Sie den Ordner mit der Konfigurationsdatei wählen.
6. Klicken Sie mit der rechten Maustaste auf das OpenVPN-Icon im Info-Bereich der Taskleiste und wählen Sie VERBINDEN.
7. Sie werden aufgefordert, Benutzername und Passwort einzugeben. Geben Sie die Benutzerdaten eines DSM-Benutzers an, der Zugriff auf den VPN-Server hat. Nachdem die Verbindung aufgebaut wurde, minimiert sich das Fenster und Sie bekommen eine neue IP aus dem festgelegten VPN-Netz zugewiesen. Testen Sie das VPN, indem Sie auf eine Ressource/einen Dienst Ihres NAS zugreifen, den Sie aus dem Internet sonst nicht erreichen. Achten Sie aber darauf, dass Sie den Zugriff nicht durch die NAS-Firewall eingeschränkt haben.

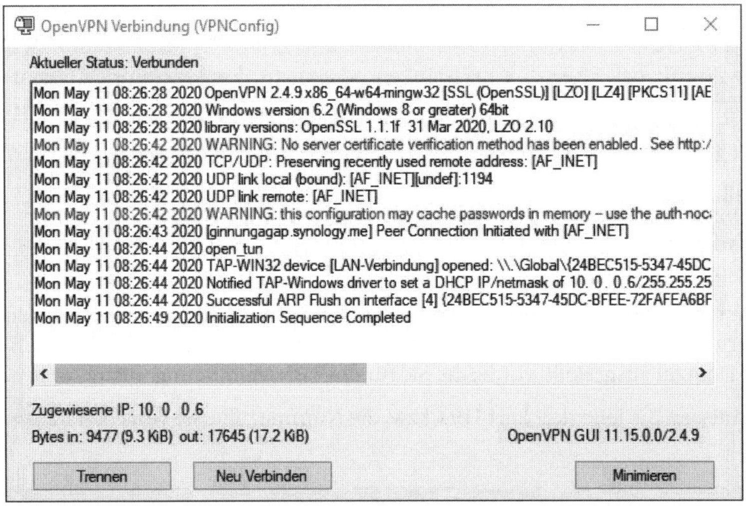

Abb. 9.21: Der Client hat sich erfolgreich mit dem VPN verbunden.

Achtung

Der Zugriff wird vorerst nur über die lokale IP-Adresse Ihres NAS funktionieren. Lesen Sie im nächsten Abschnitt, wie Sie den DNS Ihres NAS verwenden.

Weitere Anpassungen und Sonderfälle

OpenVPN bietet eine Vielzahl an Parametern, mit denen Sie das Verhalten Ihres VPNs anpassen können. Da diese nicht vom Synology NAS abhängen, finden Sie Details dazu in der offiziellen Dokumentation von OpenVPN und in zahlreichen Online-Tutorials. Ich möchte hier aber noch auf zwei Einstellungen eingehen, die mit den in diesem Kapitel vorgestellten Themen zusammenhängen.

Den lokalen DNS nutzen

Je nachdem, welche Freigaben Sie auf Ihrem Router eingerichtet haben, können Sie Ihr NAS im VPN nur über die lokale IP erreichen. Ist das NAS über Ihre Domain erreichbar – weil für den entsprechenden Dienst eine Portfreigabe existiert –, dann greifen Sie mit einer öffentlichen IP darauf zu, und nicht mit der IP aus Ihrem VPN-Netz. Haben Sie auf Ihrem Webserver (siehe Kapitel 20 »Das Synology NAS als Webserver«) IP-basierte Verhaltensregeln, z.B. erlauben Sie den Zugriff auf eine bestimmte Seite nur aus dem LAN oder dem VPN, dann funktionieren diese nicht. Damit Sie Ihre Domain richtig nutzen und aus dem VPN-Netz auf Ihr NAS zugreifen, anstatt über das Internet, müssen Sie den in Abschnitt 9.2.4 »Namensauflösung im LAN« eingerichteten DNS-Server auch im VPN nutzen.

1. Öffnen Sie in DSM SYSTEMSTEUERUNG|NETZWERK.
2. Aktivieren Sie die Option DNS SERVER MANUELL KONFIGURIEREN.

3. Geben Sie bei BEVORZUGTER DNS-SERVER die lokale IP Ihres NAS ein (des NAS, auf dem der DNS-Server läuft, falls Sie mehrere NAS betreiben). Unter ALTERNATIVER DNS-SERVER geben Sie entweder die lokale IP Ihres Routers ein oder die IP eines öffentlichen DNS-Servers.
4. Bestätigen Sie mit Klick auf ÜBERNEHMEN.

Abb. 9.22: Den DNS am NAS manuell konfigurieren

5. Öffnen Sie die OpenVPN-Konfigurationsdatei auf Ihrem Client-Gerät.
6. Entfernen Sie in der Zeile `#dhcp-option DNS DNS_IP_ADDRESS` das Raute-Symbol (#) und ersetzen Sie `DNS_IP_ADDRESS` durch die lokale IP Ihres NAS.
7. Speichern Sie die Konfigurationsdatei und leeren Sie den DNS-Cache auf Ihrem Gerät.

Wenn Sie sich jetzt mit dem VPN verbinden, kann Ihre Domain richtig aufgelöst werden und Zugriffe auf das NAS-LAN erfolgen aus dem VPN-Netz und nicht mehr über das Internet.

Internetzugriff durch das VPN leiten

In der Grundkonfiguration von OpenVPN werden nur Zugriffe auf das LAN des VPN-Servers durch das VPN geleitet. Zugriffe auf das Internet erfolgen weiterhin direkt über die Internetanbindung des Netzes, in dem sich der Client befindet. Möchten Sie Internetzugriffe durch das VPN leiten, also über Ihren Internetzugang zu Hause aufs Internet zugreifen, anstatt den Internetzugang vor Ort zu nutzen, müssen Sie diese Option in der Konfigurationsdatei von OpenVPN aktivieren. Entfernen Sie dafür in der Zeile `#redirect-gateway def1` das Raute-Symbol (#). Speichern Sie die Datei und schon wird der Zugriff auf das Internet über das VPN geleitet und verschlüsselt (zwischen dem Client-Standort und Ihrem privaten Internetanschluss).

Kapitel 10

Sicherheit

In den vergangenen Kapiteln habe ich immer wieder auf dieses Thema verwiesen. Endlich ist es so weit, es geht um Sicherheit. Das ist ein besonders wichtiges Thema, gerade wenn Sie Ihr NAS nicht alleine nutzen, und vor allem dann, wenn Sie Ihr NAS aus dem Internet erreichen können.

Das Thema Sicherheit zieht sich durch alle Ebenen, und obwohl es so wichtig ist, ist es im Buch doch etwas weiter hinten angesiedelt, da Sie sich zuerst mit der grundlegenden Bedienung und dem zentralen Feature Ihres NAS, der Datenverwaltung, vertraut machen sollten. Es kann durchaus sein, dass Sie noch nicht mit allen Methoden und Konzepten, die ich Ihnen hier vorstelle, etwas anfangen können und während oder nach dem Lesen anderer Kapitel noch einmal einen Blick auf diese Seiten werfen werden. Ich werde in den nachfolgenden Kapiteln immer wieder auf das Thema Sicherheit zurückkommen und spezifische Einstellungen direkt dort erklären.

(IT-)Sicherheit ist ein sehr umfangreiches Thema und füllt selbst Bücher, sogar ganze Branchen befassen sich ausschließlich mit dem Thema Sicherheit im IT-Bereich. Dieses Kapitel kann daher nicht vollständig sein oder eine Anleitung zur absoluten Absicherung Ihres NAS bieten. Ich kann Ihnen nur die möglichen Gefahren bewusst machen und einige der nötigen Werkzeuge an die Hand geben, um den Betrieb Ihres NAS sicherer zu gestalten.

Absolute Sicherheit gibt es übrigens ohnehin nicht. Sie können ein System nur so sicher wie möglich gestalten. Wobei es ab einem gewissen Punkt eine Kosten-Nutzen-Frage ist, also ob das bisschen mehr an Sicherheit den enormen Aufwand und/oder Verlust an Bequemlichkeit wert sind. Wenn Sie durch das Lesen dieses Kapitels ein Bewusstsein für Gefahren und Sicherheitsvorkehrungen entwickeln, dann sind Sie in der Lage, sich tiefer in die Materie einzulesen und selbst zu entscheiden, wie weit Sie gehen wollen und können.

10.1 Bedrohungen

Bevor ich Ihnen Sicherheitsmaßnahmen erläutere, sollten Sie wissen, wovor Sie sich schützen müssen:

- Personen im direkten Umfeld – Hier geht es um Mitbewohner/Familienmitglieder, die sowohl physischen als auch digitalen Zugriff auf das NAS haben, aber auch andere Benutzer, die auf Ihr NAS zugreifen. Hier besteht das Problem, dass Personen Zugriff auf Daten erlangen, die nicht für sie bestimmt sind. Dabei muss der Zugriff nicht böswillig bzw. durch *Hacking* erfolgen. Durch falsche/ungenügend Zugriffsrechte können Nutzern Ordner zugänglich sein, die nicht zugänglich sein sollten. Auch das absichtliche oder unabsichtliche Kopieren, Löschen oder Verändern stellt ein Problem dar. Bei physischem Zugriff steht das Ausschalten oder das Umwerfen des Geräts und das Umstecken oder Herausreißen von Kabeln im Raum.

Gegen nicht berechtigten Zugriff können Sie sich durch ein ordentliches Benutzer- und Zugriffsmanagement schützen (siehe Kapitel 4 »Die Benutzerverwaltung« und Abschnitt 10.7 »Firewall«). Physischer Manipulation können Sie dadurch vorbeugen, dass Sie Ihr NAS an einem Ort aufbewahren, wo kein unbeabsichtigter Kontakt stattfinden kann. Sie können das NAS in Ihrem Arbeitszimmer oder im Wohnzimmer in einem Kasten oder Regal aufstellen (behalten Sie stets die Wärmeentwicklung im Auge) oder an schwer erreichbaren Stellen wie Abstellräumen oder dem Keller. Versperrte Räume bieten einen zusätzlichen Schutz, stehen aber oft nicht zur Verfügung. Alternativ können Sie einen absperrbaren Server- bzw. Wandschrank (in 10" und 19" in verschiedenen Dimensionen erhältlich) anschaffen, in dem Sie Ihre Netzwerkinfrastruktur zusammenfassen.

- Script Kiddies – Diese Gruppe findet sich am untersten Ende des Spektrums der Hacker. Es handelt sich hierbei um Personen, die nur wenig bis kein Wissen über IT- und Netzwerksysteme haben. Sie nutzen Software und Tools, die automatisierte Angriffe ausführen bzw. die einfachsten und bekanntesten Lücken ausnutzen. Trotz der abwertenden Bezeichnung und der Einfachheit der Angriffe sollte diese Bedrohung nicht unterschätzt werden. Ziel solcher Angriffe kann ein jeder werden, da hier selten individuelle Ziele angegriffen werden, sondern die breite Masse. Das Durchhaltevermögen bei solchen Angriffen ist relativ gering – schlägt der Angriff fehl, erfolgen meist keine weiteren Bemühungen.

  Sie können sich relativ einfach gegen diese Bedrohung schützen, da hier meist die grundlegenden Sicherheitsmaßnamen ausreichen, wie etwa verschlüsselte Datenübertragung (https, SSL), sichere Passwörter und nur benötigte Ports nach außen zu öffnen (siehe Abschnitt 9.2 »Externen Zugriff einrichten«).

- Cyberkriminelle – Hier reichen Wissen und Fähigkeiten vom semi-professionellen bis hin zum professionellen Hacker. Die Attacken werden gezielter und auch motivierter durchgeführt als bei den Hackern der vorhergenannten Kategorie. Das Spektrum an Bedrohungen ist hier recht breit. Es kann sich um Schadsoftware handeln, die einfach nur, wie der Name schon sagt, Schaden anrichten soll, Spyware, die an Benutzerdaten gelangen soll, oder Trojaner, die den Zugriff auf das System ermöglichen sollen. Auch *CryptoLocker* sind hier anzutreffen – dabei geht es in erster Linie darum, das Opfer zu erpressen. Ein weiteres Ziel eines Angriffs kann das unbemerkte Eindringen in ein System sein. Es geht darum, die Systemressourcen für eigene, meist kriminelle Zwecke zu nutzen. Oft ist das Ziel, den Computer in ein Botnetz einzugliedern und ihn für das Versenden von Spam oder das Verteilen von Schadprogrammen zu nutzen. Je nach krimineller Energie können Angriffe heftiger ausfallen, es ist daher schon schwieriger, sie abzuwehren. Ungeschützte Systeme gibt es genug – findet sich auf Ihrem System aber etwas, was einen aufwendigen Angriff lohnt, kann es mitunter nur noch für Sicherheitsexperten möglich sein, den Eindringling abzuwehren.

- Cyberkriminelle im großen Maßstab – Hier fallen Sie als Privatanwender eher raus. Das Ziel dieser Art von Hackern sind Unternehmen, da ein Eindringen besonders lukrativ ist. Hier agieren oft nicht nur einzelne Personen, sondern ganze Gruppen. Es gibt sogar Hackerunternehmen. Die Hacker sind dabei Angestellte, die für einen Lohn Angriffe auf Unternehmen und Organisationen durchführen, um an wichtige Daten zu kommen und daraus Geld zu machen. Das Ziel kann aber auch sein, dem Unternehmen zu schaden, indem Dienste funktionsunfähig gemacht werden. Hier kommen die berüchtigten *(D)DoS-Attacken* zum Einsatz. Die Angriffe erfolgen hier nicht wahllos, sondern gezielt. Daher ist auch enormer Aufwand notwendig, um die eigenen Systeme zu schützen. Unternehmen beschäftigen Sicherheitsexperten, um dies zu bewerkstelligen, dennoch gelingen solche Angriffe immer wieder.

(D)DoS-Attacke

DoS steht für »Denial of Service«. Ziel ist es, einen Dienst, Server oder ein Netz durch Überlastung am Regelbetrieb zu hindern. Um die Überlastung herbeizuführen, werden übermäßig viele Anfragen erstellt, die der Dienst/Server nicht mehr zeitgerecht abarbeiten kann. Wird beispielsweise eine Internetseite in kurzer Zeit besonders häufig aufgerufen, kann der Webserver die Anfragen nicht verarbeiten und die Webseite ist nicht mehr erreichbar.

Einfache DoS-Attacken können durch die Sperre der IP oder des Netzes, von der/dem die Attacke ausgeführt wird, abgewehrt werden. Erfolgen die Angriffe aber von unterschiedlichen, ständig wechselnden IPs aus, spricht man von *Distributed Denial of Service*. Hier kann nur noch schwierig bis gar nicht zwischen falscher und richtiger Anfrage unterschieden werden. Solche Angriffe können meist nicht ohne Systemausfall abgewehrt werden.

- Politisch motivierte Hacker(gruppen) – Auch diese Art von Hackern sollte Ihnen als Privatanwender nicht begegnen. Politisch motivierte Hacker sind meist in Gruppen organisiert. Es kann sich dabei um Hacker handeln, die unabhängig agieren oder im Verborgenen von Regierungen unterstützt werden, aber auch Geheimdienste zählen dazu. Bei den Angriffen geht es darum, wichtige Informationen von anderen Ländern zu bekommen oder die Infrastruktur kollabieren zu lassen. Ziel sind hier Geheimdienste oder Behörden eines Landes. Solche Angriffe finden über einen längeren Zeitraum statt und können in richtigen Cyberschlachten gipfeln. Oft bleibt der Angriff für längere Zeit unbemerkt und es ist schwierig, das System nach Entdecken zu bereinigen. Da oft wichtige Dienste betroffen sind, kann eine Behörde ihr System nicht komplett abschalten. Nach Attacken von besonders talentierten Hackern kann der Komplettaustausch der Infrastruktur aber unumgänglich sein. DDoS-Attacken sind hier nur das geringste Übel – die Angreifer benutzen hoch spezialisierte Software. Besonders gefährlich sind Angriffe, die in mehreren Phasen stattfinden. Dabei werden nach dem Eindringen in das System Softwarefragmente hinterlassen, die an sich noch keinen Schaden anrichten und nur schwer bis gar nicht erkannt werden. Die Aufgabe der Fragmente ist es, im Zielsystem die eigentliche Schadsoftware zusammenzubauen.

  Trotz ganzer Sicherheitsabteilungen und Experten auf dem Gebiet der IT-Security gelingen solche Angriffe sehr häufig. So war die deutsche Bundesregierung in den vergangenen Jahren immer wieder Opfer von Cyberangriffen und das österreichische Außenministerium lieferte sich Anfang 2020 eine wochenlange Schlacht mit einer politisch motivierten Hackergruppe.

10.2 Physische Sicherheit

Bevor wir uns den eigentlichen Sicherheitsmaßnahmen widmen, möchte ich noch auf einen Punkt hinweisen, der oft vernachlässigt wird. Der Angriff muss nicht unbedingt über das Netzwerk erfolgen, auch die NAS-Hardware selbst kann das Ziel sein. Ein Synology NAS ist nicht sonderlich groß, und wenn es nicht gerade in einem Server-Rack verbaut ist,

ist es schnell entwendet. Auch die Festplatten sind trotz Verschlussmechanismen nicht ausreichend im Gehäuse gesichert. Während man sich im betrieblichen Umfeld durch Zutrittskontrollen, versperrte Serverräume oder einfach nur einen absperrbaren Serverschrank absichern kann, fallen solche Maßnahmen in den eigenen vier Wänden deutlich schwieriger oder zumindest kostenintensiver aus. Wer den Platz hat, kann über die Anschaffung eines Wandschranks/Serverschranks nachdenken. Diese lassen sich an der Wand befestigen und versperren. Wie robust und sicher diese Schränke ausfallen, ist dann auch wieder eine Preisfrage.

Ein anderes Problem, das durch physischen Zugriff besteht, ist die Nutzung der Netzwerkschnittstellen. Selbst wenn das NAS nicht aus dem Internet erreichbar ist – wer Zugriff auf eine Netzwerkschnittstelle hat, hat auch Zugriff auf das NAS. Natürlich stellt das Benutzerlogin eine weitere Hürde dar. Zusätzliche Sicherheit schafft hier die Firewall (siehe Abschnitt 10.7 »Firewall«). Ein derartiger Angriff ist im privaten Bereich eher unüblich und mehr im betrieblichen Bereich zu finden.

10.3 Gemeinsame Ordner

Bei den gemeinsamen Ordnern ist es sehr hilfreich, eine gute Struktur zu finden. Das ist nicht immer leicht, da mit der Zeit neue Ordner und Aufgaben hinzukommen und sich die Anforderungen ändern. Es ist aber wichtig, nicht einen einzelnen gemeinsamen Ordner zu verwenden und dort alle Daten abzulegen und den Ordner für alle anderen Anwendungen zu nutzen. Legen Sie für jedes Aufgabengebiet einen eigenen gemeinsamen Ordner an, sofern DSM dies nicht bereits für Sie macht (`/photo`, `/music`, `/video`, `/web` etc.). Haben Sie nicht vorgesehen, dass zwei oder mehrere Nutzer Daten im selben Ordner ablegen, können Sie für jeden Benutzer einen eigenen gemeinsamen Ordner anlegen. Das Teilen und Freigeben von Ordnern und Dateien ist trotzdem noch möglich. Die Vorteile einer ordentlichen Aufteilung:

- Die Struktur ist übersichtlicher.
- Die Rechte sind auf Ebene der gemeinsamen Ordner einfacher zu verwalten. Sie können die Zugriffsrechte zwar auch für Verzeichnisse verwalten, beim Verschieben, Löschen und Hinzufügen von Ordnern kann man aber leicht den Überblick verlieren.
- Die gemeinsamen Ordner bieten mehr Optionen in der Rechteverwaltung als Verzeichnisse.
- Anwendungen können meist nur für gemeinsame Ordner konfiguriert werden.

Wie schon erwähnt, kann es schwierig sein, von Anfang an die richtige Struktur zu erstellen. Aber Daten können problemlos von einem gemeinsamen Ordner in einen anderen geschoben werden. Hier müssen Sie gegebenenfalls Pfade anpassen (z.B. Adressen für Netzlaufwerke).

Diese Maßnahme per se erhöht die Sicherheit nicht, hilft aber bei den weiteren Maßnahmen und beugt Problemen bei der Rechtevergabe vor.

10.4 Benutzerverwaltung

So ein Benutzer, mit dem man alles machen kann, ist schon praktisch. Nur, wenn Sie damit alles machen können, kann auch jemand, der an Ihre Logindaten gelangt, alles machen. In

Kapitel 4 »Die Benutzerverwaltung« habe ich schon darauf hingewiesen, dass es durchaus Sinn macht, mehrere DSM-Benutzer anzulegen, auch wenn dahinter ein und dieselbe reale Person steht. Indem Sie für verschiedene Zwecke auch verschiedene Benutzer anlegen und diesen auch nur die für die jeweiligen Zwecke notwendigen Ressourcen freigeben, minimieren Sie die negativen Auswirkungen, sollte jemand an die Logindaten gelangen. Natürlich ist auch diese Maßnahme keine Garantie, dass andere Ressourcen verschont bleiben, je nach Fähigkeiten und Aufwand, den der Angreifer betreibt.

In der anschließenden Tabelle finden Sie ein Beispiel für ein Benutzerkonzept, bei dem Aufgaben über eigene Benutzer erledigt werden.

Benutzer	Person oder Dienst	Aufgabe
NASAdmin	NAS-Besitzer	Administrator-Konto, wird nur für administrative Aufgaben verwendet
Andreas	NAS-Besitzer	Benutzerkonto für die eigentliche Nutzung der NAS-Dienste und -Anwendungen
Backup	Synology Drive	Wird für Backups benutzt, die keinem konkreten Anwender zugewiesen werden können
<Name>	<Name>	Benutzerkonto für die jeweilige Person, um die für sie freigegebenen Dienste und Anwendungen zu nutzen
TVStreamer	Video Station	Wird für Video-Station-/DS-video-Logins innerhalb der Familie genutzt, um Filme vom NAS zu streamen

Tabelle 10.1: Eine kleine Beispielübersicht über Benutzer, die in DSM existieren können

10.5 Passwörter

Das Thema Passwörter ist immer noch das Problem Nummer eins, wenn es um die Sicherheit geht. Auch heute noch werden Passwörter sträflich vernachlässigt. So zählt auch 2019 »123456« zum am häufigsten genutzten Passwort überhaupt. Dabei ist ein sicheres Passwort das A und O, wenn es um den Schutz Ihrer Konten geht. Sie sollten immer sichere Passwörter für Ihr NAS verwenden, gerade dann, wenn mehrere Benutzer auf das NAS Zugriff haben, und erst recht, wenn es über das Internet erreichbar sein soll.

In den letzten Jahren und Jahrzehnten haben Sie sicherlich gelernt, wie solch ein sicheres Passwort auszusehen hat. Und bei jeder Registrierung eines Accounts werden Sie wieder darauf hingewiesen. Ein Passwort soll kein Wort aus einem Wörterbuch sein, am besten gar kein Wort. Es soll Buchstaben und Sonderzeichen, Groß- und Kleinschreibung enthalten und mindestens acht Zeichen lang sein. Ein sicheres Passwort ist also eine willkürliche Kombination aus verschiedenen Zeichen, die Sie auf der Tastatur finden. Merken kann man sich so was kaum, daher beschränken sich die meisten Passwörter auch auf die oft geforderten acht Zeichen. Immerhin muss man sich ja gleich mehrere davon merken, denn ein Passwort sollte nicht für mehrere Logins verwendet werden.

Jetzt kommt die schlechte Nachricht: Dieser Buchstabenbrechreiz, der uns als »sicheres« Passwort verkauft wird, ist alles andere als sicher. Klar, niemand Ihrer Mitmenschen wird Ihr Passwort erraten. Hacker tun das auch nicht, zumindest nicht per Hand. Es gibt diverse Methoden, die angewendet werden, um an Passwörter zu gelangen. Scheitern diese, bleibt immer noch die gute alte Brute-Force-Methode. Dabei werden systematisch alle möglichen

Zeichenkombinationen verwendet, bis das richtige Passwort gefunden wurde. Das ach so sichere Zeichensalat-Passwort mit acht Zeichen wird dabei innerhalb weniger Sekunden geknackt. Und das, obwohl es sich doch so schwer merken lässt.

Hier ein kleiner Test, wie sicher Passwörter sind. Den Test können Sie übrigens selbst durchführen. Zum Testen eignen sich die Seiten `https://howsecureismypassword.net/` (HSIMP) und `http://www.passfault.com/` (PA). Erstere berechnet die Zeit, die es dauern würde, das Passwort mittels Brute Force zu knacken, Letztere nutzt verschiedene Musteranalysen.

Typ	Passwort	HSIMP	PA
Wort mit 8 Buchstaben	autobahn	5 Sekunden	< 1 Tag
8 zufällige Buchstaben	ehotanfz	5 Sekunden	< 1 Tag
8 Buchstaben und Zahlen	ak7f4o6f	1 Minute	< 1 Tag
2 Wörter	apfel turm	1 Woche	< 1 Tag
5 ungewöhnliche Wörter	du-bi-du-bi-doo	1 Mio. Jahre	< 1 Tag
Passphrase 1 (Kleinbuchstaben und Zahlen)	ich mag 2 apfel mit 1 käse	212 Sextillionen (10^{36}) Jahre	> 2,77 Billionen (10^{12}) Jahre
Passphrase 2 (Klein- u. Großbuchstaben, Zahlen)	Ich mag 2 Apfel mit 1 Käse	14 Sextilliarde (10^{39}) Jahre	> 55,5 Billionen (10^{13}) Jahre
Passphrase 3 (Klein- u. Großbuchstaben, Zahlen u. Sonderzeichen)	!ch mag 2 Apfe1 mit 1 Kä$e?	23 Septillionen (10^{42}) Jahre	> 73,2 Billiarde (10^{16}) Jahre

Tabelle 10.2: Verschiedene Passwörter und wie lange es dauert, sie zu knacken

Sie sehen also, die Länge macht's. Alles unter zehn Zeichen wird im Handumdrehen geknackt. Es spielt dabei kaum eine Rolle, wie komplex Ihr Passwort ist. So würde zwar die Nutzung von Großbuchstaben, z.B. bei »Autobahn« statt »autobahn« die Zeit für die Brute-Force-Methode von fünf Sekunden auf 22 Minuten erhöhen, da statt 26 (Alphabet) möglicher Zeichen jetzt 2*26 Zeichen zur Verfügung stehen. Für andere Verfahren macht das aber keinerlei Unterschied.

Generell ist die Länge des Passworts viel ausschlaggebender als die verwendeten Zeichen. Das ist auch schnell erklärt. Die Anzahl möglicher Zeichenkombinationen (mit Wiederholungen) errechnen Sie, indem Sie die Anzahl der zur Verfügung stehenden Zeichen hoch die Anzahl der gewünschten Stellen rechnen. Für die 26 Buchstaben des Alphabets heißt das, 26^8 für eine Zeichenkette mit acht Stellen gebildet aus beliebigen Buchstaben. Das ergibt über 208 Mrd. Möglichkeiten, von aaaaaaaa bis zzzzzzzz. Verkleinern wir die Auswahl für unser Beispiel:

- 26 Zeichen, 3 Stellen, $26^3 = 17.576$ Möglichkeiten
- 52 Zeichen, 3 Stellen, $52^3 = 140.608$ Möglichkeiten
- 26 Zeichen, 4 Stellen, $26^4 = 456.976$ Möglichkeiten

Sie sehen also, die Verdopplung der verfügbaren Zeichen (also Groß- und Kleinbuchstaben) hat nur eine Verachtfachung der Möglichkeiten bewirkt, während eine zusätzliche Stelle mit den ursprünglichen 26 Zeichen 26-mal so viele Möglichkeiten ergibt.

Natürlich könnten wir eine Kette mit mindestens 16 Stellen aus zufälligen Buchstaben als Passwort wählen. Merken wird man sich so was eher schwierig. Daher macht es Sinn, Sätze oder Wortketten zu benutzen. Für Brute Force wäre das auch vollkommen in Ordnung; da aber auch Mustererkennung und Wörterbuchsuchen verwendet werden, sollten Sie die Wörter abändern bzw. den Satz mit Zahlen und Satzzeichen würzen.

Erst die Nutzung einer Passphrase (in unserem Beispiel 26 bzw. 27 Zeichen lang) macht das Passwort absolut sicher. Die Nutzung von Zahlen und Sonderzeichen erhöht die Sicherheit der Passphrase zusätzlich, da sich die Anzahl möglicher Zeichen vervielfacht.

Hier noch einmal eine Übersicht, wie Sie zur optimalen Passphrase gelangen.

- Nicht nur gewöhnliche Wörter aus dem Wörterbuch verwenden. Passwort-Cracker arbeiten mit Wörterbüchern, nutzen Sie daher auch unbekannte Wörter oder ändern Sie die Wörter durch Schreibfehler oder ersetzen Sie Buchstaben. Verlassen Sie sich aber nicht nur auf Substitutionen, auch nach solchen suchen die Passwort-Cracker.
- Keine fortlaufenden Reihen verwenden (1234, abcde, 789, hijk). Nach Reihen wird gesucht.
- Keine Wiederholungen oder Muster verwenden (111, xxx, qwertz, asdf). Wiederholungen und Tastaturmuster werden ebenfalls gesucht.
- Nicht dieselbe Phrase für mehrere Logins verwenden. Nutzen Sie stattdessen Abwandlungen: »!ch mag 2 Apfe1 mit 1 Facebook?« und »!ch mag 2 Apfe1 mit 1 Amazon?«. Die Passphrase mag zwar sicher sein, das verhindert aber nicht, dass durch Sicherheitslücken im System das Passwort geleakt wird.
- Nutzen Sie Leerzeichen, indem Sie die »Wörter« der Passphrase durch Leerzeichen trennen, erhöhen Sie die Sicherheit durch Erhöhung der Zeichenanzahl, ohne dass die Phrase schwieriger zu merken ist.

Nutzen Sie also lieber eine Kombination der oben stehenden Regeln, um eine Phrase zu generieren, die Sie sich leicht merken können, die aber dennoch sicher ist. Vergessen Sie aber nicht, dass ein absolut sicheres Passwort nicht bedeutet, dass es nicht andere Möglichkeiten gibt, Zugang zu Ihrem System zu bekommen.

Tipp

Damit Sie sich nicht viele verschiedene Passwörter merken müssen, nutzen Sie sogenannte Passwortsafes. Diese Art von Software nutzt besonders zuverlässige Verschlüsselungstechniken, um Ihre Passwörter sicher aufzubewahren.

Wichtig

Ein absolut sicheres Passwort bedeutet aber nicht, dass Ihr Zugang nicht mehr geknackt werden kann. Es kommt häufig vor, dass Seiten und Dienste Ihr Passwort nicht sorgfältig genug schützen. Hacker können dann an die Passwörter der Benutzer gelangen. Daher ist es auch wichtig, das gleiche Passwort nicht mehrfach zu benutzen.

10.6 Verschlüsselung

Sie schützen Ihre Daten, indem Sie den Zugriff darauf nur bestimmten Benutzern erlauben und diese mit einem sicheren Passwort versehen. Übertragen Sie Ihre Daten, nutzen

Sie eine verschlüsselte Verbindung. Sie erinnern sich sicher an die zahllosen Aufforderungen meinerseits, das Häkchen bei HTTPS bzw. SSL zu setzen. Aber was ist mit den Dateien auf der Festplatte? Was ist, wenn jemand an Ihre Benutzerdaten gelangt oder sich sonst wie Zugang zu Ihrem System verschafft? Oder noch simpler, was ist, wenn jemand Ihre Festplatten in die Hände bekommt? Da wird dann kein Benutzer mehr benötigt.

Die meisten Betriebssysteme ermöglichen es Ihnen, Ihre Festplatten zu verschlüsseln. Selbst wenn jemand Zugriff zu Ihrem Computer hat oder an die Festplatten gelangt, ohne den richtigen Schlüssel können die Daten nicht ausgelesen werden.

Auf Ihrem NAS können Sie funktionsbedingt nicht die kompletten Festplatten verschlüsseln, aber DSM bietet Ihnen an, die gemeinsamen Ordner zu verschlüsseln. Das können Sie schon beim Anlegen eines neuen gemeinsamen Ordners tun (siehe Abschnitt 5.2.2 »Gemeinsame Ordner erstellen«). Natürlich können Sie die Verschlüsselung auch noch im Nachhinein vornehmen und auch wieder aufheben.

Hinweis

Die Lese- und Schreibgeschwindigkeit in verschlüsselten Ordnern ist niedriger. Aktuelle Synology-NAS-Modelle verfügen alle über ein Hardware-Verschlüsselungsmodul. Dieses Modul kann nur Daten ver- und entschlüsseln, ist dafür aber extrem schnell und entlastet die CPU. Aber nicht alle älteren Modelle haben dieses Modul, hier wird die Verschlüsselung von der CPU übernommen. Das belegt nicht nur CPU-Kapazität, CPUs erledigen die Verschlüsselung auch langsamer als die Hardwaremodule.

10.6.1 Gemeinsame Ordner nachträglich verschlüsseln

1. Öffnen Sie SYSTEMSTEUERUNG|GEMEINSAMER ORDNER.
2. Markieren Sie den gewünschten gemeinsamen Ordner und klicken Sie auf BEARBEITEN.
3. Im Reiter VERSCHLÜSSELUNG aktivieren Sie die Verschlüsselungsoption und geben dann das Passwort für die Schlüsselgenerierung ein.

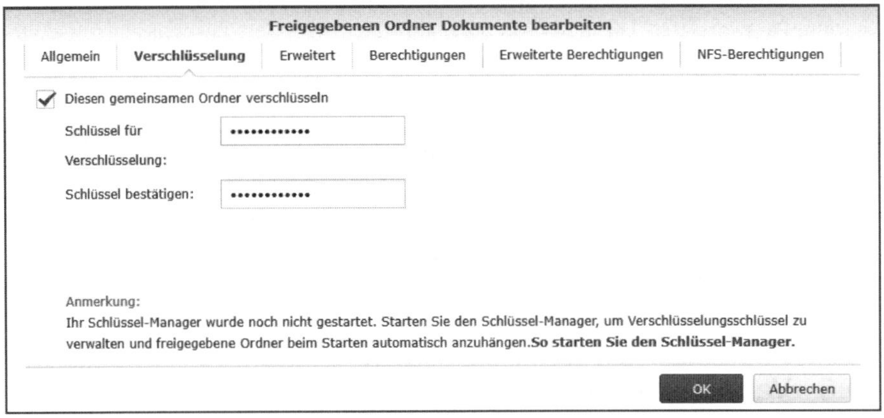

Abb. 10.1: Gemeinsame Ordner nachträglich verschlüsseln

4. Bevor die Daten verschlüsselt werden, müssen Sie einige Hinweise quittieren. Bei nachträglichen Verschlüsselungen müssen alle vorhandenen Dateien verarbeitet werden. Je größer das Datenvolumen des gemeinsamen Ordners, desto länger dauert der Vorgang. Währenddessen kann der Ordner nicht genutzt werden. Außerdem werden vorhandene Snapshots gelöscht.

Achtung

Haben Sie den gemeinsamen Ordner in Synology Drive aktiviert, wird er entfernt und alle gespeicherten Versionen und Attribute gelöscht. Die Dateien selbst bleiben aber erhalten. Der Ordner muss nachträglich in der Drive-Admin-Konsole erneut aktiviert und die Synchronisierungsaufgaben neu eingerichtet werden.

Das Gleiche passiert, wenn Sie die Verschlüsselung entfernen.

5. Haben Sie alle Meldungen quittiert, startet die Verschlüsselung. Zusätzlich wird der generierte Schlüssel über den Browser heruntergeladen.

Wichtig

Um den gemeinsamen Ordner zu entschlüsseln, können Sie das Passwort oder den Schlüssel verwenden. Bewahren Sie beides gut auf. Verlieren Sie diese, können Sie nicht mehr an Ihre Daten gelangen. Gerade die Schlüssel-Datei sollten Sie sicher aufbewahren.

Manche Passwort-Safes können auch Dateien speichern. Sie können auch alle Schlüssel auf einem verschlüsselten USB-Stick aufbewahren oder in einem verschlüsselten Archiv (zip, rar, 7z) auf einen Stick speichern.

10.6.2 Umgang mit verschlüsselten Ordnern

Nach der Verschlüsselung ist der Ordner automatisch *angehängt*. Das bedeutet, alle berechtigten User können darauf zugreifen und die enthaltenen Daten lesen. Dateien, die in diesem Ordner abgelegt werden, werden automatisch verschlüsselt (daher auch die Performanceeinbußen). Wird das NAS heruntergefahren (oder vom Strom getrennt), wird der verschlüsselte gemeinsame Ordner getrennt. Nach dem Hochfahren steht der Ordner nicht zur Verfügung. Er ist weder in der File Station einsehbar noch mit anderen Dateiprotokollen erreichbar. Um den Ordner erneut anzuhängen, gehen Sie wie folgt vor:

1. Öffnen Sie SYSTEMSTEUERUNG|GEMEINSAMER ORDNER.
2. Markieren Sie den verschlüsselten Ordner und gehen Sie auf VERSCHLÜSSELUNG|ANHÄNGEN (alternativ finden Sie den Eintrag auch im Kontextmenü).
3. Sie können entweder das Passwort eingeben oder nach der Schlüsseldatei suchen.
4. Ist der Schlüssel korrekt, wird der Ordner angehängt und steht wieder zur Verfügung.

Hinweis

Sie können einen angehängten Ordner auch manuell trennen über SYSTEMSTEUERUNG|GEMEINSAMER ORDNER|VERSCHLÜSSELUNG|TRENNEN.

Wird Ihr NAS gestohlen oder die Festplatte entwendet, kann der Dieb ohne den Schlüssel nicht auf Ihre Daten zugreifen.

10.6.3 Der Schlüssel-Manager

Das System weist einen Nachteil auf. Lassen Sie Ihr NAS automatisiert ein- und ausschalten, steht der verschlüsselte Ordner nicht automatisch zur Verfügung. Ein Problem wird das dann, wenn Sie beispielsweise von unterwegs auf Ihr NAS zugreifen wollen, vorher aber keine Möglichkeit haben, den verschlüsselten Ordner anzuhängen. Lassen Sie Ihr NAS z.B. nachts automatisch ausschalten und in der Früh wieder hochfahren, haben aber vor Verlassen des Hauses keine Zeit, um den Ordner anzuhängen, Sie können nicht darauf zugreifen. Da Sie DSM keinesfalls über das Internet freigeben sollten, bleibt nur die Möglichkeit, ein VPN einzurichten und darüber auf Ihr NAS zuzugreifen und den Ordner einzuhängen. Bequem ist das aber nicht. Erhöhte Sicherheit und Bequemlichkeit lassen sich eben meist nicht vereinbaren.

Es gibt aber eine Art Mittelweg, den *Schlüssel-Manager*. Der Schlüssel-Manager verwaltet alle Schlüssel für gemeinsame Ordner an einem zentralen Speicherplatz. Er ermöglicht Ihnen auch, gemeinsame Ordner automatisch anhängen zu lassen.

Als Speicherort können Sie eine Systempartition auf Ihrem NAS wählen oder ein externes Speichergerät.

Achtung

Es wird nicht empfohlen, die Schlüssel auf der Systempartition zu sichern. Schlüssel und verschlüsselter Ordner befinden sich dann auf demselben System. Ihre Daten wären nur vor unkundigen Dieben geschützt, die die Festplatten ausbauen und auslesen wollen bzw. wenn ein eventueller Käufer die Festplatten auslesen möchte. Für erfahrenere Personen ist es aber ein Leichtes, den Schlüssel auszulesen und die Daten so zu entschlüsseln. Werden die gemeinsamen Ordner automatisch angehängt, reicht es dann sogar aus, einfach das NAS zu starten.

Benutzen Sie daher als Speicherort immer einen externen Datenspeicher, beispielsweise einen USB-Stick, den Sie sicher aufbewahren.

Schlüsselspeicher initialisieren

Damit Sie den Schlüssel-Manager nutzen können, müssen Sie zuerst den Schlüsselspeicher initialisieren.

1. Vergewissern Sie sich, dass Sie einen externen Speicher an Ihr NAS angeschlossen haben.
2. Gehen Sie auf SYSTEMSTEUERUNG|GEMEINSAMER ORDNER|AKTION|SCHLÜSSEL-MANAGER.
3. Wählen Sie als Schlüsselspeicherort das externe Speichermedium (usbshareX bzw. satashareX).
4. Geben Sie eine Passphrase ein. Diese Passphrase schützt all Ihre Schlüssel, denken Sie also daran, was Sie in Abschnitt 10.5 »Passwörter« gelernt haben.

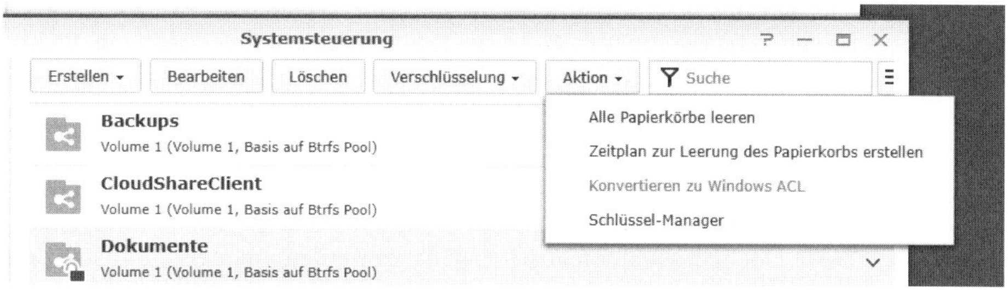

Abb. 10.2: Den Schlüssel-Manager aufrufen

Schlüssel hinzufügen

Der Schlüsselspeicher ist initialisiert. Ab jetzt können Sie, wenn Sie einen gemeinsamen Ordner verschlüsseln, den Schlüssel direkt zum Schlüssel-Manager hinzufügen. Sie können auch bestehende Schlüssel hinzufügen. Klicken Sie dazu auf den gleichnamigen Button. Im neuen Fenster wählen Sie zuerst den verschlüsselten gemeinsamen Ordner aus.

Hinweis

Der Ordner muss bereits verschlüsselt sein.

Wählen Sie danach die gewünschte Chiffre aus, Sie haben die Wahl zwischen:

- Passphrase – Jeder, der die Passphrase kennt, kann den Schlüssel entschlüsseln.
- Maschinen-/Rechnerschlüssel – Nur dieses Synology NAS kann den Schlüssel entschlüsseln.

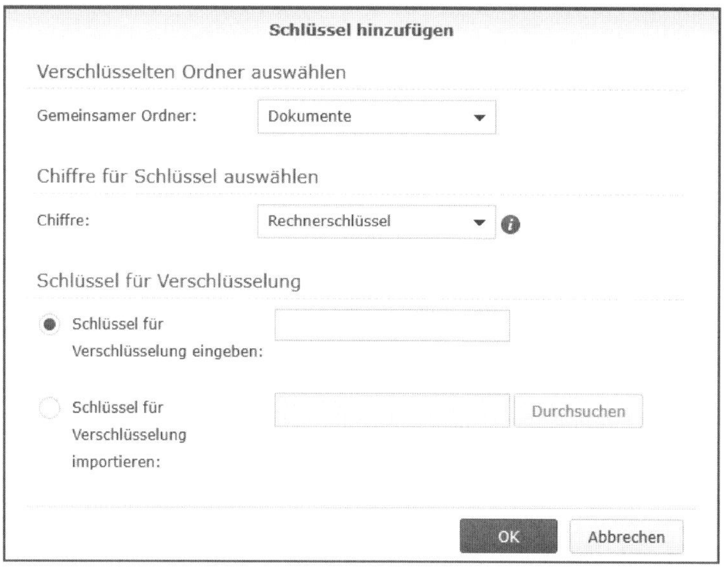

Abb. 10.3: Hinzufügen bestehender Schlüssel

Die Chiffre dient dazu, den Schlüssel im Speicher selbst zu verschlüsseln. Wählen Sie Passphrase, wird der Schlüssel mit der Passphrase des Schlüsselspeichers verschlüsselt. Wollen Sie Ihr System auf ein neues Gerät migrieren, können Sie so den Schlüssel auch dort einsetzen. Dafür kann aber auch jeder auf die Schlüssel zugreifen, der die Passphrase kennt (bzw. knackt).

Wählen Sie den Rechnerschlüssel, wird der Schlüssel vom NAS verschlüsselt und nur das NAS selbst kann den Schlüssel wieder entschlüsseln. Wollen Sie, dass verschlüsselte gemeinsame Ordner beim Hochfahren automatisch angehängt werden, müssen Sie sich für die Passphrase entscheiden. In diesem Fall ist es besonders sinnvoll, den Schlüssel bzw. das Schlüssel-Passwort an einem separaten, sicheren Ort zu speichern. Sollte das NAS defekt sein oder gestohlen werden, können Sie sonst nicht mehr auf die Schlüssel zugreifen.

Den Schlüssel-Manager verwenden

Der Schlüssel-Manager bietet Ihnen jetzt mehrere Funktionen, wie Sie bequem mit verschlüsselten Ordnern arbeiten können.

Achtung

Sie können den Schlüssel-Manager nur einsetzen, wenn das externe Speichermedium, auf dem sich der Schlüsselspeicher befindet, mit Ihrem NAS verbunden ist.

- In der Spalte BEIM HOCHFAHREN ANHÄNGEN können Sie das automatische Anhängen aktivieren.
- Sie können die einzelnen Schlüssel exportieren, indem Sie den Schlüssel markieren und auf EXPORTSCHLÜSSEL klicken.
- Mit einem Klick auf ANHÄNGEN können Sie den markierten gemeinsamen Ordner bequem anhängen, ohne die Passphrase einzugeben oder die Schlüsseldatei auszuwählen.
- LÖSCHEN entfernt den Schlüssel aus dem Schlüssel-Manager, der Ordner bleibt weiterhin verschlüsselt und kann mit der Passphrase oder der Schlüsseldatei entschlüsselt/angehängt werden.
- KONFIGURIEREN öffnet die Einstellungen für den Schlüsselspeicher. Sie können hier den Speicherort oder die Passphrase ändern. Sie finden hier auch die Option GERÄT NACH DEM HOCHFAHREN AUSWERFEN. Nach dem Hochfahren werden, sofern aktiviert, die gemeinsamen Ordner angehängt und das Medium mit dem Speicher automatisch ausgeworfen. Sie können das Medium dann abstecken, ohne dieses in DSM entfernen zu müssen.

Der Schlüssel-Manager bringt Ihnen etwas Bequemlichkeit in ein verschlüsseltes Umfeld zurück. Zum einen können Sie mehrere verschlüsselte Ordner bequem anhängen und müssen sich dafür nur eine einzige Passphrase (die für den Schlüsselspeicher) merken. Zum anderen können Sie Ordner schon beim Hochfahren anhängen, ohne sich in DSM einzuloggen.

Wichtig

Nutzen Sie das automatische Anhängen verschlüsselter Ordner, bedenken Sie, dass die Ordner nicht sicher sind, sollte jemand NAS und Speichermedium in die Finger bekommen. Bewahren Sie Medium und NAS immer getrennt auf bzw. lassen Sie das Medium nicht am NAS stecken.

Das weiter oben beschriebene Szenario könnte jetzt so aussehen: Sie stehen morgens auf, stecken den Schlüsselspeicher an Ihr NAS und starten es manuell oder zeitgesteuert. Sie frühstücken oder bereiten sich vor, das Haus zu verlassen. Vor Verlassen ziehen Sie den Speicher wieder vom NAS ab.

Die Lösung ist bei Weitem nicht die bequemste, aber Sie profitieren von der Verschlüsselung gemeinsamer Ordner, ohne dass Sie die Ordner per DSM selbst anhängen müssen.

Dieses Szenario ist natürlich nicht das einzige, was Sie mit dem Schlüssel-Manager umsetzen können.

10.6.4 Die Verschlüsselung von gemeinsamen Ordnern aufheben

Sie können die Verschlüsselung natürlich jederzeit auch wieder aufheben. Auch dieser Vorgang dauert, je nach Datenvolumen, einige Minuten. Der gemeinsame Ordner muss angehängt sein, damit Sie die Verschlüsselung aufheben können.

1. Öffnen Sie SYSTEMSTEUERUNG|GEMEINSAMER ORDNER.
2. Markieren Sie den gewünschten gemeinsamen Ordner und klicken Sie auf BEARBEITEN.
3. Entfernen Sie das Häkchen bei der Verschlüsselungsoption und bestätigen Sie mit OK.
4. Nachdem Sie die Meldung bestätigt haben, startet der Vorgang.
5. Der Speicher wird initialisiert und der Schlüssel-Manager geöffnet. Sie müssen zur Bestätigung die Passphrase eingeben.

10.7 Firewall

Jegliche Kommunikation mit dem NAS muss durch die Firewall. Diese entscheidet dann, basierend auf den eingestellten Regeln, ob die Kommunikation mit dem NAS stattfinden darf oder nicht.

Das Thema Sicherheit ist, wie viele anderen Themen in der IT, begleitet von einer Vielzahl von Ansichten. Das Für und Wider von Sicherheitswerkzeugen und -mechanismen wird immer wieder heiß diskutiert. Gerade der Einsatz einer Firewall ist oft eine Glaubensfrage. Zu jeder Aussage von mir werden Sie Argumente finden, die diese stützen, Sie werden aber noch mehr Argumente finden, die mir widersprechen. Wie schon erwähnt, ist das Kapitel Sicherheit nur als Denkanstoß zu verstehen. Sie sollen hier keine Checkliste mitnehmen, die Sie blind abarbeiten. Sie sollen die Funktion der Werkzeuge verstehen und sie Ihren Bedürfnissen entsprechend einsetzen können. Außerdem sollen Sie sich besser zurechtfinden, wenn Sie sich tiefer in die Materie einlesen.

Aber was ist das Problem mit der Firewall? In erster Linie schützen Sie den Zugriff auf Ihr NAS mit Benutzerkonten und sicheren Passwörtern. In weiterer Folge verwenden Sie mehrere Benutzerkonten und Regeln für jeden Benutzer, auf welche Ordner und Anwendungen er zugreifen darf. Ist Ihr NAS aus dem Internet erreichbar, regeln Sie über die Portfreigabe am Router, welche Anwendungen von außerhalb aufgerufen werden können und welche nicht. Das Benutzerlogin ist ja zusätzlich notwendig. Grundsätzlich sind Sie damit abgesichert und eine Firewall ist nicht notwendig. Für viele Anwendungsfälle kann das auch ausreichend und eine Firewall wirklich nicht notwendig sein.

Die Firewall arbeitet IP- und Protokoll-basiert, Benutzer tauchen hier also gar nicht auf. Sie gezielt anzusprechen, kann sich daher als schwierig erweisen. Benutzer, die über das Internet zugreifen, haben in den meisten Fällen eine dynamische IP, das heißt, sie bekommen regelmäßig eine andere IP zugewiesen. Regeln wären somit ungültig. Im LAN kann das anders aussehen, vorausgesetzt, Sie verwalten es richtig und alle Teilnehmer haben feste IP-Adressen – damit lässt sich besser arbeiten. Es ist aber nicht unmöglich, in einem LAN an IP-Adressen zu gelangen, die nicht für einen gedacht sind. Der Einsatz einer Firewall erfordert also ein viel tieferes Verständnis für Netzwerke und deren Funktion als auch ein hohes Maß an Kontrolle über das eigene LAN. Dazu kommt noch, dass die Firewall bei einer Vielzahl an Regeln unübersichtlich wird und sehr schnell Zugriffe gesperrt werden, die eigentlich nicht gesperrt sein sollten.

Hinweis

Sie können beruhigt sein, DSM lässt nicht zu, dass Sie sich selbst aussperren. Würde es durch eine Regel dazu kommen, erhalten Sie einen Warnhinweis und die Regel lässt sich nicht speichern.

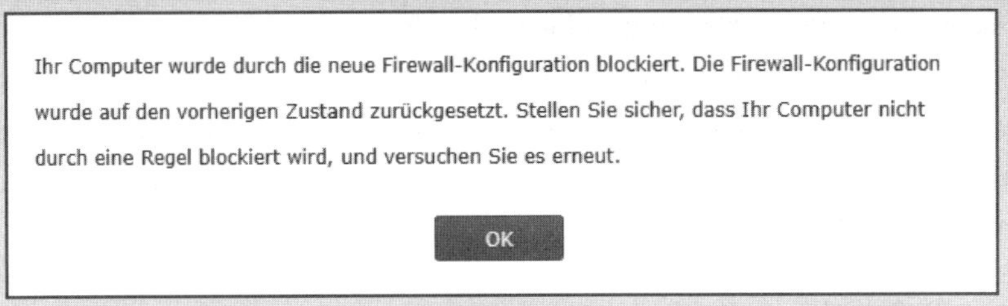

Abb. 10.4: Der Sicherheitsmechanismus, damit Sie sich nicht selbst ausschließen

In vielen Fällen kommen Sie zwar auch ohne Firewall aus, das heißt aber nicht, dass sie nutzlos ist. Nutzen Sie das Synology NAS in einem Unternehmen oder einem Verein, sollten Sie unbedingt über eine Firewall nachdenken. Die größte Gefahr in einem Unternehmen geht von den eigenen Mitarbeitern aus (auch wenn das meist eher unbeabsichtigt ist). Aber auch im LAN kann die Firewall durchaus wertvoll sein.

Auch wenn Sie den Zugriff auf Ihr NAS über Benutzer- und Anwendungsberechtigungen regeln, kann es sein, dass Sie nicht wollen, dass jeder Teilnehmer im LAN auf Services des NAS zugreifen darf. Mit Zugriff ist hier lediglich das Aufrufen der jeweiligen Services/der Anwendung gemeint. Der tatsächliche Zugriff darauf ist weiterhin nur nach einem Login gestattet. Die Firewall hilft Ihnen, hier zusätzliche Sicherheitsmaßnahmen zu ergreifen. Ein Angreifer kann gar nicht die Barriere der Benutzerberechtigungen attackieren, wenn er nicht bis vor die Tür kommt. Nutzen Sie in Ihrem LAN Subnetze, wie z.B. ein Gäste-WLAN, können Sie dieses über die Firewall komplett ausschließen.

10.7.1 Firewall-Regeln

Eine Firewall-Regel hat einen recht simplen Aufbau und sieht grob formuliert so aus:

```
Was? Wer? Zugriffsart
```

Im ersten Teil geht es darum, festzulegen, welcher Dienst von der Regel betroffen ist bzw. welche Anwendung Sie schützen möchten. Hier stehen Ihnen Protokolle anhand der Portnummern zur Auswahl. Sie müssen dabei nicht unbedingt alle Portnummern der Anwendungen kennen – die DSM-Firewall zeigt Ihnen in einer Liste, welche Anwendungen welche Portnummern haben. Sie können beliebig viele Portnummern für eine Regel auswählen. Darunter leidet aber auch ein wenig die Übersicht. Es ist dann nicht mehr auf einen Blick erkennbar, was die Regel abdeckt.

Als Nächstes wählen Sie aus, auf wen diese Regel zutrifft. Dazu stehen Ihnen folgende Möglichkeiten zur Auswahl:

- eine konkrete IP-Adresse, z.B. 10.0.0.11, 89.17.34.60
- ein IP-Adressen-Bereich, z.B. 192.168.0.1 bis 192.168.0.10
- ein ganzes Netz, z.B. 192.168.0.0/24
- alle – Die Regel gilt also für jeden, egal von wo aus der Zugriff erfolgt.

Hinweis

Möchten Sie mehrere einzelne IPs ansprechen, die aber nicht durch einen Bereich abgedeckt werden können (z.B. 10.0.0.1 und 10.0.0.3, aber nicht 10.0.0.2), müssen Sie für jede IP eine eigene Regel erstellen.

Im letzten Teil der Regel geht es darum, ob sie dem »Wer« den Zugriff erlaubt oder verbietet.

Per Default hat die DSM-Firewall keine Regeln konfiguriert und erlaubt Zugriffe aus allen Quellen zu allen vorhandenen Zielen. Sie können Regeln grundsätzlich nach dem *Blacklisting*- und dem *Whitelisting*-Prinzip erstellen. Da das Blacklisting, also das gezielte Verbieten von Zugriffen, wenig praktikabel und unsicher ist, wird in der IT generell davon abgeraten. Konfigurieren Sie Ihre Firewall also so, dass alle Zugriffe standardmäßig blockiert werden, und erstellen Sie dann Regeln, in denen Sie bestimmte Zugriffe gezielt erlauben. Spezielle Konfigurationen können aber das gezielte Verbieten einzelner Verbindungen erfordern, darauf komme ich später noch einmal zurück.

10.7.2 Die Firewall aktivieren

Unter SYSTEMSTEUERUNG|SICHERHEIT|FIREWALL können Sie die Firewall aktivieren. Danach werden weitere Optionen verfügbar, wie etwa FIREWALL BENACHRICHTIGUNGEN AKTIVIEREN. Diese Option bewirkt, dass Sie eine Benachrichtigung erhalten, wenn Sie ein neues Paket installieren oder einen Dienst aktivieren.

Die Benachrichtigung erlaubt Ihnen, für die neue Anwendung gleich eine Firewall-Regel zu erstellen, diese Funktion ist aber nicht besonders nützlich, da die Regeln viel zu allgemein gehalten sind. Die neue Regel wird erstens für alle Netzwerkschnittstellen (siehe unten) erstellt, außerdem wird dabei allen der Zugriff erlaubt. Passt man die Regel nicht gleich an, ist die Chance hoch, dass man es vergisst. Die Firewall verhält sich dann entweder nicht so, wie man es erwartet, oder aber die Sicherheit ist nicht hoch genug.

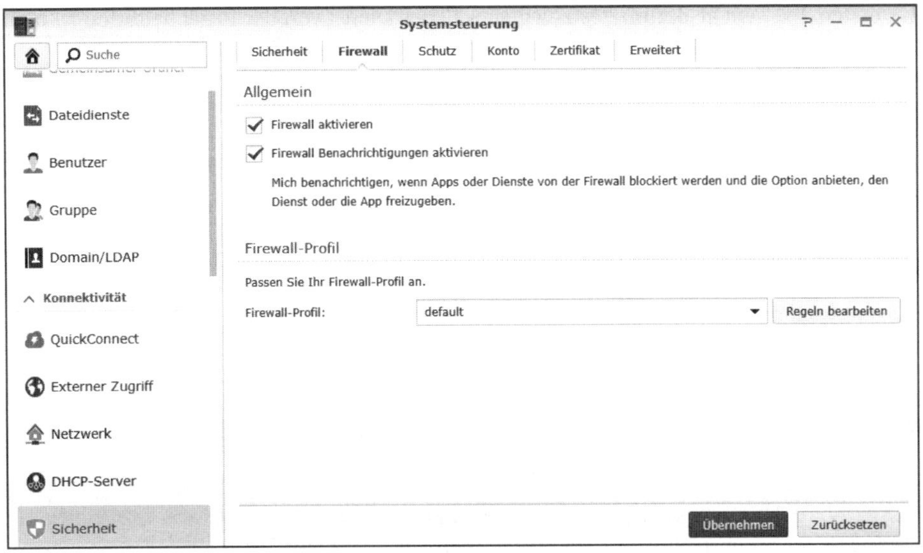

Abb. 10.5: Firewall aktivieren im Sicherheitsbereich

Tipp

Lassen Sie, gerade wenn es um die Sicherheit geht, keine Einstellungen automatisch vornehmen. Sie können nie sicher sein, was genau passiert. Tätigen Sie alle Einstellungen selbst, dann haben Sie die volle Kontrolle über die Konfiguration Ihres NAS. Wenn Sie die Firewall nutzen, sollten Sie wissen, wie sie funktioniert und was Sie erreichen wollen. Erstellen Sie jede Regel nach Ihren Bedürfnissen. Das gilt nicht nur für die Firewall, sondern auch für andere Bereiche, wie etwa die Portfreigabe im Router.

Sie können mehrere Profile anlegen. In den Profilen legen Sie die Regeln an. Sie können also einfach zwischen verschiedenen Regelsätzen hin und her schalten – dadurch lassen sich verschiedene Regeln und Regelkombinationen testen, ohne dass Sie Regeln löschen oder neu anlegen müssen.

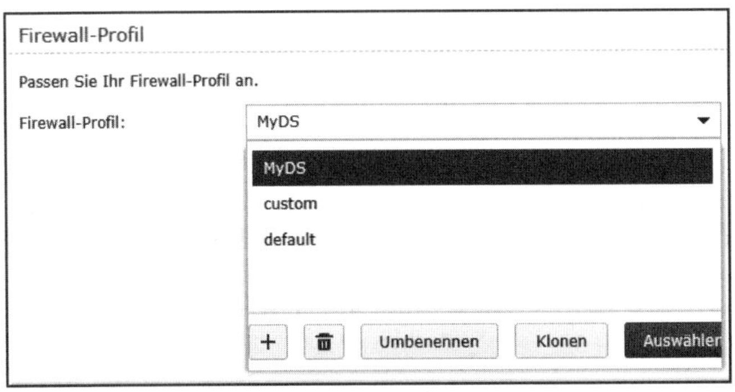

Abb. 10.6: Profilverwaltung der Firewall

Sie können auch ein Profil klonen, also eine Kopie anlegen und diese dann nach Ihren Wünschen abändern. Die bisherigen Einstellungen bleiben erhalten und bei Problemen können Sie wieder zu diesen zurückkehren. Es sind nur die Regeln aktiv, deren Profil Sie ausgewählt haben.

10.7.3 Regel-Prioritäten

Bei einem Zugriff werden die Regeln von oben nach unten abgearbeitet. Sobald eine Regel zutrifft, wird sie angewendet, die anderen Regeln werden nicht mehr überprüft. Bedenken Sie dies beim Erstellen und Anordnen der Regeln. Sie können die Reihenfolge jederzeit durch Drag & Drop verändern. Sie sollten also oben die spezifischen Regeln und weiter unten die allgemeinen Regeln anordnen. Sie können daher auch problemlos redundante oder sich widersprechende Regeln erstellen.

Tipp

Je mehr Regeln Sie erstellen und je spezifischer diese ausfallen, desto komplexer wird die Firewall. Üblicherweise werfen Sie nicht gerade täglich einen Blick auf Ihre Firewall-Regeln, dokumentieren Sie daher am besten, warum Sie welche Regel angelegt haben. Wollen Sie nach Monaten eine Änderung vornehmen, hilft Ihnen die Dokumentation, sollten Sie vergessen haben, was Sie getan haben.

10.7.4 Eine Regel anlegen

1. Wählen Sie unter SYSTEMSTEUERUNG|SICHERHEIT|FIREWALL ein Profil aus (siehe Abbildung 10.6) und klicken Sie auf REGELN BEARBEITEN.
2. Bevor Sie die Regel erstellen, ist es wichtig, dass Sie links oben die Netzwerkschnittstelle auswählen, für die Sie die Regel erstellen. Zur Auswahl stehen:
   - Alle Schnittstellen – Die Regeln gelten für alle Schnittstellen.

Wichtig

Da die Quelle für eine Regel auf IP-Adressen basiert und verschiedene Schnittstellen unterschiedliche IP-Netze abbilden, empfehle ich Ihnen, Regeln für die jeweilige Schnittstelle individuell zu erstellen. Bei einigen Einstellungen wie Link Aggregation bei mehreren LAN-Schnittstellen oder bei Interneteinwahl des NAS über PPPoE müssen die Regeln sowieso an den dafür vorgesehenen Schnittstellen erfolgen, damit sie funktionieren. Das steigert zudem die Übersicht und bei Problemen lässt sich die Fehlerquelle besser eingrenzen.

   - LAN (1-X) – Regeln betreffen die Verbindung über den Ethernet-Anschluss des NAS. Hat Ihr Gerät mehrere Ethernet-Ports, finden Sie im Dropdown auch mehrere Einträge, durchnummeriert beginnend bei 1. Die meisten Regeln, die Sie erstellen, werden vermutlich dieser Schnittstelle zuzuordnen sein. Bei Verbindung des NAS mit dem Router werden über diese Schnittstelle sowohl Verbindungen aus dem LAN als auch aus dem Internet (sofern eingerichtet) ausgebaut.

- PPPoE – Wenn Ihr Synology NAS eine Verbindung mit dem Internet über PPPoE herstellt, müssen die damit verbundenen Firewall-Regeln hier eingetragen werden.
- VPN – Diese Regeln gelten für Verbindungen, die über den VPN-Server (siehe Abschnitt 9.3 »VPN – sicherer Zugriff auf das NAS über das Internet«) erfolgen. Haben Sie den VPN-Server eingerichtet, empfiehlt es sich auch hier, Regeln festzulegen.

3. Klicken Sie auf ERSTELLEN.

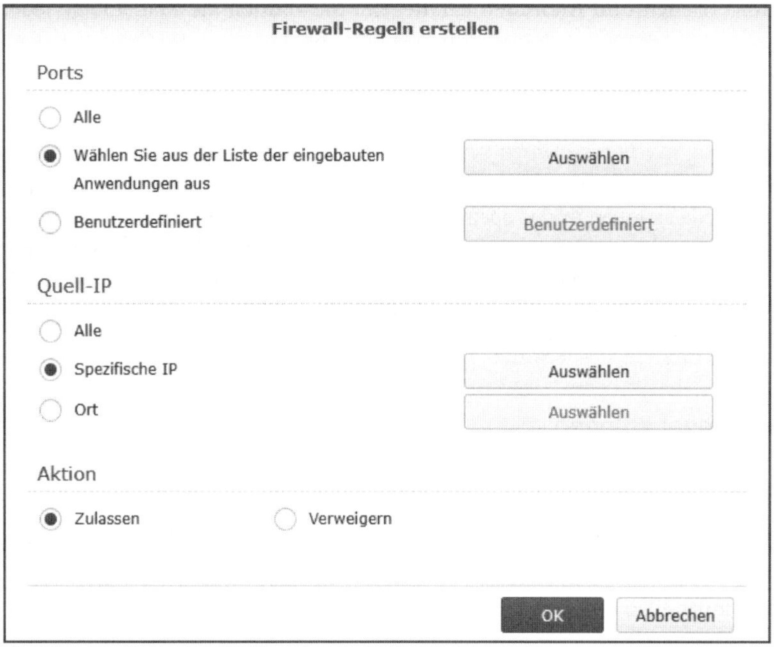

Abb. 10.7: Legen Sie fest, was (Ports) wer (Quell-IP) darf (Aktion).

4. Wählen Sie, für welche Ports, also welches Ziel, die Regel gilt. Sie können hier alle Zielapplikationen auswählen oder über eine Liste vorhandener Anwendungen und deren Ports eine Auswahl treffen (Mehrfachauswahl möglich). Für spezielle Anforderungen besteht auch die Möglichkeit, Ports manuell einzugeben.

Liste eingebauter Anwendungen

In der Liste finden Sie Anwendungen und Dienste (bzw. die Dienste und Ports, die sie nutzen), die auf dem NAS vorhanden sind. Sie wird erweitert, wenn Sie weitere Pakete installieren. Ändern Sie die Standardports von Synology-Anwendungen (siehe Abschnitt 11.1 »Das Anwendungsportal«), spiegelt sich das ebenfalls in der Liste wider. In der Liste finden Sie eine Checkbox, mit der Sie den jeweiligen Eintrag aktivieren können, den Anwendungsnamen, die Portnummer, die die Anwendung nutzt, und das Protokoll, mit dem Sie mit der Anwendung kommunizieren.

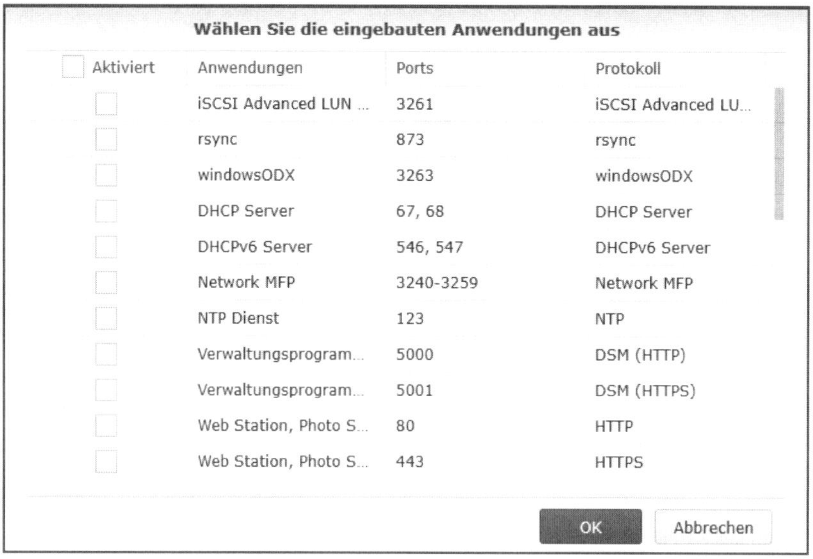

Abb. 10.8: Liste der bereits vorhandenen Anwendungen und Dienste

5. Wählen Sie die Quell-IP aus, für die die Regel gilt:
   - Alle – Die Regel gilt für Aufrufe aller Quellen.
   - Spezifische IP – Hier können Sie eine einzelne IP (Single Host), ein (Sub-)Netz oder einen IP-Bereich angeben.
   - Ort – Beschränken Sie die Regel auf ein oder mehrere bestimmte Länder oder Regionen (sogenanntes *Geo-Blocking*).

Achtung

IP-Netze sind prinzipiell Ländern zugeordnet. Es ist aber ein Leichtes, über VPNs und Proxys die eigene IP-Adresse zu verbergen und so mit der IP eines anderen Landes zu surfen und Geo-Blockierung zu umgehen.

6. Wählen Sie, ob die angegebene Verbindung zwischen Quell-IP und Ziel-Port zugelassen oder verweigert werden soll.
7. Klicken Sie auf OK.

Regeln lassen sich nachträglich bearbeiten oder löschen. Sie können Regeln aber auch deaktivieren – entfernen Sie dazu das Häkchen neben der Regel. Dadurch wird die Regel nicht mehr angewandt, bleibt aber in der Liste erhalten.

10.7.5 Die Firewall richtig nutzen

Firewall-Regeln sind recht simpel, durch die Kombination mehrerer Regeln kann aber ein komplexes Verhalten erzielt werden. Genauso einfach ist es aber auch, unerwünschtes Verhalten zu konfigurieren.

Tipp

Sie können mehrere Profile erstellen. Wollen Sie neue Regeln erstellen, testen Sie diese zuerst isoliert in einem Testprofil. Erst, wenn Sie sich vergewissert haben, dass die Regel funktioniert, fügen Sie sie in das »produktive« Profil ein und testen sie erneut.

Testen Sie Regeln immer von verschiedenen »Standpunkten« aus, also von verschiedenen Rechnern und von verschiedenen Netzen (LAN, über das Internet). Sollte eine Regel nicht funktionieren, drehen Sie ihre Bedeutung um. Das hilft einzugrenzen, was nicht funktioniert.

Ich kann Ihnen keine Regelliste mitgeben, die Ihr NAS optimal absichert. Wie Sie die Regeln gestalten, hängt ganz davon ab, wofür Sie Ihr NAS nutzen und wie Ihre Netzwerkkonfiguration aussieht; auch, ob Ihr NAS von außerhalb erreichbar ist, spielt eine erhebliche Rolle. Ich kann Ihnen aber einige Vorschläge und Denkanstöße auflisten, die Sie nutzen können, um ein Sicherheitskonzept für Ihre Bedürfnisse zu entwickeln.

Regeln für das lokale Netz

Wichtig

Die Firewall kann für das LAN nur dann zuverlässig funktionieren, wenn Sie in Ihrem LAN eine fixe IP-Adresse benutzen. Standardmäßig verteilt der DHCP Ihres Routers IP-Adressen aus einem lokalen Netz (192.168.x.x, 10.0.0.x) zufällig an Geräte, die eine Adresse anfordern. Es ist daher nicht garantiert, dass ein Gerät immer dieselbe Adresse bekommt. Um Adressen fix zuzuweisen, können Sie in den DHCP-Einstellungen Ihres Routers Adressen den MAC-Adressen Ihrer Geräte zuweisen. Alternativ können Sie den DHCP deaktivieren und auf Ihren Geräten eine IP-Adresse direkt einstellen. Ob die Geräte über Kabel oder WLAN verbunden sind, spielt dabei keine Rolle.

Grundeinstellung

Wie schon öfter erwähnt, sollten Befugnisregeln immer nach dem Whitelisting-Prinzip erstellt werden. Das heißt, die Regeln erlauben gewisse Zugriffe; Zugriffe, auf die keine Regel zutrifft, werden verweigert.

Wählen Sie im Regel-Profil die LAN-Schnittstelle und erlauben Sie beispielsweise allen Geräten im LAN Zugriff auf alle Services des NAS. Die Regel dazu sieht wie folgt aus:

- Ports: Alle
- Quell-IP: SPEZIFISCHE IP|AUSWÄHLEN – Wählen Sie SUBNETZ und geben Sie die Netzadresse Ihres LAN und die Subnetzmaske an.
- Aktion: Zulassen

Wählen Sie anschließend im unteren Bereich für WENN KEINE REGEL ZUTRIFFT: die Option ZUGRIFF VERWEIGERN.

Abb. 10.9: Alle lokalen IPs können auf alle Anwendungen und Dienste des NAS zugreifen.

Subnetzmaske finden

Sind Sie sich nicht sicher, welche Subnetzmaske Ihr LAN hat, können Sie diese ganz einfach anzeigen lassen. Öffnen Sie dazu die Eingabeaufforderung unter Windows und geben Sie den Befehl `ipconfig` ein und bestätigen Sie mit [↵]. Unter Mac öffnen Sie das Terminal und geben `ifconfig` ein.

Hier werden Ihnen mehrere Einträge angezeigt, suchen Sie den Eintrag mit der lokalen IP. Die Subnetzmaske wird in hexadezimaler Schreibweise angezeigt. Je zwei ff entsprechen 255, zwei 0 entsprechen 0. 0xffffff00 entspricht also 255.255.255.0

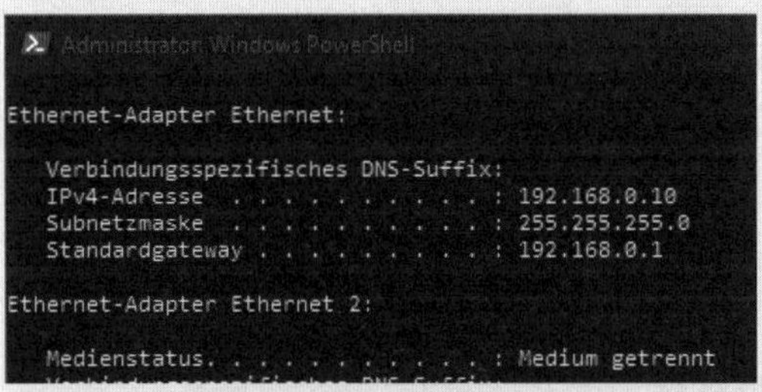

Abb. 10.10: IP-Konfiguration unter Windows

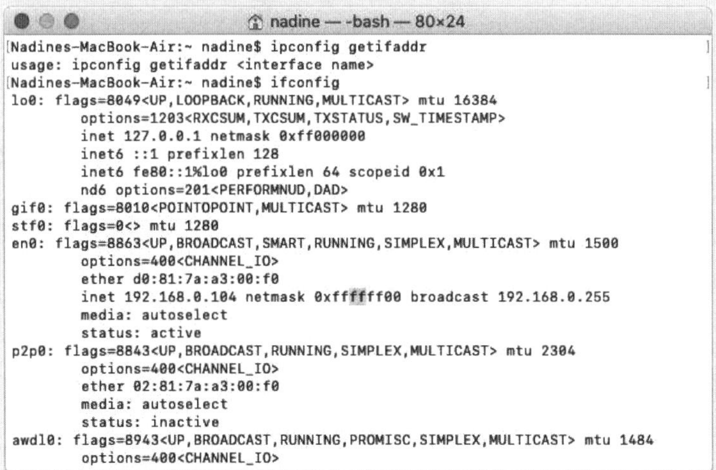

Abb. 10.11: IP-Konfiguration unter MacOS (in diesem Fall Eintrag en0)

Erweiterte Sicherheit

Möchten Sie Ihr NAS gegenüber Zugriffen aus dem LAN noch weiter absichern, können Sie detailliertere Regeln erstellen.

> **Achtung**
>
> Sobald Sie Regeln für einzelne Zielports oder Quell-IPs erstellen wollen, dürfen Sie keine allgemeine Regel wie oben beschrieben erstellen bzw. müssen diese löschen. Eine Regel, die allen LAN-Teilnehmern uneingeschränkt Zugriff auf das NAS erlaubt, hebt die Wirkung von gezielten Regeln aus.
>
> Ich empfehle Ihnen, konkrete Regeln für alle Anwendungsbereiche zu erstellen. Dadurch gehen Sie sicher, dass auch nur die Dienste erreichbar sind, die Sie tatsächlich nutzen. Durch die Mehrfachauswahl in der Liste eingebauter Anwendungen können Sie auch mehrere Anwendungen zusammenfassen.

Als Erstes sollten Sie dabei den Zugriff auf die DSM-Oberfläche regeln. So könnten Sie den Zugriff auf DSM nur von einem oder mehreren bestimmten Rechnern erlauben.

- Ports: Liste der eingebauten Anwendungen|Auswählen – Verwaltungsprogrammoberfläche 5000 und 5001, sofern Sie die Standardports noch nicht geändert haben. Wollen Sie den Zugriff auf *https* beschränken, wählen Sie nur 5001 bzw. DSM (https).
- Quell-IP: Spezifische IP|Auswählen – Wählen Sie Single Host und geben Sie die IP Ihres Rechners ein. Wollen Sie mehrere Rechner erlauben, müssen Sie mehrere Regeln erstellen oder Sie geben einen IP-Bereich an, sofern die Rechner aufeinanderfolgende IP-Adressen aufweisen.
- Aktion: Zulassen

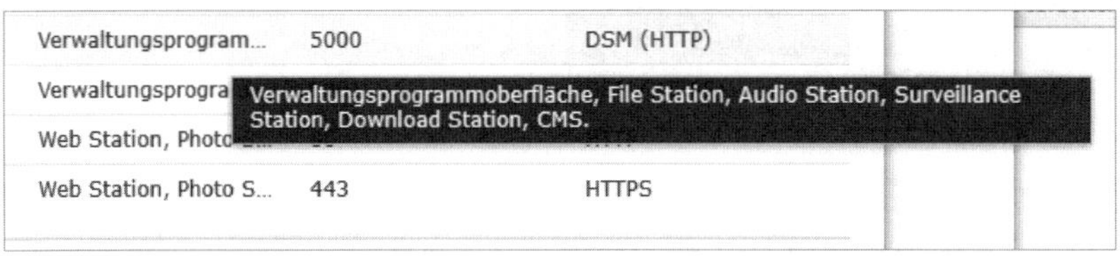

Abb. 10.12: Mehrfache Belegung eines Ports durch verschiedene Anwendungen

> **Achtung**
>
> Anhand des Eintrags für die Verwaltungsprogrammoberfläche (DSM) in der Liste der eingebauten Anwendungen lässt sich ein Problem der Synology-Software erkennen. Fahren Sie mit der Maus über den Namen, der zu lang für die Spaltenbreite ist, erscheint ein Tooltip mit dem vollständigen Inhalt des Eintrags (siehe Abbildung 10.12). Wie Sie erkennen können, nutzen auch File Station, Audio Station und andere Programme diese Ports. Auch andere Anwendungen teilen sich gewisse Ports. Das kann fatal sein. Möchten Sie z.B. die File Station über das Internet erreichbar machen, müssen Sie deren Port in Ihrem Router freigeben – damit ist automatisch auch DSM über das Internet erreichbar. Das sollten Sie unter allen Umständen vermeiden.

Sie können sich mit einer Firewall-Regel schützen, indem Sie nur LAN-Adressen den Zugriff auf DSM erlauben, so wie in den obigen Beispielen. Die Mehrfachnutzung von Ports ist dennoch lästig, und schalten Sie die Firewall ab oder stellen ein anderes Profil ein, sind wieder alle Anwendungen über das Internet erreichbar. Diesen Zustand können Sie ändern. Wie das geht, erkläre ich Ihnen in Abschnitt 11.1 »Das Anwendungsportal«.

Hinweis

Einige Anwendungen nutzen auch mehrere Ports. Diese können entweder im selben Eintrag zusammengefasst werden, sofern es sich um dasselbe Protokoll handelt (siehe Abbildung 10.13), oder die Anwendung weist mehrere Einträge auf, wenn sie verschiedene Protokolle unterstützt bzw. benötigt (siehe Abbildung 10.14).

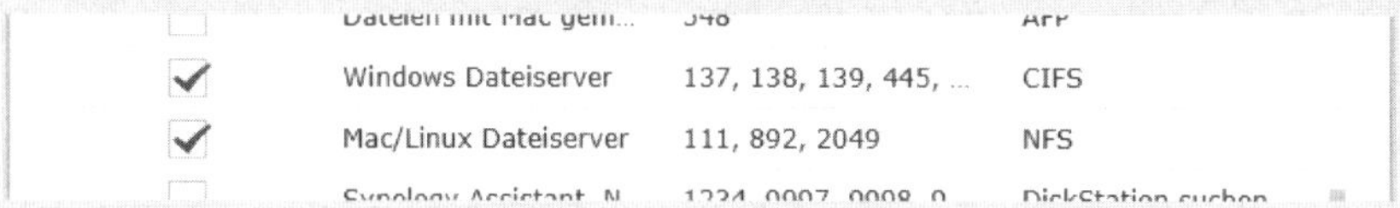

Abb. 10.13: Mehrere Ports für dasselbe Protokoll

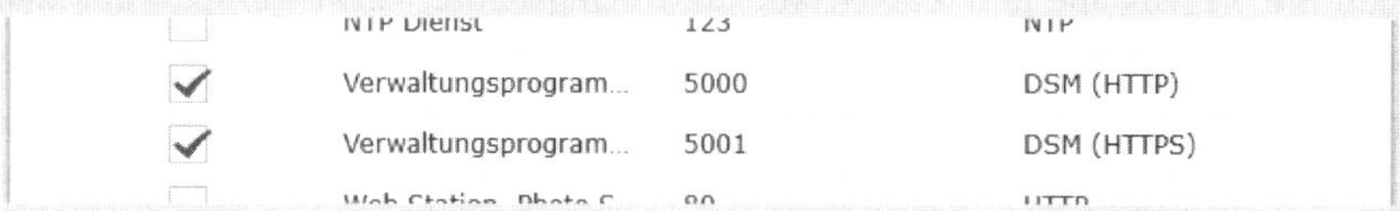

Abb. 10.14: Selbe Anwendung, aber unterschiedliche Protokolle

Dienste, die Sie bereits kennengelernt haben, wie etwa den Synology Drive Server oder den Windows Dateiserver (SMB) finden Sie ebenfalls in der Liste und können sie gezielt für Nutzer im LAN freigeben. Abbildung 10.15 zeigt, wie die Regeln aussehen könnten.

Abb. 10.15: Ein Rechner darf auf DSM zugreifen, alle dürfen diverse Dienste nutzen.

Regeln für das Internet

Ist Ihr NAS auch über das Internet erreichbar, sollten Sie daran denken, auch hier einige Regeln festzulegen. Hier ist es aber schwieriger, zu entscheiden, wie die Regeln aussehen sollen. Da Sie im Internet selten fixe IP-Adressen haben, können Sie Regeln viel weniger spezifisch gestalten. Da Verbindungen aus dem Internet über dieselbe LAN-Schnittstelle eintreffen wie auch Zugriffe aus Ihrem lokalen Netz, ist es schwieriger, einzelnen Personen bzw. Geräten Zugriffe einzuräumen.

Mit der Portfreigabe im Router haben Sie schon entschieden, welche Dienste Sie im Internet verfügbar machen. Als Nächstes sollten Sie sich fragen, ob diese Dienste von mehreren Personen genutzt werden dürfen oder nur von Ihnen. Die nächste Frage lautet dann, mit welchen Geräten der Zugriff stattfindet. Arbeiten Sie nach dem Prinzip »so viel wie nötig, so wenig wie möglich«. Wollen Sie oder eine bekannte und handhabbare Anzahl Personen auf diverse Ressourcen/Dienste auf Ihrem NAS zugreifen, denken Sie über den Einsatz des VPN-Servers nach (siehe Abschnitt 9.3 »VPN – sicherer Zugriff auf das NAS über das Internet«). Soll eine unbekannte Anzahl oder Personen ohne DSM-Konto auf Ressourcen zugreifen, bleibt Ihnen nur der herkömmliche Weg.

Für Zugriffe, die nicht über ein VPN erfolgen können, empfehle ich folgendes Vorgehen für die LAN-Schnittstelle:

- Setzen Sie WENN KEINE REGEL ZUTRIFFT auf ZUGRIFF VERWEIGERN.
- Erstellen Sie Regeln, die den Zugriff auf die verwendeten Anwendungen aus dem lokalen Netz erlauben.
- Erstellen Sie Regeln, die den Zugriff auf die freigegebenen Anwendungen aus dem Internet erlauben.

Den letzten Punkt können Sie auf unterschiedliche Weise erreichen, abhängig davon, was Sie erreichen wollen. Soll den Zugriff von überall auf der Welt auf eine bestimmte Anwendung möglich sein, z.B. Sie hosten eine Homepage über den Webserver (siehe Kapitel 20 »Das Synology NAS als Webserver«), muss die Regel wie folgt aussehen:

- Ports: LISTE DER EINGEBAUTEN ANWENDUNGEN|AUSWÄHLEN – *Web Station*, 443, HTTPS
- Quell-IP: Alle
- Aktion: Zulassen

Geo-Blocking

Um die Sicherheit zu erhöhen, können Sie den Zugriff auf gewisse Länder beschränken. Wählen Sie dazu unter Quell-IP die Option ORT und wählen Sie aus der Liste die Länder, für die die Regel gelten soll. Im Beispiel mit dem Webserver können Sie den Zugriff auf die Web Station für gewisse Länder blockieren (z.B. Länder, deren IP-Netze für Hackerangriffe bekannt sind, wie China, Indien oder Russland, oder generell Länder, aus denen Ihr NAS nicht erreichbar sein soll).

Achtung

Wie bereits erwähnt, ist es relativ einfach, seine geografische Herkunft im Internet zu verschleiern. Geo-Blocking hilft aber, vor allem automatisierte Angriffe einzudämmen.

Sind die Dienste nur für Sie und/oder eine überschaubare Anzahl an Personen gedacht (z.B. Synology Drive für Sie, Ihre Familie und Freunde), erlauben Sie den Zugriff darauf nur aus dem bzw. den Herkunftsländern. Reisen Sie in das Ausland, vergessen Sie aber nicht, die Regel anzupassen.

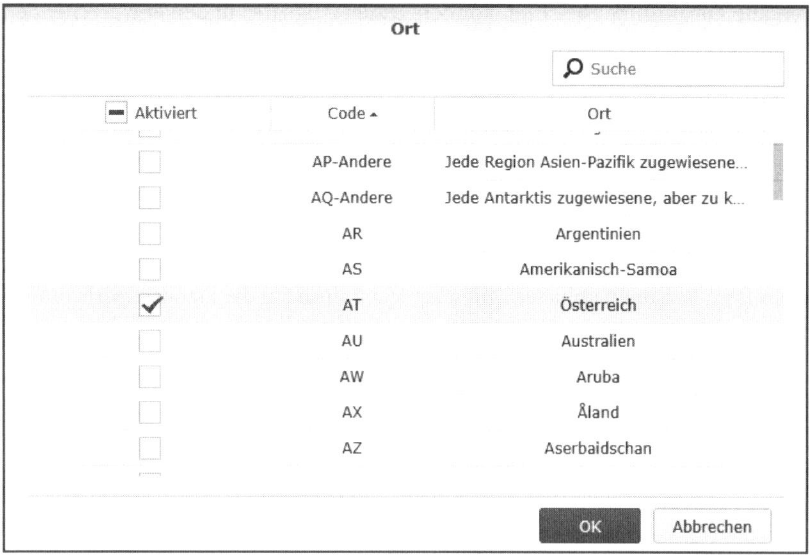

Abb. 10.16: Bis zu 15 Länder können pro Regel ausgewählt werden.

Wichtig

Erstellen Sie eine Regel, die den Zugriff aus einem oder mehreren Ländern **erlaubt**, müssen Sie für dieselbe(n) Ressource(n) eine weitere Regel erstellen, die den Zugriff aus dem LAN erlaubt.

Testen können Sie die Regel, indem Sie einen freien Proxyserver verwenden und über die mobile Datenverbindung Ihres Smartphones die gewünschte Anwendung aufrufen. Oder Sie nutzen einen VPN-Anbieter. In den zugehörigen Handy-Apps lässt sich die Verbindung über ein anderes Land umleiten.

Achtung

Manchmal wird eine IP einem Land nicht richtig zugeordnet. Lassen Sie Zugriffe nur aus Land X zu, wird sie die Firewall in diesem Fall blockieren, auch wenn Sie aus diesem Land zugreifen. Das kann bei Verwendung von VPN-Diensten der Fall sein.

10.8 Standardports ändern

Dienste sind immer über einen gewissen Port erreichbar. Bekannte Dienste (https, SSH, FTP etc.) verwenden standardisierte Ports, das heißt, sie verwenden immer dieselbe Portnummer und es ist öffentlich bekannt, welche Nummer das ist. Es gibt aber auch Portnummern, die nicht reserviert sind, diese können von jedem frei genutzt werden. Damit können auch nicht-standardisierte Anwendungen (z.B. Synology-Software) in Netzwerken kommunizieren.

Ist die verwendete Portnummer bekannt, können gezielt Angriffe auf den entsprechenden Dienst durchgeführt werden. Um sich zu schützen, ist es möglich, die Portnummer zu ändern. Das funktioniert aber nicht unter allen Umständen. Betreiben Sie einen Webserver, der öffentlich erreichbar sein soll, muss dieser *http* auf Port 80 anbieten und *https* auf Port 443, da alle Browser davon ausgehen. Natürlich gäbe es die Möglichkeit, andere Ports zu verwenden und diese Information potenziellen Besuchern auf anderem Web mitzuteilen, das macht aber nur in speziellen Szenarien Sinn und nicht, wenn Sie Ihren Webauftritt für jedermann zugänglich machen wollen.

Für alle Dienste und Anwendungen, die Sie auf Ihrem NAS für DSM-Benutzer bzw. einen bestimmten Kreis an Personen anbieten, gilt aber: Verändern Sie die Standardports, um so für mehr Sicherheit zu sorgen.

Wichtig

Das ist für Synology-Pakete besonders wichtig, da sich diese fast alle den Port mit DSM teilen. Möchten Sie den Dienst aus dem Internet erreichen, müssten Sie diesen Port freigeben. Dadurch wäre DSM aus dem Internet erreichbar und somit ein großes Sicherheitsrisiko.

Wie Sie die Ports ändern, erkläre ich Ihnen in Abschnitt 11.1 »Das Anwendungsportal« genauer. Zusätzlich werde ich das Thema Ports auch in den folgenden Kapiteln aufgreifen, wenn wir uns mit den Synology-Anwendungen befassen.

10.9 2-Faktor-Authentifizierung

Bei der 2-Faktor-Authentifizierung werden zwei Aspekte der Benutzerauthentifizierung kombiniert und somit die Sicherheit gesteigert. Meist handelt es sich dabei um den Aspekt »etwas, das Sie wissen« (z.B. Ihr Passwort) sowie den Aspekt »etwas, das Sie haben« (wie Ihr Smartphone). Weit verbreitet ist die Nutzung sogenannter Tokens, dabei handelt es sich um eine Zahlenkombination, die periodisch neu berechnet wird. Stimmt die Uhrzeit des Systems und die Berechnungsformel überein, kann dasselbe Token auf beliebig vielen Geräten reproduziert werden, ohne dass die Geräte miteinander verbunden sind.

Um sich zu authentifizieren, wird das Token sowohl auf dem Gerät, auf dem Sie sich anmelden möchten, als auch auf dem Smartphone berechnet. Angezeigt bekommen Sie das Token aber nur am Smartphone, dieses Token geben Sie am Zielgerät ein und stimmen die Tokens überein, ist die Authentifizierung erfolgreich.

Hinweis

Damit Sie die 2-Faktor-Authentifizierung nutzen können, benötigen Sie Apps wie den *Google Authenticator* (für Android und iPhone erhältlich).

Sie müssen des Weiteren den E-Mail-Benachrichtigungsdienst aktiviert haben (siehe Abschnitt 3.1.6 »DSM personalisieren«).

2-Faktor-Authentifizierung aktivieren

1. Öffnen Sie OPTIONEN (das Benutzer-Icon in der DSM-Taskleiste) |PERSÖNLICH|KONTO.
2. Setzen Sie das Häkchen bei 2-STUFEN VERIFIZIERUNG AKTIVIEREN, der Einrichtungsassistent wird gestartet.
3. Sie müssen, obwohl DSM vorhin nach einem E-Mail-Konto verlangt hat, eine E-Mail-Adresse für die Wiederherstellung bei Verlust des Mobilgeräts eingeben. Diese kann vom vorhin hinzugefügten Konto abweichen.
4. Im nächsten Schritt wird Ihnen ein QR-Code angezeigt. Diesen müssen Sie mit der Authentifizierungs-App auf Ihrem Smartphone scannen. Alternativ können Sie einen Code eingeben (Klick auf den blauen Text).

Abb. 10.17: Scannen Sie den QR-Code mit der App oder geben Sie den Schlüssel ein.

5. Haben Sie den Schlüssel in der App hinzugefügt, klicken Sie auf WEITER. Sie müssen jetzt den 6-stelligen Code aus der App eingeben, um die 2-Faktor-Authentifizierung zu aktivieren.
6. Ab jetzt müssen Sie beim Login zusätzlich zum Passwort den 6-stelligen Code aus der Authentifizierungs-App eingeben. Das gilt für alle Anmeldungen mit Ihrem DSM-Konto.

Abb. 10.18: Nach der Passwort-Eingabe erfolgt die Code-Eingabe.

Sie können beim Login DIESES GERÄT SPEICHERN aktivieren. Das Gerät, von dem Sie sich anmelden, wird dann hinterlegt und Sie müssen nicht jedes Mal den Code eingeben. Diese Hinterlegung ist aber nur einen gewissen Zeitraum lang aktiv, ehe Sie einen neuen Code eingeben müssen. Die Geräte, mit denen Sie sich angemeldet haben, finden Sie unter OPTIONEN|PERSÖNLICH|KONTO|KONTOAKTIVITÄT.

10.10 Weitere Sicherheitsmaßnahmen

10.10.1 DSM absichern

In DSM finden sich einige Sicherheitseinstellungen, die Sie aktivieren sollten. Sie finden diese in SYSTEMSTEUERUNG|SICHERHEIT.

Allgemeine Sicherheitseinstellungen

Im Reiter SICHERHEIT sollten Sie folgende Optionen aktivieren, sofern diese nicht schon aktiviert sind:

- »Schutz gegen Cross-Site-Request-Forgery-Attackern verbessern«
- »Sicherheit mit http Content Security Policy (CSP)-Header erhöhen«
- »Nicht zulassen, dass DSM in iFrame eingebettet wird« – Sollten Sie unbedingt DSM in einem iFrame benötigen (auch wenn ich davon abrate, da es unsicher ist), dann aktivieren Sie diese Option trotzdem, klicken auf ZULÄSSIGE WEBSITES und fügen dort die entsprechende Seite mit dem iFrame hinzu.

Aktivieren Sie den DoS-Schutz für alle verwendeten Netzwerk-Schnittstellen im Reiter SCHUTZ.

Schutz vor Brute-Force-Angriffen

Im Reiter KONTO können Sie eine automatische Blockierung bei fehlgeschlagenen Anmeldeversuchen aktivieren. Sie können angeben, wie viele Loginversuche in welcher Zeit stattfinden müssen, um eine Blockierung der IP-Adresse auszulösen, und auch, wie lange die Blockierung dauert.

Während die automatische Blockierung Anfragen von IP-Adressen blockiert, können Sie mit dem Kontoschutz Benutzerkonten zum Schutz sperren lassen. Schlägt die Anmeldung mit einem bestimmten Benutzer zu oft fehl, wird das Konto vorübergehend gesperrt, damit es nicht gehackt werden kann. Der Kontoschutz sperrt zwar dann auch den Inhaber des Kontos aus, bei massiven Angriffen, die über verschiedene IPs ausgeführt werden, ist das aber der sichere Weg. Ist der Angriff vorbei, können Sie den Schutz wieder aufgeben.

Der Kontoschutz lässt sich für vertrauenswürdige und nicht vertrauenswürdige Clients getrennt einstellen.

10.10.2 https erzwingen

Im vorherigen Kapitel habe ich bereits vorgegriffen und Ihnen schon jede Menge über verschlüsselte Verbindungen (*https*) erzählt und Ihnen erklärt, wie Sie SSL-Zertifikate einrichten und verwalten. Sie sollten ausschließlich verschlüsselte Verbindungen nutzen, auch im lokalen Netz. Unverschlüsselte Verbindungen sind eine der größten Sicherheitsrisiken schlechthin. Es ist ein Leichtes, sich zwischen Sender und Empfänger zu hängen, ohne dass diese es mitbekommen. Der Angreifer kann bei so einer *Man-In-The-Middle*-Attacke (MITM) sämtlichen Inhalt unverschlüsselter Verbindungen mitlesen. Melden Sie sich über eine unverschlüsselte Verbindung an, sind Benutzername und Passwort auslesbar, aber auch sämtliche Daten, die Sie versenden und empfangen.

Damit Sie oder ein anderer Benutzer gar nicht erst die Möglichkeit haben, eine unverschlüsselte Verbindung zu nutzen, gibt es mehrere Mittel:

- http nicht am Router freigeben – geben Sie den Port 80 (bzw. 8080) nicht auf Ihrem Router frei. http-Anfragen werden dann von diesem gar nicht erst an Ihr NAS weitergeleitet. Dient Ihr NAS als Webserver und soll von beliebigen Besuchern erreicht werden können, kann ein geschlossener Port 80 Personen davon abhalten, Ihre Webseite zu erreichen, in diesem Fall ist es besser, Zugriffe auf Port 80 nicht abzublocken, sondern auf Port 443 umzuleiten.
- Zugriff auf unverschlüsselte Verbindungen in der Firewall nicht erlauben – erstellen Sie eine Regel in der Firewall, achten Sie darauf, nur den Zugriff auf die verschlüsselten Varianten der Dienste und Anwendungen zu erlauben. Haben Sie sich an meine Orientierungshilfen zum Thema Firewall gehalten, müssen Sie die unverschlüsselten Varianten nicht extra blockieren. Schaden würden solche Regeln aber nicht.
- https erzwingen – Unter SYSTEMSTEUERUNG|NETZWERK|DSM-EINSTELLUNGEN setzen Sie das Häkchen bei HTTP-VERBINDUNG AUTOMATISCH ZU HTTPS UMLEITEN sowie HTTP/2 AKTIVIEREN. Diese Einstellung gilt nicht für die Web Station und die Photo Station. Ich erkläre Ihnen in Abschnitt 13.1.3 »Zugriff auf die Photo Station« und Abschnitt 20.1.6 »https erzwingen«, wie Sie auch diese Anwendungen absichern.

Hinweis

Haben Sie bisher eine http-Verbindung genutzt, wird DSM nach der Aktivierung der https-Umleitung neu geladen. Sollten Sie noch das Synology-Zertifikat oder ein selbst signiertes Zertifikat nutzen, zeigt Ihr Browser eventuell eine Fehlermeldung. Mehr zum Thema SSL-Zertifikate erfahren Sie in Abschnitt 9.2.5 »Sicherheit durch SSL-Verschlüsselung«.

10.10.3 Software aktuell halten

Eine weitere, nicht zu unterschätzende Sicherheitsmaßnahme ist das Aktuell-Halten der NAS-Software oder eigentlich generell jeder Software, mit der Sie arbeiten. Keine Software ist perfekt und Bugs oder Sicherheitslücken können dazu führen, dass Fremde sich Zutritt zu Ihren Daten oder Ihrem System verschaffen. Halten Sie Ihre Software (vor allem DSM als auch die installierten Pakete) stets auf dem neuesten Stand. Leider ist, gerade bei weniger technikaffinen Nutzern, eine gewisse Abneigung gegenüber Softwareupdates, weit verbreitet.

DSM aktualisieren

DSM-Updates können ein heikles Thema sein, auf der einen Seite ist es wichtig, das System aktuell zu halten, auf der anderen Seite kann blindes Updaten dazu führen, dass das

System nicht mehr so läuft, wie es soll. Grundsätzlich sind vier Arten von Updates zu unterscheiden:

- Neue Hauptversionen – Die derzeitige Hauptversion ist DSM 6, DSM 7 wurde angekündigt, eine Veröffentlichung steht aber noch in den Sternen. Neue Hauptversionen bringen oft tief greifende Änderungen mit sich. Pakete können verschwinden oder komplett umgestaltet werden, die Benutzeroberfläche sieht oft anders aus. Kritisch ist hier, wenn sich das System derart ändert, dass bisher funktionierende Konfigurationen nicht mehr funktionieren (weil das System, auf dem sie aufbauen, nicht mehr existiert oder neue Elemente nicht mehr darauf ansprechen). Hier müssen Sie gut überlegen, ob Sie die Aktualisierung eines bestehenden Systems durchführen wollen. Die Chance ist groß, dass danach vieles nicht mehr funktioniert bzw. sich nicht mehr nachvollziehen lässt, warum etwas nicht oder anders funktioniert. Bei neuen Hauptversionen ist es meist sinnvoll, das NAS komplett neu aufzusetzen.
- Nebenversionen – Zur Drucklegung dieses Buches ist die 2. Nebenversion von DSM 6 aktuell (DSM 6.2). Nebenversionen können neue Features oder Änderungen in bestehenden Funktionen enthalten, aber das grundlegende System bleibt bestehen. Liest man das Änderungsprotokoll genau, lässt sich meist schnell herausfinden, warum plötzlich etwas anders läuft. Nach mehreren Updates der Nebenversion kann aber die Summe aller Änderungen dazu führen, dass Vorgänge nicht mehr nachvollzogen werden können.
- Kleinere Updates – Weitere Updates bringen meist nur Fehlerbehebungen und kleine Verbesserungen. Änderungen erkennt man daran, wenn sich die dritte Versionsnummer ändert (DSM 6.2.1 auf DSM 6.2.2), bei Fehlerbehebungen ändert sich die letzte Stelle (DSM 6.2.2-24922 auf DSM 6.2.2-25423).
- Hotfixes – Sind sehr kleine Änderungen/Verbesserungen, die nur gewisse Modelle betreffen, bzw. Änderungen am eigentlichen System sind nicht bemerkbar. Updates sind normalerweise unproblematisch. Sie sind auch nur dann notwendig, wenn sie Sicherheitslücken beseitigen oder ein Problem lösen, von dem Sie betroffen sind.

Achtung

Egal, wie klein das Update ist, eines trifft auf jedes davon zu: Aktualisieren Sie DSM, werden gewisse Konfigurationsdateien auf Linux-Ebene neu erstellt bzw. etwaige Änderungen überschrieben. Normalerweise sollten an diesen Dateien keine Änderungen erforderlich sein, außer in ganz speziellen Situationen. Haben Sie eine solche Änderung vorgenommen, sollten Sie sich dessen bewusst sein und die Änderung nachträglich erneut durchführen. Sollte ich in diesem Buch eine solche Änderung beschreibe, weise ich Sie an der entsprechenden Stelle explizit darauf hin.

Möchten Sie DSM aktualisieren, sollten Sie daran denken, dass das NAS für einige Zeit nicht betriebsbereit ist. Das ist wichtig, falls andere Benutzer auf Ihr NAS zugreifen.

Steht ein neues Update zur Verfügung, werden Sie über die Systembenachrichtigung darauf hingewiesen. Um ein Update durchzuführen, gehen Sie wie folgt vor:

1. Erstellen Sie zumindest eine Sicherung der Systemkonfiguration (siehe Abschnitt 8.3.1 »Konfiguration manuell sichern«).
2. Öffnen Sie SYSTEMSTEUERUNG|AKTUALISIEREN UND WIEDERHERSTELLEN.

3. Öffnen Sie das Änderungsprotokoll und lesen Sie sich die Änderungen durch, dadurch können Sie im Vorfeld Bereiche identifizieren, die Sie danach etwas genauer unter die Lupe nehmen sollten.
4. Erstellen Sie je nach Größe des Updates weitere Backups des Systems mit *Hyper Backup* (siehe Abschnitt 8.3.2 »Hyper Backup – die ultimative Backup-Lösung«).
5. Klicken Sie auf DOWNLOAD, um die neue DSM-Version herunterzuladen.
6. Ist der Download abgeschlossen, klicken Sie auf JETZT AKTUALISIEREN, um das Update zu starten.
7. Bestätigen Sie die Meldung. Das Update dauert je nach Größe einige Sekunden bis mehrere Minuten. Im Anschluss startet das NAS neu.

Nach dem Update sind oft Updates der installierten Pakete notwendig. Sollte Ihr System danach nicht mehr funktionieren wie gewünscht, prüfen Sie die betroffenen Einstellungen. Hilfe finden Sie eventuell auch in der Community. Bekommen Sie Ihr System gar nicht mehr zum Laufen, haben Sie zwei Optionen: Entweder Sie setzen es komplett neu mit der aktuellsten Version auf oder Sie laden die letzte funktionierende Version von DSM herunter, setzen das NAS mit dieser Version neu auf und spielen dann Ihre Backups mit Hyper Backup wieder auf das NAS.

10.10.4 Das System sauber halten

Deaktivieren bzw. entfernen Sie alles, was Sie nicht mehr benötigen.

- Deinstallieren Sie Pakete, die Sie nicht mehr einsetzen.
- Deaktivieren oder löschen Sie Benutzer-Konten, die Sie nicht mehr benötigen bzw. die Ihr NAS nicht mehr nutzen. Das beinhaltet den Standard-Administrator (*admin*) und das Gast-Login (*guest*).
- Deaktivieren Sie den SSH-Zugriff (siehe Abschnitt 22.1 »Mit der Kommandozeile auf Ihr NAS zugreifen«) auch dann, wenn Ihr NAS nicht über das Internet erreichbar ist. Wenn Sie Zugriff auf die Kommandozeile benötigen, aktivieren Sie den SSH-Zugriff, erledigen Ihr Vorhaben und deaktivieren den Zugriff wieder.

10.10.5 Antivirus Essentials nutzen

Antivirus Essentials können Sie über das Paket-Zentrum installieren. Das Paket bietet die für einen Virenscanner üblichen Funktionen verschiedener Scans und einer Quarantäne. Sie müssen die Scans allerdings per Hand ausführen oder per Zeitplan. Echtzeitscanner sind nicht vorhanden, da diese einen erheblichen Eingriff in das System darstellen und zu einer spürbaren Leistungsbeeinträchtigung führen. Bedenken Sie, dass Scans je nach Speichervolumen einige Stunden dauern können und auch Systemressourcen belegen.

Halten Sie die Virendefinitionen stets auf dem neuesten Stand.

10.10.6 Den Sicherheitsberater nutzen

Der *Sicherheitsberater* ist ein nützlicher Assistent, der Ihnen hilft, Ihr NAS abzusichern. Natürlich ist er keine ultimative Sicherheitslösung. Der Sicherheitsberater prüft verschiedene Parameter basierend auf Ihren Angaben, bei komplexeren Konfigurationen und Aufgabengebieten kann er aber nicht alle Sicherheitslücken und -risiken abdecken. Dennoch sollten Sie den Sicherheitsberater nach der ersten Inbetriebnahme starten und die Sicherheitsprüfung einrichten.

> **Tipp**
>
> Führen Sie die Sicherheitsprüfung zumindest nach Konfigurationsänderungen und Software-Updates durch.

Sicherheitsscan durchführen

Starten Sie den Sicherheitsberater zum ersten Mal, müssen Sie ein Sicherheitsprofil erstellen, Sie haben die Wahl zwischen privater und beruflicher Nutzung des NAS. Die Wahl beeinflusst die Checkliste, die der Sicherheitsberater abarbeitet. Nach einem Klick auf START wird der Scan sofort durchgeführt. Dieser dauert nur einen Augenblick und Sie sehen dann das Ergebnis für die fünf Teilbereiche.

> **Tipp**
>
> Wollen Sie auf Nummer sicher gehen, wählen Sie die berufliche Nutzung, dabei wird die volle Checkliste abgearbeitet. Sie erhöhen dadurch die Sicherheit Ihres NAS.

Sicherheitswarnungen überprüfen

Liegt in einem Teilbereich keine Sicherheitswarnung vor, wird er grün markiert. Bei einem oder mehreren Vorfällen erfolgt eine rote Markierung sowie ein kurzer Text, dem Sie entnehmen können, wie viele Warnungen vorliegen.

Im Bereich EREIGNISSE finden Sie eine Auflistung der überprüften Punkte und deren Ergebnisse. Markieren Sie eines der mit einem roten Dreieck markierten Punkte und klicken Sie auf ANSICHT. Es öffnet sich ein Popup mit einer detaillierten Beschreibung des Sicherheitsproblems und einer empfohlenen Aktion. Die entsprechende Anwendung, in der das Problem behoben werden kann, ist blau hervorgehoben. Ein Klick darauf bringt Sie direkt zur Einstellung, die es zu ändern gilt.

Warnung ausschalten

Es kann durchaus sein, dass Sie eine Warnung zu einer Einstellung bekommen, die Sie aber bewusst (oder unbewusst) so getätigt haben. Ist die Einstellung notwendig und Sie akzeptieren das Sicherheitsrisiko, können Sie die Warnung deaktivieren. Markieren Sie dazu die entsprechende Meldung und klicken Sie auf ÜBERSPRINGEN. Der entsprechende Punkt im Prüfprotokoll wird dadurch deaktiviert und die Warnung taucht auch bei zukünftigen Scans nicht mehr auf.

Anmeldeanalyse

Das NAS überwacht alle erfolgreichen und gescheiterten Anmeldeversuche. Stellt sie ungewöhnliches Verhalten fest, werden Sie darüber benachrichtigt. Ein ungewöhnliches Verhalten wäre z.B. eine DSM-Anmeldung, die plötzlich aus einem anderen Land erfolgt. Das kann natürlich vorkommen, wenn Sie DSM im Internet freigegeben haben (was Sie nicht tun sollten; lesen Sie in Abschnitt 9.3 »VPN – sicherer Zugriff auf das NAS über das Internet«, wie es sicherer geht) und im Ausland darauf zugreifen. Auch bei der Benutzung eines VPN-Dienstes kann das passieren. Anders als z.B. Google sperrt Sie das NAS nicht gleich aus, nur weil der Anmeldeversuch aus einem anderen Land kommt, es sei denn, Sie konfigurieren einen erlaubten IP-Bereich für die Anmeldung in DSM (siehe Abschnitt 10.7 »Firewall«).

Sicherheitsberater konfigurieren

Im Bereich ERWEITERT können Sie die Einstellungen des Sicherheitsberaters anpassen. Hier haben Sie die Möglichkeit, das Sicherheitsprofil (privat, beruflich, benutzerdefiniert) auszuwählen. Haben Sie eine Warnung übersprungen, wird automatisch BENUTZERDEFINIERT ausgewählt. Über CHECKLISTE BENUTZERSPEZIFISCH ANPASSEN sehen Sie die komplette Checkliste und können die einzelnen Punkte aktivieren oder deaktivieren.

Wollen Sie die Sicherheitsscans automatisiert in regelmäßigen Abständen ausführen lassen, können Sie unter SCAN PLANEN festlegen, an welchen Tagen und um welche Zeit der Scan ausgeführt wird. Sie können sich zu den Sicherheitsscans auch einen Bericht erstellen lassen. Wählen Sie dazu einen Speicherort aus und ob Sie einen Tages- und/oder Monatsbericht erhalten wollen. Haben Sie die E-Mail-Benachrichtigungen (siehe Abschnitt 11.3.1 »Systembenachrichtigungen aktivieren«) aktiviert, erhalten Sie einen Link zum Bericht per Mail.

Kapitel 11

Den Betrieb anpassen und überwachen

In den letzten Kapiteln haben Sie viel über das Synology NAS erfahren: wie Sie die Software des NAS bedienen, wie Sie auf dem NAS Dateien ablegen, wie Sie auf das NAS und Ihre Daten zugreifen und wie Sie das Gerät absichern können. Bevor wir uns der Funktionsvielfalt des NAS und der Synology-Paketwelt widmen, geht es in diesem Kapitel darum, wie Sie das NAS systemseitig an Ihre Bedürfnisse anpassen, den Betrieb überwachen und sich über Systemausfälle benachrichtigen lassen.

Zusätzlich finden Sie in diesem Kapitel einige wichtige Themen zusammengefasst, die Sie vor allem in den folgenden Kapiteln benötigen werden.

11.1 Das Anwendungsportal

Ich habe das Anwendungsportal und seine Funktionen schon einige Male erwähnt, für die kommenden Kapitel ist es aber essenziell. Das Anwendungsportal erlaubt Ihnen, viele der installierten Pakete im Hinblick auf Erreichbarkeit und Zugriffsberechtigungen anzupassen.

Grundsätzlich ist ein Server über eine IP oder eine oder mehrere Domains erreichbar. Dienste und Anwendungen des Servers sind mit der Kombination `<Domain>:<Port>` erreichbar. In dieser Kombination funktioniert jede Domain, die auf den Server zeigt. Möchten Sie, dass eine Anwendung nur über eine bestimmte Domain und ohne Angabe eines Ports erreichbar ist, sind weitere Schritte notwendig.

Das Anwendungsportal hilft Ihnen, diese Schritte umzusetzen, bietet aber noch weitere Funktionen:

- Zuweisen/Ändern der Portnummer für Synology-Pakete
- Aliasnamen für Synology-Pakete aktivieren
- Benutzerdefinierte Domain für Synology-Pakete aktivieren
- Zugangskontrolle für Synology-Pakete konfigurieren
- Login-Stil für Synology-Pakete anpassen

Sie finden das Anwendungsportal unter SYSTEMSTEUERUNG|ANWENDUNGSPORTAL.

Sie können (beinahe) jede Synology-Anwendung, die Sie auf Ihrem NAS installieren, über eine Verknüpfung in DSM öffnen. Einige davon werden direkt im DSM-Desktop angezeigt, andere werden in einem eigenen Browser-Tab geöffnet. Als eigene Webanwendung können die meisten davon aufgerufen werden, auch die, die direkt im DSM-Desktop geöffnet werden. Dabei gibt es aber ein Problem: Von Haus aus teilen sich diese Anwendungen alle den Port mit DSM. Das führt neben einigen sicherheitsbezogenen Schwierigkeiten dazu, dass

Sie die Anwendungen nicht wie oben beschrieben über die Kombination *<Domain>*: *<Port>* aufrufen können. Die URL, mit der die Anwendungen in einem neuen Browser-Tab geöffnet werden, ist nicht besonders nutzerfreundlich: `https://mydiskstation:5000/?launchApp=SYNO.SDS.VideoStation.AppInstance#!Home`

Das obige Beispiel zeigt die URL für die Video Station (siehe Kapitel 15 »Filme mit der Video Station streamen«). Möchten Sie bequem auf Anwendungen zugreifen, ohne den Umweg über DSM zu gehen, bzw. wollen Sie Nutzern ohne DSM-Zugriff den Zugang zu diesen Anwendungen ermöglichen, können Sie das über drei verschiedene Ansätze erreichen.

11.1.1 Benutzerdefinierte Ports

Wie schon erwähnt, teilen sich alle Synology-Anwendungen den Port mit DSM. Sie können aber für jede Anwendung einen benutzerdefinierten Port aktivieren – genauer sind es zwei, einer für *http* und einer für *https*.

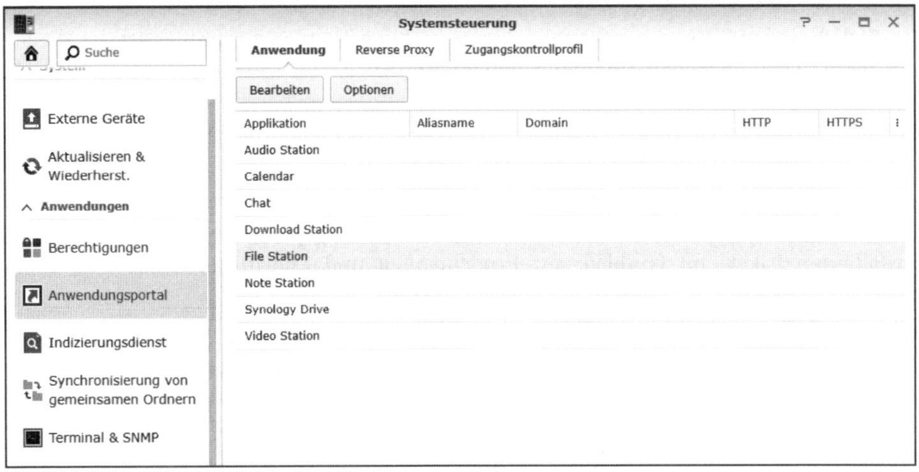

Abb. 11.1: Die File Station und Drive kennen Sie schon, die anderen Anwendungen lernen Sie in den nächsten Kapiteln kennen.

Im Anwendungsportal finden Sie im Reiter ANWENDUNG eine Liste mit den verfügbaren Anwendungen.

1. Markieren Sie die gewünschte Anwendung.
2. Klicken Sie auf BEARBEITEN.
3. Aktivieren Sie die benutzerdefinierten Ports für *http* und *https*. Es sind bereits alternative Ports eingetragen. Um die Sicherheit zu erhöhen, sollten Sie aber eigene Portnummern vergeben. Portnummern zwischen 49152 und 65535 sind registriert und können frei verwendet werden. Die Verwendung niedrigerer Portnummern ist zwar theoretisch möglich, diese sind aber für andere Anwendungen reserviert und daher auch häufiger Ziel von Angriffen.
4. Bestätigen Sie die Änderungen mit OK.

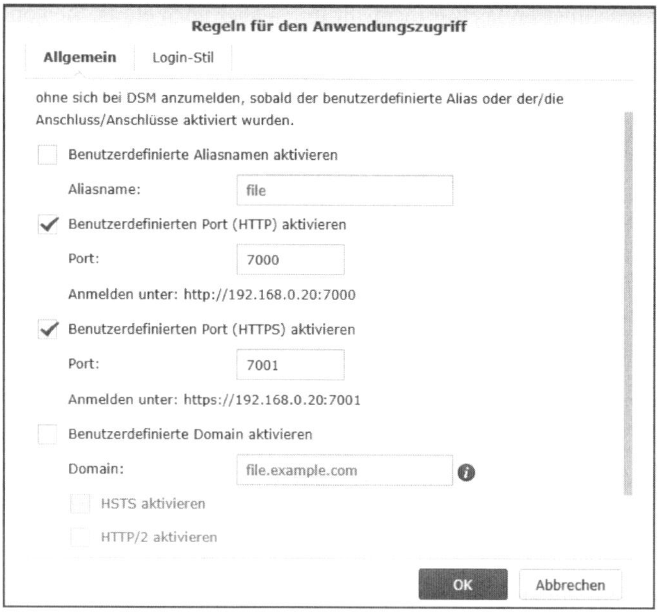

Abb. 11.2: Die vorgegebenen Ports sind ein Anfang, noch besser sind komplett selbst gewählte Ports aus dem Bereich 49152–65535.

Jetzt können Sie die entsprechende Anwendung auch über diesen Port erreichen. Sind Sie nicht in DSM eingeloggt, sehen Sie einen eigenen Anmeldebildschirm für diese Anwendung. Wie Sie diesen anpassen können, lesen Sie in Abschnitt 11.1.5 »Login-Stil anpassen«.

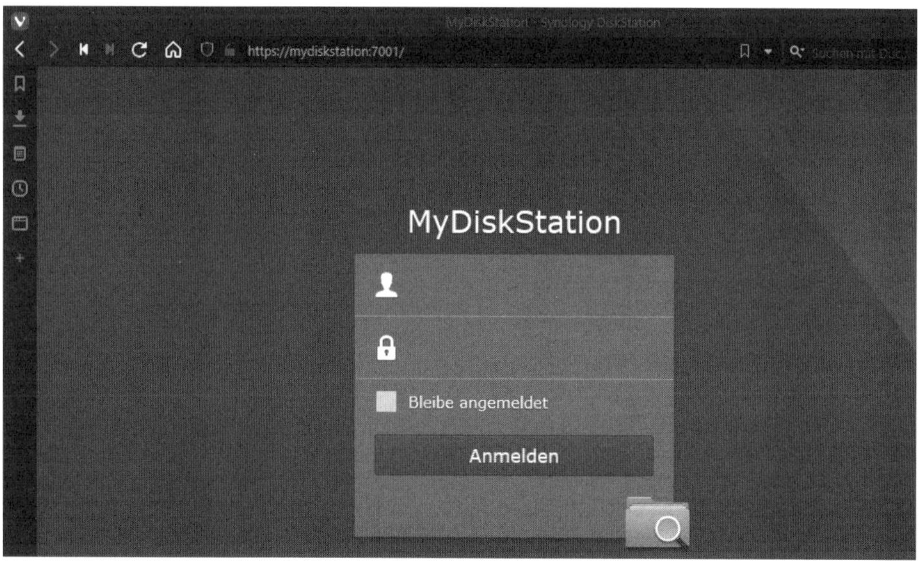

Abb. 11.3: Die File Station ist jetzt nicht mehr nur als DSM-Anwendung aufrufbar.

Die Aktivierung der benutzerdefinierten Ports ermöglicht Ihnen aber noch etwas. Sie können jetzt in der Firewall (siehe Abschnitt 10.7 »Firewall«) Regeln gezielt für diese Anwendung festlegen.

Wichtig

Sie sollten nach der Installation eines Pakets immer die benutzerdefinierten Ports aktivieren. Möchten Sie eine Anwendung über das Internet erreichen, sind eigene Ports unerlässlich – Sie müssten sonst den DSM-Port auf Ihrem Router freigeben und DSM wäre über das Internet erreichbar. Nur benutzerdefinierte Ports erlauben die gezielte Freigabe von Anwendungen im Internet und das getrennte Ansprechen in Zugriffskontrollmechanismen wie der Firewall.

11.1.2 Aliasnamen

Eine weitere Möglichkeit, bequem aus Anwendungen zuzugreifen, ist der Aliasname.

1. Markieren Sie die gewünschte Anwendung im Anwendungsportal.
2. Klicken Sie auf BEARBEITEN.
3. Aktivieren Sie den benutzerdefinierten Aliasnamen und ändern Sie bei Bedarf die Vorgabe.
4. Übernehmen Sie die Änderung mit Klick auf OK.

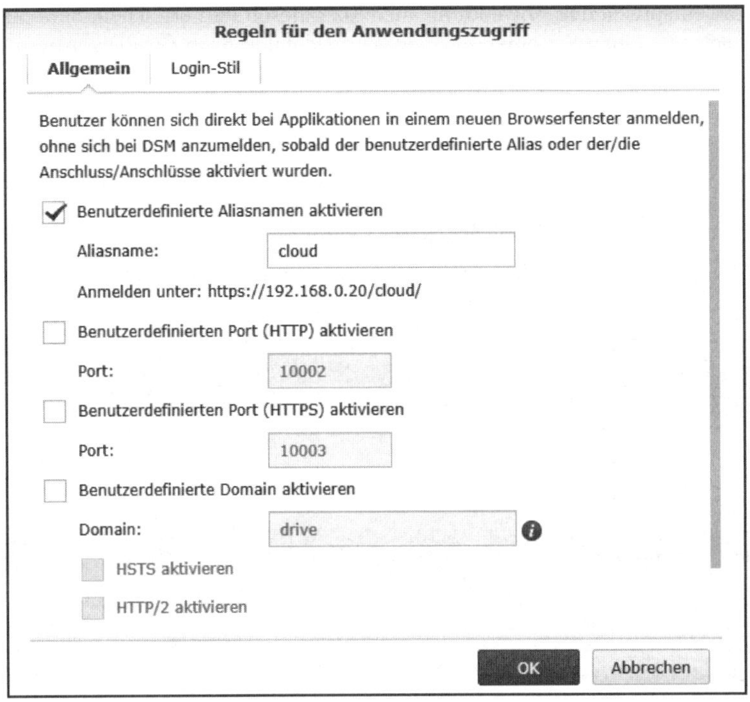

Abb. 11.4: Verwenden Sie den vorgegebenen Aliasnamen oder vergeben Sie selbst einen.

Jetzt können Sie die jeweilige Anwendung aufrufen, indem Sie */<Aliasname>* an die IP, den NAS-Namen oder die Domain anhängen, beispielsweise: `https://mydiskstation/cloud`.

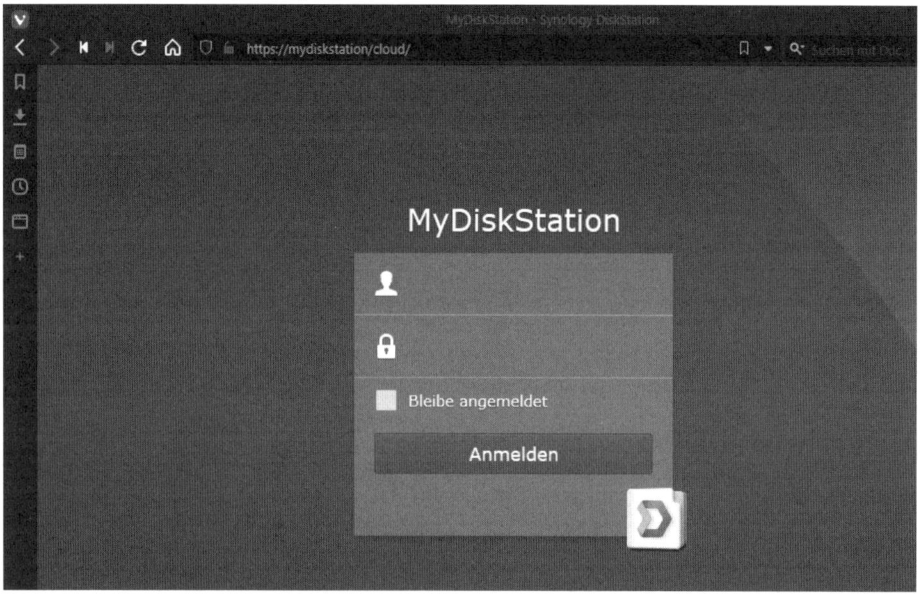

Abb. 11.5: Die Cloud ist jetzt unter *https://mydiskstation/cloud* erreichbar.

Achtung

Der Aufruf enthält jetzt keinen Port mehr, auch wenn der benutzerdefinierte Port aktiviert ist. Firewall-Regeln, die sich auf diesen Port beziehen, wirken nicht mehr, wenn eine Anwendung über ihren Alias aufgerufen wird. Wie Sie den Zugriff dennoch kontrollieren können, lesen Sie in Abschnitt 11.1.4 »Zugangskontrolle« nach.

11.1.3 Benutzerdefinierte Domains

Haben Sie eine oder mehrere eigene Domains und diese verweisen auf Ihr NAS, können Sie die Domains (oder Subdomains) verwenden, um Anwendungen aufzurufen. Eine Domain kann nur einer Anwendung zugewiesen werden.

1. Markieren Sie die gewünschte Anwendung im Anwendungsportal.
2. Klicken Sie auf BEARBEITEN.
3. Aktivieren Sie die benutzerdefinierte Domain.
4. Tragen Sie die gewünschte (Sub-)Domain ein.
5. Aktivieren Sie HSTS und HTTP/2. Dadurch wird die Umleitung von http auf https erzwungen. Durch die Nutzung der benutzerdefinierten Domain greift die Zwangsumleitung von DSM nicht mehr.
6. Bestätigen Sie mit einem Klick auf OK.

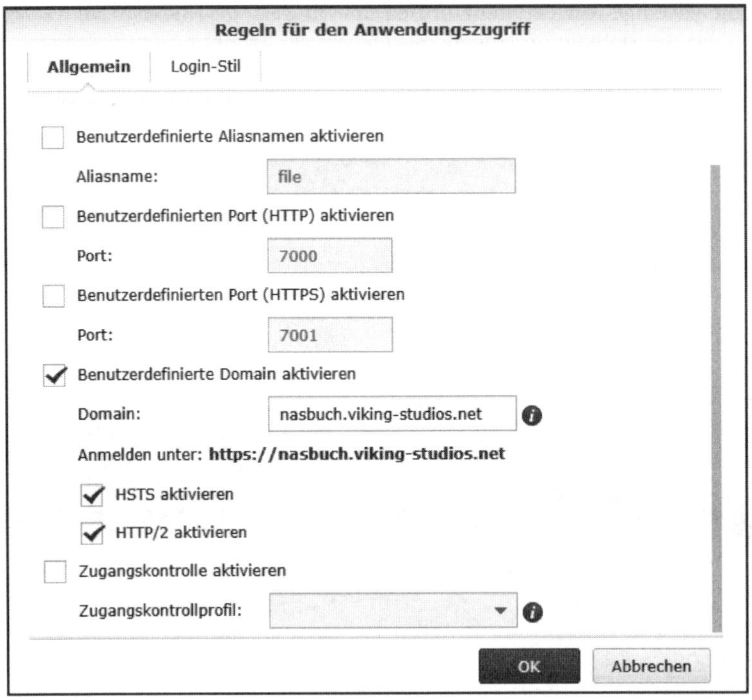

Abb. 11.6: Die Domain, die Sie hier zuweisen, muss bereits existieren und auf Ihr NAS zeigen.

Hinweis

Die gewünschte (Sub-)Domain muss existieren und auf Ihr NAS verweisen (siehe Abschnitt 9.2 »Externen Zugriff einrichten«). Die benutzerdefinierte Domain im Anwendungsportal bewirkt nur, dass das NAS die Anfrage auf die entsprechende Anwendung umleitet – sie entspricht einem virtuellen Host für Webseiten (siehe Abschnitt 20.1.5 »Virtuelle Hosts«).

Sie erreichen jetzt die Anwendung unter der angegebenen Domain. Die Domain kann aber nicht mehr zum Aufruf anderer Anwendungen benutzt werden, auch wenn Sie sie mit Ports oder Aliasnamen kombinieren.

11.1.4 Zugangskontrolle

Wollen oder können Sie den Zugang zu Anwendungen nicht über die Firewall regeln, haben Sie noch die Möglichkeit, die Zugangskontrolle des Anwendungsportals zu verwenden. Im Gegensatz zur Firewall sind Sie hier aber auf die Synology-Anwendungen beschränkt.

Hinweis

Sie können mit der Zugangskontrolle die Firewall ergänzen, das eine schließt das andere nicht aus.

1. Zuerst müssen Sie ein Profil erstellen. Öffnen Sie dazu SYSTEMSTEUERUNG|ANWENDUNGSPORTAL|ZUGANGSKONTROLLPROFIL.
2. Ein Klick auf ERSTELLEN erzeugt ein neues Profil.
3. Fügen Sie eine neue Regel mit Klick auf ERSTELLEN hinzu.
4. Geben Sie eine Quell-IP oder ein Netz in der CIDR-Notation an (z.B. 192.168.0.0/24). Wählen Sie ZULASSEN oder VERWEIGERN. Lassen Sie die Quelle leer, gilt die Regel für alle. Sie können beliebig viele Regeln erstellen, die Priorität erfolgt von oben nach unten. Sobald eine Regel zutrifft, wird nicht mehr weiter geprüft. Verfolgen Sie am besten das *Whitelisting*-Prinzip, erstellen Sie also Regeln, die den Zugriff für IPs und/oder Netze erlauben, und schließen Sie mit einer Regel ab, die den Zugriff für alle verweigert. Sie müssen die Regeln von oben nach unten erstellen, ein Umordnen ist nicht möglich.

Abb. 11.7: Zugriff für das lokale Netz und eine IP aus dem VPN-Netz, alle anderen werden abgewiesen.

5. Speichern Sie das Profil mit Klick auf OK.
6. Das Profil wird unter dem Namen NEUES PROFIL angelegt, durch Klick auf den Namen können Sie es umbenennen.

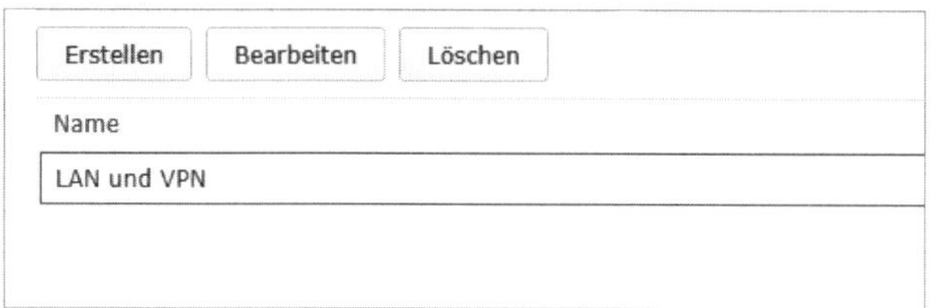

Abb. 11.8: Erstellen Sie weitere Profile, bearbeiten oder löschen Sie bestehende.

7. Sie können weitere Profile anlegen, wiederholen Sie dazu die Schritte 3 bis 6.
8. Wechseln Sie in den Reiter ANWENDUNG.
9. Markieren Sie die gewünschte Anwendung und klicken Sie auf BEARBEITEN.
10. Aktivieren Sie die Zugangskontrolle und weisen Sie ein Profil zu.
11. Bestätigen Sie mit einem Klick auf OK.

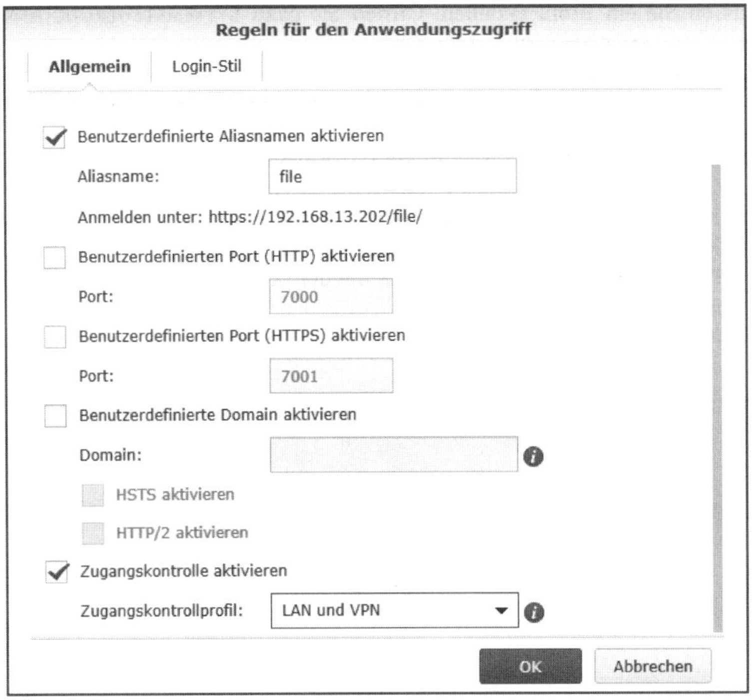

Abb. 11.9: Pro Anwendung können Sie ein Profil zuweisen.

Abb. 11.10: Die Meldung, falls Sie die Anwendung mit einer IP ohne Berechtigung aufrufen

11.1.5 Login-Stil anpassen

In den Einstellungen der Anwendungen finden Sie den Reiter LOGIN-STIL. Damit können Sie das Anmeldefenster für die jeweilige Anwendung anpassen. Sie können beispielsweise einen eigenen Titel festlegen (Standard ist der NAS-Name). Sie können einen vorgegebenen Hintergrund auswählen oder ein eigenes Bild verwenden, auch ein eigenes Logo können Sie auswählen.

Hinweis

Für DSM finden Sie das Ändern der Ports, Erzwingen von https und das Aktivieren der benutzerdefinierten Domain unter SYSTEMSTEUERUNG|NETZWERK|DSM-EINSTELLUNGEN.

Achtung

Die *Photo Station*, die Sie in Kapitel 13 »Bildermanagement mit der Photo Station« kennenlernen, finden Sie hier nicht. Ihr wurde bereits das Alias `/photo` zugewiesen. Die Photo Station läuft als Webanwendung über die Ports 80 (*http*) und 443 (*https*), diese können nicht geändert werden. Eine eigene Domain können Sie ihr auch nicht zuweisen und eine Zugriffskontrolle ist an dieser Stelle ebenfalls nicht möglich.

11.2 System und Betrieb optimieren

Vielleicht haben Sie ja bei unserer Tour durch DSM schon die ein oder andere Einstellung gefunden, die Sie aktiviert oder geändert haben, oder Sie haben sich im Laufe der vergangenen Kapitel schon eingehender mit Ihrem NAS befasst. In diesem Abschnitt finden Sie hilfreiche Anpassungen aus allen Bereichen. Es geht aber nicht darum, Ihnen die beste Konfiguration vorzugeben, sondern Ihnen zu zeigen, wo und wie Sie das System Ihrem Geschmack und Ihren Bedürfnissen entsprechend anpassen können. Welche Option und welche Werte Sie sinnvoll finden, müssen Sie letzten Endes selbst entscheiden.

11.2.1 Automatisches Abmelden verzögern

Wenn Sie in DSM angemeldet sind und nebenbei noch andere Dinge erledigen, wie z.B. in diesem Buch lesen, kann es schon mal passieren, dass Sie plötzlich von DSM die Aufforderung erhalten, sich erneut anzumelden. Nach einer gewissen Zeit der Inaktivität werden Sie automatisch abgemeldet, das kann mitunter lästig sein. Anpassen können Sie das Zeitfenster unter SYSTEMSTEUERUNG|SICHERHEIT|SICHERHEIT|ALLGEMEIN|TIMER ZUM ABMELDEN. Setzen Sie den Wert aber nicht zu hoch – ein unbeaufsichtigtes DSM-Fenster kann je nach Umgebung ein Sicherheitsrisiko darstellen.

11.2.2 Energiemanagement

Auch hier gibt es einen eigenen Bereich in der Systemsteuerung, und zwar HARDWARE & ENERGIE. Dort finden Sie verschiedene Einstellungen zusammengefasst, mit denen Sie den Betrieb Ihres NAS anpassen können.

Speicherkomprimierung

Diese Option finden Sie nicht auf allen Synology-Geräten. Wenn sie vorhanden ist, ist sie standardmäßig aktiviert. Bei der Speicherkomprimierung werden selten genutzte Elemente im Arbeitsspeicher komprimiert, um Auslagerungen auf die Festplatte (*swaps*) zu minimieren. Auf CPU-Kosten werden Daten im RAM komprimiert, der vorhandene Arbeitsspeicher wird so besser genutzt und es kommt erst später bzw. seltener zu einer Auslagerung auf die Festplatte. Das System soll dadurch schneller werden. Logischer Umkehrschluss wäre daher, wenn genügend RAM vorhanden ist, ist die Komprimierung nicht nur nicht erforderlich, sondern sogar hinderlich, da die CPU belastet wird.

Leider gibt es zu diesem Umkehrschluss keine offiziell dokumentierte Information. Es gibt Nutzerberichte, die beschreiben, dass das NAS mit aktivierter Speicherkomprimierung sehr schnell sehr langsam wird, also genau das Gegenteil von dem, was die Option bewirken soll. Ein Deaktivieren hat das System wieder flott gemacht. Am Ende kommt es wohl stark darauf an, ob das NAS für die installierten Anwendungen und aktivierten Dienste mehr CPU-Leistung oder mehr Arbeitsspeicher braucht. Hier hilft nur Beobachten und Ausprobieren.

Tipp

Wenn es bei Ihrem Modell möglich ist, rüsten Sie den Arbeitsspeicher auf (siehe Abschnitt 22.4 »Arbeitsspeicher erweitern«) und deaktivieren Sie die Option. Sie sollten dann genügend RAM haben und nicht mehr auf die Komprimierung angewiesen sein und können sich dann über zusätzliche CPU-Leistung freuen.

Weitere allgemeine Einstellungen

Eine wichtige Einstellung ist das Verhalten nach einem Stromausfall. Soll das NAS automatisch wieder hochfahren, aktivieren Sie unter SYSTEMSTEUERUNG|HARDWARE & ENERGIE|ALLGEMEIN|VERHALTEN NACH STROMAUSFALL die Option NACH STROMAUSFALL AUTOMATISCH NEU STARTEN.

Läuft Ihr NAS nicht im Dauerbetrieb, finden Sie gleich darunter eine je nach Standort des NAS wichtige Einstellung: die Signalton-Steuerung. Das NAS piepst, wenn etwas nicht in Ordnung ist – zusätzlich aber auch, wenn es hochfährt und wenn man es über die Ein/Aus-Taste herunterfährt. Das kann lästig sein. Hier können Sie die Töne deaktivieren. Für die Fehlerfälle sollten Sie die Töne aber anlassen, ausgenommen Ihr NAS steht an einem Ort, wo Sie es sowieso nicht hören, oder es soll absolut leise laufen.

Apropos leise, darunter finden Sie den Lüftermodus. Hier stehen Ihnen drei Profile zur Verfügung: volle Geschwindigkeit, Kühlmodus und stiller Modus. Standard ist hier der *Kühlmodus*. Wenn Ihr NAS nicht gerade an einem warmen Ort steht und ständig unter Volllast fährt, reicht der *stille Modus* aus.

Das tatsächliche Verhalten des Lüfters ist aber modellabhängig – hinter den Profilen steckt eine Konfigurationsdatei, in der angegeben wird, bei welcher Temperatur der Lüfter mit welcher Drehzahl laufen soll. Auch der verbaute Lüfter hat einen Einfluss auf die Lautstärke. Ist Ihnen Ihr NAS immer noch zu laut, ist es möglich, den verbauten Lüfter zu tauschen (suchen Sie dazu eine Anleitung in der Community bzw. im Internet). Der einstimmig empfohlene Lüfter ist generell leiser und erreicht einen höheren Luftdurchsatz bzw. den gleichen Durchsatz bei niedrigerer Drehzahl, was die Lautstärke zusätzlich reduziert.

Egal, ob Sie mit den DSM-Einstellungen arbeiten oder zur Bastellösung greifen, es ist immer wichtig, die Temperatur des NAS im Auge zu behalten. Die Systemtemperatur finden Sie unter SYSTEMSTEUERUNG|INFO-CENTER, wenn Sie die Maus bei SYSTEMTEMPERATUR auf den farbigen Kreis bewegen. Die Festplattentemperatur finden Sie ebenfalls dort im Reiter SPEICHER. Eine Systemtemperatur von ca. 30 °C bis 40 °C ist ein guter Richtwert. Bei den Festplatten hängen die Normalwerte ebenfalls vom Modell ab, diese müssen Sie selbst in Erfahrung bringen. Größere Festplatten werden natürlich wärmer als kleinere. Für den Fall der Fälle schaltet sich das NAS aber bei Überhitzung selbst ab.

Der Energie-Zeitplan

Soll Ihr NAS nicht im Dauerbetrieb laufen, ist der Energie-Zeitplan ein sehr wichtiges Feature. Hier können Sie Ihr NAS zeitgesteuert hoch- und runterfahren. So können Sie Ihr Gerät in nutzungsfreien Zeiten (z.B. nachts) ausschalten und vor Nutzungsbeginn wieder hochfahren lassen. Das lässt sich auch gut mit geplanten Aufgaben kombinieren. Ist Ihr NAS beispielsweise nur für Backups zuständig, können Sie es kurz vor dem geplanten Backup hochfahren lassen, das Backup automatisch durchführen lassen und das NAS wieder herunterfahren lassen. Sie müssen dem NAS nur genügend Zeit zum Hochfahren und Durchführen des Backups geben. Möchten Sie einen Energie-Zeitplan erstellen, klicken Sie unter SYSTEMSTEUERUNG|HARDWARE & ENERGIE|ENERGIE-ZEITPLAN auf ERSTELLEN, wählen Sie aus, ob Sie das Gerät starten oder herunterfahren lassen wollen und wann das passieren soll. Die erstellten Aufgaben finden Sie in der Liste auch im Aufgabenplaner.

Ruhezustand der Festplatten

Eine kontrovers diskutierte, aber unter Umständen sehr nützliche Funktion ist der Festplattenruhezustand. Dabei werden die Festplatten in Zeiten ohne Zugriff ausgeschaltet, das NAS selbst bleibt aber an. Ist ein Zugriff auf die Festplatte erforderlich, werden sie wieder eingeschaltet. Das spart Energie und schont die Festplatten. Der Ruhezustand wird für jede Festplatte getrennt angewendet.

Aber Achtung: Wie nützlich die Funktion ist, hängt ganz davon ab, was Ihr NAS zu tun hat. Finden regelmäßig Zugriffe statt, kann es sein, dass die Festplatten nie in den Ruhezustand wechseln. Das ist vor allem dann der Fall, wenn Cloud-Anwendungen ständig Daten mit dem NAS abgleichen. Je mehr Anwendungen auf dem NAS laufen und je eigenständiger diese sind, desto schwieriger ist es, nachzuvollziehen, wann und warum Zugriffe auf die Festplatte(n) stattfinden.

Ob Sie die Funktion nutzen und welches Zeitfenster Sie wählen, hängt also wieder davon ab, was Sie mit dem NAS machen.

Hinweis

In der DSM-Hilfe finden Sie eine Liste an Anwendungen und Diensten, die den Ruhezustand prinzipiell verhindern.

Nutzen Sie den Ruhezustand, sollten Sie das Protokoll aktivieren und im Auge behalten. Im schlimmsten Fall wird Ihre Festplatte schlafen gelegt, nur um kurz darauf wieder geweckt zu werden, und das immer wieder. Das ständige An und Aus ist für die ADD schädlicher als der Dauerbetrieb und kostet auch mehr Energie.

11.3 System und Betrieb überwachen

DSM bietet eine Vielzahl von Funktionen und Anwendungen, die Ihnen helfen, Ihr NAS im Auge zu behalten.

11.3.1 Systembenachrichtigungen aktivieren

die DSM-Benachrichtigungen sind sehr hilfreich, da sie sofort aufzeigen, dass etwas nicht richtig funktioniert oder etwas Unerwartetes passiert ist, aber auch, dass neue Softwareversionen verfügbar sind. Weniger praktisch ist, sich zuerst in DSM anmelden zu müssen, um die Benachrichtigungen zu lesen.

Um diesen Umstand zu bessern, lassen sich die Benachrichtigungen über verschiedene Kanäle verschicken. Grundsätzlich stehen Ihnen drei Kanäle zur Verfügung: E-Mail, SMS und Push-Benachrichtigungen. Für das Versenden von Benachrichtigungsmails können Sie ein eigenes E-Mail-Konto angeben oder Sie nutzen einen von Synology zur Verfügung gestellten E-Mail-Benachrichtigungsserver. Sie finden die Einstellungen für die Benachrichtigungen in SYSTEMSTEUERUNG|BENACHRICHTIGUNG.

E-Mail

Hinweis

Hierbei handelt es sich um Systembenachrichtigungen. Das hier eingestellte E-Mail-Konto steht nicht in Verbindung mit dem persönlichen E-Mail-Konto, das in den persönlichen Einstellungen angegeben werden kann. Letzteres wird von einigen Anwendungen für benutzerspezifische Benachrichtigungen verwendet. Natürlich können Sie an beiden Stellen dieselbe E-Mail-Adresse verwenden.

Aktivieren Sie die E-Mail-Benachrichtigung im Reiter E-MAIL, um anschließend die Konfiguration vorzunehmen. Folgende Eingaben sind notwendig:

- E-Mail-Adresse des Empfängers – Geben Sie an, wer die Benachrichtigung erhalten soll. Zwei Konten können durch ein Semikolon (;) getrennt angegeben werden.
- Subjekt-Präfix – ein Text, der im Betreff aller Benachrichtigungsmails vorangeht. Das Präfix hilft, Benachrichtigungen schneller zu erkennen und Filterregeln zu erstellen.
- Serviceanbieter – Benutzen Sie einen vorgegebenen Anbieter, dann sind nur Benutzername und Passwort notwendig, oder geben Sie die Daten für den SMTP-Server per Hand ein.

Hinweis

Die E-Mail-Adresse, die zum Versand der Benachrichtigungen benutzt wird, kann zur selben Zeit auch Empfänger der Benachrichtigungen sein.

SMS

im Reiter SMS können Sie die Benachrichtigungen per SMS aktivieren. Dazu benötigen Sie einen SMS-Serviceanbieter. Drei Anbieter sind vorkonfiguriert – Sie können aber auch selbst einen Anbieter über den gleichnamigen Button hinzufügen. Auch hier können Sie zwei Empfänger-Nummern angeben, zusätzlich haben Sie die Möglichkeit, eine Intervallgrenze festzulegen. Ist das Intervall aktiv, wird nach dem Auftreten einer ersten Benachrichtigung innerhalb der Intervallgrenze keine weitere SMS verschickt.

Push

Im Reiter PUSH können Sie den E-Mail-Server von Synology zum Versenden von Benachrichtigungsmails aktivieren, Sie müssen lediglich eine Empfängeradresse eingeben.

Interessanter ist hier der Punkt mit den mobilen Benachrichtigungen. Diese können Sie an den Browser schicken (sofern Sie Chrome, Safari oder Chromium-basierten Browser wie Opera oder Vivaldi nutzen) oder an ein mobiles Gerät. Klicken Sie auf BROWSER-BENACHRICHTIGUNG AKTIVIEREN, öffnet sich ein neues Fenster, das Sie die Browsererweiterung zum Empfang von Benachrichtigungen installieren lässt.

Damit Sie auf Ihrem mobilen Gerät Push-Benachrichtigungen empfangen können, müssen Sie die App *DS finder* installiert und Ihr NAS hinzugefügt haben. Unter GEPAARTE GERÄTE VERWALTEN können Sie Geräte auch wieder entfernen.

Benachrichtigungen konfigurieren

Nachdem Sie die Benachrichtigungskanäle aktiviert haben, müssen Sie als Nächstes festlegen, welche Art von Benachrichtigung über welchen Kanal verteilt werden soll. Im Reiter ERWEITERT finden Sie eine Liste aller Benachrichtigungsarten, die Sie den einzelnen Kanälen zuweisen bzw. von diesen entfernen können. Markieren Sie eine Benachrichtigungsart, können Sie über den Button NACHRICHT BEARBEITEN den Inhalt der Nachricht bearbeiten. Sind Sie mit den Einstellungen zufrieden, bestätigen Sie mit Klick auf ÜBERNEHMEN.

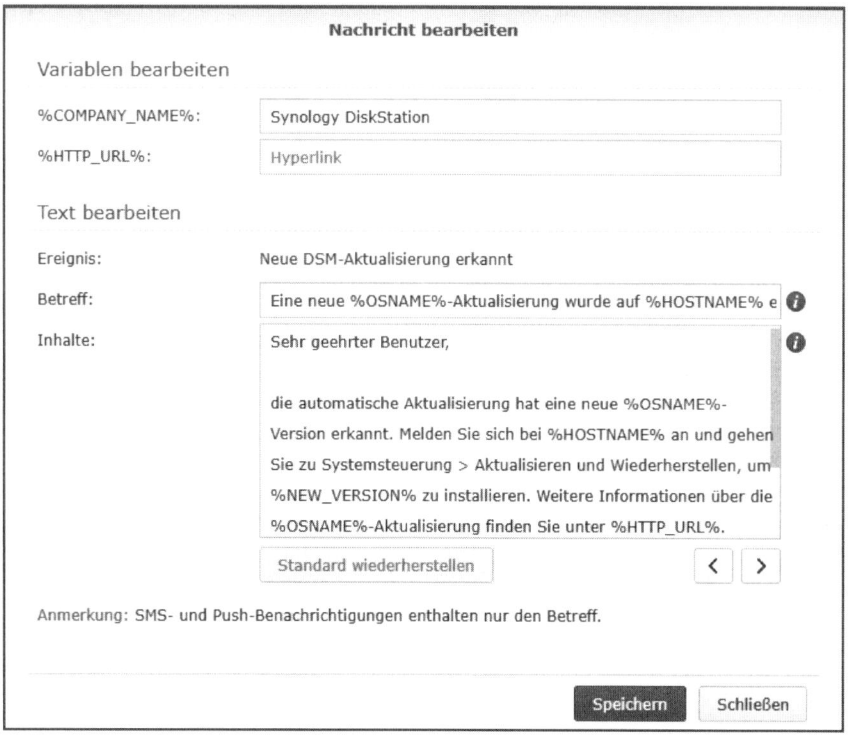

Abb. 11.11: Passen Sie den Benachrichtigungstext Ihren Wünschen an.

11.3.2 Die Systemauslastung auf einem Blick – der Ressourcen-Monitor

Läuft Ihr NAS langsamer als erwartet – egal ob direkt nach der Einrichtung, nach dem Installieren eines neuen Pakets oder plötzlich, mitten im Betrieb – hilft meist ein Blick in den *Ressourcen-Monitor*.

Leistung

Im Bereich LEISTUNG sehen Sie, wie stark die einzelnen Komponenten ausgelastet sind. Im Reiter ÜBERBLICK sehen Sie Verlaufsgraphen zu allen Komponenten. Hier kann ein erster Blick schon den aktuellen Zustand des NAS beurteilen.

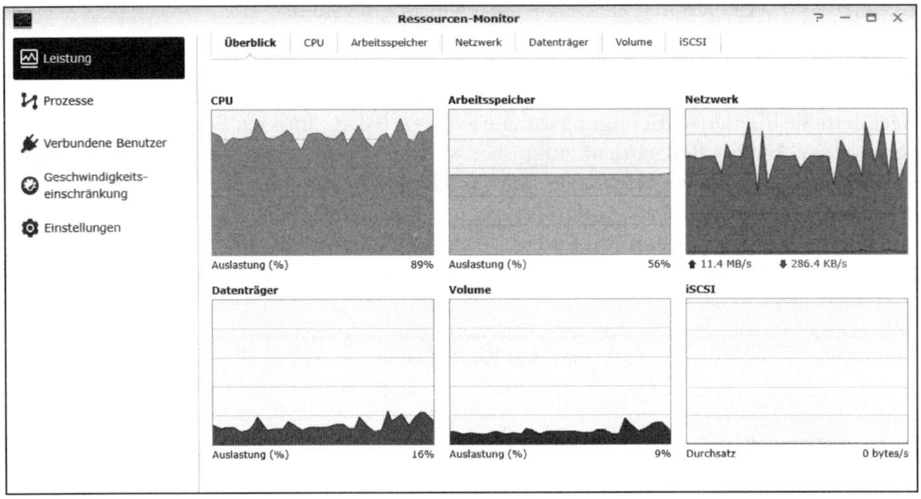

Abb. 11.12: Die Auslastungskurven einer DiskStation im Betrieb. Hier eine DS215+ mit laufendem Indizierungsdienst, laufendem Dateiupload und aktivem Webserver.

Achtung

Während die meisten Graphen eine prozentuale Auslastung darstellen, zeigen Netzwerk und iSCSI den Durchsatz als absolute Werte an. Die Skalierung des Graphen ändert sich dynamisch. Nur weil die Kurve hoch ist, heißt es nicht, dass dieser Bereich vollkommen ausgelastet bzw. überlastet ist. Liegt die Netzwerkübertragung im Leerlauf bei 0 oder wenigen KB/s, kann schon eine kleine Übertragung mit einigen Hundert KB/s die Kurve an die Decke schießen lassen. Steigt die Übertragung weiter, ändert sich die Skalierung des Graphen und die ursprünglich hohe Kurve schrumpft zusammen. Verstärkt wird der Effekt durch das kurze Zeitfenster, das der Graph wiedergibt.

In Abbildung 11.13 links wurde eine Kamera für die Videoüberwachung aktiviert. Nach einiger Zeit wurden einige große Dateien hochgeladen – die ursprünglich hohe Kurve schrumpft zu einer flachen Linie und nur noch der Upload ist erkennbar (Abbildung 11.13, rechts). Für einen längeren Betrachtungszeitraum wechseln Sie auf den jeweiligen Reiter.

Abb. 11.13: Links: Übertragungen im einstelligen MB-Bereich; rechts: Sekunden später Übertragungen im dreistelligen MB-Bereich, die ursprüngliche Kurve lässt sich nur noch erahnen.

Die weiteren Reiter zeigen dann die Details zur jeweiligen Komponente. Hier ist auch das Zeitfenster, das von der Kurve dargestellt wird, höher als in der Übersicht.

Reagiert Ihr NAS nicht oder nur sehr langsam oder werden Aufgaben nur sehr langsam abgearbeitet, können Sie hier sehen, welche Komponente das Problem verursachen könnte. Hier lassen sich auch Flaschenhälse leicht erkennen. Läuft die CPU auf Anschlag und der Rest ist eher ausgeglichen bis ruhig, könnte Ihr NAS zu schwach sein für die Anzahl der Aufgaben oder gleichzeitige Zugriffe durch Benutzer, die Sie ihm zumuten. Im Reiter CPU sehen Sie, wie viel Leistung auf die Abarbeitung der Benutzer entfällt und wie viel auf die systemeigenen Prozesse.

Dasselbe gilt für den Arbeitsspeicher. Bei einigen Modellen kann man diesen aufrüsten (siehe Abschnitt 22.4 »Arbeitsspeicher erweitern«), ansonsten hilft nur ein zweiter NAS bzw. ein stärkeres Modell, um die Aufgaben aufzuteilen. Arbeitsspeicher, der nicht benötigt wird, wird übrigens vom NAS als Zwischenspeicher benutzt, um so schneller auf häufig gebrauchte Daten zuzugreifen. Im entsprechenden Reiter sehen Sie die genaue Aufteilung.

Auch eine Netzwerk-Überwachung darf nicht fehlen – genauer ausgedrückt, Sie sehen einen zeitlichen Verlauf über gesendete und empfangene Daten. Um die Kurve richtig interpretieren zu können, müssen Sie schon wissen, welche realistische Übertragungsraten Sie erreichen können. Dazu müssen Sie wissen, von wo nach wo die Übertragung stattfindet und wie hoch die Datenübertragung in Ihrem Netzwerk ist, wie schnell die Daten von der Quelle gelesen und wie schnell sie am Ziel geschrieben werden können. Auch das Übertragungsprotokoll hat Einfluss auf die Übertragungsrate. Ein Flaschenhals der Netzwerkschnittstelle ist daher schwieriger zu lösen.

Es gilt rauszufinden, wo genau sich der Flaschenhals befindet. Liegt es an der Schreib-/Lesegeschwindigkeit der Festplatten, dem Übertragungsprotokoll oder der Netzwerkverbindung (Verbindung NAS, Switch, Router, andere Rechner/NAS/Server) oder dem Internet? Hier ist oft langes Testen notwendig, um herauszufinden, wo das Problem liegt.

Hat Ihr NAS einen zweiten Ethernet-Anschluss, können Sie diesen nutzen, um die Durchsatzrate zu erhöhen, dafür ist aber meist eine Umkonfiguration Ihres Heimnetzes und die entsprechende Hardware notwendig (Stichwort Link Aggregation).

Bei externen Zugriffen auf Ihr NAS ist meist die Uploadgeschwindigkeit Ihres Internetanschlusses das Problem. Diese wird auch heute noch von vielen Anbietern sehr knapp dimensioniert.

Auch die Festplatten könnten ein Flaschenhals sein. Hier gibt es mehrere Lösungen: Sie können schnellere Festplatten verwenden (7.200 U/min anstatt 5.600 U/min oder SSDs) oder Sie konfigurieren ein RAID 0 (siehe Abschnitt 1.3.4 »Die verschiedenen RAID-Level«) oder aber Sie richten mehrere Speicherpools/RAID-Verbünde ein und teilen die Aufgaben auf diese auf. Im Reiter DATENTRÄGER können Sie sich die allgemeine Auslastung oder die Schreib- und Lesegeschwindigkeit über das Dropdown-Menü anzeigen lassen. Standardmäßig sehen Sie die zusammengefasste Auswertung aller Datenträger. Über den Button ALLE ANZEIGEN können Sie einzelne (oder alle) Festplatten auswählen und ebenfalls anzeigen lassen. Im Reiter VOLUME steht Ihnen die gleiche Auswertung nur eben auf Volume-Ebene zur Verfügung.

Möchten Sie den Verlauf über einen längeren Zeitraum beobachten, können Sie im Navigationsbereich auf EINSTELLUNGEN gehen und dort den Nutzungsverlauf aktivieren – Leistungsdaten werden jetzt aufgezeichnet. Das Aktivieren schaltet für jede Detailkurve rechts oben ein Dropdown-Menü frei. Darüber können Sie den Zeitraum wählen, den Sie betrachten wollen, vorausgesetzt, es liegen aufgezeichnete Daten vor.

In den Einstellungen können Sie auch die Dauer der Echtzeitansicht verändern, also das Zeitintervall festlegen, das von der Kurve dargestellt wird.

Aufgaben-Manager/Prozesse

Dieser Bereich zeigt Ihnen, welche Aufgaben, Dienste und Anwendungen auf Ihrem NAS laufen und welche Systemressourcen sie belegen. Die Ansicht ist modellabhängig. Auf einigen Geräten sehen Sie lediglich eine Auflistung der Prozesse, der Bereich heißt in der Navigationsleiste auch nur PROZESSE. Auf anderen Geräten heißt der Bereich AUFGABEN-MANAGER und hat zwei Reiter DIENSTE und PROZESSE. Unter PROZESSE (egal welcher Bereich) erhalten Sie die Auflistung nach Prozessen – hier kann es mitunter schwierig sein, herauszufinden, was genau hinter dem Prozess steckt. Hilfreicher ist der Reiter DIENSTE, hier sind die Prozesse unter den übergeordneten Anwendungen, Diensten und Aufgaben gruppiert. Prozesse lassen sich so leichter identifizieren und es ist sofort ersichtlich, wie viele Ressourcen von welchem Programm benötigt werden.

Mit dem Aufgaben-Manager können Sie sehr aufwendige Aufgaben identifizieren und diese bei Engpässen anders planen oder einzelne Aufgaben deaktivieren, sollte Ihr NAS nicht leistungsfähig genug für alle laufenden Prozesse sein.

Hinweis

Schwierig wird es dann, wenn Sie auf dem NAS einen Webserver betreiben (siehe Kapitel 20 »Das Synology NAS als Webserver«) und dort mehrere Anwendungen laufen. In diesem Fall liegt es an Ihnen, herauszufinden, welche Anwendung wie viel Leistung benötigt und wo eventuelle Engpässe auftreten. Der Ressourcen-Monitor kann zwar einzelne Elemente (Nginx, Apache, PHP) unterscheiden und auflisten, Prozesse einer Webanwendung oder Webseite zuordnen kann er jedoch nicht.

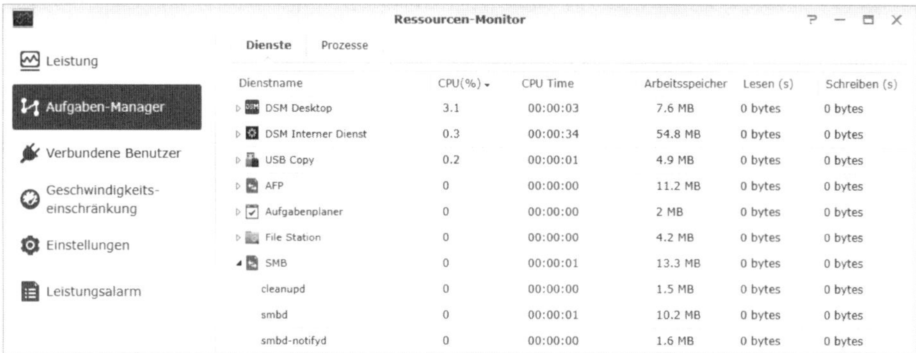

Abb. 11.14: Die Prozesse sind im Reiter DIENSTE nach Anwendungen gruppiert ...

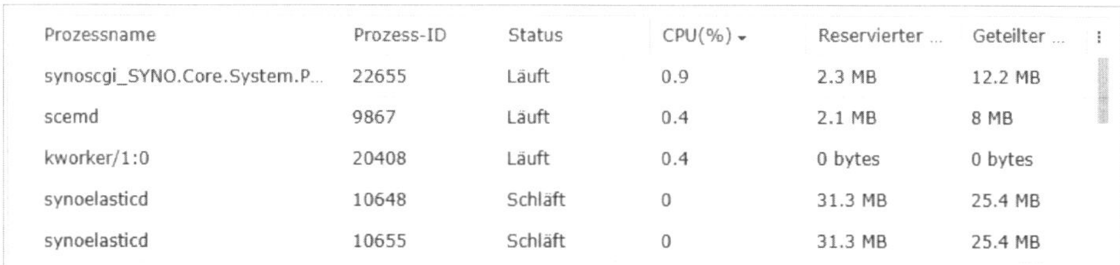

Abb. 11.15: ... im Reiter PROZESSE sind sie dafür besser zu sortieren und einzeln zu vergleichen.

Leistungsalarm

Hinweis

Der *Leistungsalarm* steht Ihnen nicht auf allen NAS-Modellen von Synology zur Verfügung.

Den *Leistungsalarm* aktivieren Sie in RESSOURCE-MONITOR|EINSTELLUNGEN. Einmal aktiviert, können Sie im Reiter LEISTUNGSALARMREGELN neue Regeln definieren. Sie können hier Parameter wie CPU-Auslastung und Speicherbelegung überwachen und ab einem bestimmten Grenzwert eine Warnung generieren lassen. Für jede Regel kann ein Gültigkeitsbereich festgelegt werden, ob also der Alarm ausgelöst wird, wenn der Schwellenwert systemweit, auf einem bestimmten Volume oder von einem Dienst überschritten wurde. So lassen sich Leistungseinbußen und Flaschenhälse noch besser identifizieren. Die Warnungen werden im Bereich LEISTUNGSALARM angezeigt.

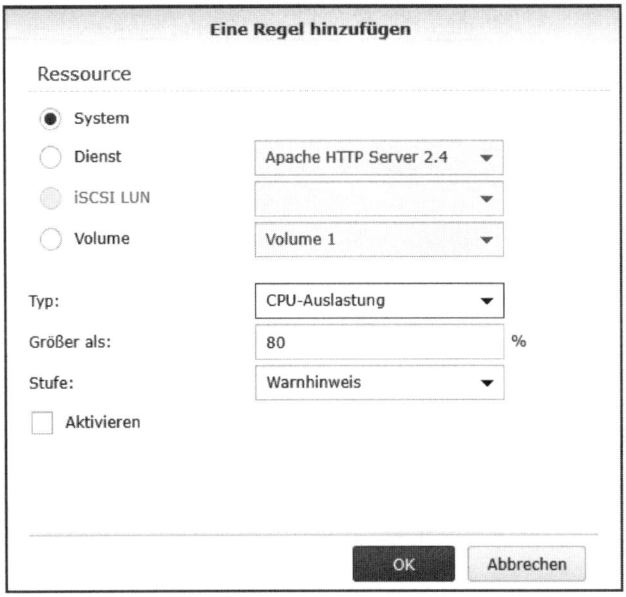

Abb. 11.16: Erstellen Sie Regeln, um Leistungsalarme auszulösen.

11.3.3 Speicher-Analysator

Ein weiteres Werkzeug, Ihr System zu überwachen, ist der *Speicher-Analysator*. Diesen müssen Sie erst über das Paket-Zentrum herunterladen und installieren. Er zeigt Ihnen die aktuelle Auslastung der Volumes. Weiterhin können Sie eine detaillierte Speicheranalyse als Bericht erstellen lassen. Dazu müssen Sie beim ersten Start einen Speicherort angeben und festlegen, wie oft die Analyse durchgeführt werden soll. Im Reiter DATEIEN sehen Sie, welche Dateien in die Analyse einbezogen werden, hier können Sie auch selbst Datei-Endungen ergänzen.

Haben Sie die Einstellungen vorgenommen, startet der eigentliche Assistent für die Speicheranalyse. Im Assistenten können Sie den Bericht nach Ihren Bedürfnissen anpassen, wie etwa die Bereiche und gemeinsamen Ordner, die analysiert werden sollen.

Über den Button ERSTELLEN können Sie weitere Berichtsprofile erstellen und so unterschiedliche Bereiche zu unterschiedlichen Zeiten analysieren.

Ein Klick auf den Pfeil neben dem Eintrag öffnet den Bericht. In der Ansicht sehen Sie einige Standardauswertungen; um den Bericht in vollem Umfang betrachten zu können, klicken Sie auf BERICHT ANZEIGEN. Die HTML-Version wird dann in einem neuen Browserfenster geöffnet.

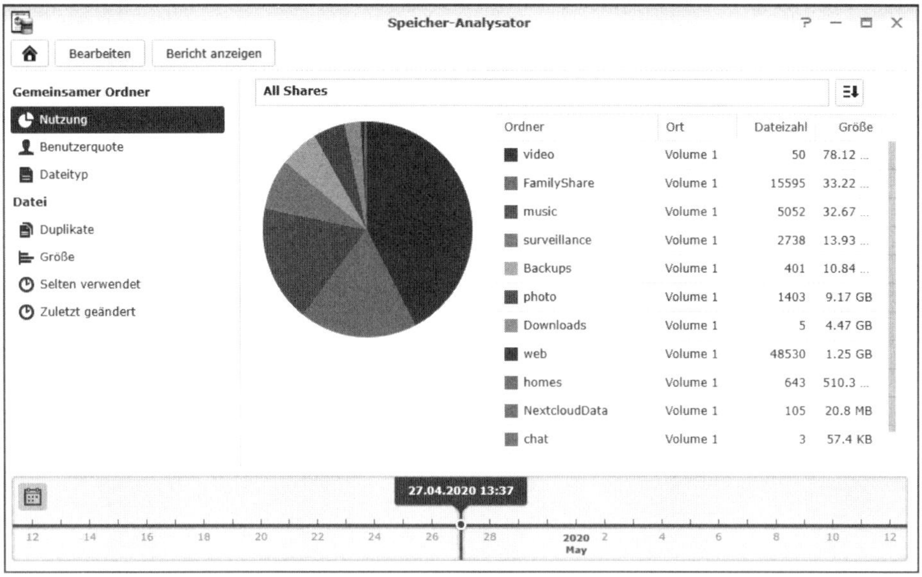

Abb. 11.17: Die DSM-Ansicht bietet nur einen Überblick, in der HTML-Version erwartet Sie eine umfassende Analyse.

11.3.4 Tipps zur Systementlastung

Natürlich sollten Sie auf Ihrem NAS nur so viele Anwendungen bzw. Dienste betreiben, dass Sie – und eventuelle Mitbenutzer – keine Ausfälle oder Zugriffsverzögerungen bemerken. Es gibt aber den ein oder anderen Tipp, wie Sie die Ressourcen Ihres NAS noch etwas effizienter nutzen können:

- Werden Anwendungen nicht mehr genutzt, entfernen Sie sie vom NAS. Erstellen Sie gegebenenfalls ein Backup, um sie später wieder zu nutzen.
- Anwendungen, die Sie nur gelegentlich bis selten nutzen und die nicht dauerhaft laufen müssen, können Sie über das Paket-Zentrum stoppen. Das Paket bleibt auf dem System, wird aber nicht ausgeführt und kann jederzeit wieder gestartet werden und ist sofort einsatzbereit.
- Planen Sie ressourcenintensive Aufgaben so ein, dass sie dann ausgeführt werden, wenn das NAS keine anderen Aufgaben zu erledigen hat, z.B. sollten Sie Backups nicht dann durchführen, wenn abends das NAS genutzt wird, um Filme zu streamen (siehe Abschnitt 8.3.2 »Hyper Backup – die ultimative Backup-Lösung«).
- Erstellen Sie Zeitpläne und Bandbreitenbeschränkungen für Anwendungen und Benutzer (siehe Abschnitt 4.3 »Einen neuen Benutzer anlegen« und Abschnitt 4.5.3 »Grenzwertbereiche für Geschwindigkeitsbeschränkungen«).

Teil IV

Das NAS als Heimserver

Mit einem reinen Datengrab gewinnt man keinen Blumentopf mehr, selbst wenn das Grab netzwerkfähig ist. Ein modernes NAS muss, zumindest für den Privatanwender, mehr sein als nur ein Ort, an dem man seine Dateien ablegt. Ihr Synology NAS ist ein kleiner Heimserver, den Sie durch die Installation von Software-Paketen zu dem machen, was auch immer Sie wollen.

In diesem Teil des Buches dreht sich alles um die meistgenutzten Pakete von Synology. Egal ob Sie aus Ihrem NAS einen Multimedia-Server machen oder Ihre Produktivität und Kommunikation damit organisieren möchten.

In diesem Teil:

- **Kapitel 12**
  Zugriff auf Multimedia-Dateien mit dem NAS als DLNA-Server 313
- **Kapitel 13**
  Bildermanagement mit der Photo Station 325
- **Kapitel 14**
  Musikwiedergabe mit der Audio Station 351
- **Kapitel 15**
  Filme mit der Video Station streamen 375
- **Kapitel 16**
  Produktivität, Organisation und Kollaboration 403

- **Kapitel 17**
  Das Synology NAS als E-Mail-Server 451
- **Kapitel 18**
  Zentrales Download-Management mit der Download Station.........................465
- **Kapitel 19**
  Videoüberwachung mit der Surveillance Station....... 475

Kapitel 12

Zugriff auf Multimedia-Dateien mit dem NAS als DLNA-Server

Bevor wir uns mit den Multimedia-Paketen von Synology befassen, zeige ich Ihnen, wie Sie schnell und unkompliziert auf Ihre Fotos, Videos und Lieder zugreifen können.

DLNA war eine Herstellervereinigung, die mit einer Zertifizierung für Produkte sicherstellen wollte, dass Geräte unterschiedlicher Hersteller im Heimnetzwerk miteinander kommunizieren können, ohne dass vom Anwender eine Konfiguration vorgenommen werden muss. Geräte, die DLNA-zertifiziert sind, können also miteinander kommunizieren und Daten austauschen. So stellt ein *Digital Media Server* (z. B. Ihr NAS) Mediendaten bereit und *Digital Media Player* (z.B. DLNA-fähige Fernseher oder Spielekonsolen) können diese Dateien abrufen und wiedergeben.

DLNA hatte zum Ziel, dem Chaos mit Dateiformaten und Übertragungsprotokollen Herr zu werden und eine einheitliche Schnittstelle zu bieten. Trotz der Vorteile ist DLNA aber keinesfalls der Messias des Heimnetzwerks. Dem Vorteil der einfachen und schnellen Verbindung von Multimediageräten folgen auch einige Nachteile:

- DLNA schreibt die Unterstützung gewisser Dateiformate vor, das sind aber nur wenige. Weitere Dateiformate sind zwar nicht ausgeschlossen, ob diese wiedergegeben werden können, hängt aber vom Media Player ab.
- Es ist oft nicht ersichtlich, nach welcher DLNA-Version ein Gerät zertifiziert wurde, und daher ist auch nicht erkenntlich, welche Funktionen und Formate unterstützt werden.
- Viele Funktionen, die man als selbstverständlich annimmt, sind oft nicht oder nur unzureichend umgesetzt. So kann es sein, dass Videos nicht vor- und zurückgespult werden können. Oder sie können gespult werden, das Springen an einen gewissen Punkt im Video ist aber nicht möglich. Auch dort fortzusetzen, wo das Video beendet wurde, klappt bei vielen Geräten nicht.
- DLNA bietet keine Benutzer- oder Rechteverwaltung. Datenquellen, die im DLNA-Server hinzugefügt werden, können von allen DLNA-Playern konsumiert werden. Für Ihr NAS bedeutet das, Fotos, Videos und Musik sind einsehbar, auch wenn Sie beispielsweise nur Videos freigeben möchten. Dabei werden auch alle Zugriffsrechte auf die gemeinsamen Ordner und Unterordner umgangen. Sie können einzelne Geräte nur über die Firewall Ihres NAS oder den Filter des Medienservers ausschließen (siehe Abschnitt 12.5.1).

- Wie die Daten am Wiedergabegerät präsentiert werden, wird von DLNA nicht geregelt. Nicht alle Geräte sortieren die Daten nach Medientyp (Foto, Video, Musik), daher müssen Sie unter Umständen durch mehrere Ordner navigieren, bis Sie zum Ziel kommen.
- DLNA bietet keine Mediathek-Funktionalität. Dateien werden einfach aufgelistet. Sie erhalten keinerlei Informationen zu einzelnen Dateien und Coverbilder müssen Sie selbst bereitstellen, außerdem werden sie nicht von jedem Gerät unterstützt. Auch die meisten Metadaten werden nicht unterstützt.

Das heißt natürlich nicht, dass DLNA völlig unbrauchbar ist und alle von den oben erwähnten Nachteilen auch zutreffen. Was genau funktioniert, hängt von Ihrem Wiedergabegerät ab. Fakt ist aber, dass die aktuellste DLNA-Version 2016 veröffentlicht wurde. Kommt es bei Ihnen zu einer Geräte-Neuanschaffung, sollten Sie DLNA vielleicht nicht so sehr berücksichtigen und eher eine der Methoden der kommenden Kapitel in Betracht ziehen. Haben Sie DLNA-fähige Geräte, ist es aber definitiv eine Option.

Hinweis

DLNA ist für die Medienwiedergabe im Heimnetzwerk gedacht. Wollen Sie Ihre Medien von unterwegs konsumieren, lesen Sie die nachfolgenden Kapitel.

12.1 Aus dem NAS einen DLNA-Server machen

Ein DLNA-Server ist schnell eingerichtet. Die nachfolgende Anleitung zeigt Ihnen Schritt für Schritt, wie das auf Ihrem Synology NAS funktioniert.

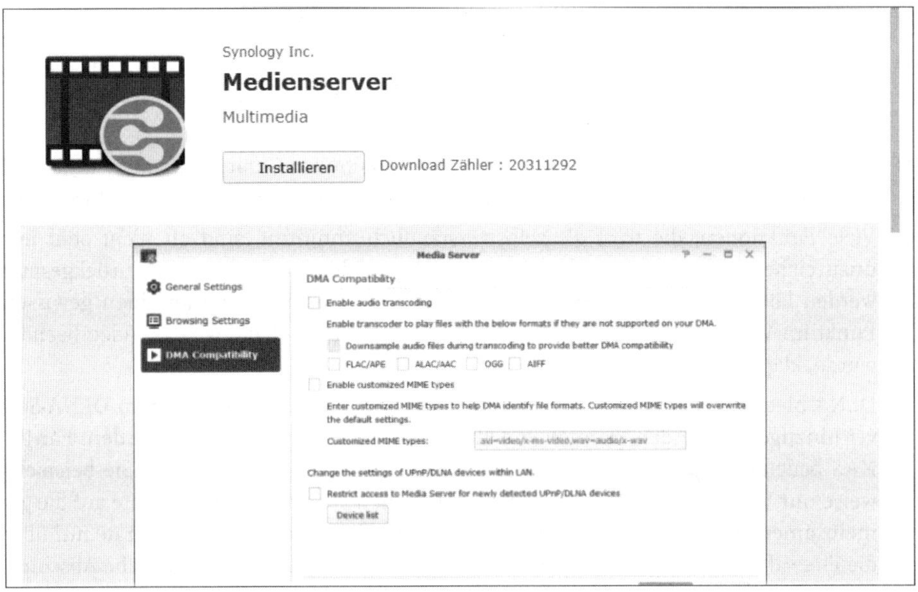

Abb. 12.1: Das Paket *Medienserver* im Paket-Zentrum

1. Installieren Sie das Paket *Medienserver* aus dem Paket-Zentrum. Die Installation selbst erfordert keine besondere Vorgehensweise.
2. Öffnen Sie den Medienserver.
   - Hat Ihr Synology NAS mehrere Netzwerkschnittstellen, müssen Sie über das Dropdown auswählen, über welche Schnittstelle der Medienserver die Dateien bereitstellen soll.
   - Als Nächstes legen Sie die Menüsprache fest, diese sollte mit der Sprache Ihres Wiedergabegeräts übereinstimmen.
   - Im Dropdown für Menüstile können Sie festlegen, wie die Multimedia-Dateien im Menü des Wiedergabegeräts angezeigt werden. Sie können einen der vordefinierten Stile wählen oder bis zu drei Stile selbst definieren. Wählen Sie dazu BENUTZERDEFINIERT X und klicken Sie auf ANPASSEN. Dort können Sie für jeden Medientyp die Listensortierung festlegen. Sind keine Kriterien festgelegt, werden die Dateien über die Ordnerstruktur am Dateisystem organisiert.
   - Das SSDP-MELDEINTERVALL legt fest, in welchen Zeitabständen sich der Server im Netzwerk meldet. Sollte der Server von Ihrem Wiedergabegerät nicht erkannt werden, können Sie das Intervall verringern.

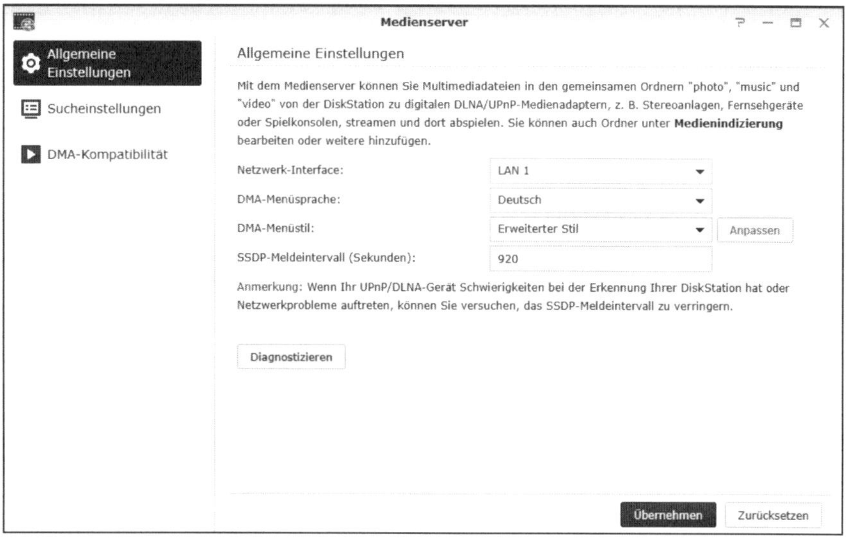

Abb. 12.2: Allgemeine Einstellungen des Medienservers

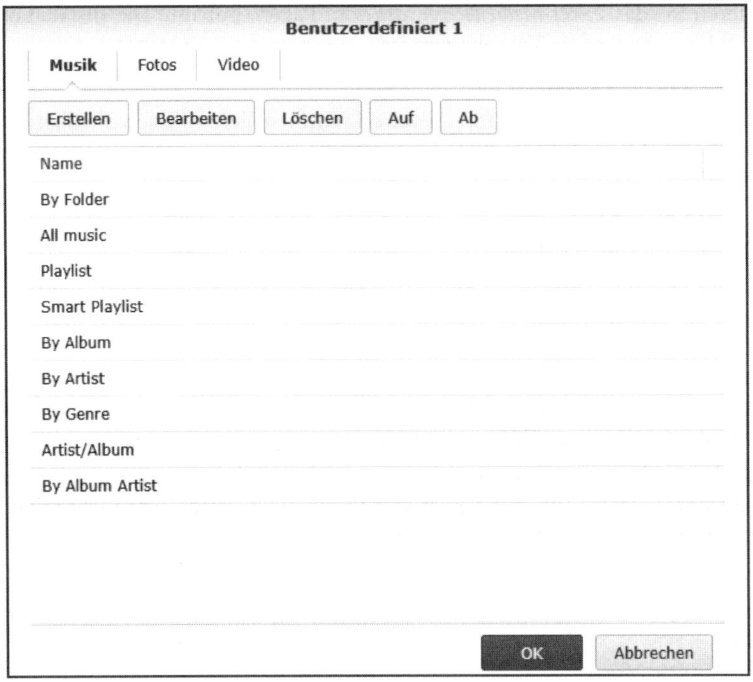

Abb. 12.3: Legen Sie Ihre eigene Sortierung fest.

3. Klicken Sie auf ÜBERNEHMEN.
4. Wechseln Sie zu SUCHEINSTELLUNGEN. Hier legen Sie fest, wie die Wiedergabegeräte die Mediendaten auf Ihrem NAS durchsuchen.
   - Musikanzeigeformat – Legen Sie fest, wie Musikdateien angezeigt werden sollen.
   - Fotos sortieren nach – Legen Sie fest, ob Bilder nach dem Dateinamen oder dem Aufnahmedatum, aufsteigend oder absteigend sortiert werden sollen.
   - Erfolgt das Durchsuchen der Bilder zu langsam, können Sie Bilder mit niedrigerer Auflösung übertragen lassen, um die Geschwindigkeit zu steigern.
   - Für Audio- und Videodateien können Sie die Anzeige von Coverbildern aktivieren. Diese müssen im selben Ordner wie die Musik- bzw. Videodatei liegen. Im Textfeld sehen Sie, welche Namen die Cover haben müssen bzw. wie diese priorisiert werden, sollten mehrere vorhanden sein. Diese Liste können Sie bearbeiten.

Achtung

Nicht alle Wiedergabegeräte unterstützen die Anzeige von Coverbildern.

   - Videotitel mit eingebetteten Informationen anzeigen – Ist diese Option aktiv, werden Videodateien anstatt mit dem Dateinamen mit den eingebetteten Informationen angezeigt.

- Internet-Radio aktivieren – Mit der *Audio Station* (siehe Kapitel 14) können Sie Internet-Radio-Sender verwalten. Aktivieren Sie diese Option, können Sie diese Sender über DLNA durchsuchen.
- Video Station Datenbank in Medienserver integrieren – Aktivieren Sie diese Option, können Sie die Mediathek der *Video Station* (siehe Kapitel 15) nutzen, um Ihre Filme zu sortieren.

5. Klicken Sie auf ÜBERNEHMEN.

Abb. 12.4: SUCHEINSTELLUNGEN ist etwas irreführend, eigentlich geht es hier um die Darstellung im Media Player.

Ihr DLNA-Server ist jetzt fertig konfiguriert. Achten Sie auf eine eventuelle Anpassung der NAS-Firewall. Der Medienserver nutzt folgende Ports als Anwendung *DLNA/UPnP Medienserver*:

- 50001, 50001 TCP-Port
- 1900 UDP-Port

12.2 Medienordner hinzufügen

Der DLNA-Server bietet alle Ordner an, die zur Medienindizierung hinzugefügt werden. Wie Sie vielleicht bereits bemerkt haben, wurden bei der Installation des Medienservers die drei vordefinierten gemeinsamen Ordner `/photo`, `/video` und `/music` erstellt. Diese werden automatisch zur Medienindizierung hinzugefügt. Sie können aber auch ganz einfach selbst Ordner hinzufügen.

1. Öffnen Sie SYSTEMSTEUERUNG|INDIZIERUNGSDIENST.
2. Im Abschnitt MEDIENINDIZIERUNG sehen Sie, welche Anwendungen die Indizierung nutzen. Hier können Sie auch weitere Ordner hinzufügen, klicken Sie dazu auf INDIZIERTER ORDNER.

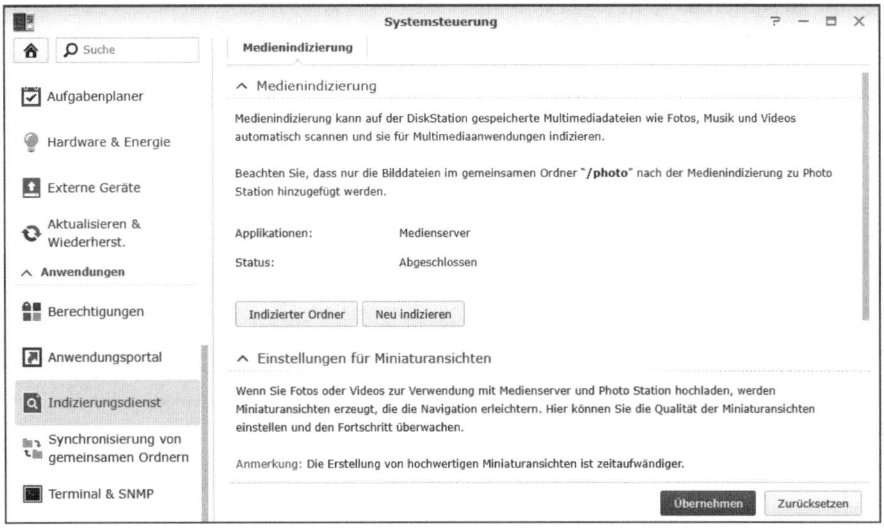

Abb. 12.5: Vom Indizierungsdienst profitieren auch andere Anwendungen, auch wenn hier gerade keine weiteren installiert sind.

3. Sie sehen die vordefinierte Konfiguration für die drei gemeinsamen Ordner. Diese sollten Sie nicht verändern, da diese Ordner auch von anderen Anwendungen genutzt werden und es zu Fehlverhalten kommen kann.
4. Klicken Sie auf ERSTELLEN.
   - Vergeben Sie einen Namen, dieser wird am Wiedergabegerät angezeigt.
   - Über AUSWÄHLEN können Sie den Ordner suchen, den Sie zur Indizierung hinzufügen wollen.
   - Wählen Sie den Dateityp, nach dem im Ordner gesucht werden soll. Sie sollten zwar Ihre Mediendaten getrennt aufbewahren, es kann aber durchaus Sinn machen, mehr als nur einen Dateityp zu verwenden. Beispielsweise könnten im Ordner für Fotos auch Videos abgelegt sein, die mit dem Smartphone oder der Digitalkamera gemacht wurden.
   - Bestätigen Sie die Angaben mit OK.
5. Klicken Sie auf SPEICHERN, um die Änderungen zu übernehmen, ehe Sie das Fenster schließen.

Abb. 12.6: Eigene Ordner zur Indizierung hinzufügen

Das NAS beginnt, die Dateien der neu hinzugefügten Ordner zu indizieren, dies kann je nach Datenvolumen und Prozessorleistung einige Zeit in Anspruch nehmen.

Abb. 12.7: Die Medienindizierung in Arbeit

Wichtig

Vergessen Sie nicht, dass DLNA die Zugriffsrechte aushebelt. Es ist kein Benutzer erforderlich, um Medien des DLNA-Servers zu konsumieren. Jedes Gerät, das nicht von der Firewall oder dem Medienserver blockiert wird, kann auf die Medien zugreifen. Die Medien können über DLNA aber nur gelesen werden, Schreiben oder Bearbeiten ist nicht möglich.

Neu hinzugefügte Dateien werden automatisch indiziert. Sollten Sie Probleme feststellen, z.B. die Auflistung bereits gelöschter oder das Fehlen hinzugefügter Dateien, können Sie mit dem Button NEU INDIZIEREN die bisherige Index-Datenbank verwerfen und den Prozess komplett neu ausführen lassen.

12.3 Medien wiedergeben

Wie Sie Medien wiedergeben können, hängt ganz von Ihrem Wiedergabegerät ab. Der Natur von DLNA entsprechend sind aber meist nur wenige Schritte notwendig. Einige Geräte haben das DLNA-Menü bereits integriert, andere benötigen dafür eine App aus dem jeweiligen Store. Werfen Sie einen Blick in die Bedienungsanleitung Ihres Wiedergabegeräts oder suchen Sie online nach einer Schritt-für-Schritt-Anleitung. Ich demonstriere Ihnen den Vorgang mit den Windows-Bordmitteln.

Tipp

Der PC ist nicht unbedingt als DLNA-Media-Player gedacht. Alternativ zum Windows Media Player bietet sich noch der beliebte *VLC Media Player* an. Andere Lösungen funktionieren nur mäßig. Für den PC und die Fülle an Wiedergabesoftware eignet sich die direkte Medienwiedergabe (z.B. über Netzlaufwerke) eher, DLNA richtet sich mehr an SmartTVs, Konsolen und Co.

1. Unter Windows ist der *Windows Media Player* DLNA-fähig bzw. die Windows-App *Filme & TV*.
2. Öffnen Sie die App Filme & TV.
3. Gehen Sie zu EIGENE|MEDIENSERVER.

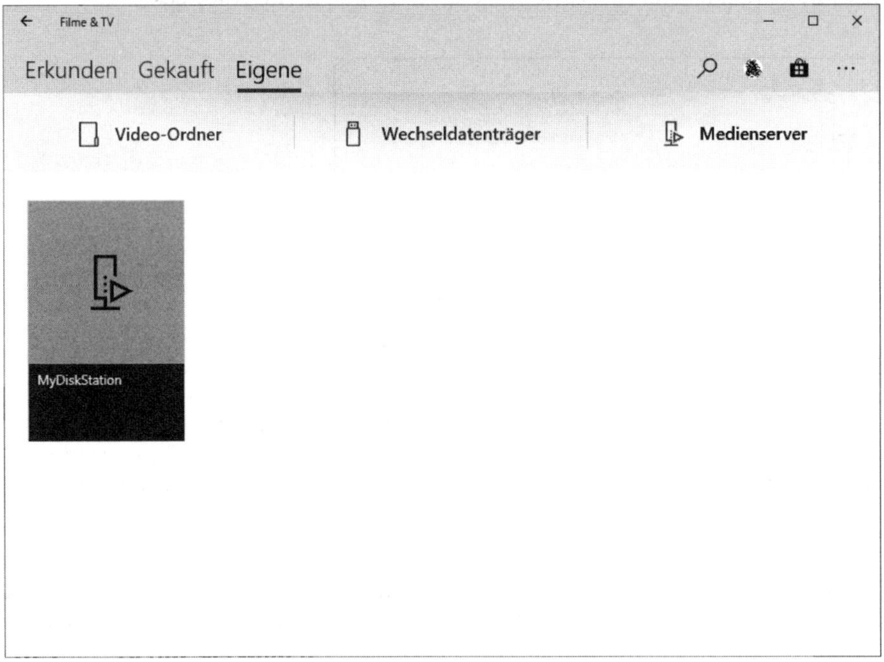

Abb. 12.8: Das NAS scheint als DLNA-Medienserver auf.

4. Nach kurzer Suche scheint Ihr NAS als Medienserver auf. Sollte das nicht der Fall sein, erfahren Sie in Abschnitt 12.5 »Geräte verwalten«, wie Sie Probleme beheben können.
5. Wählen Sie Ihr NAS aus, werden Ihnen alle indizierten Ordner angezeigt, Sie sehen aber nur den Inhalt, den die Anwendung auch wiedergeben kann. Die App Filme & TV zeigt zwar auch die Ordner für Musik und Fotos an, listet dort aber keine Dateien auf, sofern keine Videos vorhanden sind.

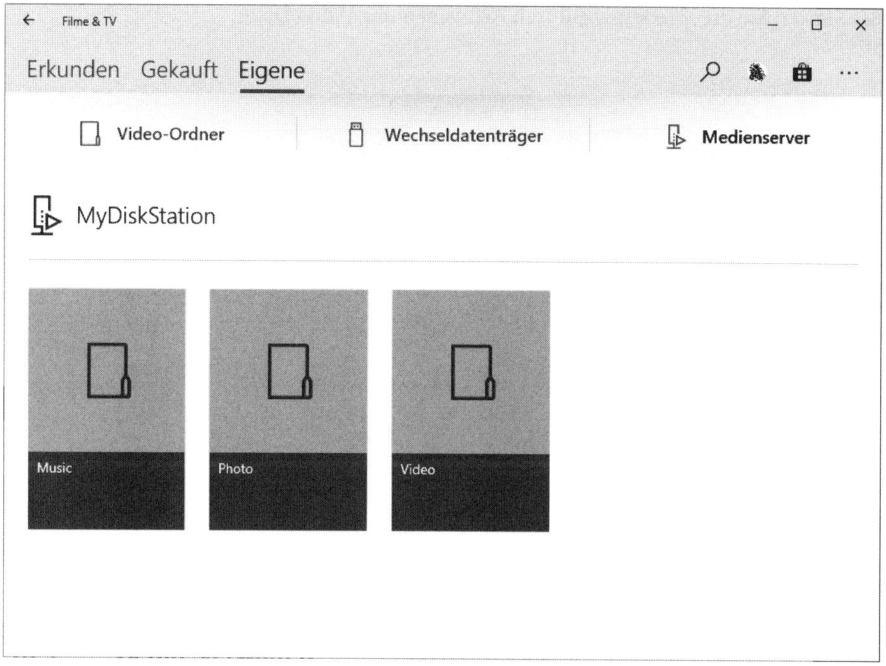

Abb. 12.9: Anzeige aller indizierten Ordner ...

Abb. 12.10: ... auch wenn sie keine für die Anwendung relevanten Dateien beinhalten.

6. Starten Sie die Wiedergabe durch Auswahl einer Video-Datei.

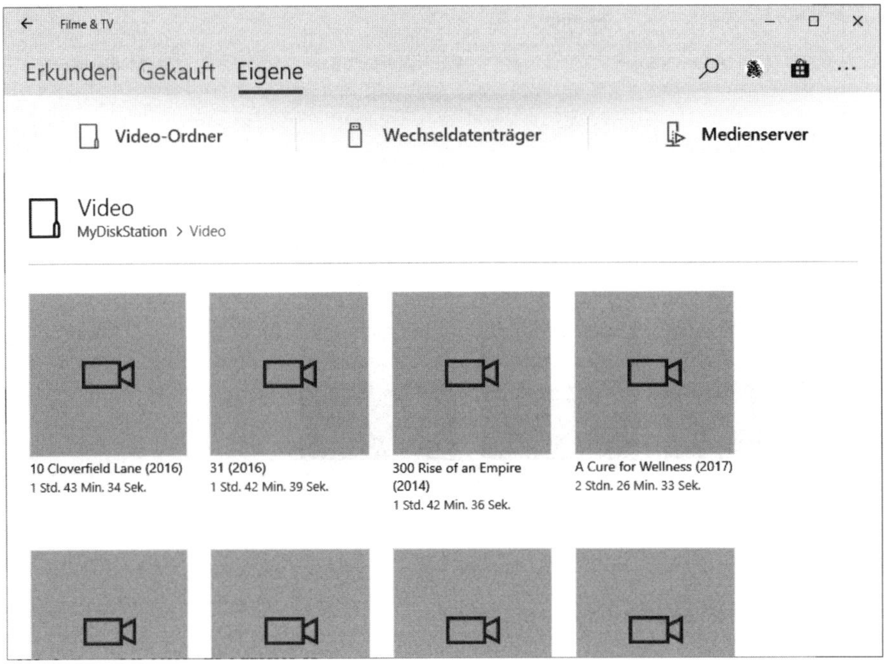

Abb. 12.11: Auflistung aller Video-Dateien

Ob Sie die Fotos durchblättern und ein Video oder ein Musikstück vorspulen können, hängt dabei ganz von Ihrem Wiedergabegerät ab. Sollten Sie zwar die Ordner sehen, aber keinen Inhalt, kann dies mehrere Gründe haben:

- Die Indizierung für den Ordner ist noch nicht abgeschlossen.
- Der Ordner enthält keine Daten des passenden Typs (Video, Foto, Musik).
- Für den Ordner ist in der Indizierung der falsche Medientyp angegeben.
- Ihr Wiedergabegerät unterstützt das Format nicht.

12.4 Transcodierung aktivieren

Sollte Ihr Wiedergabegerät nicht alle Dateiformate wiedergeben können, können Sie Ihr NAS zur Transcodierung dieser Formate verwenden. Dieser Vorgang kostet zusätzliche Ressourcen und nicht alle NAS-Geräte unterstützen alle Formate und alle Qualitätsstufen.

Tipp

Nutzen Sie, wenn möglich, immer die Transcodierungsfähigkeit Ihres Wiedergabegeräts, auch wenn Ihr NAS-Modell die Transcodierung unterstützt. Der Vorgang kostet enorme

Systemressourcen und kann gerade auf schwächeren Modellen das Erlebnis beeinträchtigen (Stottern, Hängen und Buffern während der Wiedergabe). So unterstützen beispielsweise schwächere Modelle mit ARM-Prozessor zwar die Transcodierung von mkv-Dateien, die CPU ist aber nicht in der Lage, diese schnell genug zu verarbeiten, um eine flüssige Wiedergabe zu ermöglichen.

Um die Transcodierung zu aktivieren, gehen Sie folgendermaßen vor:

1. Öffnen Sie MEDIENSERVER|DMA-KOMPATIBILITÄT.
2. Aktivieren Sie VIDEOTRANSKODIERUNG AKTIVIEREN.
3. Ergänzen Sie die Liste mit Dateierweiterungen, die Sie vom NAS transcodieren lassen möchten. Achten Sie darauf, ob das Format von Ihrem NAS-Modell auch unterstützt wird.

Ist Ihr NAS leistungsfähig genug, können Sie so auch Formate wiedergeben, die Ihr Wiedergabegerät nicht unterstützt. Häufig betrifft das die Formate `maß` und `Evi`, aber auch andere.

Für Audiodateien gibt es die Option AUDIO-TRANSKODIERUNG AKTIVIEREN. Hier ist die Auswahl der zusätzlichen Formate aber begrenzt. Sollte die Wiedergabe weiterhin Probleme bereiten, können Sie die Option AUDIODATEIEN WÄHREND DER TRANSKODIERUNG HERUNTERTAKTEN aktivieren und so das Problem eventuell beheben.

12.5 Geräte verwalten

12.5.1 Geräte von der Wiedergabe ausschließen

Neben der Firewall bietet auch der Medienserver selbst die Möglichkeit, einzelne Geräte auszuschließen. Unter MEDIENSERVER|DMA-KOMPATIBILITÄT finden Sie ganz unten den Button GERÄTELISTE. Die Liste zeigt alle DLNA-fähigen Geräte im LAN an (sofern sie seit der Installation des Medienservers einmal eingeschaltet waren). Sie können Geräten die DLNA-Wiedergabe verweigern, indem Sie den Haken beim jeweiligen Gerät entfernen. Die meisten Geräte werden nur als GENERISCHES UPNP/DLNA-GERÄT erkannt, die Identifizierung ist daher nur über die MAC-Adresse bzw. die IP möglich.

12.5.2 Verbindungsprobleme beheben

Sollte der DLNA-Server vom Wiedergabegerät nicht gefunden werden, kann es sein, dass die Kommunikation zwischen Media Player und Media Server nicht richtig funktioniert. Wird ein Gerät vom Medienserver nicht richtig erkannt, wird das Standardprofil zugewiesen. Über das Dropdown-Menü können Sie ein anderes Profil zuweisen. Finden Sie kein Profil, das zu Ihrem Gerät passt, oder wird der Medienserver weiterhin nicht gefunden, können Sie das Profil GENERISCHES DLNA verwenden.

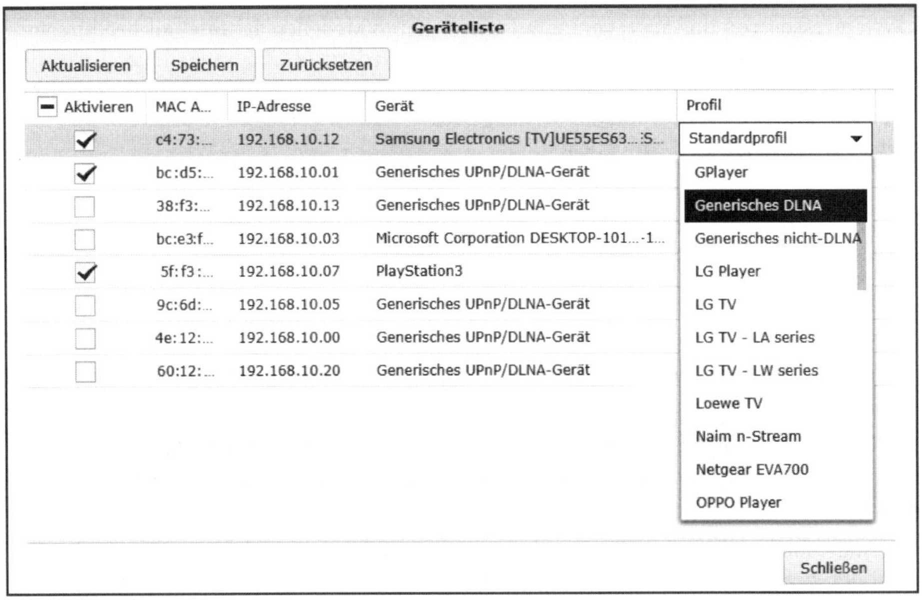

Abb. 12.12: Geräten ein passendes Profil zuweisen, um die Kompatibilität zu erhöhen

Kapitel 13

Bildermanagement mit der Photo Station

Was wäre ein Multimedia-Server ohne ordentliche Fotoverwaltung? Die *Photo Station* ist ein umfangreiches Paket zur Verwaltung Ihrer Bilder, egal ob Sie nur Ihre Schnappschüsse betrachten oder Ihren professionellen Fotoworkflow unterstützen wollen, ob Sie Ihre Bilder herzeigen oder diese online teilen wollen.

Die Photo Station ist aber nicht ganz unkompliziert. Sie weist einige Einschränkungen auf, zu denen ich später noch komme. Synology hat in den vergangenen Jahren aber stets an Verbesserungen gearbeitet und hat für DSM 7 eine Komplettüberarbeitung der Photo Station angekündigt.

13.1 Photo Station installieren und einrichten

Die Installation der Photo Station ist so einfach wie die jedes anderen Pakets, die Einstellungen hingegen fallen umfangreicher aus als bei anderen Anwendungen.

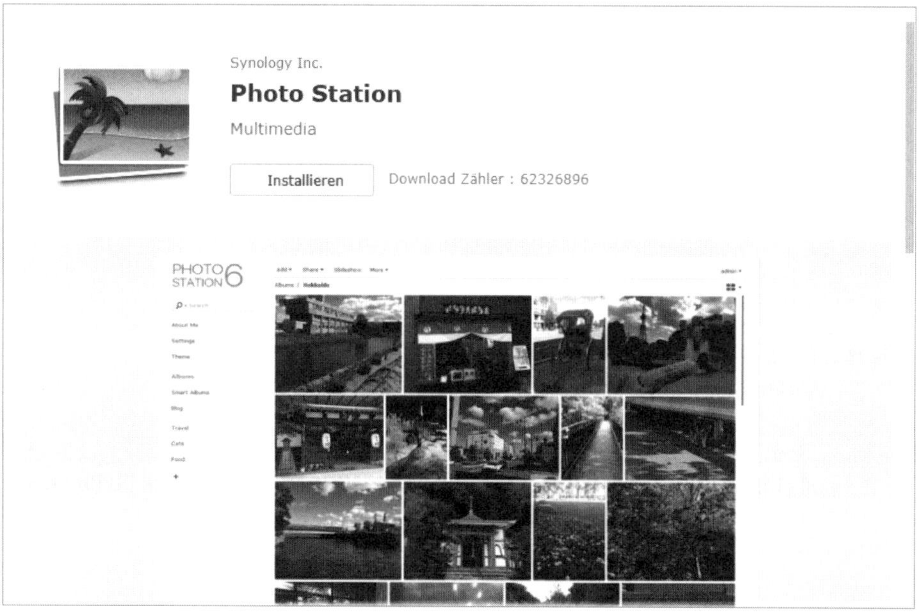

Abb. 13.1: Das Photo-Station-Paket im Paket-Zentrum

1. Installieren Sie die Photo Station über das Paket-Zentrum. Sofern noch nicht vorhanden, wird PHP 7.0 mit der Photo Station mitinstalliert. Die Installation erstellt auch den gemeinsamen Ordner `/photo`, sofern dieser noch nicht vorhanden ist.
2. Nach der Installation erhalten Sie einen Hinweis auf den *Photo Station Uploader*, ein Tool, mit dem Sie Bilder von Ihrer Festplatte zur Photo Station hinzufügen können. Über den Link gelangen Sie zur Download-Seite von Synology. Den Uploader finden Sie unter DESKTOP-DIENSTPROGRAMME. Wir befassen uns später noch mit diesem Tool.
3. Sofern Sie die Firewall aktiv haben, müssen Sie je nach eingestellten Regeln diese um die Photo Station ergänzen. Die Photo Station läuft als Webanwendung auf dem Webserver (siehe Kapitel 20 »Das Synology NAS als Webserver«) und nutzt die Ports 80 (http) und 443 (https). Der Eintrag in der Anwendungsliste lautet WEB STATION, PHOTO STATION.
4. Sie können die Photo Station jetzt öffnen. Das geht über das DSM-Hauptmenü oder direkt im Browser über `http(s)://`*<NAS-Name>*`/photo/`. Wie Sie Ihre Domain für die Photo Station nutzen, können Sie weiter unten nachlesen. Öffnen Sie die Photo Station über DSM, sind Sie bereits angemeldet, öffnen Sie sie direkt im Browser, müssen Sie sich zuerst anmelden.

Die Photo Station ist jetzt installiert, bevor Sie sie aber nutzen können, müssen Sie einige Einstellungen vornehmen bzw. Sie können die Photo Station an Ihre Bedürfnisse anpassen. Die Einstellungen finden Sie links oben, sofern Sie in die Photo Station eingeloggt sind.

Sie wissen bereits, wie Sie Berechtigungen für gemeinsame Ordner und Anwendungen verwalten. Sie werden aber feststellen, dass Sie unter SYSTEMSTEUERUNG|GEMEINSAME ORDNER|BEARBEITEN|BERECHTIGUNGEN keine Möglichkeit haben, Berechtigungen für den gemeinsamen Ordner `/photo` festzulegen. Sie werden darauf hingewiesen, dies in den Einstellungen der Photo Station vorzunehmen. Auch unter SYSTEMSTEUERUNG|BENUTZER|BEARBEITEN|APPLIKATIONEN erscheint die Photo Station nicht. Gleiches gilt für SYSTEMSTEUERUNG|ANWENDUNGSPORTAL.

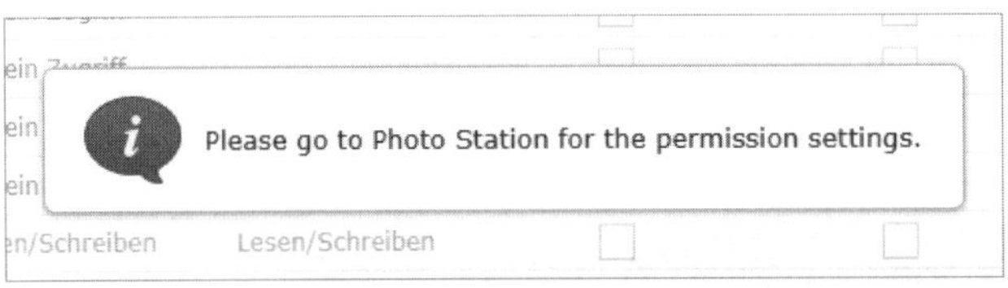

Abb. 13.2: Die Berechtigungen der Photo Station oder des gemeinsamen Ordners `/photo` können nicht in DSM bearbeitet werden.

Die Photo Station ist eine Webanwendung, die auf dem Webserver läuft. Sofern nicht über die Firewall eingeschränkt, kann jeder (auch Personen ohne DSM-Benutzer) die Photo Station im LAN aufrufen. Gleiches gilt für das Internet, sofern Sie Port 80 und/oder Port 443 im Router freigegeben haben. Solange Sie noch keine Alben erzeugt haben, kann aber noch niemand etwas sehen. Einstellungen sind nur für den eingeloggten Administrator vorhanden. Dieser kann im Gegensatz zu anderen Benutzern auch schon Alben anlegen. Alben werden standardmäßig als private Alben angelegt. Sie können neue Alben aber auch als öffentliche Alben erstellen lassen. Aktivieren Sie dazu die entsprechende Option unter EINSTELLUNGEN|ALLGEMEIN|ANDERE EINSTELLUNGEN.

Da die Standard-Einstellungen so gewählt sind, dass nur der Administrator Alben anlegen, Bilder hochladen und die Photo Station verwalten kann und neue Alben automatisch als »privat« angelegt werden, gibt es zu Beginn keine Rechte, die Sie einschränken müssten. Erst wenn Sie Alben erstellt haben, können Sie die Berechtigungen einzelner Benutzer erweitern. Dazu später mehr, zuerst widmen wir uns den generellen Einstellungen.

13.1.1 Allgemein

- SPRACHE – Hier können Sie festlegen, ob Sie für das NAS die Browsersprache verwenden wollen oder diejenige, die in DSM konfiguriert ist.
- PERSÖNLICHE PHOTO STATION – Wenn Sie diesen Dienst aktivieren, kann jeder DSM-Benutzer über die Konto-Optionen (Figuren-Icon am DSM-Desktop) die *persönliche Photo Station* aktivieren. Damit Sie den Dienst nutzen können, muss der Benutzer-Home-Dienst aktiv sein.
- ROUTER-PORT – Diese Einstellung benötigen Sie, wenn Sie Bilder aus der Photo Station in sozialen Netzwerken teilen wollen. Dazu später mehr.
- SICHERHEIT – Hier können Sie das Einbetten in iFrames verbieten. iFrames erlauben es, innerhalb einer Webseite eine zweite Webseite aufzurufen. Da diese Methode sehr viele Sicherheitsrisiken birgt (unter anderen kann vorgetäuscht werden, Sie würden die Originalwebseite besuchen, während Sie sich auf einer gänzlich anderen Seite befinden), wird sie kaum noch genutzt und auch nicht empfohlen. Da in iFrames jede Seite eingebunden werden kann, wenn diese das zulässt, sollten Sie diese Option aktivieren, damit niemand anderes Ihre Photo Station missbräuchlich nutzen kann. Benötigen Sie selbst die Photo Station in einem iFrame, sollten Sie Ihre Webseite als Ausnahme hinzufügen.
- ANDERE EINSTELLUNGEN – Hier können Sie die Option ÖFFENTLICH als Standardeinstellung für neue Alben festlegen. Sie können die Photo Station auch im DSM-Hauptmenü ausblenden lassen.

Die wichtigste Option ist allerdings die automatische Umleitung von *http* auf *https*. Diese Option sollten Sie unbedingt aktivieren.

Die Photo Station blockiert die Indizierung durch Suchmaschinen automatisch. Wollen Sie die Photo Station für Ihren persönlichen Webauftritt (z.B. als Fotograf) nutzen, kann es durchaus Sinn machen, diese durch Suchmaschinen indizieren zu lassen.

Abb. 13.3: Die wichtigsten Einstellungen sind das Verbieten der iFrame-Einbindung und die https-Umleitung.

13.1.2 Fotos

Hier finden Sie Einstellungen rund um die Anzeige von Fotos und die damit verbundenen Informationen.

Wichtig

Welche Optionen Sie aktivieren oder nicht, hängt davon ab, wie Sie die Photo Station nutzen möchten. Wie immer gilt: Erlauben Sie nur, was unbedingt nötig ist.

Ganz oben können Sie einen Titel für Ihre Fotoseite vergeben. Im ersten Abschnitt legen Sie fest, ob und wer Kommentare zu Bildern verfassen darf. Generell sind die meisten Funktionen deaktiviert. Sie können diese nur für eingeloggte Benutzer oder zusätzlich auch für Gäste (Personen, die die Photo Station aufrufen und sich nicht einloggen) aktivieren. Zu diesen Funktionen gehört auch das Herunterladen der Fotos direkt über die Photo Station. Die Anzeige der Informationen (siehe folgenden Abschnitt) ist dagegen bereits aktiv und kann hier deaktiviert werden.

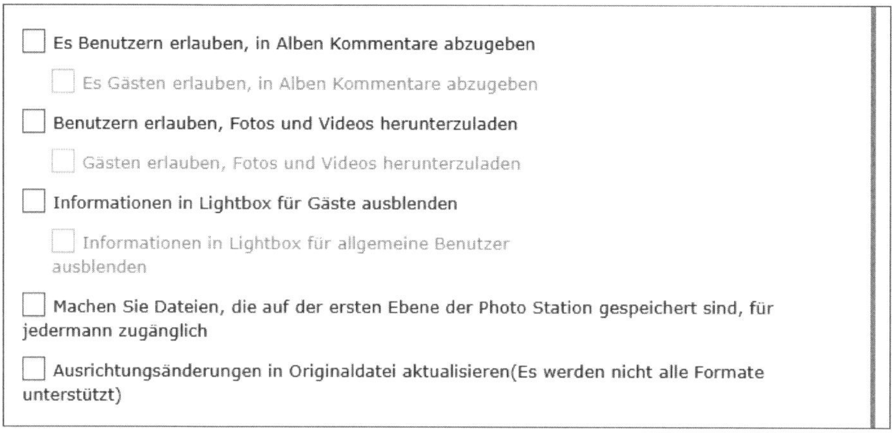

Abb. 13.4: Wer darf was, getrennt nach Gästen und angemeldeten Benutzern?

Anzeigeeinstellungen

Im nächsten Abschnitt legen Sie fest, wie die Fotos und Ordner sortiert und angezeigt werden sollen. Hier können Sie auch die Baumansicht der Alben auf der linken Seite deaktivieren, genauso wie Sie festlegen können, wie viele Fotos pro Seite angezeigt werden sollen und ob Sie überhaupt Seiten haben möchten.

Die Optionen sind eigentlich selbsterklärend und lassen sich alle leicht ausprobieren.

Tipp

Eine nützliche Option ist das Deaktivieren des Rechtsklicks. Damit können gewisse Browserfunktionen (Bild in neuem Tab öffnen, Bild speichern unter, ...) nicht aufgerufen werden. Beachten Sie, dass diese Option keine absolute Schutzmaßnahme darstellt. Personen, die wissen, wie sie auf den Seitenquelltext zugreifen können, sind dennoch in der Lage, Bilder herunterzuladen, auch wenn die Einstellungen dies nicht erlauben.

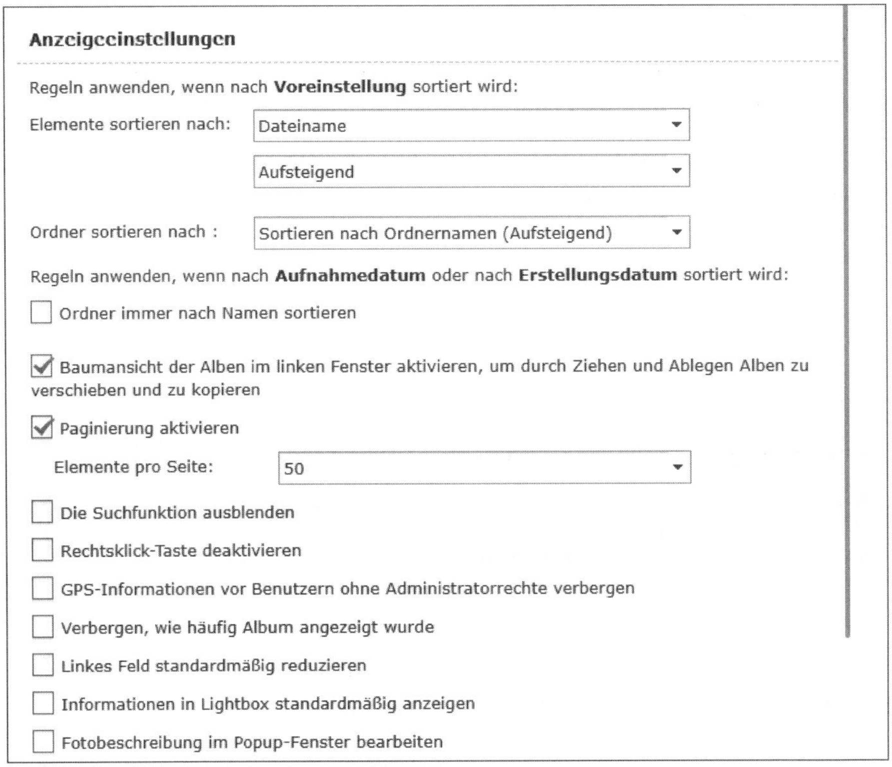

Abb. 13.5: Wie sollen die Bilder dargestellt werden und welche Informationen sollen ersichtlich sein?

Indexierung und Konvertierung

Hier können Sie einzelne Dateitypen von der Indizierung ausnehmen. Bewahren Sie beispielsweise die Raw-Datei und das entwickelte Bild im selben Ordner auf, können Sie die Raw-Dateien ausschließen. Gleiches hilft auch bei Photoshop-Dateien und anderen Bearbeitungsformaten. Sie können auch alle zukünftigen Alben von der Indizierung ausschließen und über KONVERTIERUNGSEINSTELLUNGEN können Sie einzelne Alben für die Indizierung freigeben oder sie davon ausnehmen.

Gesichtserkennung

Diese experimentelle Funktion durchsucht Bilder und versucht, darauf Personen zu erkennen und zuzuordnen.

13.1.3 Zugriff auf die Photo Station

Wie schon erwähnt, können Sie die Photo Station über DSM öffnen oder über die URL Ihr NAS gefolgt von `/photo` aufrufen. Dieses Paket von Synology ist bezüglich der Gestaltung des Aufrufs nicht so flexibel. Es gibt einige Einschränkungen bei der Wahl der URL. Ich verrate Ihnen aber einen Trick, wie Sie diese Einschränkungen zumindest teilweise umgehen können. Außerdem erfahren Sie von mir, wie Sie die Photo Station richtig absichern und auch aus dem Internet erreichen.

Aufruf per Subdomain

Die Photo Station läuft auf dem Webserver des NAS. Über das Paket *Web Station* lassen sich *virtuelle Hosts* konfigurieren, dabei verweist die Subdomain nicht auf den Document-Root des Webservers, sondern auf ein Unterverzeichnis. Dadurch rufen Sie eine Seite anstatt mit `meine.domain.com/meineSeite` nur mit `meine.domain.com` auf. Details dazu können Sie in Abschnitt 20.1.5 »Virtuelle Hosts« nachlesen. Für die Photo Station lässt sich aber kein virtueller Host anlegen, auch im Anwendungsportal (siehe Abschnitt 11.1 »Das Anwendungsportal«) finden Sie die Photo Station nicht.

Wenn Sie die Photo Station über eine eigene Subdomain erreichen wollen, benötigen Sie die Web Station und eine Weiterleitung per *.htaccess*. Richten Sie dafür eine (Sub-)Domain ein, die Sie ausschließlich für die Photo Station verwenden wollen, und fügen Sie in die Datei `/web/.htaccess` folgende Zeilen ein:

```
RewriteEngine On
RewriteCond %{HTTP_HOST} ^nasbuch.viking-studios\.net [NC]
RewriteRule ^(.*)$ https://nasbuch.viking-studios.net/photo [R=301,L]
```

Beim Aufruf von `nasbuch.viking-studios.net` werden Sie auf die Seite der Photo Station weitergeleitet. Nach der Weiterleitung ist `/photo` aber dennoch stets Teil der URL, ein echter virtueller Host ist mit der Photo Station, wie bereits erwähnt, nicht möglich.

Hinweis

Die hier vorgestellte Lösung ist nur eine von vielen. Die `.htaccess`-Syntax ist vielfältig und nicht Teil dieses Buches. Sie finden im Internet eine Vielzahl an Tutorials.

Die Photo Station mit https absichern

In Kapitel 10 »Sicherheit« habe ich Ihnen gezeigt, wie Sie *https* erzwingen. Diese Einstellung gilt für die Photo Station nicht. Sie hat ihre eigene Zwangsumleitung unter Photo Station|Einstellungen|Allgemein im Abschnitt Andere Einstellungen. Aktivieren Sie diese Option unbedingt.

Die Photo Station im Internet erreichen

Da die Photo Station über den Webserver erreichbar ist, müssen Sie den Port 443 (https) Ihres Routers auf Ihr NAS weiterleiten (siehe Abschnitt 9.2.2 »Portfreigabe einrichten«), um die Photo Station aus dem Internet zu erreichen.

Für mobile Geräte gibt es die App *DS photo*. Zur Anmeldung benötigen Sie, wie bei den anderen mobilen Apps, die IP-Adresse oder den Namen Ihres NAS, wenn Sie nur aus dem LAN zugreifen; ansonsten benötigen Sie eine QuickConnect-ID, eine DDNS-Domain oder eine richtige Domain (siehe Kapitel 9 »Das NAS über das Internet erreichen«).

13.2 Alben anlegen

Die Photo Station listet alle Bilder und Ordner, die im gemeinsamen Ordner `/photo` abgelegt sind, auf. Hier treffen Sie auch schon auf eine weitere Einschränkung der Photo Station. Im Gegensatz zu anderen Multimediaanwendungen ist die Photo Station rein auf `/photo` beschränkt. Sie können keine weiteren gemeinsamen Ordner (oder einzelne Unterverzeichnisse anderer gemeinsamer Ordner) hinzufügen.

Alben entsprechen Verzeichnissen, für jedes Album wird ein Verzeichnis mit demselben Namen in `/photo` angelegt. Sie können Alben/Verzeichnisse auch ineinander verschachteln.

Neue Alben können Sie direkt in der File Station anlegen. Dabei werden die Standardvorgaben angewandt oder Sie fügen Alben in der Photo Station hinzu. Dazu gehen Sie wie folgt vor:

1. Klicken Sie auf HINZUFÜGEN|ALBUM ERSTELLEN am oberen Rand. Das Album wird dort hinzugefügt, wo Sie sich gerade befinden, also im Wurzelverzeichnis oder im jeweiligen Unterverzeichnis.

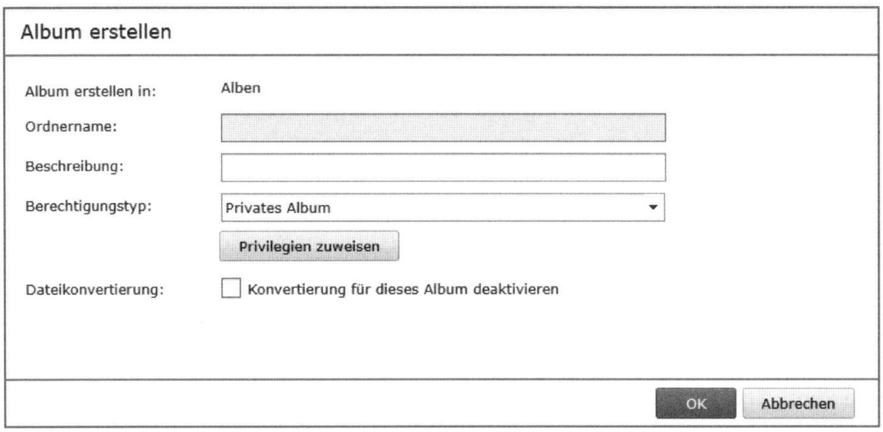

Abb. 13.6: Ein neues Album erstellen

2. Vergeben Sie einen Namen und eventuell eine Beschreibung. Über das Dropdown können Sie eine Sichtbarkeitseinstellung wählen. Zur Auswahl stehen:
   - Öffentliches Album – Das Album ist für alle Aufrufer der Photo Station sichtbar. Ein Einloggen ist nicht notwendig.
   - Privates Album – Das Album ist in erster Linie nur für den Nutzer sichtbar, der es angelegt hat. Je nach Berechtigungen kann es für alle eingeloggten Benutzer sichtbar sein oder nur für jene, denen nachträglich die Berechtigung erteilt wird (siehe folgenden Abschnitt).
   - Passwort – Das Album wird mit einem Passwort gesichert. Das Album wird auch nicht eingeloggten Usern angezeigt; um es zu öffnen, muss aber das Passwort ein-

gegeben werden. Diese Art des Albums eignet sich, um Bilder Personen zugänglich zu machen, die über kein DSM-Konto verfügen, ohne sie öffentlich sichtbar zu machen.

Abb. 13.7: Passwortgeschützte Alben

3. Unter PRIVILEGIEN ZUWEISEN können Sie Benutzern oder Gruppen Privilegien für das neue Album zuweisen. Details zu den Privilegien lesen Sie im nächsten Abschnitt.

Sie können die Sichtbarkeit des Albums übrigens nachträglich ändern. Das entsprechende Menü finden Sie unter EINSTELLUNGEN|FOTOS|ZUGANGSBEFUGNISSE.

13.3 Berechtigungen vergeben

Wie schon erwähnt, werden die Berechtigungen ausschließlich über die Photo Station gesteuert und die Standardeinstellungen sehen die größtmögliche Einschränkung vor. Sie können nachträglich zusätzliche Berechtigungen erteilen.

1. Öffnen Sie PHOTO STATION|EINSTELLUNGEN|BENUTZERKONTEN (oder alternativ GRUPPEN).
2. Sie sehen eine Liste aller DSM-Benutzer. Sie können jetzt den Zugriff für jeden Benutzer bearbeiten. Markieren Sie einen Benutzer und gehen Sie auf BEARBEITEN.

Abb. 13.8: Die Benutzerverwaltung in der Photo Station

3. Klicken Sie auf PRIVILEGIEN ZUWEISEN. Mit einem Klick auf den kleinen, SCHWARZEN PFEIL öffnen Sie die Liste der Alben und können jetzt Privilegien zuweisen.
   - Album durchsuchen – Der Benutzer sieht das Album und kann den Inhalt betrachten.
   - Dateien hochladen – Der Benutzer kann selbst Dateien in das Album hochladen.
   - Verwalten – Der Benutzer kann die Einstellungen des Albums bearbeiten (Name, Deckblatt und Beschreibung). Dieses Privileg beinhaltet automatisch die beiden anderen.

   Sie können die Privilegien für alle bestehenden Alben vergeben (Ebene FOTOALBUM), für das Wurzelverzeichnis (Alben, entspricht `/photo`) oder aber für jedes Album einzeln. Wird im Wurzelverzeichnis ALBEN DURCHSUCHEN bzw. FOTOS HOCHLADEN vergeben, betrifft das auch wirklich nur das Wurzelverzeichnis. Wird aber das Privileg VERWALTEN für das Wurzelverzeichnis vergeben, werden alle Privilegien auf allen darunter liegenden Alben automatisch vergeben.

Hinweis

DSM-Benutzer (außer dem Administrator) sehen den `/photo`-Ordner in der File Station nur, wenn sie dafür oder für mindestens ein Unterverzeichnis zumindest die Lese-Berechtigung haben. Sie sehen auch nur die Unterverzeichnisse, für die sie Berechtigungen haben.

4. Speichern Sie die Einstellungen. Das Fenster schließt sich von selbst.

13.4 Bilder zur Photo Station hinzufügen

Sie haben mehrere Möglichkeiten, Bilder zur Photo Station hinzuzufügen.

- Bilder über die File Station hinzufügen (siehe Abschnitt 5.3)
- Bilder über Synology Drive synchronisieren (siehe Kapitel 7)
- Bilder über andere Protokolle hochladen (siehe Kapitel 6)
- Bilder direkt über die Photo Station hochladen
- Bilder mit dem Synology Photo Station Uploader hochladen

Bilder werden nach dem Upload konvertiert und indiziert, sofern Sie den Ordner nicht von der Indizierung ausgenommen haben. Bei der Konvertierung werden Miniaturen der Bilder erstellt, die dann in der Photo Station zur verkleinerten Anzeige genutzt werden.

13.4.1 Bilder direkt über die Photo Station hochladen

1. Klicken Sie in der Photo Station am oberen Rand auf HINZUFÜGEN|DATEIEN HOCHLADEN.
2. Es öffnet sich ein Dialog. Sie können über ein Dropdown-Menü auswählen, in welchen Ordner Sie die Dateien ablegen wollen. Dort können Sie auch noch weitere Ordner

erstellen. Das zweite Dropdown-Menü bietet die Auswahl, was passieren soll, wenn Dateien mit demselben Namen bereits vorhanden sind – ganz wie Sie es aus der File Station kennen.

Abb. 13.9: Der Dialog ähnelt dem der Drive-Webansicht.

3. Wählen Sie die Bilder aus, die Sie hochladen möchten. Als Quelle können Sie Ihren Computer auswählen, aber auch Ihr NAS, also Bilder aus einem anderen Ordner herüberkopieren. Alternativ können Sie Bilder bzw. Ordner per Drag & Drop ablegen. Ordner können Sie auf diesem Web übrigens keine hochladen. Selbst wenn Sie Ordner per Drag & Drop ablegen, werden nur die Dateien übernommen.
4. Bestätigen Sie den Dialog und der Upload-Vorgang wird gestartet.
5. Ist der Vorgang abgeschlossen, startet die Konvertierung und die Indizierung. Dieser Prozess wird in der unteren rechten Ecke der Bilder angezeigt.

Abb. 13.10: Die Konvertierung ist im Gange.

Hinweis

Laden Sie eine größere Menge Daten in einen indizierten Ordner (und lösen dadurch die Indizierung der Daten aus), kann die Indizierung einige Zeit in Anspruch nehmen. Gerade auf schwächeren Modellen kann dieser Vorgang mehrere Stunden dauern. In der DSM-Taskleiste sehen Sie dann ein Symbol, das den Indizierungsvorgang anzeigt. Sie können die Indizierung auch pausieren lassen, damit Sie ohne Leistungseinbußen weiterarbeiten können.

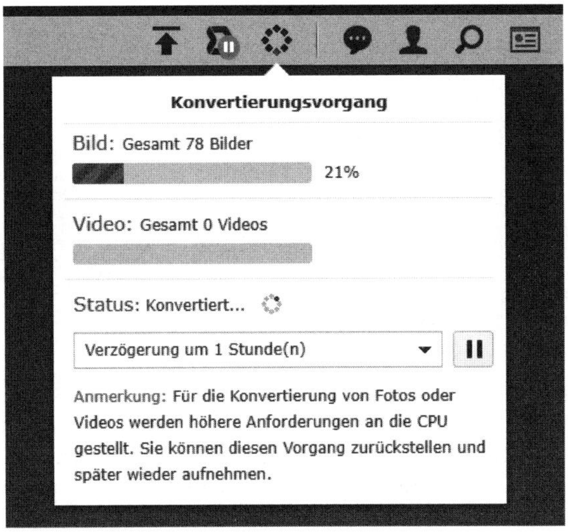

Abb. 13.11: Die Konvertierung größerer Datenmengen kann pausiert werden.

Wird Ihr NAS durch den Upload und/oder die Indizierung überlastet, können Sie den Photo Station Uploader verwenden. Dieser konvertiert die Bilder bereits auf Ihrem Rechner.

13.4.2 Bilder mit dem Synology Photo Station Uploader hochladen

Der Synology Photo Station Uploader ist ein Programm für Windows und Mac. Der große Vorteil des Uploaders ist, dass er die Systemressourcen Ihres Rechners nutzt, um die Konvertierung der Bilder vorzunehmen. Das geht schneller als auf dem NAS und entlastet dieses. Sie finden den Synology Photo Station Uploader im Downloadbereich der Synology-Homepage. Laden Sie die Installationsdatei herunter und installieren Sie das Programm.

Photo Station Uploader installieren und einrichten

1. Starten Sie den Photo Station Uploader.
2. Vergeben Sie einen Profilnamen.
3. Haben Sie die Anzeige des NAS in der Netzwerkumgebung aktiviert und diese auch nicht durch die Firewall blockiert, sucht das Programm Synology-Geräte in Ihrem Netzwerk und listet sie im Dropdown auf. Alternativ können Sie den Servernamen oder die IP per Hand eingeben.

Abb. 13.12: Ein neues Upload-Profil

4. Achten Sie darauf, HTTPS zu aktivieren, die Portnummer ändert sich automatisch auf 443.
5. Im nächsten Schritt können Sie festlegen, ob der Upload zur *Photo Station* oder zur *persönlichen Photo Station* (sofern aktiviert) erfolgen soll.

Abb. 13.13: Welche Photo Station soll für den Upload genutzt werden?

6. Zuletzt müssen Sie noch die Benutzerdaten eingeben, ehe Sie den Vorgang abschließen können.

Das Programm schließt sich, da die Bedienung über das Kontextmenü des Windows-Explorers/Mac-Finders erfolgt. Öffnen Sie das Programm aber erneut, können Sie weitere Profile anlegen oder bestehende bearbeiten oder löschen. Sie können also vom selben Rechner auf mehrere NAS-Geräte oder auf dasselbe NAS mit unterschiedlichen DSM-Benutzern hochladen.

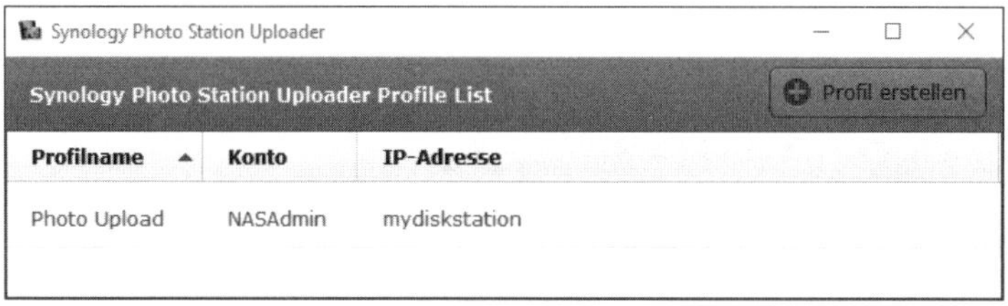

Abb. 13.14: Durch das Anlegen mehrerer Profile können Sie auch auf mehrere NAS-Geräte hochladen.

Bilder hochladen

Um Bilder hochzuladen, gehen Sie wie folgt vor:

1. Navigieren Sie im Explorer zum gewünschten Bild oder Ordner.
2. Klicken Sie mit rechts auf das Bild/den Ordner.
3. Wählen Sie ZU PHOTO STATION HOCHLADEN und dort das Profil, mit dem Sie den Upload durchführen möchten.

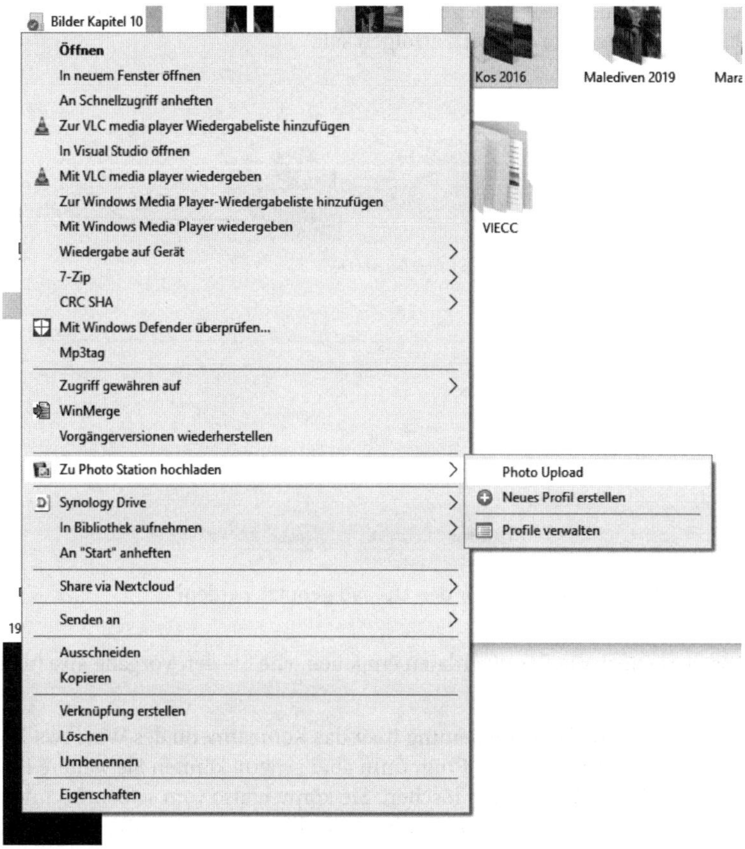

Abb. 13.15: Hochladen über das Kontextmenü

4. Im Dialog, der sich öffnet, können Sie über den Button DURCHSUCHEN auswählen, in welches Unterverzeichnis Sie den Upload durchführen möchten. Für den Upload stehen Ihnen noch weitere Optionen zur Verfügung. Unter anderem können Sie hier die Ordnerstruktur beim Hochladen beibehalten. Sie können also über den Photo Station Uploader ganze Ordner samt Unterordner hochladen.

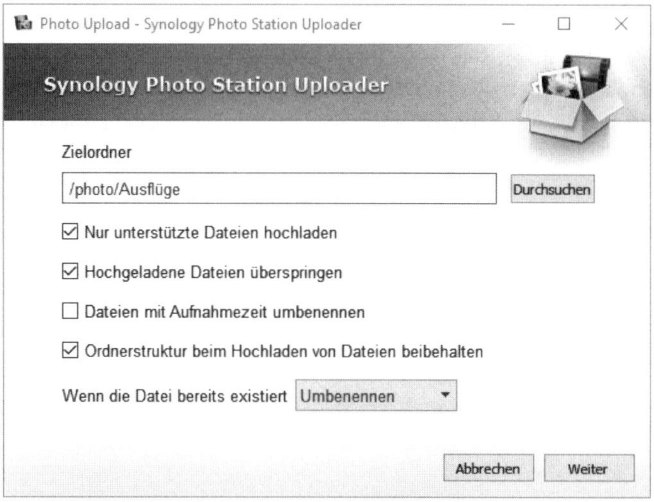

Abb. 13.16: Wählen Sie das gewünschte Album aus.

5. Anschließend startet den Upload-Vorgang inklusive Konvertierung.

Der Synology Photo Station Uploader bietet einige Vorteile. So können, im Gegensatz zum Upload über die Photo Station, Ordnerhierarchien hochgeladen werden. Dabei findet auch gleich die Konvertierung statt, das geht schneller als auf dem NAS und entlastet dieses. Auch die Verbindung ist stabiler. Der Upload über die Photo Station (aber auch über DSM) findet über den Browser statt. Gerade beim Upload großer Datenmengen kann es hier zu Verbindungsabbrüchen oder Timeouts kommen.

Der Photo Station Uploader hat aber auch eine Schwachstelle: Der Upload erfolgt manuell. Das kann bei gelegentlichen Uploads in Ordnung sein. Arbeitet man aber sehr viel bzw. regelmäßig mit Bildern, kann das lästig werden. Als Fotograf (egal ob Hobby oder Beruf) kommen laufend neue Bilder hinzu – man hat seinen eigenen Workflow, die Bilder zu sichten, zu sortieren, abzuspeichern, zu bearbeiten und zu konvertieren. Hier wünschen Sie sich eventuell einen automatischen Upload, sobald Änderungen in den entsprechenden Ordnern durchgeführt wurden. Gerade wenn Sie auf mehreren Computern arbeiten, möchten Sie Ihre Foto-Bibliothek eventuell synchron halten. Hier können Sie auf *Synology Drive* ausweichen. Sie können den gemeinsamen Ordner `/photo` in Drive aktivieren und als Ziel für Synchronisierungsaufgaben wählen. Die Konvertierung übernimmt dann aber wieder Ihr NAS. Da hier aber meist kleinere Datenmengen auf einmal hinzukommen, ist der Aufwand auch geringer.

13.5 Bilder mit der Photo Station verwalten

Haben Sie die ersten Alben angelegt und Ihre Bilder hochgeladen, wird es Zeit, dass wir uns mit den eigentlichen Funktionen der Photo Station befassen.

13.5.1 Navigation durch die Photo Station

Durch die Photo Station navigieren Sie wie im Explorer. Sie können die Alben in der Baumansicht (sofern aktiviert) auf der linken Seite aufklappen und mit einem Klick auf das Album direkt dorthin navigieren. Sie können aber auch im Hauptfenster Alben durch einen Klick öffnen. Am oberen Rand finden Sie auch den aktuellen Pfad Ihrer Ansicht. Durch einen Klick auf ein übergeordnetes Verzeichnis können Sie dorthin navigieren.

Abb. 13.17: Der Pfad zum aktuellen Album

Bilder und Alben verschieben

Im Hauptfenster können Sie einzelne oder mehrere Bilder per Drag & Drop in ein anderes Album verschieben.

Abb. 13.18: Mehrere Bilder per Drag & Drop verschieben

Um mehrere Bilder gleichzeitig zu verschieben, müssen Sie diese zuerst markieren. Bleiben Sie mit dem Mauszeiger über einem Bild, wird in der linken oberen Ecke eine Checkbox eingeblendet. Diese können Sie anklicken und so ein Bild nach dem anderen markieren.

Abb. 13.19: Markieren Sie Bilder durch Anklicken der Checkboxen.

Ziehen Sie die Bilder in ein neues Album, erhalten Sie eine Auswahl, ob Sie sie verschieben oder kopieren möchten, inklusive der Aktion, die durchgeführt werden soll, wenn Bilder mit gleichem Namen bereits vorhanden sind. Ganz, wie Sie es aus der File Station kennen.

Das Gleiche gilt auch für das Verschieben von Alben. Haben Sie mit dem Markieren begonnen, erhalten Sie eine Optionsleiste, mit der Sie alle Bilder eines Albums markieren oder die Markierung wieder aufheben können.

Abb. 13.20: Schnelles Auswählen und Aufheben der Auswahl aller Bilder

Bilder betrachten

Bilder zu betrachten ist einfach. Navigieren Sie einfach zum gewünschten Album. Dort können Sie die Bilder bereits als Miniaturansichten betrachten. Um ein Bild größer anzeigen zu lassen, klicken Sie einfach auf das gewünschte Bild. In der Detailansicht (Abbildung 13.22) sehen Sie das Bild, darunter werden Bildname und Aufnahmedatum angezeigt. Über das Lupen-Icon können Sie in das Bild hineinzoomen. Über die Pfeile können Sie zwischen den Bildern hin- und herschalten oder Sie lassen sich den Filmstreifen über ALLE ANZEIGEN einblenden.

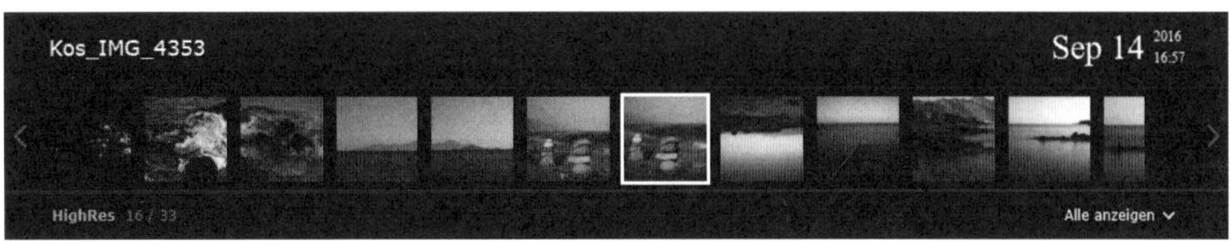

Abb. 13.21: Der Filmstreifen, alle Bilder des Albums aneinandergereiht

Mit dem Icon rechts oben können Sie die Dateiinformationen einblenden. Sie können hier die Bilder bewerten, eine Beschreibung sowie verschiedene Markierungen hinzufügen. Interessant für Fotografen sind hier die EXIF-Daten.

Abb. 13.22: Die Detailinformationen zum Bild

Sowohl in der Alben-Ansicht als auch in der Detailansicht finden Sie den Button DIASHOW, er lässt Sie die Bilder bildschirmfüllend betrachten.

Kommentare

In der *Informationsansicht* unterhalb der BILDINFORMATIONEN finden Sie die Kommentarfunktion, sofern Sie diese unter EINSTELLUNGEN|FOTOS im Abschnitt VERWALTUNG aktiviert haben.

Abb. 13.23: Legen Sie in den Einstellungen fest, ob und wer kommentieren darf.

13.5.2 Freigaben und Teilen

Es gibt verschiedene Möglichkeiten, Bilder oder Alben mit anderen zu teilen. So können Sie Alben öffentlich zugänglich machen oder nur anderen DSM-Benutzern Zugriff gewähren.

Gemeinsame Alben

Alternativ dazu gibt es gemeinsame Alben. Diese werden ebenfalls in der Baumansicht angezeigt, unterhalb der normalen Alben und der Smart-Alben. So können Sie auch nur einzelne Bilder aus verschiedenen Alben in gemeinsamen Alben teilen. Gemeinsame Alben sind ebenfalls öffentlich, können aber mit einem Passwortschutz versehen werden.

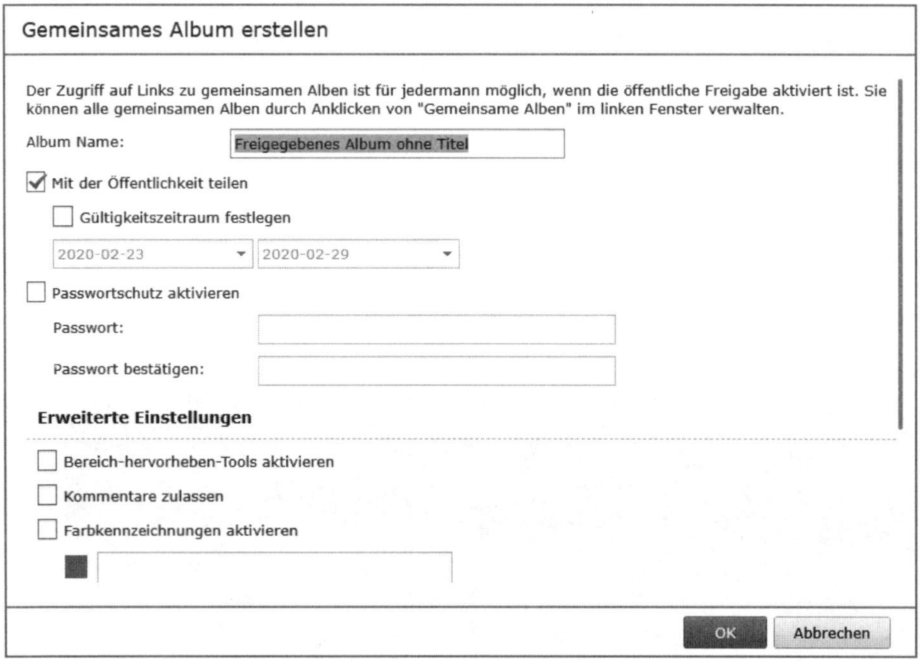

Abb. 13.24: Gemeinsame Alben können öffentlich geteilt werden und extra mit einem Passwortschutz versehen werden.

Um ein Bild in ein gemeinsames Album zu verschieben, wählen Sie es und klicken auf FREIGABE|ZU EINEM GEMEINSAMEN ALBUM HINZUFÜGEN. Dort können Sie ein bestehendes Album wählen oder ein neues Album anlegen.

Abb. 13.25: Hinzufügen von Bildern zu gemeinsamen Alben

Per Link teilen

Eine weitere Option ist das Teilen mit einem Link. Zu diesem gelangen Sie ebenfalls über FREIGABE und dem Eintrag MIT DER ÖFFENTLICHKEIT TEILEN. Diese Option steht Ihnen auch für Alben zur Verfügung. Nutzen Sie dazu FREIGABE in der Alben-Ansicht, ohne ein Bild markiert zu haben.

Unter EINSTELLUNGEN|FREIGABE können Sie festlegen, wer Fotos mit der Öffentlichkeit teilen darf.

Über soziale Netzwerke teilen

Sie können Bilder aus der Photo Station auch direkt in soziale Netzwerke hochladen bzw. teilen. Dazu sind aber einige Einstellungen notwendig.

Sie haben die Wahl zwischen dem Hochladen des Bildes (FREIGABE|ZU <SEITE> HOCHLADEN), dabei wird das Bild tatsächlich auf die jeweilige Seite hochgeladen. Es ist danach nicht mehr ersichtlich, dass das Bild von der Photo Station kommt. Dafür eignen sich Facebook und Flickr. Oder Sie möchten das Bild nur per Link teilen (FREIGABE|MIT DER ÖFFENTLICHKEIT TEILEN oder TEILEN ÜBER). Dafür eignen sich Facebook, Twitter und Co. Andere Personen werden dann über einen Link zum Foto auf die Photo Station umgeleitet. Es ist zwar bei der Betrachtung des Bildes nicht direkt ersichtlich, dass es sich um eine Photo Station handelt, noch kann man über eine Schaltfläche zur Photo Station gelangen, allerdings ist die Domain im Browser ersichtlich.

Damit das Teilen von Links funktioniert, muss die Photo Station über das Internet erreichbar und ein SSL-Zertifikat auf die entsprechende Domain ausgestellt sein (siehe Abschnitt 9.2 »Externen Zugriff einrichten«).

Zunächst müssen Sie sich mit Ihrem Konto mit dem sozialen Netzwerk/der Seite verbinden. Haben Sie sich erfolgreich angemeldet und der Photo Station den Zugriff erlaubt, können Sie das Bild hochladen.

Abb. 13.26: Bilder-Upload zum Foto-Dienst Flickr

13.5.3 Smart-Alben

Sogenannte Smart-Alben kennen Sie vielleicht aus Lightroom oder anderen Bildverwaltungsanwendungen. Hierbei handelt es sich um nichts anderes als Filter, die sich selbst aktualisieren. Sie legen für ein Smart-Album Filter-Regeln fest und im Album werden dann alle Bilder angezeigt, auf die diese Filter zutreffen. Der Vorteil von Smart-Alben ist, dass Bilder, die Sie zur Photo Station hinzufügen, automatisch in die Smart-Alben aufgenommen werden, wenn die Filter-Regel zutrifft.

Smart-Alben erstellen

1. Wählen Sie in der Baumansicht den Eintrag SMART-ALBEN.
2. Wählen Sie HINZUFÜGEN|NEUES INTELLIGENTES ALBUM.
3. Vergeben Sie einen Namen für das Album und legen Sie die Einstellungen fest.

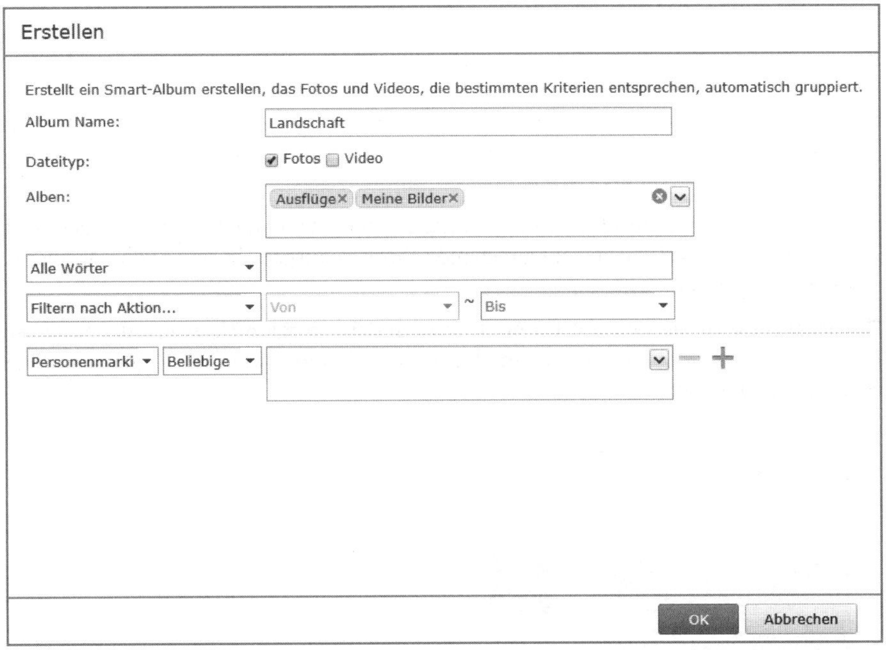

Abb. 13.27: Legen Sie die Regeln fest, anhand derer das Smart-Album Bilder auswählt.

- Dateityp – Legen Sie fest, ob Fotos und/oder Videos im Album enthalten sein sollen.
- Alben – Legen Sie fest, in welchen Alben nach Dateien gesucht werden soll.
- Filter – Legen Sie fest, wonach die Dateien gefiltert werden sollen. Sie haben die Auswahl zwischen Textfiltern, Aktionsfiltern oder Eigenschaftsfiltern. Von Letzteren können Sie über das +-Symbol mehrere Filter anlegen. Über den Pfeil im Textfeld können Sie eine Auswahlliste öffnen. Sie bekommen Einträge angezeigt, die bei der Indizierung Ihrer Bilder ausgelesen wurden.

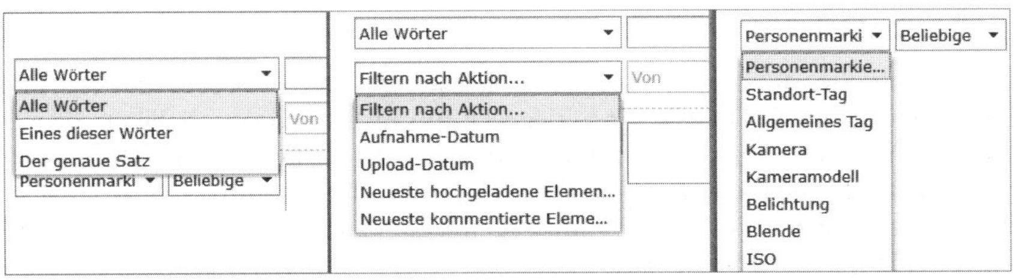

Abb. 13.28: Die umfangreiche Auswahl an Filtern

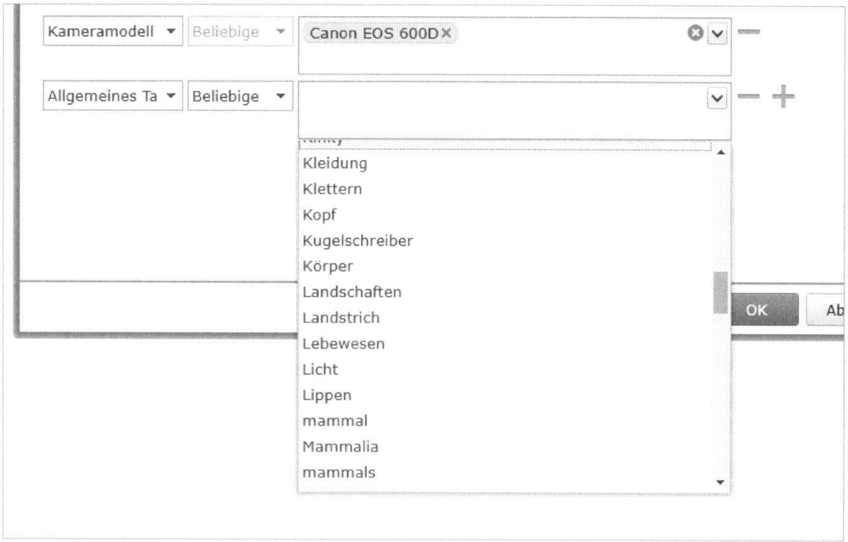

Abb. 13.29: Einige Filter bieten eine Auswahl anhand bereits vorhandener Daten, hier allgemeine Tags, auch bekannt als Schlagworte.

4. Klicken Sie auf OK. Sie sehen das Album jetzt in der Alben-Ansicht. Darin sind alle Bilder enthalten, die den Filterkriterien entsprechen. Sollten keine Bilder den Kriterien entsprechen, sehen Sie einen entsprechenden Hinweis im Album.

Anders als normale Alben entsprechen Smart-Alben nicht Verzeichnissen auf der Festplatte. Bei der Erstellung von Smart-Alben werden also keine Ordner erstellt oder Bilder kopiert. Bilder werden in Smart-Alben nur verknüpft. Löschen Sie ein Bild, ist es weg, sowohl im Smart-Album also auch im normalen Album, egal wo Sie es löschen. Sie können also keine Bilder gezielt aus einem Smart-Album entfernen. Verändern Sie die Filterregeln, werden die Bilder, die nicht mehr den Regeln entsprechen, im Smart-Album nicht mehr angezeigt.

13.5.4 Portfolio

Der Name ist etwas irreführend. Unter Portfolio versteht man normalerweise eine Auswahl an Werken, um seine Arbeit zu präsentieren. Eine Auswahl kann hier aber nur auf Ebene der Alben getroffen werden. Hierbei handelt es sich eher um eine Kategorisierung der einzelnen Alben.

Abb. 13.30: Hinzufügen neuer Kategorien

Mit einem Klick auf das +-Icon erstellen Sie eine neue Kategorie, der Sie einen Namen geben. Über HIER ABLEGEN können Sie Alben auswählen, die dann in dieser Kategorie angezeigt werden. Alben können dabei in mehreren Kategorien enthalten sein.

13.6 Photo Station gestalten

13.6.1 Über mich

Nutzen Sie die Photo Station als Ihren öffentlichen Auftritt, können Sie unter ÜBER MICH eine für Homepages, Blogs und Portfolio-Seiten typische Vorstellung Ihrer eigenen Person bzw. Ihres Unternehmens erstellen.

Unter BEARBEITEN steht Ihnen ein kleiner Editor zur Verfügung, mit dem Sie Ihre Visitenkarte anlegen können. Beherrschen Sie HTML, können Sie auf die Quellcode-Ansicht umschalten und dort Ihre Seite mit HTML und CSS gestalten.

Über MEHR|SICHTBARKEIT ÄNDERN können Sie diesen Abschnitt umbenennen oder ihn ganz ausblenden.

Abb. 13.31: Gestalten Sie Ihre Visitenkarte für einen öffentlichen Web-Auftritt.

13.6.2 Thema

Unter THEMA können Sie die farbliche Gestaltung der Photo Station ändern. Zur Auswahl stehen das weiße Standard-Thema und ein dunkelgraues Thema.

Mit Klick auf den PFEIL oder THEMA ANPASSEN können Sie noch einige weitere Anpassungen vornehmen. So können Sie ein eigenes Logo verwenden und die Hintergrundfarbe ändern oder ein Bild verwenden. Auch die drei Themenfarben lassen sich beliebig anpassen. Eine Gestaltung der Seite per CSS ist allerdings nicht möglich.

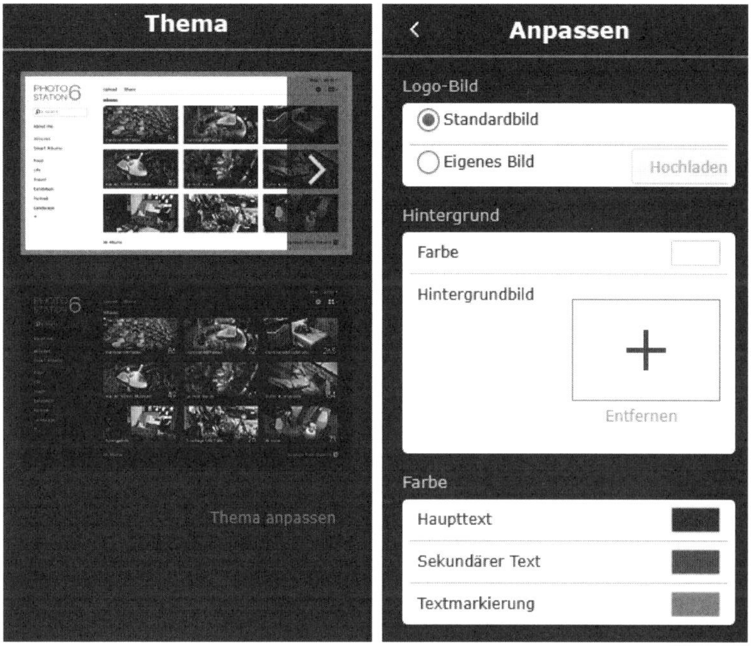

Abb. 13.32: Passen Sie das Aussehen der Photo Station an.

Kapitel 14

Musikwiedergabe mit der Audio Station

Nachdem wir uns im letzten Kapitel mit der Verwaltung und dem Betrachten von Bildern auseinandergesetzt haben, dreht sich in diesem Kapitel alles um Musik. Software zur Musikwiedergabe gibt es wie Sand am Meer – was die *Audio Station* so interessant macht, ist, dass sie als Streaming-Server genutzt werden kann. Sie können somit Ihre Musiksammlung zentral verwalten und von beinahe jedem beliebigen Gerät im Heimnetzwerk darauf zugreifen. Beim lokalen Netzwerk ist aber nicht Schluss. Geben Sie die Audio Station im Internet frei und Sie können auch unterwegs auf Ihre Musiksammlung zugreifen und das ganz ohne Abokosten, Werbung oder andere Einschränkungen.

14.1 Audio Station installieren und einrichten

Die Audio Station finden Sie, wie auch die anderen Synology-Pakete, im Paket-Zentrum. Installieren Sie das Paket. Konfigurationen müssen Sie bei der Installation noch keine vornehmen. Bei der Installation wird der gemeinsame Ordner `/music` angelegt, sofern dieser noch nicht vorhanden ist.

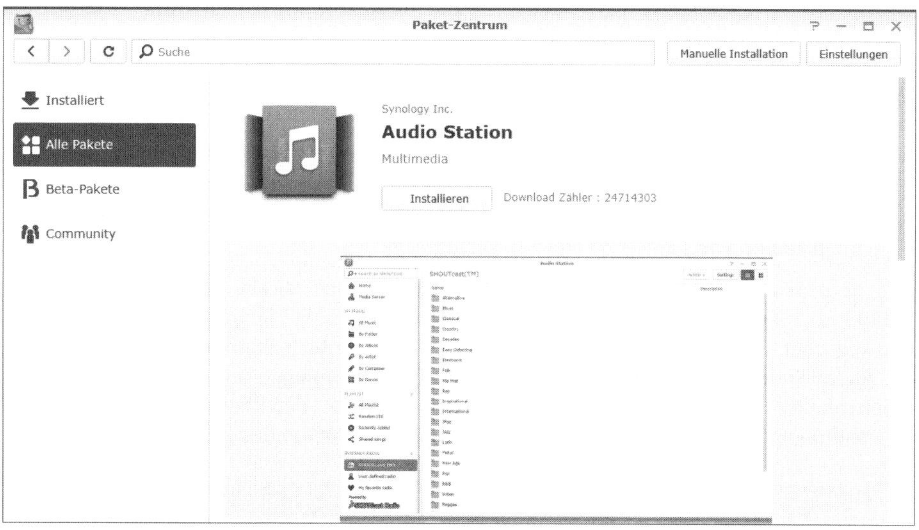

Abb. 14.1: Das Audio-Station-Paket im Paket-Zentrum

14.1.1 Firewall

Nutzen Sie die Firewall Ihres NAS, müssen Sie gegebenenfalls die Regeln erweitern. Die Audio Station nutzt mehrere Ports und diese sind in der Anwendungsliste auch nicht gleich der Audio Station zuzuordnen:

- DLNA/UPnP Medienserver – 1900 – UDP
- Verwaltungsprogrammoberfläche ... Audio Station ... – 5000 – DSM (http) oder besser noch – 5001 – DSM (https)
- Bonjour – 5353 – Bonjour Service
- AirPlay – 6001 – 6010 – UDP
- AirPlay – 6011 – 6030 – TCP

Die letzten drei werden für die Integration mit der Apple-Umgebung benötigt.

Wichtig

Die Audio Station ist so ein Fall, bei dem sich eine Anwendung die Ports mit DSM teilt. Wollen Sie DSM nicht allen LAN-Teilnehmern zur Verfügung stellen, haben Sie ein Problem. Spätestens aber, wenn Sie die Audio Station im Internet freigeben, wird es kritisch. DSM sollten Sie dabei nicht freigeben. Legen Sie also für die Audio Station eigene Ports fest (siehe unten).

14.1.2 Einstellungen im Anwendungsportal

Damit Sie die Audio Station reibungslos – und vor allem sicher – nutzen können, empfehlen sich einige Änderungen im Anwendungsportal.

Als Erstes sollten Sie die Ports der Audio Station anpassen, damit sie nicht dieselben nutzt wie DSM.

1. Öffnen Sie dazu SYSTEMSTEUERUNG|ANWENDUNGSPORTAL.
2. Markieren Sie die Audio Station und klicken Sie auf BEARBEITEN.
3. Aktivieren Sie den benutzerdefinierten https-Port (http ist nicht notwendig, da wir auf eine sichere Umgebung achten und nur https nutzen).
4. Um die Sicherheit noch weiter zu erhöhen, vergeben Sie eine eigene Portnummer (Ihnen stehen Ports ab 49152 frei zur Verfügung).

Wie dem Hinweis zu entnehmen ist, können Sie jetzt direkt über `https://`*<NAS-Name>*`:`*<IhrGewählterPort>* auf die Audio Station zugreifen. Sie müssen somit nicht dem Umweg über DSM nehmen, können Ihre Firewall ordentlich konfigurieren und können die Audio Station im Internet freigeben, ohne DSM offenlegen zu müssen. Für weitere Möglichkeiten, die Audio Station aufzurufen, und eine detaillierte Beschreibung des Anwendungsportals schlagen Sie in Abschnitt 11.1 »Das Anwendungsportal« nach.

Tipp

Den benutzerdefinierten Port sollten Sie unbedingt aktivieren, auch wenn Sie die Firewall nicht nutzen bzw. diese durch Verwendung des Alias nicht zum Tragen kommt. Für die Freigabe im Internet ist die Trennung von DSM und Audio Station wichtig.

Ob Ihnen der Port im LAN reicht oder ob Sie lieber den Alias bzw. die Domain nutzen, bleibt Ihnen überlassen. Aktivieren Sie aber nur eines davon, entweder den Alias oder die Domain. Je mehr Dienste Sie einrichten und je mehr Zeit vergeht, desto höher ist die Chance, dass bei Änderungen Zugriffsbeschränkungen nicht so funktionieren, wie Sie wollen. Nicht genutzte Zugriffsarten können schnell vergessen werden und später Probleme bereiten.

14.1.3 Rechteverwaltung

Anders als bei der Photo Station funktioniert die Rechteverwaltung bei der Audio Station wieder wie gewohnt.

- Unter SYSTEMSTEUERUNG|GEMEINSAMER ORDNER|MUSIC|BEARBEITEN|BERECHTIGUNGEN können Sie festlegen, welche Benutzer bzw. Gruppen Zugriff auf den Ordner haben. In der Grundeinstellung haben nur Administratoren Zugriff.
- Unter SYSTEMSTEUERUNG|BENUTZER (oder GRUPPE)|<BELIEBIGER BENUTZER> (oder <GRUPPE>)|BEARBEITEN|APPLIKATION können Sie den Zugriff auf die Audio Station festlegen (siehe Kapitel 4 »Die Benutzerverwaltung«). Alternativ dazu können Sie unter SYSTEMSTEUERUNG|BERECHTIGUNG|AUDIO STATION|BEARBEITEN ebenfalls die Rechte der Benutzer festlegen.

14.1.4 Einstellungen in der Audio Station

Mit den Einstellungen, die Sie in DSM tätigen können, sind wir damit durch. Als Nächstes widmen wir uns den Einstellungen direkt in der Audio Station. Öffnen Sie dazu die Audio Station. Rechts oben finden Sie den Button EINSTELLUNGEN.

Berechtigungen

Im ersten Reiter finden Sie erneut Berechtigungseinstellungen. Allerdings sind hier nur Benutzer aufgelistet, denen Sie in DSM schon den Zugriff auf die Audio Station gestattet haben. Hier legen Sie fest, welcher Benutzer welche Features der Audio Station nutzen darf, von der Musikwiedergabe über DLNA-Clients, der Verwaltung von Wiedergabelisten und Musik-Tags bis zur Freigabe von Liedern.

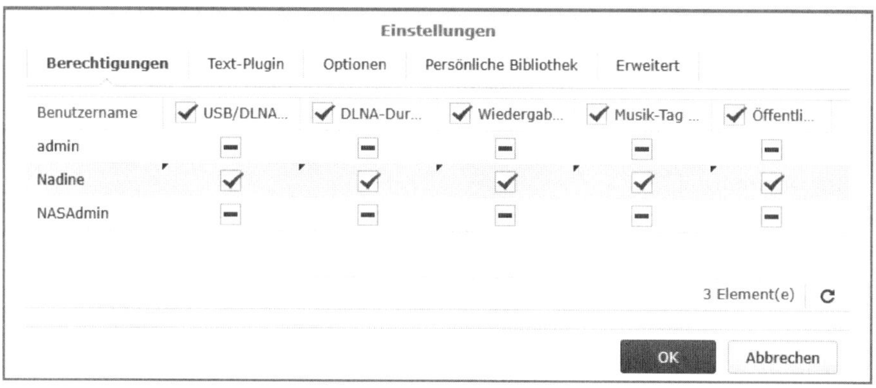

Abb. 14.2: Funktionsberechtigungen für berechtigte Benutzer

> **Tipp**
>
> Ziehen Sie das Einstellungsfenster größer, dann lassen sich die Spaltenüberschriften auch lesen.

Text-Plugin

Hier können Sie Text-Plugins für Songtexte aktivieren. *LyricWiki* ist vorinstalliert, zeigt aber nur die ersten Textzeilen an. Über Hinzufügen können Sie weitere Plugins aktivieren. Diese müssen als aum-Datei vorliegen. Sie finden die aum-Dateien im Internet, suchen Sie z.B. nach »synology aum«. Über Auf und Ab legen Sie die Reihenfolge der Plugins fest. Sie können also auch mehrere gleichzeitig nutzen, sollte ein Plugin nicht alle Ihre Lieder abdecken.

Abb. 14.3: Das vordefinierte Plugin zeigt nicht den kompletten Liedtext an (siehe unten).

Optionen

Hier legen Sie die Einstellungen für den Player im Webbrowser fest. An dieser Stelle sollten Sie keine Änderungen vornehmen müssen. Sollten die Browser, die Sie für die Musikwiedergabe nutzen, WAV unterstützen, können Sie dieses Format aktivieren, um Systemressourcen zu sparen. Achten Sie darauf, dass das Häkchen bei Verwenden Sie möglichst den HTML5 Player gesetzt wird. Dieser bietet nicht nur die bessere Kompatibilität, Flash wird von einigen Sicherheitsplugins für Browser oder dem Browser direkt blockiert. Noch dazu soll Flash 2020 eingestellt werden.

Haben Sie Ihre Musik bisher mit *iTunes* verwaltet, können Sie die Liederbewertungen aus iTunes importieren.

Sie haben außerdem die Möglichkeit, die Unterstützung von *Cuesheets* zu aktivieren, wenn Sie diese nutzen.

Cuesheet

Dabei handelt es sich um eine Textdatei, in der Metadaten von Liedern in einem bestimmten Format hinterlegt sind. Diese werden eigentlich benötigt, um Lieder auf eine Audio-CD zu brennen bzw. werden von Programmen, die virtuelle Laufwerke bereitstellen, genutzt.

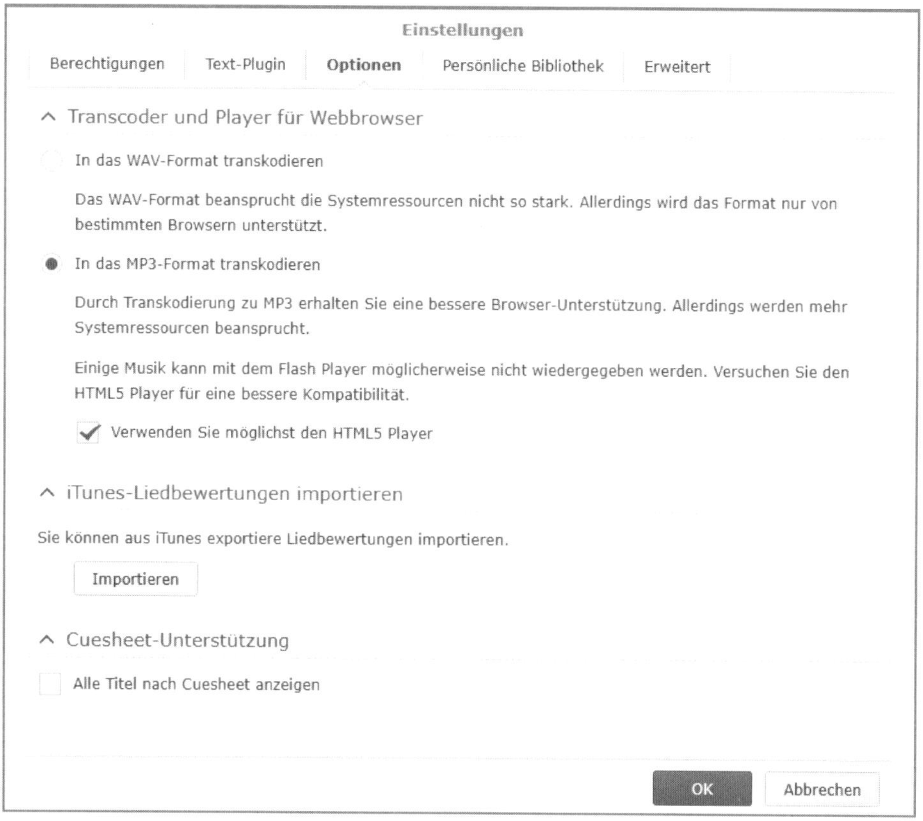

Abb. 14.4: Einstellungen für die Wiedergabe im Browser

Persönliche Bibliothek

Wie schon bei der Photo Station können Sie hier persönliche Musikbibliotheken für jeden Benutzer aktivieren. Dazu muss der Benutzer-Home-Dienst (siehe Abschnitt 5.1 »Privater Speicher – der Home-Ordner«) aktiviert sein. Benutzer können dann Musik unter `/home/music` anlegen. Sie können auch festlegen, ob Benutzer nur Zugriff auf die persönliche Musik haben oder auch auf die gemeinsame Bibliothek (`/music`) zugreifen dürfen.

Erweitert

Hier finden Sie einige spezielle Einstellungen. So können Sie beispielsweise das Downloaden der Lieder über die Audio Station aktivieren. Auch *Amazon Alexa* wird unterstützt. Sie können Musik aus der Audio Station sprachgesteuert über Alexa wiedergeben lassen.

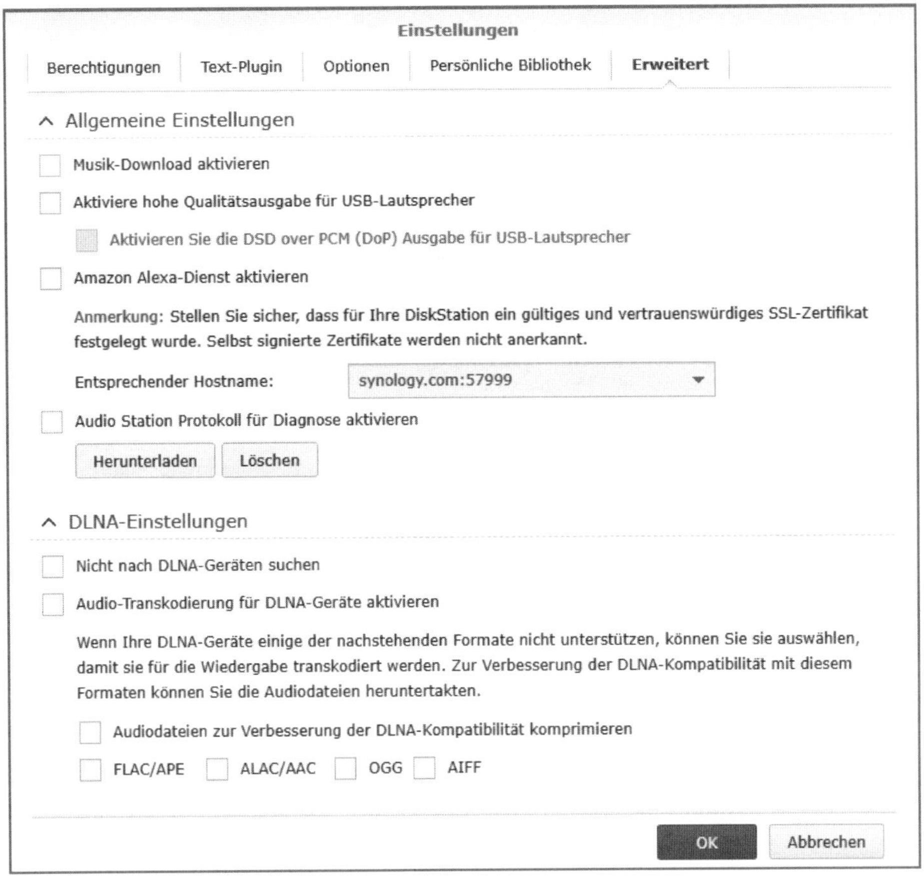

Abb. 14.5: Hier finden Sie einige der spezielleren Einstellungen der Audio Station.

Die DLNA-Einstellungen sind Ihnen schon in Kapitel 12 begegnet. Sollte Ihr DLNA-Client Probleme mit bestimmten Dateiformaten haben, können Sie hier die Transcodierung dieser Formate aktivieren.

14.2 Musik mit der Audio Station verwalten

Jetzt, da Sie die Audio Station bequem aufrufen können, ist es an der Zeit, einen genaueren Blick darauf zu werfen. Auf den ersten Blick sieht sie einem typischen Musikverwaltungsprogramm wie dem Windows Media Player oder iTunes ähnlich.

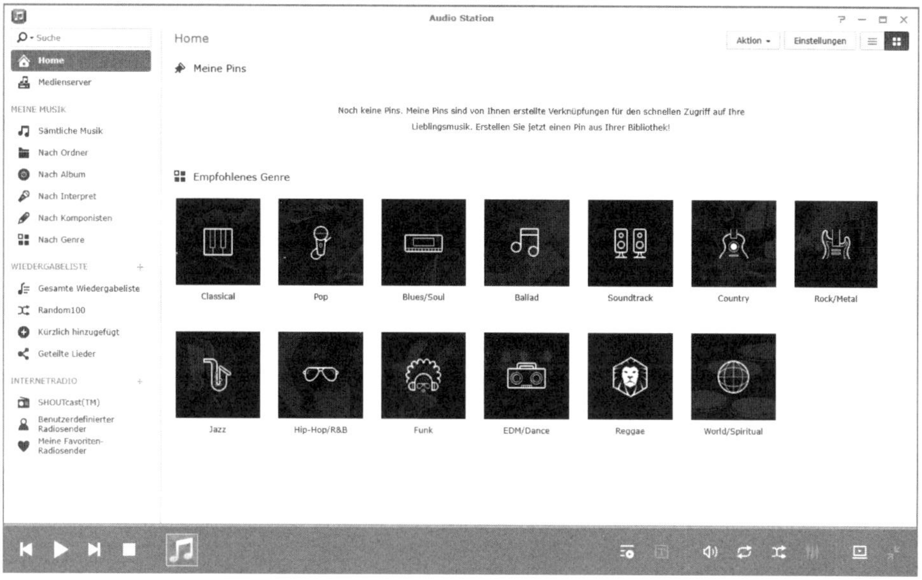

Abb. 14.6: Die Startseite der Audio Station

14.2.1 Musik zur Audio Station hinzufügen

Bevor wir uns mit den einzelnen Features befassen, sollten wir zuerst Musik hinzufügen. Die Audio Station selbst verfügt über keinen Mechanismus, Musik hinzuzufügen. Sie müssen lediglich Ihre Lieder im gemeinsamen Ordner `/music` ablegen. Wie Sie das machen, bleibt Ihnen überlassen. Ihnen stehen alle Methoden offen, die Sie in Kapitel 5 »Dateiverwaltung«, Kapitel 6 »Dateidienste – vom Computer auf den NAS-Speicher zugreifen« und Kapitel 7 »Die Cloud – Daten und Geräte synchronisieren« kennengelernt haben. Für `/music` ist die Indizierung von Audiodateien automatisch aktiviert.

14.2.2 Musik anzeigen, filtern und durchsuchen

Sie haben unterschiedliche Möglichkeiten, Ihre Musik anzeigen zu lassen:

- Auf der Startseite (HOME) finden Sie unter EMPFOHLENES GENRE eine Auswahl an Genre-Filtern. Die Filter bringen aber wenig, wenn Sie nur einige wenige Genres hören, Ihr Genre nicht aufgeführt ist oder Sie eine Filterung nach Subgenre bevorzugen.
- Unter SÄMTLICHE MUSIK werden alle vorhandenen Lieder aufgelistet. Sortieren können Sie die Liste anhand der Spaltenüberschriften.
- NACH ORDNER liefert eine Ansicht wie in der File Station oder im Explorer. Sie können die Ordner, so wie sie auch auf der Festplatte liegen, durchsuchen.
- NACH ALBUM, NACH INTERPRET, NACH KOMPONIST und NACH GENRE filtern Ihre Musiksammlung nach den genannten Kriterien. Die Einträge in der Liste lassen sich mit einem Doppelklick öffnen. Interpreten und Komponisten listen die jeweiligen Alben auf, von den Alben kommen Sie dann direkt zu den Liedern. Von den Genres gelangen Sie zuerst zu den Interpreten. Hier werden Ihnen die Genres anhand der Metadaten Ihrer Musiksammlung aufgelistet.

- Links oben finden Sie das Suchfeld, mit dem Sie Ihre Sammlung durchsuchen können (siehe Abbildung 14.9).

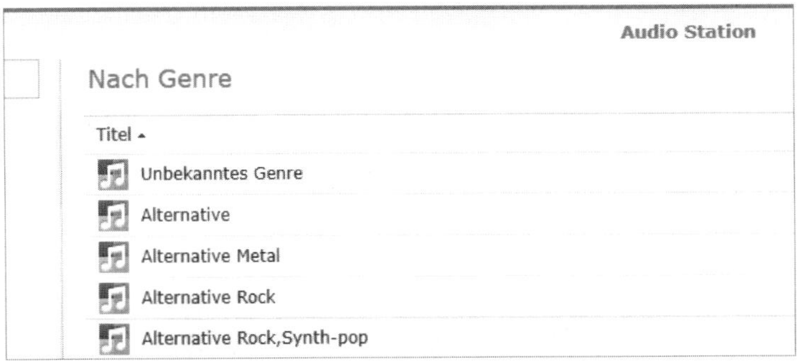

Abb. 14.7: Musik nach Genre aufgelistet

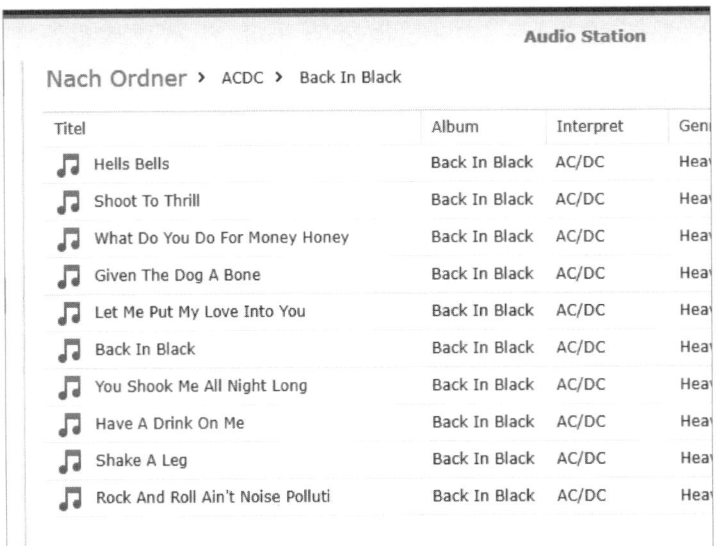

Abb. 14.8: NACH ORDNER zeigt Lieder wie im Explorer.

Sie können in beinahe jeder Ansicht eine Sortierung über die Spalten vornehmen. Klicken Sie auf die drei Punkte am Ende der Zeile, können Sie einzelne Spalten ein- bzw. ausblenden (Abbildung 14.10). Sie können auch die Spalten frei anordnen. Klicken Sie dazu auf eine Spaltenüberschrift und ziehen Sie sie mit gedrückter Maustaste an die Position, an der Sie sie haben möchten.

Am oberen Rand der Audio Station sehen Sie immer den Pfad. Durch Klick auf die übergeordneten Elemente können Sie so zurücknavigieren (Abbildung 14.11).

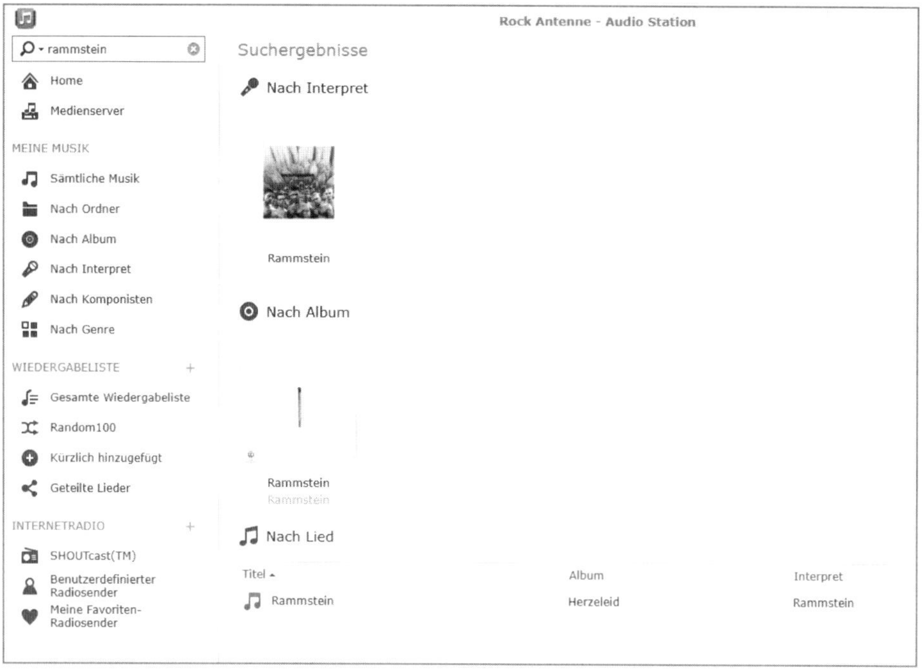

Abb. 14.9: Die Suche in der Musikbibliothek

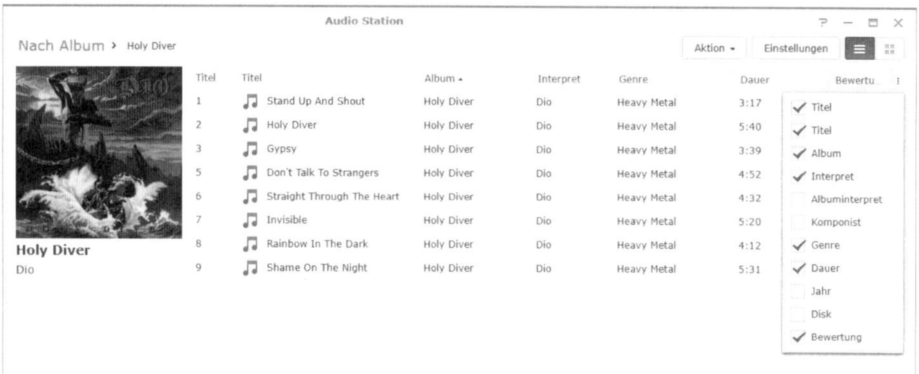

Abb. 14.10: Spalten anordnen, sortieren, ein- und ausblenden

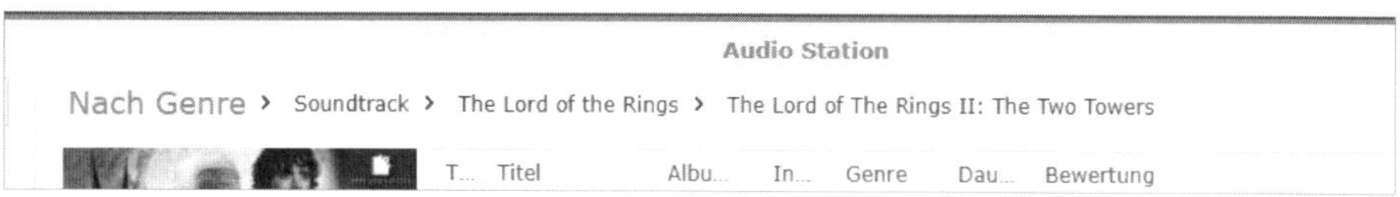

Abb. 14.11: Der Pfad zur aktuellen Auswahl

14.2.3 Musik wiedergeben und steuern

Die Wiedergabe können Sie auf unterschiedliche Weise starten:

- Mit einem Doppelklick auf ein Lied
- Markieren Sie ein Element (egal ob Lied, Album, Interpret ...) und klicken Sie auf AKTION|WIEDERGABE. Es werden alle Lieder innerhalb des ausgewählten Elements wiedergegeben.
- Ein Rechtsklick auf ein Element öffnet das Kontextmenü. Auch dort können Sie WIEDERGABE auswählen.

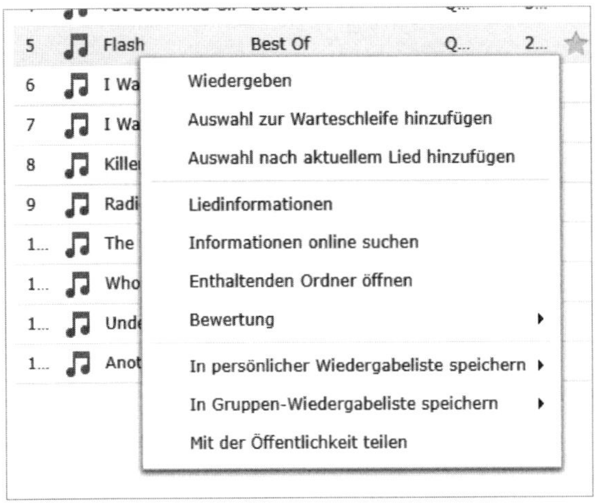

Abb. 14.12: Das Kontextmenü eines Liedes

Am unteren Rand der Audio Station finden Sie die üblichen Steuerelemente (Abbildung 14.13) zum Pausieren/Fortsetzen und Stoppen der Wiedergabe sowie zum Vor- und Zurückschalten in der Wiedergabeliste ❶. Daneben sehen Sie eine Miniatur des Albumcovers (sofern hinterlegt) sowie Details zu Lied und Abspielzeit ❷. Über das Symbol ❸ lässt sich die aktuelle Wiedergabewarteschlange anzeigen. Daneben finden Sie das Symbol ❹ für die Anzeige des Liedtextes und daneben die Symbole für die Lautstärkeregelung, Wiederholungsoptionen und die Shuffle-Funktion ❺. Sie können über das Symbol die Audio Station in die Mini-Player-Ansicht umschalten ❻, um so ungestört in DSM zu arbeiten und trotzdem einfach die Wiedergabe zu steuern.

Abb. 14.13: Steuerelemente der Audio Station

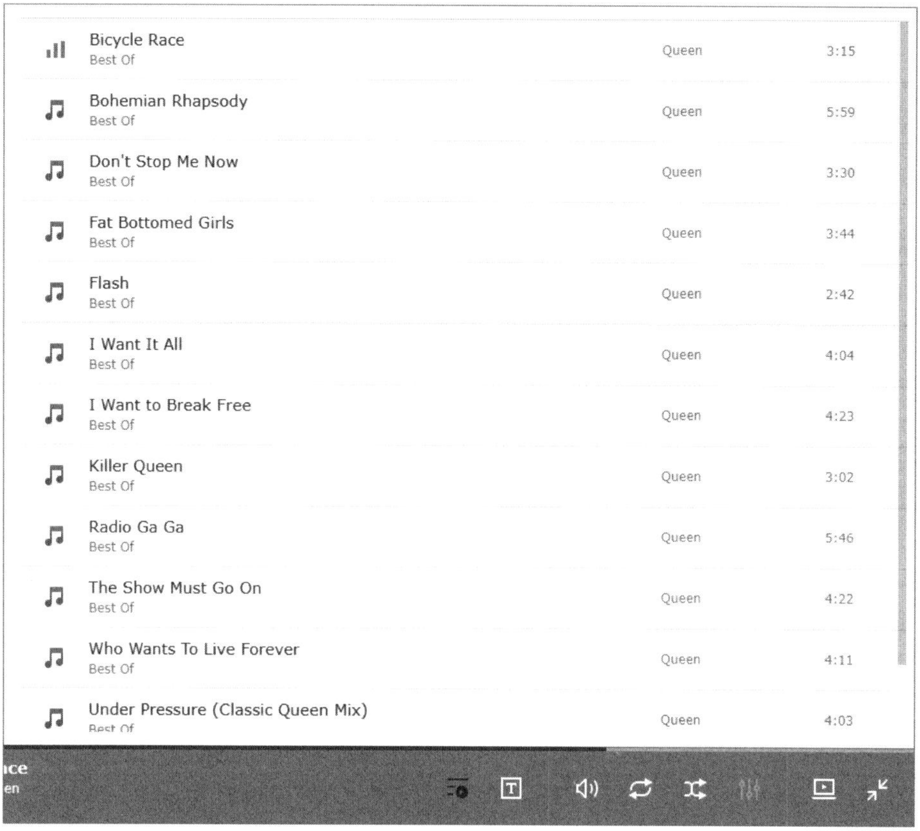

Abb. 14.14: Anzeige der aktuellen Warteschlange

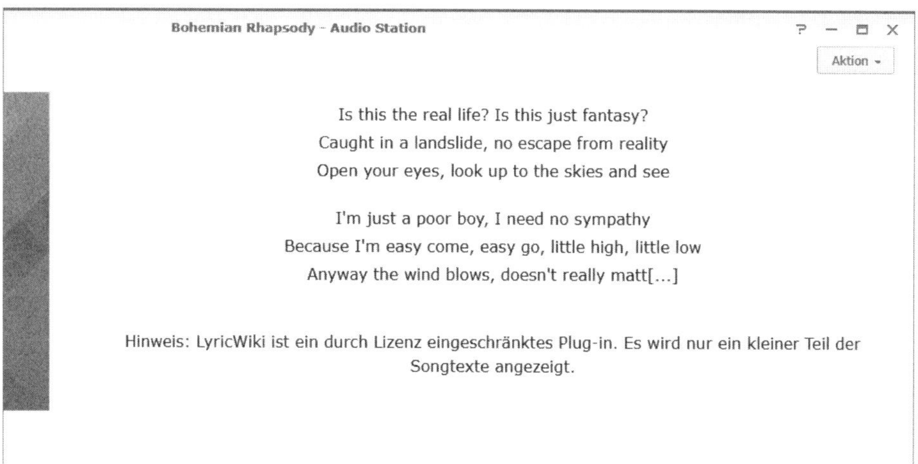

Abb. 14.15: Anzeige des Liedtextes via Text-Plugin

Abb. 14.16: Die Audio Station in der Mini-Player-Ansicht

Warteschlange

Starten Sie die Wiedergabe, wird basierend auf Ihrer Auswahl eine Warteschlange erstellt. So werden z.B. alle nachfolgenden Lieder eines Albums wiedergegeben. Sie können die Warteschlange aber beeinflussen, ohne die aktuelle Wiedergabe zu unterbrechen: Sie erstellen eine temporäre Wiedergabeliste.

Öffnen Sie dazu das Kontextmenü eines Liedes, Albums, Interpreten etc. Hier haben Sie die Auswahl, ob Sie das Element ans Ende der Warteschlange oder direkt nach dem aktuellen Lied hinzufügen wollen. (An dieser Stelle trifft uns wieder die inkonsistente deutsche Übersetzung, Warteschlange heißt hier Warteschleife.)

14.2.4 Liedinformationen

In den Liedinformationen, auch Metadaten genannt, finden sich alle Angaben zu einem Musikstück. Enthalten sind Titel, Album, Interpret, Dauer und viele weitere Informationen. Diese helfen, die Musiksammlung richtig darzustellen und zu durchsuchen. Sind die Metadaten falsch oder gar nicht hinterlegt, erscheint das Lied nicht, wenn Sie nach Album, Interpret oder sonstigen Informationen filtern.

Abb. 14.17: Die Liedinformationen zusammengefasst

Um die Liedinformationen anzuzeigen, öffnen Sie das Kontextmenü auf einem Lied und wählen Liedinformationen. Sie sehen eine Zusammenfassung aller Informationen. Um diese zu bearbeiten, wählen Sie den Reiter Allgemein. Dort können Sie die Angaben ergänzen, löschen oder ändern. Unter Text können Sie den Liedtext einfügen, das sollte mit dem richtigen Textplugin nicht notwendig sein – es sei denn, es handelt sich um ein Stück, das nicht in der Datenbank, die das Plugin nutzt, erfasst ist. Unter Cover können Sie das Albumcover bearbeiten, Sie können eine URL zu einem Bild einfügen oder das Bild aus den gemeinsamen Ordnern des NAS auswählen.

Mit den Pfeil-Buttons können Sie zwischen den einzelnen Liedern hin und her schalten.

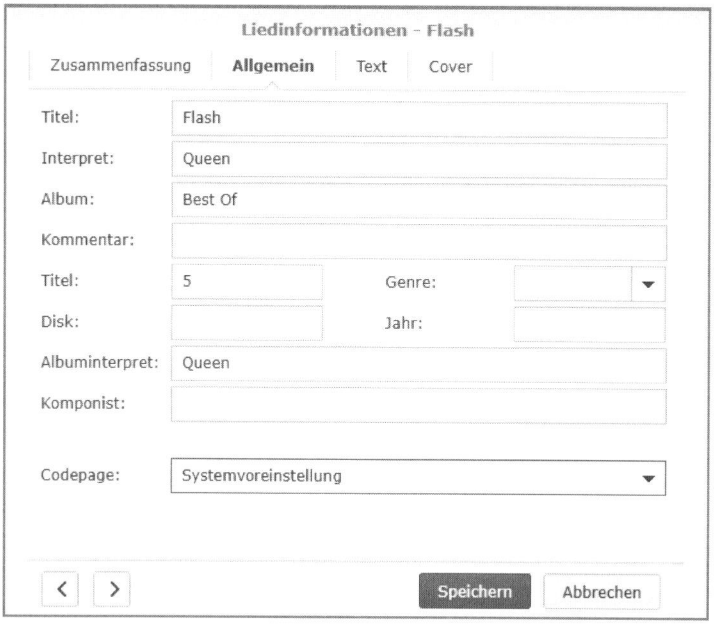

Abb. 14.18: Die Informationen bearbeiten

Sie können auch mehrere Lieder (z.B. ein ganzes Album) bearbeiten. Markieren Sie dazu alle Lieder, die Sie bearbeiten möchten, und wählen Sie dann Liedinformationen aus dem Internet.

Hinweis

Ändern Sie nur Angaben, die für alle Lieder gelten, wie etwa Album, Interpret, Genre und so weiter. Angaben wie Titel und Tracknummer (hier ebenfalls Titel genannt) werden als [Mehrfacheinträge...] angezeigt. Diese müssen Sie einzeln bearbeiten, wenn Sie nicht wollen, dass alle ausgewählten Lieder dieselbe Information erhalten.

Sie können die Informationen aus dem Internet abrufen. Auch das funktioniert mit einzelnen Liedern oder mit einer Mehrfachauswahl. Achten Sie dabei aber darauf, nur Lieder eines Albums auszuwählen. Sind mehrere Alben ausgewählt, können nicht alle Lieder verarbeitet werden.

Öffnen Sie das Kontextmenü und wählen Sie INFORMATIONEN ONLINE SUCHEN. Sie können Album und/oder Interpret als Suchkriterium angeben.

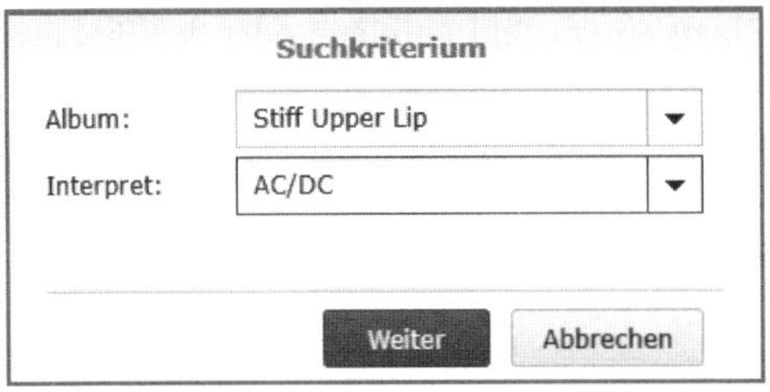

Abb. 14.19: Online nach Album und Interpret suchen

Nach einer kurzen Wartezeit wird Ihnen das Ergebnis angezeigt. Gibt es mehrere Treffer (bei Remaster, Neuauflagen oder verschiedenen Versionen eines Albums), können Sie über das Dropdown die richtige Version auswählen. Sie können die Informationen auch noch einmal nachbearbeiten. Sind Sie zufrieden, klicken Sie auf AKTUALISIEREN.

Abb. 14.20: Die gefundenen Informationen

Tipp

Sollten Sie mehrere Lieder/Alben bearbeiten wollen, mit den Informationen aus dem Internet aber nicht zufrieden sein bzw. nicht die richtigen finden, nutzen Sie Programme wie *Mp3tag*. Damit lässt sich Ihre Musiksammlung ordnerweise auf Ihrem Rechner bearbeiten. Greifen Sie dabei auf die Audiodaten über ein Netzlaufwerk zu (siehe Kapitel 6 »Dateidienste – vom Computer auf den NAS-Speicher zugreifen«).

14.2.5 Wiedergabelisten

Die Audio Station unterstützt Wiedergabelisten mit den Formaten m3u, pls und wpl. Diese finden Sie im Navigationsbereich unter WIEDERGABELISTE|GESAMTE WIEDERGABELISTE. Einige vordefinierte Listen finden Sie auch bereits in der Audio Station (in der Navigationsleiste unter WIEDERGABELISTE).

Abb. 14.21: Verschiedene Listen im Navigationsbereich

Sie können aber auch Wiedergabelisten direkt in der Audio Station anlegen. Dabei gibt es drei Arten von Wiedergabelisten:

- Persönliche Wiedergabelisten – Diese werden nur vom Benutzer gesehen, der sie erstellt hat.
- Gruppenwiedergabelisten – Diese werden von allen Benutzern mit Berechtigung für die Audio Station gesehen.
- Smart Wiedergabelisten – Wie bei den Smart-Alben der Photo Station werden diese Listen anhand von Filterregeln erstellt. Diese können als persönliche Liste oder Gruppenliste erstellt werden.

Für Gruppenwiedergabelisten (normale Liste oder Smart-Liste) ist die Berechtigung *Wiedergabeliste verwalten* notwendig.

Wiedergabeliste erstellen

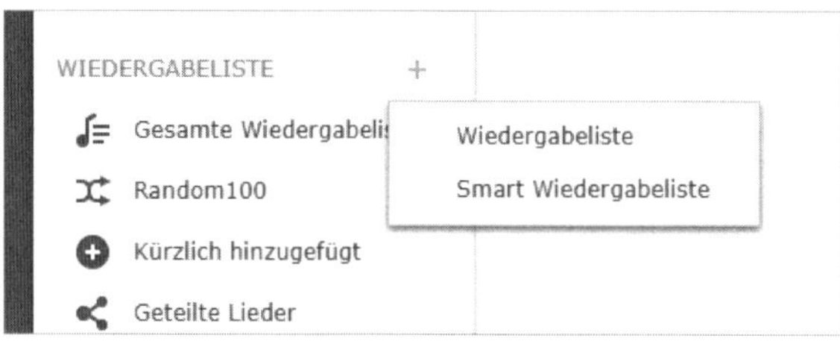

Abb. 14.22: Eine neue Wiedergabeliste erstellen

1. Klicken Sie im Navigationsbereich auf das Plus-Icon im Bereich WIEDERGABELISTE.
2. Wählen Sie, welche Art Liste Sie erstellen wollen.
3. Vergeben Sie einen Namen für die Liste und, falls Sie eine Smart-Liste erstellen, legen Sie die Filterregeln fest.

4. Bestätigen Sie mit OK. Die Liste finden Sie jetzt unter WIEDERGABELISTE|GESAMTE WIEDERGABELISTE.

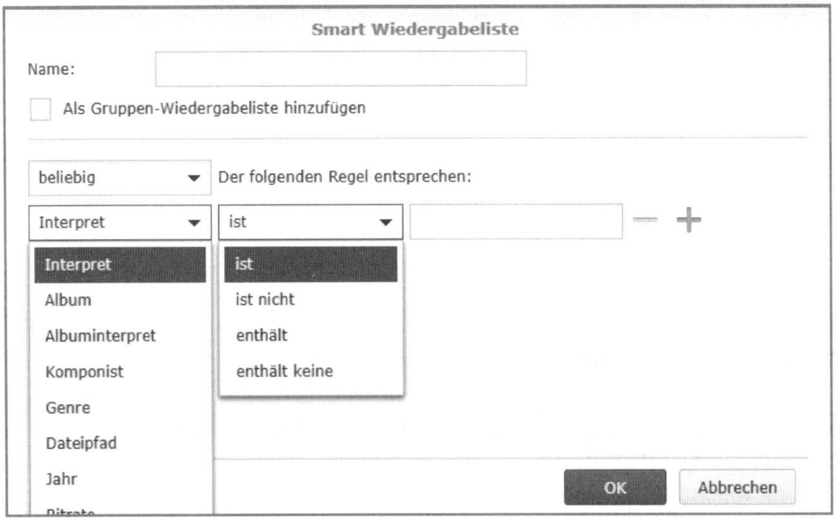

Abb. 14.23: Filter der Smart Wiedergabeliste

Lieder zur Wiedergabeliste hinzufügen

Hinzufügen können Sie alle Elemente außer Ordner. Öffnen Sie dazu das Kontextmenü (oder AKTION) und wählen Sie IN PERSÖNLICHER WIEDERGABELISTE SPEICHERN/IN GRUPPEN-WIEDERGABELISTE SPEICHERN und wählen Sie die gewünschte Liste.

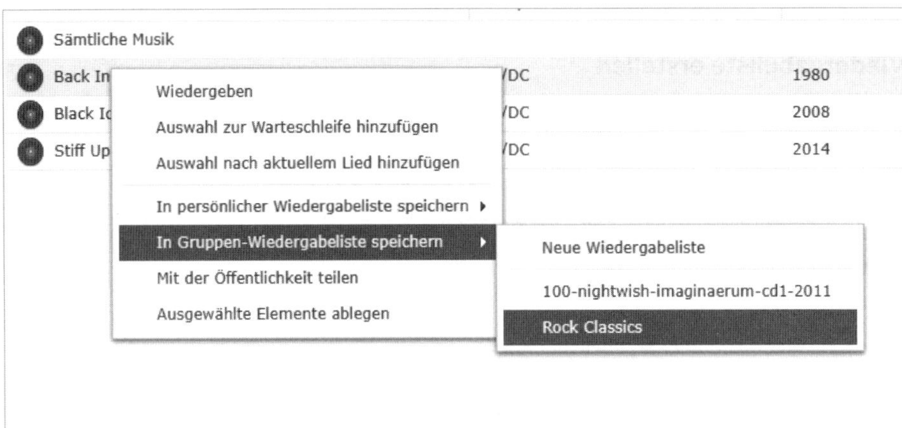

Abb. 14.24: Lieder zu einer Wiedergabeliste hinzufügen

Über diesen Weg können Sie auch gleich eine neue Liste anlegen.

Wiedergabelisten bearbeiten

- Zum Umbenennen einer Wiedergabeliste klicken Sie mit der rechten Maustaste auf die Liste und wählen UMBENENNEN.
- Zum Entfernen einer Wiedergabeliste klicken Sie mit der rechten Maustaste darauf und wählen ENTFERNEN.
- Zum Ändern der Reihenfolge der Lieder können Sie die Einträge AUF und AB im Kontextmenü verwenden oder die Lieder einfach durch Ziehen mit der Maus anordnen. Das geht auch mit einer Mehrfachauswahl.
- Zum Entfernen von Liedern aus der Wiedergabeliste wählen Sie ein oder mehrere Lieder aus und klicken auf den Kontextmenüeintrag ENTFERNEN.
- Werden Lieder aus der Musiksammlung entfernt oder können sie nicht auf der Festplatte gefunden werden, werden diese in Wiedergabelisten mit einem »X« markiert. Über das Kontextmenü und den Eintrag FEHLENDE LIEDER LÖSCHEN können Sie die Wiedergabeliste bereinigen.
- Sie können persönliche Wiedergabelisten in Gruppen-Wiedergabelisten und umgekehrt umwanden. Dabei wird die Liste kopiert, das Original bleibt erhalten. Klicken Sie mit der rechten Maustaste auf die Wiedergabeliste und wählen Sie ZUR PERSÖNLICHEN WIEDERGABELISTE KOPIEREN oder ZUR GRUPPEN-WIEDERGABELISTE KOPIEREN.
- Sie können die Filterregeln einer Smart-Liste bearbeiten, indem Sie mit der rechten Maustaste auf die Wiedergabeliste klicken und BEARBEITEN wählen.

14.2.6 Lieder teilen

Lieder können nur mit der Öffentlichkeit geteilt werden. Ein Teilen von Liedern aus der persönlichen Audio Station mit anderen DSM-Benutzern ist so direkt nicht möglich. Musik, auf die alle berechtigten DSM-Benutzer zugreifen sollen, muss im gemeinsamen Ordner `/music` gespeichert werden.

Um einen Freigabelink für einzelne Lieder zu erhalten, klicken Sie mit der rechten Maustaste auf das gewünschte Lied und wählen im Kontextmenü MIT DER ÖFFENTLICHKEIT TEILEN. Im folgenden Popup aktivieren Sie die Option, dann können Sie den Link kopieren und verteilen.

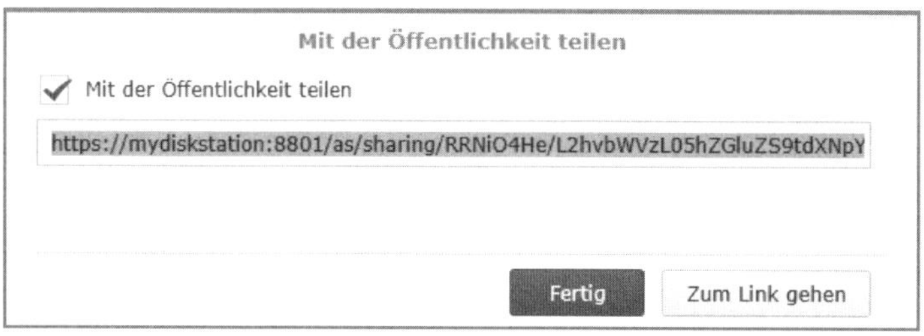

Abb. 14.25: Ein Lied per Link mit der Öffentlichkeit teilen

Sie können auch mehrere Lieder auf einmal teilen sowie Alben, Interpreten oder andere Elemente, die Sie in der Audio Station auswählen können. Dabei wird eine Wiedergabeliste erstellt, der Sie einen Namen und optional ein Ablaufdatum geben können. Danach erhalten Sie ebenfalls einen Freigabelink.

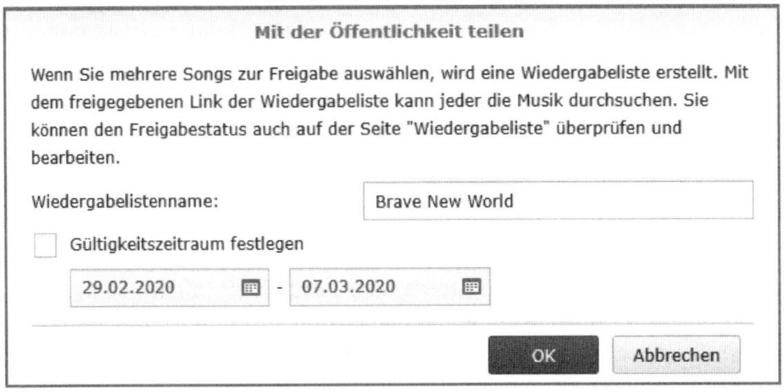

Abb. 14.26: Mehrere Lieder per Wiedergabeliste teilen

Sie können sich alle geteilten Lieder anzeigen lassen, indem Sie im Navigationsbereich unter Wiedergabeliste auf GETEILTE LIEDER klicken. Das Kontextmenü bietet hier die Option, den Freigabelink erneut anzeigen zu lassen (LIED-AUSTAUSCH-LINK ABRUFEN) oder die Freigabe aufzuheben (TEILEN BEENDEN).

Um geteilte Wiedergabelisten anzuzeigen, gehen Sie auf GESAMTE WIEDERGABELISTE. Geteilte Wiedergabelisten sind mit dem Teilen-Icon gekennzeichnet. Auch hier haben Sie wieder die Möglichkeit, den Freigabelink erneut anzuzeigen (MIT DER ÖFFENTLICHKEIT TEILEN) sowie die Freigabe zu löschen, auch wenn Ersteres anders heißt und Letzteres anders funktioniert.

Um die Freigabe zu entfernen, können Sie die Wiedergabeliste löschen (sofern sie im Rahmen der Freigabe erstellt wurde und nicht mehr gebraucht wird) oder Sie gehen im Kontextmenü auf MIT DER ÖFFENTLICHKEIT TEILEN und deaktivieren die Option. Das Teilen-Icon verschwindet und die Liste bleibt bestehen.

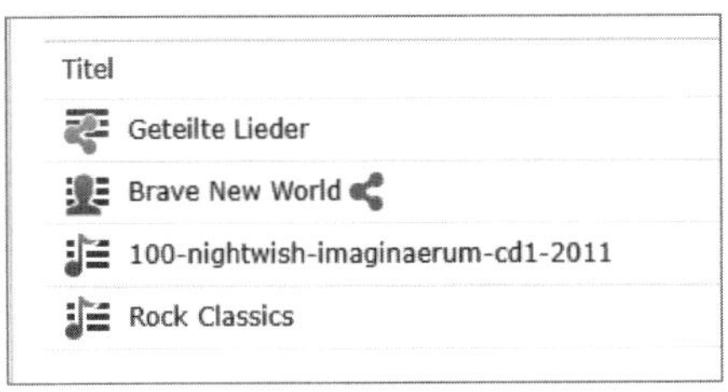

Abb. 14.27: Geteilte Wiedergabelisten sind mit dem TEILEN-Symbol gekennzeichnet.

14.2.7 Internetradio

Die Audio Station bietet auch die Möglichkeit, Musik über Internetradio zu hören. Dabei steht Ihnen über *SHOUTcast* bereits eine große Auswahl an Internetradiosendern zur Verfügung.

Wählen Sie dazu im Navigationsbereich unter INTERNET RADIO den Eintrag SHOUTCAST™. Sie erhalten eine Themenübersicht in Form einer Ordnerliste. In den Ordnern findet sich eine Liste an Radiosendern. Um die Wiedergabe des Radiosenders zu starten, doppelklicken Sie einfach den Eintrag an. Die Wiedergabe startet, in der Steuerleiste der Audio Station sehen Sie den aktuellen Sender sowie das aktuell gespielte Lied. Sie können Radiosender auch zu Ihren Favoriten hinzufügen. Im Kontextmenü bzw. unter AKTION finden Sie den Eintrag ZU FAVORITEN HINZUFÜGEN.

Abb. 14.28: SHOUTcast bietet umfangreiche Listen und Internetradiosender.

Natürlich können Sie auch weitere Internetradiosender hinzufügen.

1. Klicken Sie dazu auf das Plus-Icon neben INTERNET RADIO.
2. Wählen Sie, ob Sie den Sender zu BENUTZERDEFINIERTER RADIOSENDER (sichtbar für alle Benutzer) oder MEINE FAVORITEN-RADIOSENDER (sichtbar für den aktuellen Benutzer) hinzufügen möchten.
3. Vergeben Sie einen Namen und, wenn Sie möchten, eine Beschreibung und fügen Sie die URL des gewünschten Radiosenders ein.

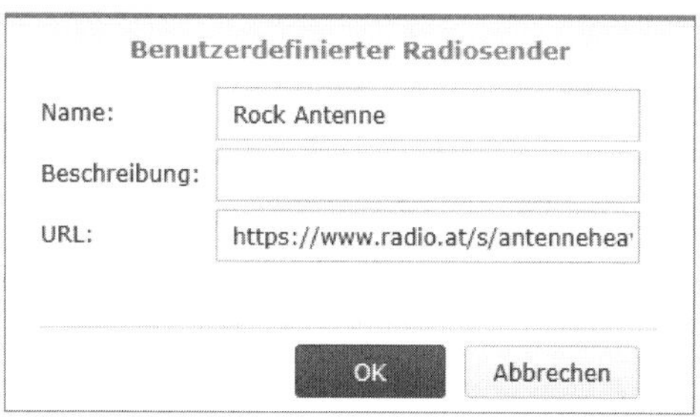

Abb. 14.29: Einen neuen Sender hinzufügen

Hinweis

Sie benötigen die Streaming-URL des Senders und nicht die URL des Webauftritts des Senders.

4. Bestätigen Sie mit OK.

Der Sender steht jetzt im zuvor gewählten Bereich zur Verfügung.

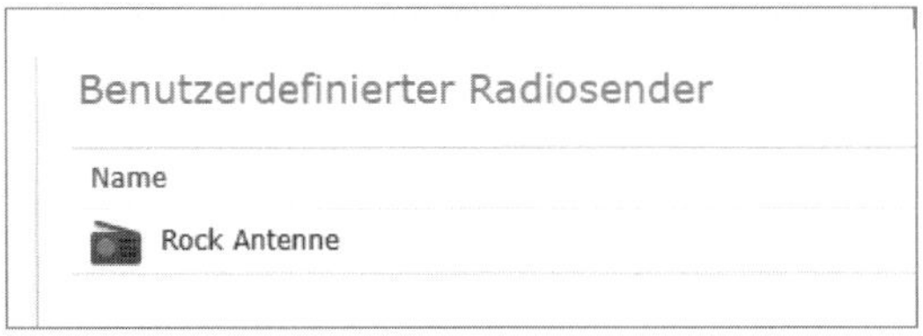

Abb. 14.30: Ihre selbst hinzugefügten Radiosender

14.3 Alternative Wiedergabemöglichkeiten

Die Audio Station ist aber noch mehr als ein Audio-Player im Browser.

14.3.1 DLNA

Die Audio Station ist sowohl DLNA-Client als auch DLNA-Server. Das bedeutet, Sie können Musik von einem anderen DLNA-Server wiedergeben oder auf einem anderen DLNA-Client Musik von der Audio Station wiedergeben.

Die Audio Station als DLNA-Server

Damit Sie auf dem NAS gespeicherte Musik über DLNA abspielen können, reicht der Medienserver (siehe Kapitel 12 »Zugriff auf Multimedia-Dateien mit dem NAS als DLNA-Server«). Wollen Sie eine andere Audio Station als Client nutzen, benötigen Sie auch auf dem Server die Audio Station. In der Geräteliste (MEDIENSERVER|DMA-KOMPATIBILITÄT) des Server-NAS können Sie dann dem Client-NAS das Profil SYNOLOGY AUDIO STATION zuweisen. Mehr Einstellungen sind am Server-NAS nicht notwendig.

Die Audio Station als DLNA-Client

Im Navigationsbereich finden Sie den Eintrag MEDIENSERVER. Dort werden alle aktiven DLNA-Server angezeigt (auch das NAS selbst). Sie können den DLNA-Server durchsuchen. Die Ansicht bzw. die Auswahlmöglichkeiten hängen von der Art des Servers und den DLNA-Profileinstellungen des Servers ab. Handelt es sich beim Server um eine Audio Station und wurde am Server-NAS auch SYNOLOGY AUDIO STATION als Profil hinterlegt, haben Sie in der Ordnerliste eine Auswahl, die dem Navigationsbereich der Audio Station entspricht, und Sie können auf die Musiksammlung mit denselben Filtern und Sortierungen zugreifen.

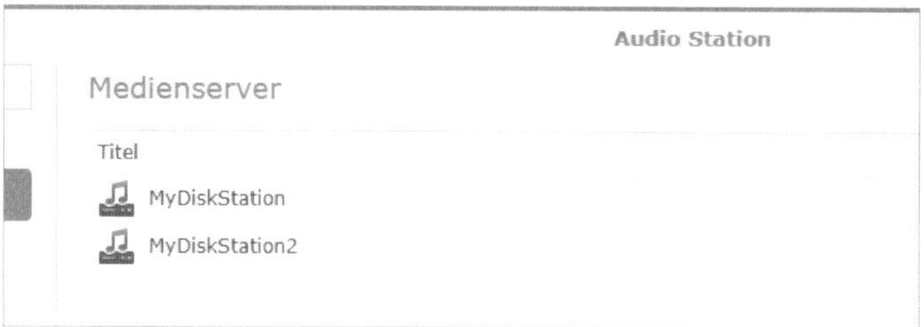

Abb. 14.31: Anzeige der DLNA-Server, das NAS selbst erscheint auch in der Liste.

14.3.2 DS-audio-App

Die App ist für iOS, Android, Amazon Fire TV (Stick) und viele andere Plattformen verfügbar. Installieren Sie die App und melden Sie sich an. Die Adresse Ihres NAS hängt davon ab, wie Sie den Zugriff konfiguriert haben.

- Keine Konfiguration – lokale NAS-IP und Port der Audio Station (z.B. 10.0.0.10:5000), Zugriff nur im LAN möglich
- QuickConnect – QuickConnect-ID, Zugriff von überall
- Alias – Aufruf: *<NAS-Name>/<alias>*, Zugriff nur lokal möglich
- Eigene Domain: *eigene-Domain.com*:5000, Zugriff auch aus dem Internet, sofern der Port vom Router weitergeleitet wird

Hinweis

Haben Sie, wie empfohlen, einen benutzerdefinierten Port festgelegt, müssen Sie natürlich diesen angeben.

Unter BIBLIOTHEK finden Sie Ihre Musiksammlung mit den gewohnten Ansichten. Ihre Wiedergabelisten finden Sie unter LISTEN. Auch das Internetradio können Sie über *DS audio* nutzen.

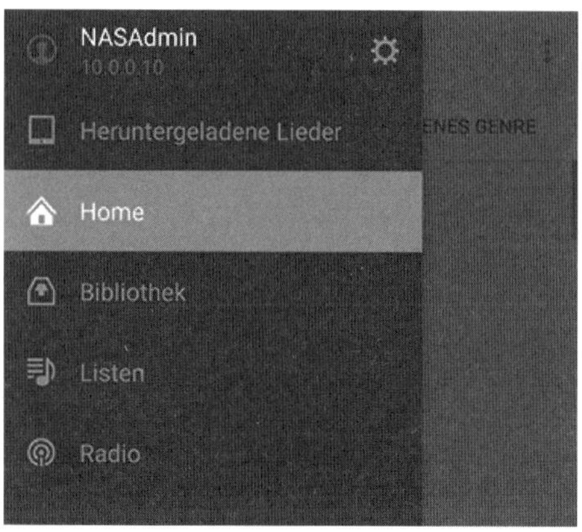

Abb. 14.32: Das Menü der DS-audio-App

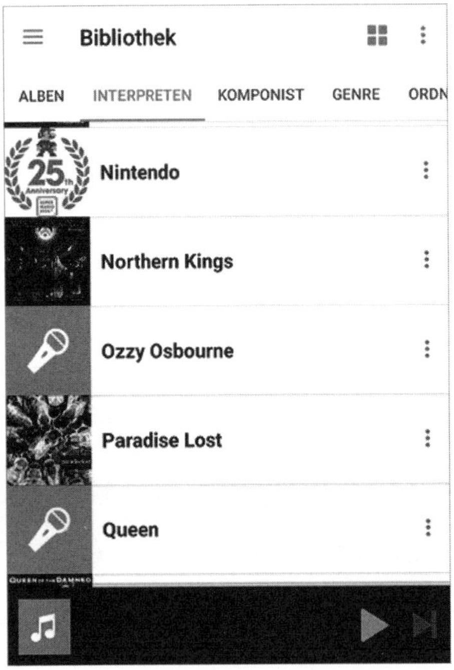

Abb. 14.33: Die Musikbibliothek in der App

Auf dem Smartphone können Sie die App, wie die meisten Musik-Apps, auch vom Infobereich und dem Sperrbildschirm aus steuern.

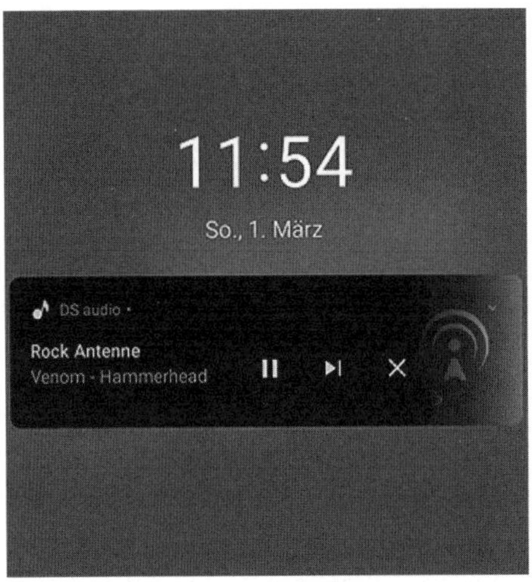

Abb. 14.34: Steuern Sie die Wiedergabe über den Sperrbildschirm.

Für den Fall, dass Sie keine Internetverbindung haben (z.B. auf einem Flug), können Sie Lieder auch auf Ihr mobiles Gerät herunterladen. Dazu muss in der Audio Station unter EINSTELLUNGEN|> ERWEITERT der Musik-Download aktiviert sein.

Für den Download öffnen Sie in der App das Dreipunktemenü neben dem Lied oder dem Album und wählen HERUNTERLADEN. Den Dateispeicherort können Sie in den App-Einstellungen unter HERUNTERGELADENE LIEDER|DOWNLOADPFAD festlegen. Dort sehen Sie auch unter AUTOMATISCH bzw. MANUELL, wie viele Lieder heruntergeladen wurden und wie viel Speicherplatz diese lokal verbrauchen. Tippen Sie auf den Eintrag, können Sie mit HERUNTERGELADENE LIEDER ENTFERNEN diese auch wieder löschen.

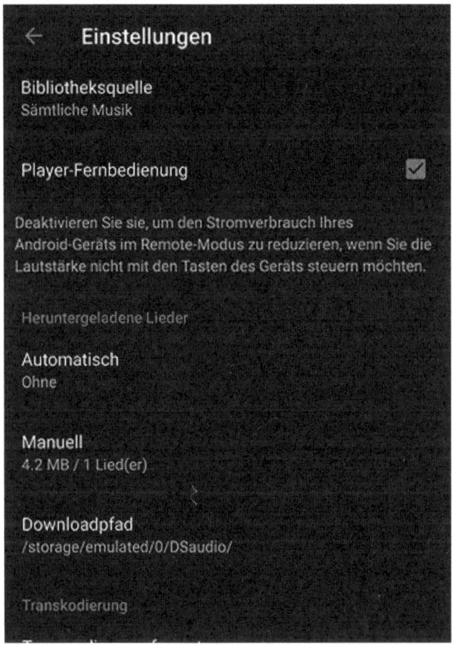

Abb. 14.35: Einstellungen zu den Liederdownloads

Kapitel 15

Filme mit der Video Station streamen

Kommen wir zum letzten der Medienpakete, der *Video Station*. Während die Einrichtung wieder denkbar einfach funktioniert, können sich bei der Nutzung selbst einige Probleme ergeben.

Das Medium Film ist eines der komplexesten unter den Medienformaten. Während die Vielzahl der unterschiedlichen Dateiformate schon Probleme bereiten kann, sind aber meist die eingesetzten Codecs die wahren Problemkinder. Ohne spezielle Software ist in der Regel auch nicht ersichtlich, welcher Codec bei welcher Datei benutzt wurde. Wie schon zu Beginn des Buches erwähnt, unterstützen verschiedene Wiedergabegeräte nur verschiedene Dateiformate und Codecs. Die Synology-NAS-Geräte sind zwar rein technisch in der Lage, die meisten davon zu transcodieren, in der Praxis sind sie aber zu schwach, um eine flüssige Wiedergabe zu ermöglichen (bis auf wenige Geräte im oberen Leistungsbereich). Während Sie mit selbst gemachtem Videomaterial selten Probleme haben, werden einige Formate digitaler Kinofilme und Serien trotz ihrer weiten Verbreitung nicht unterstützt. Eine Universallösung gibt es hier leider keine, zumindest keine bequeme. Ich werde aber am Ende des Kapitels einige häufig auftretende Probleme vorstellen und Ihnen mögliche Lösungen aufzeigen.

15.1 Video Station installieren und einrichten

Sie finden die Video Station, wie auch die bisherigen Multimediapakete, im Paket-Zentrum. Den Installationsvorgang kennen Sie bereits. Die Einstellungen nach der Installation fallen wieder etwas umfangreicher aus. Bei der Installation wird der gemeinsame Ordner `/video` angelegt, sofern er noch nicht existiert.

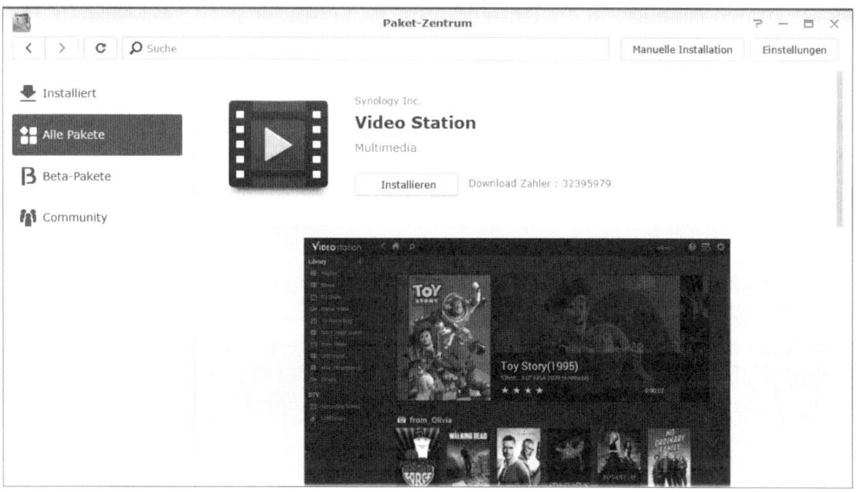

Abb. 15.1: Die Video Station im Paket-Zentrum

15.1.1 Einstellungen im Anwendungsportal

Die Video Station benötigt eine ganze Menge an unterschiedlichen Ports, daher sollten Sie gerade in Hinblick auf die Firewall sorgsam vorgehen. Da auch die grafische Oberfläche der Video Station die DSM-Ports 5000 und 5001 nutzt, macht es Sinn, diese zuerst zu ändern. Wie auch bei der Audio Station können Sie diese Änderung unter SYSTEMSTEUERUNG| ANWENDUNGSPORTAL vornehmen. Sie können lediglich die Ports ändern oder aber auch wieder einen Alias oder eine benutzerdefinierte Domain einstellen (siehe Abschnitt 11.1 »Das Anwendungsportal«).

Hinweis

Bei Alias oder eigener Domain können Sie den Zugriff auf die grafische Oberfläche nicht über die Firewall regeln, sondern müssen die Zugriffskontrolle aktivieren und ein Profil erstellen bzw. zuweisen (siehe Abschnitt 11.1.4 »Zugangskontrolle«).

15.1.2 Berechtigungen

Die Berechtigungen für den gemeinsamen Ordner `/video` können Sie wie gewohnt unter SYSTEMSTEUERUNG|GEMEINSAMER ORDNER|VIDEO|BEARBEITEN|BERECHTIGUNGEN einstellen (siehe Abschnitt 5.2.2 »Gemeinsame Ordner erstellen«).

Die Zugriffsrechte der DSM-Benutzer können Sie unter SYSTEMSTEUERUNG|BERECHTIGUNGEN|VIDEO STATION|BEARBEITEN bzw. über SYSTEMSTEUERUNG|BENUTZER/GRUPPEN festlegen (siehe Kapitel 4 »Die Benutzerverwaltung«).

15.1.3 Firewall

Wie schon erwähnt, nutzt die Video Station gleich mehrere Ports. Nicht alle dienen zum Aufruf der Video Station; je nachdem über welches Protokoll auf die eigentlichen Filmdateien zugegriffen wird, werden andere Ports benötigt.

- Verwaltungsprogrammoberfläche ... Video Station ... – 5000 – DSM (http) oder besser noch – 5001 – DSM (https)

  Haben Sie, wie empfohlen, eigene Ports festgelegt, werden natürlich diese statt den oben genannten benötigt. In der Anwendungsliste finden Sie dazu zwei separate Einträge mit Namen VIDEO STATION.
- Video Station – 9025–9040 – Video Station
- Video Station – 5002, 5004, 65001 – HDHomeRun (sofern Sie diesen Service nutzen)
- DLNA/UPnP Medienserver – 1900 – UDP-Port

  Was es damit auf sich hat, sehen Sie in Abschnitt »Stream an DLNA-Client senden«, Seite 397.

Hinweis

Ein Alias oder eine benutzerdefinierte Domain erfordert ein Profil für die Zugriffskontrolle – das gilt aber nur für die grafische Oberfläche (Ports 5000/5001 bzw. die benutzerdefinierten Ports). Die anderen Ports müssen Sie unabhängig davon über die Firewall regeln.

15.2 Videos mit der Video Station verwalten

15.2.1 Videos hinzufügen

Das Hinzufügen von Filmen geht wieder denkbar einfach: Ihnen stehen alle Möglichkeiten offen, die Sie aus den bisherigen Kapiteln kennen. Hauptsache, die Filme liegen in einem gemeinsamen Ordner auf Ihrem NAS. Sie haben richtig gelesen. Dieses Mal sind Sie nicht an den gemeinsamen Ordner der Anwendung (`/video`) gebunden. Natürlich macht es Sinn, diese für Ihre Filmsammlung zu nutzen. Möchten Sie aber auch noch andere Ordner einbinden, weil Sie gewisse Videos (z.B. Handyvideos, mit Filmproduktionssoftware selbst erzeugte Videos) schon anderwärtig verwalten, ist das diesmal kein Problem.

Eigene Ordner für die Nutzung in der Video Station vorbereiten

1. Öffnen Sie SYSTEMSTEUERUNG|INDIZIERUNGSDIENST|INDIZIERTER ORDNER.
2. Klicken Sie auf ERSTELLEN.
3. Wählen Sie einen Ordner aus, Sie sind nicht auf gemeinsame Ordner beschränkt, auch Unterverzeichnisse können ausgewählt werden.
4. Passen Sie bei Bedarf den Namen an.
5. Es reicht, wenn Sie als Dateityp nur VIDEO auswählen.
6. Bestätigen Sie mit einem Klick auf OK.

Jetzt ist die Medienindizierung für den Ordner aktiviert. Werden dort neue Videodateien abgelegt, werden diese indiziert. Wie Sie die Ordner in der VIDEO STATION nutzen, erfahren Sie im nächsten Abschnitt.

15.2.2 Bibliotheken

Die Video Station stellt nicht einfach eine Liste aller Filme bereit oder zeigt Ihnen die Ordnerstruktur auf der Festplatte, wie es bei DLNA der Fall ist. Sie können Ihre Videos in Bibliotheken organisieren. Öffnen Sie die Video Station, ist diese zu Beginn erst einmal leer. Sie sehen auf der linken Seite im Navigationsbereich die Liste Ihrer Bibliotheken, dabei sind schon einige vordefinierte themenbezogene vorhanden. Sie können aber eigene Bibliotheken erstellen und die Vorgaben zwar nicht löschen, aber zumindest ausblenden. Aber der Reihe nach.

Eine neue Bibliothek hinzufügen

1. Klicken Sie auf das Plus-Icon im Navigationsbereich.
2. Vergeben Sie einen Namen.
3. Wählen Sie einen Videotyp. Bibliotheken bieten Ihren Videos nicht nur eine benannte Sammlung, je nach zugewiesenem Videotyp ändert sich auch die Präsentation der Videos (siehe Abschnitt 15.2.3 »Videos in Bibliotheken organisieren«).
4. Legen Sie die Sichtbarkeit der Bibliothek fest.
   a. Öffentlich – von jedem zugänglich, der im Browser die Video Station aufrufen kann, ein Login ist nicht erforderlich.
   b. Privat – Ein DSM-Benutzer ist erforderlich, dieser muss zuallererst überhaupt die Berechtigung haben, sich in die Video Station einzuloggen. Welche Benutzer dann

tatsächlich auf die Bibliothek zugreifen dürfen, können Sie über den Button BERECHTIGUNG ZUWEISEN regeln.

5. Bestätigen Sie mit OK.

Die Bibliothek wird jetzt im Navigationsbereich angezeigt. Videos sehen Sie aber immer noch keine. Dazu müssen Sie den Bibliotheken erst Ordner zuweisen.

Ordner einer Bibliothek zuweisen

Ordner können Sie auf zwei Arten zuweisen, der Vorgang ist aber beide Male derselbe.

1. Öffnen Sie die Einstellungen (das Zahnrad-Icon Abbildung 15.2, ❶). Bewegen Sie die Maus über die gewünschte Bibliothek. Klicken Sie auf das Ordner-Icon, das erscheint. Alternativ können Sie die Maus auch über die Bibliothek im Navigationsbereich bewegen und auf das Plus-Icon klicken, das erscheint. Ersteres ist übersichtlicher, Zweiteres geht schneller.

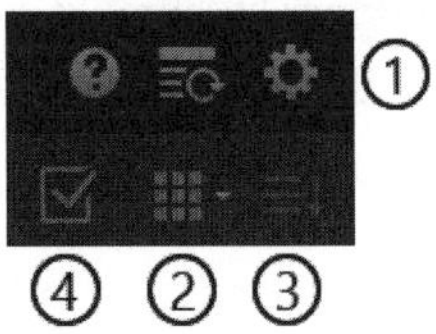

Abb. 15.2: Icons der Video Station

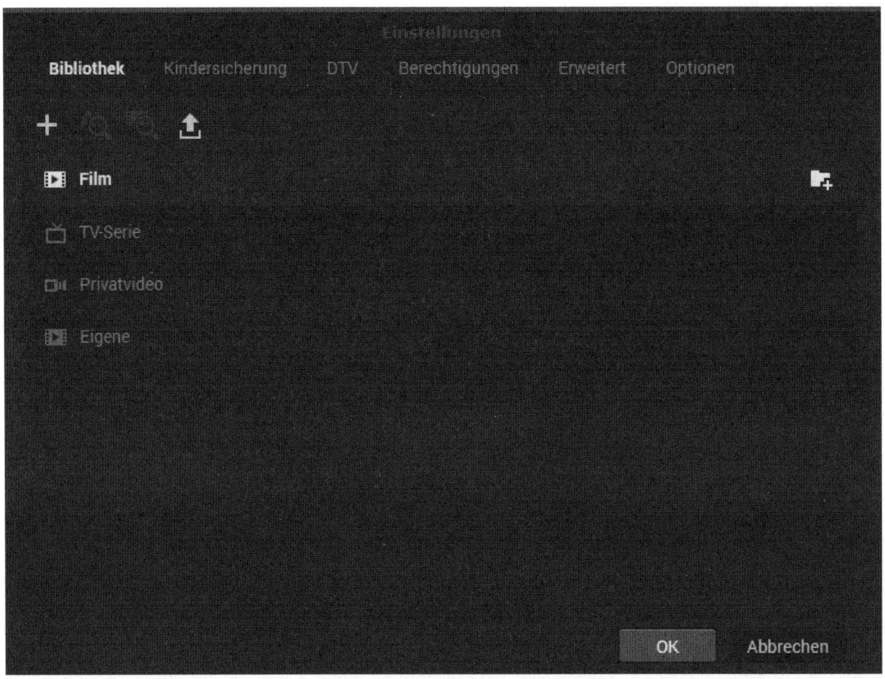

Abb. 15.3: Ordner einer Bibliothek zuweisen in der Bibliotheksverwaltung

2. Wählen Sie den Ordner über den Auswahldialog aus. Sie können gemeinsame Ordner, aber auch Unterverzeichnisse auswählen. Der gewünschte Ordner sollte aber vorher zum Indizierungsdienst hinzugefügt worden sein (siehe oben).
3. Die Video Station versucht, für die enthaltenen Videos Informationen aus dem Internet abzurufen. Das funktioniert natürlich nur, wenn der Film oder die Serie veröffentlicht wurde. Wählen Sie dazu die Sprache, in der Sie die Informationen angezeigt bekommen wollen. Beinhaltet der Ordner Homevideos, Aufnahmen oder anderes Videomaterial, deaktivieren Sie diese Option.
4. Bestätigen Sie mit OK.

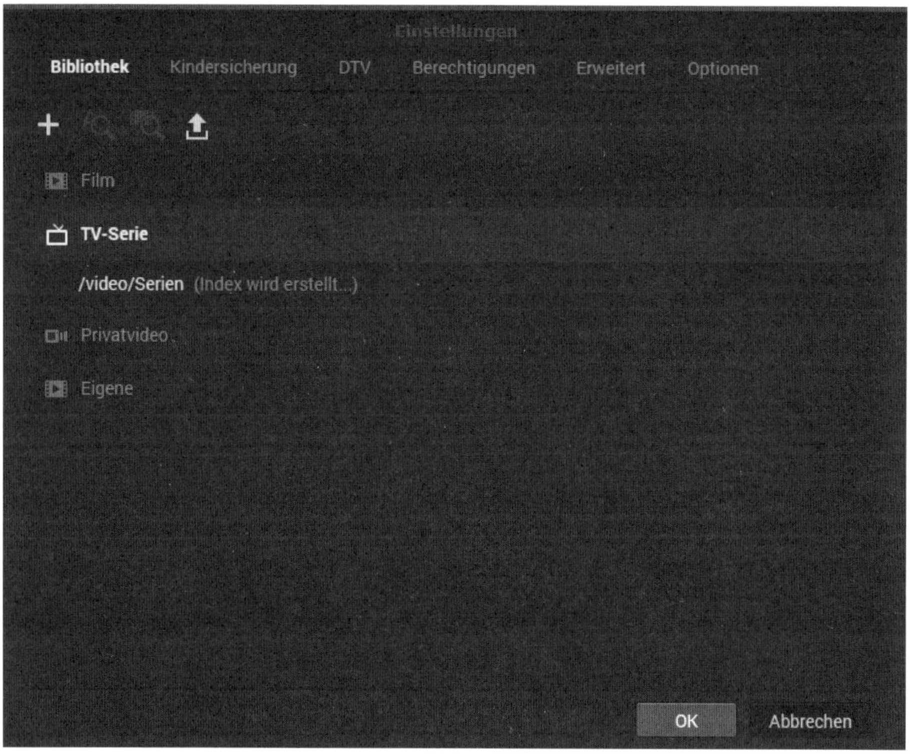

Abb. 15.4: Nach dem Hinzufügen startet die Indizierung.

Der hinzugefügte Ordner wird sofort nach Videodateien durchsucht. Je nach Datenvolumen und NAS-Modell kann der Vorgang einige Zeit in Anspruch nehmen. Haben Sie die Suche nach Video-Infos aktiviert, dauert der Vorgang natürlich länger.

Wiederholen Sie den Vorgang für jeden Ordner, den Sie zur Video Station hinzufügen wollen. Bibliotheken können auch mehrere Ordner zugewiesen bekommen.

Sie können unter EINSTELLUNGEN|BIBLIOTHEK Ordner bearbeiten und auch entfernen:

1. Klicken Sie auf die Bibliothek, der der Ordner zugewiesen ist.
2. Bewegen Sie die Maus über den Ordner.
3. Klicken Sie auf das Bearbeiten (Zettel und Stift) oder Löschen-Icon (Mistkübel).

Bibliotheken ausblenden

Selbst erstellte Bibliotheken können Sie unter EINSTELLUNGEN|BIBLIOTHEK bearbeiten oder löschen. Die vordefinierten Bibliotheken sind unveränderbar. Sie können sie aber ausblenden. Klicken Sie dazu auf die drei Punkte im Navigationsbereich. Entfernen Sie den Haken neben der Bibliothek, die Sie nicht sehen wollen.

15.2.3 Videos in Bibliotheken organisieren

Sie kennen jetzt alle notwendigen Schritte, damit Sie Ihre Videos zur Video Station hinzufügen können. Die Videoverwaltung ist aber sehr umfangreich und bietet auch den ein oder anderen Stolperstein. In diesem Abschnitt werfen wir einen genaueren Blick auf die Filmverwaltung.

Videomaterial auf der Festplatte vorbereiten

Möchten Sie in der Video Station veröffentlichte Filme und Serien verwalten, sollten Sie ein wenig Arbeit in die Videodateien investieren, ehe Sie diese zur Video Station hinzufügen. Wie schon erwähnt, können Sie die Video-Infos automatisch im Netz suchen lassen. Beginnen Sie gerade erst eine Filmsammlung bzw. fügen Sie vereinzelt Filme hinzu, kann man das durchaus per Hand bewältigen. Bei einer größeren Anzahl ist das aber mühsam und man überlässt die Arbeit lieber der Video Station.

Damit das möglichst reibungslos vonstattengeht, müssen Sie aber vorher doch noch selbst Hand anlegen. Die Video Station sucht die Video-Infos anhand des Dateinamens. Ist die Datei also nicht ordentlich benannt, machen Sie es dem NAS unnötig schwer. Besonders problematisch sind Filme, deren Titel ähnlich klingen oder die sogar genau den gleichen Titel haben, durch Zufall, Remakes oder verschiedene Ausgaben (z.B. Zeichentrick und Realverfilmung).

Die Video Station sucht die Video-Infos in einer Online-Datenbank. In diesen Datenbanken sind Filme immer mit dem vollen Titel und dem Erscheinungsjahr in Klammern hinterlegt (z.B. `Ready Player One (2018).mkv`). Benennen Sie Ihre Dateien also genau so, ist die Chance, dass die Video Station den Film richtig erkennt, um ein Vielfaches höher. Sie müssen die Filme dabei nicht in einem separaten Ordner pro Film ablegen.

Für Serien sollten Sie alle Episoden einer Serie in einem Ordner ablegen. Der Ordner trägt wieder den vollständigen Namen der Serie. Die Datei selbst trägt dann ebenfalls den Namen der Serie und ganz wichtig, Staffel- und Episodennummer im Format *.SXX.EXX* (z.B. `Westworld.S01.E02.mkv`). Um mit anderen Mediatheken kompatibel zu sein, können Sie auch das Format *Name SXXEXX* verwenden (z.B. `The Orville S02E03.mkv`).

Bei einer bestehenden Sammlung mit beträchtlichem Umfang kann das Umbenennen einiges an Zeit in Anspruch nehmen. Das mag zwar mühsam erscheinen, ist aber wichtig, da das Nacharbeiten deutlich mehr Zeit kostet.

Wichtig

Von der Video Station lässt sich kein Backup erstellen. Die Video-Infos lassen sich zwar exportieren, aber nicht direkt importieren. Wollen Sie mit Ihrer Filmsammlung auf ein neues NAS umziehen, die Festplatten tauschen oder das NAS neu aufsetzen, muss die Video Station von vorne beginnen. Haben Sie Ihre Dateien nicht ordentlich benannt, müssen Sie Ihre Sammlung erneut per Hand nacharbeiten.

Filme in der Bibliothek anzeigen

Um Filme richtig verwalten zu können, muss in der Bibliothek der Videotyp FILM eingestellt sein (siehe oben).

Öffnen Sie die Film-Bibliothek und Sie sehen im Hauptbereich die hinzugefügten Filme. Sie können die Ansicht anpassen. Links oben können Sie die Sortierung ändern. Die Voreinstellung ist KÜRZLICH HINZUGEFÜGT, dabei sind die neuesten Filme ganz oben. Mit der Einstellung ALLE werden Ihnen die Filme alphabetisch angezeigt.

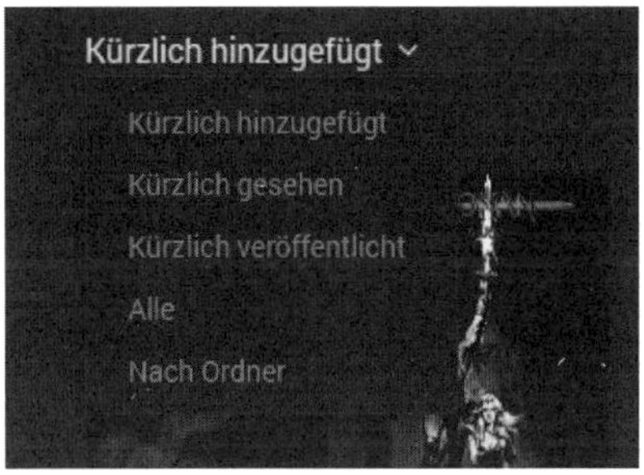

Abb. 15.5: Nutzen Sie die voreingestellten Sortierungen, um Filme schneller zu finden

Auch die Darstellung lässt sich ändern. Über das Raster-Icon (Abbildung 15.2, ❷) können Sie zwischen drei Ansichten wählen. In der Miniaturansicht sehen Sie die Filmcover inklusive Titel und Erscheinungsjahr in einer Rasteransicht (siehe Abbildung 15.6). Bei der Ansicht KACHEL sehen Sie eine Liste der Filme inklusive Cover und Kurzbeschreibung (siehe Abbildung 15.7) und bei LISTE fehlen dann Cover und Kurzbeschreibung und Sie sehen die Filme in einer noch kompakteren Übersicht.

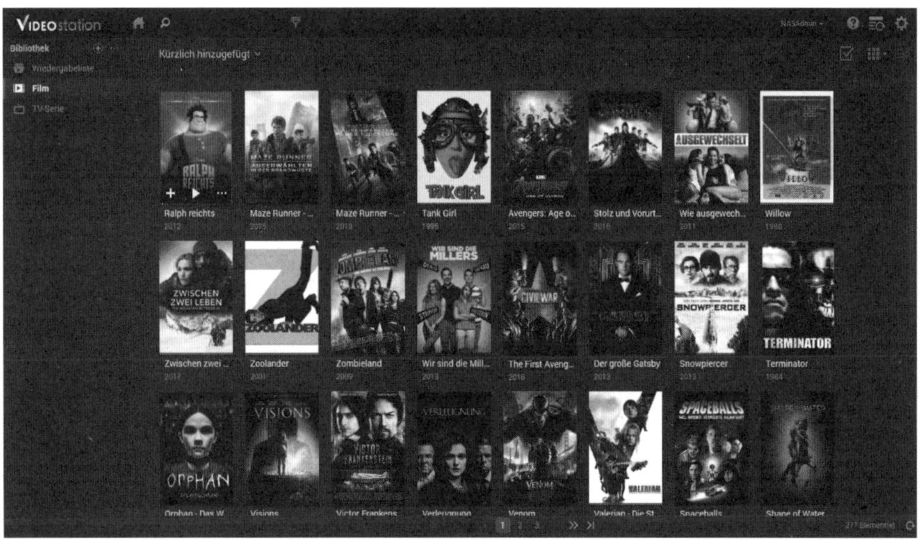

Abb. 15.6: Die Bibliothek in der Miniaturansicht

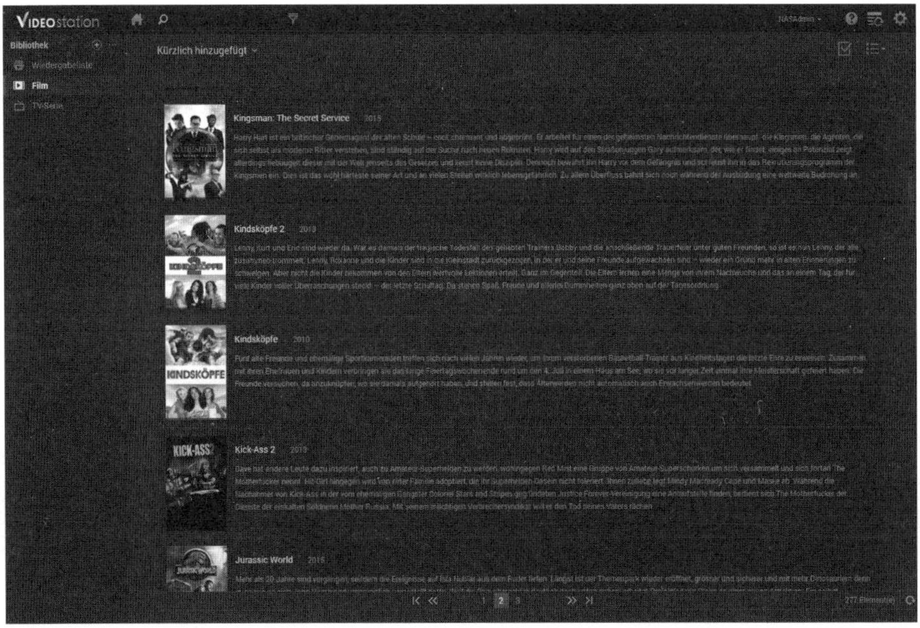

Abb. 15.7: Die Darstellung in der Kachelansicht

Über das Sortier-Icon (Abbildung 15.2, ❸) können Sie die Sortierung in der aktuellen Ansicht jederzeit verändern.

Klicken Sie auf einen Film, kommen Sie zur Detailansicht. Sie sehen verschiedene Detailinformationen zum Film, aber auch Informationen zu Bildgröße, Datei- und Audioformat. Unter dem Cover finden Sie eine Kennzeichnung, ob Sie den Film bereits gesehen haben oder nicht, sowie weitere Icons, die wir später noch genauer betrachten. Die Detailansicht zeigt Ihnen auch die Bewertung des Films basierend auf der IMDB-Wertung. Diese können Sie mit einem Klick auf den gewünschten Stern nach Ihren Wünschen anpassen.

Abb. 15.8: Die Detailansicht eines Films

Videoinformationen von Filmen anpassen

Sollte die Video Station einem Film die falschen Daten zugewiesen oder keine Daten gefunden haben, können Sie die Suche auch manuell durchführen.

Abb. 15.9: Fehlende Cover sind ein Anzeichen für fehlende Filminformationen.

1. Öffnen Sie in der Detailansicht das Dreipunktemenü (rechts oben) oder bewegen Sie in der Filmübersicht die Maus über ein Filmcover und öffnen Sie dort das Dreipunktemenü.
2. Wählen Sie VIDEOINFORMATION BEARBEITEN.
3. Sie sehen eine Übersicht mit den falschen bzw. fehlenden Informationen.

Abb. 15.10: Zu diesem Film konnte die Video Station keine Informationen finden.

4. Klicken Sie auf den Button INTERNET DURCHSUCHEN.
5. Geben Sie im Suchfenster einen Suchbegriff ein und klicken Sie auf SUCHE. Der Suchvorgang kann einige Zeit dauern. Ist der Titel zu ungenau (z.B. nur ein Wort bei einem Titel, der aus mehreren Wörtern besteht), finden Sie natürlich mehr Einträge und Sie müssen den Film erst heraussuchen. Das kann aber hilfreich sein, wenn Sie den genauen Titel nicht kennen oder sich über die Schreibweise nicht sicher sind. Fehler wie fehlende oder zu viele Leerzeichen, Tippfehler etc. können dazu führen, dass der Film nicht gefunden wird.

Tipp

Finden Sie den Film nicht, versuchen Sie, den Originaltitel des Films herauszufinden, und suchen Sie damit. Oft wurden Filme auch unter verschiedenen Namen veröffentlicht. Die Video Station durchsucht verschiedene Filmdatenbanken und die Chance, dass der Film nicht gefunden wird, ist eher gering. Selbst sehr alte Filme, Filme, die nie im Kino gelaufen sind, oder Filme aus dem Ausland, die weder auf Deutsch noch Englisch erschienen sind, können mit sehr hoher Wahrscheinlichkeit gefunden werden. Man muss nur den richtigen Suchbegriff finden.

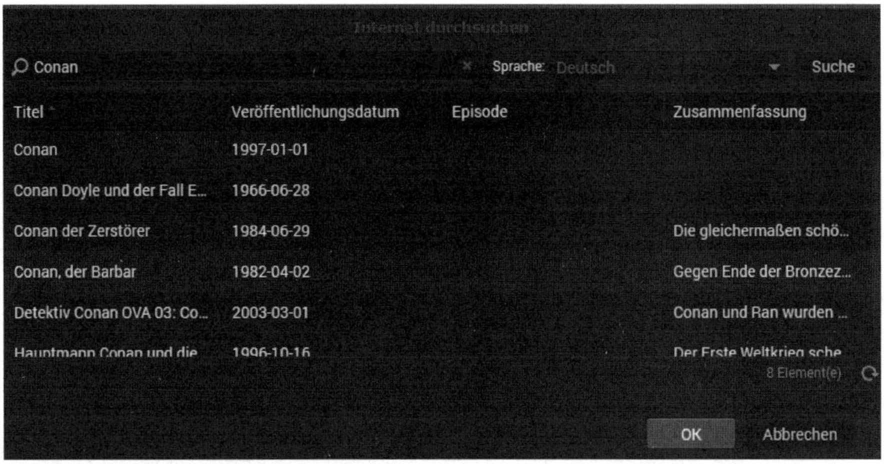

Abb. 15.11: Die Einträge, die zum Suchwort *Conan* gefunden wurden

6. Haben Sie den passenden Eintrag gefunden, klicken Sie diesen an und anschließend auf OK.

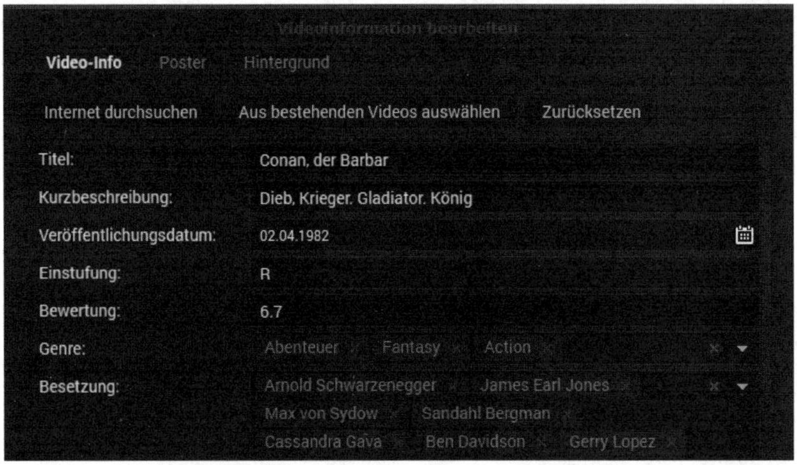

Abb. 15.12: Eine ausgefüllte Informationsübersicht, natürlich können die Informationen auch falsch sein.

7. Sie sehen jetzt die aktualisierte Informationsübersicht. Stimmen die Angaben, klicken Sie erneut auf OK.

Die Informationen beinhalten auch das Filmcover (Poster) und den Hintergrund, den Sie in der Detailansicht sehen. Sollten diese für den Film nicht vorhanden sein oder die vorhandenen Ihnen nicht zusagen, können Sie sie im Fenster VIDEOINFORMATIONEN BEARBEITEN in den Reitern POSTER und HINTERGRUND bearbeiten. Sie können das Bild ganz entfernen, eines über eine URL aus dem Internet hinzufügen oder ein gespeichertes Bild von NAS wählen.

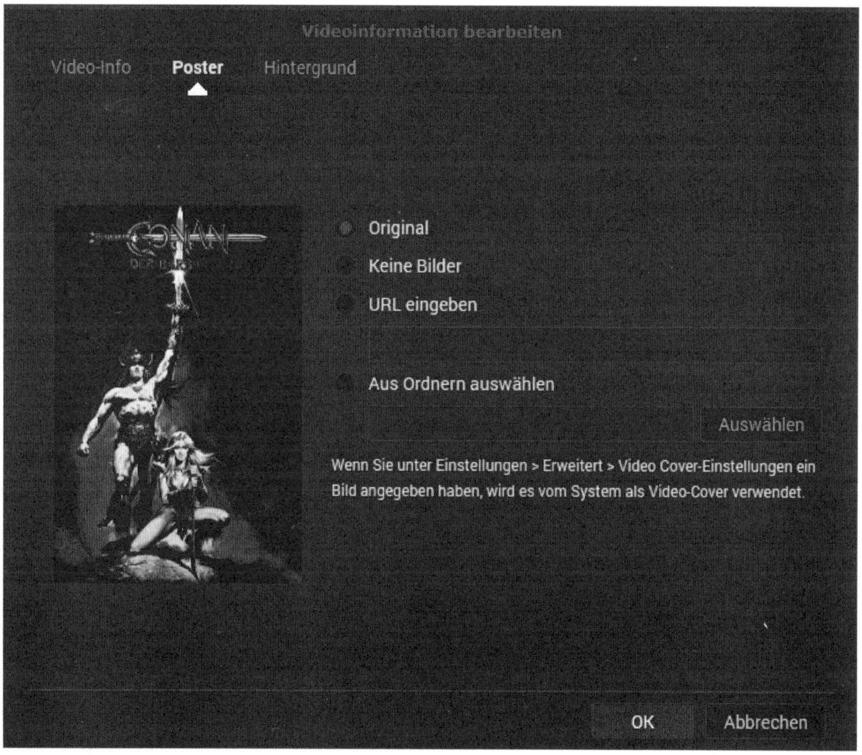

Abb. 15.13: Verwenden Sie das gefundene Cover oder fügen Sie selbst eines hinzu.

Abb. 15.14: Wurden Videoinformationen hinzugefügt, klappt auch die Anzeige des Covers.

Serien in der Bibliothek anzeigen

Serien werden von der Video Station anders dargestellt, sofern sie in einer Bibliothek mit Videotyp SERIE verwaltet werden. Sie wollen ja nicht jede Episode einzeln angezeigt bekommen. Die Übersicht entspricht der einer Filmbibliothek. Sie haben auch dieselben Filter, Sortierungen und Ansichten zur Auswahl. Jeder Eintrag entspricht dabei aber der kompletten Serie.

Achtung

Sind die Dateien nicht richtig benannt (siehe oben), kann hier wirklich großes Chaos entstehen und die manuelle Nachbearbeitung sehr mühsam sein. Einzelne Episoden können falschen Serien zugeordnet oder gar nicht zugeordnet werden oder aber Sie haben für eine Serie mehrere Einträge mit jeweils einigen Folgen.

In der Detailansicht zeigt sich der große Unterschied. Hier sehen Sie in einer Leiste die Nummern aller vorhandenen Staffeln. Darunter sind die zugehörigen Episoden aufgelistet. Die aktive Staffel ist rot gekennzeichnet. Mit einem Klick auf die Nummer oder die Pfeil-Icons können Sie die Staffel wechseln. Klicken Sie auf eine einzelne Episode, gelangen Sie in die Detailansicht mit den Videoinformationen, wie Sie sie von den Filmen her kennen.

Abb. 15.15: Eine Serie in der Detailansicht

Videoinformationen von Serien anpassen

Das Prinzip ist dasselbe wie auch bei den Filmen, in den Details unterscheidet sich der Vorgang aber etwas. Sind mehrere Folgen falsch gruppiert, können Sie die Informationen des Serien-Eintrags bearbeiten.

1. Öffnen Sie die DETAILANSICHT der Serie.

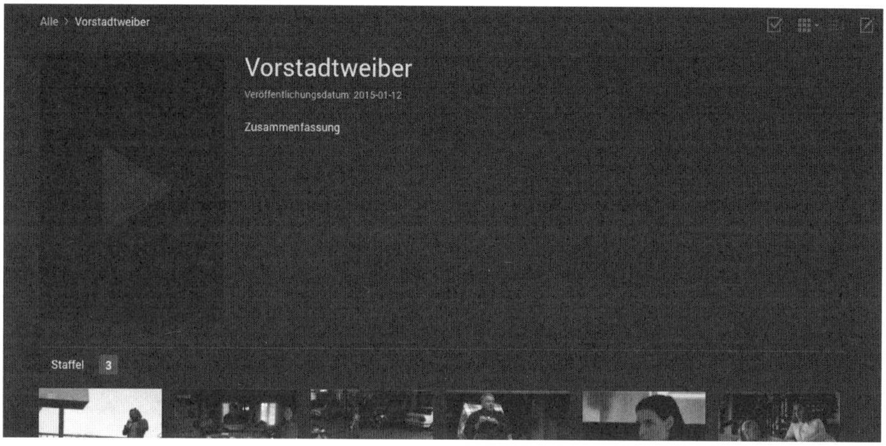

Abb. 15.16: Einige Episoden wurden falsch zugeordnet bzw. die Serieninformationen wurden nicht gefunden.

2. Klicken Sie auf das Bearbeiten-Icon rechts oben.
3. Klicken Sie auf INTERNET DURCHSUCHEN.
4. Suchen Sie nach der Serie.

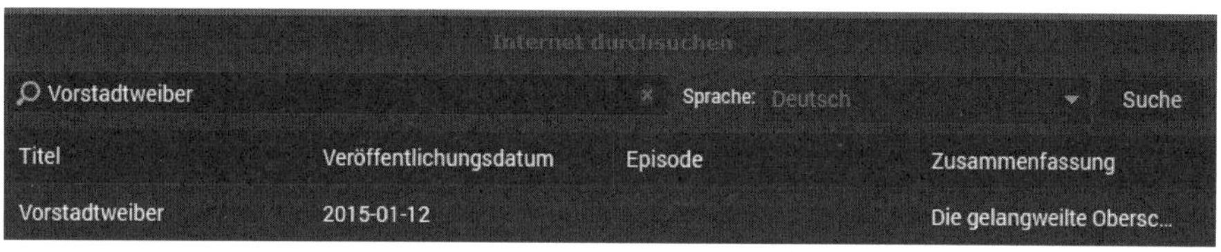

Abb. 15.17: Suchen Sie nach den richtigen Informationen.

5. Wählen Sie den richtigen Eintrag und bestätigen Sie mit OK.
6. Sind die Informationen, das Poster und der Hintergrund korrekt, bestätigen Sie erneut mit OK.

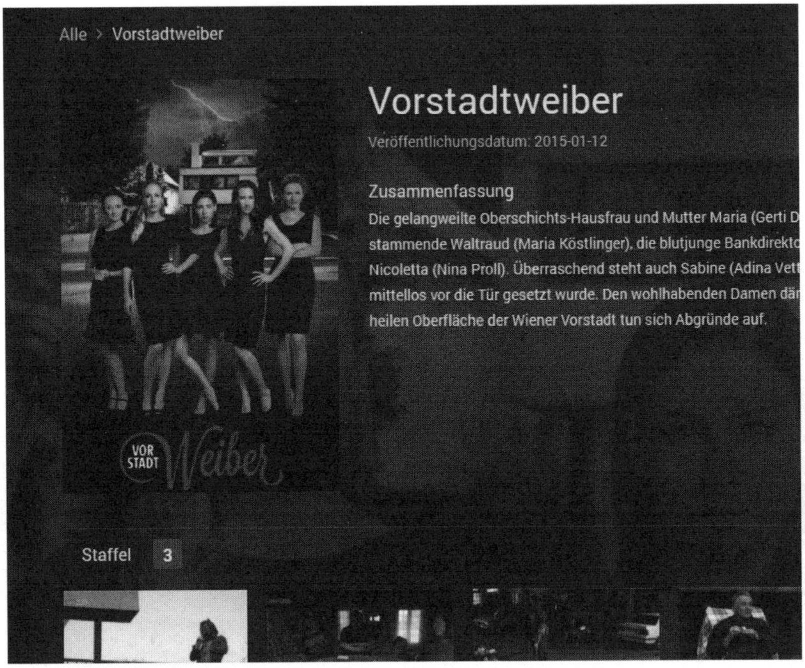

Abb. 15.18: Der richtige Serieneintrag mit den Episoden

Schwieriger wird die Sache, wenn einzelne Episoden falsch eingeordnet werden. Sollten sie einer falschen Serie oder gar nicht zugeordnet werden, gehen Sie wie oben beschrieben vor. Existiert bereits ein Eintrag für die Serie – z.B. einige Folgen wurden korrekt zugeordnet oder Sie haben selbst schon für eine oder mehrere Folgen die richtige Serie gefunden –, erhalten Sie eine Hinweismeldung. Wollen Sie die aktuellen Folgen dieser Serie hinzufügen, wählen Sie BEIBEHALTEN und klicken Sie auf OK. Der falsche Serieneintrag verschwindet und die Folgen werden unter dem richtigen Serieneintrag angezeigt.

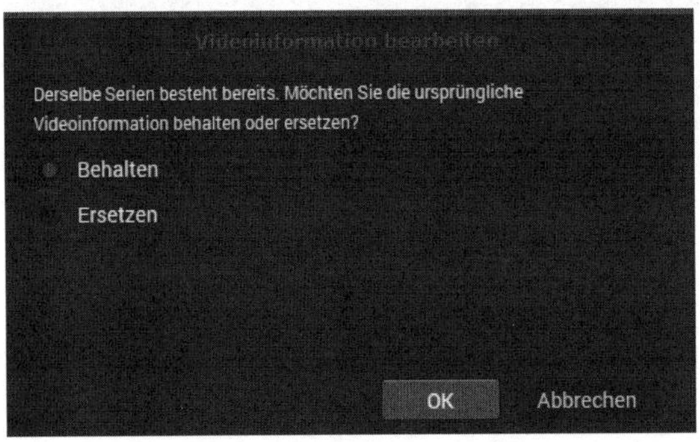

Abb. 15.19: Fügen Sie falsch eingeordnete Episoden einem bestehenden Serieneintrag hinzu.

Noch mühsamer wird es, wenn Episoden innerhalb einer Serie falsch angeordnet werden, dann muss jede Episode einzeln bearbeitet werden. Das passiert vor allem bei älteren

Serien – gerade bei Zeichentrickserien wurden die Episoden laufend produziert und fortlaufend durchnummeriert. Eine Einteilung in Staffeln ist oft erst später bei Neuveröffentlichungen auf DVDs erfolgt. Auch bei Serien aus dem Ausland kann die Einteilung im deutschsprachigen Raum abweichen oder wenn keine offizielle Veröffentlichung hierzulande stattgefunden hat. Abhilfe schafft oft, die Sprache bei der Suche nach den Videoinformationen auf die Sprache der Serie zu stellen. Das geht aber dann nicht mehr, wenn Sie der Sprache der Serie nicht mächtig sind und diese mit Untertiteln schauen. Die Videoinformationen hätte man dann doch lieber in einer Sprache, die man auch versteht. Es sei denn, die Informationen sind Ihnen egal und Sie benötigen nur Cover und Hintergrund.

Tipp

Nehmen Sie sich einen Episodenguide zur Hilfe. Dadurch ist schneller ersichtlich, wie viele Staffeln es gibt, aus wie vielen Episoden sie bestehen und welche Titel die Episoden haben. Enthält der Dateinamen den Titel nicht oder passen Datei und Titel nicht zusammen, können Sie mit der Inhaltsangabe und einem kurzen Blick in die Episode diese leichter zuordnen.

1. Öffnen Sie den Serieneintrag, der die zu bearbeitende Episode enthält.
2. Bewegen Sie die Maus über die Episode und öffnen Sie das Dreipunktemenü und dann VIDEOINFORMATIONEN BEARBEITEN.
3. Klicken Sie auf INTERNET DURCHSUCHEN.
4. Hier haben Sie zwei zusätzliche Eingabefelder, eines für die Staffel und eines für die Episode. Sie können die Felder auch leer lassen bzw. die Werte herauslöschen, die Suche funktioniert trotzdem, zeigt dann nur mehr Ergebnisse an. Sind alle Felder ausgefüllt, wird die angegebene Episode angezeigt. Lassen Sie die Episode weg, werden alle Episoden der Staffel angezeigt, und lassen Sie auch die Staffel weg, werden alle Episoden aller Staffeln angezeigt.
5. Markieren Sie den korrekten Eintrag und bestätigen Sie zwei Mal mit OK.

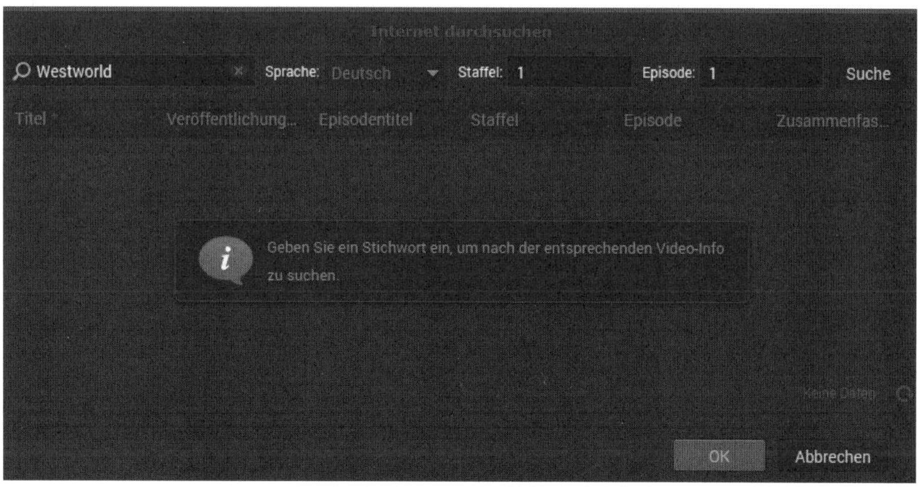

Abb. 15.20: Das Suchfenster für einzelne Episoden

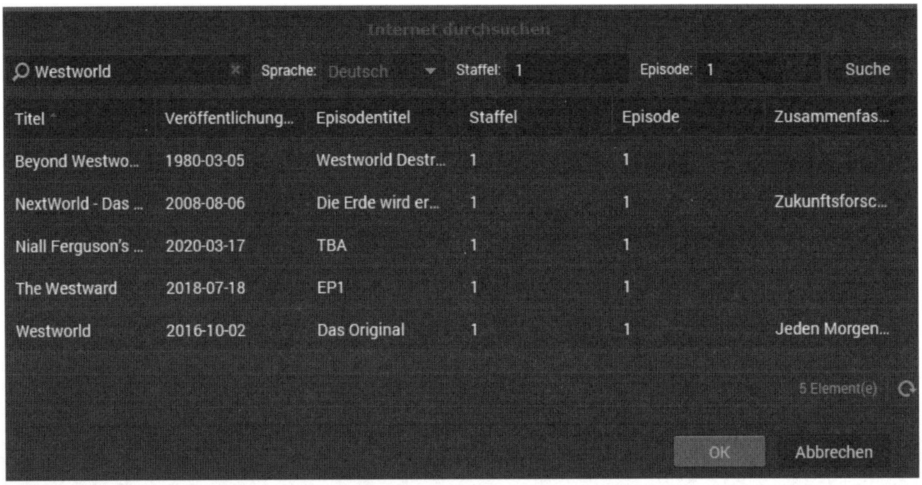

Abb. 15.21: Suche nach einer konkreten Episode

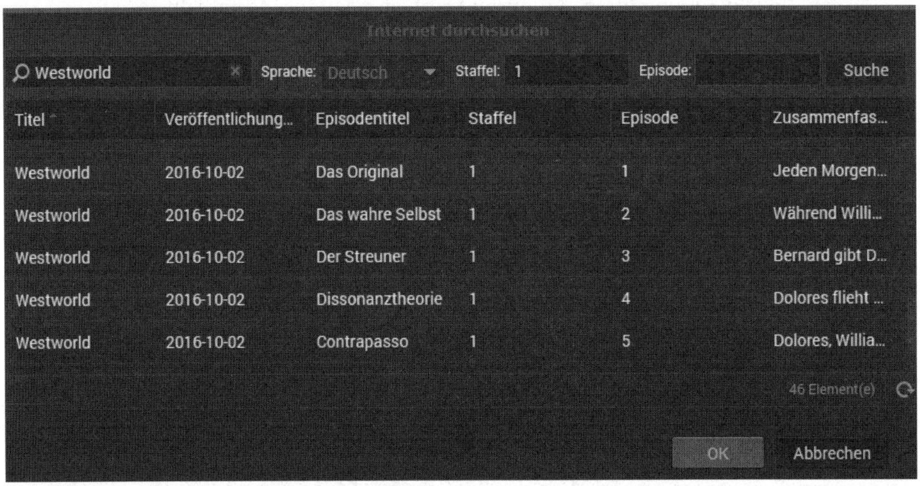

Abb. 15.22: Suche nach allen Episoden einer Staffel

Tipp

Schränken Sie die Suche so gut es geht ein. Je weniger Angaben Sie machen, desto länger dauert die Suche und desto mühsamer wird es, den richtigen Eintrag auszuwählen. Gerade wenn viele Episoden bearbeitet werden müssen, kann das ziemlich zeitraubend sein. Wissen Sie gar nicht, um welche Episode es sich handelt, versuchen Sie, sich staffelweise anhand der Inhaltsangaben zu orientieren.

Die Bibliothek durchsuchen

Sie können die Video Station jederzeit durchsuchen, egal ob Sie in einer Sammlung sind oder auf der Startseite. Dabei können Sie nicht nur nach Filmtiteln suchen, sondern auch nach Metadaten wie Genre oder Schauspielern. Tippen Sie einfach den Suchbegriff ein und drücken Sie [↵].

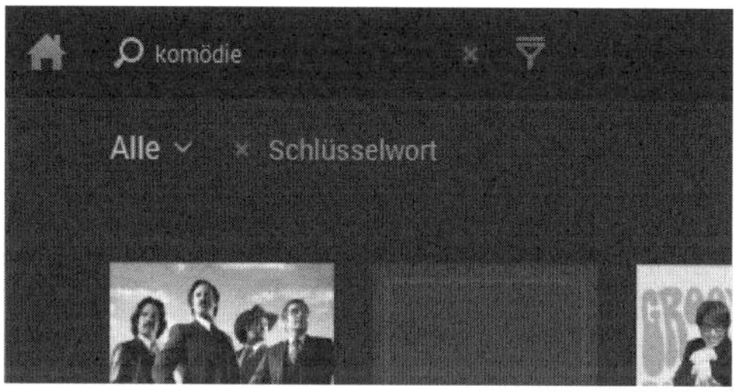

Abb. 15.23: Durchsuchen Sie Ihre Sammlung nicht nur nach Filmtiteln.

Wollen Sie den Suchfilter aufheben, müssen Sie auf das X neben dem Suchfilter klicken. Klicken Sie auf das X neben dem Suchtext, wird nur der Text gelöscht, die Auswahl bleibt aber bestehen.

Sie können auch detaillierte Filter erstellen, indem Sie einzelne Filter miteinander kombinieren. Klicken Sie dazu auf das Filter-Icon neben der Suchleiste. Hier werden alle verfügbaren Metadaten aufgelistet. Durch Anklicken der Checkboxen können Sie einzelne Filterkriterien aktivieren oder deaktivieren. Diese Filter können Sie auch als Smart Wiedergabeliste speichern. Klicken Sie dazu auf das linke Symbol in der Kopfzeile.

Favoriten, Watchlist und benutzerdefinierte Sammlungen

Sie können Filme in unterschiedlichen Listen verwalten: den *Favoriten*, der *Watchlist* und eigenen *Wiedergabelisten*. Öffnen Sie dazu die Detailansicht. Unter dem Coverbild sehen Sie mehrere Icons. Die ersten drei stehen für Favoriten, Watchlist und eigene Wiedergabelisten.

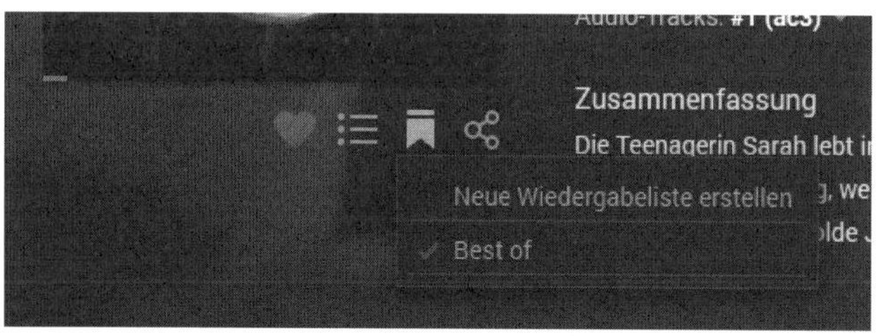

Abb. 15.24: Filme in der Detailansicht zu Listen hinzufügen

Durch einen Klick auf das jeweilige Symbol können Sie den Film zur entsprechenden Liste hinzufügen. Das Symbol ändert dabei seine Farbe. Bei den eigenen Wiedergabelisten müssen Sie zusätzlich die gewünschte Liste auswählen oder eine neue Liste erstellen. Das Entfernen funktioniert ebenfalls über einen Klick auf das jeweilige Icon.

Abb. 15.25: Metadaten-Filter miteinander kombinieren, einzelne Filter können Sie direkt über die Suchleiste erstellen.

Um auf die Listen zuzugreifen, öffnen Sie den Bereich WIEDERGABELISTE über den Navigationsbereich/die Bibliothekenliste.

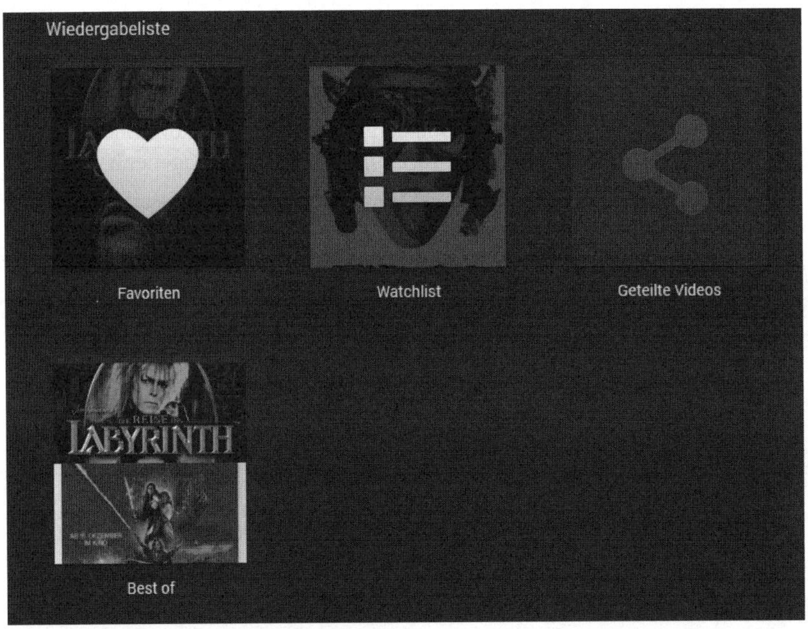

Abb. 15.26: Ihre Listen in der Übersicht

Die Listen unterscheiden sich nicht voneinander, sie haben keine speziellen Funktionen. Favoriten und Watchlist können aber im Gegensatz zu den eigenen Listen nicht gelöscht werden.

Videos freigeben

Sie können Videos wie Bilder über die Photo Station und Lieder über die Audio Station mit der Öffentlichkeit teilen. Öffnen Sie auch hier die Detailansicht und klicken Sie auf das vierte Icon (die drei verbundenen Punkte) unter dem Coverbild. Sie müssen noch die Freigabe aktivieren und können den Link kopieren und verteilen. Auf demselben Weg können Sie eine Freigabe auch wieder aufheben. Unter WIEDERGABELISTE|GETEILTE VIDEOS sehen Sie alle Videos, die mit der Öffentlichkeit geteilt wurden.

Den Freigabelink kann jeder aufrufen, der Zugriff auf die Video Station hat. Es ist keine Benutzeranmeldung erforderlich, aber die Video Station muss im Browser aufgerufen werden können (hier müssen Einstellungen im Anwendungsportal und in der Firewall berücksichtigt werden). Für einen Zugriff aus dem Internet muss Ihr Router den Port der Video Station an Ihr NAS weiterleiten (siehe Abschnitt 9.2.2 »Portfreigabe einrichten«).

Wichtig

Achten Sie bei der Freigabe auf rechtliche Einschränkungen, denen das Teilen urheberrechtlich geschützten Materials unterliegt. Private Videos können Sie normalerweise problemlos über einen öffentlichen Link bereitstellen. Wollen Sie Ihre Filme und Serien unterwegs ansehen, loggen Sie sich über den Browser oder DS video ein.

Auswahlmodus

Wollen Sie mehrere Filme auf einmal zu Listen hinzufügen, können Sie das über den Auswahlmodus machen. In der Übersicht können Sie den Auswahlmodus links oben über das Checkbox-Icon (Abbildung 15.2, ❹) aktivieren. Sie können jetzt mehrere Videos durch Anklicken markieren und durch die neu eingeblendeten Icons gleichzeitig bearbeiten.

Abb. 15.27: Mehrere Videos gleichzeitig bearbeiten mit dem Auswahlmodus

Klicken Sie das Checkbox-Icon erneut an, wird die Auswahl aufgehoben und der Modus beendet.

15.3 Filme mit der Video Station streamen

Wiedergabe über die Video Station (Browser)

Es gibt mehrere Möglichkeiten, ein Video zu starten:

- In der Bibliotheksansicht – Bewegen Sie die Maus über den Eintrag des gewünschten Videos und klicken Sie auf das eingeblendete Play-Icon.
- In der Detailansicht – Klicken Sie auf das Play-Icon am Filmcover.

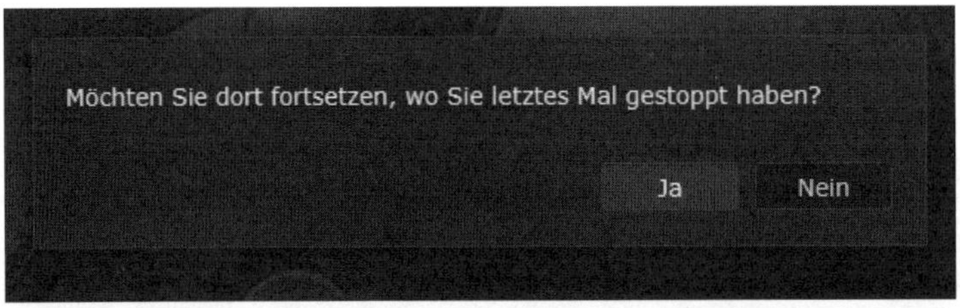

Abb. 15.28: Haben Sie das Video einmal abgebrochen, können Sie es beim nächsten Mal an derselben Stelle fortsetzen oder auch von vorne beginnen.

Der Player öffnet sich und das Video wird geladen.

Abb. 15.29: Starten Sie die Wiedergabe direkt in der Bibliotheksübersicht.

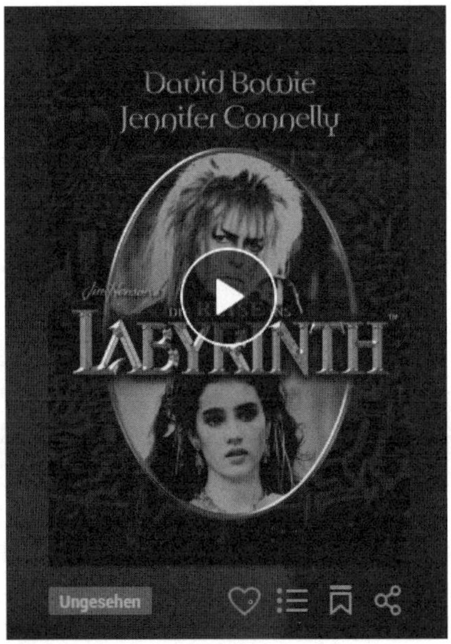

Abb. 15.30: Das Play-Icon über dem Filmcover in der Detailansicht

Achtung

Nicht alle Browser unterstützen alle Formate. Vor allem das Audioformat DTS kann Probleme verursachen. In Abschnitt 15.5 »Probleme, Lösungsansätze und Alternativen« gehe ich näher auf das Problem mit Formaten ein. Sollte Ihr Browser die Wiedergabe nicht unterstützen, stehen Ihnen die unten stehenden Alternativen zur Verfügung.

Abb. 15.31: Kann das Video nicht wiedergegeben werden, erhalten Sie eine Fehlermeldung, dem Text können Sie entnehmen, warum das Video nicht abgespielt werden kann.

Wiedergabe steuern

Der Videoplayer weist die typischen Kontrollelemente auf (Abbildung 15.32), mit denen Sie die Wiedergabe steuern können. Neben dem obligatorischen Play/Pause-Button haben Sie die beiden Vor- und Zurück-Buttons, um zwischen Filmen bzw. Episoden hin und her zu schalten. Daneben finden Sie auch Buttons zum Vor- und Zurückspringen um je 10 Sekunden, einen Button zur Auswahl der Wiedergabegeschwindigkeit, den Lautstärkeregler, die Einstellungen und der Vollbildschirm-Button. Zusätzlich können Sie den Player über die Tastatur steuern:

- Leertaste – Play/Pause
- S – Screenshot
- ↑ / ↓ – Lautstärke +/- 10%
- Strg / ⌘ + ↑ / ↓ – Lautstärke +/- 25%
- Strg / ⌘ + ⇧ + ↑ / ↓ – Lautstärke +/- 50%
- ← / → – Sprung +/- 10 Sekunden
- Strg / ⌘ + ↑ / ↓ – Sprung +/- 30 Sekunden
- Strg / ⌘ + ⇧ + ↑ / ↓ – Sprung +/- 60 Sekunden

Sie können auch über die Fortschrittsanzeige (rote bzw. graue Linie) an die gewünschte Stelle des Videos steuern. Der Vorgang kann aber je nach Videogröße einige Sekunden dauern.

Abb. 15.32: Die typische Steuerungsleiste eines Videoplayers

Einstellungen

In den Einstellungen stehen Ihnen folgende Optionen zur Verfügung:

- Wiedergabequalität – Hier können Sie die Qualität verringern, sollte das Gerät oder die Internetverbindung keine flüssige Wiedergabe gestatten.
- Audio-Tracks – Hier können Sie die Tonspur wählen, sofern das Video über mehrere davon verfügt. Oft finden Sie in Videos eine deutsche Tonspur sowie den Originalton oder Tonspuren in verschiedenen Formaten. Sollten Sie die Fehlermeldung zu DTS aus Abbildung 15.31 erhalten, können Sie hier auf ein anderes Tonformat umschalten, sofern das Video eines enthält.
- Untertitel – Hier haben Sie, sofern vorhanden, Zugriff auf die Untertitel. Sie können diese ein- bzw. ausschalten oder nach einer Untertiteldatei suchen.
- Player – siehe Abschnitt »Stream an DLNA-Client senden«, Seite 397.
- Wiederholungsmodus – Wählen Sie zwischen AUS, ALLE oder EINEN aus.

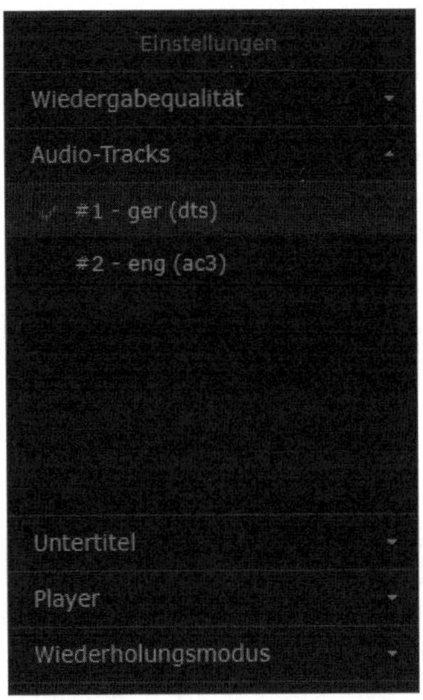

Abb. 15.33: Die Einstellungen des Videoplayers

Streamen über die DS video App

Die App *DS video* ist für Android, iOS, Apple TV, Samsung TV, Google Chromecast und Fire TV verfügbar.

Hinweis

Im Microsoft Store findet sich die App noch und sie kann auch installiert werden. Sie wurde aber 2018 eingestellt und funktioniert nicht mehr.

Hinweis

Samsung hat für seine SmartTV-Oberfläche einen relativ kurzen Unterstützungszeitraum. Bei älteren Modellen werden keine App-Updates in den Store gestellt bzw. DS video wurde auch von einigen Modellen entfernt.

Die Schritte, die notwendig sind, um die App mit Ihrem NAS zu verbinden, werden Ihnen bekannt vorkommen.

1. Stellen Sie sicher, dass Ihr Gerät Zugriff auf Ihr NAS bzw. die Video Station hat (für Zugriffskontrolle im Anwendungsportal siehe Abschnitt 11.1, für Firewall-Einstellungen siehe Abschnitt 10.7).
2. Installieren Sie die App aus dem jeweiligen App-Store.
3. Öffnen Sie die App und melden Sie sich mit lokaler IP, QuickConnect-ID, NAS-Namen oder Domain an. (Für den Zugriff aus dem Internet siehe Kapitel 9.)
4. Die Oberfläche weicht kaum von der der Video Station ab, Sie sollten sich also gut zurechtfinden. Um ein Video zu starten, gehen Sie genauso vor wie in der Video Station. Der Stream wird im Browser geöffnet und dort abgespielt.

Achtung

Die Kompatibilität auf mobilen Geräten kann sehr eingeschränkt sein. Kann ein Format nicht wiedergegeben werden, wird das Video vom NAS in ein passendes Format transcodiert und auf das mobile Endgerät heruntergeladen.

Stream an DLNA-Client senden

Ist DS video nicht für Ihr Wiedergabegerät verfügbar oder sind Sie mit der Leistung der App auf Ihrem Gerät nicht zufrieden (z.B. Formateinschränkung), gibt es einen kleinen Umweg, wie Sie dennoch die Video Station zur Verwaltung und Auswahl von Filmen nutzen können. Die Video Station und DS video verfügen nämlich über ein nettes Feature. Sie können, anstatt den Film direkt wiederzugeben, den Stream auch an einen DLNA-Client umleiten.

1. Öffnen Sie die Video Station.

> **Tipp**
>
> Noch bequemer ist es, DS video auf dem Smartphone oder Tablet zu installieren. So müssen Sie Ihren Laptop nicht vor den Fernseher mitnehmen oder extra zu Ihrem Computer gehen, um den Stream zu starten.

2. Stellen Sie sicher, dass das DLNA-fähige Wiedergabegerät eingeschaltet und mit dem Netzwerk verbunden ist.
3. Durchsuchen Sie die Bibliothek nach dem gewünschten Film.
4. Klicken Sie auf das Player-Icon (rechts oben neben dem Dreipunktemenü).
5. Wählen Sie den DLNA-Client aus.

Nach einem kurzen Moment startet die Wiedergabe auf dem DLNA-Client. Sie können den Laptop/das Smartphone jetzt weglegen. Die Anwendung kann geschlossen bzw. das Gerät ausgeschaltet werden, die Wiedergabe wird deswegen nicht unterbrochen. Allerdings dient die Video Station/DS video während der Wiedergabe als Kontrolleinheit – Sie können den Stream pausieren/fortsetzen, abbrechen, vorspulen oder beenden. Ist die Anwendung geschlossen, geht die Verbindung verloren, der Stream läuft aber weiter. Die App kann ihn nach erneutem Öffnen dann allerdings nicht mehr steuern. Abhängig vom Wiedergabegerät lässt sich der Stream auch mit der Fernbedienung des Geräts steuern. Es ist aber möglich, dass dies nicht absolut zuverlässig funktioniert. Beispielsweise kann es sein, dass die Wiedergabe, nachdem sie längere Zeit pausiert wurde, nicht mehr fortgesetzt wird.

Transcodierung und Hardwarebeschleunigung

Die Transcodierung läuft normalerweise über einen Softwaretranscoder, einige Synology-Geräte unterstützen auch die Hardwaretranscodierung. Sofern diese unterstützt wird, ist sie auch automatisch aktiviert. Die Transcodierung benötigt aber Systemressourcen. Sollten Sie dies nicht wünschen, können Sie sie deaktivieren, indem Sie unter VIDEO STATION|EINSTELLUNGEN|ERWEITERT das Häkchen bei HARDWARE-BESCHLEUNIGUNG AKTIVIEREN entfernen.

> **Hinweis**
>
> Viele Modelle unterstützen die Wiedergabe und Transcodierung der unterschiedlichsten Audio- und Videoformate (Einzelheiten können Sie den technischen Details der jeweiligen Modelle entnehmen). Das bedeutet aber nicht, dass die Leistung des Modells ausreicht, um Videomaterial in FullHD auch flüssig abzuspielen. Auch bei Modellen mit 4K-Unterstützung spielen verschiedene Faktoren, wie Netzwerk, Videomaterial und sonstige Auslastung des NAS, eine Rolle bei der (flüssigen) Wiedergabe.

15.4 Offline-Transcodierung

Haben Sie Probleme mit der Kompatibilität des Dateiformats, können Sie die Offline-Transcodierung der Video Station nutzen. Diese wird allerdings nur von Modellen unterstützt, die auch die Live-Transcodierung anbieten (hier fallen überwiegend die Modelle der j-Serie heraus). Bei der Offline-Transcodierung wird die Datei in ein verträglicheres Format umgewandelt und abgespeichert.

1. Um die Offline-Transcodierung zu starten, öffnen Sie das Dreipunktemenü (egal ob in der Übersicht oder der Detailansicht) und wählen OFFLINE-TRANSKODIERUNG.
2. Sie können jetzt die Einstellungen für die Videospur (Qualität drosseln) und die Audiospur (Auswahl der Spur, sofern mehrere Spuren in der Datei vorhanden sind) anpassen.
3. Klicken Sie auf OK. Die Transcodierung startet im Hintergrund.

Hinweis

Wird bei der Transcodierung für das Video-Profil ORIGINALQUALITÄT ausgewählt, sollte es beim Bild keine Qualitätseinbußen geben. Bei der Audiospur hingegen fällt der 5.1-Sound weg. Die Offline-Transcodierung eignet sich daher nur, wenn Sie keine Heimkinoanlage besitzen oder das Video auf einem Gerät ohne eine solche Anlage wiedergeben möchten (z.B. Filme auf dem Tablet auf Reisen ansehen).

Um den aktuellen Stand der Transcodierung anzusehen, klicken Sie auf das mittlere Icon in der rechten oberen Ecke der Video Station. Sie sehen eine Liste mit den hinzugefügten Aufträgen und dem aktuellen Stand. Sie können Aufgaben auch abbrechen bzw. löschen.

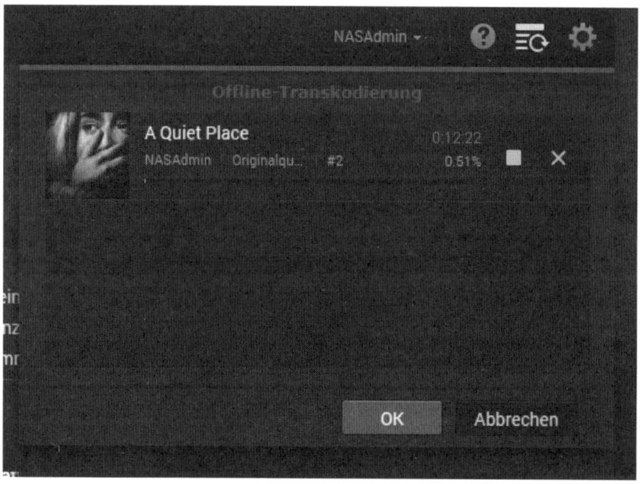

Abb. 15.34: Der Fortschritt der OFFLINE-TRANSKODIERUNG

Achtung

Da Synology-Geräte aus lizenzrechtlichen Gründen keine DTS-Unterstützung aufweisen, können Sie Videos, die nur eine DTS-Spur haben, nicht transcodieren. Weist das Video neben einer DTS-Spur auch eine andere Spur (meist AC3) auf, können Sie diese als Audioprofil auswählen und das Video so transcodieren.

15.5 Probleme, Lösungsansätze und Alternativen

Die Videodatei hängt

Ein generelles Problem beim Streamen, also ganz unabhängig von der Video Station, sind schlecht konvertierte Videospuren. Betrachtet man das Video lokal am Rechner, kann der Videoplayer solche Probleme »überspielen« – das äußert sich dann in grauen Standbildern, Farbflecken, Pixelmatsch oder Überbleibseln des letzten Bildes in den Bereichen ohne Bewegung im neuen Bild. Beim Streamen können solche Fehler nicht ausgeglichen werden, hier hängt die Wiedergabe für einige Sekunden. Solche Dateien sind fürs Streaming unbrauchbar, daher hilft nur eine erneute Konvertierung der DVD/Blu-ray oder ein Bezug von einer anderen Quelle.

Stockende Wiedergabe

Ähnliche Auswirkungen haben Abschnitte im Film, die nicht gut komprimiert werden können. Ändert sich im Nachfolgebild nicht der komplette Inhalt, kann der Abschnitt besser komprimiert werden. Ein Beispiel: Sie sehen für mehrere Sekunden ein Standbild einer Landschaft und ein Auto fährt die Straße entlang. Es ändert sich immer nur ein kleiner Bildbereich, entsprechend weniger Daten müssen übertragen werden. Problematisch wird es dann, wenn sich jedes Nachfolgebild stark oder sogar komplett vom vorherigen unterscheidet. Ein Schnitt im Film ist dabei kein Problem, da sich nur ein Bild drastisch ändert. Problematisch sind Szenen, die wir eigentlich als eher ruhig betrachten würden, wie etwa Wasseroberflächen, Wiesen oder Wälder, die vom Wind bewegt werden. Sonnenschein auf bewegter Wasseroberfläche oder vom Wind bewegte Blätter führen dazu, dass Bereiche, die im vorigen Bild hell waren, im nächsten dunkel sind und umgekehrt – und das mehrere Bilder direkt hintereinander. Künstlich hinzugefügtes Bildrauschen bewirkt dasselbe. Die Datenmenge, die übertragen wird, schnellt in die Höhe und je nach Netzwerkverbindung und Verarbeitungsgeschwindigkeit des Wiedergabegeräts kann es zu einer stotternden Wiedergabe kommen. Abhilfe schafft hier nur die Reduzierung der Bildqualität. Dazu muss die Filmdatei mit einer separaten Software verarbeitet werden. Allerdings wird dadurch die Qualität des kompletten Films verringert.

Probleme bei der Audio-Wiedergabe und fehlende DTS-Unterstützung

Leider ist der eingebaute Player von DS video nicht sonderlich gut, er kann viele Formate nicht wiedergeben. Synology selbst empfiehlt (für Geräte auf Android-Basis) den *MXPlayer*. Aber auch der schafft nicht alles. Probleme bereitet ausnahmsweise nicht das Dateiformat oder der Videocodec, sondern das Audioformat. Synology-Geräte unterstützen aus lizenzrechtlichen Gründen das Format DTS nicht. Als alternatives Format gilt AC3, das eine viel höhere Kompatibilität aufweist. DTS ist zumindest auf dem Papier besser, bietet also einen besseren Klang als AC3. Ohne ordentliche Heimkinoanlage und feines Gehör ist aber in der Praxis kaum ein Unterschied zu hören. Um das Problem mit der Wiedergabe zu lösen, gibt es mehrere Ansätze:

- Beim Digitalisieren der DVD/Blu-ray die AC3-Tonspur priorisieren. Sie können AC3 oberhalb von DTS anordnen, damit Player diese standardmäßig auswählen, dennoch bleibt Ihnen DTS erhalten, falls Sie es benötigen. Sie können DTS auch von der Konvertierung ausschließen, wenn Sie es nicht benötigen – das verkleinert die Dateigröße.

- Achten Sie beim Bezug von Filmen und Serien aus Onlinequellen darauf, dass diese eine AC3-Tonspur aufweisen. Leider wird oft nur DTS verwendet, um Speicherplatz zu sparen.
- Verfügt die Datei über eine sekundäre AC3-Spur, können Sie Bild- und Tonspur extrahieren und erneut in einem Container (mkv) speichern (sogenanntes *Remuxen*). Dabei können Sie die AC3-Tonspur als primäre Spur verwenden oder DTS ganz weglassen.
- Ist in der mkv-Datei keine AC3-Tonspur vorhanden, hilft nur eine Konvertierung. Die ist etwas mühsam, da Bild und Ton aus dem Container entnommen, die Tonspur konvertiert und beides erneut in einen Container gepackt werden muss. Je nach Anzahl der Filme kann die Konvertierung recht zeitraubend sein.

Alternativen

Wie sehr Sie von den Einschränkungen der Video Station betroffen sind, hängt letztendlich davon ab, welche Formate Ihre bestehende Filmsammlung aufweist, wie groß diese ist und woher Sie die Filme beziehen. Und natürlich davon, wie sehr Sie mit der Materie vertraut sind bzw. sich vertraut machen wollen und wie viel Zeit Sie investieren möchten.

Viele Anwender haben der Video Station wegen dieser Einschränkungen den Rücken gekehrt und verwenden Alternativen. Der Einrichtungsaufwand ist dabei oft nur unwesentlich höher als das Einrichten der Video Station. Die beiden prominentesten Alternativen sind Kodi und Plex. Im Internet finden Sie zahlreiche Anleitungen zu den beiden Anwendungen und wie sie auf dem NAS eingerichtet werden.

Tipp

Ich selbst bin mit Plex sehr zufrieden. Die grafische Oberfläche ist ähnlich aufgebaut wie die der Video Station. Das kostenlose Konto bietet alle notwendigen Funktionen und ein Abo wird in den meisten Fällen nicht gebraucht. Sie müssen sich so keine Gedanken mehr über Formate oder Codecs machen.

Kodi bietet zwar die Möglichkeit, die Skins herunterzuladen und die Benutzeroberfläche anzupassen, dahinter steckt aber – je nach Bedürfnissen – einiges an Aufwand. Nachdem ich einige Zeit investiert hatte und die Menüs immer noch nicht so funktioniert haben, wie ich wollte, und ich auch mit der Performance unzufrieden war, bin ich zu Plex gewechselt und dort geblieben.

Kapitel 16

Produktivität, Organisation und Kollaboration

Nachdem wir uns in den letzten Kapiteln mit den Multimediapaketen eher der Unterhaltung gewidmet haben, ist es an der Zeit, das Synology NAS für produktive Zwecke einzusetzen. Dieses Kapitel steht ganz im Zeichen von Produktivität, Organisation und Kollaboration.

16.1 Produktiv mit Synology Office

Ihr NAS lässt sich mit wenigen Schritten in einen Office-Server verwandeln. Der Funktionsumfang lässt sich natürlich nicht mit den Office-Lösungen von Microsoft und Co. vergleichen, stellt aber eine einfache und kostengünstige Möglichkeit dar, vor allem, wenn es um die Zusammenarbeit mit anderen Benutzern geht. Darüber hinaus bleiben die Daten stets in Ihrer eigenen Hand und Sie müssen nicht auf Dienste von Datensammlern wie Google Docs zurückgreifen.

16.1.1 Synology Office einrichten

Damit Sie die Office-Funktion Ihres NAS nutzen können, müssen Sie Synology Drive eingerichtet haben (siehe Kapitel 7 »Die Cloud – Daten und Geräte synchronisieren«).

1. Installieren Sie das Paket *Synology Office* aus dem Paket-Zentrum. Dabei wird keine neue Anwendung installiert, sondern die Office-Funktionen in Drive integriert. Bei der Installation werden die Pakete *PHP 7.2* und *Python3* mitinstalliert.
2. Installieren Sie bei Bedarf das Paket *Document Viewer*, um ältere Dokumentenformate zu unterstützen (siehe unten).

Mehr ist an dieser Stelle nicht zu tun.

Abb. 16.1: Synology Office ist keine eigene Anwendung, sondern ist in Drive integriert.

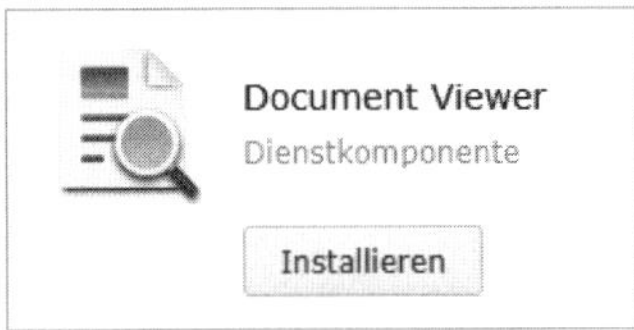

Abb. 16.2: Der Document Viewer ist für ältere Dateiformate zuständig.

Unterstützte Formate

Öffnen	mit Document Viewer	Export
docx, xlsx, xlsm, xltx, xltm, xls, xlt, ods, ots, csv, pptx	doc, odf, rtf, ppt, odp	docx, odt, xlsx, ods, pptx, odp, pdf

Tabelle 16.1: Übersicht, welche Formate geöffnet und welche Formate exportiert werden können

16.1.2 Bestehende Dokumente öffnen

Ein Dokument können Sie über die File Station öffnen. Öffnen Sie dazu das Kontextmenü oder AKTION auf der Datei und wählen Sie ANSICHT|IN SYNOLOGY OFFICE ANZEIGEN. Das Dokument wird darauf in einem neuen Tab im Browser geöffnet. Sie können das Dokument über BEARBEITEN|HERUNTERLADEN ALS herunterladen oder es drucken. Ein Bearbeiten ist in dieser Ansicht nicht möglich.

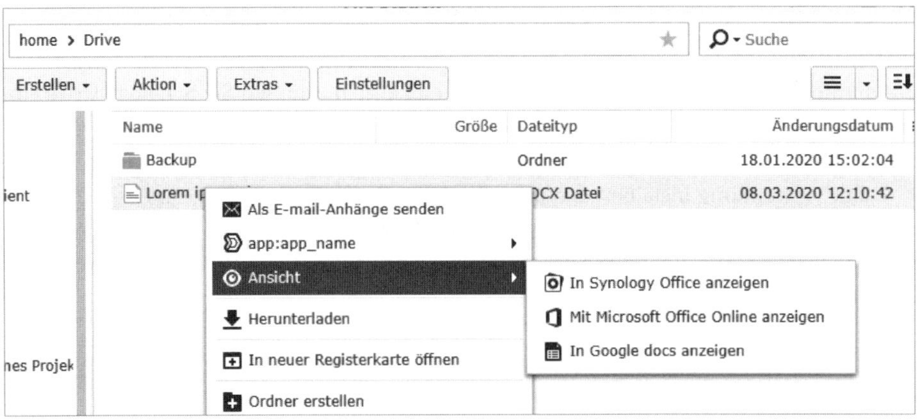

Abb. 16.3: Öffnen Sie Dokumente, die mit anderen Office-Anwendungen erstellt wurden, über die File Station.

16.1.3 Dokumente bearbeiten

Um ein Dokument zu bearbeiten, muss es zuerst in ein eigenes Format umgewandelt werden (odoc, osheet, oslides).

1. Öffnen Sie das Dokument im *Ansichtsmodus* (siehe oben).
2. Klicken Sie auf IN SYNOLOGY OFFICE IMPORTIEREN.

3. Die Datei wird umgewandelt, dazu müssen Sie einen Speicherort auswählen.
4. Das neue Dokument wird jetzt im *Bearbeitungsmodus* geöffnet.

Alternativ können Sie in der Drive-Webansicht das Originaldokument über das Kontextmenü und den Eintrag IN SYNOLOGY OFFICE-DATEI UMWANDELN genauso konvertieren. Synology-Office-Dateien können Sie direkt aus der Drive-Webansicht heraus öffnen. Die Office-Dateien lassen sich auch über den Explorer/Finder Ihres Rechners öffnen.

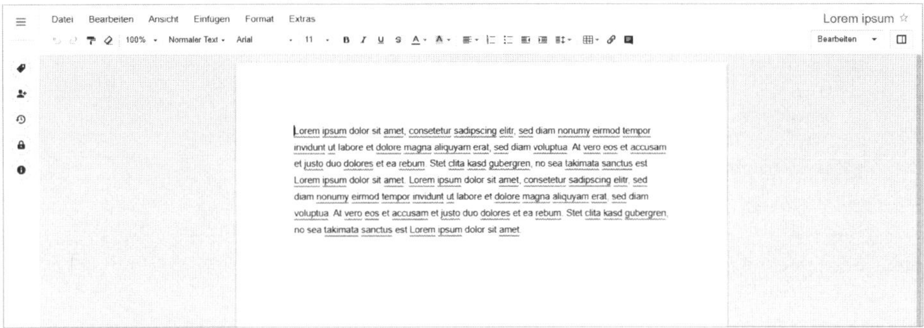

Abb. 16.4: Der Dokumenteneditor von Synology Office

Im Dokumenteneditor sollten Sie sich schnell zurechtfinden, wenn Sie schon mit anderen Dokumentenbearbeitungsprogrammen gearbeitet haben. So viele Funktionen wie in Microsoft Office oder Libre Office finden Sie dort leider nicht, es reicht aber, um schnell Dokumente zu erstellen und die gängigen Formatierungen durchzuführen. Außerdem sparen Sie sich so die Anschaffung professioneller Software und können auch unterwegs bzw. auf jedem beliebigen Rechner an Ihren Dokumenten arbeiten, ohne vorher Software installieren zu müssen.

Über DATEI|HERUNTERLADEN ALS können Sie das Dokument in einem gängigen Format exportieren.

16.1.4 Neue Dokumente erstellen

Sie können natürlich Dokumente gleich im Synology-Office-Format anlegen. Gehen Sie dazu folgendermaßen vor:

1. Öffnen Sie die Drive-Webansicht.
2. Navigieren Sie zum gewünschten Speicherort.
3. Klicken Sie auf das Plus-Icon und wählen Sie den gewünschten Dokumententyp aus.
4. Das Dokument wird im *Bearbeitungsmodus* geöffnet.
5. Klicken Sie rechts oben auf OHNE TITEL und geben Sie dem Dokument einen Namen.

Sie können das Dokument jetzt bearbeiten. Änderungen werden regelmäßig automatisch gespeichert, Sie können aber auch manuell speichern, entweder über DATEI|SPEICHERN oder die Tastenkombination [Strg]/[⌘]+[S].

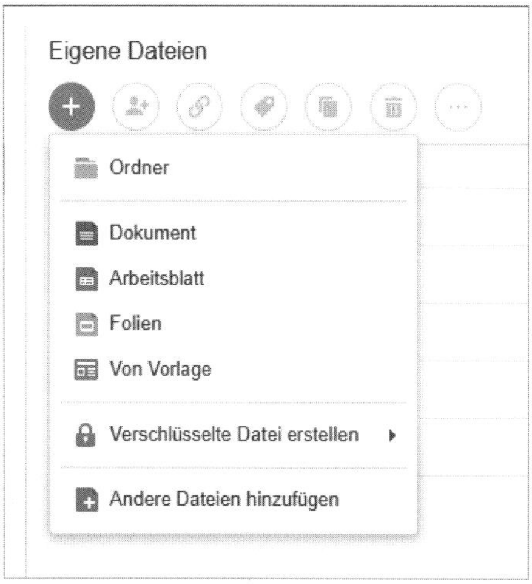

Abb. 16.5: Erstellen neuer Dokumente in der Drive-Weboberfläche

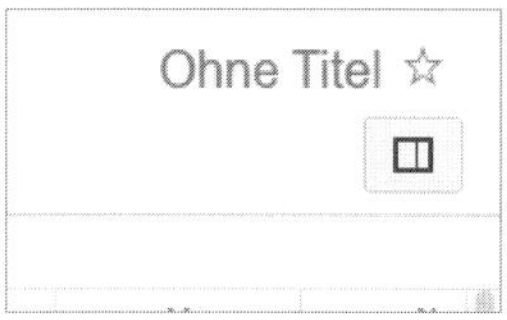

Abb. 16.6: An dieser Stelle legen Sie den Datei-/Dokumentennamen fest.

16.1.5 Gemeinsames Arbeiten

Sie können natürlich mit anderen gemeinsam an Dokumenten arbeiten, und das gleichzeitig. Einerseits kann das Dokument von jedem geöffnet werden, der auf den gemeinsamen Ordner oder das Unterverzeichnis Zugriff und Schreibrechte für Dateien hat. Auf der anderen Seite können Sie Dateien so wie aus anderen Synology-Anwendungen heraus auch freigeben. Klicken Sie dazu auf das Teilen-Icon in der linken Menüleiste des Synology-Office-Fensters. Details zum Teilen mit Benutzern oder Personen ohne Benutzerkonto können Sie im Abschnitt »Dateien und Ordner teilen«, Seite 128 nachlesen.

Abb. 16.7: Das Teilen-Icon in der linken Menüleiste

Arbeiten mehrere Personen an einer Datei, werden die anderen Benutzer rechts oben neben dem Dokumententitel als farbiger Kreis angezeigt. Ihr eigener Cursor wird wie üblich als schwarzer blinkender Strich angezeigt, der Cursor der anderen Benutzer wird in derselben Farbe wie der jeweilige Kreis dargestellt. Bewegen Sie die Maus über den Kreis oder den Cursor, wird der vollständige Benutzername angezeigt. Änderungen werden in

Echtzeit an alle Teilnehmer übermittelt. Verzögerungen sind natürlich abhängig vom Netzwerk möglich.

Abb. 16.8: Anzeige von Benutzern, die ebenfalls am Dokument arbeiten

Synology Office steht damit Google Docs in nichts nach. Außerdem sind Sie unabhängig und müssen Ihre Daten und Dokumente nicht aus der Hand geben. Problematisch ist Synology Office dann, wenn Sie auf Funktionen vollwertiger Office-Suiten angewiesen sind bzw. Dokumente regelmäßig darin bearbeitet werden müssen. Dazu müssen Sie das Dokument ständig hin und zurück konvertieren.

16.2 Das NAS als zentraler Kalender

Auf den eigenen Kalender von allen Geräten aus zuzugreifen, ist schon lange keine Besonderheit mehr. Erfreulich ist aber, dass man durch den eigenen Kalender-Server auf dem NAS unabhängig von anderen Diensten wird. Wechselt man zwischen Apple und Android oder anderen Anbietern, muss man die Kalender nicht migrieren.

16.2.1 Calendar installieren und einrichten

Das Paket *Calendar* finden Sie wie gewohnt im Paket-Zentrum. Calendar benötigt zusätzlich die Pakete *Synology Anwendungsdienst*, *PHP 7.2* und *Node js v8*. Diese können gleich direkt bei der Installation von Calendar mitinstalliert werden.

Abb. 16.9: Calendar macht aus Ihrem NAS einen zentralen Kalender.

Damit Calendar nicht über die Ports der DSM-Oberfläche läuft, sollten Sie im Anwendungsportal wieder eigene Ports aktivieren (siehe Abschnitt 11.1.1 »Benutzerdefinierte Ports«). Diese müssen Sie dann auch in der Firewall berücksichtigen (siehe Abschnitt 10.7 »Firewall«).

Hinweis

Für die Freigabe im Internet ist es wichtig, nicht die DSM-Ports zu nutzen. Aktivieren Sie die benutzerdefinierten Ports (20002 und 20003, sofern Sie keine eigenen vergeben). Richten Sie in Ihrem Router die Weiterleitung für 20003 (https) ein. Nicht vergessen: für das Internet immer nur https-Ports nutzen.

Genau wie Office ist der Kalender in die Weboberfläche von Drive integriert, kann aber auch über die Verknüpfung in DSM oder direkt über die im Anwendungsportal eingestellte URL geöffnet werden.

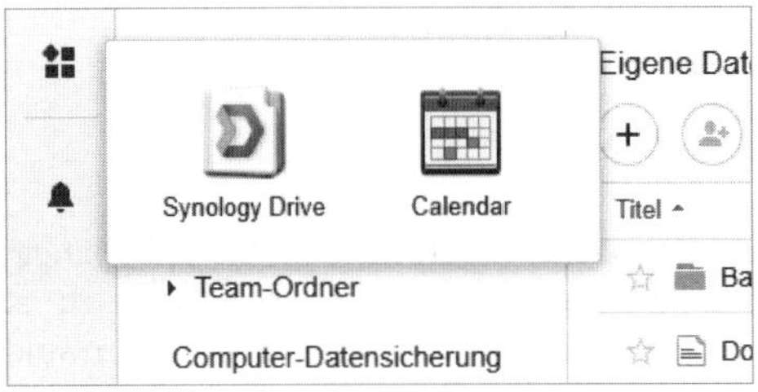

Abb. 16.10: Der Kalender ist auch über die Drive-Weboberfläche erreichbar.

Der Kalender ist nicht sofort für andere Benutzer verfügbar. Über SYSTEMSTEUERUNG|BERECHTIGUNGEN|CALENDAR|BEARBEITEN müssen Sie den Benutzern erst den Zugriff erteilen. Sie können aber im Reiter STANDARD-BERECHTIGUNGEN festlegen, dass neue Benutzer automatisch Zugriff erhalten. Alternativ können Sie die Berechtigungen auch über die Benutzer- bzw. Gruppenverwaltung einstellen. Für jeden Benutzer wird ein Standard-Kalender *My Calendar* angelegt. Es können aber selbst weitere Kalender erstellt werden.

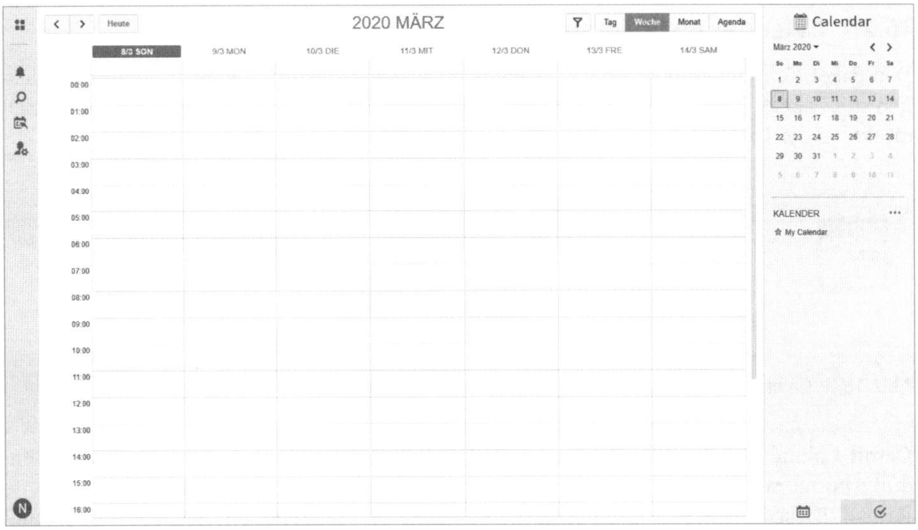

Abb. 16.11: Die Ansicht wirkt vertraut.

Die grafische Oberfläche birgt keine großen Überraschungen – sie ähnelt allen anderen (Online-)Kalendern. Als Administrator haben Sie in der linken Menüleiste Zugriff auf die Admin-Einstellungen. Dort können Beschränkungen für Dateigrößen festgelegt und Anhänge direkt vom NAS unterbunden werden.

Benachrichtigungen

Benachrichtigungen werden allen Benutzern angezeigt. Bei neuen Benachrichtigungen steht ihre Anzahl im farbigen Feld, ansonsten wird an dieser Stelle ein Glocken-Icon angezeigt.

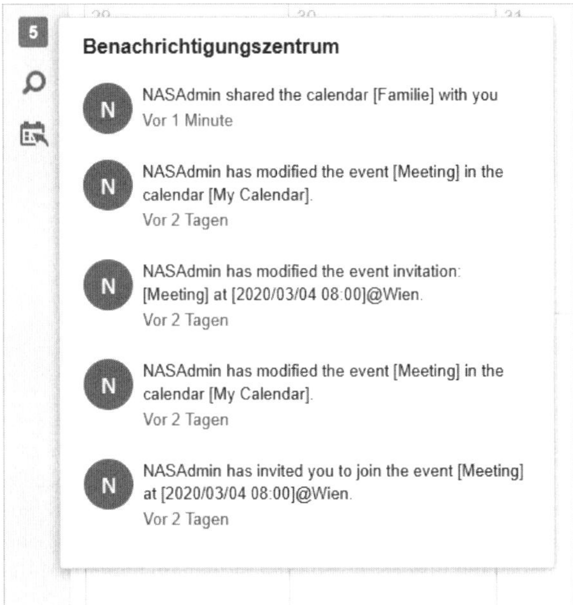

Abb. 16.12: Neue Benachrichtigungen für Termin-Einladungen und andere Ereignisse

Benutzereinstellungen

Links unten wird ein farbiger Kreis angezeigt. Darüber hat jeder Benutzer Zugriff auf die Profileinstellungen. Diese ähneln den persönlichen Einstellungen, die Sie über das Benutzer-Icon in der DSM-Taskleiste erreichen.

- PROFIL – Hier können Sie einige Profil-Angaben machen und ein Foto hochladen. Dieses Profil wird genutzt, wenn Sie andere Benutzer zu Kalenderereignissen hinzufügen.
- ALLGEMEIN – Hier legen Sie Sprache und Datumsformat fest. Sie können auch einen Standardwert festlegen, wann eine Erinnerung für Kalenderereignisse stattfindet. Dieser Wert wird automatisch für neue Ereignisse verwendet, kann aber für jedes Ereignis individuell beim Erstellen angepasst werden.

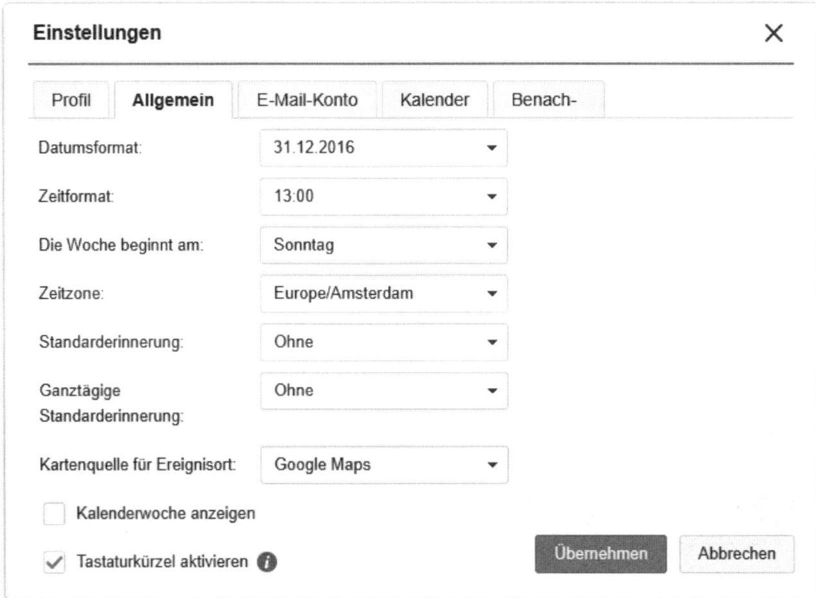

Abb. 16.13: Passen Sie die Datums- und Zeitformate nach Ihren Bedürfnissen an.

- E-MAIL-KONTO – Verknüpfen Sie hier E-Mail-Konten mit Ihrem DSM-Benutzerkonto, dieses wird für E-Mail-Benachrichtigungen verwendet.
- KALENDER – Hier können Sie Ihre Kalender exportieren, bearbeiten oder löschen.
- BENACHRICHTIGUNGEN – Hier können Sie die E-Mail-Benachrichtigung für den Kalender aktivieren. Dazu muss aber ein E-Mail-Konto mit dem DSM-Benutzerkonto verknüpft sein. Sofern Sie das noch nicht in den persönlichen Einstellungen in DSM getan haben (siehe Abschnitt 3.1.6 »DSM personalisieren«), können Sie das im Reiter E-MAIL-KONTO nachholen.

  Über KALENDERLISTE können Sie die Benachrichtigungen für jeden Kalender individuell aktivieren. Unter GERÄTELISTE finden Sie eine Liste aller Geräte, die mit dem Kalender verbunden sind. Außerdem haben Sie die Möglichkeit, eine Erweiterung für Ihren Browser (sofern unterstützt) zu installieren. Mit dieser Erweiterung erhalten Sie Push-Benachrichtigungen über Kalenderereignisse in Ihrem Browser.

16.2.2 Einen neuen Kalender erstellen

1. Öffnen Sie das Dreipunktemenü im Bereich KALENDER.
2. Wählen Sie ERSTELLEN.
3. Sie können für den Kalender einen Namen und eine Beschreibung vergeben sowie eine Farbe festlegen. Benachrichtigungen sind automatisch aktiviert, können aber hier deaktiviert werden.
4. Im Reiter FREIGEBEN können Sie den Kalender öffentlich oder mit anderen Nutzern teilen. Mehr dazu lesen Sie in Abschnitt 16.2.6 »Kalender freigeben«.
5. Klicken Sie auf SPEICHERN.

Abb. 16.14: Erstellen Sie nach Belieben neue Kalender.

Jeder Kalender hat seine eigenen Einstellungen. Diese erreichen Sie über das Dropdown-Menü. Klicken Sie dazu auf den kleinen Pfeil, der eingeblendet wird, wenn Sie die Maus über den Kalendernamen bewegen.

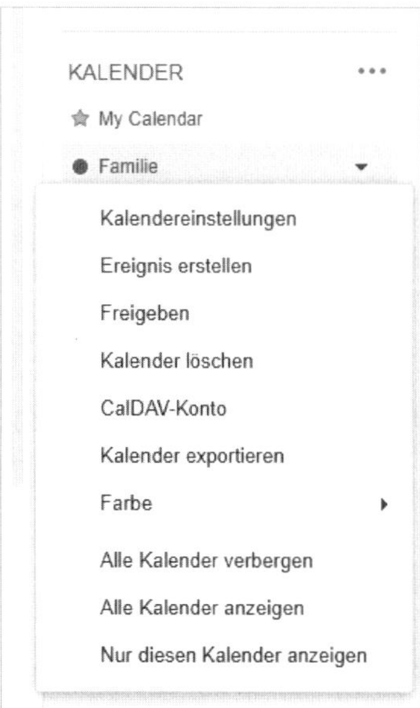

Abb. 16.15: Das Kalendermenü erreichen Sie über den kleinen Pfeil neben dem Kalender-Eintrag.

16.2.3 Einen Kalender importieren

1. Öffnen Sie das Dreipunktemenü im Bereich KALENDER.
2. Wählen Sie IMPORTIEREN.
3. Wählen Sie EINEN ICALENDAR (.ICS) IMPORTIEREN.
4. Durchsuchen Sie die Festplatte nach der ics-Datei.
5. Sie können einen neuen Kalender anlegen oder die Termine in einen neuen Kalender importieren.
6. Im nächsten Schritt wird der Kalender importiert.

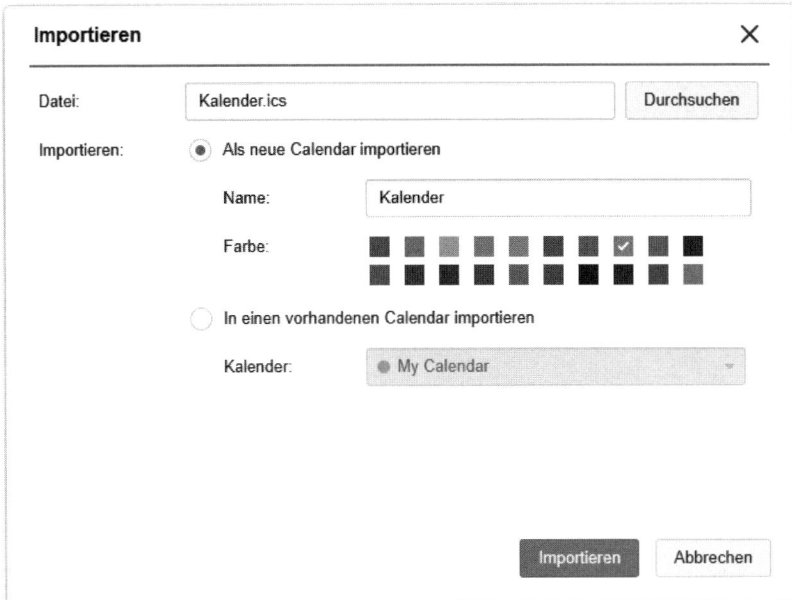

Abb. 16.16: Exportieren Sie andere Kalender als ics-Datei, können Sie diese in Calendar importieren.

Alternativ können Sie auch Ihren Google Kalender importieren. Dazu muss Ihr Synology-Kalender über das Internet erreichbar sein (siehe Kapitel 9). Während des Imports müssen Sie sich bei Ihrem Google-Konto anmelden und dem Synology-Kalender den Zugriff auf Ihren Google-Kalender erlauben.

16.2.4 Einen Termin erstellen

Es gibt zwei Wege, einen neuen Termin zu erstellen: direkt in der Kalenderansicht oder über das Kalendermenü.

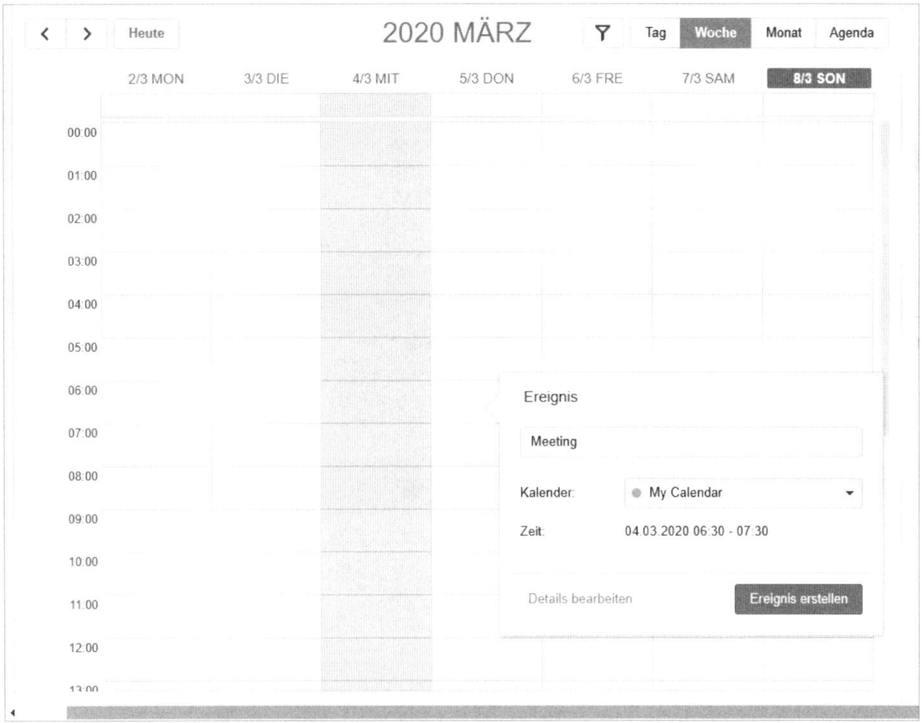

Abb. 16.17: Ein Klick auf den gewünschten Zeitslot reicht, um schnell einen Termin zu erstellen.

Um einen Termin direkt in der Kalenderansicht zu erstellen, gehen Sie wie folgt vor:

1. Klicken Sie einfach im Kalenderbereich den Tag oder die Uhrzeit an, zu der Sie einen Termin eintragen möchten.
2. Vergeben Sie einen Namen und wählen Sie den Kalender aus, in dem der Termin erstellt werden soll.
3. Unter DETAILS BEARBEITEN können Sie noch weitere Einstellungen vornehmen:
   - Legen Sie den genauen Zeitraum für das Ereignis fest (inkl. Zeitzone). Hinter der Checkbox mit der seltsamen Übersetzung ALLE TAGESEREIGNISSE stecken ganztägige Ereignisse. Auch Serientermine lassen sich hier erstellen.
   - Unter EREIGNISDETAILS können Sie einen Ort festlegen. Beginnen Sie zu tippen, es werden Vorschläge anhand der Eingabe gemacht. Sie können auch die Benachrichtigungszeit von der Vorgabe in den Benutzereinstellungen (siehe Abschnitt »Benutzereinstellungen«, Seite 409) abweichend anpassen und Dateien anhängen. Dabei haben Sie die Wahl, eine Datei vom Computer hochzuladen oder direkt vom NAS zu wählen.
   - Im Reiter BESCHREIBUNG können Sie eine genaue Terminbeschreibung oder Informationen für Teilnehmer eingeben.
   - Im Reiter GÄSTELISTE können Sie DSM-Benutzer hinzufügen, aber auch E-Mail-Adressen.

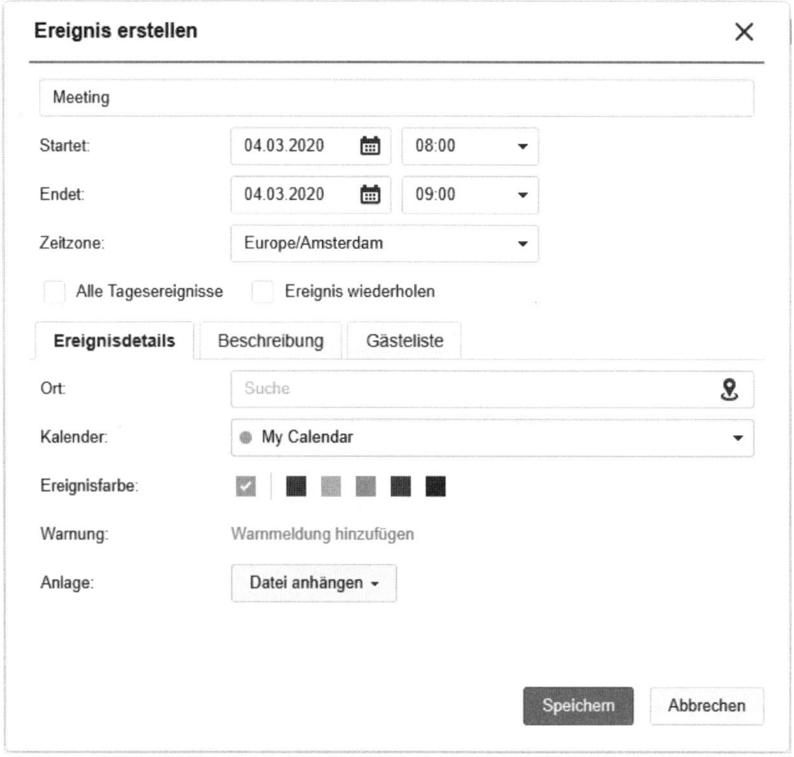

Abb. 16.18: Die Detaileinstellungen für den neuen Termin

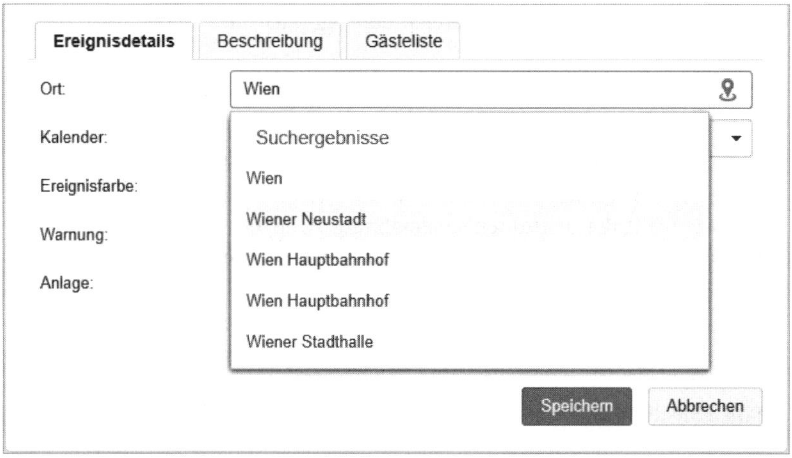

Abb. 16.19: Der Ort lässt sich später auf Google Maps anzeigen.

Abb. 16.20: Laden Sie DSM-Benutzer oder andere Personen (via E-Mail) ein.

4. Speichern Sie den Termin. Haben Sie Gäste hinzugefügt, werden Sie gefragt, ob Sie ihnen E-Mail-Einladungen verschicken wollen. DSM-Benutzer bekommen nur dann eine E-Mail, wenn sie ihr Konto mit einem E-Mail-Konto verknüpft haben. Sie bekommen eine Meldung, bei welchen Benutzern das nicht der Fall ist.

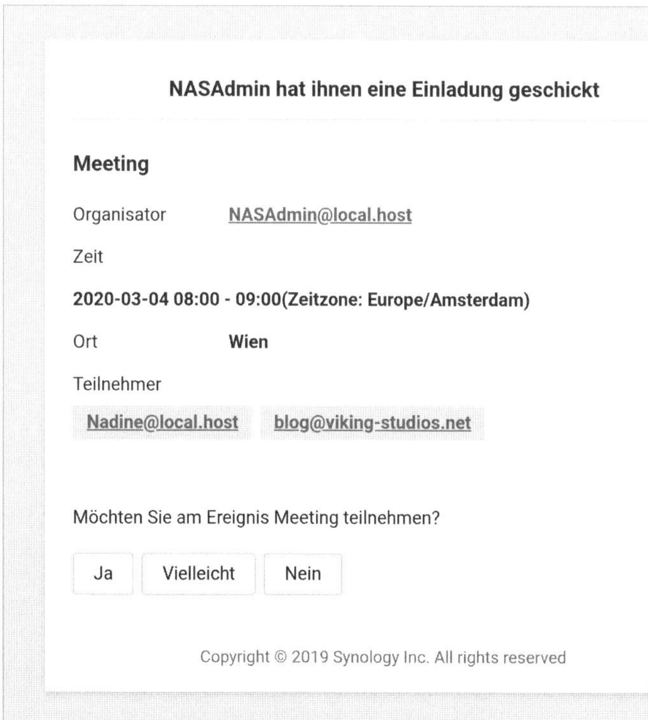

Abb. 16.21: Die E-Mail-Einladung

Der alternative Weg, einen Termin zu erstellen, führt über das Kalendermenü. Öffnen Sie das Kalendermenü und wählen Sie EREIGNIS ERSTELLEN. Sie gelangen direkt in die Detailansicht. Als Zeitraum ist der aktuelle Tag und die aktuelle Stunde ausgewählt, auch der Kalender ist vorausgewählt, kann aber immer noch geändert werden.

Termine können nachträglich bearbeitet oder gelöscht werden. Klicken Sie dazu das Ereignis im Kalender an und klicken Sie auf DETAILS BEARBEITEN oder das Mülltonnen-Icon.

Mit einem Klick auf AGENDA gelangen Sie zur Listenansicht all Ihrer Termine. Auch hier können Sie neue Termine erstellen. Die Besonderheit: Nur in der Agenda können Sie auf den hinterlegten Ort des Termins klicken. Dieser wird dann in einem neuen Ort auf Google Maps angezeigt. In der Kalenderansicht funktioniert das leider nicht.

Bewegen Sie die Maus über einen Termin, erscheint ein Pfeil, mit dem Sie ihn ausklappen können. Sie sehen so weitere Details. Mit ALLE EINBLENDEN können Sie das für alle aufgelisteten Termine machen. ALLE EINKLAPPEN zeigt die Termine wieder in der minimierten Form.

Sie können Ihre Kalender ein- bzw. ausblenden. Klicken Sie dazu auf den jeweiligen Kalender in der Kalenderliste. Ist das Icon neben dem Kalender ausgefüllt, wird er angezeigt, ist nur die Umrandung des Icons sichtbar, wird er nicht angezeigt.

16.2.5 Aufgaben und Aufgabenlisten

Ein Kalender ist kein vollwertiger Kalender, wenn er nicht auch Aufgaben handhaben kann. Mit Calendar können Sie Ihre Aufgaben in Listen organisieren.

Wechseln Sie dazu in die Aufgaben-Ansicht. Die Ansicht können Sie über die beiden Schaltflächen links unten umschalten.

Aufgabenlisten erstellen

1. Öffnen Sie das Menü (drei Balken).
2. Klicken Sie auf HINZUFÜGEN.
3. Vergeben Sie einen Namen für die neue Liste.
4. Klicken Sie auf SPEICHERN.

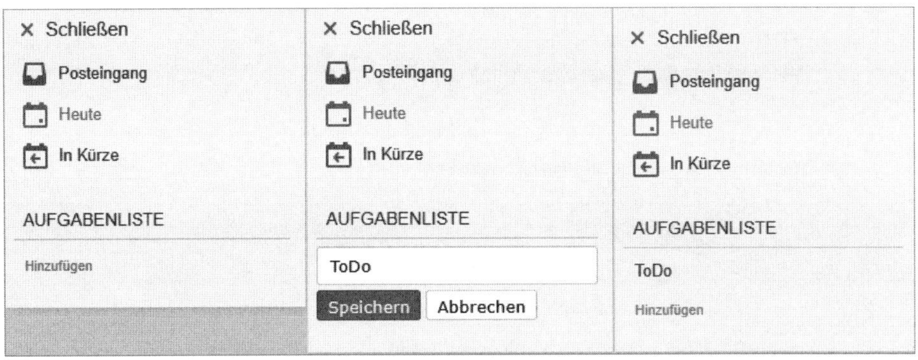

Abb. 16.22: Hinzufügen einer Aufgabenliste

Die Liste wird jetzt unter AUFGABENLISTE angezeigt. Sie können durch Anklicken zwischen die Listen hin und her schalten.

Aufgaben erstellen

1. Wählen Sie die gewünschte Aufgabenliste.
2. Klicken Sie in die Textbox HIER EINE AUFGABE EINGEBEN.

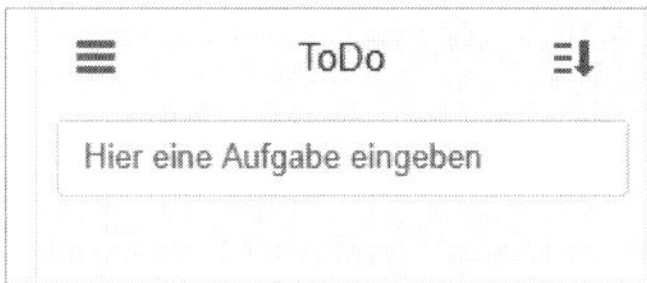

Abb. 16.23: Einfach hineinklicken, um eine neue Aufgabe zu erstellen

3. Vergeben Sie einen Namen für die Aufgabe.
4. Möchten Sie ein Fälligkeitsdatum festlegen, klicken Sie auf das Kalender-Icon und stellen Sie Datum und optional auch eine Uhrzeit ein.

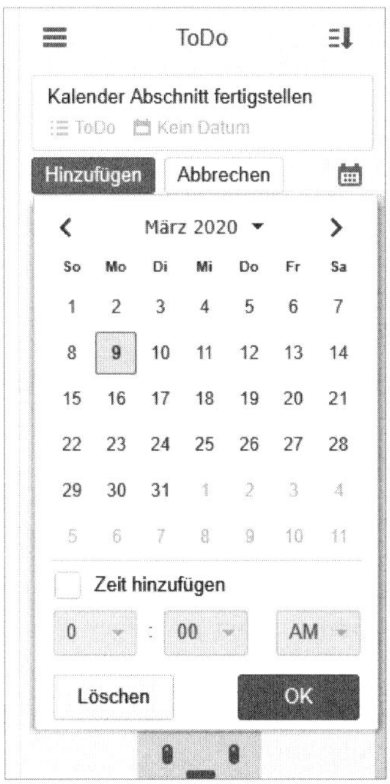

Abb. 16.24: Erstellen Sie optional ein Fälligkeitsdatum für die Aufgabe.

5. Klicken Sie auf HINZUFÜGEN.

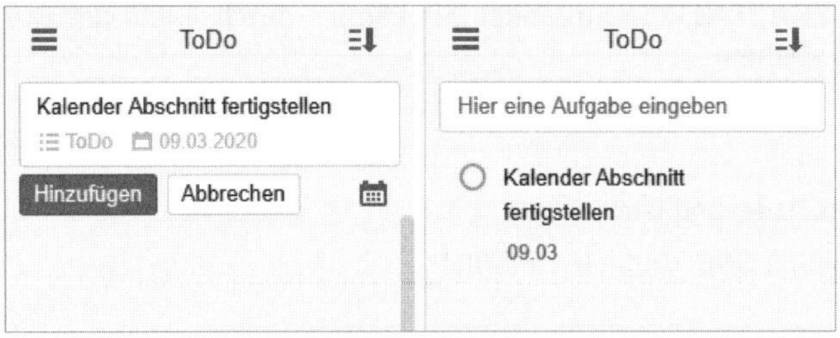

Abb. 16.25: Die Aufgabe wird nach dem Hinzufügen direkt in der Liste angezeigt.

Sie können die Aufgaben in der Liste anordnen. Bewegen Sie dazu die Maus über den Eintrag. Auf der linken Seite des Eintrags erscheint ein Icon. Ziehen Sie daran den Eintrag an die gewünschte Stelle in der Liste (siehe Abbildung 16.26).

Sie können Aufgaben bearbeiten oder löschen. Öffnen Sie dazu das Dreipunktemenü. Es erscheint, wenn Sie die Maus über den Eintrag bewegen.

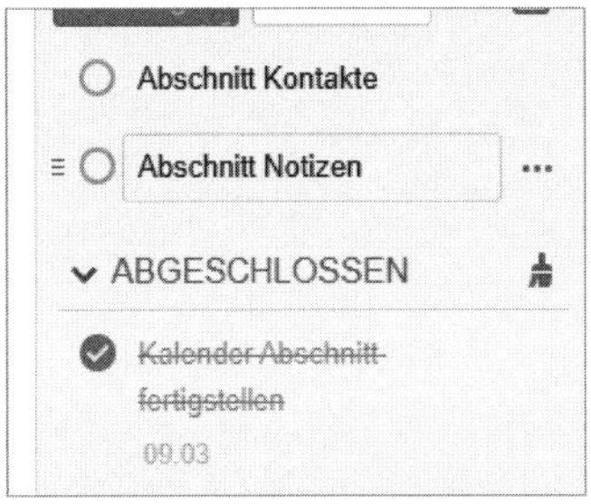

Abb. 16.26: Abgeschlossene Aufgaben werden angezeigt, können aber alle mit einem Klick gelöscht werden.

Durch einen Klick auf den Kreis wird die Aufgabe abgeschlossen. Sie wird unter ABGESCHLOSSEN angezeigt. Diesen Bereich können Sie ein- und ausklappen. Klicken Sie auf das Pinsel-Icon, können Sie die beendeten Aufgaben entfernen.

16.2.6 Kalender freigeben

Natürlich können Sie Ihre Kalender auch freigeben bzw. mit anderen teilen. Einzige Ausnahme stellt der Kalender *My Calendar* dar – dieser ist nur für den jeweiligen Benutzer gedacht und kann nicht freigegeben werden.

Sie können Kalender bereits beim Erstellen über den Reiter FREIGEBEN freigeben. Um einen Kalender nachträglich freizugeben, gehen Sie wie folgt vor:

1. Öffnen Sie das Kalendermenü (kleiner Pfeil neben dem Kalender im Bereich KALENDER).
2. Wählen Sie FREIGEBEN.
3. Kalender können wie alle anderen Elemente Ihres NAS mit der Öffentlichkeit oder mit anderen Benutzern geteilt werden.

- Damit ein Kalender bearbeitet werden kann, ist ein DSM-Benutzer erforderlich, der Zugang zu Calendar hat. Mit der Öffentlichkeit können Sie den Kalender nur zum Lesen teilen. Wählen Sie dazu unter ÖFFENTLICHE FREIGABE die Berechtigung NUR LESEN. Der Kalender ist über den angezeigten Link aufrufbar. Möchten Sie ihn nicht mit anderen Benutzern teilen, belassen Sie die Berechtigung auf KEIN ZUGRIFF.
- Um den Kalender mit anderen Benutzern zu teilen, wählen Sie die Benutzer aus dem Dropdown-Menü bzw. geben Sie deren Namen ein. Es werden nur Benutzer aufgelistet, die auch Zugriff auf Calendar haben. Sie können jedem Benutzer individuell eine Berechtigung zuteilen, entweder darf er den Kalender nur lesen oder lesen und bearbeiten.

4. Aktivieren Sie die Freigabe, indem Sie auf SPEICHERN klicken.

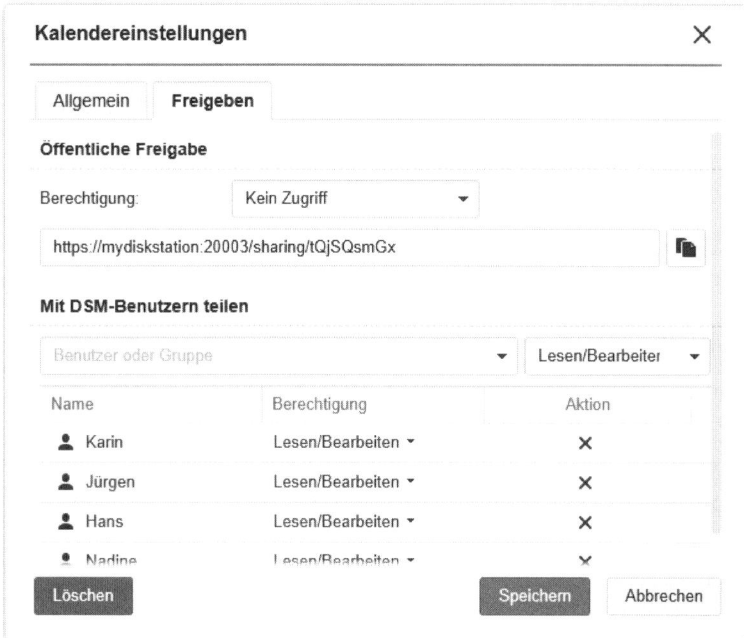

Abb. 16.27: Fügen Sie berechtigte DSM-Benutzer hinzu oder geben Sie den Kalender-Link für die Öffentlichkeit frei.

Die hinzugefügten Benutzer erhalten eine Benachrichtigung. Der freigegebene Kalender wird ihnen auf der rechten Seite im Bereich SONSTIGES angezeigt. Für den Ersteller des Kalenders ändert sich die Anzeige nicht.

Freigaben können Sie auch ganz einfach rückgängig machen. Öffnen Sie dazu die Freigabeeinstellung wie oben beschrieben und entfernen Sie einzelne oder alle Benutzer. Öffentliche Freigaben beenden Sie, indem Sie die Berechtigung auf KEIN ZUGRIFF setzen.

Abb. 16.28: Kalenderansicht für Benutzer, die zu einem anderen Kalender hinzugefügt wurden

16.2.7 Kalender exportieren

Kalender können ganz einfach als ics-Datei exportiert werden. Öffnen Sie dazu das Kalendermenü und wählen Sie KALENDER EXPORTIEREN. Die ics-Datei wird über den Browser heruntergeladen.

16.2.8 Kalender über CalDAV einbinden

Eine Kalender-App für Ihr Smartphone gibt es von Synology nicht, allerdings können Sie Ihren Kalender über CalDAV einbinden.

CalDAV und Outlook

Outlook hat von Haus aus keine Unterstützung für CalDAV. Es gibt aber ein Open-Source-Plugin, den *Outlook CalDav Synchronizer* (`https://caldavsynchronizer.org`).

1. Laden Sie den *CalDav Synchronizer* herunter.
2. Installieren Sie das Plugin.
3. Öffnen Sie Outlook.
4. Der CalDav Synchronizer hat ein eigenes Menü, öffnen Sie dieses.

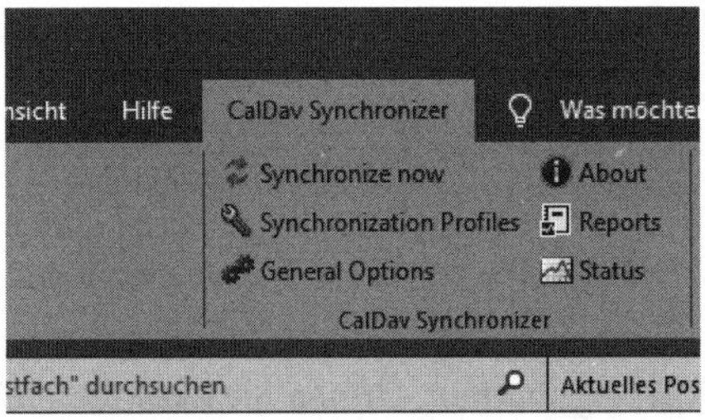

Abb. 16.29: Das neue Menü in Outlook

5. Nutzen Sie das Synology-Zertifikat oder ein selbst signiertes Zertifikat, müssen Sie unter GENERAL OPTIONS|SSL/TLS SETTINGS den Haken bei DISABLE CERTIFICATE VALIDATION setzen, damit es akzeptiert wird.

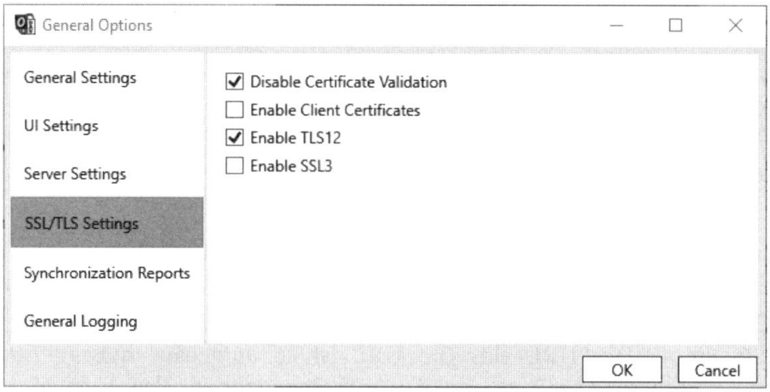

Abb. 16.30: Die Option ist notwendig, sonst werden selbst signierte Zertifikate nicht akzeptiert.

6. Klicken Sie auf SYNCHRONISATION PROFILES.
7. Klicken Sie auf das grüne Plus, um ein neues Profil zu erstellen.
8. Wählen Sie GENERIC CALDAV/CARDDAV und klicken Sie auf OK.
9. Jetzt müssen Sie das Profil konfigurieren:
   - Vergeben Sie einen Namen für das Profil.
   - Wählen Sie unter OUTLOOK SETTINGS|OUTLOOK FOLDER über den Button mit den drei Punkten den Eintrag KALENDER, sofern Sie den Outlook-Standard-Kalender nutzen möchten. Sie können auch einen neuen Ordner anlegen (ORDNER AUSWÄHLEN|NEU...), dieser muss Elemente vom Typ KALENDER enthalten.

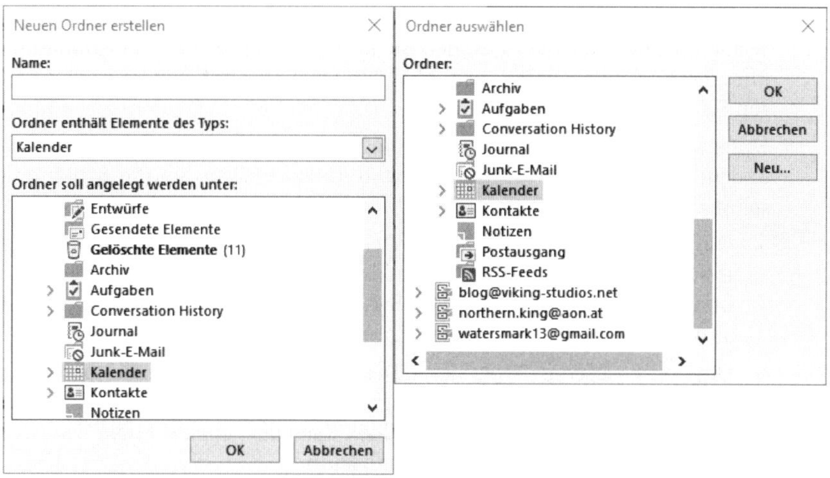

Abb. 16.31: Wählen Sie einen neuen Ordner mit Kalender-Elementen (links) oder nutzen Sie den Standard-Kalender (rechts).

Achtung

Möchten Sie mehrere Kalender in Outlook einbinden, müssen Sie unbedingt neue Ordner anlegen. Wählen Sie jedes Mal denselben Ordner, werden alle externen Kalender in einem Outlook-Kalender zusammengefasst. Erstellen Sie in Outlook einen neuen Termin, wird dieser in allen externen Kalendern eingetragen.

- Sie können die Option SYNCHRONIZE ITEMS IMMEDIATELY AFTER CHANGE aktivieren, dann werden Änderungen sofort synchronisiert, ansonsten werden sie erst manuell oder über das Intervall synchronisiert.
- Fügen Sie die CalDAV-URL ein. Die URL ist so aufgebaut `https://`*`<NAS-Adresse>`*`:`*`<CalendarHttpsPort>`*`/caldav/`*`<DSMBenutzer>`*`/`, also beispielsweise `https://mydiskstation:20003/caldav/NASAdmin/`. Die URL können Sie sich aber auch anzeigen lassen. Klicken Sie dazu in Calendar im Kalendermenü auf CALDAV-KONTO.

Hinweis

QuickConnect funktioniert hier nicht. Wollen Sie über das Internet auf den Kalender zugreifen, benötigen Sie eine DynDNS-Domain oder eine eigene Domain (siehe Abschnitt 9.2 »Externen Zugriff einrichten«). Lokal können Sie auch die lokale IP Ihres NAS anstatt den NAS-Namen verwenden.

- Geben Sie noch die Logindaten Ihres DSM-Benutzers an.
- Klicken Sie auf TEST OR DISCOVER SETTINGS, um zu prüfen, ob die Angaben korrekt sind.
- Es öffnet sich ein weiteres Fenster, das Ihnen alle Kalender Ihres Benutzers anzeigt. Wählen Sie den Kalender aus, den Sie importieren möchten. Sie können pro Profil nur einen Kalender hinzufügen. Möchten Sie mehrere Kalender importieren, müssen Sie mehrere Profile anlegen.
- Unter SYNC SETTINGS können Sie festlegen, wie die Synchronisierung ablaufen soll und in welchem Intervall. Mit MANUAL ONLY müssen Sie die Synchronisierung selbst anstoßen.
  - Outlook --> Server (Replicate) – Der Kalender wird zum NAS übertragen und ersetzt den dortigen Kalender. Änderungen am Synology-Kalender werden nicht heruntergeladen und bei jedem Sync überspeichert. Der Synology-Kalender ist also ein 1:1-Backup des Outlook-Kalenders.
  - Outlook <-- Server (Replicate) – Der Kalender wird vom NAS heruntergeladen und überschreibt den Outlook-Kalender. Änderungen in Outlook werden nicht an den Server geschickt. Der Outlook-Kalender ist eine Kopie des NAS-Kalenders, die lokal nicht geändert werden kann.
  - Outlook --> Server (Merge) – Termine aus dem Outlook-Kalender werden zum NAS übertragen und dort in den Kalender eingetragen. Termine aus dem Synology-Kalender werden aber nicht an Outlook übertragen.

- Outlook <-- Server (Merge) – Termine werden heruntergeladen und im Outlook-Kalender eingefügt. Neue Termine, die in Outlook erstellt wurden, werden aber nicht hochgeladen.
- Outlook <--> Server (Two-Way) – Die Kalender werden stets synchron gehalten, egal wo bzw. wie neue Termine angelegt werden.

10. Klicken Sie auf OK.

Mit SYNCHRONIZE NOW können Sie die Synchronisierung manuell starten. Nutzen Sie nicht den Standard-Kalender, wird der Kalender als eigener Eintrag angezeigt.

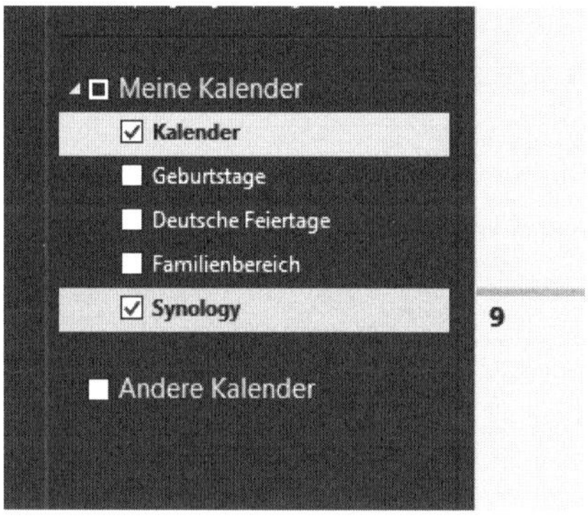

Abb. 16.32: Einblenden von Kalendern in Outlook

Hinweis

Für das kostenlose Mail-Programm Thunderbird gibt es eine Erweiterung namens *Lightning*. Damit können Sie CalDAV in Thunderbird nutzen.

CalDAV und Android

Auch in Android ist CalDAV nicht integriert. Hier sei die App *DAVx5 – CalDAV/CardDAV-Client* empfohlen. Die App ist zwar kostenpflichtig, aber sie ist ihr Geld wert.

Hinweis

Die Empfehlung stammt nicht nur von mir, sondern auch aus Fachkreisen. Es gibt noch andere Apps – auch kostenlose –, diese sind aber alle im Funktionsumfang eingeschränkt.

1. Installieren Sie die App aus dem Play Store.
2. Starten Sie die App.
3. Tippen Sie auf den Kreis mit dem Plus.
4. Wählen Sie MIT URL UND BENUTZERNAME ANMELDEN.
5. Geben Sie die CalDAV-URL und Ihre DSM-Benutzerdaten ein.

Hinweis

Verwenden Sie statt dem NAS-Namen die lokale IP oder, bei Zugriff außerhalb des eigenen Heimnetzes Ihre (DynDNS)-Domain.

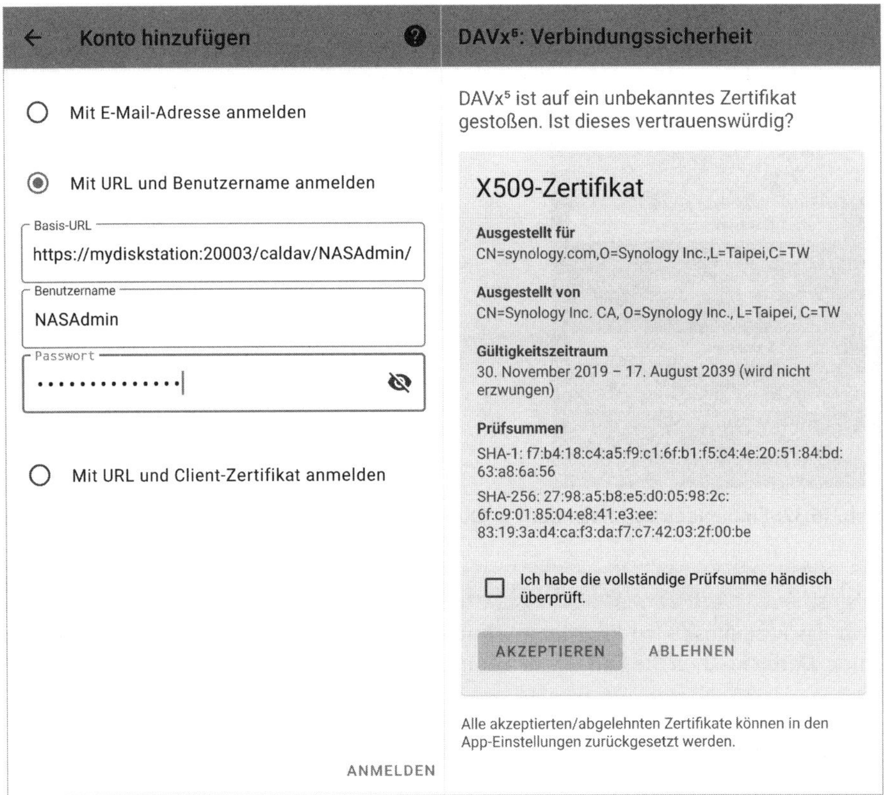

Abb. 16.33: Links: das Konto erstellen; rechts: das Zertifikat akzeptieren

6. Sie sehen das Zertifikat Ihres NAS und müssen dieses bestätigen.
7. Die App bezieht die Kalenderkonfigurationen, dies kann einen Moment dauern.
8. Vergeben Sie einen Namen für das hinzugefügte Konto.
9. Tippen Sie auf KONTO ANLEGEN.
10. Jetzt müssen Sie noch den/die gewünschten Kalender konfigurieren. Tippen Sie dazu auf das Konto.
11. Tippen Sie auf das Zahnrad-Icon neben dem Kontonamen. Hier können Sie die Synchronisierungseinstellungen festlegen.
12. Tippen Sie die Kalender an, die Sie synchronisieren wollen. Sie können auch Aufgabenlisten synchronisieren.
13. Tippen Sie auf den Kreis mit den Pfeilen, um die Kalender zu synchronisieren.

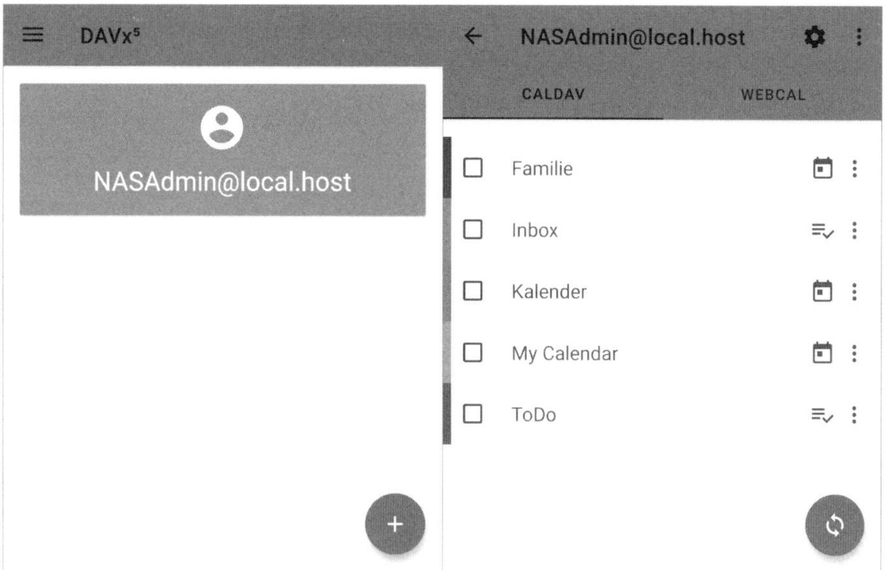

Abb. 16.34: Links: Tippen Sie für die Einstellungen auf das Konto; rechts: Wählen Sie die Kalender, die Sie synchronisieren möchten.

Die Kalender sind jetzt in Ihrer Kalender-App verfügbar und können bei der Erstellung neuer Termine ausgewählt werden. Anzeige und Auswahl hängen von der von Ihnen verwendeten Kalender-App ab.

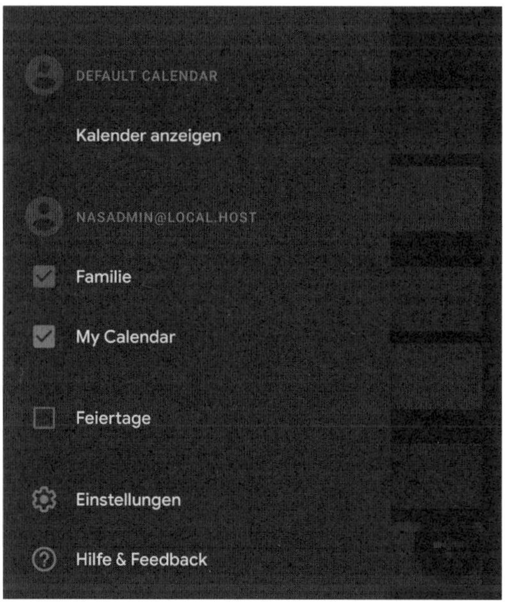

Abb. 16.35: In Android steht der Kalender jetzt zur Auswahl zur Verfügung.

CalDAV und Apple

Einen CalDAV-Kalender unter Apple einbinden, geht denkbar einfach.

1. Öffnen Sie SYSTEMEINSTELLUNGEN|INTERNETACCOUNTS.

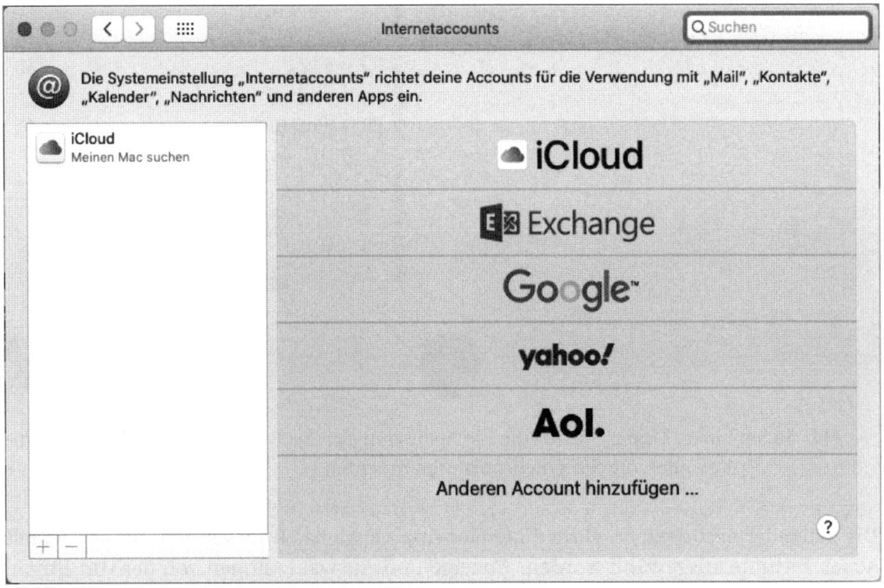

Abb. 16.36: CalDAV versteckt sich in den Internetaccounts ...

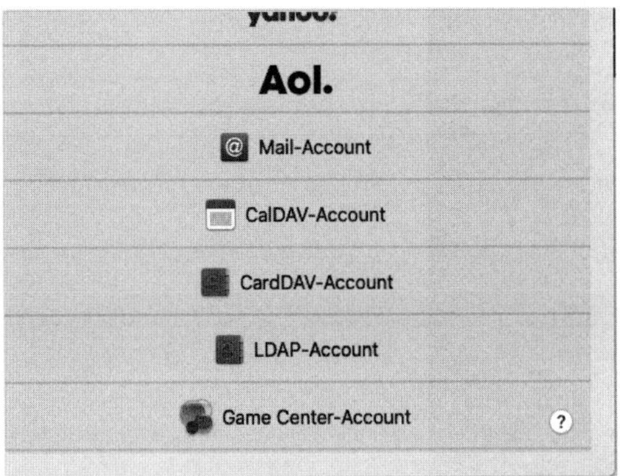

Abb. 16.37: ... unter ANDEREN ACCOUNT HINZUFÜGEN...

2. Klicken Sie auf ANDEREN ACCOUNT HINZUFÜGEN ...|CALDAV-ACCOUNT.
3. Wählen Sie als ACCOUNTTYP ERWEITERT. Geben Sie Benutzername und Passwort des DSM-Benutzers an, dessen Kalender Sie hinzufügen möchten. Suchen Sie die CalDAV-Adresse für den Kalender, den Sie hinzufügen möchten (siehe oben), und teilen Sie sie

auf. Der Servername (bis exklusive Doppelpunkt) gehört in das Feld SERVERADRESSE, der Pfad (Teil nach der Portnummer) gehört in das Feld SERVERPFAD und der Port gehört in das eigene Feld (siehe Abbildung 16.38). Gehen Sie sicher, dass SSL VERWENDEN angehakt ist, und klicken Sie auf ANMELDEN.

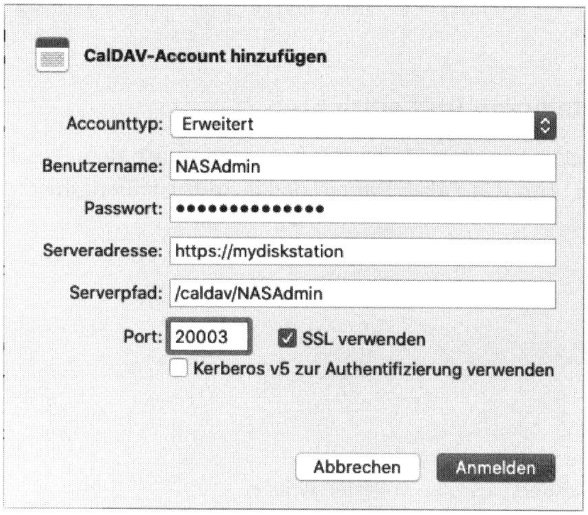

Abb. 16.38: Die CalDAV-Adresse muss hier aufgeteilt werden.

4. Der Account wird hinzugefügt. Unter VERWENDEN MIT sollte der Apple-Kalender bereits ausgewählt sein.

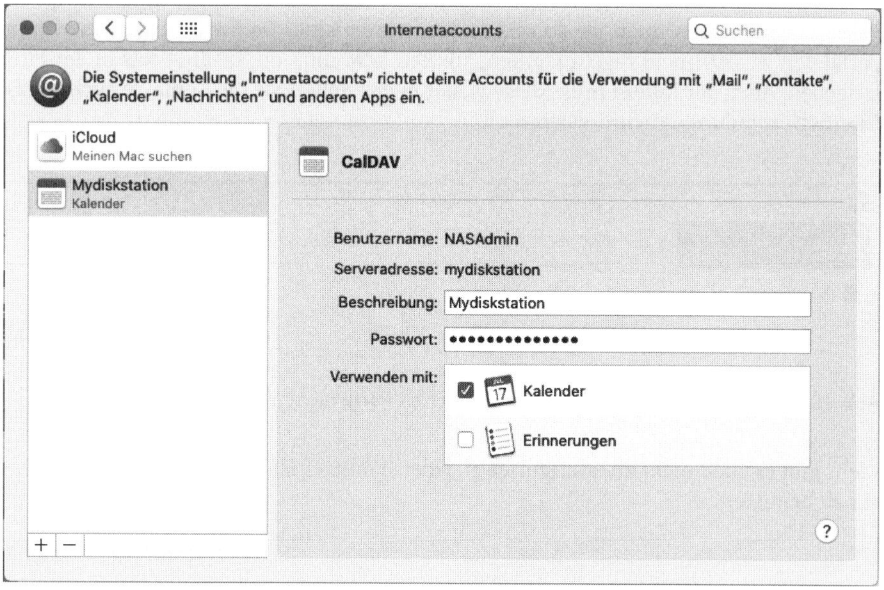

Abb. 16.39: Mehr ist aber nicht notwendig, um den Kalender hinzuzufügen.

16.3 Das NAS als Kontaktverwaltung

Wer seine Termine verwaltet und auf alle Geräte synchronisiert, der möchte auch seine Kontakte synchron halten. Das lässt sich zwar mit Apple und Google über deren Cloud lösen, funktioniert aber nur innerhalb der eigenen Umgebung gut. Außerdem möchte nicht jeder seine Kontakte der Cloud anvertrauen. Auch hierfür gibt es eine Lösung von Synology.

16.3.1 CardDAV Server installieren und einrichten

Nein, das Paket heißt nicht »Contacts«. Suchen Sie im Paket-Zentrum nach dem Synology-Paket *CardDAV Server*. Zusätzlich wird das Paket *Python Module* mitinstalliert, ansonsten läuft die Installation ab wie immer.

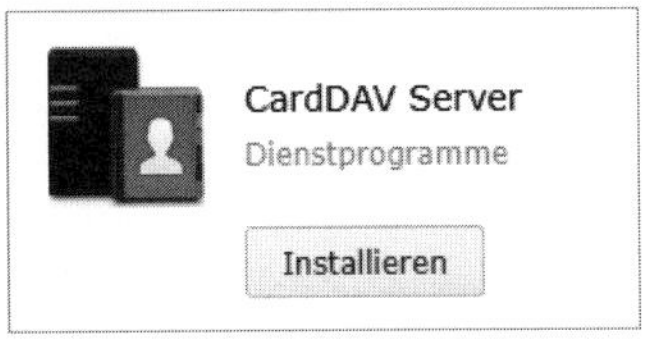

Abb. 16.40: Manche Pakete heißen anders, als man erwarten würde.

Diesmal führt Sie die Konfiguration nicht zuerst ins Anwendungsportal, denn dort taucht der CardDAV Server nicht auf. Auch unter SYSTEMSTEUERUNG|BERECHTIGUNGEN finden Sie das Paket nicht.

Öffnen Sie die Anwendung über das DSM-Menü. Mehr als die Port-Einstellungen sind im ersten Bereich nicht vorhanden. Aktivieren Sie unbedingt die Umleitung von HTTP zu HTTPS. Die Ports können Sie so verwenden, wie sie sind. Da Sie über das Anwendungsportal den Zugriff nicht regeln können, können bzw. müssen Sie die Ports in der Firewall freigeben. Auch der Router muss diese weiterleiten, wollen Sie die Kontakte auch über eine Internetverbindung synchronisieren.

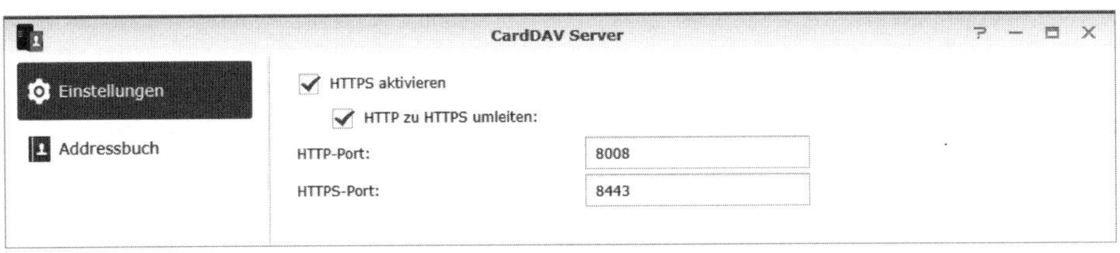

Abb. 16.41: Hier finden Sie die benutzerdefinierten Ports nicht im Anwendungsportal.

Mehr gibt es auch nicht zu konfigurieren, jeder Benutzer ist berechtigt, den CardDAV Server zu benutzen.

16.3.2 Geräte mit dem CardDAV Server verbinden

Sie können Kontakte von einer Vielzahl von Geräten und Diensten mit dem NAS synchronisieren. Wie bei CalDAV beherrschen einige Geräte CardDAV von Haus aus, andere benötigen ein Plugin. Das Gute ist, für Outlook und Android sind dieselben Plugins notwendig, die auch für die CalDAV-Unterstützung sorgen.

Unabhängig vom Gerät benötigen Sie zwei Dinge:

- Benutzerdaten eines DSM-Benutzers
- Die CardDAV-URL. Diese setzt sich nach folgendem Muster zusammen:

```
<NAS-Adresse>:<Portnummer>/addressbooks/users/<Benutzername>/
addressbook/
```

  - NAS-Adresse – Hier können Sie lokal den NAS-Namen oder die IP verwenden, für Zugriffe aus dem Internet benötigen Sie eine (DDNS-)Domain.
  - Portnummer – Verwenden Sie den https-Port 8443 (bzw. die von Ihnen gewählte Nummer).
  - Benutzername – Wählen Sie den Namen Ihres DSM-Benutzers.

Ein Beispiel für die URL könnte so aussehen:

```
mydiskstation.synology.me:8443/adressbook/users/NASAdmin/addressbook/
```

Kontakte mit Outlook synchronisieren

Der CalDav Synchronizer ermöglicht Ihnen auch die Synchronisierung Ihrer Kontakte. Wie Sie das Outlook-Plugin installieren, lesen Sie in Abschnitt »CalDAV und Outlook«, Seite 420 nach.

1. Öffnen Sie das CalDav-Synchronizer-Menü in Outlook.
2. Fügen Sie ein neues Synchronization Profile hinzu.
3. Wählen Sie Generic CalDAV/CardDAV.
4. Nehmen Sie folgende Profileinstellungen vor:
   a. Vergeben Sie einen Profilnamen.
   b. Wählen Sie einen Outlook-Ordner, entweder den Standard-Kontakte-Ordner oder Sie legen einen neuen Ordner an (als Elementtyp wählen Sie Kontakt).
   c. Fügen Sie CardDAV-URL und Benutzerdaten ein. Es muss unbedingt `https://` am Beginn der URL stehen und sie muss mit einem Slash (/) enden.
   d. Wählen Sie die Synchronisierungseinstellungen nach Bedarf.
5. Klicken Sie auf Test or discover settings, um zu prüfen, ob die Angaben korrekt sind.
6. Klicken Sie auf OK.

Welche Kontakte wann in welche Richtung synchronisiert werden, hängt von den Synchronisierungseinstellungen ab.

Kontakte mit Android synchronisieren

Sie können für Android eine App herunterladen, die Card-DAV unterstützt. Benötigen Sie Kalender- und Kontaktsynchronisierung, empfiehlt sich die App *DAVx⁵ – CalDAV/CardDAV-Client*.

1. Öffnen Sie die App.
2. Fügen Sie ein neues Profil hinzu.

Hinweis

Auch wenn DAVx⁵ CalDAV und CardDAV in einem Profil organisieren kann, benötigen Sie für beides ein separates Profil, da die Adressen für CalDAV und CardDAV auf Ihrem NAS unterschiedlich sind.

3. Öffnen Sie das Profil und wählen Sie das Adressbuch aus, das Sie synchronisieren möchten. Sollte das Adressbuch zwei Mal erscheinen, sehen Sie sich in den Einstellungen die Serveradresse an und wählen Sie das Adressbuch mit der richtigen Adresse (siehe Abbildung 16.42).
4. Passen Sie die Einstellungen Ihren Bedürfnissen an.
5. Führen Sie eine erste Synchronisierung durch und schließen Sie die App.

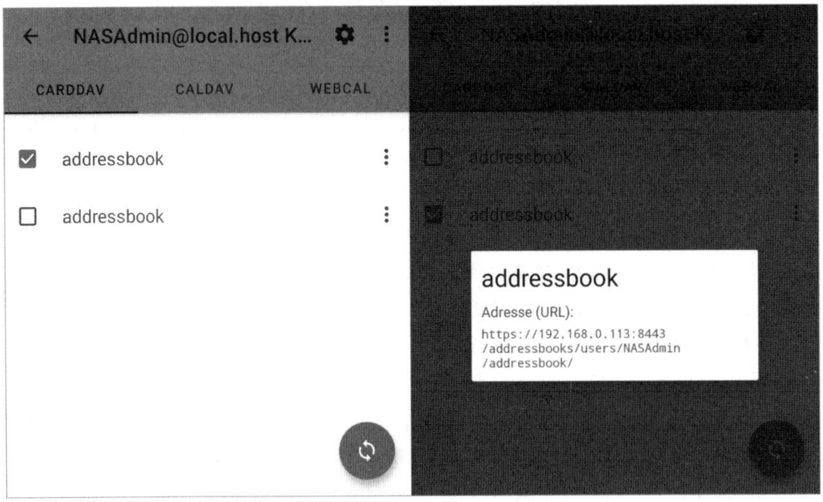

Abb. 16.42: Zweimal dasselbe Adressbuch, aber nur eines zeigt die URL entsprechend dem CardDAV-Muster.

Hinweis

Android legt eine neue Kontaktliste an. Diese können Sie in Ihrer Kontakte-App auswählen. Bestehende Kontakte müssen aber händisch in die neue Liste verschoben werden. In den Einstellungen der Kontakte-App können Sie auch festlegen, welche Liste automatisch für neue Kontakte verwendet werden soll. Abweichungen sind je nach Android-Version möglich.

Tipp

Je nachdem, wo und wie Sie Ihre Kontakte bisher verwalten, macht es Sinn, diese zuerst am Computer (in Outlook oder einem anderen Programm, das CardDAV beherrscht) aufzubereiten und mit dem NAS zu synchronisieren. Alternativ können Sie auch DSM nutzen, um Ihr Adressbuch zu verwalten (siehe Abschnitt 16.3.3). Erst danach sollten Sie Ihr(e) Android-Gerät(e) einbinden. Löschen Sie dazu alle Kontakte von Ihrem Gerät (natürlich nur, wenn diese bereits im Adressbuch am NAS vorhanden sind) und beginnen Sie dann mit einer frischen Liste, die Sie sich vom NAS holen. Das erspart Ihnen das manuelle Verschieben der Kontakte.

Kontakte mit Apple-Geräten synchronisieren

Einen CardDAV-Account zu einem Apple-Gerät hinzuzufügen, geht sogar noch einfacher als CalDAV.

1. Öffnen Sie SYSTEMEINSTELLUNGEN|INTERNETACCOUNTS.
2. Klicken Sie auf ANDEREN ACCOUNT HINZUFÜGEN ...|CARDDAV-ACCOUNT.
3. Wählen Sie als ACCOUNTTYP ERWEITERT. Geben Sie Benutzername und Passwort des DSM-Benutzers an, dessen Kontakte Sie hinzufügen möchten. Geben Sie lediglich die Adresse Ihres NAS unter SERVERADRESSE ein. Im Feld PORT geben Sie die Portnummer des CardDAV-Servers ein (siehe Abbildung 16.43). Gehen Sie sicher, dass SSL VERWENDEN angehakt ist, und klicken Sie auf ANMELDEN.
4. Der Account wird hinzugefügt.

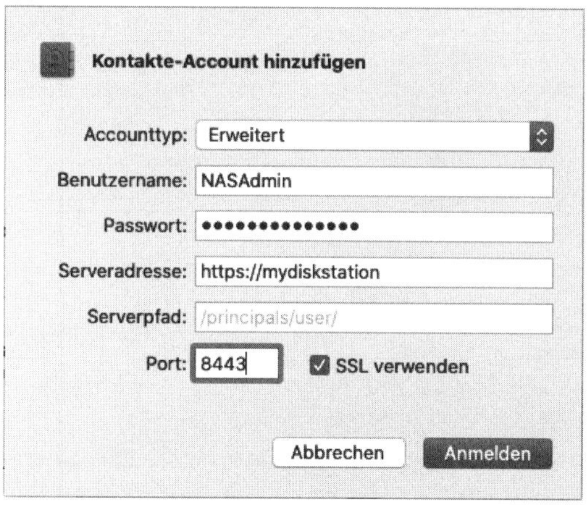

Abb. 16.43: Hier sind nur die Serveradresse und der Port notwendig.

16.3.3 Adressbücher mit DSM verwalten

Für den CardDAV Server gibt es keine eigene Weboberfläche, er ist auch nicht in Drive oder Calendar integriert. Sie können Ihr Adressbuch aber über DSM verwalten.

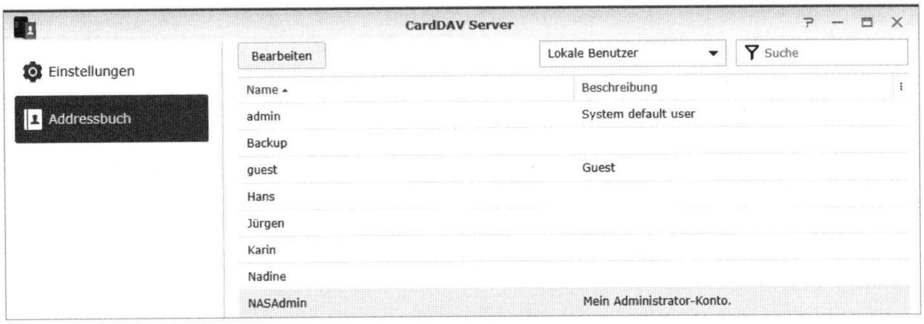

Abb. 16.44: Die Adressbücher können direkt in DSM bearbeitet werden.

1. Loggen Sie sich in DSM ein.
2. Öffnen Sie CARDDAV SERVER|ADDRESSBUCH (das ist ein Fehler in der Übersetzung von DSM und kein Tippfehler meinerseits).
3. Wählen Sie Ihren Benutzer und klicken Sie auf BEARBEITEN.
4. Sie können bestehende Einträge bearbeiten, löschen oder exportieren (als vcf-Datei). Sie können auch bestehende Kontakte importieren oder neue Kontakte anlegen. Bewegen Sie die Maus über den HINZUFÜGEN/BEARBEITEN-Dialog. Einige Textboxen und Icons offenbaren sich erst, wenn der Mauszeiger darüber positioniert wird.

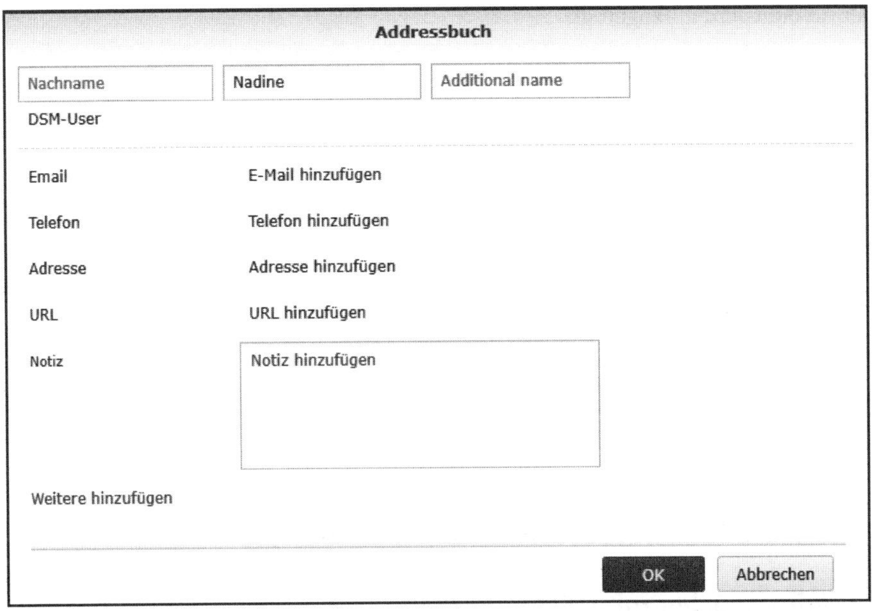

Abb. 16.45: Die Maske ist etwas unscheinbar, sie offenbart ihr volles Potenzial erst, wenn Sie die Maus darüber bewegen.

16.4 Organisiert mit Notizen

Es gibt ja Menschen, die merken sich jede Kleinigkeit und schreiben ihr Leben lang keine Merkzettel. Bei anderen ist der Arbeitsplatz mit Post-its zugepflastert.

Natürlich gibt es auch Menschen dazwischen. Wer aber gerne digitale Notizen schreibt, um sich wichtige Dinge nicht merken zu müssen bzw. sie nicht gleich wieder zu vergessen, der kann das auch mit seinem Synology NAS effizienter gestalten. Darüber hinaus liegen die Daten am NAS und bleiben somit immer unter Kontrolle. Selbst wenn Sie Ihre Notizen lieber per Hand schreiben, könnte Ihr NAS Sie vielleicht noch umstimmen.

16.4.1 Note Station installieren und einrichten

Das Paket, das Ihre Notizen digitalisiert und von überall abrufbar macht, heißt *Note Station*. Sie finden es wie üblich im Paket-Zentrum und die Installation ist nach wenigen Klicks erledigt.

Diesmal machen wir wieder einen Abstecher in das Anwendungsportal in der Systemsteuerung. Der Tooltip in der Anwendungsliste der Firewall verrät es zwar nicht, aber die Note Station läuft standardmäßig auch über die DSM-Ports. Daher aktivieren Sie wieder die benutzerdefinierten Ports im Anwendungsportal (9350 und 9351, sofern Sie keine eigenen verwenden). Alias oder eigene Domain bleiben Ihnen überlassen. Vergessen Sie nicht, die Ports in der Firewall freizugeben bzw. ein Zugriffsprofil anzulegen, sofern Sie mit einem Alias oder eigener Domain arbeiten. Auch der Router muss die Ports weiterleiten, wenn Sie auch unterwegs auf die Note Station zugreifen möchten.

Unter SYSTEMSTEUERUNG|BERECHTIGUNGEN lässt sich ebenfalls festlegen, wer die Note Station benutzen darf. Natürlich können Sie das auch über die Benutzer-Gruppenverwaltung machen.

16.4.2 Arbeiten mit der Note Station

Die Note Station können Sie in DSM öffnen, aber auch direkt im Browser über `https://`*`<NAS-Adresse>`*`:`*`<NoteStationHTTPSPort>`* z.B.: `https://mydiskstation:9351`

In der Note Station stehen Ihnen Notizbücher zum Organisieren Ihrer Notizen sowie eine To-do-Liste zum Organisieren von Aufgaben zur Verfügung.

Hinweis

Die To-do-Listen sind nicht mit denen in Calendar verknüpft.

Einstellungen der Note Station

Die Einstellungen erreichen Sie über den gleichnamigen Button in der oberen Menüleiste der Note Station. Nachfolgend einige der wichtigsten Punkte, die Sie in den Einstellungen finden.

- ALLGEMEIN – Hier lässt sich der Schriftgrad der Notizen ändern. Die Texte der Note Station selbst bleiben davon unberührt. Wollen Sie Anhänge von Notizen mit der Suche finden können, müssen Sie hier die Indizierung aktivieren.

- IMPORTIEREN UND EXPORTIEREN – Sie können die Notizen exportieren, allerdings nur in einem Format für Synology NAS. Importieren können Sie eben jenes Format, aber auch direkt von Evernote und das Evernote-Exportformat *nsx*.
- TO-DO-LISTE – Hier können Sie Darstellung und Verhalten der To-do-Liste einstellen.

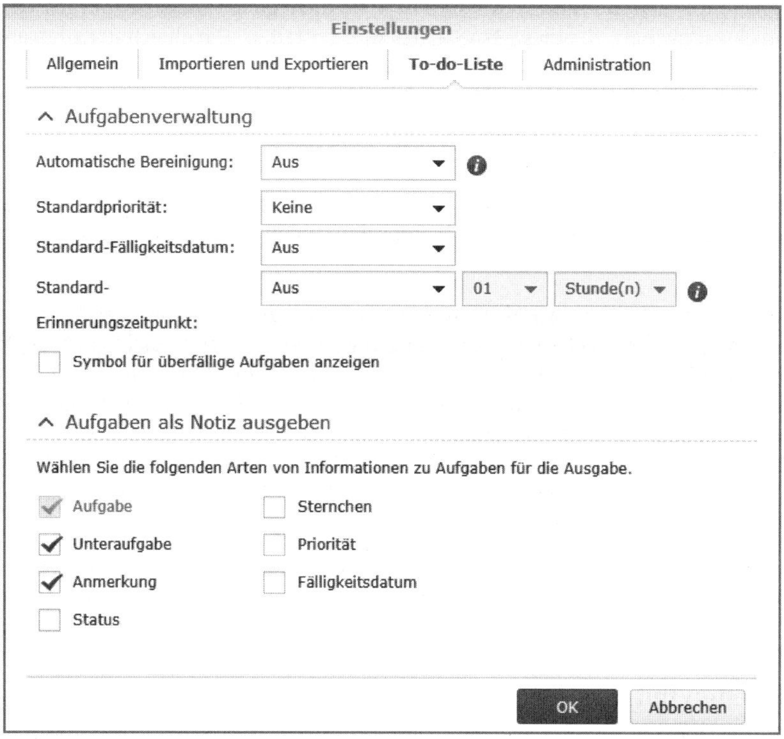

Abb. 16.46: Einstellungen der To-do-Liste

- ADMINISTRATION – Sie können die Note Station auf ein anderes Volume verschieben und die Freigabe für Nicht-Administratoren deaktivieren.

Notizbücher

Ihre Notizen können Sie in Notizbüchern organisieren. Eines (*Mein Notizbuch*) wurde bereits angelegt.

Um ein neues Notizbuch anzulegen, klicken Sie auf den Pfeil neben dem Erstellen-Button und wählen NOTIZBUCH ERSTELLEN. In die Textbox geben Sie einfach einen Namen für das Notizbuch ein und bestätigen mit OK. Mehr Einstellungen gibt es nicht. Mit einem Rechtsklick auf das Notizbuch haben Sie aber unter anderem die Möglichkeit, dieses als Standard festzulegen, es zu archivieren, zu teilen oder zu den Favoriten hinzuzufügen.

Haben Sie besonders viele Notizbücher, können Sie diese in sogenannten *Regalen* ablegen. Die Regale sind eine Art Ordner, die Ihnen eine weitere Ebene zur Organisation Ihrer Notizbücher bieten. Erstellen Sie ein Regal, indem Sie auf ein Notizbuch rechtsklicken und

ZUM REGAL HINZUFÜGEN|NEUES REGAL wählen. Sie können Regale entfernen (Kontextmenü und dort ZERLEGEN), Notizbücher werden dann daraus entfernt, und Sie können Notizbücher hinzufügen und entfernen, und zwar alles über das Kontextmenü. Innerhalb von Regalen können keine weiteren Regale erstellt werden.

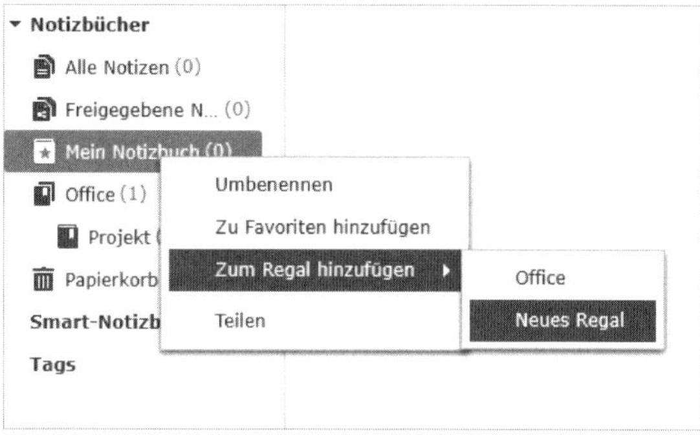

Abb. 16.47: Fügen Sie Notizbücher zu bestehenden Regalen hinzu oder erstellen Sie ein neues Regal.

Sie können auch Smart-Notizbücher (ERSTELLEN|SMART-NOTIZBUCH ERSTELLEN) erstellen. Das Konzept ist dasselbe, wie auch bei Smart-Alben der PHOTO STATION oder Smart Wiedergabelisten der AUDIO STATION. Erstellen Sie Filterkriterien, und Notizen, die diesen Kriterien entsprechen, werden automatisch zu diesen Notizbüchern hinzugefügt.

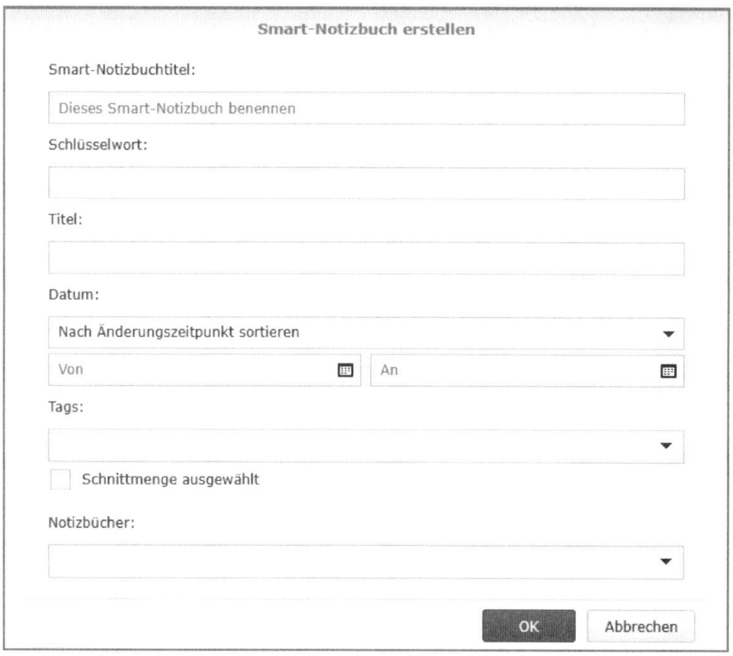

Abb. 16.48: Das Smart-Konzept finden Sie auch in anderen Paketen.

Notizen

Zum Erstellen einer Notiz klicken Sie auf ERSTELLEN. Die Notiz wird im Standard-Notizbuch angelegt und gleich im Editor-Modus geöffnet. Klicken Sie außerhalb des Editors, wird dieser verlassen, klicken Sie in den Textbereich, wird wieder in den Editor-Modus gewechselt.

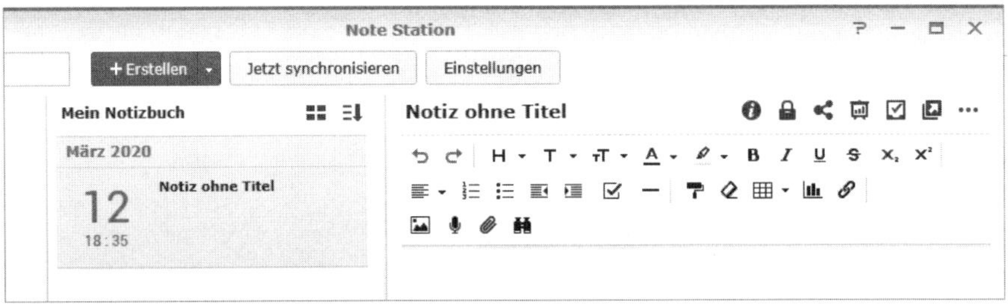

Abb. 16.49: Der Notiz-Editor

- Vergeben Sie einen Titel, indem Sie auf NOTIZ OHNE TITEL klicken.
- Sie können die Notiz in ein anderes Notizbuch verschieben, indem Sie Sie per Drag & Drop dort ablegen oder außerhalb des Editor-Modus auf das Notizbuch-Icon klicken und das gewünschte Ziel auswählen.
- Verfassen Sie einen Text im Editor-Modus. Dieser bietet recht umfangreiche Formatierungsoptionen.
- Das Kontextmenü bietet diverse Optionen wie etwa das Teilen, Exportieren oder Versenden per E-Mail (verknüpftes Konto notwendig, siehe Abschnitt 3.1.6 »DSM personalisieren«).
- Dieselben Optionen können Sie auch über die Icons auf der rechten Seite erreichen.
- Sie können Ihre Notiz als kleine Präsentation bildschirmfüllend anzeigen (über das Icon ANZEIGEN). Rechts oben haben Sie dann die Möglichkeit, den Stil zu ändern. Der Mauszeiger wird zum Pointer, die Pointerfarbe können Sie ebenfalls rechts oben ändern. Blättern können Sie mit dem Mausrad oder [↑]/[↓]. Um einen Seitenumbruch zu erreichen, müssen Sie eine horizontale Trennlinie einfügen oder ein Überschriftenformat verwenden. Den Stil der Präsentation können Sie mit einigen Vorgaben ändern. Sie finden die Vorgaben in den Einstellungen (Zahnrad-Icon neben den Pointerfarben).
- Sie können eine Notiz mit einer To-do-Liste erweitern, indem Sie Aufgaben hinzufügen. Diese werden auch in der allgemeinen To-do-Liste angezeigt.

Hinweis

Erstellen Sie eine Notiz, möchte Ihr Browser auf Ihren Standort zugreifen. Dieser wird in der Notiz hinterlegt. Sie müssen selbst entscheiden, ob Sie das wollen. Sie können aber auch selbst einen Standort hinterlegen (nutzen Sie ein VPN, kann Ihr Browser den richtigen Standort nicht erkennen). Klicken Sie dazu auf das Info-Icon. Im Popup gibt es ein Textfeld für den Standort. Klicken Sie hinein, öffnet sich eine Karte. Dort können Sie einen Standort festlegen oder aber auch die GPS-Info löschen.

To-do-Listen und Aufgaben

To-do-Listen gibt es nur eine, diese weist zwar unterschiedliche Filter auf, es können aber keine weiteren Listen oder Filter erstellt werden. Um eine Aufgabe hinzuzufügen, wählen Sie einen der Filter (z.B. ALLE AUFGABEN). Am oberen Rand befindet sich ein Eingabefeld. Darin lässt sich die Aufgabe eintragen und optional mit einem Fälligkeitsdatum versehen. Hinzugefügt wird die Aufgabe mit einem Klick auf das Plus-Icon. Weitere Details können Sie hinzufügen, indem Sie auf die drei Balken neben der Aufgabe klicken.

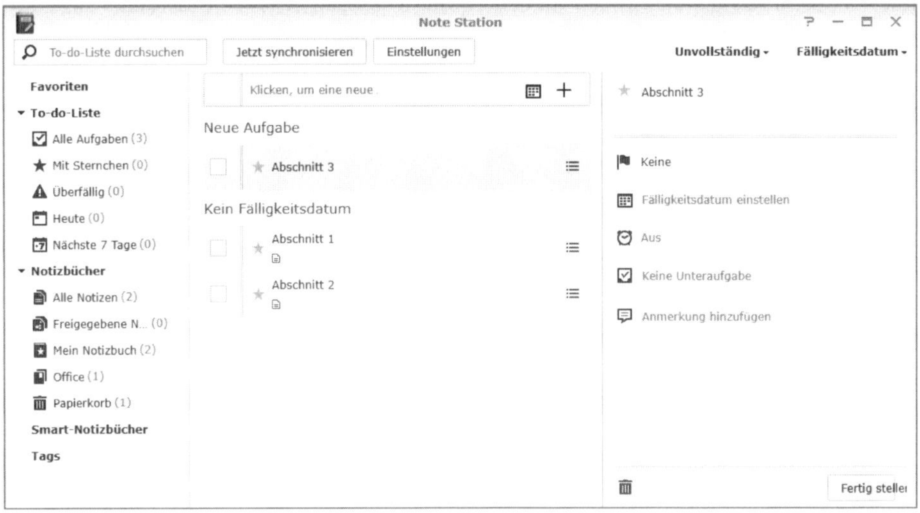

Abb. 16.50: Detailansicht der Aufgaben

Tags

Sie können zur besseren Organisation von Notizen auch *Tags* (Schlagworte) benutzen.

Um neue Tags anzulegen, wählen Sie eine Notiz und klicken auf das Tag-Icon. Sie können hier einen Titel vergeben und Tags auch untereinander verschachteln. Wurde ein Tag angelegt, kann es jeder Notiz über das Eingabefeld neben dem Tag-Icon hinzugefügt werden. Beginnen Sie zu tippen, zeigt Ihnen ein Dropdown die passende Auswahl. Klicken Sie auf einen Eintrag, um ihn hinzuzufügen.

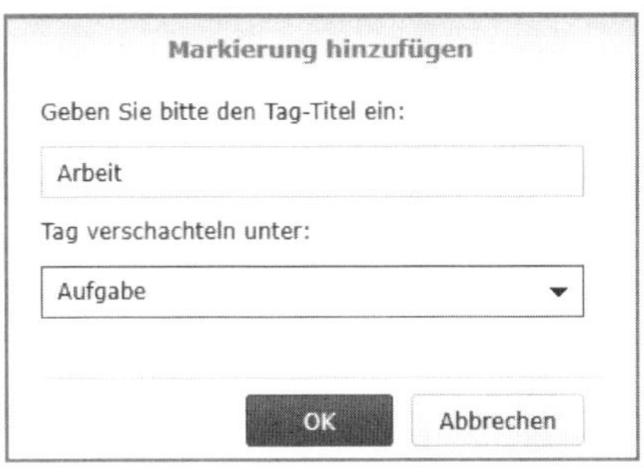

Abb. 16.51: Tags erstellen

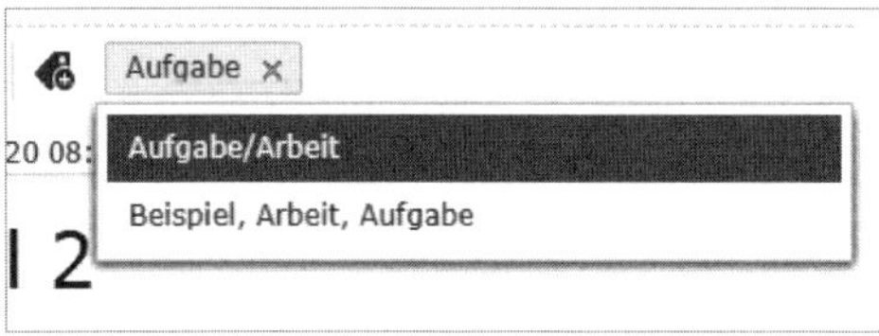

Abb. 16.52: Tags zu Notizen hinzufügen

Klicken Sie im Navigationsbereich auf den Eintrag TAGS, sehen Sie eine Liste aller Tags. Klicken Sie auf ein Tag, sehen Sie alle Notizen, denen dieses Tag zugeordnet wurde.

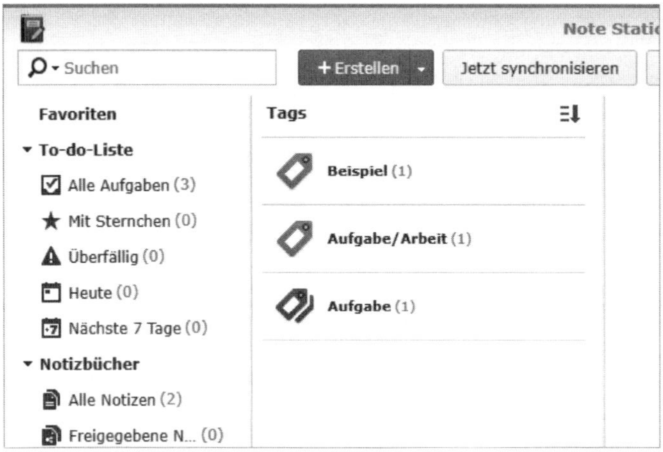

Abb. 16.53: Tags anzeigen lassen

Synology Web Clipper

Öffnen Sie die NOTE STATION im Browser (Chrome bzw. Chromium-basierte Browser und Opera mit dem Plugin *Chrome Extensions*), wird Ihnen ein Popup angezeigt. Es bietet Ihnen an, das Browser-Plugin *Synology Web Clipper* zu installieren. Mit dem Web Clipper können Sie Inhalte aus dem Internet in Notizen einbinden. Nach der Installation des Plugins müssen Sie sich zuerst anmelden.

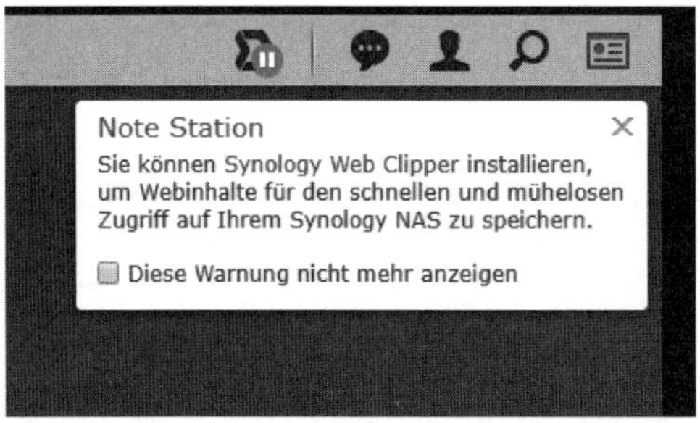

Abb. 16.54: Der Hinweis auf das Web-Clipper-Plugin

Öffnen Sie das Plugin auf einer beliebigen Webseite, ändert sich deren Darstellung. Der Clipper deaktiviert die meisten CSS-Elemente, sodass nur schwarzer Text auf weißem Hintergrund bleibt. Im Clipper selbst können Sie jetzt das Notizbuch wählen sowie Tags und eine Beschreibung hinzufügen und die Webseite als Notiz speichern.

Abb. 16.55: Mit dem Web Clipper verwandeln Sie Webseiten in Notizen.

Das erste Dropdown-Menü bietet Ihnen die Möglichkeit, die Darstellung der Seite zu ändern. Neben der automatisch ausgewählten vereinfachten Ansicht können Sie auf die Original-Ansicht zurückschalten oder die Webseite als Screenshot verarbeiten.

Note Station Client

Für die Note Station gibt es auch einen Desktop-Client. Sie finden ihn im Download-Bereich der Synology-Homepage oder direkt in der Note Station unter EINSTELLUNGEN|ALLGEMEIN|NOTE STATION FÜR DESKTOP.

Für die Anmeldung benötigen Sie die Adresse Ihres NAS und die Portnummer der Note Station (z.B. `https://mydiskstation:9351`) sowie Ihre Logindaten. Vergessen Sie nicht, *https* zu aktivieren. Der Note Station Client entspricht der Browser-Version der Note Station.

DS note

Auch für Smartphones gibt es eine App, die, wie Sie sicher erraten können, *DS note* heißt.

Nach dem Start der App müssen Sie zuerst die Berechtigung erteilen, um auf den Datenspeicher Ihres Smartphones zugreifen zu dürfen, ansonsten funktioniert die App nicht.

Die Anmeldung erfolgt wie bei allen anderen Apps und Clients per IP, QuickConnect-ID, NAS-Namen oder (DynDNS-)Domain gefolgt von einem : und der Portnummer.

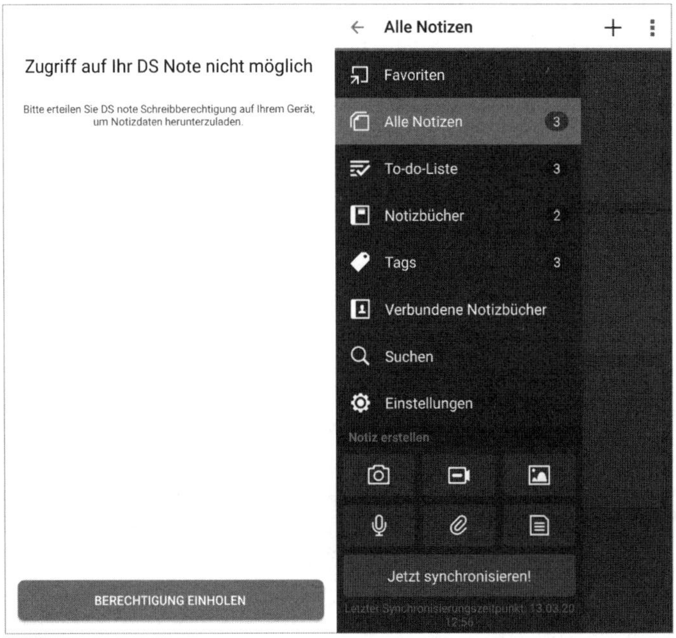

Abb. 16.56: Links: Erteilen der Berechtigung; rechts: das Menü von DS note

Die grafische Oberfläche mag ein wenig anders aussehen, aber die Funktionen sind auch hier dieselben wie im Note Station Client, daher ist keine separate Beschreibung des Clients notwendig.

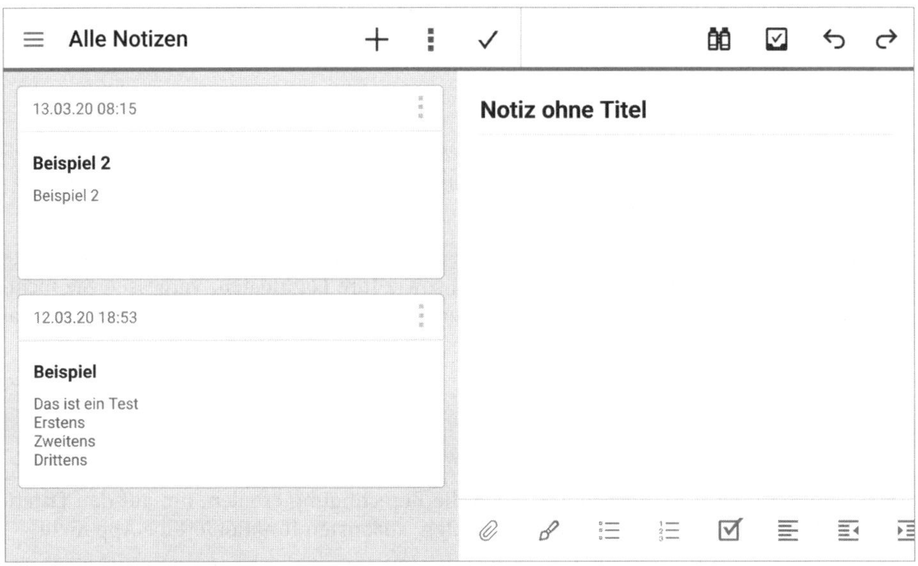

Abb. 16.57: Links: Anzeige der Notizen; rechts: der Notizeditor

16.5 Kommunikativ mit Synology Chat

Für ein effizientes Zusammenarbeiten mit anderen Menschen reicht die Kommunikation via E-Mail oft nicht aus. Oft sind schnellere, flexiblere Kommunikationsmittel erforderlich. Ein Chat bietet sowohl die Möglichkeit einer schnellen Echtzeitkommunikation als auch die Persistenz einer schriftlichen Nachricht.

Im privaten Leben kommt man an den bekannten Messengern kaum vorbei – hier wird die Wahl der App dadurch bestimmt, wo mehr der eigenen Kontakte anzutreffen sind. Da auch unter technisch weniger versierten Nutzern immer bekannter wird, wie unsicher WhatsApp ist, finden sich mehr und mehr andere Messenger auf den Geräten. In der Berufswelt wird der Einfachheit und des Preises wegen ebenfalls auf bekannte Anbieter gesetzt. Da das aber aus Sicherheitsgründen nicht immer möglich und alles andere als sinnvoll ist, sind oft spezielle Lösungen für das Firmenumfeld nötig.

Auch Synology bietet für seine NAS-Geräte eine Chat-Lösung an. Im privaten Bereich steht und fällt der Einsatz mit der Bereitschaft der Teilnehmer. Aber gerade im Bereich von Vereinen, Organisationen und kleinen Unternehmen ist der Chat eine durchaus praktische Ergänzung der Synology-Umgebung.

Abb. 16.58: Synology Chat ähnelt Slack und bietet Funktionen für größere Gruppen wie Organisationen und Unternehmen.

16.5.1 Installation und Einrichtung des Chat-Servers

Installieren Sie das Paket *Synology Chat Server* aus dem Paket-Zentrum. Danach erfolgt die Konfiguration. Die führt uns an bekannte Orte, nämlich das Anwendungsportal und den Bereich für Berechtigungen in der Systemsteuerung.

Aktivieren Sie die benutzerdefinierten Ports (Vorgabe: 20000 und 20001), da auch der Chat sonst über die DSM-Ports läuft. Wie immer optional ist die Aktivierung von Alias und benutzerdefinierter Domain. Wichtig dabei ist aber die Freigabe in der Firewall oder das Zugangsprofil. Auch die Portweiterleitung am Router sollten Sie nicht vergessen, wollen Sie den Chat nicht nur im lokalen Netzwerk nutzen. Auch die Berechtigungen sollten Sie, wie immer, nur den Benutzern erteilen, die den Chat auch nutzen dürfen.

Haben Sie das erledigt, können wir mit der Konfiguration im Chat-Server selbst fortfahren.

Die Admin-Konsole

Zusätzlich zu Synology Chat wurde auch die Synology-Chat-Admin-Konsole installiert, in der Administratoren die Grundeinstellungen für Chat vornehmen können.

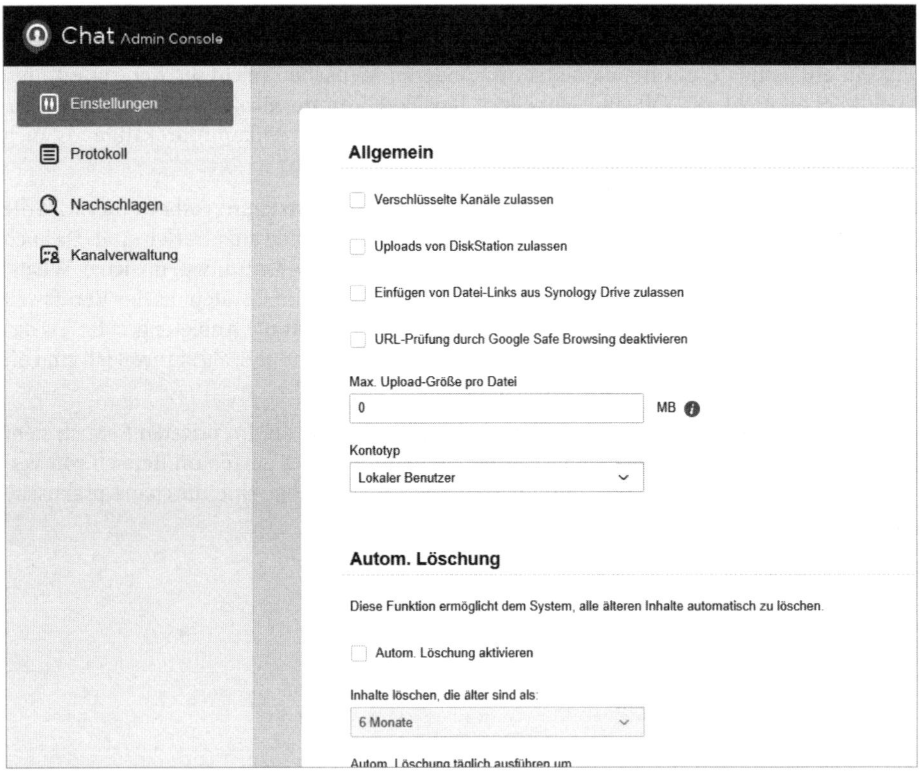

Abb. 16.59: Die Admin-Konsole

Einstellungen

Sie können einige wichtige Funktionen aktivieren, etwa die Verschlüsselung von Kanälen. den Upload vom NAS und die Verlinkung von Dateien aus Drive. Mit der automatischen Löschung können Sie die Aufbewahrung von Inhalten zeitlich begrenzen.

Möchten Sie das Einloggen von Gästen erlauben, müssen Sie diese Option hier extra aktivieren.

Verwalten Sie eine Slack-Instanz, können Sie deren Kanäle und die kompletten Nachrichtenverläufe importieren.

Protokoll

Hier werden alle Aktivitäten aller User protokolliert.

Nachschlagen

Hierbei handelt es sich um eine Suche für Inhalte in Chat. Die Suche kann dabei mit speziellen Operatoren eingeschränkt werden.

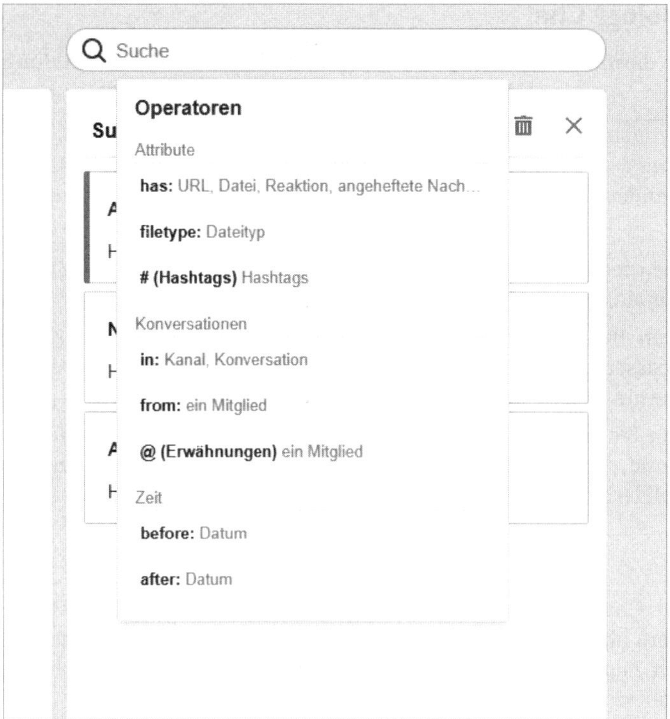

Abb. 16.60: Als Admin können Sie den kompletten Chat-Verlauf mit Suchoperationen durchsuchen.

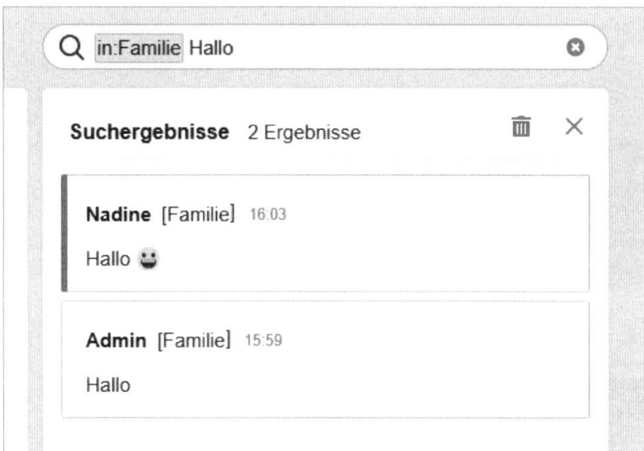

Abb. 16.61: So finden Sie Informationen viel schneller.

Kanalverwaltung

Die *Kanalverwaltung* bietet Ihnen eine Übersicht über alle Kanäle. Systemkanäle können ausgeblendet und eigene Kanäle geschlossen werden.

Einstellungen in Synology Chat

Der Chat-Server lässt sich diesmal nur als Browserfenster, aber nicht als DSM-Anwendung starten.

Öffnen Sie den Chat das erste Mal, müssen Sie sich durch ein kurzes Tutorial klicken. Danach können Sie sich mit dem Programm vertraut machen und die Einstellungen anpassen. Die erreichen Sie über den farbigen Kreis mit dem ersten Buchstaben Ihres Benutzernamens.

- Profil – Hier haben Sie wieder die Möglichkeit, Ihr Profil zu bearbeiten. Es handelt sich um dasselbe Profil, das auch für Calendar genutzt wird.
- Allgemein – In diesem Bereich können Sie das Verhalten des Chats konfigurieren sowie die Anzeige anpassen. Möchten Sie Push-Benachrichtigungen über den Browser erhalten, benötigen Sie ein Plugin, das Sie von hier aus installieren können.
- Themen – Hier haben Sie die Auswahl zwischen dem standardmäßigen hellen und dem, für die Augen und den Energieverbrauch angenehmeren dunklen Design und einigen Hintergrundbildern.

16.5.2 Chat

Wer *Slack* oder ähnliche Chats kennt, wird sich schnell zurechtfinden. Chat ist wie Calendar in Drive integriert, über das App-Icon können Sie zu den anderen Anwendungen wechseln. Sie haben auch Zugriff auf die To-do-Liste. Es ist dieselbe Liste, die auch von Calendar genutzt wird (anders als die To-do-Liste der Note Station).

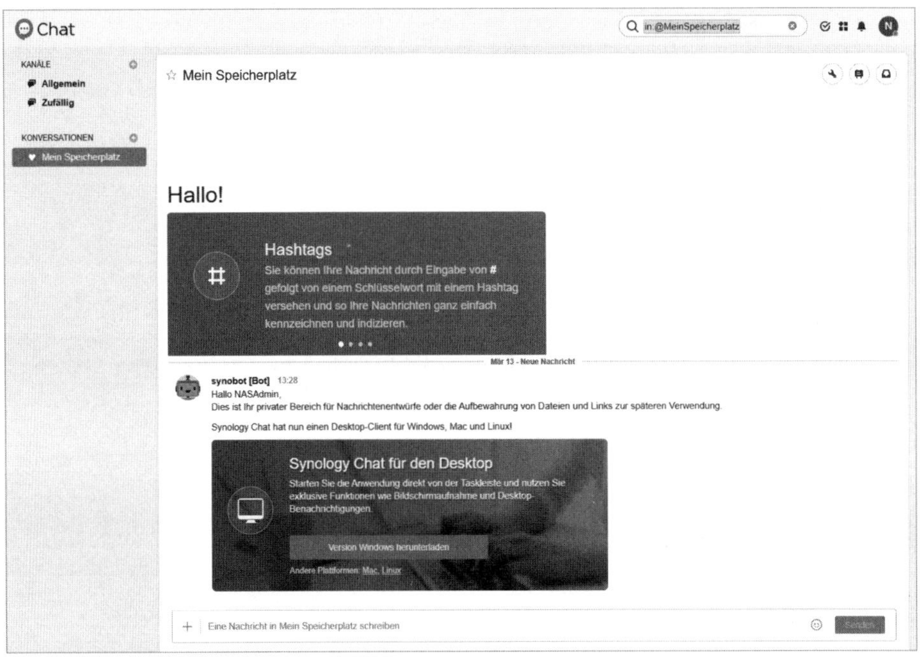

Abb. 16.62: Der persönliche Bereich in der Chat-Anwendung

Chat gibt es auch als App und Desktop-Anwendung. Auf der Startseite lässt sich diese gleich herunterladen. Die Anwendung erfolgt wie gewohnt. Der Desktop-Client entspricht 1:1 der Browseransicht. Daher gelten die nachfolgenden Erklärungen für beide.

Die App für mobile Geräte finden Sie wie gewohnt im jeweiligen App-Store, allerdings nicht wie zu erwarten als DS chat, sondern als *Synology Chat*. Die App selbst bietet nicht alle Optionen, Einstellungsmöglichkeiten und Funktionen, entspricht aber in den Grundzügen auch dem, was Sie im Desktop-Client sehen.

Kanäle

Kanäle sind nichts anderes als Chatrooms, die Gesprächen meist eine thematische Einteilung geben. Zwei Kanäle sind bereits vorhanden, Sie können aber weitere nach Bedarf anlegen. Jeder Kanal hat seine eigenen Einstellungen, die Sie über das Schraubenschlüssel-Icon in der rechten oberen Ecke des Chatfensters erreichen. Daneben finden Sie gleich das Icon für das Schwarze Brett, auf dem Sie angepinnte Nachrichten sowie Dateien und URLs sehen, die im Kanal gesendet wurden.

Kanal erstellen

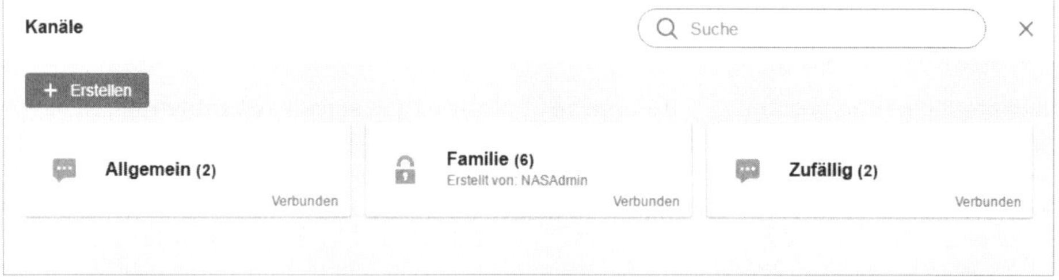

Abb. 16.63: Erstellen und Verwalten von Kanälen

1. Klicken Sie auf das Plus-Icon neben KANÄLE im Navigationsbereich.
2. Klicken Sie auf + ERSTELLEN.
3. Vergeben Sie einen Namen für den Kanal.
   - Sie können festlegen, ob der Kanal öffentlich ist, also jedem Benutzer zur Verfügung steht, oder privat, Benutzer also eingeladen werden müssen.
   - Sie können dem Kanal einen Zweck geben, damit andere Benutzer wissen, welche Art von Unterhaltungen geführt werden soll und welche nicht.
   - Darunter haben Sie die Möglichkeit, Benutzer einzuladen.
4. Klicken Sie auf ERSTELLEN.

Der Kanal wird jetzt in der Kanäle-Übersicht und in der Liste der Kanäle (für Benutzer, die Zugriff darauf haben) angezeigt.

Die Zahl neben dem Kanalnamen gibt an, wie viele Benutzer dem Kanal zugewiesen wurden. Benutzer erscheinen in öffentlichen Kanälen erst, wenn sie sich nach deren Erstellung einmal einloggen.

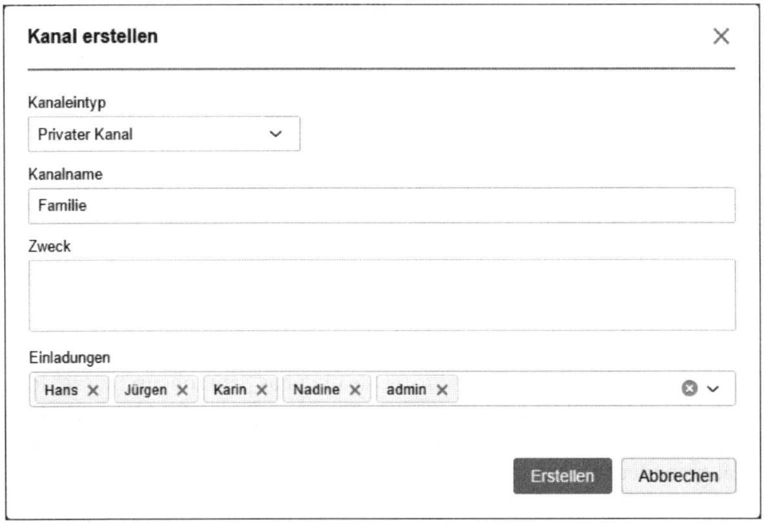

Abb. 16.64: Einstellungen für den neuen Kanal

Konversationen

Konversationen entsprechen den (Gruppen-)Chats, wie man sie aus bekannten Messengern kennt. Um eine neue Konversation zu starten, klicken Sie auf das Plus-Icon neben KONVERSATIONEN im Navigationsbereich. Sie können einen einzelnen Teilnehmer für eine private Konversation oder mehrere für einen Gruppenchat hinzufügen.

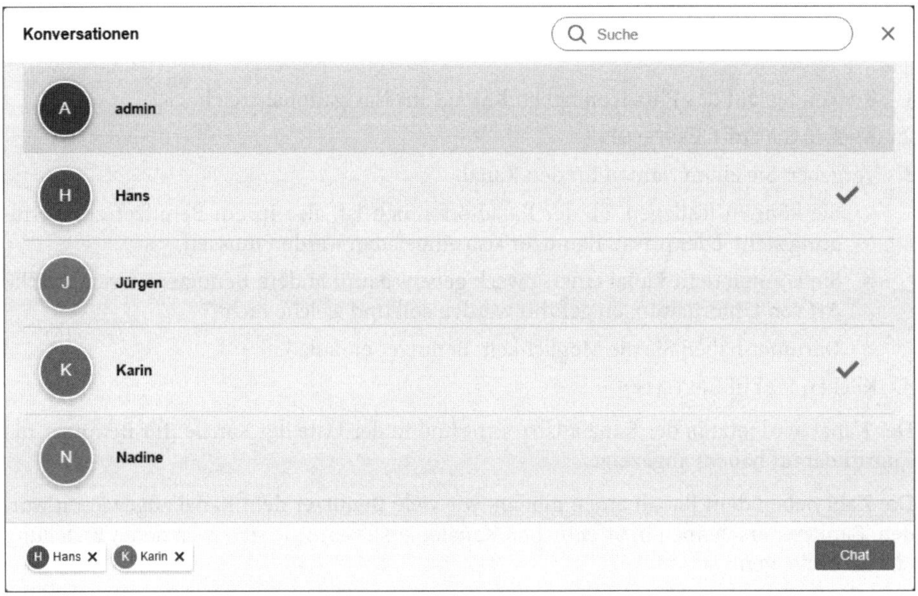

Abb. 16.65: Fügen Sie Teilnehmer zu einer Konversation hinzu.

Konversationen können über die Einstellungen in einen privaten Kanal umgewandelt werden.

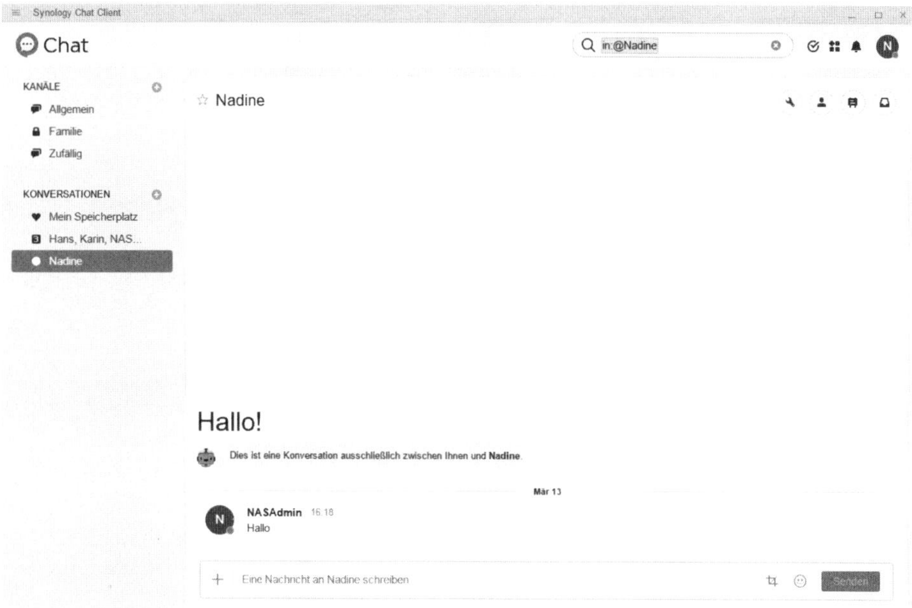

Abb. 16.66: Kanäle und Konversationen erreichen Sie über den Navigationsbereich.

Nachrichten schreiben

Nachrichten schreiben Sie über das Textfeld im Chat-Fenster. Dabei stehen Ihnen verschiedene Funktionen zur Verfügung. Sie können Nachrichten in einem Kanal oder einer Konversation auch anpinnen. Angepinnte Nachrichten finden sich im Schwarzen Brett des Kanals/der Konversation. Die Option zum Anpinnen finden Sie im Dreipunktemenü einer gesendeten Nachricht.

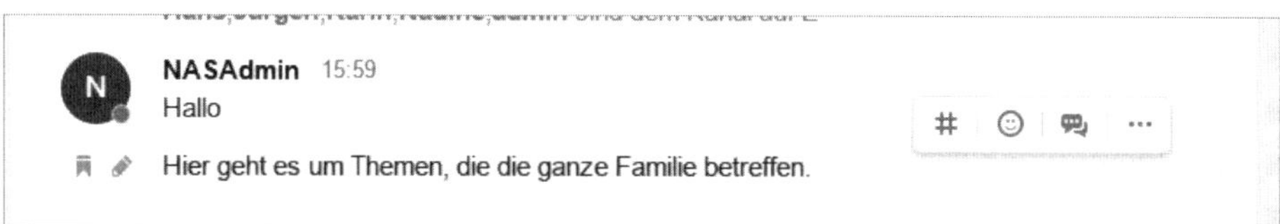

Abb. 16.67: Gesendete Nachrichten können nachträglich bearbeitet werden und bieten Zugriff auf weitere Funktionen.

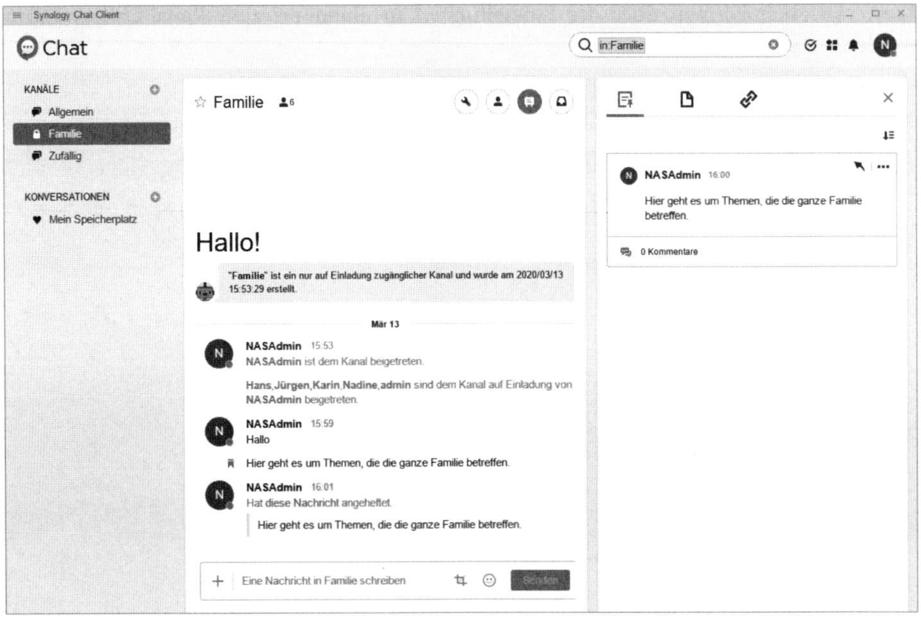

Abb. 16.68: Durch Anpinnen können wichtige Nachrichten schneller nachgelesen werden.

Chatfunktionen

Im Folgenden eine Auswahl an Funktionen, die Synology Chat bietet:

- Dateien vom Computer hochladen und versenden
- Code-Snippets in Chatnachrichten einfügen. Möchten Sie Codezeilen oder formatierten Text versenden, hilft die Funktion SCHNIPSEL HINZUFÜGEN. Es öffnet sich ein Textfenster, in das Sie den Code einfügen können. Über das Dropdown können Sie die Programmier- bzw. Markupsprache wählen, um die korrekte Formatierung des Textes zu gewährleisten.
- Erstellen von Abstimmungen
- Hinzufügen von Screenshots
- Emojis und Sticker
- Hashtags #
- Erwähnungen mit @<Benutzername>
- Nachrichten planen
- Erinnerungen
- Aufgaben (in Verbindung mit Calendar)

Abb. 16.69: Funktionen für Chat-Nachrichten

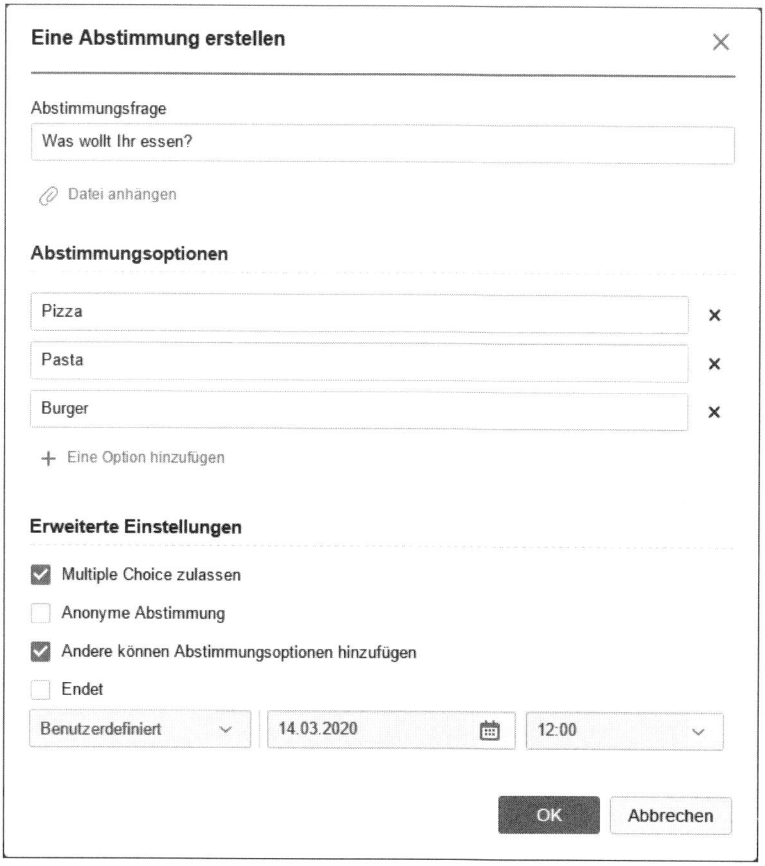

Abb. 16.70: Erstellen Sie Umfragen, egal ob anonym, Multiple Choice oder erweiterbar.

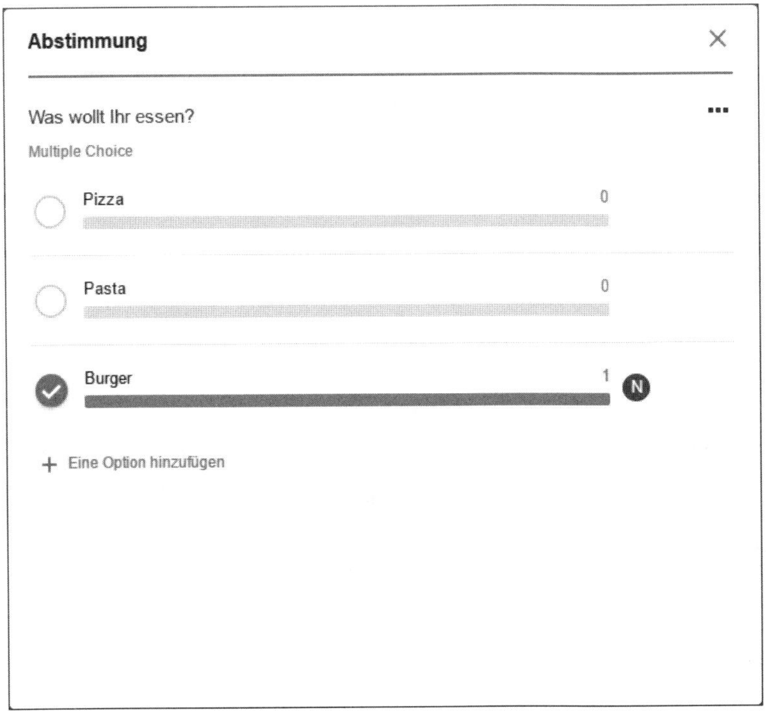

Abb. 16.71: Teilnehmer einer Konversation oder Mitglieder eines Kanals können dann abstimmen.

Benachrichtigungen

Benachrichtigungen können Sie für jeden Kanal und jede Konversation sowie für Desktop und App getrennt in den Kanal- bzw. Konversationseinstellungen (Schraubenschlüssel-Icon) einstellen. Standardmäßig erhalten Sie für Kanäle nur Benachrichtigungen, wenn Sie jemand erwähnt oder Sie einen Thread abonniert haben. Möchten Sie für jede neue Nachricht eine Benachrichtigung erhalten, müssen Sie die Benachrichtigungseinstellungen auf ALLE stellen. Bei Konversationen ist die Einstellung automatisch auf ALLE gesetzt.

Kapitel 17

Das Synology NAS als E-Mail-Server

Sie können aus Ihrem NAS auch einen E-Mail-Server machen. Aber während die bisherigen Funktionen recht einfach zu konfigurieren waren, müssen Sie sich für das Thema *E-Mail* mehr Zeit nehmen. Sie müssen sich auch bewusst sein, dass ein eigener E-Mail-Server neben einigen Vorteilen auch diverse Nachteile mit sich bringt. Ich habe in diesem Buch schon an mehreren Stellen erwähnt, dass Sie neue Funktionen zuerst ausprobieren sollten, ehe Sie sie produktiv einsetzen. Für E-Mails gilt das mehr denn je. Wenn Sie sich für das NAS als E-Mail-Server entscheiden, sollten Sie die Funktionen ausgiebig testen, ehe Sie sie tatsächlich anwenden.

Damit Sie eine Vorstellung davon bekommen, worauf Sie sich einlassen, erhalten Sie von mir zuerst eine Übersicht über die Vor- und Nachteile. Anschließend erkläre ich Ihnen, wie Sie den E-Mail-Server aufsetzen, und zum Schluss erfahren Sie noch, wie Sie das Mail-Programm von Synology einsetzen können, aber auch, wie Sie Ihr eigenes E-Mail-Konto in externe Mail-Programme einbinden.

17.1 Vor- und Nachteile eines eigenen E-Mail-Servers

Ein eigener Mail-Server ist schon eine praktische Sache. Sie können Ihre eigene E-Mail-Adresse basierend auf Ihrer Domain einrichten. Sie können dabei so viele Adressen und so viele Mail-Konten erstellen, wie Sie wollen. Auch vom Speicher her sind Sie viel freier. Solange Ihr NAS noch Speicherplatz frei hat, können Sie Mails speichern und geht der Speicher einmal zur Neige, lässt sich dieser leicht aufstocken. Vom unvermeidlichen Spam einmal abgesehen, ist der eigene Mail-Server werbefrei. Sie erhalten nicht ständig E-Mails vom Mail-Anbieter. Und in der heutigen Zeit ganz wichtig: Die E-Mails liegen alle auf Ihrer Festplatte und nicht auf einem fremden Server (von den Mails, die Sie versenden, abgesehen).

Aber ein eigener Mail-Server bedeutet auch einige Nachteile und Schwierigkeiten, die es zu bedenken gilt. So betreiben Sie selbst den Mail-Server, das heißt, damit Sie Mails senden und empfangen können, muss das NAS in Betrieb sein und eine Verbindung zum Internet haben (wenn Sie die Mails nicht gerade nur im lokalen Netz verschicken und empfangen möchten). Fällt der Strom aus oder ist die Internetverbindung unterbrochen, können Sie keine Mails schreiben und, was das größere Problem darstellt, Sie können auch keine Mails empfangen. Je nachdem, wie der Mail-Server des Senders konfiguriert ist, unternimmt er mehrere Zustellversuche oder auch nicht. Ist Ihr NAS kurz nicht erreichbar, erhalten Sie die Mail eventuell noch. Unternimmt der Sender nur einen Zustellversuch oder ist Ihr NAS längere Zeit nicht erreichbar, erhalten Sie keine Mails. Das ist kritisch, wenn es sich um wichtige Mails handelt. Ein weiteres Problem ist die Spam-Abwehr und die Sicherheit. Um die kümmert sich normalerweise Ihr E-Mail-Anbieter. Betreiben Sie einen eigenen Mail-Server, müssen Sie sich darum kümmern. Dabei ist es nicht nur wichtig, sich vor Spam-

Mails zu schützen – Sie müssen Ihren Server auch davor schützen, für das Versenden von Spam-Mails missbraucht zu werden. Das Versenden von E-Mails ist gerade in Hinblick auf (kriminellen) Spam eine heikle Sache. Da auch Versender von Spam eigene Mail-Server in privaten Netzwerken betreiben, blockieren die Server vieler Mail-Anbieter den Empfang von E-Mails aus privaten Netzen. Für dieses Problem gibt es einige Lösungen, doch dazu später mehr.

Haben Sie sich noch nicht abschrecken lassen, können wir mit der Einrichtung des Mail-Servers beginnen.

17.2 Das NAS zum Mail-Server machen

Mail und MailPlus

Neben *Mail Server* und der *Mail Station* finden sich im Paket-Zentrum einiger Modelle auch der *MailPlus Server* und *MailPlus*. Diese richten sich eher an Unternehmen. Sie sind auf eine größere Anzahl an Benutzerkonten und E-Mails ausgerichtet, basieren aber auf einem Lizenzmodell. Fünf Mail-Konten sind bereits enthalten, für mehr Konten müssen zusätzliche Lizenzen erworben werden.

Die Plus-Versionen sind im Hinblick auf eine höhere Zahl an Nutzern leistungsfähiger, aber auch hardwarehungriger (und daher auch nur für gewisse Modelle verfügbar). Bei der Funktionalität gibt es kaum Unterschiede. Der größte davon: Die *Mail Station* nutzt *Roundcube* als Benutzeroberfläche, während *MailPlus* eine eigene Oberfläche hat. Bei den anderen Unterschieden geht es hauptsächlich um High Availability.

Mit den Standardpaketen sind Sie bereits gut versorgt – reichen Ihnen fünf Konten, können Sie aber auch gerne die Plus-Variante verwenden. Lizenzen zu kaufen macht eher nur für Unternehmen Sinn.

Ich verwende für die Anleitungen in diesem Kapitel *Mail Server* und die *Mail Station* – Sie sollten anschließend aber in der Lage sein, auch *MailPlus* und *MailPlus Server* aufzusetzen, auch wenn einige Einstellungen eventuell abweichen oder zusätzliche Optionen vorhanden sind.

MailPlus funktioniert übrigens nur in Verbindung mit *MailPlus Server*. *Mail* und *MailPlus* können auch nicht gleichzeitig auf einem NAS betrieben werden.

Mail Server ist ein Synology-Paket, Sie finden ihn wie gewohnt im Paket-Zentrum. Für den Mail Sever wird *Perl* benötigt. Das Perl-Paket können Sie bei der Installation von Mail Server gleich mitinstallieren.

Abb. 17.1: Mail Server und Mail Station im Paket-Zentrum

Welche Benutzer Zugriff auf den Mail-Server haben, können Sie unter SYSTEMSTEUERUNG | BERECHTIGUNG festlegen.

Hinweis

Hat ein Benutzer keinen Zugriff auf den E-Mail-Server, sieht er diesen auch nicht in DSM (sofern er darauf Zugriff hat) – die Mail Station sieht er allerdings schon, kann sich dort aber nicht anmelden.

Nach der Installation können Sie die Anwendung *E-Mail-Server* in DSM starten und mit der Konfiguration loslegen. Haben Sie den Benutzer-Home-Dienst (siehe Abschnitt 5.1 »Privater Speicher – der Home-Ordner«) nicht aktiviert, müssen Sie das vorher nachholen. Ein Popup weist Sie darauf hin und leitet Sie gleich ins richtige Menü um.

Im Überblick, den Sie zuerst zu Gesicht bekommen, sehen Sie die Auslastung des Mail-Servers.

17.2.1 Den Postausgangsserver konfigurieren

Im Bereich SMTP finden Sie alle Einstellungen, die den Postausgangsserver betreffen.

1. Aktivieren Sie zuerst SMTP.
2. Lassen Sie unbedingt SMTP-AUTHENTIFIZIERUNG AKTIVIEREN aktiviert. Durch diese Option muss sich eine Person am Server mit einem DSM-Konto anmelden, um E-Mails versenden zu dürfen. Das verhindert, dass Unbefugte (Spam-)Mails über Ihren Mail-Server verschicken. AUTORISIERUNG FÜR LAN VERBINDUNGEN IGNORIEREN sollten Sie deaktiviert lassen. Dringt jemand in Ihr Netzwerk ein, könnte er sonst unerlaubt Mails versenden. Für die Kontoeinstellungen in Mailprogrammen macht das ohnehin kaum einen Unterscheid, da Sie diese Option bei Web-Mail-Anbietern nicht haben. Die Option ABSENDER-NAME UND LOGIN-NAME MÜSSEN IDENTISCH SEIN würde zwar die Sicherheit erhöhen, schränkt Sie aber in der Vergabe von E-Mail- und Alias-Adressen ein.
3. Unter HOSTNAME (FQDN) tragen Sie Ihre Domain ein, die Sie für den Server nutzen wollen. Die Domain muss für die korrekte Funktion des E-Mail-Servers den mx-Eintrag (DNS-Ressourceneintrag, der nur für E-Mails verwendet werden kann) korrekt verarbeiten. Problematisch könnte es werden, wenn Sie die Domain im Rahmen eines Webhosting-Pakets mit E-Mail-Funktion registriert haben. In diesem Fall zeigt die Domain auf den Mail-Server des Anbieters. Diese Konfiguration kann eventuell nicht geändert werden. Wollen Sie die Mail-Funktion Ihres Hosting-Pakets weiterhin nutzen, klappt das sowieso nicht. Hier benötigen Sie eine separate Domain. Sie können aber auch die DDNS-Domain von Synology nutzen. Wenn Sie diese nicht schon in Abschnitt 9.2 »Externen Zugriff einrichten« eingerichtet haben, müssen Sie das jetzt nachholen.
4. SMTP nutzt Port 25, den Wert für den Anschluss müssen Sie nicht ändern, da Sie unverschlüsseltes SMTP aus Sicherheitsgründen sowieso nicht verwenden sollten.
5. Im nächsten Feld können Sie die maximale Größe für E-Mails festlegen.

> **Tipp**
>
> 10 MB sind etwas wenig. Setzen Sie den Wert aber nicht zu hoch, da auch der Server des Kommunikationspartners mitspielen muss. Starten Sie bei 30 MB, Werte darüber sind unüblich. Sollte es Probleme geben, können Sie den Wert nach unten korrigieren. Wollen Sie größere Anhänge verschicken, nutzen Sie die Dateifreigabe Ihres Synology NAS.

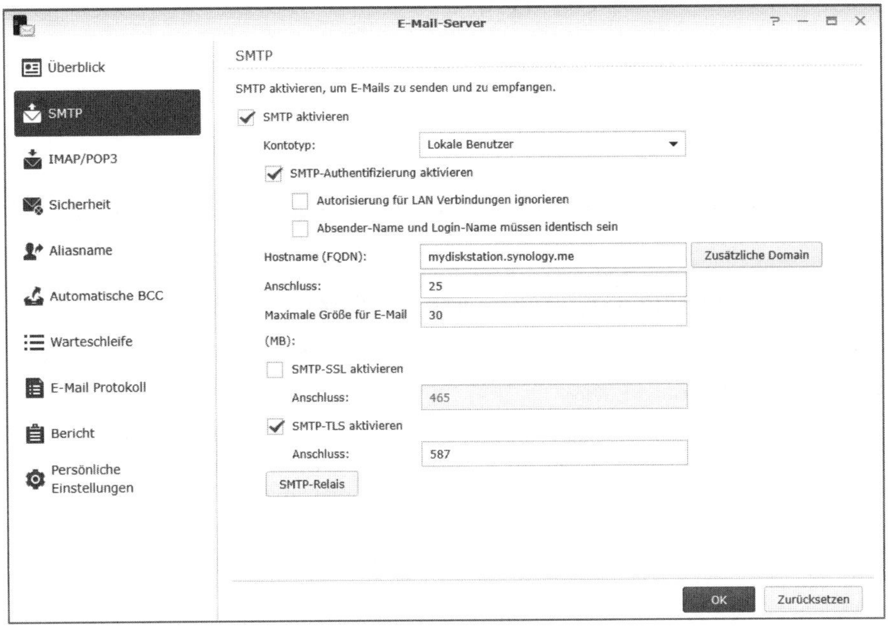

Abb. 17.2: Die Sicherheit von E-Mail-Servern ist wichtig, kann aber auch hinderlich sein.

6. Aktivieren Sie im nächsten Schritt SMTP-TLS. Gemeinsam mit SMTP-SSL stellt das die verschlüsselte Version von SMTP dar. SMTP-SSL ist die veraltete Version, nutzen Sie daher das modernere SMTP-TLS. Einige ältere Mail-Programme unterstützen SMTP-TLS nicht. In diesem Fall sollten Sie zuerst über einen Wechsel bzw. ein Upgrade des Mail-Programms nachdenken. Ist das nicht möglich, können Sie SMTP-SSL aktivieren.
7. Erinnern Sie sich noch, was ich über das Betreiben eines Mail-Servers in privaten Netzen geschrieben habe? Mails aus privaten Netzen werden zur Eindämmung von Spam von vielen Anbietern nicht akzeptiert. Um dieses Problem zu umgehen, bietet Mail Server von Synology die Möglichkeit, ein sogenanntes SMTP-Relais zu konfigurieren. Dabei werden die E-Mails nicht direkt vom NAS an den Empfänger geschickt, sondern über ein SMTP-Relais geleitet. Für den Empfängerserver kommt die Mail dann nicht mehr aus einem privaten Netzwerk, sondern vom Relais. Die Sache hat nur einen kleinen Haken: Als Relais dienen anerkannte Mail-Server – dafür benötigen Sie aber ein Konto bei diesem Anbieter. Viele (kostenlose) Anbieter erlauben es nicht, Mails mit einer Absenderadresse zu verschicken, die nicht zum Konto gehört, aber genau das versucht das NAS in diesem Fall. Erkundigen Sie sich also, welcher Anbieter dies zulässt. Möchten Sie ein

Relais benutzen, klicken Sie auf den Button SMTP-RELAIS. Aktivieren Sie das Relais im neuen Fenster und geben Sie die Daten für den externen Mail-Server sowie Ihre Zugangsdaten zu diesem ein.

8. Bestätigen Sie die Einstellungen mit einem Klick auf OK.

Hinweis

Sollten Sie keinen Zugang zu einem SMTP-Relais haben, gibt es noch einen, wenn auch nicht besonders schönen, Workaround. Sie können Ihr Mail-Konto in Ihrem Mail-Programm so konfigurieren, dass es einen anderen Postausgangsserver benutzt. Sie versenden Ihre Mails also nicht mit Ihrem NAS-Mail-Server, sondern z.B. mit dem Mail-Server Ihres Web-Mail-Kontos. Der Nachteil an der Sache ist, dass der Empfänger dann als Absender nicht die Mail-Adresse Ihres eigenen Mail-Servers sieht, sondern Ihre Web-Mail-Adresse. Dafür ist die E-Mail mit einem weiteren Feld versehen, der Antwortadresse. Schreibt Ihnen der Empfänger eine Antwort über den ANTWORTEN-Button, wird die Mail an Ihren eigenen Mail-Server gesendet. Wie erwähnt, der Workaround ist nicht besonders toll, aber er funktioniert auf alle Fälle.

17.2.2 Mailabruf konfigurieren

Im Bereich IMAP/POP3 aktivieren Sie die Protokolle, die für den Abruf von E-Mails verantwortlich sind. Sie haben die Auswahl zwischen POP3 und IMAP.

POP3 vs. IMAP

Bei POP3 werden die E-Mails vom Mail-Client auf das Gerät heruntergeladen. Werden die Mails vom Server gelöscht, sind sie lokal immer noch vorhanden. Umgekehrt, wenn Sie Mails lokal löschen oder in einen anderen Ordner verschieben, wird dieser Zustand nicht auf den Server übertragen. Greifen Sie auf einem anderen Gerät auf das Mail-Konto zu, werden die E-Mails erneut heruntergeladen, Sie sehen dabei nicht, ob diese E-Mails bereits gelesen oder beantwortet wurden. Auch gesendete Mails sind auf anderen Geräten nicht einsehbar.

Bei IMAP wird das Mail-Konto zwischen Server und Clients synchronisiert. Löschen Sie Mails lokal, werden diese auch vom Server gelöscht; verschieben, beantworten oder lesen Sie Mails, wird dieser Zustand über den Server auch auf allen anderen Geräten ersichtlich.

Ich empfehle die Nutzung von IMAP; sofern Sie es benötigen, können Sie aber auch POP3 aktivieren.

Wichtig

Egal, ob Sie IMAP, POP3 oder beides nutzen, aktivieren Sie nur die verschlüsselten Varianten (IMAP SSL/TLS, POP3 SSL/TLS) der Protokolle.

Mehr gibt es hier auch nicht zu erledigen. Bestätigen Sie die Änderungen mit einem Klick auf OK.

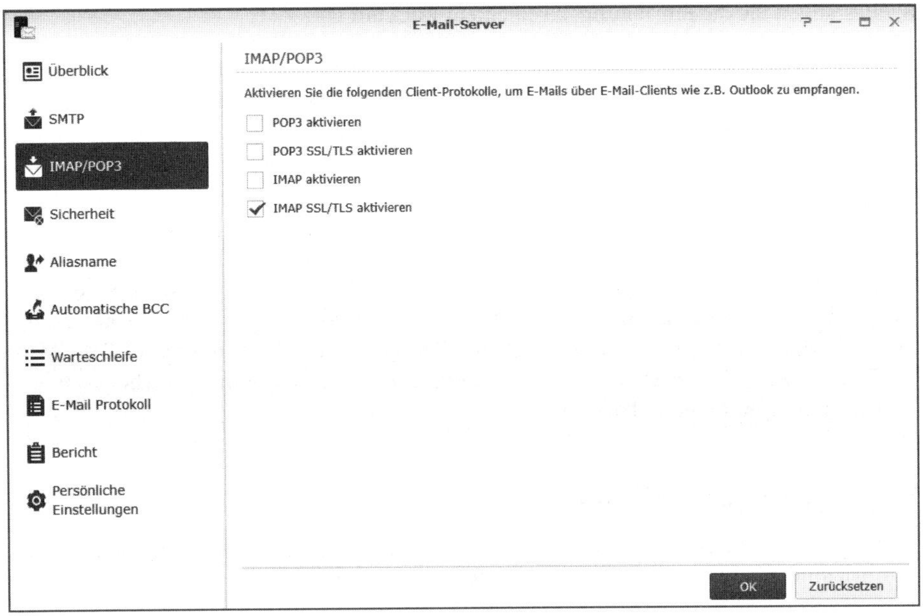

Abb. 17.3: Aktivieren Sie IMAP und/oder POP3, nutzen Sie aber jeweils nur die sichere Version.

17.2.3 Sicherheitseinstellungen

Im Bereich SICHERHEIT können und sollten Sie einige Einstellungen vornehmen, um Ihren Mail-Server und Ihre Mail-Konten zu schützen.

Spamabwehr

Im Reiter SPAM finden Sie einige Optionen, um sich vor Spam-Mails zu schützen. Aktivieren Sie auf jeden Fall den *SpamAssassin*-Filter. Es handelt sich um ein anerkanntes Programm, das den Inhalt von Mails auf Spam untersucht. Sie können auch festlegen, nach wie vielen Tagen Spam-Mails automatisch gelöscht werden sollen.

In den SpamAssassin-Einstellungen können Sie weitere Einstellungen zur Spamerkennung und -behandlung vornehmen. Wichtig ist hier die Punktezahl. SpamAssassin bewertet jede Mail mit Punkten, wenn darin verdächtige Elemente vorkommen. Übersteigt die Punktezahl einen gewissen Wert, wird die Mail als Spam eingestuft. Stellen Sie den Wert zu niedrig ein, werden nicht alle Spam-Mails erkannt. Ist der Wert zu hoch, werden Mails als Spam erkannt, obwohl sie es nicht sind. Hier hilft Experimentieren und Anpassen. Sie können aber auch das automatische Lernen aktivieren. Zusätzlich können Sie noch eigene Regeln importieren.

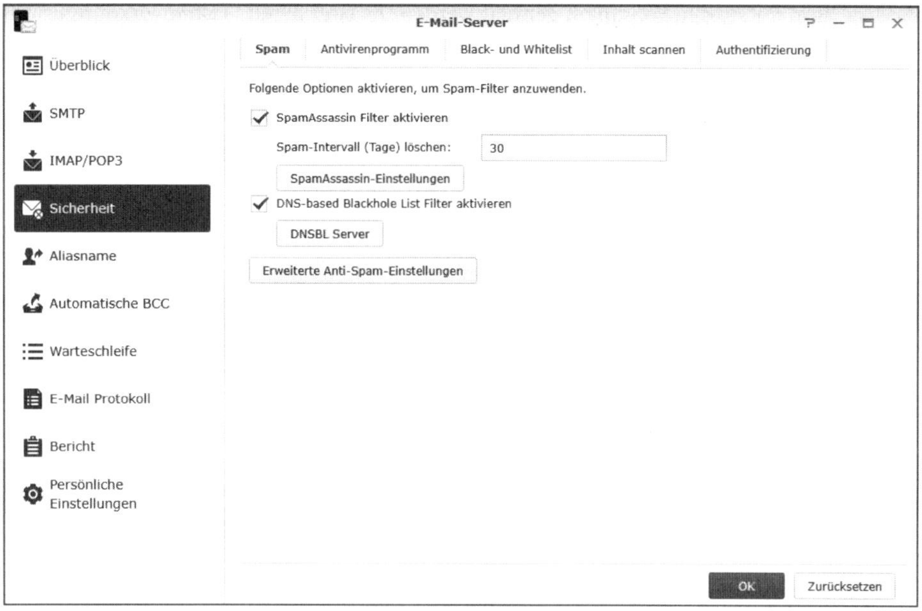

Abb. 17.4: Aktivieren von Anti-Spam-Maßnahmen

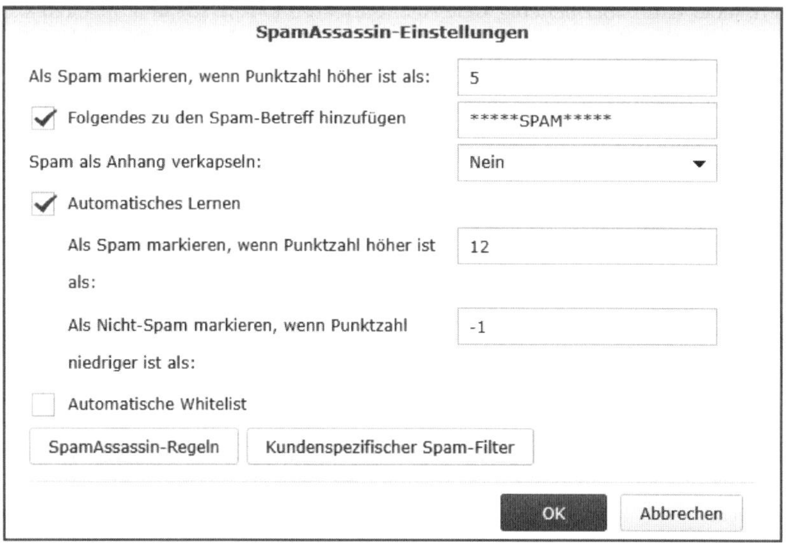

Abb. 17.5: Die Empfindlichkeit des Spam-Filters kann bei unerwünschten Ergebnissen angepasst werden.

Sie können noch den *DNS-base Blackhole List Filter* aktivieren. Dabei werden Mails, die von gewissen IP-Adressen gesendet werden, automatisch blockiert. Hierbei werden Listen zurate gezogen, auf denen IP-Netze und -Adressen vermerkt sind, die dafür bekannt sind, dass sie zum Versenden von Spam genutzt werden. Es sind bereits Listen vorkonfiguriert, unter DNSBL-SERVER können Sie weitere hinzufügen.

Unter ERWEITERTE ANTI-SPAM-EINSTELLUNGEN können Sie noch weitere Optionen aktivieren, die aber den Empfang von Mails generell stark einschränken.

Virenschutz

Wie der Name schon verrät, können Sie ein Antivirenprogramm für Ihren Mail-Server im gleichnamigen Reiter aktivieren. Vergessen Sie nicht, die Virusdefinition zu aktualisieren.

Weitere Sicherheitseinstellungen

In den letzten drei Reitern können Sie noch weitere Sicherheitseinstellungen aktivieren. So können Sie im Reiter BLACK- UND WHITELIST Regeln definieren, die festlegen, ob E-Mails, auf die die Regeln zutreffen, durchgelassen werden oder nicht. Sie können auch nur bestimmte Anhänge erlauben. Im Reiter INHALT SCANNEN können Sie bestimmte Inhalte in E-Mails verbieten und im Reiter AUTHENTIFIZIERUNG können Sie weitere Sicherheitsmaßnahmen aktivieren, diese sind im privaten Bereich aber nicht erforderlich.

17.2.4 E-Mail-Adressen einrichten

Im Bereich ALIASNAME können Sie für die DSM-Benutzer beliebige E-Mail-Adressen festlegen. Jeder berechtigte Benutzer hat automatisch bereits eine Adresse mit seinem eigenen Benutzernamen. Jeder kann aber beliebig viele Alias-Adressen haben. Klicken Sie dazu auf ERSTELLEN. Wählen Sie den Benutzer aus, den Sie hinzufügen möchten, und vergeben Sie die gewünschte E-Mail-Adresse.

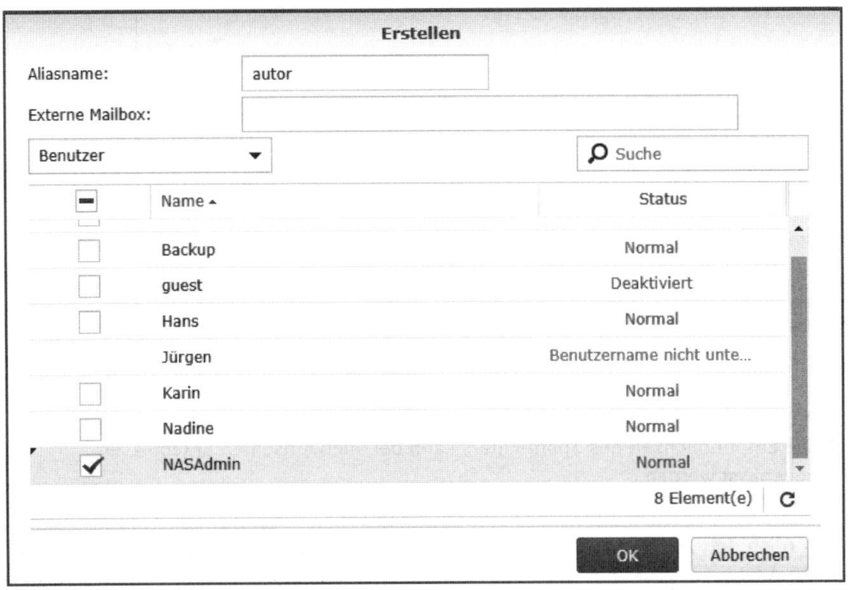

Abb. 17.6: Benutzern Adressen durch Alias-Namen zuweisen

Hinweis

DSM-Benutzer, die einen Umlaut im Namen haben, werden von Mail-Server übrigens nicht unterstützt.

Sie können einen Alias auch mehreren Benutzerkonten zuweisen, E-Mails, die an diese Adresse gesendet werden, werden in beiden Konten angezeigt.

17.2.5 Spezielle Einstellungen und Serverüberwachung

Im Bereich AUTOMATISCHE BCC können Sie regelgesteuert Kopien von Mails an einen weiteren Empfänger weiterleiten. Weder Absender noch der eigentliche Empfänger bemerken diese Weiterleitung.

Im Bereich WARTESCHLEIFE sehen Sie alle Mails, die noch nicht an den Empfänger übermittelt wurden. Im Bereich E-MAIL PROTOKOLL sehen Sie alle Aktivitäten, die am Mail-Server stattfinden.

Möchten Sie nicht selbst ständig am Server nachschauen, was sich getan hat, können Sie im Bereich BERICHT die Generierung eines Tagesberichts aktivieren und sich diesen per Mail zuschicken lassen.

17.2.6 Automatische Weiterleitungen und automatische Antworten

Im letzten Bereich PERSÖNLICHE EINSTELLUNGEN wird es wieder interessant. Diesen Bereich, und nur diesen, sehen übrigens auch andere Benutzer, wenn sie die Anwendung *E-Mail-Server* in DSM öffnen. Hier können Sie für Ihr Konto automatische Weiterleitungen und automatische Antworten (z.B. bei Abwesenheit) einstellen. Bei den Weiterleitungen geht es darum, alle E-Mails an ein weiteres Mailkonto zu schicken. Wenn Sie nur bestimmte E-Mails weiterleiten möchten, müssen Sie im Mail-Programm Filter erstellen.

17.3 Den Mail-Server aus dem Internet erreichen

Mails nur aus dem lokalen Netz zu empfangen, ist ein wenig langweilig. Ein eigener Mail-Server macht nur dann Sinn, wenn man auch von überall auf der Welt E-Mails empfangen kann. Dazu muss der eigene Router gewisse Ports an das NAS weiterleiten. Grundsätzliches dazu finden Sie in Abschnitt 9.2.2 »Portfreigabe einrichten«. Welche Ports Sie weiterleiten müssen, hängt davon ab, welche Protokolle Sie genau nutzen. Prinzipiell arbeitet der Mail-Server mit folgenden Ports:

Protokoll	Port
SMTP (unverschlüsselt)	25 (TCP)
SMTP-SSL	465 (TCP)
SMTP-TLS	587 (TCP)
POP3 (unverschlüsselt)	110 (TCP)

Protokoll	Port
POP3 SSL/TLS	995 (TCP)
IMAP (unverschlüsselt)	143 (TCP)
IMAP SSL/TLS	993 (TCP)

Wichtig

Nicht vergessen, nutzen Sie immer die verschlüsselte Version eines Protokolls, gerade wenn es um Kommunikation über das Internet geht, und geben Sie immer nur die Ports frei, die Sie auch tatsächlich benötigen.

Den Mail-Server finden Sie nicht im Anwendungsportal, daher müssen Sie den Zugriff gegebenenfalls über die Firewall regeln.

Vergessen Sie auch nicht, unter SYSTEMSTEUERUNG|SICHERHEIT|ZERTIFIKAT|KONFIGURIEREN dem Mail-Server das richtige Zertifikat zuzuweisen.

17.4 E-Mails schreiben und lesen

So, der Mail-Server ist eingerichtet und aus dem Internet erreichbar. Sie können aber immer noch keine E-Mails schreiben oder lesen. Dazu benötigen Sie einen Mail-Client. Den hat Synology natürlich auch im Programm, die *Mail Station*. Dahinter verbirgt sich eigentlich die Open-Source-Software *Roundcube*. Natürlich können Sie jede andere externe Mail-Software dafür verwenden. Aber der Reihe nach.

17.4.1 Mit der Mail Station E-Mails lesen und schreiben

Die *Mail Station* finden Sie im Paket-Zentrum.

Hinweis

Sie benötigen das Paket *PHP 5.6*. Diese PHP-Version ist schon veraltet und wird von vielen Webanwendungen nicht mehr unterstützt. Leider ist Synology beim Thema PHP immer etwas hinterher, egal, ob es um neue PHP-Versionen selbst geht oder um die Aktualisierung von Anwendungen, die PHP benötigen. Wenn Sie kein Webinterface für Ihre E-Mails benötigen, sondern nur mit Mail-Programmen arbeiten, verzichten Sie auf die Mail Station.

Nach der Installation erreichen Sie die Mail Station entweder über das Icon in DSM oder über den Browser unter `https://`*<NAS-Adresse>*`/mail` (z.B. `https://mydiskstation/mail` oder `https://mydiskstation.synology.me/mail`).

Firewall und Portfreigabe

Die Mail Station ist eine Webanwendung wie auch die Photo Station. Sie läuft über die Ports 80 (http) und 443 (https). Haben Sie bereits Freigaben bzw. Regeln für diese Ports erstellt, müssen Sie diese nicht mehr einstellen.

Das Erfreuliche ist, dass Sie die Mail Station eigentlich sofort benutzen können, ohne weitere Einstellungen vornehmen zu müssen.

Unter EINSTELLUNGEN findet jeder Benutzer Einstellungen für sein Mail-Konto bzw. für seine Ansicht von Roundcube. Hier finden Sie auch noch mal die automatische Weiterleitung und die automatische Antwort, wie Sie sie auch bei Mail Server im Bereich PERSÖNLICHE EINSTELLUNGEN gesehen haben. Hier muss ich nicht ins Detail gehen, da die Einstellungen nichts mit dem eigentlichen Thema zu tun haben und den Rahmen des Buches sprengen würden. Wenn Sie sich an einen eigenen Mail-Server herantrauen, finden Sie sich sicher auch in den Einstellungen eines Webmail-Kontos zurecht.

17.4.2 Mail-Konto in externen Mail-Programmen einrichten

Die Konfiguration von externen Mail-Programmen ist eigentlich nicht schwierig, kann aber etwas mühsam sein. Früher musste man in den Mail-Programmen jedes Konto manuell konfigurieren. Mittlerweile versuchen die Mail-Programme, anhand der Domain die richtigen Einstellungen vom Server abzufragen. Das klappt bei bekannten Anbietern, beim Mail-Server der eigenen Domain aber nicht, und schon gar nicht, wenn der Server in einem privaten Netzwerk steht.

Achtung

Damit Sie ein Mail-Programm im lokalen Netz einrichten bzw. benutzen können, muss die Domain im LAN auch aufgelöst werden können. Mehr dazu erfahren Sie in Abschnitt 9.2.4 »Namensauflösung im LAN«.

Nachfolgend zeige ich Ihnen die Einrichtung anhand von *Outlook*. Wenn Sie erst verstanden haben, welche Angaben Sie machen müssen, können Sie das Konto aber mühelos im Mail-Programm Ihrer Wahl einrichten.

Outlook ist etwas eigen, wenn Sie ein neues Konto hinzufügen. Starten Sie den Assistenten zur automatischen Erkennung der Einstellungen. Der Assistent erscheint, wenn Sie über DATEI|KONTO HINZUFÜGEN oder DATEI|KONTOEINSTELLUNGEN|NEU ein Konto hinzufügen möchten. Die automatische Erkennung wird durchgeführt, selbst wenn Sie angeben, dass Sie die Einstellungen manuell vornehmen wollen. In weiterer Folge können Sie zwar Servernamen und Ports festlegen, Outlook nimmt aber an, Ihre E-Mail ist auch Ihr Benutzername (wie es bei den Web-Mail-Anbietern üblich ist). Hier müssen wir einen Umweg gehen, um ans Ziel zu gelangen.

1. Gehen Sie in Outlook auf DATEI|KONTOEINSTELLUNGEN|PROFILE VERWALTEN|E-MAIL-KONTEN|NEU. Das Fenster E-MAIL-KONTEN sieht genauso aus wie die Kontoeinstellungen. Ein Klick auf NEU startet hier aber den alten Dialog KONTO HINZUFÜGEN.

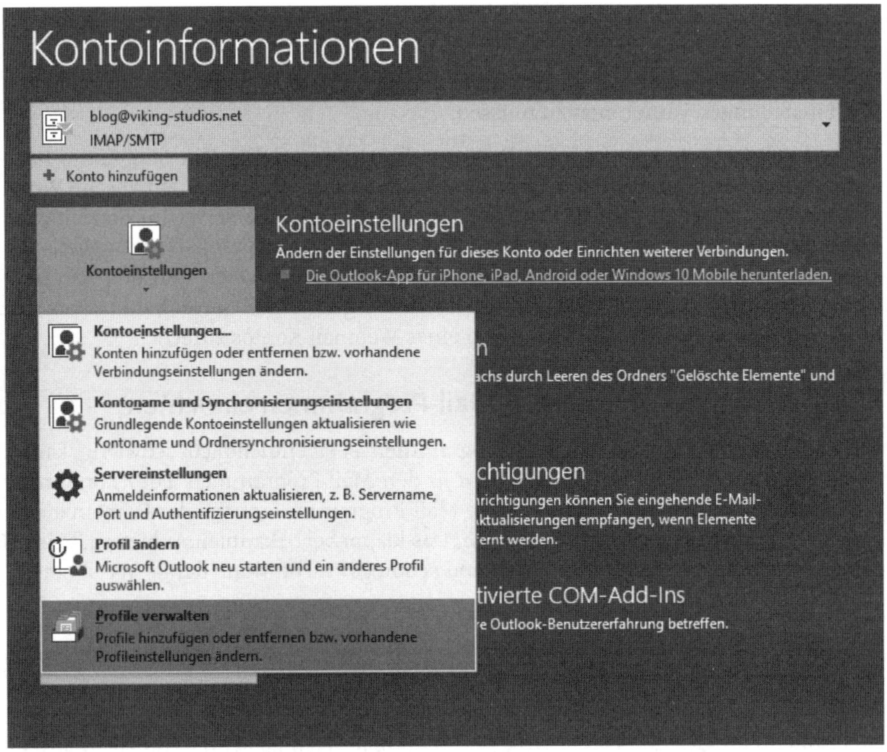

Abb. 17.7: Das richtige Menü ist versteckt.

2. Markieren Sie MANUELLE KONFIGURATION ODER ZUSÄTZLICHE SERVERTYPEN und klicken Sie auf WEITER.
3. Wählen Sie POP ODER IMAP und klicken auf WEITER.
4. Folgende Eingaben sind notwendig:
   - Ihr Name – Geben Sie den Namen an, den Sie als Absender nutzen möchten.
   - E-Mail-Adresse – Geben Sie hier die Adresse des Kontos ein.
   - Kontotyp – Wählen Sie POP3 oder IMAP, je nachdem, was Sie am Server aktiviert haben.
   - Posteingangsserver und Postausgangsserver – Hier geben Sie die Domain Ihres NAS an (z.B. `mydiskstation.synology.me`).
   - Benutzername – Hier geben Sie den DSM-Benutzer an, nicht die E-Mail-Adresse.
   - Kennwort – Das Passwort für den DSM-Benutzer. Setzen Sie das Häkchen bei KENNWORT SPEICHERN.

5. Klicken Sie auf WEITERE EINSTELLUNGEN. Im ersten Reiter können Sie dem Konto einen Namen geben.
   - Im Reiter POSTAUSGANGSSERVER aktivieren Sie DER POSTAUSGANGSSERVER SMTP ERFORDERT AUTHENTIFIZIERUNG (Sie erinnern sich, diese Option haben wir in Mail Server aktiviert). Die Auswahl bleibt auf GLEICHE EINSTELLUNGEN WIE FÜR POSTEINGANGSSERVER VERWENDEN.
   - Im Reiter ERWEITERT wählen Sie für den Posteingangsserver als Verschlüsselungstyp SSL/TLS. Der Port (Zahlenwert im Eingabefeld darüber) sollte sich von 143 auf 993 ändern. Für den Postausgangsserver wählen Sie als Verschlüsselungstyp STARTLS und ändern den Port manuell auf 587. Die weiteren Einstellungen in diesem Reiter können Sie nach Belieben wählen. Bestätigen Sie dann mit OK.
6. Klicken Sie auf WEITER. Ihre Angaben werden getestet, indem der Assistent versucht, sich am Posteingangsserver anzumelden und eine Testnachricht zu verschicken. Sind beide Tests erfolgreich, sind die Angaben korrekt – schlägt einer der Tests oder beide fehl, kontrollieren Sie die Angaben. Gehen Sie auch sicher, dass die Angaben, die Sie hier gemacht haben, auch mit den Einstellungen am Server übereinstimmen. In beiden Fällen klicken Sie auf SCHLIEẞEN.
7. Klicken Sie auf FERTIG STELLEN.

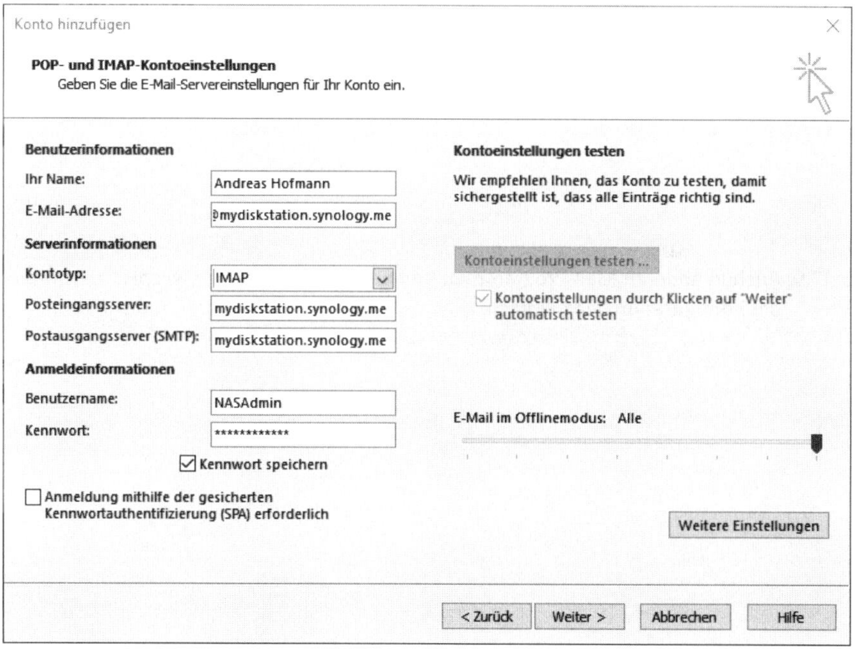

Abb. 17.8: E-Mail-Konten wie gewohnt manuell konfigurieren

Die Einrichtung ist gar nicht so schwer, einige Mail-Programme verstecken die manuelle Eingabe nur ein wenig.

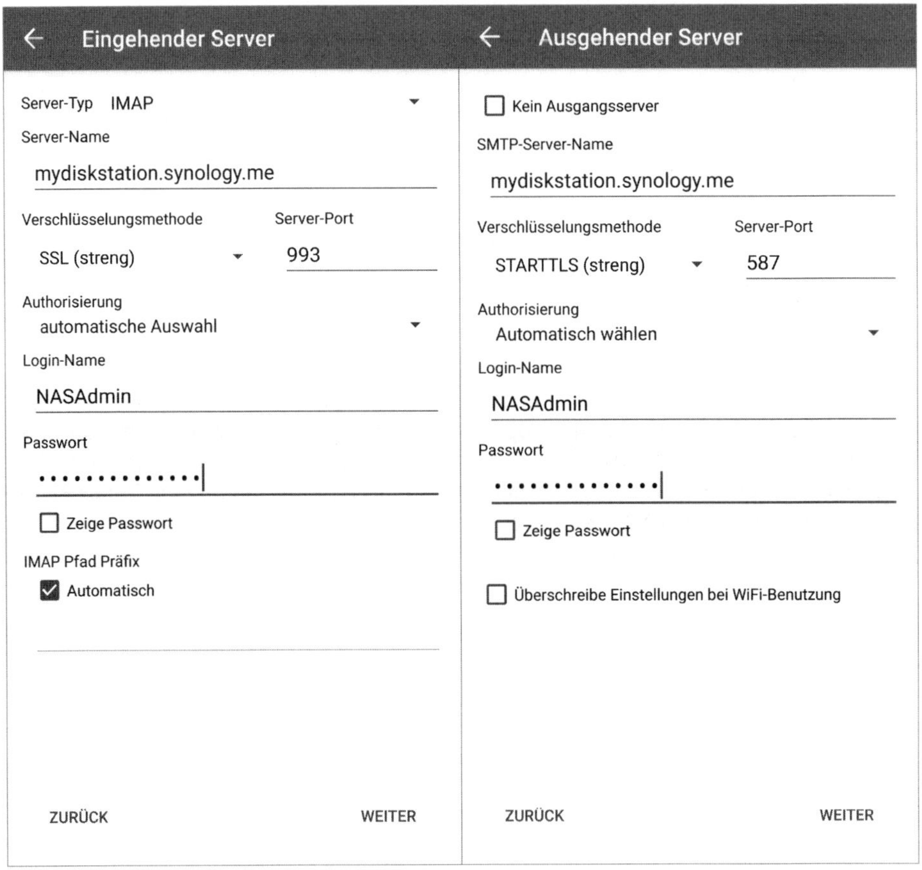

Abb. 17.9: Auch in anderen Mail-Programmen und anderen Plattformen wie hier in Android ist die Konfiguration ganz einfach.

Kapitel 18

Zentrales Download-Management mit der Download Station

Download-Manager sind praktisch. Man fügt den Download-Link hinzu und der Manager lädt die Datei automatisch herunter. Bricht die Verbindung ab, wird der Download automatisch fortgesetzt, wenn sie wieder da ist. Man kann die Downloads auch selbst pausieren und fortsetzen. Download-Manager werden aber immer seltener. Viele Funktionen sind schon in den Browsern integriert und aufgrund der immer besser werdenden Internetleitungen sind Downloads auch nicht mehr so mühsam und langwierig.

Ein Download-Manager hat aber auch heute noch seine Vorteile. Bei besonders vielen und/oder großen Downloads ist es ärgerlich, wenn man den Rechner laufen lassen muss. Ist die Verbindung zum Server langsam oder instabil, kann die Angelegenheit mühsam sein. Dazu kann die eigene Bandbreite stark eingeschränkt werden.

Das Synology NAS bietet einen zentralen Download-Manager, die *Download Station*. Damit können Sie Ihre Downloads vom NAS erledigen lassen und können so Ihren Rechner ausschalten. Dazu lassen sich Downloads auch planen, um die eigene Internetleitung nicht zu belasten, während sie für andere Dinge benötigt wird.

Die Download Station kann aber weit mehr, als nur einfache Dateien herunterladen. Sie unterstützt eine Vielzahl von speziellen Download-Formaten und Protokollen. Sie kann auch automatisch mit FTP-Servern und File-Hostern umgehen. Downloads sind meist in ZIP-, RAR- oder andere Archivdateien gepackt. Die Download Station kann die Dateien nach dem Download auch automatisch entpacken. Ein weiterer Vorteil: Sie können von überall Downloads hinzufügen und brauchen sich nicht weiter darum zu kümmern.

18.1 Die Download Station installieren und einrichten

Öffnen Sie nach der Installation die Download Station. Damit diese genutzt werden kann, müssen Sie zuerst einen Ordner festlegen, in dem die heruntergeladenen Dateien gespeichert werden. Hier empfiehlt sich ein eigener gemeinsamer Ordner.

Abb. 18.1: Die Download Station im Paket-Zentrum

18.1.1 Berechtigungen

Unter SYSTEMSTEUERUNG|BERECHTIGUNGEN können Sie wieder festlegen, welche Benutzer die Download Station nutzen können und welche nicht. Vergessen Sie nicht, auch für den Download-Ordner die Berechtigungen richtig zu setzen. Benutzer, die die Download Station nutzen dürfen, sollten für den Download-Ordner zumindest Leserechte haben, um an die heruntergeladenen Dateien zu gelangen.

18.1.2 Einstellungen im Anwendungsportal

Die Download Station läuft wieder über die Ports von DSM. Sie kennen das Prozedere bereits. Im Anwendungsportal aktivieren Sie die benutzerdefinierten Ports 8000 (http) bzw. 8001 (https). Jetzt liegt es an Ihnen, ob Sie nur die Ports verwenden und eventuell den Zugriff in der Firewall regeln oder ob Sie den Alias oder eine benutzerdefinierte Domain verwenden möchten und den Zugriff per Zugangskontrollprofil regeln.

18.1.3 Einstellungen in der Download Station

Öffnen Sie die Einstellungen (Zahnrad-Icon) in der Download Station. Hier gibt es vorerst nur recht wenig einzustellen. Wechseln Sie in den Bereich ALLGEMEIN unter DOWNLOAD STATION. Dort können Sie den temporären Speicherort festlegen. Standardmäßig ist das das Volume, auf dem Sie die Download Station installiert haben. Hier werden die unvollständigen Daten während des Downloads gespeichert. Erst wenn der Download abgeschlossen ist, wird die vollständige Datei in den festgelegten Download-Ordner verschoben. Stellen Sie sicher, dass auf dem Volume genügend freier Speicher vorhanden ist. Den Download-Ordner selbst können Sie im Bereich ORT wechseln.

Benachrichtigungen konfigurieren

Im Bereich BENACHRICHTIGUNG können Sie die E-Mail-Benachrichtigung aktivieren. Dafür müssen Sie ein externes E-Mail-Konto mit Ihrem Benutzer verknüpft haben. Dieses dient als Absender.

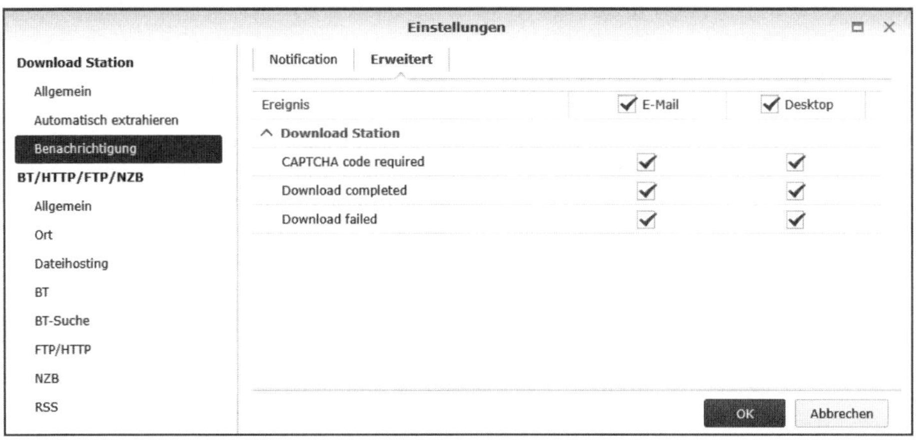

Abb. 18.2: Blenden Sie Benachrichtigungsarten nach Wunsch aus.

Als Empfänger können Sie beliebige E-Mail-Adressen angeben, auch die Absender-Adresse selbst. Im Reiter ERWEITERT können Sie festlegen, welche Benachrichtigungen an welchen Benachrichtigungskanal geschickt werden sollen. Gerade Benachrichtigungen über erfolgreiche Downloads können sehr schnell nerven, wenn diese per Mail kommen.

Verbindungen, gleichzeitige Downloads und Bandbreite

Im Bereich ALLGEMEIN unter BT/HTTP/FTP/NZB können Sie festlegen, wie viele Downloads gleichzeitig laufen sollen. Beachten Sie die eigene Bandbreite – laufen zu viele Downloads gleichzeitig, dauert es länger, bis einzelne Downloads abgeschlossen werden. Bei zu wenigen gleichzeitigen Downloads wird die Bandbreite nicht optimal ausgenutzt, vor allem dann, wenn die Downloadquelle die Bandbreite begrenzt.

Im Bereich FTP/HTTP können Sie die Anzahl der Verbindungen zu FTP-Servern und die Bandbreite für FTP- und http-Downloads begrenzen.

18.2 Downloads verwalten

Downloads können auf verschiedene Weise auftreten. Ein direkter Link zur Datei ist dabei die einfachste. Weiter verbreitet sind aber kleine Dateien, in denen die Downloadinformationen enthalten sind. Diese können sicherer im Internet bereitgestellt werden als direkte Links zu Dateien.

18.2.1 Downloads hinzufügen

Hinzufügen können Sie Downloads als Datei vom lokalen Rechner oder als Link über die entsprechenden Icons.

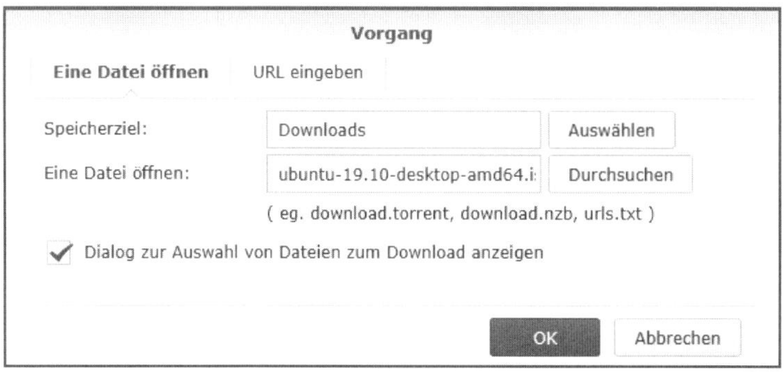

Abb. 18.3: Dateien von der Festplatte öffnen

Als Datei werden Torrent- und NZB-Dateien unterstützt sowie txt-Dateien, die Download-Links enthalten.

Der Dialog listet Ihnen alle enthaltenen Dateien auf und Sie können wählen, welche Sie davon herunterladen möchten.

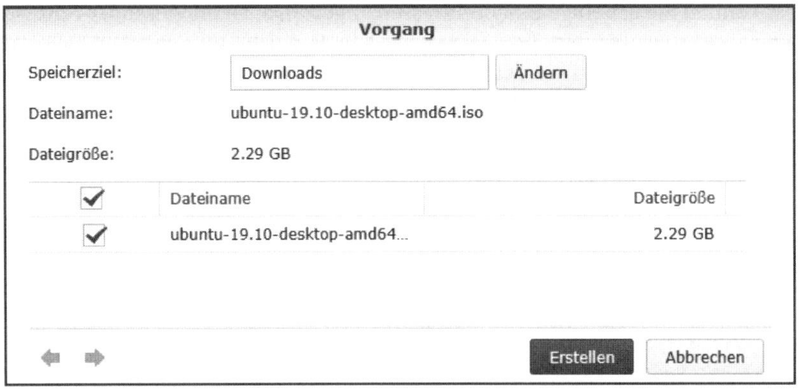

Abb. 18.4: Enthält die Datei mehrere Downloads, können Sie hier wählen, welche Sie hinzufügen möchten.

Alternativ können Sie direkt Links zu Downloads hinzufügen. Die Download Station besitzt aber keinen *Linkgrabber* (eine Software, die Webseiten nach Dateien durchsucht), sondern die URL muss direkt auf die Datei verweisen. Dafür werden verschiedene Protokolle, wie etwa FTP und SFTP, unterstützt.

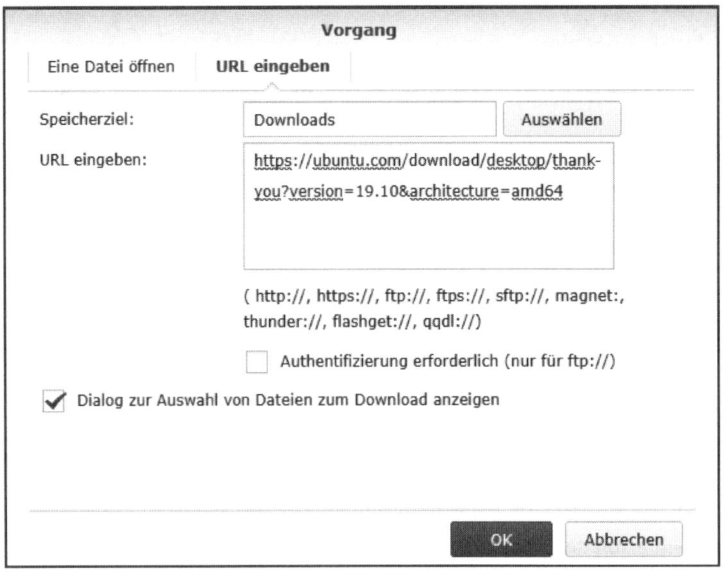

Abb. 18.5: Hinzufügen von Downloads aus Online-Quellen

Nach der Bestätigung wird der Download automatisch gestartet. Sie können Downloads über die Icons steuern. So stehen Ihnen folgende Funktionen zur Verfügung (Abbildung 18.6):

- ❶ – Downloads pausieren, starten oder stoppen
- ❷ – Den Downloadordner ändern

- ❸ – Den Download entfernen
- ❹ – Abgeschlossene Downloads entfernen
- ❺ – Pausieren, Fortsetzen oder Entfernen aller Downloads

Abb. 18.6: Die Icons im Download-Bereich

Im Navigationsbereich können Sie die Downloads nach deren Status filtern und im unteren Bereich der Download Station sehen Sie Detailinformationen zum markierten Download.

Abb. 18.7: Die Download Station lässt Sie Downloads steuern und zeigt Ihnen verschiedene Detailinformationen.

18.2.2 Archive automatisch entpacken

Oft sind umfangreiche Downloads in Archiven gepackt. Um diese nach dem Download automatisch entpacken zu lassen, müssen Sie in den Einstellungen im Bereich AUTOMATISCH EXTRAHIEREN den Haken bei AUTOMATISCHES EXTRAHIEREN FÜR HERUNTERGELADENE DATEIEN AKTIVIEREN setzen. Die weiteren Einstellungen können Sie nach Ihren Wünschen anpassen. Hilfreich ist die Option ARCHIVE NACH DEM EXTRAHIEREN LÖSCHEN. Nach dem Entpacken liegen sowohl die entpackten Dateien als auch das Archiv auf der Festplatte, dadurch wird das verbrauchte Datenvolumen mehr als verdoppelt (da die Archive meist komprimiert sind). Lassen Sie die Archive automatisch löschen, spart das Speicherplatz.

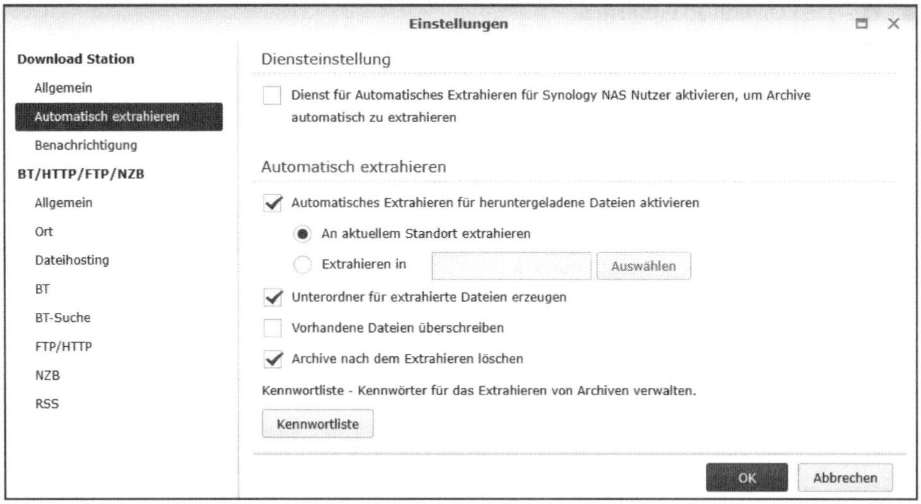

Abb. 18.8: Aktivieren des automatischen Extrahierens von Archivdateien

18.2.3 Torrents und NZB-Dateien automatisch laden

Sie können Ihre Downloads noch weiter automatisieren. Nutzen Sie Torrents oder NZB-Dateien regelmäßig, können Sie die Download Station so konfigurieren, dass sie einen Ordner überwacht. Speichern Sie dort eine Torrent- oder NZB-Datei ab, lädt die Download Station diese automatisch und lädt die enthaltenen Dateien automatisch herunter.

1. Gehen Sie zu EINSTELLUNGEN|ORT.
2. Aktivieren Sie die Option TORRENT/NZB-DATEI(EN) VOM ANGESEHENEN ORDNER AUTOMATISCH LADEN.
3. Wählen Sie einen Ordner aus, der überwacht werden soll.
4. Wenn Sie möchten, können Sie die Torrent/NZB-Datei automatisch löschen lassen.
5. Bestätigen Sie mit OK.

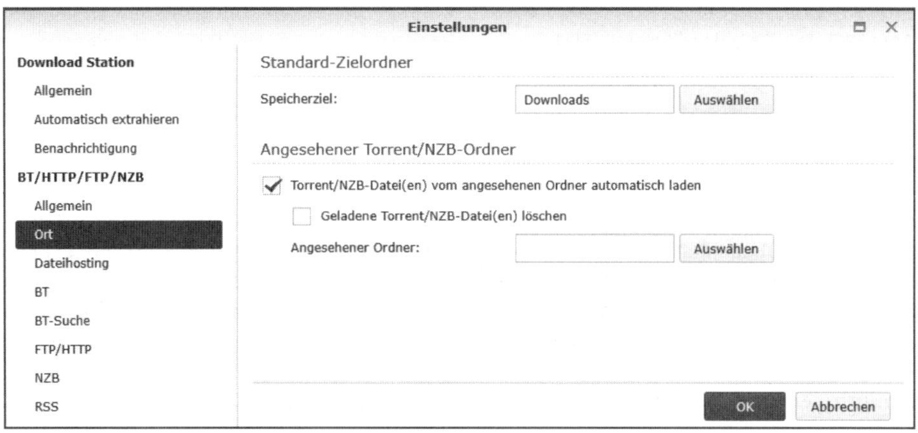

Abb. 18.9: Aktivieren der Ordnerüberwachung für Torrents und NZB-Dateien

Tipp

Richten Sie den überwachten Ordner als Netzfreigabe (siehe Kapitel 6 »Dateidienste – vom Computer auf den NAS-Speicher zugreifen«) auf Ihrem Rechner ein. Sie können dann einfach Torrent/NZB-Dateien über den Browser herunterladen und in diesem Ordner speichern. Die Download Station kümmert sich um den Rest.

18.2.4 Einen Zeitplan erstellen

Automatisierte Downloads sind toll, aber nicht, wenn sie die ganze Bandbreite belegen, während Sie gerade im Internet surfen, Videos streamen oder die Bandbreite für andere Aktivitäten benötigen. Mit einem Zeitplan können Sie festlegen, wann Downloads durchgeführt werden dürfen und wann nicht.

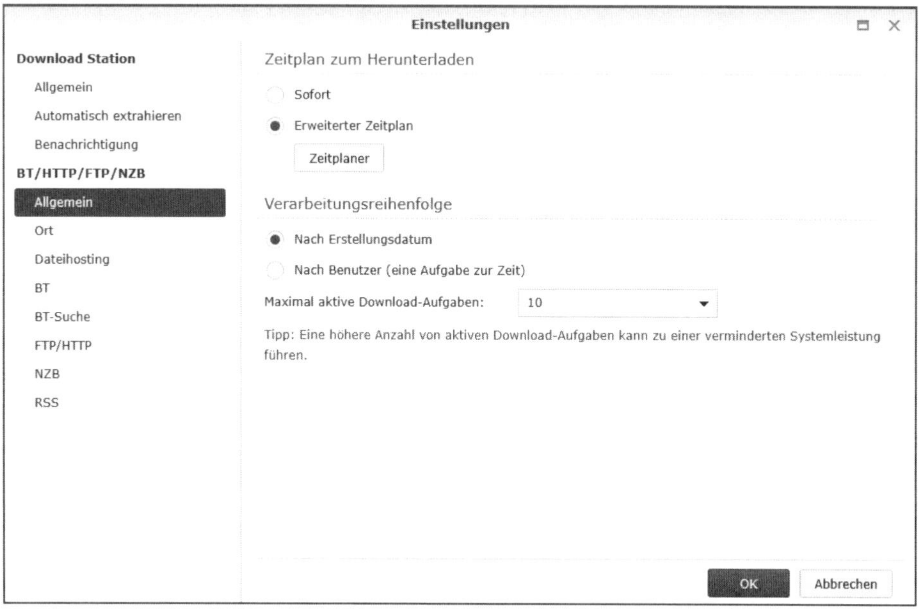

Abb. 18.10: Den Zeitplan finden Sie in den Einstellungen.

1. Gehen Sie zu EINSTELLUNGEN|ALLGEMEIN (BT/HTTP/FTB/NZB).
2. Aktivieren Sie den erweiterten Zeitplan.
3. Klicken Sie auf ZEITPLAN.
4. Erstellen Sie einen Zeitplan nach Ihren Bedürfnissen. Sie können festlegen, ob zu einer bestimmten Zeit Downloads erlaubt sind (blau) oder nicht (weiß). Zusätzlich können Sie eine alternative Geschwindigkeit für BitTorrent-Downloads festlegen (orange).
5. Bestätigen Sie mit OK.

Hinweis

Details zum Umgang mit dem Zeitplaner können Sie in Abschnitt 4.5.3 »Grenzwertbereiche für Geschwindigkeitsbeschränkungen« nachlesen.

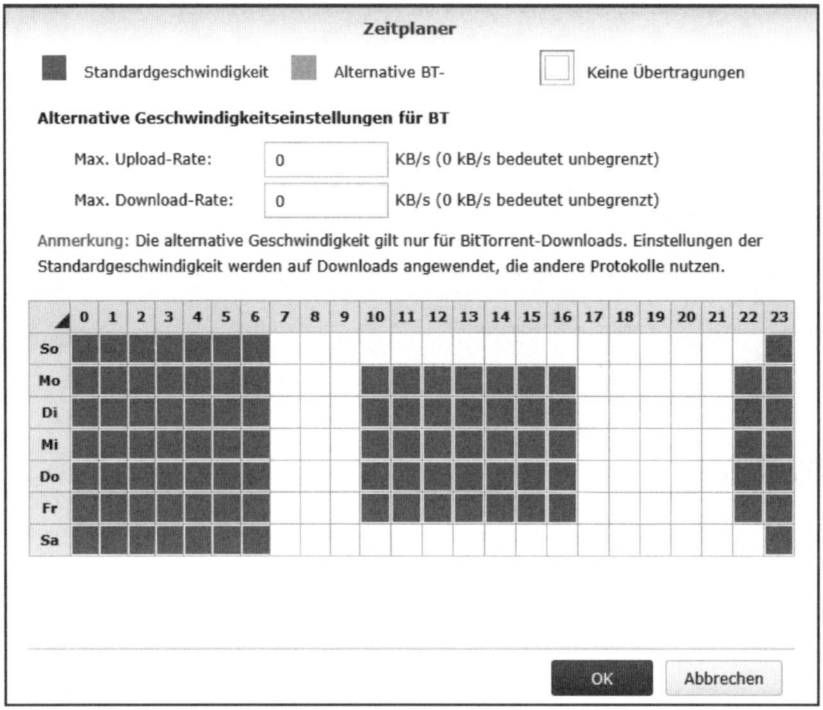

Abb. 18.11: Erstellen Sie einen Plan nach Wunsch.

18.2.5 File-Hoster

Die Download Station unterstützt eine Vielzahl an File-Hostern. Diese finden Sie unter EINSTELLUNGEN|DATEIHOSTING. Die Hoster sind alle automatisch aktiviert, einige davon sind deaktivierbar. Einige Hoster werden von der Download Station direkt unterstützt, andere werden über das *pyLoad*-Plugin eingebunden.

Um einen Account zu verknüpfen, markieren Sie den Hoster und klicken Sie auf BEARBEITEN. Geben Sie Ihre Benutzerdaten für den Hoster an und klicken Sie auf ÜBERPRÜFEN. Ist dies erfolgreich, können Sie den Dialog mit OK schließen. Der Benutzername wird jetzt in der entsprechenden Spalte angezeigt.

Downloadlinks vom entsprechenden Hoster werden nun mit Ihrem Konto heruntergeladen. Um ein Konto zu löschen, gehen Sie wieder auf BEARBEITEN und löschen Ihre Benutzerdaten.

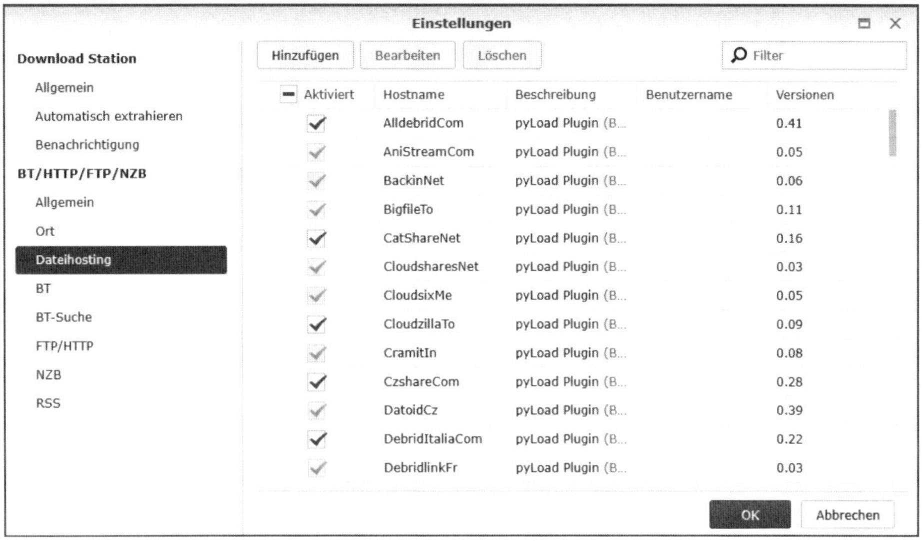

Abb. 18.12: Die Download Station unterstützt eine Vielzahl von File-Hostern.

18.2.6 Downloads suchen

Die Download Station hilft nicht nur beim Herunterladen selbst – sie kann auch Dateien finden, wenn auch nur Torrents. Dazu nutzt sie spezielle Suchmaschinen. Drei dieser Suchmaschinen sind bereits integriert. Unter EINSTELLUNGEN|BT-SUCHE können Sie die Suchmodule entfernen/deaktivieren oder neue Suchmodule hinzufügen. Auch das Aktualisieren der Suchmodule kann hier erledigt werden.

Abb. 18.13: Such-Module verwalten

> **Hinweis**
>
> Um weitere Suchmodule hinzuzufügen, benötigen Sie DLM-Dateien. `synoboost.com` bietet eine DLM-Datei-Sammlung verschiedenster Anbieter.

Um nach Torrents zu suchen, nutzen Sie das Suchfeld der Download Station. Geben Sie einen Suchbegriff ein und drücken Sie [↵]. Sie werden auf den Bereich SUCHERGEBNISSE (im Navigationsbereich unter BT-SUCHE) umgeleitet. Dort werden alle Suchergebnisse aufgelistet und Sie können Dateien auswählen und zum Download hinzufügen.

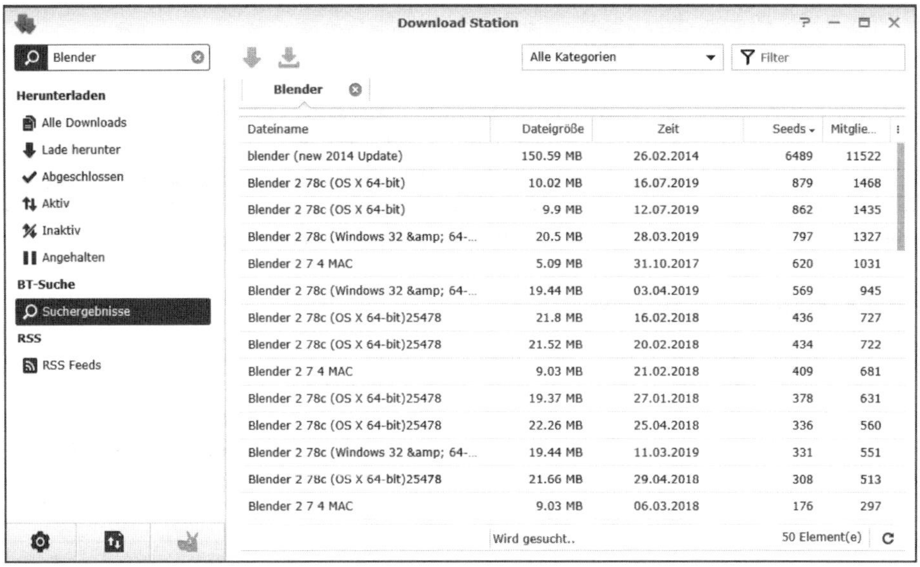

Abb. 18.14: Suchen von Downloads direkt in der Download Station

Kapitel 19

Videoüberwachung mit der Surveillance Station

Haben Sie schon einmal an Video-Überwachung gedacht? Egal, ob am Arbeitsplatz, im eigenen Zuhause oder im Garten – mit Netzwerk-Kameras lassen sich diese Bereiche recht einfach überwachen und sie bieten auch für relativ wenig Geld zufriedenstellende Qualität. Was das Ganze mit einem NAS zu tun hat? Ihr Synology NAS übernimmt hier gleich mehrere Aufgaben.

Das Bildmaterial muss irgendwo gespeichert werden. Es gibt zwar Kameras mit SD-Karten-Slot, SD-Karten sind aber schnell voll und gerade bei mehreren Kameras sind Speicherkarten eher unpraktisch. Besser ist da ein zentraler Netzwerkspeicher.

Überwachungskameras müssen aber auch eingerichtet, gesteuert und verwaltet werden, außerdem möchten Sie ja auch sehen, was die Kamera so sieht, egal ob aufgezeichnetes Material oder Live-Bild. Das bieten zwar meist auch die Hersteller-Anwendungen und -Apps, je nach Preissparte und Hersteller ist die Software aber nicht immer besonders gut und auch die Sicherheit lässt meist zu wünschen übrig.

Synology bietet mit der *Surveillance Station* eine umfangreiche Verwaltungssoftware, mit der Sie je nach Kamera-Funktionen sogar aus der Ferne Zoom und Ausrichtung festlegen können. Wichtiger noch ist die Bewegungserkennung, die beherrscht die Surveillance Station ebenfalls. Das ist ein großer Pluspunkt, da so auch Kameras genutzt werden können, die selbst keine Bewegungserkennung bieten.

19.1 Die richtige Kamera finden

19.1.1 Anforderungen

Obwohl die Surveillance Station viele verschiedene Kameras unterstützt, ist es gar nicht so einfach, die richtige zu finden. Primär entscheidet das Einsatzgebiet, welche Kameras infrage kommen und danach stellt sich auch die Frage des Preises.

Grundsätzlich müssen Sie zwischen dem Einsatz im Indoor-Bereich und im Outdoor-Bereich unterscheiden. Outdoor-Kameras müssen stabiler und wetterfest sein. Sie können zwar auch im Innenbereich eingesetzt werden, entscheidet man sich aber für eine reine Indoor-Kamera, lässt sich Geld sparen. Sie sollten aber nicht nur auf Bezeichnungen achten, sondern auch auf die Bauform. Grundsätzlich gibt es zwei Formen, die *Dome*-Kameras und die *Bullet*-Kameras. Dome-Kameras sitzen unter einer Glaskuppel und können sehr flexibel ausgerichtet werden. Bullet-Kameras sind länglich und größer, können dafür aber mehr Technik beinhalten, dadurch ist meistens die Nachtsicht und der Zoom besser als bei Dome-Kameras.

Hinweis

Es gibt Dome-Kameras, die als Outdoor-geeignet ausgewiesen sind, die Erfahrung hat aber gezeigt, dass sie für den Außeneinsatz eher ungeeignet sind. Auf der Außenseite der Kuppel können sich leicht Wassertropfen oder Schmutz sammeln, und noch schlimmer, die Innenseite der Kuppel beschlägt sehr leicht durch kondensierte Feuchtigkeit. Im besten Fall leidet die Bildqualität, im schlechtesten Fall sehen Sie gar nichts mehr. Bullet-Kameras haben dieses Problem nicht.

Bullet-Kameras sind sichtbarer und können daher abschreckend wirken. Dome-Kameras sind weniger sichtbar bzw. auffällig. Zusätzlich sind sie durch die kompakte Bauform und die schützende Kuppel stabiler und können schwerer beschädigt werden. Einige sind so gefertigt, dass sie Beschädigungen bis zu einem gewissen Grad widerstehen, dabei handelt es sich um Vandalismus-sichere Kameras.

Anschließend noch einige weitere Faktoren, die Sie bedenken sollten.

Lichtstärke

Die meisten Kameras sind mit Infrarot-LEDs ausgestattet, um auch im Dunkeln Aufnahmen zu ermöglichen. Hier stellt sich die Frage: Wie dunkel kann es am Platzierungsort werden und wie groß ist der Ort? Nehmen Sie im Innenbereich auf kürzere Distanz auf, muss die Kamera nicht so leistungsfähig sein, als wenn Sie außen eine freie Fläche (z.B. den Garten) überwachen und noch in mehreren Metern Entfernung etwas erkennen wollen.

Blickwinkel und Zoom

Möchten Sie nur eine Tür überwachen, ein ganzes Zimmer oder den Garten? Bei großen Arealen sind meist mehrere Kameras notwendig. Hier hilft ein großer Blickwinkel, die Anzahl der Kameras zu minimieren. Der Zoom kann ebenfalls ausschlaggebend sein. Je größer der Zoom, umso weiter weg kann die Kamera positioniert werden. Kameras weiter weg zu positionieren kann bei der Strom- und Netzwerkversorgung eine entscheidende Rolle spielen.

Aufnahmebereich festlegen

Die meisten Kameras werden bei der Montage auf ihr Ziel gerichtet. Einige höherpreisige Kameras ermöglichen die Ausrichtung über kleine Motoren per Software. Das kann hilfreich sein, wenn die Kamera selbst schwer zu erreichen ist oder an einem entfernten Ort (z.B. Zweitwohnsitz) aufgestellt wird.

Netzwerkanschluss

Es gibt Kameras, die per LAN-Kabel ins Netzwerk integriert werden, und es gibt WLAN-Kameras. Diese bieten den Vorteil, dass sie nur mit Strom versorgt werden und sich in Reichweite eines WLAN befinden müssen.

Achtung

WLAN hört sich im ersten Moment praktisch an, dabei gibt es aber einige Punkte zu bedenken.

WLAN ist nicht besonders stabil – die Bandbreite schwankt ständig und Verbindungsabbrüche sind auch nicht selten. Für Kameras wird eine stabile Verbindung empfohlen, denn eine Kamera bringt wenig, wenn sie im entscheidenden Moment keine Bilder oder Bilder in schlechter Qualität liefert.

WLAN-Kameras sind außerdem nicht besonders sicher. Unbefugte können sich leicht Zutritt verschaffen und bekommen so Einblicke in die Bereiche, die Sie eigentlich schützen wollen.

Kameras mit Akkus sind für die Dauerüberwachung ungeeignet, WLAN-Kameras müssen also immer noch mit Strom versorgt werden. Während man im eigenen Haus oder der Firma auch nachträglich an unterschiedlichen Stellen eine Stromversorgung herstellen kann, ist das in Mietobjekten schwieriger, das schränkt Sie bei der Positionierung der Kamera ein. Möchten Sie mehrere Kameras aufstellen, kostet das wertvolle Steckdosen bzw. es müssen umständlich Verlängerungskabel verlegt werden. Ich empfehle kabelgebundenes Netzwerk und die Beachtung des nächsten Punktes.

Stromversorgung

Diese stellt neben der Netzwerkversorgung ein weiteres Problem dar. Hier gibt es aber Abhilfe, die aus zwei Problemen nur noch eines macht. Das Zauberwort heißt *PoE* (*Power over Ethernet*). Kameras bzw. Geräte allgemein, die PoE unterstützen, lassen sich über ein Ethernetkabel mit Strom versorgen. Welches Kabel Sie verwenden, ist dabei egal, allerdings benötigen Sie auch auf der anderen Seite des Kabels ein Gerät, das die Spannung in das Netzwerkkabel einspeist. Das funktioniert entweder über PoE-Switches oder sogenannte PoE-Injektoren. Bedenken Sie aber, dass diese Geräte ebenfalls mit Strom versorgt werden müssen.

Grundsätzlich sind PoE-Switches die bessere Wahl. Sie belegen eine Steckdose, bieten aber mehrere PoE-fähige Ports (achten Sie auf die Leistung der PoE-Ports und die der zu versorgenden Geräte). Injektoren haben im Normalfall nur einen Eingangs- und einen Ausgangsport, können also nur ein Gerät versorgen und benötigen eine Steckdose.

Der Injektor macht dort Sinn, wo bereits ein physisches Netzwerk besteht und die PoE-Endgeräte weit auseinander liegen (z.B. große Außenbereiche oder Firmenareale). Bedenken Sie aber, dass auch Injektoren mit Strom versorgt werden müssen. Grundsätzlich sind Switches die bessere Wahl, sie benötigen nur einen Stromanschluss und können gleich mehrere PoE-Geräte versorgen.

Bei einer PoE-Kamera sparen Sie also noch keine Steckdose ein, sind aber flexibler mit der Positionierung – so können Sie die Kamera auch dort aufstellen, wo kein Strom zur Verfügung steht, sofern Sie dorthin ein LAN-Kabel verlegen können. Für jede weitere Kamera profitieren Sie zusätzlich, wenn Sie einen PoE-Switch einsetzen.

19.1.2 Kompatibilität

Es ist schon schwer genug, die richtige Kamera zu finden, aber die Anforderungen alleine genügen nicht, immerhin muss die Kamera auch kompatibel sein.

Hinweis

Synology bietet unter `https://www.synology.com/de-de/compatibility/camera` eine Datenbank mit kompatiblen Geräten. Hier können Sie sogar nach verschiedenen Funktionen filtern. Es scheint aber so, dass diese Datenbank nicht immer zuverlässig ist. Ich kann Ihnen nicht sagen, wie oft hier Aktualisierungen stattfinden, aber bei einer ersten Recherche habe ich feststellen müssen, dass keine Kamera (verschiedener Hersteller), die ich mit unterschiedlichen Filtern gesucht habe, noch im Handel verfügbar war. Es handelte sich um ältere Modelle, die nicht mehr produziert wurden, ausverkauft waren oder durch Nachfolger abgelöst wurden. Umgekehrt konnte ich auch keine Kamera, die ich über große Online-Händler oder die Herstellerseiten gefunden habe, in der Datenbank wiederfinden.

Einige Monate später habe ich der Datenbank einen erneuten Besuch abgestattet und aktuelle Modelle, die beim ersten Mal noch nicht gelistet waren, konnte ich jetzt finden. Die Seite bietet die Möglichkeit, Modelle zu melden, die nicht in der Datenbank enthalten sind, sich aber mit der Surveillance Station als kompatibel erwiesen haben.

Ich selbst kann Ihnen an dieser Stelle keine Empfehlung geben, da der Einsatzzweck und die Anforderungen viel zu breit gefächert sind. Leider ist hier auch die Community keine sonderlich große Hilfe. Empfehlungen für einzelne Modelle gibt es selten, meist wird nur auf Hersteller verwiesen. Dazu gibt es kaum Empfehlungen aus jüngster Zeit – die meisten sind mehrere Monate bis einige Jahre alt und die Kameras daher nicht mehr erhältlich. Ein Blick in die Community lohnt sich aber trotzdem. Tipps zu Herstellern schränken die eigene Suche etwas ein und Sie erfahren vielleicht noch das ein oder andere, das es zu beachten gilt.

Finden Sie keine Kamera aus der Datenbank, gibt es aber noch eine Notlösung, und die heißt *ONVIF*. Dabei handelt es sich um einen Standard in der Überwachungstechnik. Dieser legt Funktionen und Kommunikationsprotokoll fest. Damit ist sichergestellt, dass Hard- und Software, die diesen Standard unterstützen, auch miteinander kompatibel sind. Die Surveillance Station unterstützt ONVIF, Sie können daher ONVIF-Kameras verwenden, auch wenn diese in der Datenbank nicht aufgelistet sind. Es ist dann aber möglich, dass die Kamera Funktionen aufweist, die in der Surveillance Station nicht genutzt werden können.

Finden Sie auch hier keine passende Kamera, hilft nur Ausprobieren. Ist ein Hersteller mit allen oder zumindest vielen seiner bisherigen Produkte vertreten, ist die Chance hoch, dass auch neue Produkte unterstützt werden. Hierfür gibt es ein generisches Kamera-Profil in der Surveillance Station. Wird die Kamera erkannt, melden Sie das über die Webseite von Synology und mit dem nächsten Update wird die Kamera vielleicht schon offiziell unterstützt.

Wichtig

Bevor Sie sich Kameras zulegen und diese aufstellen, informieren Sie sich über die rechtlichen Rahmenbedingungen der Videoüberwachung.

19.2 Lizenzen und Gerätezahl

Damit Sie mit der Surveillance Station Kameras verwalten können, sind Lizenzen erforderlich. Genauer ist pro Kamera eine Lizenz notwendig. Die Installation unterscheidet sich etwas von anderen Paketen. Beim Kauf eines Synology NAS sind bereits zwei Lizenzen (bei Spezialgeräten auch mehr) enthalten. Lizenzen können Sie im Internet in Paketen von 1, 4 und 8 Stück kaufen. Die Lizenzen gelten nicht nur für Kameras, sondern auch für andere Überwachungs- und Kontrollgeräte, die mit der Surveillance Station gesteuert werden können.

Die Lizenzen skalieren die Kosten zwischen einfacher Videoüberwachung für den Privatanwender bis hin zum komplexen Überwachungskonzept für Unternehmen. Besitzen Sie übrigens mehr als ein NAS, können Sie die Lizenzen von einem auf das andere Gerät übertragen und somit auch mehr Kameras mit einer Surveillance Station verwalten. Achten Sie auch auf die maximale Anzahl unterstützter Kameras/Geräte. Die liegt bei den Modellen für den Privatanwender zwischen 12 und 30 Stück, bei den High-End-Modellen sind aber bis zu 128 Geräte möglich. Möchten Sie ein aufwendigeres Überwachungskonzept umsetzen, hilft Ihnen der NVR-Berater von Synology (`https://www.synology.com/de-de/support/nvr_selector`) bei der Auswahl des bzw. der richtigen Modelle.

19.3 Die Surveillance Station installieren und einrichten

Die Surveillance Station finden Sie im Paket-Zentrum in der Kategorie VIDEOÜBERWACHUNG. Installieren Sie das Paket. Wie gewohnt wird es heruntergeladen und Sie werden gefragt, auf welchem Volume Sie es speichern wollen.

1. Nach der Auswahl des Speicherorts des Pakets werden Sie dazu aufgefordert, den Speicherort für den Standardordner `/surveillance` zu wählen. In diesem Ordner werden die Aufzeichnungen abgelegt.
2. Ähnlich wie die Photo Station oder andere Anwendungen ist die *Surveillance Station* eine Browseranwendung, die auch getrennt von DSM aufgerufen werden kann. Die Anpassungen dafür werden üblicherweise im Anwendungsportal vorgenommen. Bei der Surveillance Station ist die Auswahl eines Alias und die Festlegung benutzerdefinierter Ports in den Installationsprozess integriert. Die Einstellungen finden Sie aber auch weiterhin im Anwendungsportal. Benutzerdefinierte Domain und Zugangskontrollprofil finden Sie nur im Anwendungsportal.

Wichtig

Die Surveillance Station nutzt standardmäßig dieselben Ports wie DSM, legen Sie daher unbedingt eigene Ports fest (selbst wenn es die voreingestellten Ports 9900 und 9901 sind). Sichern Sie die Surveillance Station unbedingt über die Firewall und das Zugangskontrollprofil ab. Möchten Sie die *Surveillance Station* über das Internet erreichen, geben Sie nur den *https*-Port frei und achten Sie ebenfalls auf eine gute Absicherung.

3. Der nächste Schritt ist wieder die gewohnte Zusammenfassung, nach deren Bestätigung mit Klick auf ÜBERNEHMEN die Installation durchgeführt wird.
4. Nach der Installation erhalten Sie die Meldung, dass der *NTP-Dienst* aktiviert wurde. Dabei handelt es sich um einen Zeitserver, der anderen Geräten im Netzwerk die aktuelle Uhrzeit mitteilt.
5. Legen Sie jetzt unter SYSTEMSTEUERUNG|ANWENDUNGSPORTAL und SYSTEMSTEUERUNG|BERECHTIGUNG die oben erwähnten Zugriffsbeschränkungen bzw. noch nicht erfolgten Einstellungen fest.

Hinweis

Alternativ steht Ihnen die Surveillance Station als Desktop-Client zur Verfügung. Sie finden sie im Downloadbereich auf der Synology-Homepage oder im Anwendungszentrum der Surveillance Station (Paket-Version).

19.4 Die grafische Oberfläche

Die Surveillance Station ist eine sehr umfangreiche Anwendung. Die Oberfläche ähnelt der von DSM. Statt als Menüs und Navigationsbereiche sind die einzelnen Bereiche als eigene Anwendungen aufgeführt. Das liegt daran, dass es mit den NVR- und den VS-Modellen (*VisualStation*) von Synology eigene Geräte gibt, die rein auf die Videoüberwachung ausgelegt sind. Auf diesen läuft direkt die Surveillance Station als Verwaltungsoberfläche.

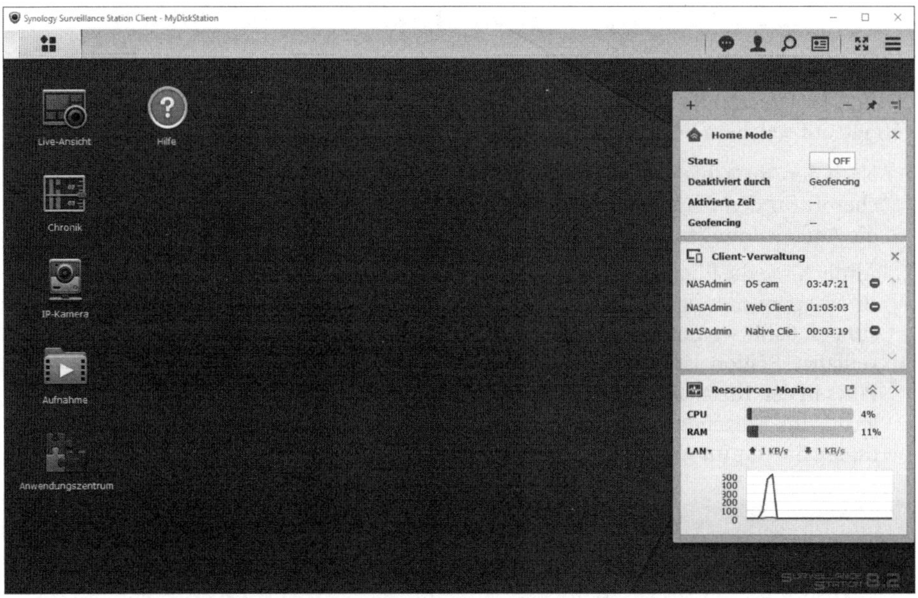

Abb. 19.1: Die Surveillance Station sieht wie DSM aus, das liegt daran, dass Synology einige Geräte anbietet, die nur der Überwachung dienen, auf ihnen läuft die Surveillance Station statt DSM.

Persönliche Einstellungen

Hinter dem Benutzer-Icon finden Sie ähnlich wie in DSM persönliche Einstellungen zu Ihrem Benutzer, der grafischen Darstellung der Surveillance Station sowie weitere Einstellungen.

Widgets

Die Surveillance Station weist genau drei Widgets auf. Den Ressource-Monitor und die Client-Verwaltung kennen Sie bereits von DSM, Letzteres heißt dort *verbundene Benutzer*. Neu ist hingegen das Widget *Home Mode*. Es zeigt Daten zum Home Mode und bietet die Möglichkeit, diesen zu aktivieren bzw. zu deaktivieren. Mehr zum Home Mode lesen Sie weiter unten.

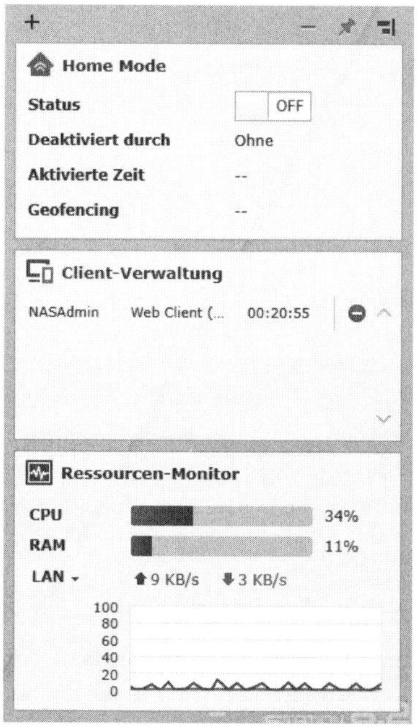

Abb. 19.2: Zwei bekannte und ein neues Widget

Hauptmenü, Desktop und Anwendungen

Diese funktionieren genau so, wie Sie es von DSM her gewohnt sind. Als Anwendungen stehen Ihnen Funktionen für die Videoüberwachung zur Verfügung, die aber nicht alle zwingend relevant für Sie sind. Im Folgenden gehe ich auch nur auf die wichtigsten davon ein. Eine detailliertere Beschreibung aller Anwendungen würde nicht nur den Rahmen des ohnehin sehr umfangreichen Buches sprengen, sondern auch am Ziel des Buches vorbeigehen. Die Surveillance Station ist eine sehr umfassende Software, mit der Sie mit einer Kamera Ihre Eingangstür überwachen, aber auch komplexe Überwachungskonzepte mehrerer Standorte zusammenfassen können. Das geht hin bis zur Integration von Türsteuerungen, Zugriffskontroll- und Ein- und Ausgabegeräten.

Anwendungen verwalten

Mit der Installation der Surveillance Station werden alle Anwendungen zwar mitinstalliert, aber nicht alle davon werden ausgeführt. Über das Anwendungszentrum können Sie Anwendungen ausführen und anhalten. Hier können Sie auch die Desktop-Version der Surveillance Station sowie die mobilen Apps herunterladen.

19.5 Die Kamera einrichten

Bevor Sie die Kamera in die Surveillance Station einbinden, sollten Sie über die Herstellersoftware die Kamera-Funktionen prüfen und die Kamera gegebenenfalls vorkonfigurieren. Dazu gehört auch die Anpassung von Benutzername und Passwort. Die Kamera hat Hersteller-eigene Standardwerte, diese sollten Sie unbedingt anpassen. Standard-Logindaten stellen eine Sicherheitslücke dar. Je nach Hersteller können Sie auch den bzw. die Ports ändern, die die Kamera nutzt.

Abb. 19.3: *IP-Kamera* ist das Einstellungs-Portal für alle Kameras.

Tipp

Einige Hersteller bieten selbst Anleitungen für die Surveillance Station. Diese Anleitungen können weitere Einstellungen aufzeigen, die für die jeweilige Kamera notwendig sind. Beachten Sie aber, dass diese nicht immer aktuell sind.

19.5.1 Device Pack aktualisieren

Gehen Sie sicher, dass das *Device Pack* auf dem letzten Stand ist. Öffnen Sie dazu das Anwendungszentrum und suchen Sie das Device Pack. Ist eine neuere Version verfügbar, installieren Sie diese. Das Device Pack enthält Daten zu den einzelnen unterstützten Kameramodellen.

Abb. 19.4: WIEDERHERSTELLEN zeigt an, dass das Device Pack aktuell ist.

19.5.2 Kamera hinzufügen

1. Öffnen Sie *IP-Kamera* und klicken Sie auf HINZUFÜGEN|KAMERA HINZUFÜGEN.
2. Wird Ihre Kamera unterstützt, reicht ein schnelles Setup, wird Ihre Kamera nicht unterstützt bzw. kann das schnelle Setup diese nicht finden, führen Sie das komplette Setup durch. Beim kompletten Setup wird bei der Einrichtung ein weiterer Schritt angezeigt. Dieser beinhaltet Einstellungen, die Sie auch im Nachhinein vornehmen können (siehe Abschnitt 19.5.3 »Kamera-Einstellungen«).
3. Im nächsten Fenster gilt es, Ihre Kamera zu suchen, stellen Sie daher sicher, dass sie läuft und ins lokale Netzwerk eingebunden ist. Sie können auf das Lupen-Icon klicken und die Kamera automatisch suchen oder Sie geben die Daten manuell ein. Wird die Kamera nur als ONVIF-Kamera gefunden, wissen Sie aber, dass Ihre Kamera unterstützt wird, verwenden Sie die manuelle Eingabe.

   Vergeben Sie einen Namen für die Kamera, am besten dem Ort entsprechend, den sie überwacht. Geben Sie die IP-Adresse Ihrer Kamera ein. Port 80 für http ist voreingestellt; wenn Sie, wie empfohlen, die Standardports geändert haben (sofern möglich), müssen Sie hier die Portnummer anpassen. Verwenden Sie nach Möglichkeit eine gesicherte Verbindung (https).

   Wählen Sie aus dem Dropdown-Menü MARKE den Hersteller Ihrer Kamera und unter KAMERAMODELL Ihr Modell. Sofern eine Auswahl besteht, wählen Sie TV-STANDARD und VIDEOFORMAT. Haben Sie, wie empfohlen, Benutzernamen und Passwort der Kamera geändert, müssen Sie hier die Benutzerangaben anpassen. Klicken Sie zum Abschluss auf VERBINDUNG TESTEN. Sind die Einstellungen korrekt, wird das Kamerabild (die Momentaufnahme) im Fenster angezeigt.

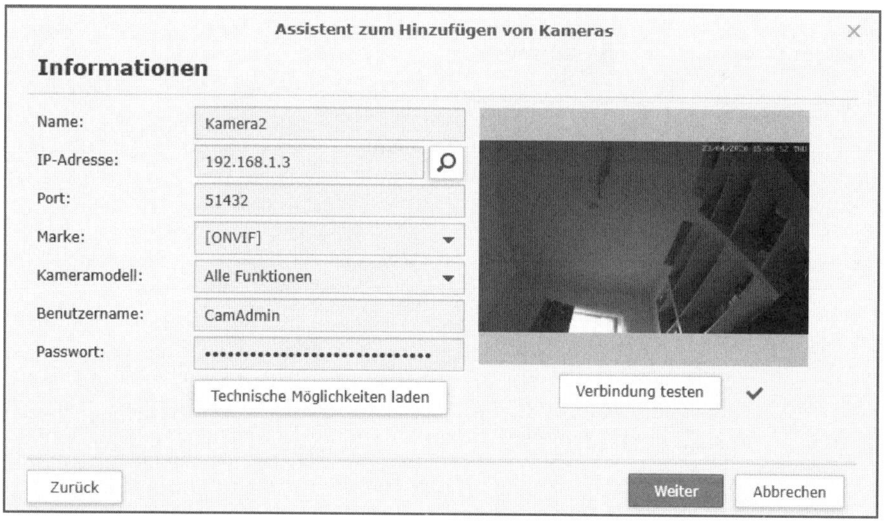

Abb. 19.5: Hinzufügen einer ONVIF-Kamera, die Eingabemaske sieht je nach Hersteller und Modell anders aus.

Verwenden Sie eine ONVIF-Kamera, klicken Sie nach Eingabe der Verbindungsdaten auf TECHNISCHE MÖGLICHKEITEN LADEN.

4. Klicken Sie auf WEITER.
5. Sie sehen eine Zusammenfassung, die Sie mit FERTIG STELLEN bestätigen. Die Kamera wird jetzt hinzugefügt. Sie wird dabei neu gestartet, der Vorgang kann einige Augenblicke dauern.

Die Kamera(s) werden in IP-Kamera angezeigt. Dort können Sie die Kameras auch nach Status filtern. Hinzugefügte Kameras beginnen sofort mit der Aufzeichnung.

Hinweis

Möchten Sie fortlaufend aufnehmen, egal ob rund um die Uhr oder nur zu gewissen Zeiten, müssen Sie ausreichend Speicherplatz bereithalten. Der Speicherbedarf hängt dabei von der gewählten Videoqualität ab. Sie können auch eine ereignisgesteuerte Aufnahme konfigurieren. Videomaterial wird dabei nur dann gespeichert, wenn ein gewisses Ereignis eintritt. Lesen Sie dazu Abschnitt 19.8 »Ereigniserkennung«.

Über AKTIVIEREN können Sie Kameras vorübergehend deaktivieren bzw. wieder aktivieren. Über KONFIGURATION können Sie die Einstellungen exportieren und auch wieder importieren. Das hilft, wenn Sie eine neue Kamera desselben Modells hinzufügen oder sich zumindest die Einstellungen/Funktionen der Kameras gleichen. So müssen Sie neue Kameras nicht komplett neu konfigurieren.

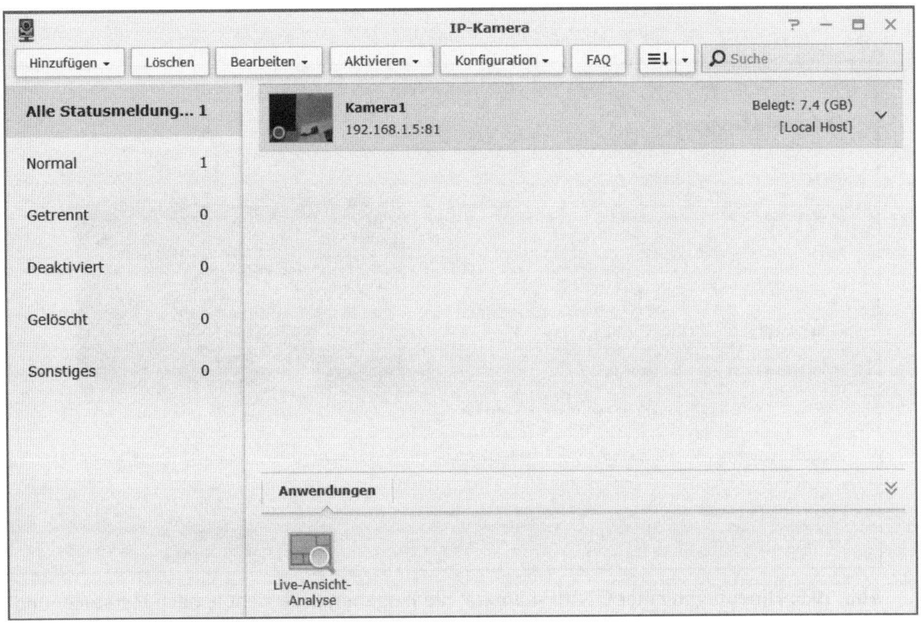

Abb. 19.6: Die Liste aller Kameras, der rote Punkt zeigt an, dass gerade eine Aufnahme aufgezeichnet wird.

Klicken Sie auf das Bild der Kamera, öffnet sich eine Vorschau. Sie sehen das Live-Bild der Kamera und haben Zugriff auf einige ihrer Funktionen. Besser geht die Betrachtung und Steuerung der Kamera aber über die Anwendung *Live-Ansicht* (siehe Abschnitt 19.6 »Die Live-Ansicht«), gerade bei mehreren Kameras.

19.5.3 Kamera-Einstellungen

Welche Einstellungen und Auswahlmöglichkeiten vorhanden sind, hängt vom vorhandenen Kameramodell ab. Ich werde daher nur auf die wichtigsten Einstellungen eingehen. Dazu kommt, dass die Einstellungen in den Menüs thematisch etwas durchmischt sind. Einige Einstellungen werden in anderen Abschnitten beschrieben.

Um die Einstellungen zu öffnen, markieren Sie die Kamera in IP-Kamera und klicken Sie auf BEARBEITEN|BEARBEITEN. Mit STAPELBEARBEITUNG können Sie auch mehrere Kameras auf einmal bearbeiten.

Achtung

Grundsätzlich können Sie über die Surveillance Station alle unterstützten Funktionen Ihrer Kamera konfigurieren. Die Surveillance Station erlaubt für einige Funktionen aber auch die Nutzung der Kameraeinstellungen (bzw. der Einstellungen der Herstellersoftware). Das kann in gewissen Situationen nützlich sein (mehr dazu später), achten Sie aber darauf, welche Einstellungen Sie wo vornehmen, um zu verhindern, dass Sie Werte überschreiben.

Geräteeinstellungen

Auf der ersten Seite sehen Sie die Daten der Kamera, wie sie auch der Assistent zum Hinzufügen von Kameras anzeigt.

Hinweis

Je nach Kamera können Änderungen der Einstellung einen Neustart der Kamera auslösen.

Video

Im Reiter VIDEO finden Sie Einstellungen zu Videoformat und Aufnahmequalität. Diese Einstellungen werden auch im Assistenten für die komplette Einrichtung angezeigt. Hier können Sie auch, abhängig von der Kamera, mehrere Streams definieren und diesen den drei Profilen HOHE QUALITÄT, AUSGEGLICHEN und GERINGE BANDBREITE zuweisen. Die Profile selbst werden von der Surveillance Station genutzt und können dort in verschiedenen Situationen verwendet werden. In den nachfolgenden Abschnitten weise ich Sie darauf hin, wo Sie die Profile einsetzen können. Die Anzahl der Streams hängt von der Kamera ab.

Um weitere Streams definieren zu können, müssen diese erst einem Profil zugewiesen werden. Die Standardwerte passen eventuell nicht mit den maximalen bzw. minimalen Werten Ihrer Kamera überein.

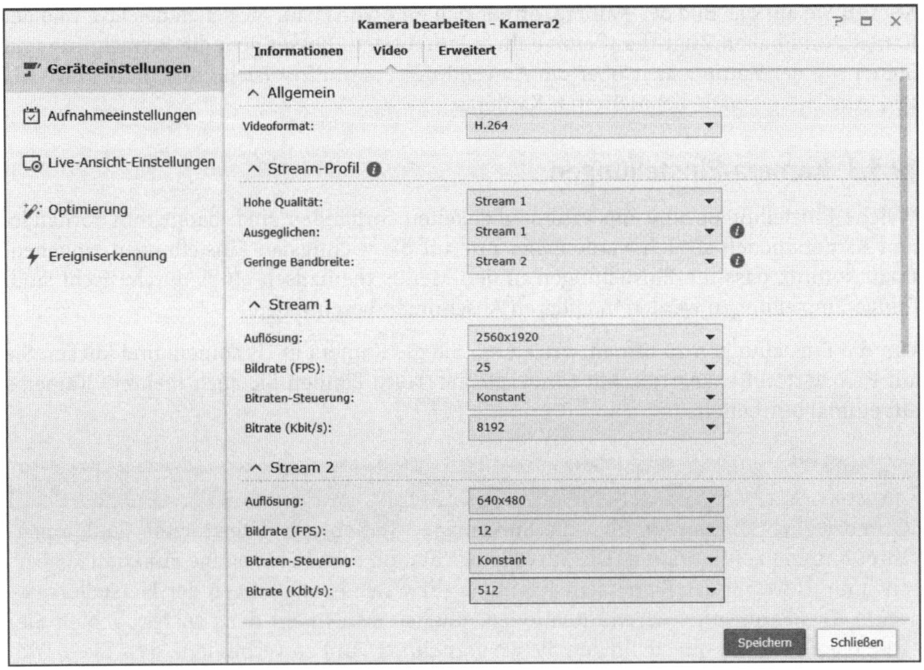

Abb. 19.7: Legen Sie Qualitätseinstellungen fest und weisen Sie sie den drei Profilen zu, die Anzahl der Streams ist kameraabhängig.

Aufnahmequalität

- Je höher die Aufnahmequalität, desto bessere Bilder liefert die Kamera. Es ist aber nicht immer notwendig, die Kamera mit maximaler Qualität aufnehmen zu lassen. Bedenken Sie folgende Punkte, wenn Sie die Qualitätseinstellungen festlegen: Je höher die Videoqualität, desto mehr Bandbreite wird benötigt und desto mehr Speicherplatz verbraucht das Videomaterial. Legen Sie die Streamqualität nur so hoch wie nötig fest – Ziel ist es, so wenig Bandbreite und Speicherplatz wie möglich zu verbrauchen.
- Je kleiner der Bereich ist, den Sie überwachen, desto niedriger kann die Auflösung ausfallen. Überwachen Sie Türen, sollten Gesichter eintretender Personen aber noch erkennbar sein. Die Bildrate sollte dabei über 20 FPS liegen, damit sich bewegende Personen auch ausreichend gut aufgenommen werden können, ehe sie den Bildbereich verlassen.
- Nimmt die Kamera ein weites Areal auf, sind niedrigere Bildraten meist ausreichend. Hier müssen Sie selbst ausprobieren, welche Werte für Sie zielführend sind, aber Achtung: Es macht wenig Sinn, wenn Sie die Kamera neben sich auf dem Schreibtisch testen und sie danach für die Überwachung des Gartens an der Hausmauer montieren.

Optimierung

Hier ist NACH KAMERAEINSTELLUNGEN vorausgewählt. Das bedeutet, es werden die Standardwerte der Kamera genutzt bzw. die Werte, die Sie in der Kamerasoftware festgelegt haben. Sie können diese Werte mit Einstellungen der Surveillance Station überschreiben.

Somit können Sie alle Kameras zentral verwalten, ohne die Herstellersoftware zu verwenden.

Im Reiter ALLGEMEIN können Sie unter anderem die Einblendungen des Kamerabilds und den Belichtungsmodus festlegen.

Tipp

Testen Sie, welche Einstellungen für den Belichtungsmodus die besseren Ergebnisse liefern. Je nach Kamera können die Einstellungen der Kamera oder die Einstellungen der Surveillance Station zu besseren Resultaten führen.

Im Reiter ERWEITERT lässt sich die Bildausrichtung der Kamera festlegen, hier können Sie auch Neustarts für die Kamera festlegen.

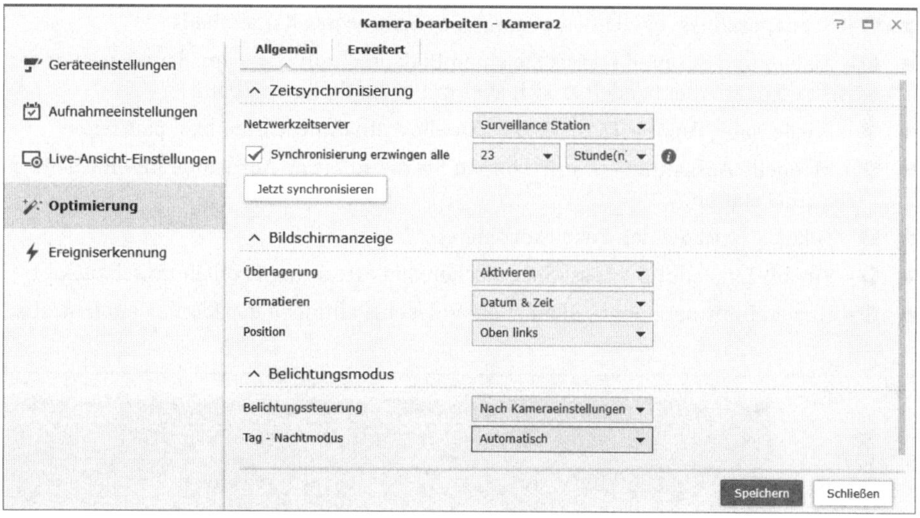

Abb. 19.8: Verwenden Sie die Kameraeinstellungen oder überschrieben Sie sie.

19.6 Die Live-Ansicht

Mit der *Live-Ansicht* können Sie das Live-Bild aller Kameras betrachten. Das Layout wird dabei automatisch an die Anzahl der Kameras angepasst. Sie können aber auch unter LAYOUT|VERWALTUNG eigene Layouts definieren. Per Doppelklick holen Sie einzelne Bilder in den Vordergrund bzw. schalten zurück zur Übersicht. Mit einem Klick markieren Sie Kameras (gekennzeichnet mit einem gelben Rahmen), um Ausrichtung, Zoom und Fokus zu steuern, sofern die Kamera diese Funktionen unterstützt.

Hinweis

Die *Live-Ansicht* liefert Kamerabilder, auch wenn derzeit keine Aufnahme stattfindet.

Sie haben hier auch direkten Zugriff auf weitere Funktionen der Surveillance Station und der Kamera. Bewegen Sie den Mauszeiger über ein Kamerabild, werden weitere Schaltflächen eingeblendet. Auch hier hängen die tatsächlichen Funktionen von der verwendeten Kamera ab.

Abb. 19.9: Eingeblendete Schaltflächen im Live-View

- ❶ – Sofortige Wiedergabe – Öffnet die letzte Aufnahme der Kamera und gibt sie wieder.
- ❷ – Bearbeiten – Bringt Sie direkt in die Einstellungen der Kamera.
- ❸ – Zoom – Lässt Sie den Zoom der Kamera kontrollieren.
- ❹ – Schnappschuss – Macht eine Momentaufnahme des Kamerabilds.
- ❺ – Ziehen und Zoomen – Lässt Sie einen Bildausschnitt festlegen, der vergrößert dargestellt wird. Hierbei handelt es sich aber um einen digitalen Zoom.
- ❻ – Wiedergabe/Pause – Lässt Sie die aktuelle Aufnahme starten bzw. pausieren.
- ❼ – Manuelle Aufnahme – Damit können Sie die sofortige Aufnahme für eine gewisse Zeitspanne starten.
- ❽ – Fokus – Lässt Sie den Fokus korrigieren.
- ❾ – Stream-Einstellung – Lässt Sie zwischen den Streaming-Profilen umschalten.
- ❿ – Kamerainformationen – Blendet die Videoeinstellungen der Kamera ein bzw. aus.

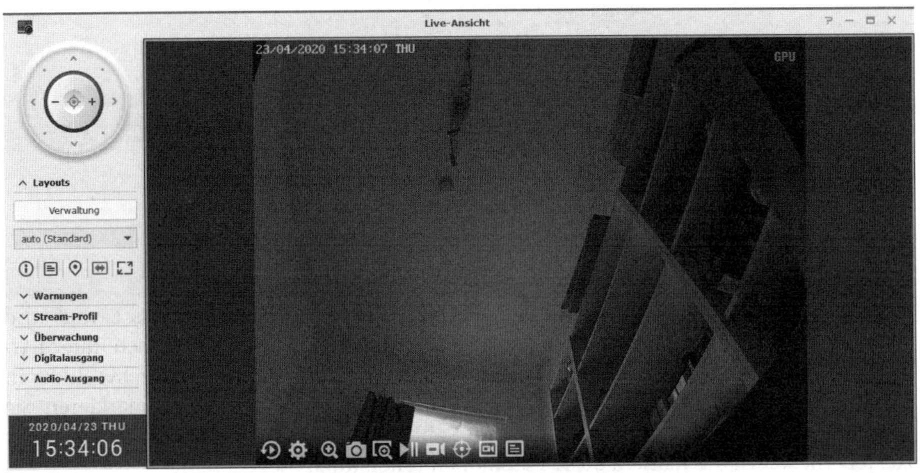

Abb. 19.10: Betrachten Sie, was die Kamera gerade sieht, und steuern Sie die Kamera über die Surveillance Station.

Einstellungen anpassen

Für jede Kamera lässt sich die Live-Ansicht getrennt konfigurieren. Sie finden die Einstellungen in KAMERA BEARBEITEN|LIVE-ANSICHT-EINSTELLUNGEN. Hier haben Sie die Möglichkeit, ein Stream-Profil für Web/Desktop und die App festzulegen. Das zugewiesene Profil wirkt sich nur auf die Live-Ansicht aus, nicht aber auf geplante Aufnahmen. Sie können auch einen dynamischen Stream konfigurieren. So können Sie als Standard ein Stream-Profil mit niedriger Qualität wählen und beim Eintreten eines Ereignisses (z.B. erkannte Bewegung) auf ein Profil mit höherer Videoqualität umschalten.

Im Reiter ERWEITERT können Sie einen Videopuffer aktivieren. Ruckelt die Live-Wiedergabe, kann der Puffer zu einer flüssigen Wiedergabe verhelfen. Sollte die Live-Ansicht aber über längere Zeiträume laufen, hilft auch der Puffer nicht mehr weiter. Hier hilft nur, die Wiedergabequalität zu senken oder die Bandbreite zu erhöhen.

19.7 Aufnahme nach Zeitplan

Möchten Sie in gewissen Bereichen nicht permanent Aufzeichnungen machen, können Sie für jede Kamera einen Aufnahmezeitplan erstellen. So können Sie festlegen, wann welche Kamera aufnehmen soll.

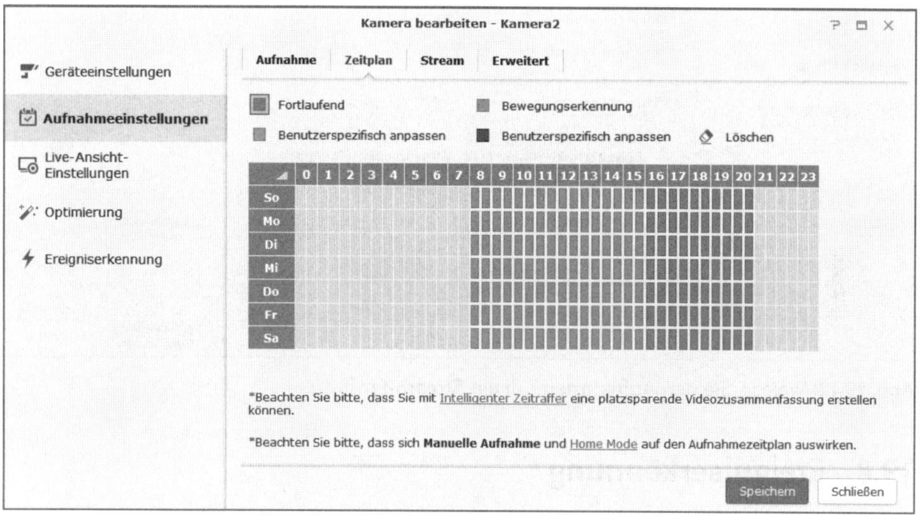

Abb. 19.11: Legen Sie fest, wann die Kamera in welchem Aufnahmemodus läuft.

Die Erstellung von Zeitplänen kennen Sie bereits aus anderen Bereichen Ihres NAS, etwa bei der Bandbreitenbeschränkung für Benutzer oder Download Station.

1. Wählen Sie die gewünschte(n) Kamera(s) in der Liste in *IP-Kamera* aus.
2. Öffnen Sie BEARBEITEN|BEARBEITEN (oder STAPELBEARBEITUNG)|AUFNAHMEEINSTELLUNGEN|ZEITPLAN.
3. In der Wochentabelle können Sie Aufnahmepläne festlegen. Ihnen stehen dabei vier Modi zur Auswahl:

a. Fortlaufend – Die Kamera nimmt ständig auf.
b. Bewegungserkennung – Die Kamera nimmt nur dann auf, wenn die Bewegungserkennung ein Ereignis registriert.
c. Zwei Benutzerprofile – Wählen Sie eines dieser Profile, werden Ihnen – kameraabhängig – weitere Einstellungen angezeigt.

Mit den Profilen können Sie für jeden Zeitpunkt festlegen, ob eine dauerhafte oder ereignisgesteuerte Aufnahme erfolgen soll. Markieren Sie LÖSCHEN, können Sie Einträge komplett entfernen. Die Kamera nimmt dann nicht auf und reagiert auch nicht auf Ereignisse.

Einstellungen für den Zeitplan

Im Reiter STREAM können Sie den vier Aufnahmemodi ein Stream-Profil zuweisen. Auch hier können Sie einen dynamischen Wechsel des Stream-Profils einstellen.

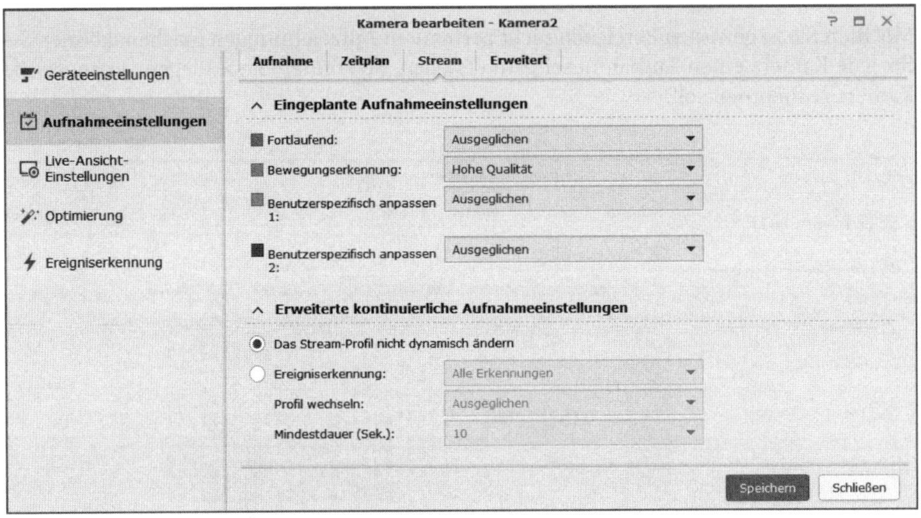

Abb. 19.12: Weisen Sie den Aufnahmemodi ein Stream-Profil zu.

19.8 Ereigniserkennung

Eine kontinuierliche Aufnahme kann den Festplattenspeicher schnell schrumpfen lassen, gerade bei hoher Videoqualität und mehreren Kameras kommen in kurzer Zeit mehrere GB an Bildmaterial zusammen. Eine durchgehende Aufnahme ist aber in vielen Fällen auch gar nicht notwendig. Es reicht oft aus, nur dann aufzunehmen, wenn ein spezielles Ereignis auftritt. Prominentestes Beispiel eines solchen Ereignisses ist die Bewegung. Erst wenn eine Bewegung eintritt, wird aufgezeichnet.

Die Surveillance Station unterstützt folgende weitere Ereignisse:

- Audio – Ereignisauslösung durch Erkennen einer Audioquelle. Dazu muss die Kamera ein Mikrofon besitzen und Audioerkennung anbieten.

- Manipulation – Ereignisauslösung bei Erkennen von Manipulation an der Kamera. Muss von der Kamera unterstützt werden.
- PIR (passives Infrarot) – Während die herkömmliche Bewegungserkennung durch Bildabgleich geschieht, erlauben PIR-Sensoren die Bewegungserkennung von Wärmequellen. Kameras mit PIR-Sensoren sind vor allem im Außenbereich sinnvoll, wo unerwartete, aber uninteressante Bewegungen die Bewegungserkennung auslösen können – und das sind eine ganze Menge: Schnee/Regen, durch Wind bewegte Gegenstände/Pflanzen oder einfach nur Wolken, die die Sonne verdecken (die geänderte Lichtsituation kann die Bewegungserkennung auslösen). PIR-Sensoren haben dafür aber nur eine bestimmte Reichweite.
- Weitere Ereignisse – Die Surveillance Station kann verschiedene Ereignisse von Kameras des Herstellers *Axis Communications* verarbeiten.

Hinweis

Welche Ereignisse Ihnen letztendlich zur Verfügung stehen, hängt (bis auf die Bewegungserkennung) von der verwendeten Kamera ab und davon, ob diese mit der Surveillance Station kompatibel ist.

Die Ereignisse legen Sie in den Kameraeinstellungen fest (IP-KAMERA|BEARBEITEN|BEARBEITEN/STAPELBEARBEITUNG|EREIGNISERKENNUNG). Es werden nur Reiter für jene Ereignisse angezeigt, die von der Kamera unterstützt werden, ausgenommen der Bewegungserkennung, dieser Reiter ist immer vorhanden.

19.8.1 Sonderfall Bewegungserkennung

Die Bewegungserkennung können Sie immer verwenden, da Sie hier nicht auf die Kamera angewiesen sind. Die Surveillance Station kann selbst die Bewegungserkennung durchführen. Jetzt stellt sich die Frage: Wer soll die Bewegungserkennung übernehmen?

Grundsätzlich sollten Sie die Bewegungserkennung in der Kamera durchführen lassen. Die Erkennung benötigt Rechenleistung, haben Sie kein dezidiertes NAS oder NVR-Gerät für die Videoüberwachung, teilt sich Ihr NAS die Rechenleistung mit anderen Anwendungen. Bietet eine Kamera Bewegungserkennung an, hat sie dafür auch die notwendige Rechenleistung. Das entlastet Ihr NAS und Sie können die Leistung für andere Aufgaben verwenden. Es gibt aber durchaus Situationen, wo die Surveillance Station die Bewegungserkennung durchführen sollte bzw. muss. Unterstützt Ihre Kamera keine Bewegungserkennung, bleibt Ihnen nichts anderes übrig, als Rechenleistung Ihres NAS zu opfern. Ein weiterer Grund kann sein, dass die Bewegungserkennung der Kamera nicht gut genug ist oder nicht ausreichend Funktionen bereitstellt – auch in diesem Fall macht es Sinn, dem NAS die Arbeit zu überlassen.

Hinweis

Auch wenn sie die Aufnahme nur dann startet, wenn eine Bewegung auftritt (über den Zeitplan), filmt die Kamera ständig und das Bildmaterial wird an die Surveillance Station geschickt. Das Bildmaterial wird aber nur zur Analyse verwendet und wieder verworfen. Erst wenn tatsächlich ein Ereignis eintritt, wird das Material gespeichert.

Im Reiter BEWEGUNG können Sie unter QUELLE DES ERFASSUNGSALGORITHMUS festlegen, wo die Bewegungserkennung stattfinden soll, oder sie ganz deaktivieren (soll die Kamera nur aufnehmen und keine Bewegung erkennen, hilft das Deaktivieren, Ressourcen bzw. Energie zu sparen). Soll die Kamera die Bewegungserkennung durchführen, müssen Sie diese in der Kamerasoftware konfigurieren. Sie können lediglich die Empfindlichkeit von der Surveillance Station überschreiben lassen. Deaktivieren Sie dazu die Option ORIGINALE KAMERAEINSTELLUNGEN BEIBEHALTEN und legen Sie einen Wert für die Empfindlichkeit fest.

Auf der rechten Seite in Abbildung 19.13 sehen Sie das Live-Bild der Kamera und einen Indikator, der anzeigt, ob die Kamera eine Bewegung meldet oder nicht.

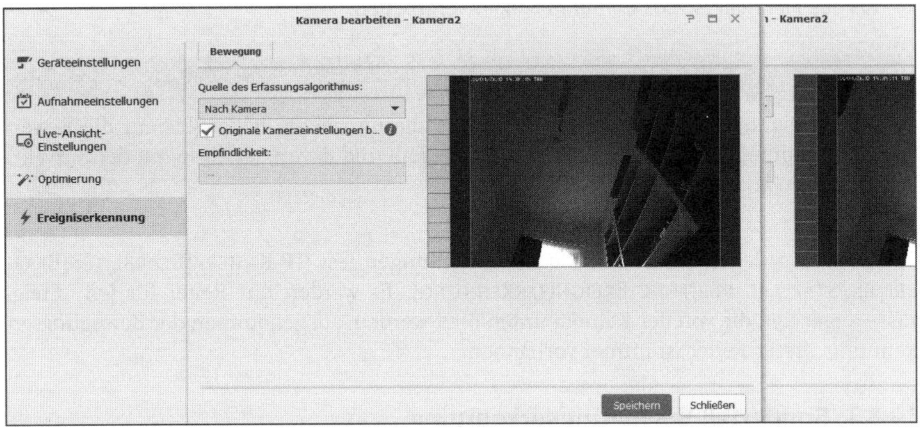

Abb. 19.13: Die Bewegungserkennung der Kamera, der Indikator färbt sich rot, wenn eine Bewegung auftritt (rechter Ausschnitt).

Bewegungserkennung der Surveillance Station anpassen

Nutzen Sie die Surveillance Station zur Bewegungserkennung, schalten Sie weitere Optionen frei. So können Sie mit EMPFINDLICHKEIT und SCHWELLENWERT festlegen, ab wann eine Bewegung als Bewegung erkannt wird bzw. wie stark diese sein muss. Die jeweiligen Werte müssen zwischen 1 und 99 liegen. Der Wert ist eine Prozent-Angabe, die auf den Wertebereich der Kamera umgerechnet wird. Dabei ist 1% der niedrigste mögliche Wert und 99% der höchste. Schlägt die Bewegungserkennung an, obwohl keine bzw. keine relevante Bewegung stattgefunden hat, können Sie die Werte so anpassen, dass Sie Falschmeldungen reduzieren oder ganz ausschalten. Hier hilft nur Ausprobieren. Eine weitere Hilfe ist die Option KURZE BEWEGUNGEN IGNORIEREN. Aktivieren Sie die Option, können Sie festlegen, bis zu welcher Dauer (1 bis 10 Sekunden) eine Bewegung dauern darf, um ignoriert zu werden.

Viel interessanter ist aber der Button ERKENNUNGSBEREICH BEARBEITEN. Ein Klick darauf startet einen Editor, mit dem Sie den Bereich, in dem die Bewegungserkennung durchgeführt wird, bearbeiten können. Standardmäßig wird der ganze Bildbereich überwacht, ausgenommen ein kleiner Randbereich. Den Bereich können Sie durch Ziehen mit gedrückter Maustaste bearbeiten, dazu stehen Ihnen folgende Werkzeuge zur Verfügung (Abbildung 19.14):

- ❶ – Fügt Bildbereiche zur Auswahl hinzu.
- ❷ – Entfernt Bildbereiche von der Auswahl.
- ❸ – Markiert das gesamte Bild.
- ❹ – Löscht die Auswahl.

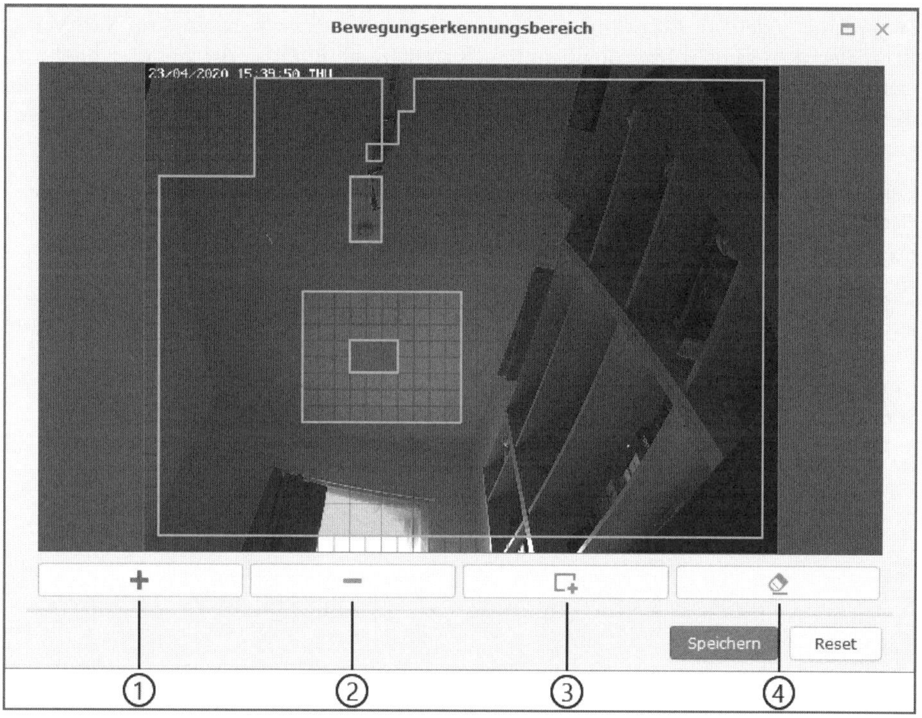

Abb. 19.14: Bearbeiten Sie den Bereich, in dem die Bewegungserkennung stattfinden soll.

Ziehen Sie mit der Maus eine Auswahl auf, die hinzugefügt bzw. entfernt wird. So können Sie beispielsweise Bereiche von der Bewegungserkennung ausnehmen, in der ständig oder sehr häufig eine (bekannte) Bewegung auftritt, und so verhindern, dass ein Ereignis ausgelöst wird.

Mit Klick auf RESET stellen Sie die Standardauswahl wieder her und mit Klick auf SPEICHERN übernehmen Sie die gewünschte Auswahl.

19.8.2 Andere Ereignisse

Alle weiteren Ereignisse können nur von der Kamera erkannt werden (sofern unterstützt). Hier können Sie in den jeweiligen Reitern die Ereigniserkennung nur aktivieren bzw. deaktivieren. Bei den Ereignissen Audio, Manipulation und PIR können Sie lediglich die Empfindlichkeit überschreiben und auf Wunsch bei Auftreten des Ereignisses auch ein Bewegungsereignis auftreten lassen. Die eigentliche Konfiguration der Erkennung müssen Sie aber in der Kamerasoftware erledigen.

Bei Ereignissen, die von AXIS-Kameras angeboten werden, können Sie in der Surveillance Station einzelne Ereignistypen aktivieren und die Browseranwendung von AXIS starten, um dort die weitere Konfiguration vorzunehmen.

19.9 Bei Ereignissen benachrichtigen lassen

Die ereignisgesteuerte Aufnahme ist schon ein sehr hilfreiches Werkzeug. Im Nachhinein Bildmaterial zu sichten bzw. überhaupt nachzusehen, ob Bildmaterial aufgezeichnet worden ist, ist aber nicht die effizienteste Methode. Sinnvoller ist es, sich im Falle eines Ereignisses benachrichtigen zu lassen. In der Anwendung *Benachrichtigung* lassen sich diese konfigurieren.

Beim ersten Öffnen werden Sie gefragt, ob Sie die Benachrichtigungen aktivieren wollen. Nachträglich finden Sie die (De-)Aktivierung im Reiter ERWEITERT. Die Surveillance Station beherrscht Benachrichtigungen per E-Mail, SMS und Push.

Die Einstellung der einzelnen Benachrichtigungsarten entspricht den Systembenachrichtigungen von DSM (auf die Sie hier auch Zugriff haben). Einzig für Push-Benachrichtigungen steht Ihnen zusätzlich zu *DS finder* auch die App *DS cam* (siehe Abschnitt 19.13 »DS cam und der Home Mode«) zur Verfügung. Wie Sie die Benachrichtigungen konfigurieren, können Sie in Abschnitt 11.3.1 »Systembenachrichtigungen aktivieren« nachlesen.

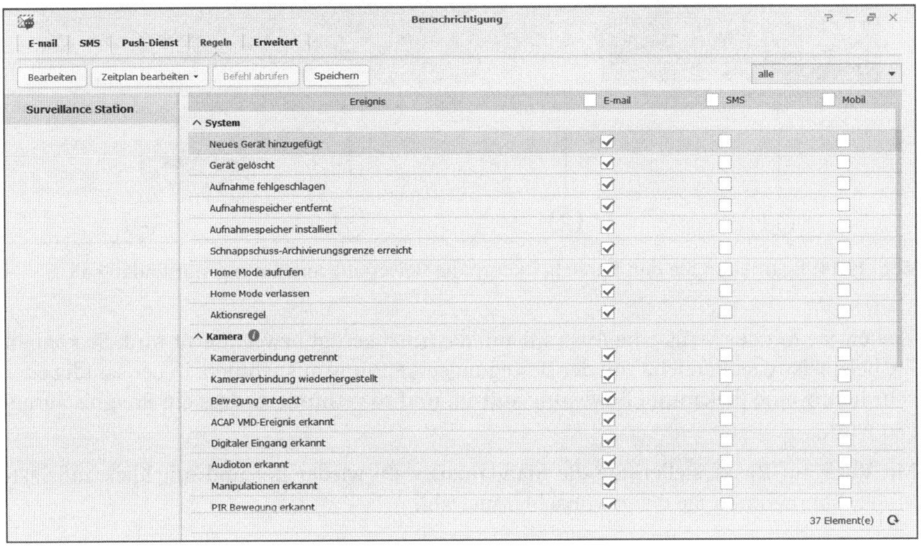

Abb. 19.15: Legen Sie fest, welche Benachrichtigung über welchen Kanal verschickt werden soll.

19.10 Die Chronik

Jetzt habe ich Ihnen sehr viel darüber erzählt, wie Sie Ihre Kameras dazu bringen, das aufzunehmen, was Sie wollen und wie Sie es wollen. Sogar wie Sie sich über Ereignisse und demzufolge wahrscheinlich auch Aufnahmen benachrichtigen lassen können. Was noch fehlt, ist, wie Sie sich die Aufnahmen ansehen können.

Den Beginn macht die *Chronik*. In der Chronik sehen Sie alle Aufnahmen und Ereignisse aller Kameras auf einem Zeitstrahl dargestellt. Layout und Kameraauswahl funktionieren wie in der Live-Ansicht. Zusätzlich können Sie über den Zeitstrahl einen bestimmten Zeitpunkt wiedergeben. Ziehen Sie entweder die Markierung auf dem Zeitstrahl (Bild wird erst beim Loslassen aktualisiert) oder geben Sie unter SUCHEN einen Zeitpunkt ein und klicken Sie auf GEHE ZU. Tage können Sie über den eingeblendeten Kalender auswählen.

Abb. 19.16: Die Aufnahmen werden am Zeitstrahl dargestellt.

Im Zeitstrahl selbst sind die Aufnahmen farbig codiert. Grau bedeutet kein Ereignis, eine blaue Markierung weist auf erkannte Bewegungen hin.

Die Wiedergabe können Sie hier ebenfalls steuern. Sie können sie vor- oder zurücklaufen lassen, springen und pausieren.

Für jede Kamera lassen sich auch wieder Schaltflächen einblenden. Zusätzlich zu den bekannten Icons SCHNAPPSCHUSS, ZIEHEN UND ZOOMEN und KAMERAINFORMATIONEN finden Sie hier zwei neue:

- HERUNTERLADEN – Laden Sie die vollständige Aufnahme herunter oder legen Sie einen Zeitabschnitt fest.
- BILDVERBESSERUNG – Blendet Regler für Helligkeit, Kontrast, Sättigung und Schärfe ein, mit denen Sie versuchen können, das Bild zu optimieren.

Achtung

Bei der Bildverbesserung wird das digitale Bild nachträglich beeinflusst. Die Änderungen werden über Bildbearbeitungsalgorithmen herbeigeführt und haben daher ihre Grenzen. Ein komplett unscharfes Bild kann auch der Schärferegler nicht mehr scharf stellen. Der

Helligkeitsregler verändert die Helligkeit des Bildes künstlich. Ist die Lichtempfindlichkeit der Kamera falsch eingestellt und sind Aufnahmebereiche weiß (zu hell) oder schwarz (zu dunkel), fehlt diese Bildinformation in der Aufnahme. Der Regler kann diese Information nicht wiederherstellen.

19.11 Aufnahmen betrachten

In der Anwendung *Aufnahme* finden Sie alle Aufnahmen Ihrer Kameras, die derzeit in der Surveillance Station gespeichert sind. Das Symbol der Anwendung erinnert nicht zufällig an die File Station bzw. an ein Explorer-Symbol.

Die Anwendung listet alle Aufnahmen auf. Der besseren Übersicht halber können Sie sie nach Datum filtern, wobei pro Tag eine weitere Einteilung von 0:00 Uhr bis 12:00 Uhr und von 12:00 Uhr bis 24:00 Uhr möglich ist. Jede Aufnahme trägt den Namen, den Sie der Kamera zugewiesen haben. Eine farbige Markierung zeigt an, wie die Aufnahme zustande gekommen ist. Die Farbe entspricht dem Profil des Zeitplans.

Aufnahmen können wiedergegeben, heruntergeladen (das Dateiformat können Sie im Reiter ERWEITERT festlegen), gesperrt oder gelöscht werden.

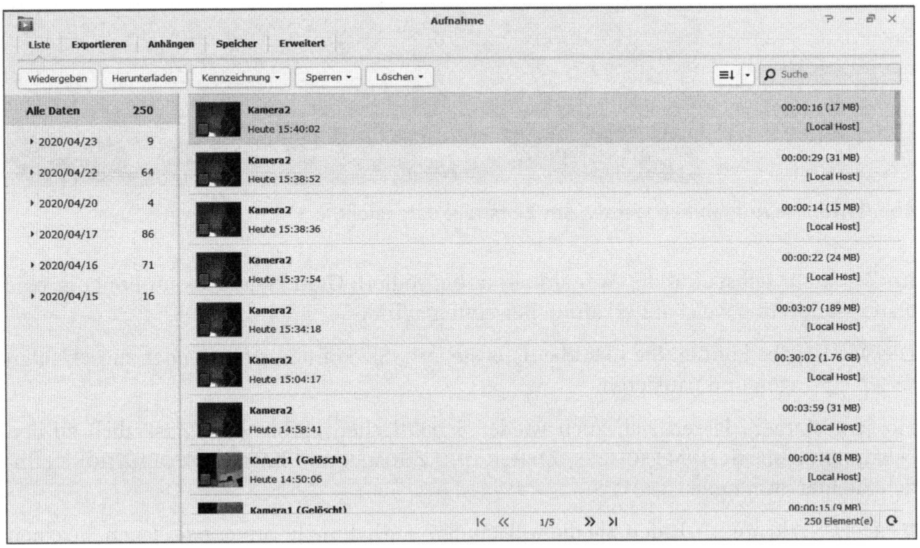

Abb. 19.17: Alle Aufnahmen chronologisch sortiert, graue Kästchen markieren Daueraufnahmen, grüne markieren durch Bewegung ausgelöste Aufnahmen.

Über den Reiter EXPORTIEREN können Sie die Aufnahmen in Archive packen und auf einem Ordner des NAS ablegen. Die Funktion ist nützlich, wenn Sie mit der Surveillance Station auf ein anderes Gerät umziehen und die Aufnahmen mitnehmen wollen.

Das Gegenstück zum Exportieren ist das Anhängen. Hier können Sie ein exportiertes Archiv auswählen und in die Surveillance Station integrieren.

Hinweis

Heruntergeladene Videos können nicht mehr in einer anderen Surveillance Station verwaltet und wiedergegeben werden. Wenn Sie Aufnahmematerial in eine andere Surveillance Station mitnehmen und dort auch in allen Anwendungen verwalten möchten, müssen sie es exportieren.

Im Reiter SPEICHER können Sie weiteren Speicherplatz für Aufnahmen hinzufügen. Sie haben die Wahl zwischen lokalem Speicher, z.B. auf einem anderen Volume, oder auch Remote-Speicher (CIFS). Das ist insbesondere dann hilfreich, wenn besonders viel Videomaterial anfällt (Überwachung mit vielen Kameras), Sie aber nur ein kleines NAS-, NVR- oder VS-Gerät für die Surveillance Station nutzen oder die Videoaufnahmen auf einem eigenen Server gelagert werden sollen.

19.12 Aufnahmen konfigurieren

Sie können das Aufnahmeverhalten der Kameras weiter verfeinern, um so bessere Ergebnisse zu erlangen. Zusätzlich stehen Ihnen Einstellungen zur Verfügung, die Ihnen helfen, den Speicherbedarf der Aufnahmen einzugrenzen. Die Einstellungen dafür sind über die ganze Surveillance Station verteilt.

19.12.1 Ereignisgesteuerte Aufnahme ausdehnen

In den Kameraeinstellungen unter AUFNAHMEEINSTELLUNGEN|AUFNAHME können Sie festlegen, wie lange vor und nach einem Ereignis aufgezeichnet werden soll. Das hilft dabei, mehr Information aufzuzeichnen. Für den Fall, dass ein Ereignis zu spät erkannt wird oder zu früh unter die Erkennungsschwelle fällt, können durch Vor- und Nach-Aufzeichnung wichtige Momente mit aufgenommen werden.

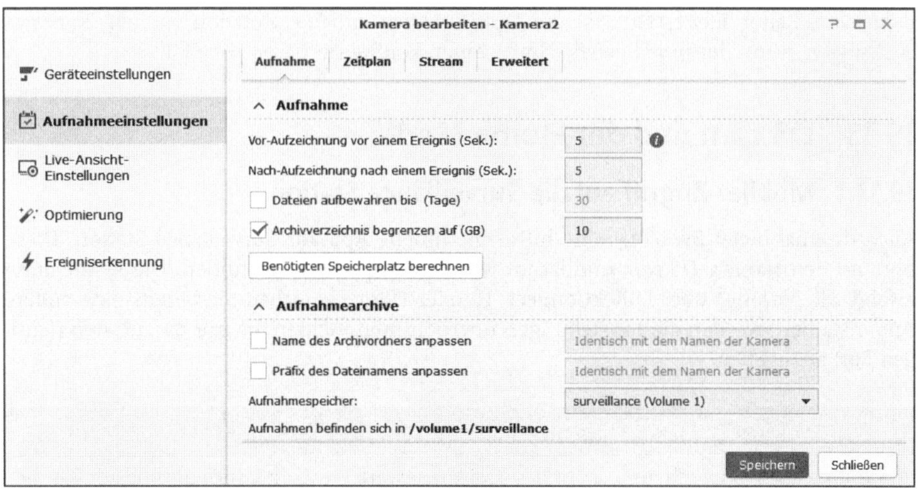

Abb. 19.18: Vergrößern Sie das Intervall, um mehr Aufnahmematerial vor und nach dem Ereignis zu erhalten.

Hinweis

Auch wenn die Aufnahme erst durch ein Ereignis gestartet wird, wird das Bildmaterial kontinuierlich an die Surveillance Station übertragen. Diese behält Aufnahmen für die Dauer der eingestellten Voraufzeichnung vorübergehend im Speicher. Alles, was älter ist als die Zeitspanne der Voraufzeichnung, wird verworfen. Erst wenn tatsächlich ein Ereignis eintritt, beginnt die Surveillance Station mit dem Abspeichern des Bildmaterials zuzüglich der Vor-Aufzeichnung im Zwischenspeicher.

19.12.2 Aufnahmespeicher begrenzen

Je Kamera

In den Kameraeinstellungen unter AUFNAHMEEINSTELLUNGEN|AUFNAHME können Sie für jede Kamera festlegen, wie lange eine Aufnahme aufbewahrt werden soll. Zusätzlich können Sie den Speicher auf eine bestimmte Größe festlegen (siehe Abbildung 19.18). Achten Sie aber darauf, nicht zu wenig Speicher zur Verfügung zu stellen. Gerade bei ereignisgesteuerter Aufnahme kann nur schwer abgeschätzt werden, wie viel Speicherbedarf tatsächlich anfällt.

Im Reiter ERWEITERT können Sie eine Zeit festlegen, nach der eine Videodatei aufgeteilt wird. Die Aufnahme wird dann nicht abgebrochen, es wird nur eine neue Datei begonnen. Diese Einstellung ist bei Daueraufnahmen sinnvoll. Wird eine Datei zu groß, kann es Probleme bei ihrem Öffnen/Wiedergeben geben. Hier finden Sie auch die Option, die angibt, was beim Erreichen des Speicher- bzw. Speicherlimits (konfiguriert im Reiter AUFNAHME) passieren soll. Zur Wahl steht die Löschung älterer Aufnahmen oder der Aufnahmestopp.

Für alle Geräte

Zusätzlich zur Speicherbegrenzung für jede Kamera können Sie auch eine Begrenzung für die gesamte Surveillance Station festlegen. Sie finden diese Option in der Anwendung *Aufnahme* im Reiter ERWEITERT. Ist die Option aktiv, wird die Rotation für alle Kameras erzwungen, wenn der freie Speicher unter einen konfigurierbaren Wert fällt.

19.13 DS cam und der Home Mode

19.13.1 Mobiler Zugriff auf die Surveillance Station

Auch diesmal bietet Synology eine hilfreiche mobile App zur Surveillance Station. Diese hört auf den Namen *DS cam* und ist im jeweiligen App-Store zu finden. Die Anmeldung erfolgt wie gewohnt über QuickConnect, IP oder Domain. Haben Sie bereits eine andere App installiert, werden die Einstellungen übernommen. Achten Sie nur darauf, den richtigen Port anzugeben.

Hinweis

Damit Sie die App auch außerhalb des Heimnetzwerks nutzen können, müssen Sie die Ports der Surveillance Station in Ihrem Router freigeben. Achten Sie stets auf eine gesicherte Verbindung via https.

Nach erfolgreicher Anmeldung haben Sie Zugriff auf den Live-View, die einzelnen Kameras und deren Chronik sowie alle Aufnahmen und Schnappschüsse. Natürlich in abgespeckter Variante.

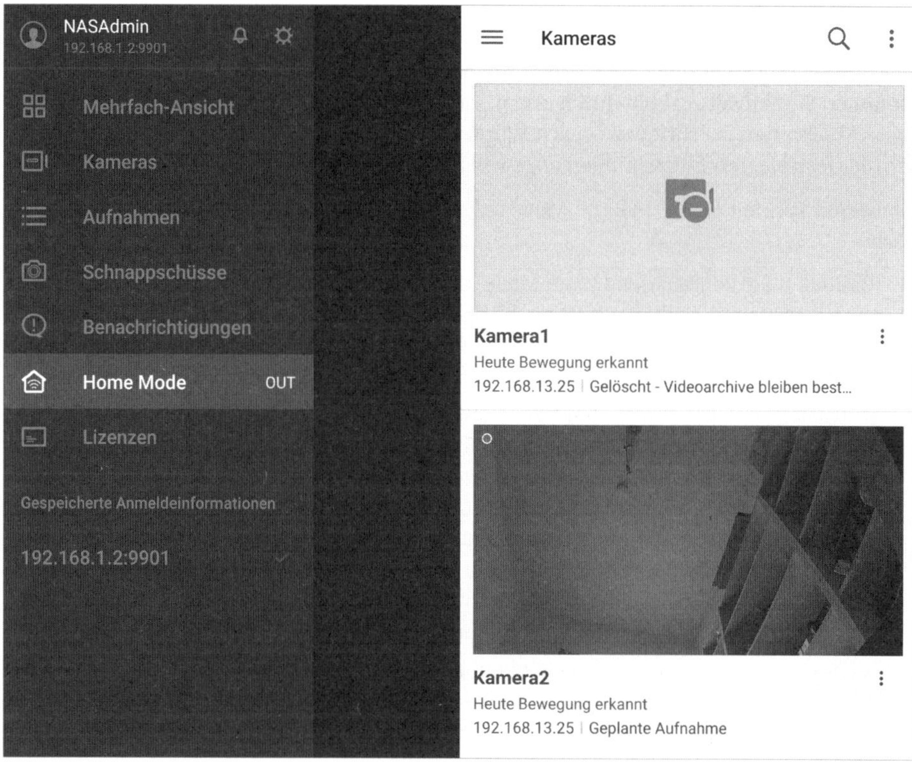

Abb. 19.19: Videoüberwachung vom Smartphone aus, rechts das Menü, links die Kamera-Ansicht

19.13.2 Home Mode – oder Pause muss sein

Mit dem Zeitplan kann man sehr gut einstellen, zu welcher Zeit eine Überwachung stattfinden soll und wann nicht. Bei geregelten Tagesabläufen klappt das recht gut, ohne sich selbst zu überwachen. Aber in vielen Situationen klappt das nicht. Wochenenden sind meist ungeregelter, vielleicht haben Sie ja generell einen ungeregelten Tagesablauf oder Sie überwachen Örtlichkeiten, die Sie nur unregelmäßig betreten.

Natürlich besteht die Möglichkeit, die Kamera in der Surveillance Station zu deaktivieren. Mit dem *Home Mode* geht das einfach. Dieser kann aber mehr, als nur Kameras auszuschalten. Wird der Modus aktiviert, können Sie verschiedene Aktionen durchführen, so lassen sich Aufnahmen und Benachrichtigungen nicht nur einfach deaktivieren, Sie erhalten für Aufnahmen, Benachrichtigungen, Stream-Profil und Aktionsregeln (siehe unten) auch ein zweites Konfigurationsprofil.

Home Mode konfigurieren

Öffnen Sie SURVEILLANCE STATION|HOME MODE|EINSTELLUNGEN. In den allgemeinen Einstellungen müssen Sie die Elemente aktivieren, die Sie durch den Home Mode verändern möchten. Weiterhin legen Sie hier fest, welche Kameras bzw. I/O-Module vom Home Mode betroffen sein sollen.

Klicken Sie auf SPEICHERN und gehen Sie dann die anderen Reiter (je nachdem, welche Optionen Sie aktiviert haben) durch und passen Sie die Einstellungen – so wie in den jeweiligen Abschnitten beschrieben – nach Wunsch an. Wird der Home Mode aktiviert, werden die hier festgelegten Einstellungen angewendet.

Aktivieren können Sie den Home Mode auf verschiedene Arten, von manuell bis automatisch:

- Manuell – Sie können den Home Mode in der Surveillance Station oder in DS cam aktivieren. In der Surveillance Station klappt das mit einem Klick auf das Widget *Home Mode* auf dem Desktop. In der App finden Sie die manuelle De-/Aktivierung im Menüpunkt HOME MODE.
- Zeitgesteuert – Sie können den Home Mode zeitplangesteuert aktivieren und deaktivieren lassen. Den Plan erstellen Sie unter SURVEILLANCE STATION|HOME MODE|ZEITPLAN. Sie können entweder einen sich wiederholenden Wochenplan erstellen oder ein einmaliges Starten und Stoppen des Home Modes festlegen. Auf den ersten Blick wirkt der Zeitplan des Home Modes umständlich, da Sie ja gleich einen entsprechenden Aufnahmeplan erstellen könnten. Bedenken Sie aber, dass der Home Mode nicht nur die Aufnahmen steuert, sondern ein separates Set an Einstellungen für Aufnahmen, Berechtigungen, Stream-Profil und Aktionsregeln bietet.
- Geofencing – Eine weitere Möglichkeit, den Home Mode automatisch zu steuern, ist das sogenannte *Geofencing*. Betreten Sie den festgelegten Ort, wird der Home Mode automatisch aktiviert. Dazu benötigen Sie die App *DS cam* auf Ihrem Smartphone. Um Geofencing zu aktivieren, öffnen Sie den Bereich HOME MODE in der App. Aktivieren Sie das GPS-Modul Ihres Smartphones. Tippen Sie auf HOME-ORT FESTLEGEN. Sie müssen der App die Erlaubnis erteilen, auf die Standortdaten zugreifen zu dürfen. Verschieben Sie den Pin, um den Bereich anzupassen. Sie können auch den Radius vergrößern. Bestätigen Sie die Auswahl. Damit der Home Mode automatisch aktiviert wird, müssen Sie unter AUSLÖSEREINSTELLUNG die Ortung aktivieren. Sie können die Ortung verfeinern, indem Sie eine Verzögerung festlegen, das hilft, wenn das Gerät nicht genau geortet werden kann oder Sie den Bereich öfter kurzfristig verlassen.

  Haben Sie die Ersteinstellung in der App vorgenommen, haben Sie zukünftig auch in der Surveillance Station Zugriff auf die Geofencing-Einstellungen.

Achtung

So praktisch die Home-Mode-Steuerung durch Geofencing auch ist, damit es funktioniert, müssen Sie das GPS am Smartphone aktiviert haben und der App die permanente Ortung im Hintergrund erlauben. Dadurch wird der Akku des Geräts sichtlich belastet.

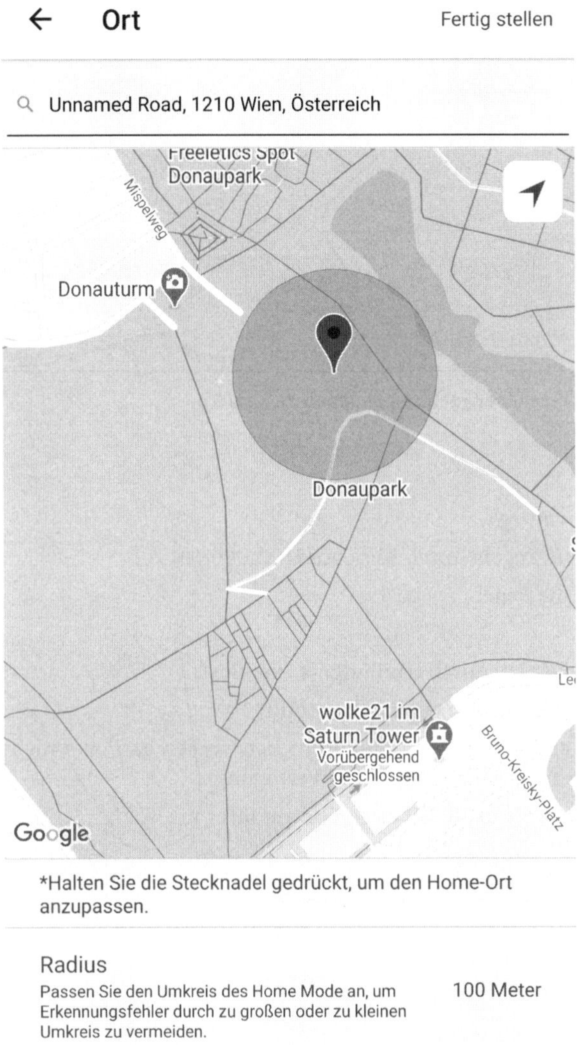

Abb. 19.20: Den Bereich für den Home Mode legen Sie zuerst in der App fest

19.14 Automatisierte Steuerung des Überwachungssystems

Die wichtigsten Funktionen kennen Sie jetzt und für den Heimgebrauch werden Sie selten mehr benötigen. Die Surveillance Station unterstützt aber auch größere Anzahlen an Kameras und anderer Überwachungs- und Steuerungsgeräte. Um komplexe Überwachungskonzepte, vor allem in Verbindung mit anderen Steuergeräten, zu ermöglichen, können Sie sogenannte *Aktionsregeln* erstellen. Dabei handelt es sich um eine separate Anwendung innerhalb der Surveillance Station. Hier können Sie Regeln erstellen, diese beinhalten Bedingungen, treffen diese zu, wird eine bestimmte Aktion ausgeführt.

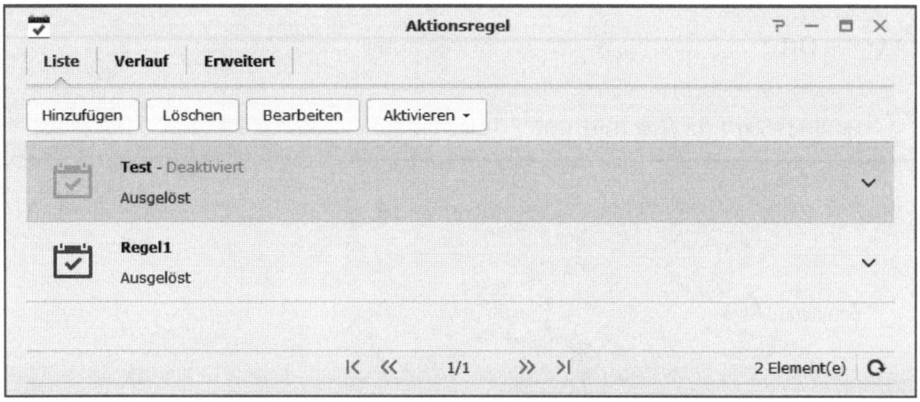

Abb. 19.21: Legen Sie Regeln an, um Ihre Überwachungsanlagen zu steuern.

19.14.1 Regeln erstellen

1. Öffnen Sie die Anwendung *Aktionsregel*.
2. Im Reiter LISTE erstellen Sie neue Regeln durch Klick auf HINZUFÜGEN.
3. Vergeben Sie einen Namen für die Regel.
4. Wählen Sie den Regeltyp:
   - AUSGELÖST – Die Aktionen werden durch ein Ereignis ausgelöst.
   - GEPLANT – Die Aktionen werden nach Zeitplan ausgeführt.
5. Wählen Sie, ob die Aktion von anderen Aktionen unterbrochen werden darf oder nicht (diese Wahl steht Ihnen nur bei ausgelösten Regeln zur Verfügung).
6. Im nächsten Schritt konfigurieren Sie die Regel basierend auf Ihrer Auswahl.

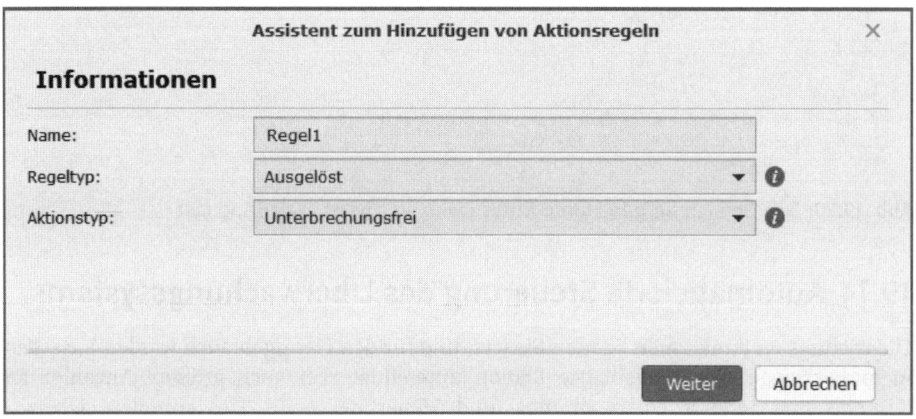

Abb. 19.22: Der Assistent zur Erstellung von Aktionsregeln

Auslösende Regeln

1. Erstellen Sie ein oder mehrere Ereignisse, die die Aktion auslösen sollen. Sie haben die Auswahl aus verschiedenen Ereignisquellen, abhängig von den Ihnen zur Verfügung stehenden Mitteln. Verwenden Sie als Quelle eine Kamera, können Sie beispielsweise auswählen, für welche Kamera(s) die Regel gilt und welches Ereignis der Kamera die Regel auslöst.

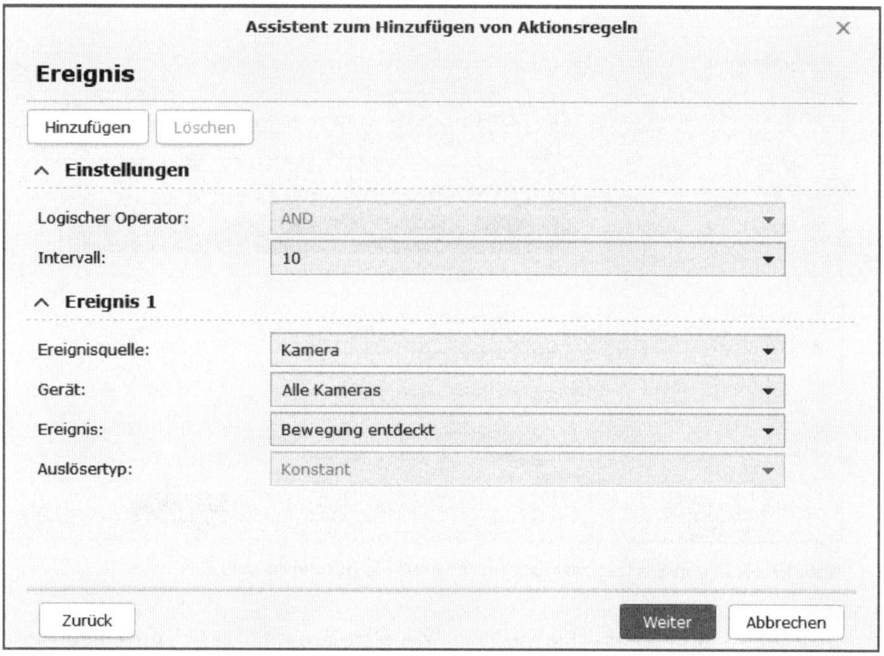

Abb. 19.23: Definieren Sie ein Ereignis (oder kombinieren Sie mehrere), das eine Aktion auslösen soll.

- Über HINZUFÜGEN können Sie weitere Ereignisse konfigurieren. Mit LOGISCHER OPERATOR legen Sie fest, ob alle Ereignisse (AND) ausgelöst werden müssen, damit die Regel zutrifft, oder nur eines davon (OR). Eine komplexere Verknüpfung (z.B. Ereignis 1 AND Ereignis 2 OR Ereignis 3) ist leider nicht möglich, der Operator gilt für alle Ereignisse.
- Mit dem Intervall können Sie festlegen, wie oft die Aktion für fortdauernde Ereignisse ausgelöst werden soll.

2. Im nächsten Schritt legen Sie die Aktion fest, die ausgeführt werden soll, wenn das Ereignis eintritt. Wählen Sie dazu das Gerät, auf dem die Aktion ausgeführt werden soll, und anschließend die Aktion selbst. Welche gewählt werden können, hängt vom jeweiligen Gerät ab. Sie können beispielsweise die Aufnahme einer Kamera starten oder Schnappschüsse anfertigen oder eine Kamera überhaupt erst aktivieren. So können Sie einen Eingang mit einer Kamera überwachen, und wenn diese eine Bewegung erkennt, weitere Kameras aktivieren, um so mehr Aufnahmen zu erhalten oder einen größeren

Bereich abzudecken. Auch die Surveillance Station steht als Aktionsgerät zur Verfügung. Hier haben Sie Zugriff auf den Audioausgang, den Home Mode oder das Senden von Benachrichtigungen.

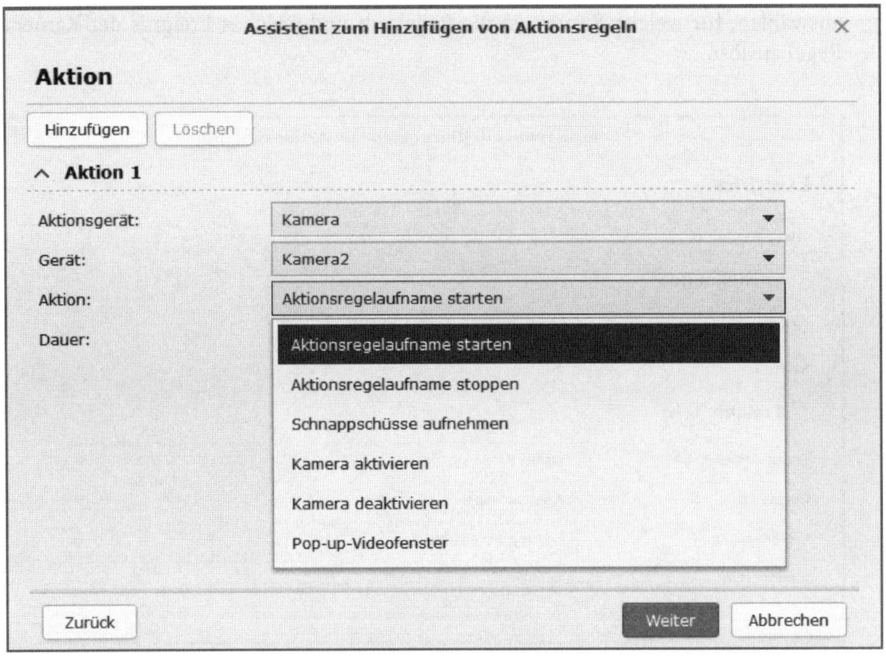

Abb. 19.24: Legen Sie fest, was bei einem Ereignis passieren soll.

3. Im letzten Schritt erwartet Sie wieder ein Zeitplan, ja, obwohl es sich um eine auslösende Regel handelt. Im Plan legen Sie fest, wann die Regel gilt und wann nicht. Klicken Sie anschließend auf FERTIG STELLEN.

Geplante Regeln

Die Erstellung funktioniert genauso wie auch auslösende Regeln, nur dass hier der Schritt mit der Ereigniskonfiguration fehlt.

Sie können Regeln nachträglich bearbeiten oder löschen, Sie haben auch die Möglichkeit, Regeln zu deaktivieren, sie bleiben dann in der Liste erhalten, werden aber nicht mehr angewandt (siehe Abbildung 19.21).

Im Reiter VERLAUF sehen Sie, wann welche Regel angewendet wurde. Der Verlauf lässt sich mit den Einstellungen im Reiter ERWEITERT in Bezug auf Zeit, Größe und Länge einschränken.

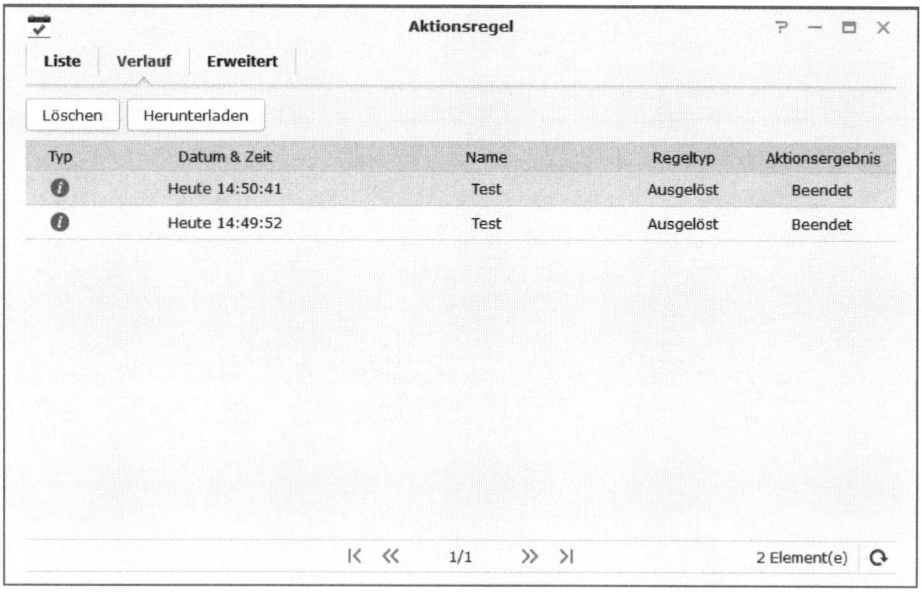

Abb. 19.25: Das Protokoll zeigt Ihnen an, welche Regeln ausgelöst wurden.

Sie sehen, durch die Aktionsregeln können Sie Überwachungsanlagen allein über die Surveillance Station steuern. Besitzen Sie nur einige Kameras mit Ereigniserkennung, können Sie das meiste aber schon in den Kameraeinstellungen erreichen. Die Aktionsregeln spielen dann ihre Vorteile aus, wenn Sie Schließanlagen, Türsteuerungen, Lautsprecher und Geräte zur Zugangserkennung verwenden.

Teil V

Das Synology NAS für Experten

Sie haben eine Menge Pakete kennengelernt und Ihr Synology NAS mit den unterschiedlichsten Funktionen erweitert, aber die Installation und Konfiguration war meist mit wenigen Klicks erledigt und auch die Verwaltung war dank einfacher grafischer Menüs ein Kinderspiel.

Im letzten Teil dieses Buches verlassen wir die vorgefertigten Wege und befassen uns mit einem weiteren, sehr mächtigen Aspekt der Synology-Geräte: dem Webserver. Der kommt zwar auch in Form einiger Pakete daher, nach der Installation werden Sie aber nicht mehr von Synology an der Hand geführt. Es liegt dann an Ihnen, den Webserver für das Hosten von Webseiten und das Ausführen von Webanwendungen zu konfigurieren und zu nutzen.

Ab hier gibt es von mir keine umfassenden Beschreibungen von Menüs und Einstellungen mehr und keine Leitfäden, die Sie mühelos ans Ziel bringen. Die letzten Kapitel kratzen nur an der Oberfläche eines sehr komplexen und weitläufigen Themas. Nutzen Sie sie als Ausgangspunkt für Ihre weiterführenden Recherchen, dem Ausprobieren neuer Themen, dem Scheitern, Lernen und Weitermachen.

In diesem Teil:

- **Kapitel 20**
  Das Synology NAS als Webserver 509
- **Kapitel 21**
  Nextcloud auf einem Synology NAS betreiben 533
- **Kapitel 22**
  Weitere Themen rund um Ihr NAS 567

Kapitel 20

Das Synology NAS als Webserver

Um genau zu sein, ist Ihr NAS bereits ein Webserver bzw. läuft darauf schon ein Webserver. So sind die *Photo Station* und die *Mail Station* Webanwendungen, die über die bekannten Ports 80 und 443 erreichbar sind. Aber auch andere Anwendungen des NAS verwenden die ein oder andere Form von http und https. Sie können aber noch weiter gehen und Ihr Synology NAS dazu nutzen, Ihre eigene Homepage zu hosten – dabei haben Sie nicht nur Zugriff auf HTML-Seiten, sondern können auch auf PHP-Webanwendungen zurückgreifen. Ihr NAS kann auch als Datenbank-Server fungieren und bietet somit die Möglichkeit, Foren-, Wiki- und andere Websoftware zu nutzen. Dabei sind Sie aber nicht auf die Pakete angewiesen, sondern können Software direkt vom Hersteller herunterladen und auf dem Webserver des NAS installieren.

Achtung

Das Buch neigt sich dem Ende zu. Das NAS als Web- und Datenbankserver zu konfigurieren, gehört zu den Expertenfeatures. Hier können Sie sich nicht mehr auf Installationsassistenten und grafische Menüs verlassen, zumindest nicht ausschließlich. Sie müssen selbst einige Schritte übernehmen und mitunter auch per Kommandozeile auf Ihr NAS zugreifen.

Damit alles so läuft, wie Sie sich das vorstellen, ist ein solides Wissen über Webserver und Webapplikationen notwendig, Wissen, das ich Ihnen an dieser Stelle nicht vermitteln kann. Ich kann Ihnen nur die Richtung weisen, Sie werden aber immer wieder auf sich selbst gestellt sein.

In den vorhergehenden Kapiteln habe ich Sie darauf hingewiesen, dass Sie nicht immer alle Schritte in den Kapiteln 1:1 nachmachen können, da oft bestehende Anwendungen und Konfigurationen Einfluss aufeinander nehmen. Im Bereich der Webanwendungen gilt dies noch viel mehr. Dieses Kapitel soll Ihnen aber die Grundfunktionen näherbringen und Ihnen die Möglichkeiten zeigen, die Ihnen das Synology NAS bietet. Sollten Sie doch einmal nicht weiterkommen, ist es immer hilfreich, in der deutschen Synology-Community vorbeizuschauen.

20.1 Die Web Station

Wie schon erwähnt, ist Ihr NAS schon ein Webserver. Ein Webserver bedeutet normalerweise, sich durch Dutzende Konfigurationsdateien zu quälen. Mit der *Web Station* versucht Synology, auch weniger erfahrenen Benutzern Zugang zu dieser Technologie zu bieten. Das klappt aber leider nicht immer ohne Probleme.

20.1.1 Die Web Station installieren und erste Einblicke

Die Web Station können Sie wie gewohnt über das Paket-Zentrum installieren. Die Installation ist schnell erledigt und Sie können die Web Station anschließend öffnen.

Die Web Station allein ist kein Webserver, sie ist eher eine Schaltzentrale, die alle Komponenten miteinander verbindet und sie zentral verwaltet. Zu diesen Elementen gehören der eigentliche Webserver und PHP in verschiedenen Versionen.

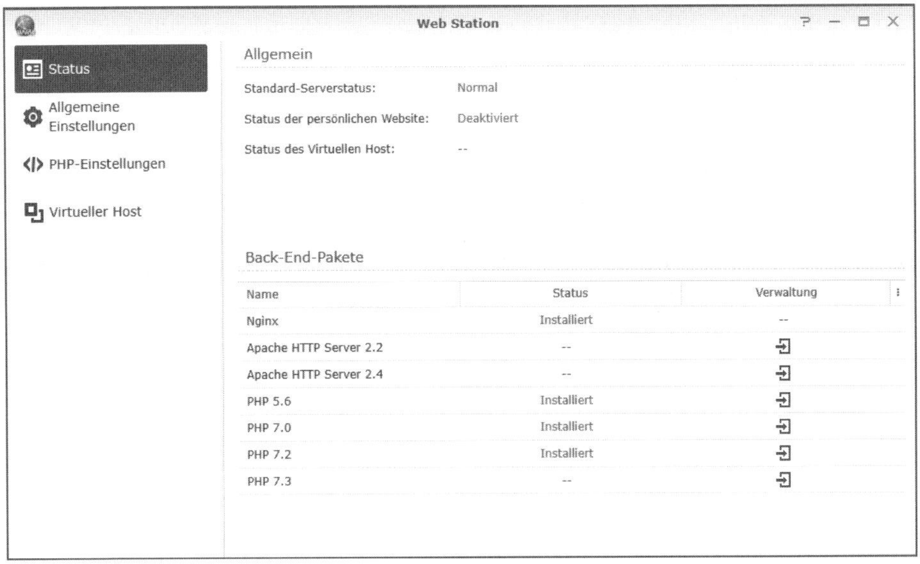

Abb. 20.1: Die Übersicht über Ihren Webserver

Der Webserver

Wie schon erwähnt, läuft auf Ihrem NAS bereits ein Webserver. Vor einiger Zeit hat Synology den *Apache*-Webserver durch *Nginx* ersetzt. Daran sind Sie aber nicht gebunden. Apache steht immer noch über das Paket-Zentrum zur Verfügung und kann von der Web Station verwaltet werden.

Apache vs. Nginx

Apache ist DER Webserver. *Nginx* ist weniger bekannt, seine Bedeutung hat aber in den letzten Jahren immer mehr zugenommen und mittlerweile ist er fast genauso weit verbreitet wie der Apache.

Apache ist sehr flexibel und solide. Der Nachteil des Apache ist seine Performance. Bei kleinen Seiten/Anwendungen ist das kein Problem. Steigt die Anzahl der gleichzeitigen Anfragen, steigt der Ressourcenverbrauch des Apache enorm. Das liegt an seiner Architektur. Nginx weist hier eine bessere Architektur auf. Dafür sind aber keine Konfigurationsanpassungen auf Verzeichnisebene durch `.htaccess`-Dateien möglich.

Nginx ist auch aufwendiger in der Grundkonfiguration. Für den Apache findet man viele Erklärungen, Anleitungen und Konfigurationsbeispiele im Netz und viele Webanwendungen sind für die Verwendung unter Apache optimiert und deren Konfiguration ist oft auf den Apache abgestimmt. Für Nginx findet man weniger Ressourcen im Netz und Webanwendungen erfordern eine eigene Konfiguration unter Nginx.

Sie können sogar Nginx und Apache gleichzeitig nutzen. Nginx lässt sich nicht deinstallieren, er fungiert immer als Proxyserver. Das heißt, selbst wenn Sie Apache nutzen, erreicht eine Anfrage immer zuerst den Nginx und dieser leitet sie dann an den Apache weiter. Aber das sind technische Details, um die Sie sich normalerweise nicht kümmern müssen. Erst wenn Sie komplexe Konfigurationen auf Ihrem NAS umsetzen wollen, kann das von Bedeutung sein. In diesem Fall werden Sie bald die Einschränkungen, die ein System wie ein Synology NAS mit sich bringt, kennenlernen. Entweder Sie können damit leben oder Sie müssen auf einen vollwertigen Linux-Server umsteigen. Auch hier kann ich Ihnen einen Besuch in der Community empfehlen. Dort können Sie Leidensgenossen treffen, aber auch Anwender, die Ihnen eventuell weiterhelfen.

Möchten Sie Apache verwenden, empfehle ich, ausschließlich Version 2.4 (aktuellste Version zum Zeitpunkt der Drucklegung dieses Buches) zu verwenden. Sie können Apache 2.4 über das Paket-Zentrum installieren oder in der Web Station im Bereich STATUS direkt zum gewünschten Paket springen.

Hinweis

Nginx weist einen höheren Konfigurationsaufwand auf als Apache, dafür ist mehr Wissen erforderlich und es kann mehr schiefgehen. Dazu kommt, dass die Synology-Versionen von Linux, Webservern und PHP oft nicht den Originalversionen entsprechen. dann weisen Konfigurationsdateien andere Pfade auf oder sind auf mehrere Dateien aufgeteilt. Gewisse Dateien werden beim Neustart wieder in den Originalzustand versetzt, andere bei einem Update von DSM. Was der Vereinfachung der Serverstruktur dient – damit weniger versierte Anwender diese über eine grafische Oberfläche verwalten können –, macht es erfahreneren Anwendern oft schwierig, ihre Vorhaben umzusetzen.

Aufgrund dieser Umstände verwende ich in diesem Buch ausschließlich den Apache. Die Performancevorteile des Nginx sollten auf Ihrem NAS auch weniger ins Gewicht fallen, da Sie, zumindest im Heimgebrauch, selten einer großen Anzahl gleichzeitiger Verbindungen gegenüberstehen.

PHP

Selbst eine simple Website kommt in der heutigen Zeit kaum noch ohne PHP aus. Für Webanwendungen ist PHP ein Muss. Zur Drucklegung dieses Buches können Sie über das Paket-Zentrum auf die Versionen 5.6, 7.0, 7.2 und 7.3 zugreifen. PHP ist eines der Problemkinder in der Synology-Umgebung. Für eine bestimmte Version steht immer ein konkretes Paket zur Verfügung. Erscheint eine neue PHP-Version, müssen Sie also warten, bis diese als Paket zur Verfügung gestellt wird. Und das kann mitunter einige Zeit dauern. Noch schlechter sieht es bei Anwendungen aus, die auf einer bestimmten PHP-Version basieren. Auch hier ist Synology sehr langsam. So gibt es immer noch Anwendungen, die PHP 5.6 benötigen (siehe Tabelle 20.1).

PHP führt also immer wieder zu Problemen. Lassen Sie sich aber davon nicht abschrecken. Wenn Sie schon das ein oder andere Paket aus diesem Buch auf Ihrem NAS installiert haben, ist die Chance hoch, dass Sie auch schon ein PHP-Paket installiert haben. Auch hierfür bietet der Status-Bereich der Web Station eine Übersicht und die Möglichkeit, direkt zum betreffenden Paket zu springen.

PHP-Version	Anwendung
PHP 5.6	*Mail Station, phpMyAdmin*
PHP 7.0	*Photo Station*
PHP 7.2	*Synology Office, Calendar*

Tabelle 20.1: Einige Anwendungen und welche PHP-Versionen diese benötigen

Der gemeinsame Ordner /web

Mit der Installation der Web Station wird ein neuer gemeinsamer Ordner angelegt: `/web`. Er dient dem Webserver als *Document-Root*, also das Verzeichnis, in dem die Dateien für Webseiten und Webanwendungen liegen müssen. Hier sollten Sie mit Änderungen vorsichtig sein. Grundsätzlich haben nur Administratoren Zugriff auf diesen Ordner. Das hat aber nichts mit der Erreichbarkeit des Webservers zu tun, den kann jeder erreichen. Der Webserver kennt keine DSM-Benutzer. Sie finden weder die Web Station noch den Webserver in der Systemsteuerung unter BERECHTIGUNG oder dem Anwendungsportal.

20.1.2 Den Webserver aufrufen

Aufrufen können Sie den Webserver bzw. die Webseiten ganz einfach. Geben Sie dazu im Browser einfach `http(s)://` gefolgt vom NAS-Namen, der IP-Adresse oder der Domain Ihrer DiskStation ein (ohne eine Portangabe am Schluss), also z.B. `https://myds.synology.me`.

Hinweis

Damit Sie den Webserver per Domain aus dem Internet erreichen, müssen Sie im Router den Port 443 (*https*) zum NAS weiterleiten. Beim Port 80 (*http*) sollten Sie vorsichtig sein. Geben Sie diesen nur frei, wenn es unbedingt nötig ist. Sichern Sie Ihre Webseiten/-anwendungen in diesem Fall ab, indem Sie Aufrufe per *.htaccess* auf *https* umleiten. Näheres zum Einrichten einer Domain und der Freigabe im Router lesen Sie in Abschnitt 9.2 »Externen Zugriff einrichten«.

Sie landen dann im Wurzelverzeichnis des Webservers (`/web`). Dort ist bereits eine Index-Seite angelegt (siehe Abbildung 20.2). Sie können Ihre Webseite direkt ins Hauptverzeichnis kopieren. Möchten Sie mehrere Webseiten anlegen, legen Sie diese in Unterverzeichnissen in `/web` ab. Für den Aufruf hängen Sie einfach */<Unterverzeichnis>* an die URL, z.B. `https://myds.synology.me/MeineHP`.

Abb. 20.2: Die Standard-Startseite der Web Station

Möchten Sie verschiedene Webseiten/-anwendungen unter verschiedenen Domains erreichen (und ohne `/<Unterverzeichnis>`), müssen Sie virtuelle Hosts einrichten. In Abschnitt 20.1.5 »Virtuelle Hosts« erfahren Sie, wie das geht.

20.1.3 Den Webserver konfigurieren

Wie bereits erwähnt, können Sie verschiedene Webserver installieren und verwenden.

Unter Web Station|Allgemeine Einstellungen legen Sie fest, welchen Webserver das NAS benutzt. Standard ist hier *Nginx*. Diese Einstellungen gelten aber nicht nur für Ihre Webseiten, sondern auch für Pakete, die über den Webserver laufen, wie etwa die Photo Station.

Möchten Sie auf Ihrer Webseite PHP verwenden oder Anwendungen hosten, die auf PHP basieren (z.B. WordPress oder Forensoftware), müssen Sie hier auch ein PHP-Profil angeben. Verschiedene Pakete benötigen oft spezifische PHP-Versionen, diese müssen Sie nicht selbst konfigurieren und sie sind – anders als der Webserver – unabhängig davon, welche Version Sie hier festlegen.

PHP-Profile

Möchten Sie PHP-Anwendungen hosten, reicht es nicht aus, nur ein PHP-Paket installiert zu haben – Sie müssen ein Profil festlegen. Einstellungen, die normalerweise in Konfigurationsdateien am Server vorgenommen werden, sind von Synology in einer grafischen Oberfläche zusammengefasst. Unter Web Station|PHP-Einstellungen können Sie mehrere PHP-Profile anlegen und verwalten. Haben Sie bereits Pakete installiert, die PHP benötigen, finden Sie hier bereits Profile eingetragen.

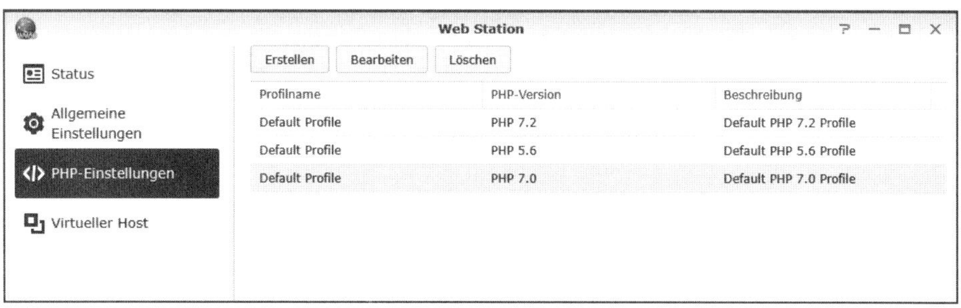

Abb. 20.3: Diese Profile wurden von anderen Paketen angelegt.

Tipp

Möchten Sie mehrere Webanwendungen auf Ihrem NAS betreiben, empfiehlt es sich, für jede Anwendung ein eigenes Profil anzulegen und die Einstellungen für diese Anwendung zu optimieren. Die verschiedenen Profile können Sie mithilfe von virtuellen Hosts verwenden (siehe Abschnitt 20.1.5 »Virtuelle Hosts«).

1. Um ein neues Profil zu erstellen, klicken Sie auf den gleichnamigen Button.
2. Vergeben Sie einen Namen und eventuell eine Beschreibung.
3. Wählen Sie die PHP-Version, die Sie benutzen möchten. Hier werden nur installierte Versionen aufgelistet.
4. Aktivieren Sie weitere Optionen nach Bedarf. Unter ERWEITERUNGEN können Sie PHP-Erweiterungen aktivieren.

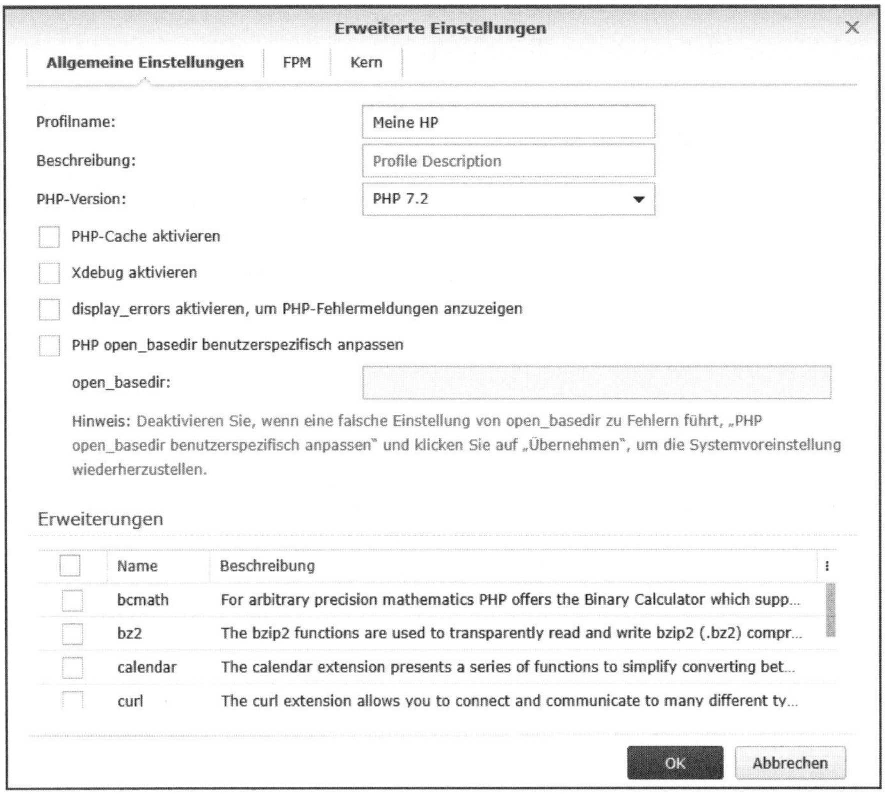

Abb. 20.4: Ein Profil erlaubt Ihnen spezielle PHP-Einstellungen.

Hinweis

Die PHP-Versionen von Synology unterstützen leider nicht immer alle gängigen PHP-Extensions. Manche Erweiterungen lassen sich – mit entsprechendem Aufwand –

nachinstallieren. Der Erfolg hängt aber oft von PHP- und DSM-Version ab. Mit etwas Glück finden Sie im Internet oder in der Community Anleitungen oder Hilfestellungen zu der Extension, die Sie suchen.

5. Im Reiter KERN finden Sie die wichtigen PHP-Parameter aus der `php.ini`, allerdings lassen sich hier nur Werte ändern. Neue Parameter können Sie an dieser Stelle nicht anlegen. In Kapitel 21 »Nextcloud auf einem Synology NAS betreiben« werden wir uns im Detail mit den Profileinstellungen befassen.

Für Experten

Verbinden Sie sich über die Kommandozeile mit Ihrem NAS, können Sie auch direkt auf die Konfigurationsdateien zugreifen. Dazu müssen Sie aber wissen, dass Dateien oft nicht da liegen, wo man sie unter Linux vermuten würde. Zusätzlich sind einige Konfigurationsdateien – allen voran die `php.ini` – mehrfach vorhanden. Einige dieser Dateien werden beim Neustart des NAS in den Urzustand zurückversetzt, Ihre Änderungen sind daher nicht persistent. Hier gibt es meist eine alternative Konfigurationsdatei. Einige Dateien haben bis zum Update von DSM Bestand. Es ist oft nicht immer leicht herauszufinden, wo welche Änderung gemacht werden muss, um zum gewünschten Ergebnis zu kommen. Hier hilft ein Blick in die Community oft weiter.

20.1.4 Webserver neu starten

Ändern Sie gewisse Einstellungen, muss der Webserver neu gestartet werden. Bei Änderungen über DSM passiert das automatisch. Ändern Sie aber Konfigurationsdateien über die Kommandozeile, müssen Sie den Webserver selbst neu starten.

Nginx neu starten

Ich habe zu Beginn des Kapitels erwähnt, dass die im Buch vorgestellten Lösungen mit Apache umgesetzt werden. Da Nginx aber als Proxy immer aktiv ist, gibt es die ein oder andere Situation, in der Sie die Nginx-Konfiguration ändern müssen.

Der Nginx lässt sich bequem über die Kommandozeile neu starten. Prüfen Sie zuerst, ob die Änderungen, die Sie vorgenommen haben, keine Fehler aufweisen. Geben Sie dazu folgenden Befehl ein:

```
nginx -t ↵
```

Sie erhalten entweder eine Erfolgsmeldung oder eine Fehlermeldung mit einem Hinweis auf die Fehlerursache.

Hinweis

Bei der Prüfung wird nur kontrolliert, ob die Konfiguration Syntax-Fehler aufweist oder Elemente, die der Nginx nicht verarbeiten kann. Ob die Konfiguration das tut, was Sie beabsichtigen, kann nicht geprüft werden.

Starten Sie den Nginx anschließend mit folgendem Befehl neu:

```
synoservice -restart nginx ↵
```

Apache neu starten

Für den Apache gibt es zwar auch Befehle auf der Kommandozeile, die sind aber meist nicht sehr erfolgversprechend. Im besten Fall können sie gar nicht ausgeführt werden, im schlechtesten Fall bleibt die Ausführung hängen. Das liegt daran, dass viele Pakete (z.B. MariaDB und die PHP-Pakete) eine Abhängigkeit auf den Apache haben. Diese müssten zuerst gestoppt werden, ehe der Apache selbst gestoppt werden kann. In der Web Station selbst gibt es keine direkte Möglichkeit, den Apache neu zu starten. Hier kann aber der Aufgabenplaner aushelfen.

1. Öffnen Sie SYSTEMSTEUERUNG|AUFGABENPLANER.
2. Klicken Sie auf ERSTELLEN|GEPLANTE AUFGABE|DIENST.
3. Benennen Sie die Aufgabe (z.B. »Stopp Apache«) und entfernen Sie den Haken bei AKTIVIERT.
4. Wechseln Sie in den Reiter AUFGABENEINSTELLUNGEN.
5. Belassen Sie die Auswahl auf DIENST STOPPEN und wählen Sie aus der Liste APACHE HTTP SERVER 2.4.
6. Bestätigen Sie mit OK.
7. Wiederholen Sie den Vorgang, nur diesmal wählen Sie DIENST STARTEN.

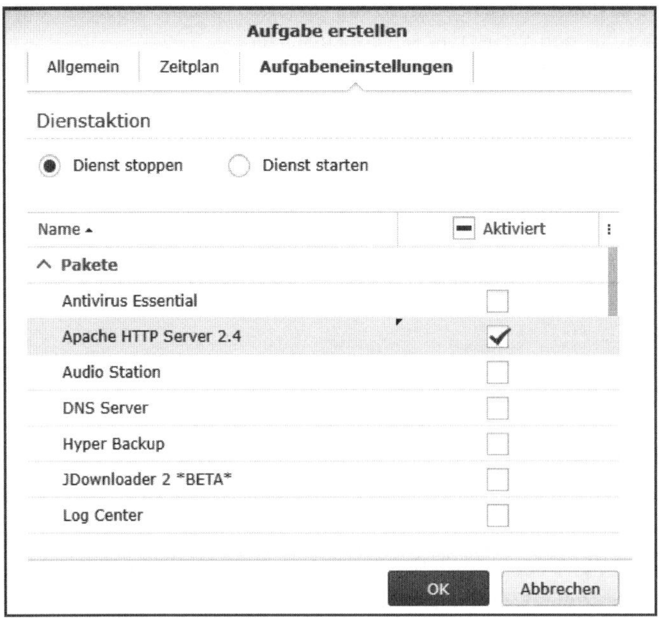

Abb. 20.5: Über den Aufgabenplaner können Sie Dienste und Anwendungen starten und stoppen.

Die beiden Aufgaben sind jetzt in der Aufgabenliste, werden aber nicht automatisch (nach Zeitplan) ausgeführt. Um den Apache neu zu starten, führen Sie zuerst die Stopp-Aufgabe und danach die Start-Aufgabe aus, indem Sie die Aufgabe markieren und auf AUSFÜHREN klicken. Die Start-Aufgabe kann erst erfolgreich durchgeführt werden, wenn der Webserver tatsächlich gestoppt ist. Sie erhalten keine Rückmeldung darüber, ob und wann die Aufgabe ausgeführt wurde. Sie können die Ansicht STATUS in der Web Station als Hilfe verwenden, dort sehen Sie den Status des Apache.

20.1.5 Virtuelle Hosts

Rufen Sie eine Domain auf (mit Port 80 oder 443 oder ohne Portangabe), landen Sie immer im *Document-Root* des Webservers. Im Falle eines Synology NAS ist das der gemeinsame Ordner `/web`. Selbst wenn Sie mehrere (Sub-)Domains auf Ihr NAS verweisen lassen, landen Sie immer auf derselben Seite. Um mehrere Seiten hosten zu können, müssen diese in Unterverzeichnissen abgelegt werden. Diese Verzeichnisse müssen dann am Ende der Domain angehängt werden.

Auf Anwendungsebene haben Sie bereits die benutzerdefinierten Domains bzw. Reverse Proxys kennengelernt. Hier haben Sie einer Anwendung eine konkrete Domain zugewiesen. Das funktioniert anhand verschiedener Portnummern. Anwendungen, die dieselbe Portnummer aufweisen, können Sie keine unterschiedlichen Domains zuordnen. Das trifft auch auf Webseiten und Webanwendungen zu, die alle über Port 80 bzw. 443 erreichbar sind.

Um einzelne Seiten aber dennoch über eine konkrete Domain zu erreichen, also ohne den Zusatz des Unterverzeichnisses, sind virtuelle Hosts notwendig. Dabei wird einer Domain ein neuer Document-Root zugewiesen. Der Aufruf der Domain führt Sie direkt in das Unterverzeichnis.

Achtung

Die Domain kann dann nicht mehr genutzt werden, um ein übergeordnetes Verzeichnis oder ein Verzeichnis auf derselben Ebene aufzurufen. Richten Sie einen virtuellen Host mit Ihrer Domain ein, können Sie keine anderen Webseiten, Webanwendungen oder Dienste des NAS aufrufen. Sie benötigen dann weitere Domains oder Sie verwenden Subdomains für Ihre virtuellen Hosts.

Einen virtuellen Host anlegen

1. Öffnen Sie WEB STATION|VIRTUELLER HOST.
2. Klicken Sie auf ERSTELLEN.
3. Geben Sie unter HOSTNAME die (Sub-)Domain ein, für die der virtuelle Host gelten soll.
4. Port 80/443 ist vorausgewählt. Sie können den virtuellen Host auf *https* beschränken oder eigene Ports angeben.
5. Klicken Sie bei DOKUMENT-ROOT auf DURCHSUCHEN und wählen Sie das Verzeichnis aus, in dem sich die Webseite oder die Webanwendung befindet.
6. Aktivieren Sie HSTS und HTTP/2.
7. Wählen Sie den Webserver, auf dem der virtuelle Host laufen soll. Sie können jeden virtuellen Host auf einem anderen Webserver laufen lassen.

8. Wählen Sie das PHP-Profil, das für den virtuellen Host verwendet werden soll.
9. Klicken Sie auf OK. Der Webserver wird jetzt neu gestartet. Der Vorgang kann einige Minuten dauern.

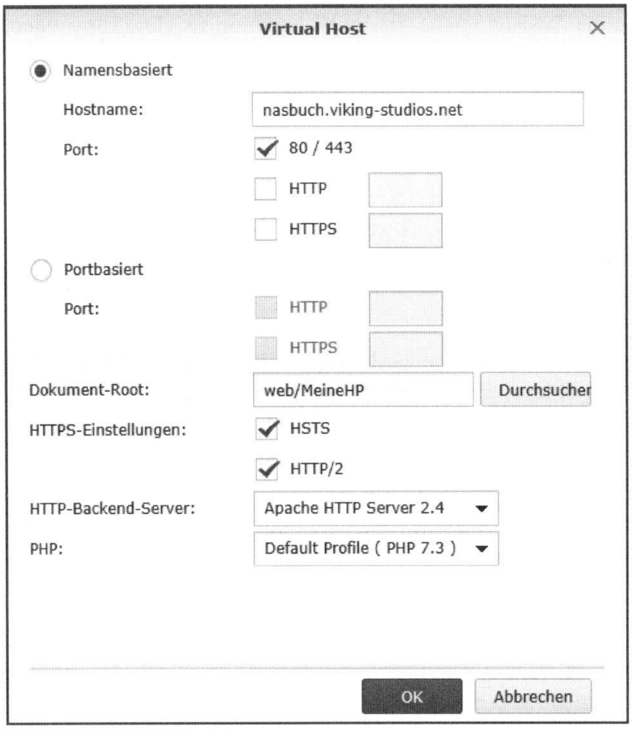

Abb. 20.6: Ein virtueller Host ist mit nur wenigen Klicks eingerichtet.

Sie können virtuelle Hosts nach Belieben erstellen. In der Übersicht sehen Sie alle konfigurierten Hosts. Hier können Sie sie auch bearbeiten oder löschen.

Hinweis

Für die *Photo Station* lässt sich kein virtueller Host einrichten. Die Photo Station muss immer über `meinedomain.com/photo` aufgerufen werden. Sie können lediglich eine `.htaccess`-Datei in `/web` anlegen, die `meinedomain.com` auf `meinedomain.com/photo` weiterleitet.

20.1.6 https erzwingen

In Kapitel 10 »Sicherheit« habe ich schon das Erzwingen einer https-Verbindung erwähnt und wie Sie dies für DSM und die Synology-Anwendungen erreichen. Bei dieser Einstellung gibt es aber zwei Ausnahmen: Zum einen ist da die Web Station beziehungsweise, um genauer zu sein, die Webseiten, die auf dem Webserver des NAS laufen. Mit der Web Station haben Sie die Möglichkeit, einen richtigen Webserver einzurichten. Sie haben zwar (fast) alle Freiheiten, diesen nach Ihren Bedürfnissen einzurichten, dafür müssen Sie sich aber auch selbst um die Absicherung kümmern.

Per virtuellem Host

Wollen Sie https für eine Verbindung zu einer Webseite oder Webanwendung erzwingen, können Sie das ganz einfach erreichen, indem Sie virtuelle Hosts einrichten (siehe vorheriger Abschnitt). Setzen Sie ganz einfach den Haken bei HSTS und HTTP/2 (siehe Abbildung 20.6) und schon werden alle Aufrufe dieser Domain auf *https* umgeleitet.

Per Nginx

Sie können HSTS auch global für alle Webseiten aktivieren, auch ohne virtuellen Host. Dazu müssen Sie HSTS in der Nginx-Konfiguration aktivieren.

1. Verbinden Sie sich über SSH mit Ihrem NAS (siehe Abschnitt 22.1 »Mit der Kommandozeile auf Ihr NAS zugreifen«).
2. Als *root* legen Sie die Datei `/etc/nginx/conf.d/http.hsts.conf` an und fügen folgende Zeile ein:

   ```
   add_header Strict-Transport-Security "max-
   age=15768000;includeSubDomains; preload;";
   ```

   Wichtig ist der Parameter `includeSubDomains`, somit gilt die Einstellung auch für alle Subdomains.
3. Speichern und schließen Sie die Datei.
4. Starten Sie den Nginx neu (`synoservice -restart nginx` ⏎).

Da Nginx als Proxy auch vor dem Apache steht, werden alle Anfragen von Port 80 auf Port 443 umgeleitet.

Alternativ können Sie auch eine Umleitung von *http* auf *https* mit Redirect-Direktiven in `.htaccess`-Dateien erreichen oder über die Nginx-Konfiguration. Beides sprengt den Rahmen dieses Kapitels. Mit den obigen Lösungen sind Sie aber bestens versorgt, es steht Ihnen natürlich frei, die Dokumentation der jeweiligen Webserver oder Tutorials zurate zu ziehen und sich an dieser Lösung zu versuchen.

20.2 Mit MariaDB zum Datenbankserver

Während Sie mit einfachen Webseiten noch ohne auskommen, gibt es kaum eine Webanwendung, die keine Datenbank benötigt. Aber Sie können Ihr Synology NAS in kurzer Zeit in einen Datenbankserver verwandeln.

20.2.1 MariaDB installieren und einrichten

MariaDB ist durch die Abspaltung von *mySQL* entstanden und ein vielfach empfohlenes Datenbanksystem. Sie finden das Paket *MariaDB 10* im Paket-Zentrum im Abschnitt DRITTHERSTELLER.

Abb. 20.7: Nutzen Sie unbedingt die aktuelle Version 10 und nicht MariaDB 5.

1. Installieren Sie das Paket *MariaDB 10*.

Tipp

Wenn Sie sich an Abschnitt 3.2.3 »Ein Volume anlegen« zurückerinnern, laufen Datenbanken auf dem Btrfs-Dateisystem langsamer als unter ext4. Wenn Sie die Möglichkeit haben, installieren Sie MariaDB also auf einem Volume mit ext4.

2. Während die Pakete, die Sie bisher kennengelernt haben, bei der Installation keine weiteren Schritte erfordert haben, sieht das bei MariaDB anders aus. Nachdem Sie das Volume für die Installation gewählt haben, müssen Sie das *root*-Passwort festlegen. Den Port können Sie unverändert lassen.

Tipp

Der Benutzer *root* hat vollen Zugang zur Datenbank und besitzt alle Rechte und kann auch neue User erstellen und ihnen alle Rechte gewähren. Erstellen Sie also ein sehr sicheres Passwort für den Benutzer *root*.

Erstellen Sie für die weitere Arbeit mit der Datenbank einen eigenen User, der nur die Rechte hat, die Sie benötigen. Jede Webanwendung, die Zugriff auf eine Datenbank braucht bzw. ihre eigene Datenbank besitzt, sollte einen eigenen Benutzer verwenden, der nur die notwendigen Rechte auf dieser Datenbank hat. Verwenden Sie niemals den *root* oder einen User, der Rechte auf allen Datenbanken besitzt.

3. Die weitere Installation läuft wie gehabt. Sie sehen eine Zusammenfassung der Einstellungen, die Sie mit ÜBERNEHMEN bestätigen. MariaDB wird danach installiert und ausgeführt.

Öffnen Sie MariaDB 10 in DSM, sehen Sie ein kleines Verwaltungsfenster. Hier können Sie das Passwort ändern oder die ganze Datenbank zurücksetzen. Sie können auch nachträglich das Volume ändern, auf dem die Datenbank liegt. In der Verwaltungsansicht können Sie auch die TCP/IP-Verbindung aktivieren und den Port ändern. Für einige Anwendungsfälle kann es erforderlich sein, die TCP/IP-Verbindung zu aktivieren. Das stellt ein Sicherheitsrisiko dar und DSM weist Sie darauf hin, dies nicht ohne entsprechende Absicherung durch die Firewall zu tun.

Hinweis

Sichern können Sie Ihre Datenbanken als Komplettpaket über *Hyper Backup* oder Sie sichern einzelne Datenbanken per SQL-Befehl oder über eine Verwaltungsoberfläche.

20.2.2 phpMyAdmin installieren

Jetzt haben Sie zwar ein Datenbanksystem auf Ihrem NAS, aber noch keine Datenbanken. Sie könnten sich zwar über die Kommandozeile mit dem Datenbankserver verbinden und SQL-Befehle absetzen oder ganze SQL-Scripts ausführen, viele bevorzugen aber eine grafische Verwaltungsoberfläche, gerade wenn es darum geht, mehrere Datenbanken zu verwalten oder Einstellungen vorzunehmen.

Die bekannteste Verwaltungsoberfläche ist *phpMyAdmin*. Auch diese finden Sie als Drittthersteller-Paket im Paket-Zentrum. Das Paket ist bereits vorkonfiguriert und Sie müssen keine weiteren Einstellungen vornehmen. Leider läuft phpMyAdmin immer noch mit der veralteten PHP-Version 5.6. Ist diese nicht installiert, werden Sie bei der Installation von phpMyAdmin gebeten, diese nachzuinstallieren.

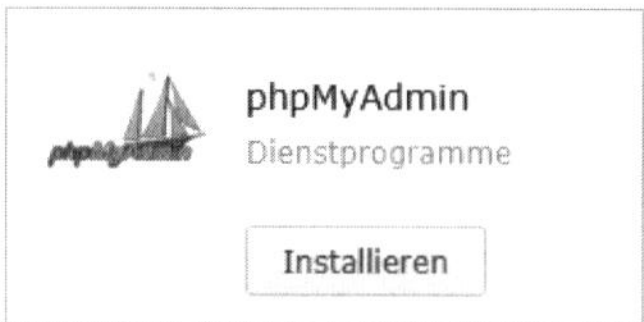

Abb. 20.8: Synology bietet phpMyAdmin als Drittthersteller-Paket an.

Hinweis

Für die Experten und Bastler unter Ihnen: Die Paketinstallation von phpMyAdmin installiert eine vorkonfigurierte Version unter `/web/phpMyAdmin`. Es besteht die Möglichkeit, durch Umbenennen des Ordners das Paket und PHP 5.6 zu deinstallieren, ohne die Dateien zu löschen, und phpMyAdmin dann als virtuellen Host mit einer aktuellen PHP-Version laufen zu lassen. Details dazu finden Sie in der Synology-Community.

Tipp

Als Alternative zu phpMyAdmin steht Ihnen auch *Adminer* als Paket in der Community-Quelle (siehe Abschnitt 3.3.6 »Paket-Zentrum«) zur Verfügung.

phpMyAdmin aufrufen

Wie jede andere Webseite rufen Sie *phpMyAdmin* mit der URL zu Ihrem NAS (IP, NAS-Name oder Domain) auf, gefolgt von `/phpMyAdmin`, also z.B. `https://mydiskstation/phpMyAdmin`.

Sie können phpMyAdmin auch über die Verknüpfung in DSM aufrufen.

Wichtig

Achten Sie darauf, immer eine gesicherte Verbindung (*https*) zu nutzen, wenn Sie phpMyAdmin verwenden. Die Web Station kann http-Aufrufe nicht automatisch auf *https* umleiten. Entweder Sie erzwingen https global (siehe Abschnitt 20.1.6) oder Sie verwenden `.htaccess`-Dateien (für Apache) oder die Nginx-Konfiguration.

Sie können sich jetzt als Benutzer *root* mit dem bei der Installation angegebenen Passwort anmelden.

Wichtig

phpMyAdmin ist eine Webanwendung, die auf Ihre Datenbank zugreift. Als Webanwendung kann sie von jedem erreicht werden. Ist Ihr Webserver (Ports 80/443) aus dem Internet erreichbar, sind auch phpMyAdmin und Ihre Datenbank aus dem Internet erreichbar.

phpMyAdmin ist ein beliebtes Angriffsziel für Hacker. Sichern Sie Ihre Datenbank (MariaDB, nicht phpMyAdmin) mit Firewall-Regeln so ab, dass sie nur aus dem eigenen LAN erreichbar ist. phpMyAdmin müssen Sie über eine `.htaccess`-Datei absichern. Sie haben die Möglichkeit, einen Passwortschutz einzurichten oder den Zugriff auf spezielle IPs oder Netze zu beschränken. Den Zugriff einzelner Benutzer können Sie in der Datenbank selbst einschränken, indem Sie den Benutzer nur in Verbindung einzelner Hosts zulassen. Benutzer, die Webanwendungen nutzen, sollten nur von *localhost* aus Zugriff auf die Datenbank haben, da Datenbank und Webserver beide am NAS laufen. Je nach Anwendungsfall können die Beschränkungen für Sie natürlich anders ausfallen (zum Beispiel, wenn die Datenbank noch von anderen Servern genutzt wird oder Sie Webserver und Datenbank auf unterschiedlichen Geräten betreiben).

Tipp

Wenn Sie nicht gerade regelmäßig mit phpMyAdmin arbeiten, stoppen Sie das Paket, wenn Sie es gerade nicht brauchen – das erhöht die Sicherheit und Sie müssen phpMyAdmin nicht extra absichern. Benötigen Sie phpMyAdmin wieder, können Sie das Paket jederzeit wieder starten. Sie können es (und PHP 5.6) auch deinstallieren, falls Sie nur ganz selten eine Verwaltungsoberfläche benötigen.

20.2.3 Zugriff über externe Programme

Es gibt verschiedene Gründe, nicht mit phpMyAdmin arbeiten zu wollen: Sicherheit, regelmäßiges Arbeiten mit Datenbanken, das Bevorzugen anderer Software etc. Sie können natürlich auch andere Programme nutzen, um auf Ihre Datenbanken zuzugreifen. Haben Sie Erfahrungen mit Datenbanken, wissen Sie womöglich schon, wie Sie externe Software einrichten müssen. Ihr Synology NAS verhält sich wie jeder andere Datenbankserver auch. Da es hier keine speziellen Schritte für Synology-Geräte gibt, liegt eine Anleitung dazu außerhalb der Themenbereiche dieses Buches. Sie können aber eine Schritt-für-Schritt-Anleitung in meinem Blog finden: `https://bit.ly/2yBcae7`.

20.3 Webanwendungen als Pakete installieren

Sie wissen jetzt, wie Sie aus Ihrem NAS einen Webserver und einen Datenbankserver machen. Wie Sie damit umgehen, wie Sie Webseiten erstellen und Datenbanken anlegen, kann ich Ihnen an dieser Stelle nicht erklären. Ich kann Ihnen aber zeigen, wie Sie bekannte Webanwendungen als Pakete auf Ihrem NAS installieren und mithilfe der Web Station einrichten.

Hinweis

Alle Webanwendungen, auch wenn sie als Paket installiert werden, tauchen nicht im Berechtigungssystem oder im Anwendungsportal von DSM auf. Sie müssen den Zugriff am Webserver selbst regeln. Die Anwendungen weisen meist eine eigene Benutzerverwaltung auf. Da Firewall-Regeln auf Ports basieren, können Sie einzelne Anwendungen nicht adressieren, sondern nur den Webserver allgemein. Zugriffsbeschränkungen können Sie über die Nginx-Konfiguration oder `.htaccess`-Dateien regeln.

20.3.1 MediaWiki

MediaWiki läuft noch unter Apache 2.2. Installieren Sie das Paket vorab oder während der Installation von MediaWiki, sofern es noch nicht auf Ihrem NAS läuft.

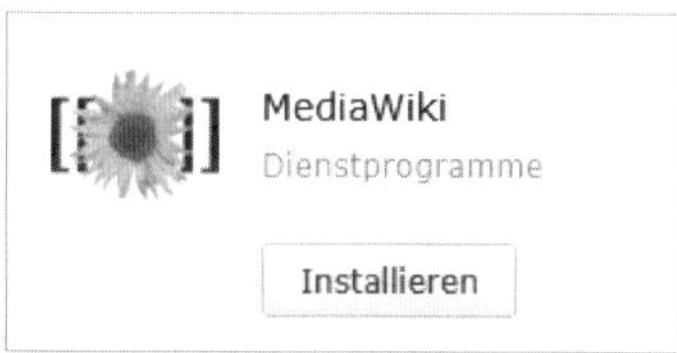

Abb. 20.9: MediaWiki ist ein Dritthersteller-Paket.

Installation

1. Sie finden das *MediaWiki*-Paket im Paket-Zentrum im Abschnitt DRITTHERSTELLER.
2. Starten Sie die Installation.
3. Nach der Auswahl des Volumes müssen Sie zwei weitere Schritte durchführen. Geben Sie im ersten Schritt Benutzerdaten für MariaDB 10 an (Abbildung 20.10). Üblicherweise wird nach dem *root*-Benutzer gefragt, Sie können aber jeden Benutzer angeben, der das Recht hat, eine neue Datenbank zu erstellen. Der Benutzer wird nur während der Installation zur Erzeugung der neuen Datenbank benötigt und wird nicht gespeichert oder von MediaWiki selbst benutzt.
4. Im nächsten Schritt müssen Sie schon neben einem Datenbanknamen einen eigenen Datenbankbenutzer anlegen. Dieser wird von MediaWiki für den Betrieb genutzt und hat nur Rechte auf der MediaWiki-Datenbank und auch nur die Rechte, die für den Betrieb notwendig sind.

5. Weitere Schritte gibt es keine. Sie sehen die übliche Zusammenfassung, die Sie mit ÜBERNEHMEN bestätigen und so die Installation beenden.

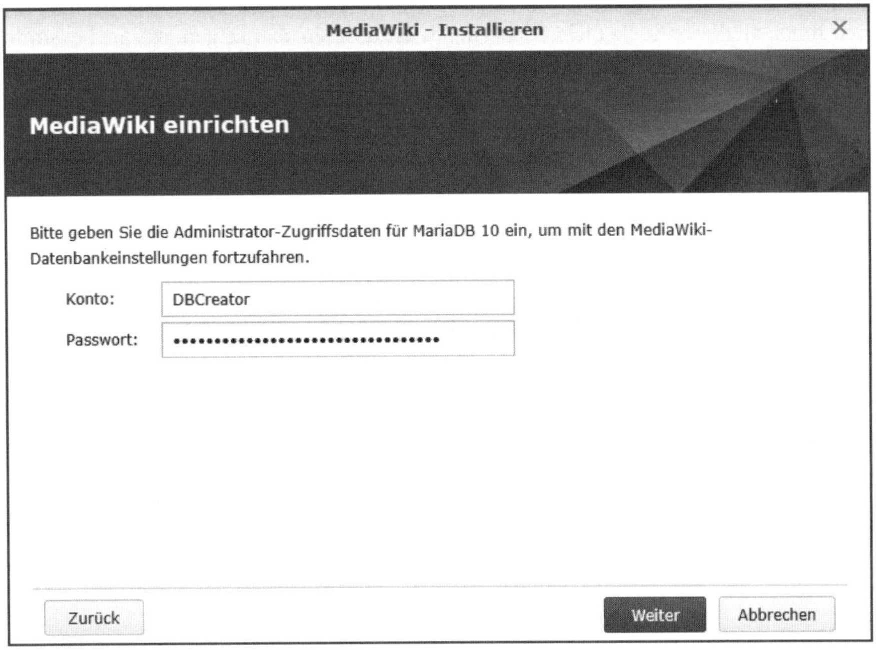

Abb. 20.10: Geben Sie einen Benutzer an, der Datenbanken erstellen darf.

MediaWiki wird genau wie phpMyAdmin unter `/web` installiert. Sie finden die Dateien unter `/web/mediawiki`. Sie könnten MediaWIki auch aus der Originalquelle herunterladen und manuell nach `/web` kopieren, müssten aber die Konfiguration selbst vornehmen. Auch die Verknüpfung in DSM würde Ihnen dann fehlen.

MediaWiki das erste Mal aufrufen und einrichten

1. Rufen Sie *MediaWiki* über die DSM-Verknüpfung auf oder unter:

   `http://<NAS-URL>/mediawiki/`

2. Klicken Sie auf SET UP THE WIKI. Sie werden jetzt durch den eigentlichen Installationsvorgang von MediaWiki geführt.
3. Im ersten Schritt legen Sie die Sprache fest.
4. Im nächsten Schritt wird Ihr Server geprüft, ob er alle Voraussetzungen erfüllt. Das sollte der Fall sein, wenn Sie MediaWiki als Paket installiert haben. Hier ist sonst nichts weiter zu tun und Sie können auf WEITER klicken.
5. Im nächsten Schritt müssen Sie einige Angaben zur Datenbank machen.
   - Datenbankname – Dieser ist bereits ausgefüllt. Gehen Sie sicher, dass es sich um den Namen handelt, den Sie bei der Paketinstallation angegeben haben. Die Datenbank selbst wurde bereits angelegt, enthält aber noch keine Tabellen.

- Datenbanktabellenpräfix – Das Präfix ist eine Zeichenkette, die vor den Tabellennamen gestellt wird, und für Sie nicht notwendig ist. Ein Präfix wird dann gebraucht, wenn man mehrere Installationen derselben Anwendung in nur einer Datenbank anlegen möchte. Das ist vor allem dann notwendig, wenn Sie einen Vertrag bei einem Webhoster haben und Ihnen dort nur eine begrenzte Anzahl an Datenbanken zur Verfügung steht. Auf Ihrem NAS ist das nicht der Fall.
- Geben Sie den MediaWiki-Datenbankbenutzer und das Passwort ein, das Sie bei der Paketinstallation angegeben haben. Klicken Sie auf WEITER.

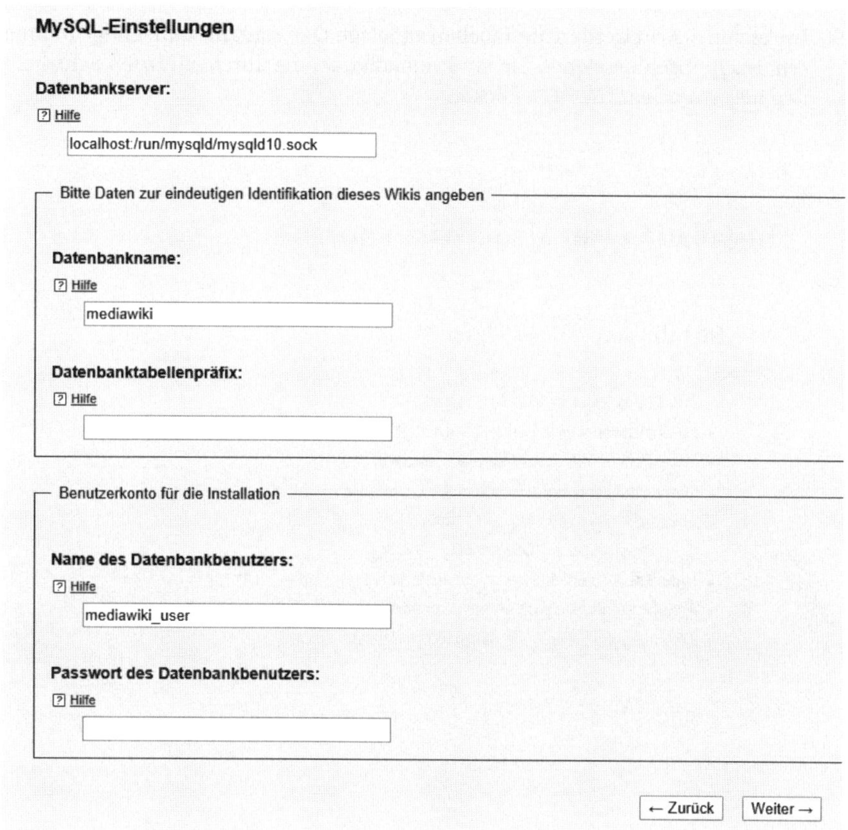

Abb. 20.11: Geben Sie die bei der Paketinstallation festgelegten Parameter ein.

6. Sie können noch Datenbanksystem und Zeichensatz anpassen. Die empfohlenen Werte sind bereits ausgewählt, Sie können die Auswahl aber Ihren Präferenzen anpassen. Ein Klick auf HILFE zeigt Informationen zu den Auswahlmöglichkeiten.
7. Im nächsten Schritt geht es darum, Ihr Wiki zu personalisieren. So können Sie hier seinen Namen festlegen und das Administratorenkonto für das Wiki anlegen.

Hinweis

Auch wenn MediaWiki als Paket zur Verfügung steht, es handelt sich um eine Webanwendung von Drittherstellern und sie verfügt über eine eigene Benutzerverwaltung. DSM-Benutzer können nicht verwendet werden.

8. Alle notwendigen Angaben wurden gemacht. Sie können die Installation sofort abschließen oder weitere Einstellungen vornehmen. Die Einstellungen betreffen das Wiki selbst, sind für die Installation nicht erforderlich und stehen auch nicht im Zusammenhang mit Ihrem NAS. Klicken Sie auf die gewünschte Auswahl und dann auf WEITER.
9. Im letzten Schritt werden die Tabellen angelegt. Der Vorgang kann einige Momente dauern. Nach Abschluss sehen Sie ein Protokoll über die durchgeführten Schritte. Sie können hier einfach auf WEITER klicken.

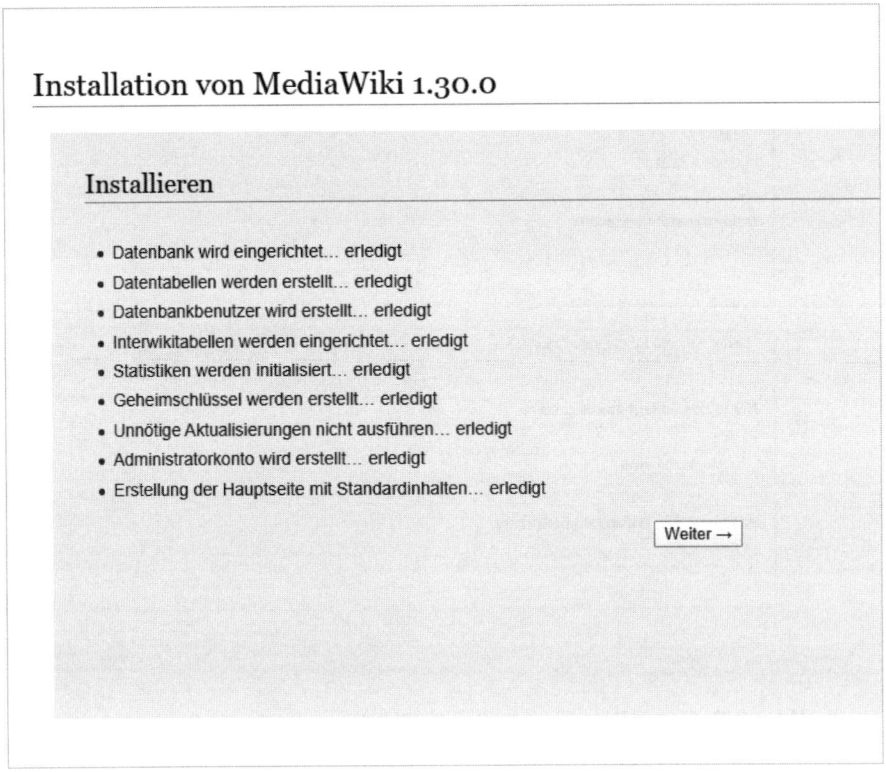

Abb. 20.12: So sieht eine erfolgreiche Installation aus.

10. Der Installationsprozess erzeugt eine Konfigurationsdatei (`LocalSettings.php`). Wird diese nicht automatisch von Ihrem Browser heruntergeladen, tun Sie es selbst. Sie müssen die Datei in das Stammverzeichnis von MediaWiki (`/web/mediawiki`) kopieren. Laden Sie die Datei dazu in das Verzeichnis hoch. Sie können jede in Kapitel 5 und 6 vorgestellte Methode verwenden.

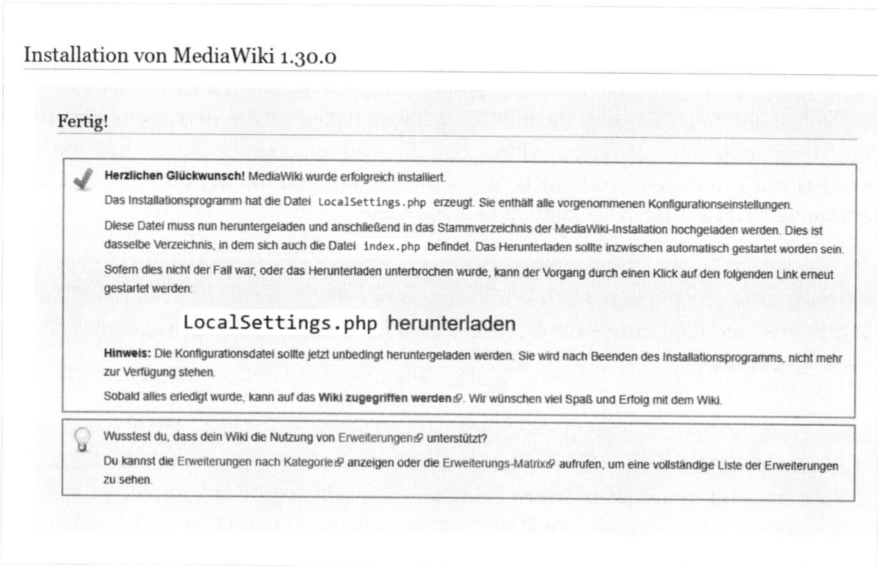

Abb. 20.13: Vergessen Sie nicht, die Konfigurationsdatei herunterzuladen ...

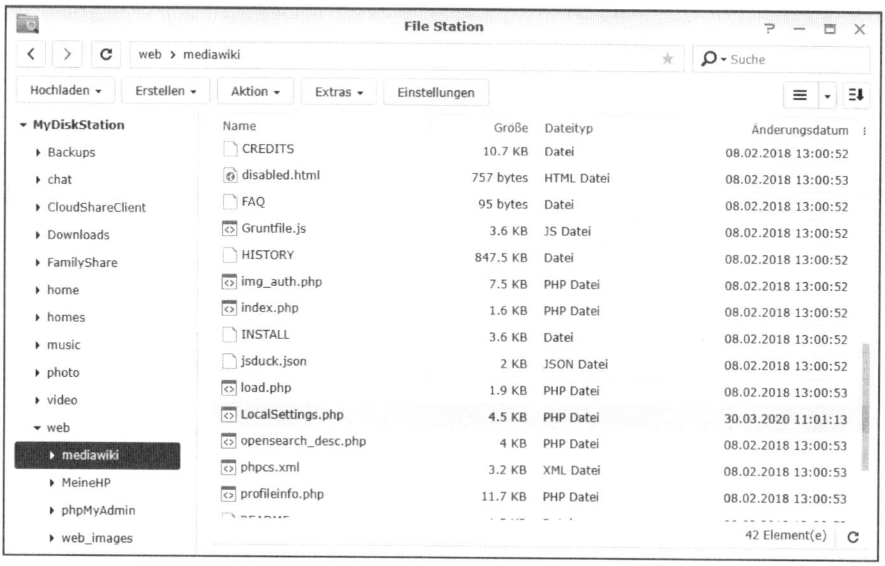

Abb. 20.14: ... und in das Installationsverzeichnis zu kopieren.

Die Installation ist somit abgeschlossen und das Wiki kann benutzt werden. Details zum Wiki selbst entnehmen Sie dem auf der Startseite verlinkten Handbuch. Ich erkläre Ihnen anschließend noch einige relevante Vorgänge.

Rechte der Konfigurationsdatei kontrollieren

Laden Sie eine Datei über DSM auf Ihr NAS, werden Besitzer und Zugriffsrechte entsprechend Ihrem Benutzer angepasst. Das ist bei Webanwendungen eher hinderlich, da diese den Nutzer des Webservers als Besitzer eingetragen haben sollten und aus Sicherheitsgründen strengere Rechte aufweisen sollten. Um die Rechte zu kontrollieren, müssen Sie sich per SSH mit Ihrem NAS verbinden. Wie das geht, können Sie in Abschnitt 22.1 »Mit der Kommandozeile auf Ihr NAS zugreifen« nachlesen.

Hinweis – für Linux-Kenner

Der Nutzer und die Gruppe für den Webserver heißen auf Synology-Geräten nicht *www-data*, sondern *http*.

Hinweis

Die Rechtevergabe auf Webservern sollte aus Sicherheitsgründen immer so streng wie möglich sein. Die Vergabe von Berechtigungen kann unter DSM nicht genau genug gesetzt werden bzw. bei vielen Anwendungen sind bestimmte Rechte vorgegeben. Die Angaben sind üblicherweise in symbolischer Notation (z.B. rwx) oder als Oktalwert (z.B. 755) angegeben. Die Einstellungen der grafischen Oberfläche lassen sich nur schwer in die in der Unix-Welt verbreiteten Werte umlegen. Hier hilft nur der Zugriff auf das NAS per Kommandozeile (siehe Abschnitt 22.1) und die Rechte per Hand zu setzen.

Die Korrektur der Rechte erfolgt mit wenigen Schritten:

1. Geben Sie folgenden Befehl ein (ersetzen Sie *<X>* durch die entsprechende Nummer Ihres Volumes):

   ```
   ls -l /volume<X>/web/mediawiki
   ```

2. Suchen Sie die Datei `LocalSettings.php`. Falsche Rechte und Besitzer könnten so wie in Abbildung 20.15 aussehen. In Abbildung 20.16 sehen Sie die korrekten Angaben.
3. Sind die Angaben nicht korrekt, passen Sie den Dateibesitzer mit folgendem Befehl an:

   ```
   chown http:http /volume1/web/mediawiki/LocalSettings.php
   ```

   Die Rechte passen Sie folgendermaßen an:

   ```
   chmod 644 /volume1/web/mediawiki/LocalSettings.php
   ```

```
drwxr-xr-x 1 http     http   270 Feb  8  2018 languages
-rw-r--r-- 1 http     http  1965 Feb  8  2018 load.php
-rw-rw-rw- 1 NASAdmin users 4581 Mar 30 11:01 LocalSettings.php
drwxr-xr-x 1 http     http  7064 Feb  8  2018 maintenance
drwxr-xr-x 1 http     http   112 Feb  8  2018 mw-config
```

Abb. 20.15: Falsche Besitzer und Rechte, DSM weiß nicht, was der Webserver benötigt.

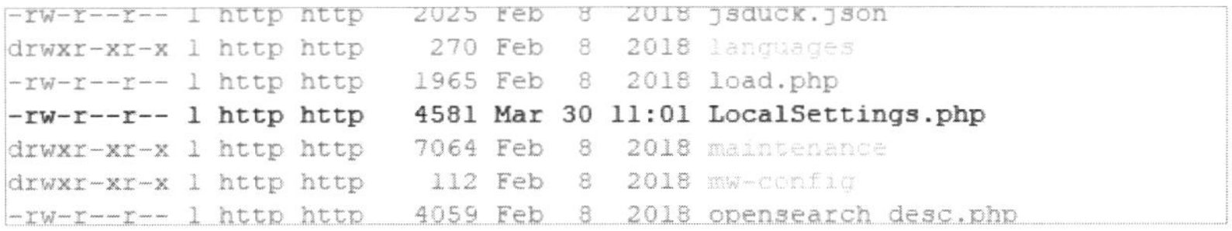

Abb. 20.16: Zwei Befehle stellen alles richtig.

Einstellungen bearbeiten

Die Einstellungen des Wikis müssen Sie direkt über die Konfigurationsdatei bearbeiten.

Achtung

Im Paket-Zentrum findet sich ein Texteditor. Sie sollten Konfigurationsdateien Ihres NAS aber niemals über den Editor bearbeiten, denn dieser ändert beim Speichern der Datei Besitzer und Zugriffsrechte. Bearbeiten Sie Konfigurationsdateien stets über die Kommandozeile.

1. Verbinden Sie sich per SSH mit Ihrem NAS.
2. Öffnen Sie die Datei im Texteditor *Vi*:

```
vi /volume1/web/mediawiki/LocalSettings.php
```

3. Hier finden Sie alle Parameter, die Sie anpassen können. Für Details ziehen Sie die Dokumentation von MediaWiki zurate.
4. Speichern Sie die Änderungen und schließen Sie die Datei.

Durch Änderungen über die Kommandozeile werde Besitzer und Rechte nicht verändert.

Weitere Anpassungen

Möchten Sie eine Umleitung auf *https* erzwingen, was Sie unbedingt tun sollten, können Sie das durch einen virtuellen Host oder eine globale Aktivierung von HSTS erreichen (siehe Abschnitt 20.1.6 »https erzwingen«).

Da die Paketinstallation von MediaWiki die eigentlichen Dateien unter `/web` ablegt, können Sie die Webanwendung auch manuell aktualisieren. Sie müssen dazu nicht auf eine Aktualisierung des Pakets warten. Orientieren Sie sich dazu an der offiziellen Dokumentation im Web.

Achtung

Sobald Sie manuell in die Installation eingreifen, sollten Sie das Paket nicht mehr aktualisieren, das könnte zu Fehlfunktionen führen.

Möchten Sie mehrere Instanzen von MediaWiki auf Ihrem NAS hosten, müssen Sie MediaWiki manuell installieren (zumindest ab der 2. Instanz) und dabei andere Namen für das Unterverzeichnis in `/web` verwenden.

20.3.2 WordPress

Auch die beliebte Blog-Software *WordPress* existiert als Paket, und auch dieses Paket hinkt hinter den offiziellen Releases ein wenig hinterher. Auch bei WordPress wird nur die Anwendung vorkonfiguriert nach `/web` kopiert. Sie können WordPress in der neuesten Version natürlich auch manuell installieren, müssen aber alle Schritte selbst durchführen.

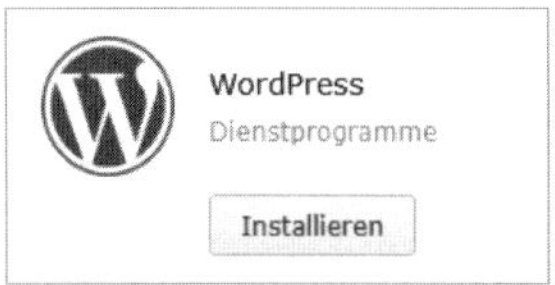

Abb. 20.17: Auch das bekannte WordPress darf als Dritthersteller-Paket nicht fehlen.

Installation und Einrichtung

Die Installation folgt demselben Schema wie MediaWiki:

1. Installieren Sie das Paket *WordPress*, zu finden unter den Dritthersteller-Paketen.
2. Nach der Auswahl des Installations-Volumes müssen Sie wieder den Datenbankbenutzer mit Rechten zur Erstellung von Datenbanken angeben.
3. Im nächsten Schritt legen Sie den Datenbanknamen fest und erzeugen einen eigenen Datenbankbenutzer, der nur von WordPress genutzt wird.
4. Bestätigen Sie die Zusammenfassung und warten Sie, bis das Paket installiert wurde.
5. Öffnen Sie WordPress: `https://<NAS-URL>/wordpress`.
6. Wählen Sie die gewünschte Sprache und klicken Sie auf WEITER.
7. Legen Sie einen Titel für Ihre WordPress-Seite fest und legen Sie einen Administrator an. Sind alle Angaben korrekt, klicken Sie auf WORDPRESS INSTALLIEREN. Der Vorgang dauert einige Augenblicke.

Nach Abschluss der Installation können Sie sich mit dem angelegten Benutzer anmelden und eigentlich schon loslegen (siehe Abschnitt 20.18).

Weitere Einstellungen

Achtung

WordPress trägt die URL, die Sie für die Installation aufgerufen haben, als Webseiten-URL ein. Wenn Sie WordPress aus DSM mit der lokalen IP oder dem NAS-Namen installiert haben, es aber über Ihre Domain aufrufen wollen, sollten Sie die URL in WordPress unter EINSTELLUNGEN|ALLGEMEIN|WEBSITE-ADRESSE (URL) ändern.

Auch WordPress sollte nur über *https* genutzt werden. Eine Zwangsumleitung über *.htaccess* oder über den virtuellen Host ist zu empfehlen. Oder Sie erzwingen https für den kompletten Webserver (siehe Abschnitt 20.1.6 »https erzwingen«).

Möchten Sie mehrere WordPress-Instanzen auf Ihrem NAS betreiben, müssen Sie diese manuell installieren und unter einem anderen Unterverzeichnis in `/web` ablegen. Das Paket kann nur einmal installiert werden.

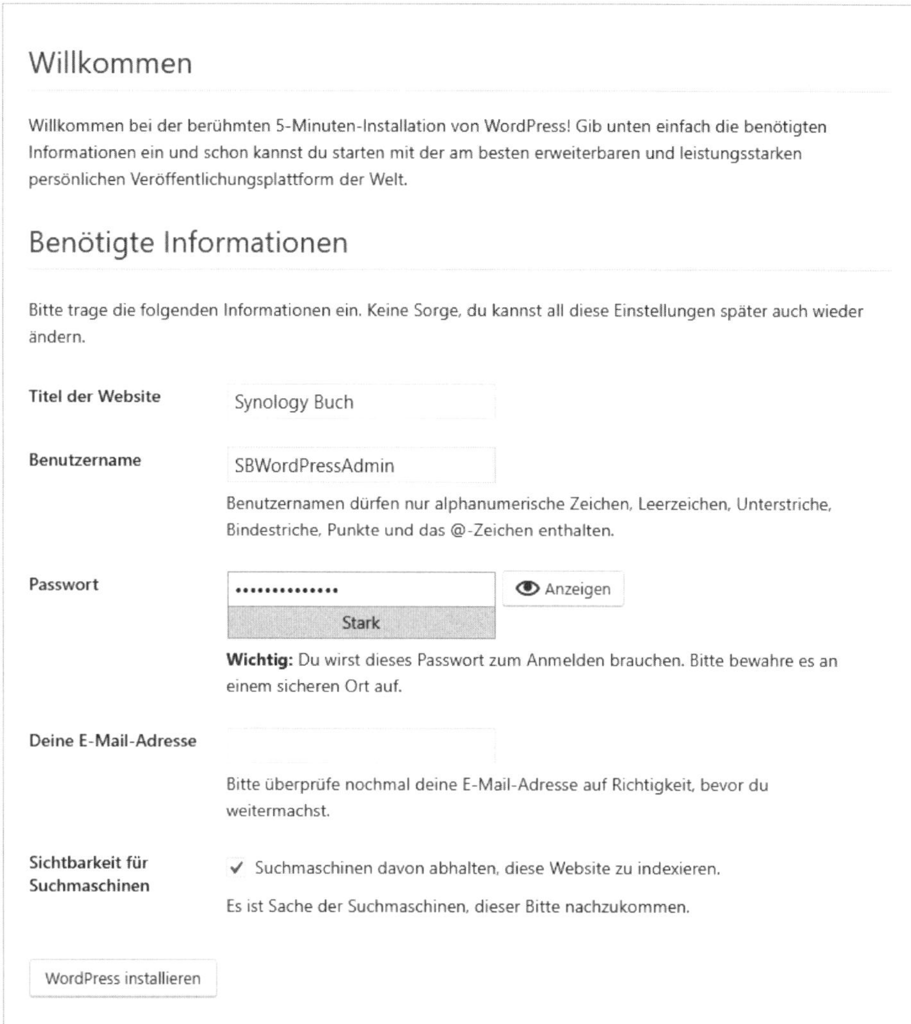

Abb. 20.18: Der Installationsassistent von WordPress fällt recht kurz aus.

Kapitel 21

Nextcloud auf einem Synology NAS betreiben

In den vorangegangenen Kapiteln haben Sie die verschiedenen Facetten kennengelernt, die ein Synology NAS zu bieten hat. Wir sind aber, bis auf eine kleine Ausnahme, immer in der grafischen Oberfläche des DSM geblieben und haben ausschließlich mit Paketen aus dem Paket-Zentrum gearbeitet. Im vorherigen Kapitel habe ich Ihnen mit dem Webserver aber schon einen Weg gezeigt, wie Sie noch mehr aus Ihrem NAS herausholen können. Daher verlassen wir in diesem Kapitel bekannte Pfade und erweitern unser NAS, ganz ohne dabei von Synology an die Hand genommen zu werden.

Mit *Nextcloud* zeige ich Ihnen, wie Sie auch komplexere Anwendungen ganz ohne Paket auf Ihrem NAS installieren können. Nextcloud ist eine Open-Source-Cloud-Lösung. Nähere Informationen dazu finden Sie unter `https://nextcloud.com`.

Achtung

Hier noch eine Warnung meinerseits: Ein Synology NAS ist im Grunde auch nur ein Linux-Server. Um komplexe Mechanismen in einer grafischen Oberfläche abzubilden (denn das ist das erklärte Ziel von Synology), wurden aber einige Änderungen vorgenommen, sodass Sie nicht auf alle Werkzeuge und Dateien zugreifen können, wie Sie es vielleicht gewohnt sind, bzw. nicht immer alles dort liegt oder so gemacht werden kann, wie es in Anleitungen für Linux-Server beschrieben ist. Das führt aber auch dazu, dass Sie Anleitungen für Synology NAS – die Sie im Web finden oder wie ich sie Ihnen hier in diesem Kapitel präsentiere – nicht immer 1:1 nachstellen können. Einige Aspekte hängen stark von den verwendeten Versionen ab – das gilt sowohl für die Version der Anwendungen, die Sie installieren (in diesem Fall Nextcloud), als auch für die Version von DSM. Auch Ihr individuelles NAS und die bisher installierten Anwendungen und getätigten Einstellungen können einen starken Einfluss auf manuelle Installationen und Konfigurationen haben. Schritte, die heute genau so funktionieren, können morgen schon nicht mehr funktionieren oder auch gar nicht mehr nötig sein und dafür sind andere Schritte notwendig. Verstehen Sie dieses Kapitel also eher als Demonstration, was Sie mit ein wenig Recherche, Austesten und Aufwand mit Ihrem NAS erreichen können.

Besuchen Sie mich auf meinem Blog, dort versuche ich, die Anleitungen rund um Nextcloud möglichst aktuell zu halten und auf Besonderheiten und Änderungen einzelner Versionen aufmerksam zu machen. Sollten Sie Probleme haben, finden Sie dort eventuell die Lösungen von mir oder anderen Anwendern. Sie können mich auch gerne kontaktieren.

21.1 Warum Nextcloud?

Sie stellen sich eventuell die Frage: Warum eine Cloud-Software manuell auf einem NAS installieren, das mit Synology Drive bereits eine Cloud besitzt? Eines vorneweg: Als genügsamer Anwender reichen die von Synology bereitgestellten Lösungen üblicherweise aus. Spezielle Lösungen werden meist von erfahreneren Anwendern gesucht, die spezielle Probleme lösen möchten, mit den bestehenden Lösungen unzufrieden sind, diese nicht das bieten, was sie suchen, oder einfach nur, weil sie etwas Neues ausprobieren möchten. Es gibt aber einige gute Argumente, die für die Nutzung einer Dritthersteller-Lösung sprechen:

- Synology-Software hat längere Entwicklungszyklen. Es dauert oft sehr lange, bis neue Features ihren Weg in Pakete finden oder neue Pakete entwickelt werden. Das liegt daran, dass Synology versucht, absolut stabile und einfach zu benutzende Lösungen bereitzustellen, die für alle gleich funktionieren. Nextcloud hat einen sehr kurzen Entwicklungszyklus. Features und Verbesserungen werden häufiger und in kürzeren Abständen veröffentlicht.
- Der Funktionsumfang ist größer. Synology deckt mit seinen Paketen einen weiten Feature-Bereich ab, der Fokus ist aber auch breiter gestreut als bei Nextcloud. Dabei ist das Gesamtpaket stimmiger. Nextcloud bietet nicht nur eine Cloud an, sondern auch Kalender, Kontakte und Aufgabenverwaltung. Das haben Sie zwar auch alles auf Ihrem NAS, wie Sie in diesem Buch gelernt haben, Sie müssen aber für jede Aufgabe ein eigenes Paket installieren, und die arbeiten nicht immer perfekt zusammen. So haben Sie im Kalender keinen Zugriff auf Ihre CardDAV-Kontakte und auch die Aufgaben im Kalender und in der Note Station sind voneinander getrennt. In Nextcloud haben Sie alles an einem Fleck und miteinander verknüpft.
- Nextcloud ist Open Source. Es gibt eine große Anzahl an Mitwirkenden, die nicht nur an der Kernsoftware arbeiten, sondern auch Plugins und Anwendungen für Nextcloud entwickeln. Für Synology NAS können zwar auch selbst Pakete entwickelt werden, aufgrund der speziellen Architektur gestaltet sich das aber als schwierig und da viele Anwender Synology-Geräte wegen der fertigen Lösungen schätzen, gibt es auch weniger Personen, die solche Pakete entwickeln, als es bei einem Open-Source-Projekt der Fall ist. Hinter Nextcloud steht aber auch eine Firma, die dafür sorgt, dass Nextcloud nicht das Schicksal vieler anderer Open-Source-Projekte ereilt und in Vergessenheit gerät.

Die große Anzahl an Anwendern, die *Nextcloud* auf ihrem Synology NAS betreiben, unterstreicht die Argumente zusätzlich.

21.2 Manuelle Installation von Nextcloud

Hinweis

Für die Anleitung wird angenommen, dass alle Verzeichnisse auf Volume 1 liegen. Passen Sie bitte die notwendigen Stellen an das von Ihnen tatsächlich genutzte Volume an.

21.2.1 Vorbereitung

Damit Nextcloud installiert werden kann, sind einige Voraussetzungen zu erfüllen:

1. Stellen Sie sicher, dass Sie per SSH auf Ihr NAS zugreifen können (siehe Abschnitt 22.1 »Mit der Kommandozeile auf Ihr NAS zugreifen«).
2. Installieren Sie die *Web Station*.
3. Installieren Sie *Apache 2.4*.
4. Installieren Sie *PHP 7.3*.
5. Installieren Sie *PHP 5.6* (falls Sie *phpMyAdmin* nutzen wollen, siehe Punkt 7).
6. Installieren Sie *MariaDB 10*.
   - Öffnen Sie MariaDB 10 und setzen Sie den Haken bei TCP/IP-VERBINDUNG AKTIVIEREN.
7. Installieren Sie *phpMyAdmin* oder stellen Sie auf anderem Wege eine Verbindung zum Datenbankserver her.
8. Erstellen Sie einen neuen gemeinsamen Ordner (im Folgenden `/NextcloudData`). Dieser dient als Speicherort für die Cloud-Daten. Auf diesen Ordner sollte nur Ihr Administrator-Benutzer Zugriff haben und niemand sonst.

Details zu den oben genannten Paketen finden Sie in Kapitel 20 »Das Synology NAS als Webserver«.

Hinweis

Standardmäßig nutzt Nextcloud ein Unterverzeichnis im eigenen Ordner im *Document-Root* des Webservers (`/web/nextcloud/data`) als Speicherort für Dateien. Dateien im Document-Root abzulegen, bedeutet aber ein Sicherheitsrisiko. Daher sollten Sie unbedingt einen eigenen Ordner für die Cloud-Daten bereithalten. Der Einfachheit halber und um Probleme zu vermeiden, sollten Sie einen eigenen gemeinsamen Ordner und nicht ein Unterverzeichnis in einem bestehenden Ordner anlegen.

Wichtig

Nutzen Sie den Ordner für keine anderen Zwecke. Nehmen Sie keine Änderungen an Ordnern oder Dateien über DSM vor – das verändert den Besitzer und eventuell die Rechte. Nextcloud kann dann nicht mehr darauf zugreifen. Änderungen können dazu führen, dass Nextcloud nicht mehr ordnungsgemäß funktioniert.

Tipp

Nachdem die Installation abgeschlossen ist, können Sie Ihrem Administrator die Rechte am gemeinsamen Ordner entziehen. Sie sehen den Ordner dann nicht mehr in der File Station und können auch sonst nur über die Kommandozeile darauf zugreifen. Sie sehen ihn aber weiterhin in der Systemsteuerung und können auch wieder Zugriffsrechte gewähren. Auch in Hyper Backup steht der Ordner zur Auswahl.

PHP-Profil konfigurieren

1. Öffnen Sie die *Web Station* und wechseln Sie zu PHP-EINSTELLUNGEN.
2. Klicken Sie auf ERSTELLEN.

3. Nehmen Sie folgende Änderungen in den ALLGEMEINEN EINSTELLUNGEN vor:
   a. Vergeben Sie einen Namen und eine Beschreibung.
   b. Wählen Sie PHP 7.3 oder höher als Version aus.
   c. Aktivieren Sie PHP-CACHE AKTIVIEREN.
   d. Aktivieren Sie PHP OPEN_BASEDIR BENUTZERSPEZIFISCH ANPASSEN und tragen Sie zuerst `/tmp:/var/services/tmp:/var/services/web` ein. Ergänzen Sie die Eingabe mit dem Pfad zum gemeinsamen Ordner, den Sie zuvor angelegt haben. Die vollständige Eingabe könnte so aussehen:

```
/tmp:/var/services/tmp:/var/services/web:/volume1/NextcloudData
```

   Einzelne Pfade werden durch einen Doppelpunkt getrennt.
   e. Aktivieren Sie folgende Erweiterungen: *bz2, curl, ftp, gd, iconv, intl, mysqli, openssl, pdo_mysql, posix, ssh2, zip.*

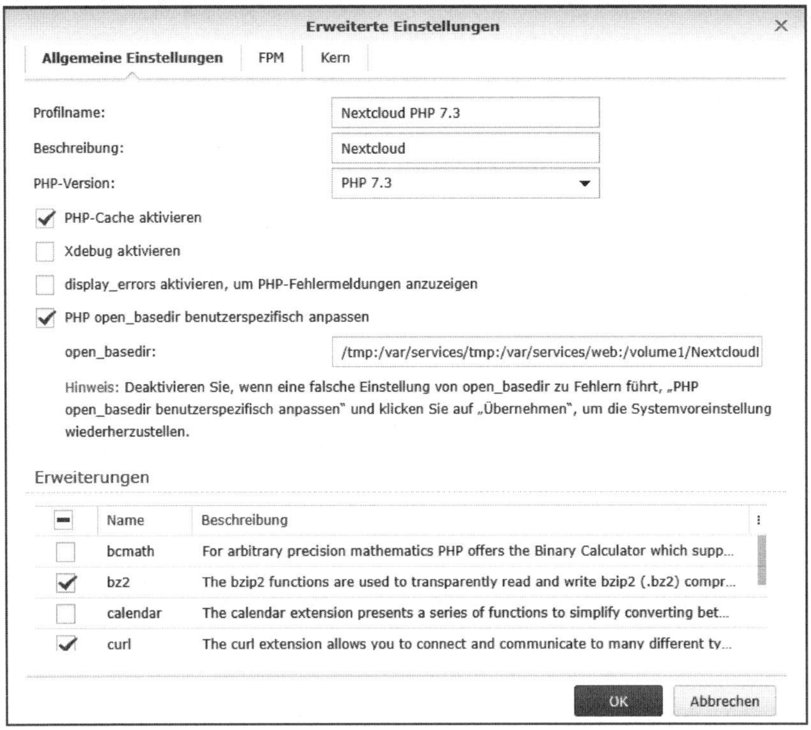

Abb. 21.1: Ohne korrekt konfiguriertes PHP-Profil geht später gar nichts.

Nutzen Sie weder virtuelle Hosts noch betreiben Sie andere Anwendungen, die ein PHP-Profil erfordern, müssen Sie die hier aufgelisteten Angaben im bestehenden Profil ergänzen. Besser ist aber die Nutzung virtueller Hosts und getrennter Profile.

Webserver vorbereiten

Möchten oder können Sie keinen virtuellen Host verwenden, müssen Sie folgende Schritte durchführen.

1. Wechseln Sie in der *Web Station* zu ALLGEMEINE EINSTELLUNGEN.
2. Wählen Sie als HTTP-BACKEND-SERVER Apache 2.4 und für PHP das vorhin konfigurierte Profil aus.
3. Bestätigen Sie die Eingaben mit ÜBERNEHMEN.

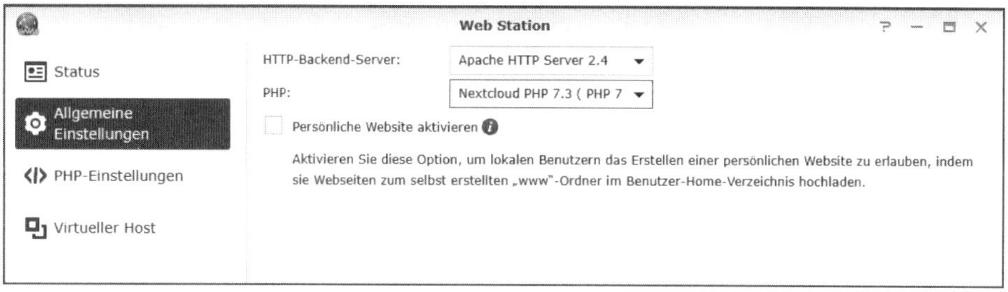

Abb. 21.2: Legen Sie Apache 2.4 als Webserver fest und wählen Sie das richtige PHP-Profil.

Ich empfehle aber die Konfiguration eines virtuellen Hosts (siehe Abschnitt 20.1.5). Dadurch ersparen Sie sich später einige Probleme und Nextcloud lässt sich besser betreiben. Sie können dadurch auch PHP-Profile für jede Anwendung getrennt erstellen.

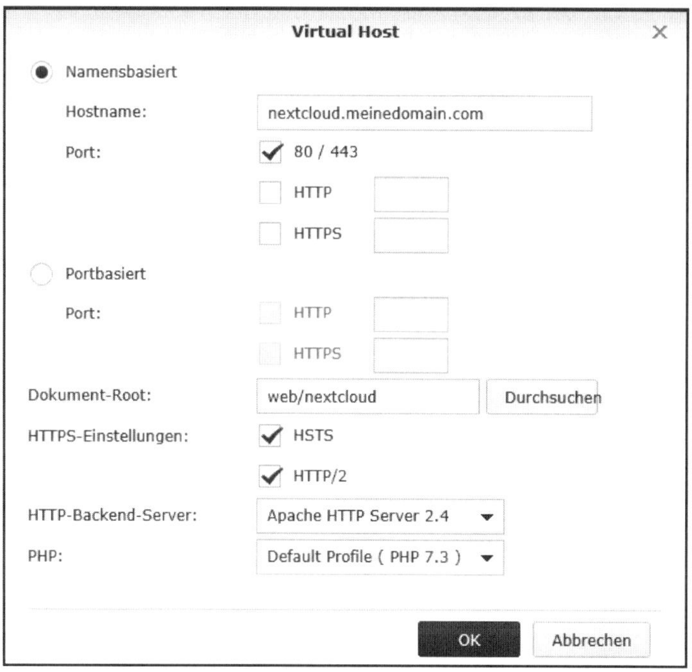

Abb. 21.3: Die Konfiguration für Nextcloud als virtueller Host

Hinweis

Den virtuellen Host können Sie auch nach der Installation einrichten, frühestens aber, nachdem Sie in Abschnitt 21.2.2 »Nextcloud installieren«, Punkt 2 das Nextcloud-Verzeichnis nach /web kopiert haben.

Webserver-Timeout erhöhen

Die Installation, aber auch in späterer Folge das Update von Nextcloud dauert einige Zeit. Dabei werden im Hintergrund Prozesse durchgeführt, die vom Webinterface angestoßen werden. Die Webseite wartet auf den Abschluss der Hintergrundaufgaben. Damit Webseiten nicht ewig auf stecken gebliebene Prozesse warten, ist ein *Timeout* festgelegt. Das ist auf dem NAS recht niedrig und Installation und Update brauchen üblicherweise länger als das Timeout. Damit das nicht passiert, kann der Wert für das Timeout erhöht werden.

1. Verbinden Sie sich per SSH mit Ihrem NAS.
2. Öffnen Sie die Datei `/etc/nginx/proxy.conf` als *root*.
3. Fügen Sie am Ende der Datei den Eintrag `proxy_read_timeout 600;` hinzu.
4. Speichern und schließen Sie die Datei.
5. Testen Sie die Konfigurationsänderung mit dem Befehl:

```
nginx -t ↵
```

6. Schlägt der Test fehl, weil ein bereits installiertes Paket selbst den Wert gesetzt hat (siehe Abbildung 21.4), gehen Sie wie folgt vor:
   a. Öffnen Sie die Konfigurationsdatei, die in der Fehlermeldung angegeben ist.
   b. Suchen Sie nach dem Parameter `proxy_read_timeout`. Ist der Wert höher als der von Ihnen gesetzte Wert, merken Sie sich den Wert und löschen Sie die Zeile aus der Datei.
   c. Öffnen Sie wieder die Datei `/etc/nginx/proxy.conf` und setzen Sie dort für `proxy_read_timeout` den gemerkten Wert ein.
   d. Führen Sie den Test erneut durch.
7. Starten Sie den Nginx neu mit dem Befehl:

```
synoservice -restart nginx ↵
```

Hinweis

Sie fragen sich vielleicht, warum das Timeout des Nginx geändert wird, obwohl wir Apache 2.4 nutzen. Auch wenn Sie Apache nutzen, ist Nginx immer als Proxy vorgeschaltet.

Wichtig

Die Datei `proxy_conf` wird bei einem Update von DSM überschrieben. Den Eintrag müssen Sie danach erneut vornehmen.

8. Legen Sie die Datei `/usr/local/etc/apache24/sites-enabled/apache_nextcloud.conf` mit folgendem Inhalt an:

```
ProxyTimeout 600
Timeout 600

<IfModule reqtimeout_module>
   RequestReadTimeout body=0
</IfModule>
```

9. Speichern und schließen Sie die Datei.
10. Jetzt muss der Apache neu gestartet werden (siehe Abschnitt 20.1.4).

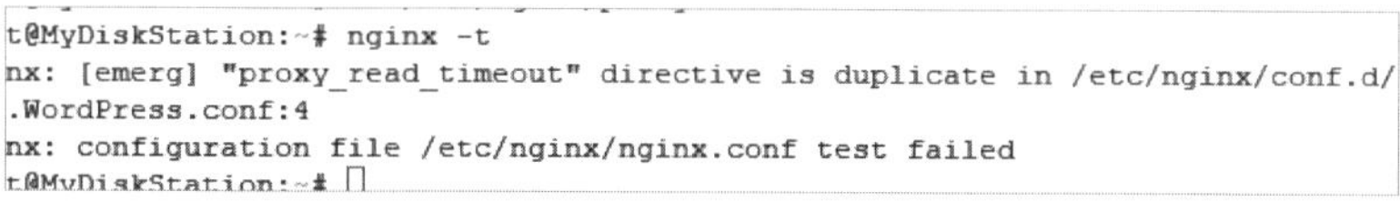

Abb. 21.4: Das Timeout wurde bereits von WordPress erhöht.

Rechte und Benutzer des gemeinsamen Ordners anpassen

Damit Nextcloud bzw. der Webserver auf den gemeinsamen Ordner zugreifen darf, müssen Rechte und Besitzer entsprechend angepasst werden.

1. Verbinden Sie sich per SSH mit Ihrem NAS.
2. Geben Sie folgende Befehle als *root* ein:

```
chown http:http /volume1/NextcloudData/ ↵
chmod -R 777 /volume1/NextcloudData/ ↵
```

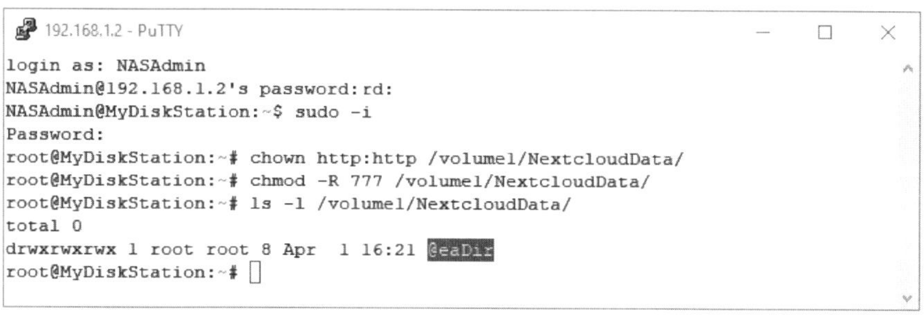

Abb. 21.5: Rechte und Besitzer des Datenverzeichnisses in PuTTY anpassen

21.2.2 Nextcloud installieren

Die Vorbereitungen wurden abgeschlossen, jetzt geht es an die eigentliche Installation von Nextcloud.

1. Laden Sie sich die aktuelle Version von *Nextcloud* unter `https://nextcloud.com/install/#instructions-server` herunter.

2. Laden Sie das Archiv auf Ihr NAS und extrahieren Sie es nach `/web`.

Tipp

Standardnamen für Unterverzeichnisse (wie `nextcloud`) werden in automatisierten Sondierungs- und Angriffsprogrammen genutzt. Um die Sicherheit ein wenig zu erhöhen, können Sie das Verzeichnis umbenennen.

3. Bevor die Installation starten kann, müssen die Rechte des Ordners angepasst werden. Dazu sind die beiden Befehle, die Sie schon oben beim Datenverzeichnis angewandt haben, notwendig:

```
chown -R http:http /volume1/web/nextcloud/ ↵
chmod -R 777 /volume1/web/nextcloud/ ↵
```

Achtung

Haben Sie den Namen des Nextcloud-Ordners geändert, müssen Sie den Pfad im Befehl dementsprechend anpassen.

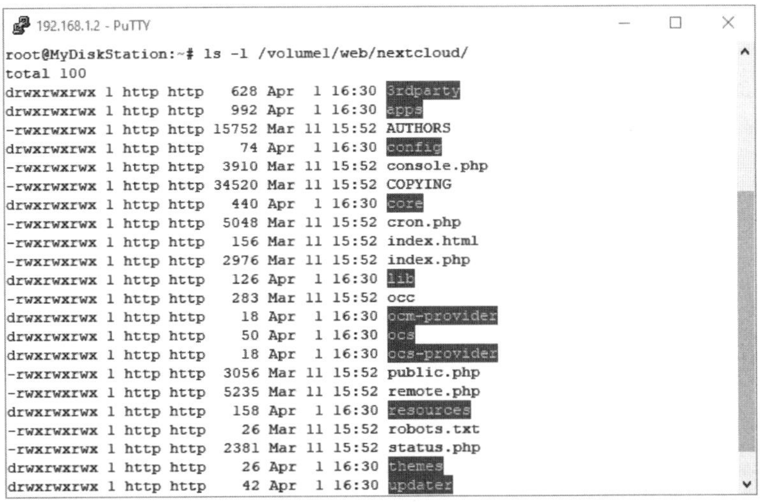

Abb. 21.6: Die angepassten Rechte des Nextcloud-Ordners

Tipp

Legen Sie sich ein Skript mit folgendem Inhalt an:

```
#!/bin/bash
chown -R http:http /volume1/web/nextcloud/
chmod -R 777 /volume1/web/nextcloud/
```

Nach der Installation werden strengere Rechte gesetzt, für ein Update von Nextcloud müssen diese aber wieder gelockert werden. Haben Sie ein Skript mit den nötigen Befehlen, können Sie die Rechte schneller anpassen und Sie müssen sich die Befehle nicht merken. Wie Sie Skripte anlegen und ausführen, lesen Sie in Abschnitt 22.1.4 »Dateien und Skripte« nach.

4. Nextcloud legt während der Installation Datenbank und Benutzer selbst an, allerdings hat die aktuelle Version von MariaDB 10 Probleme mit der SQL-Syntax, die Nextcloud dafür nutzt. Um das Problem zu beheben, müssen Sie die entsprechenden Stellen im Installationscode anpassen.
   a. Öffnen Sie auf der Kommandozeile die Datei `/volume1/nextcloud/lib/private/Setup/MySQL.php`.
   b. Scrollen Sie bis fast zum Ende der Datei und suchen Sie folgende zwei Zeilen:

```
$query = "CREATE USER '$name'@'localhost' IDENTIFIED WITH mysql_
native_password BY '$password'";

$query = "CREATE USER '$name'@'%' IDENTIFIED WITH mysql_native_
password BY '$password'";
```

   c. Entfernen Sie jeweils `WITH mysql_native_password`, sodass die Zeilen wie folgt aussehen:

```
$query = "CREATE USER '$name'@'localhost' IDENTIFIED BY
'$password'";

$query = "CREATE USER '$name'@'%' IDENTIFIED BY '$password'";
```

Wichtig

Merken Sie sich, wo Sie die Änderungen vorgenommen haben. Sie müssen die Änderungen nach der Installation rückgängig machen. Nextcloud prüft die eigenen Dateien (die, die zur Anwendung gehören, nicht die, die Benutzer damit verwalten) auf Änderungen. Machen Sie die Änderung nicht rückgängig, erhalten Sie eine Fehlermeldung.

Alternativ können Sie auch eine Sicherungskopie der Datei anlegen.

   d. Speichern und schließen Sie die Datei.

5. Rufen Sie jetzt Nextcloud im Browser auf mit https://*<NAS-URL>*/*<Nextcloud-Ordner>* z.B. https://myds.synology.me/nextcloud oder, wenn Sie sich an meine Empfehlung gehalten haben und einen virtuellen Host angelegt haben, mit: https://*<vhost-Domain>*. Besitzen Sie ein NAS-Modell mit 32-Bit-Prozessor, erhalten Sie eine Fehlermeldung, die können Sie getrost ignorieren.
6. Sie müssen einen Administrator für Nextcloud anlegen, geben Sie dazu einen Namen und ein Passwort an.
7. Ersetzen Sie den Pfad zum Datenverzeichnis durch den unter Abschnitt 21.2.1 angelegten gemeinsamen Ordner.

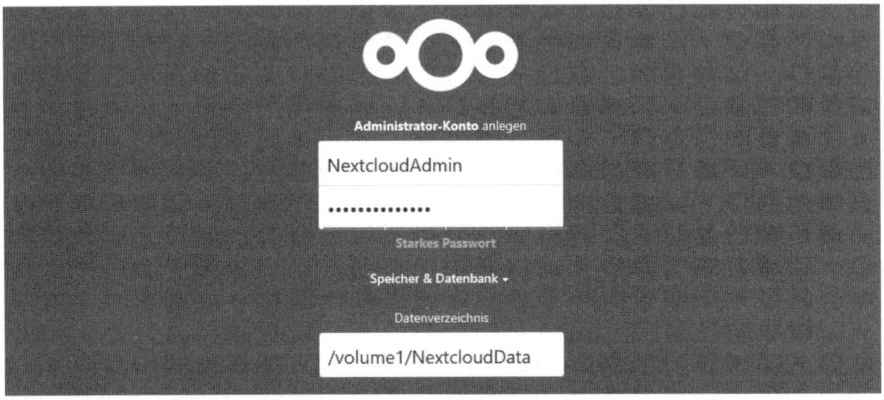

Abb. 21.7: Legen Sie Nextcloud-Administrator und Datenverzeichnis fest.

8. Im nächsten Abschnitt müssen Sie Angaben zur Datenbank machen. Geben Sie den Benutzer *root* oder einen anderen Benutzer an, der die Rechte besitzt, Datenbanken zu erzeugen. Ersetzen Sie `localhost` durch `127.0.0.1:3307`, MariaDB 10 akzeptiert »localhost:3307« nicht.

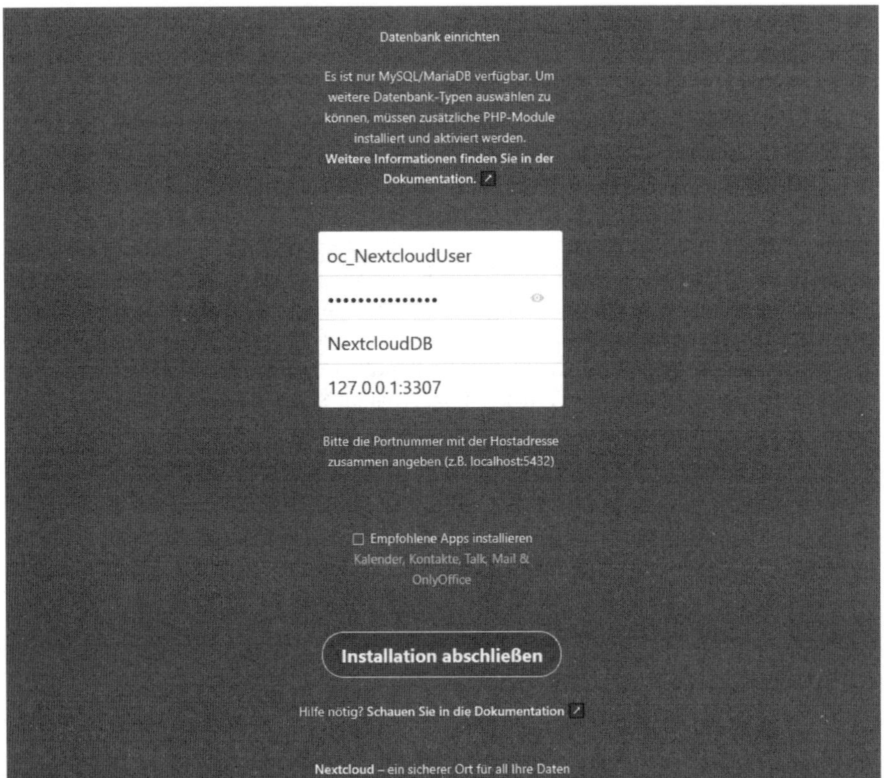

Abb. 21.8: Geben Sie die Daten für die Datenbank an.

9. Sie können empfohlene Apps gleich mitinstallieren lassen. Ich empfehle, diese nachträglich, und nur wenn Sie sie benötigen, zu installieren. Gerade *Talk* und *OnlyOffice* funktionieren nicht auf jedem NAS-Modell (siehe Abschnitt 21.5.1 »Dokumentenkollaboration mit OnlyOffice«), sind aber sehr groß und belegen eventuell unnötig Speicherplatz.
10. Klicken Sie auf INSTALLATION ABSCHLIEßEN. Der Vorgang dauert einige Minuten, abhängig von Leistung und Auslastung des NAS.
11. Ist der Vorgang abgeschlossen, werden Sie zum Webinterface weitergeleitet.
12. Jetzt ist es an der Zeit, die unter Punkt 4, Seite 541 getätigten Änderungen wieder rückgängig zu machen. Öffnen Sie die Datei erneut auf der Kommandozeile und fügen Sie die entfernten Befehlsstellen wieder ein. Haben Sie eine Sicherungskopie der Datei angelegt, können Sie die veränderte Datei löschen und die Kopie auf den Namen der Originaldatei umbenennen.

Glückwunsch, Sie haben Nextcloud manuell auf Ihrem NAS installiert. Leider wird an der Installationsroutine immer wieder etwas verändert oder in DSM hat sich etwas durch ein Update geändert. Sollte die Installation nicht geklappt haben, hier eine Liste mit häufigen Fehlern:

- »Das Datenverzeichnis <Pfad zum Datenverzeichnis> kann nicht erstellt oder es kann darin nicht geschrieben werden.« – Die Rechte passen nicht, führen Sie (erneut) die Befehle aus Abschnitt »Rechte und Benutzer des gemeinsamen Ordners anpassen«, Seite 539 aus. Achten Sie darauf, dass keine weiteren Benutzer oder Prozesse diesen Ordner nutzen.
- »SQLSTATE[HY000] [2002] Connection refused« – Öffnen Sie in DSM *MariaDB 10* und aktivieren Sie die TCP/IP-Verbindung.
- »SQLSTATE[HY000] [2002] No such file or directory« – Der Datenbank-Host ist falsch eingegeben. Kontrollieren Sie, ob Sie `127.0.0.1:3307` angegeben haben.
- »SQLSTATE[HY000] [1045] Access denied for user ‚<UserName>'@'localhost' (using password: YES).« – Sie haben den problematischen Code in der Installationsdatei nicht angepasst (siehe Abschnitt 21.2.2 »Nextcloud installieren«, Punkt 4).
- »Interner Serverfehler - Der Server konnte die Anfrage nicht fertig stellen.« – Die Rechte für das Nextcloud-Verzeichnis in `/web` stimmen nicht. Führen Sie die Befehle bzw. das Skript aus Punkt 3, Seite 540 aus.

Sollte Ihr Fehler hier nicht aufgelistet sein oder durch die beschriebenen Maßnahmen nicht behoben werden können, statten Sie der Community oder meinem Blog einen Besuch ab.

Wir sind aber noch nicht am Ziel, der Webserver muss noch für den sicheren und stabilen Betrieb von Nextcloud konfiguriert werden und auch die Konfiguration von Nextcloud muss noch optimiert werden.

21.3 Nextcloud optimieren

Für den optimalen Betrieb sind einige Anpassungen erforderlich. Diese Optimierungen erfordern Änderungen an verschiedenen Stellen des Webservers. Wie schon in früheren Kapiteln erwähnt, entsprechen Server und Konfiguration nicht der einer bekannten Linux-

und Apache-Umgebung und es ist oft schwierig, die richtige Stelle zu finden, an der eine Änderung erfolgen muss.

Auf einige fehlende Anpassungen weist Sie Nextcloud sogar hin. Sie finden diese Meldungen im Menü (siehe Abbildung 21.9) unter EINSTELLUNGEN|ÜBERSICHT|SICHERHEITS- & EINRICHTUNGSWARNUNGEN (siehe Abbildung 21.10).

Abb. 21.9: Das Menü verbirgt sich hinter dem Zahnrad-Icon.

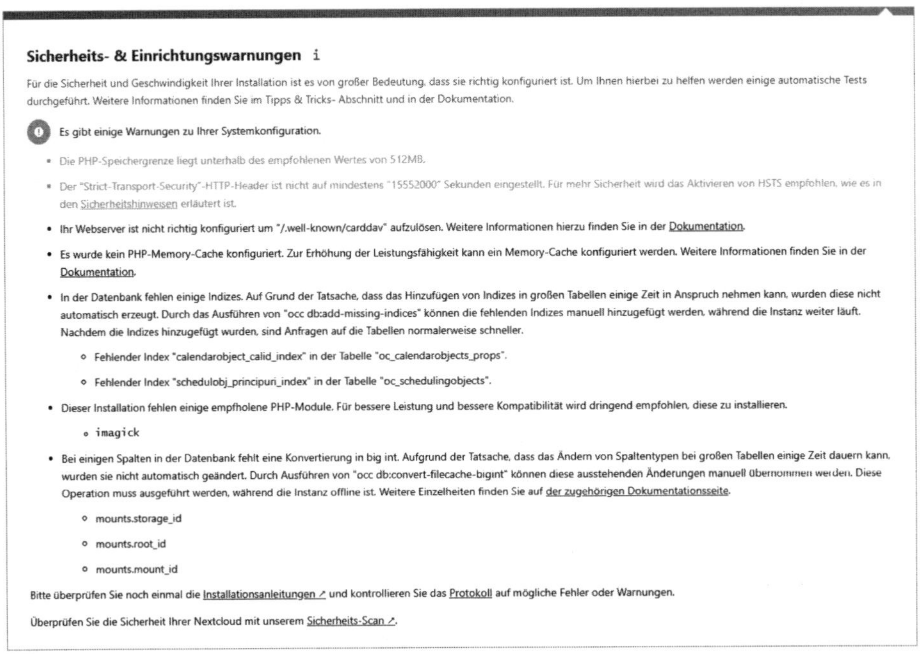

Abb. 21.10: Die Warnungen und Optimierungsmeldungen in der Übersicht des Admin-Menüs

Hinweis

Verlangt Ihr Browser auf dieser Seite nach Logindaten per Popup, ignorieren Sie dies und klicken Sie auf ABBRECHEN bzw. CANCEL im Login-Dialog. Eine Erklärung dazu erfolgt später.

Tipp

Einige Anpassungen erfordern Schritte an verschiedenen Stellen und überschneiden sich mit anderen Anpassungen. Ich habe die Änderungen in diesem Abschnitt thematisch zusammengefasst, um sie besser erklären zu können. Am Ende dieses Abschnitts halte ich eine kleine Checkliste für Sie bereit, die die zuvor erklärten Änderungen nach der Stelle gruppiert, an der sie umzusetzen sind. So können Sie die Optimierungen effizienter vornehmen und müssen nicht ständig zwischen Anwendungen hin und her schalten bzw. dasselbe Menü mehrmals aufsuchen.

21.3.1 Datenbank aktualisieren

In der Datenbank müssen Indizes erstellt und Datentypen geändert werden. Da dieser Vorgang bei bestehenden, größeren Datenbanken viel Zeit in Anspruch nimmt, ist er derzeit nicht Teil der Installationsroutine und muss selbst durchgeführt werden.

1. In der Kommandozeile müssen Sie in das Nextcloud-Verzeichnis wechseln:

   ```
   cd /volume1/web/nextcloud ↵
   ```

2. Die Befehle stehen in der Hinweismeldung, für Ihr NAS müssen Sie sie nur ein wenig anpassen:

   ```
   sudo -u http php73 -d memory_limit=1024M occ db:add-missing-indices ↵
   ```

   Damit erstellen Sie die fehlenden Indizes. Bei einer frischen Installation sollte der Vorgang nicht allzu lange dauern.

Hinweis

Wichtig ist, dass Sie den Befehl als User *http* ausführen (`sudo -u http`). Sie müssen auch die konkrete PHP-Version angeben (`php72`), denn das NAS nutzt in der Kommandozeile PHP 5.6 (auch wenn Sie das Paket nicht installiert haben). Verwenden Sie in den Befehlen nur php, würde das die Version 5.6 nutzen, die für die occ-Befehle von Nextcloud nicht ausreicht. Der Arbeitsspeicher für PHP-Kommandozeilenanweisungen ist begrenzt – mit `-d memory_limit=1024M` erhöhen Sie den Speicher, den der Befehl nutzen kann.

3. Als Nächstes folgt der Befehl für die Datentyp-Konvertierung:

   ```
   sudo -u http php73 -d memory_limit=1024M occ db:convert-filecache-bigint
   ↵
   ```

   Auch dieser Befehl wird bei einer frischen Installation sofort umgesetzt.

21.3.2 Probleme mit CalDAV- und CardDAV-URLs

Wie schon erwähnt, empfehle ich dringend, Nextcloud über einen virtuellen Host anzusprechen. Ein virtueller Host löst Probleme, die Sie sonst nur schwer bzw. gar nicht in den Griff bekommen. Dazu gehört die Meldung: »Ihr Webserver ist nicht richtig konfiguriert um "./well-known/caldav" (bzw. ".well-known/carddav") aufzulösen«. Liegt Nextcloud im Document-Root bzw. ist das Nextcloud-Verzeichnis als root-Verzeichnis in einem virtuellen Host konfiguriert, erhalten Sie diese Meldung gar nicht erst. Rufen Sie aber Nextcloud über das Unterverzeichnis auf, passen die Pfade nicht. Normalerweise können diese Pfade angepasst werden. Leider scheint DSM in der aktuellen Version (6.2.2) die Lösung nicht richtig anzunehmen. Diese Meldung löst auch die Login-Aufforderung des Browsers auf.

21.3.3 PHP-Variablen anpassen

1. Bearbeiten Sie unter WEB STATION|PHP-EINSTELLUNGEN das PHP-Profil für Nextcloud.
2. Wechseln Sie in den Reiter KERN.
3. Suchen Sie nach der Variablen `memory_limit`. Dabei handelt es sich um den Arbeitsspeicher, den Sie Nextcloud zugestehen wollen. Wie viel Sie erübrigen können, hängt vom Arbeitsspeicher ab, der in Ihrem NAS verbaut ist, und wie viel davon für andere Prozesse benötigt wird. Weisen Sie aber mindestens 512 MB (als Wert `512M`) hinzu. Besser sind hier natürlich 1 GB bis 2 GB (als Wert `1G` bzw. `2G`), gerade wenn Sie die neue Office-Collaboration-Integration nutzen wollen. Damit wäre die erste Warnung behoben, aber wenn wir schon das PHP-Profil bearbeiten, erledigen wir noch einige andere Einstellungen.
4. Suchen Sie die Variable `post_max_size`, sie legt fest, wie groß eine POST-Anfrage an den Server sein darf. Dazu zählen sowohl Dateien, die Sie hochladen wollen, als auch Protokolldaten. Legen Sie einen entsprechend hohen Wert fest (z.B. `16G`). Das Gleiche machen Sie für `upload_max_filesize`, diese Variable legt die maximale Größe für einen Dateiupload fest. Mit ca. 10 GB sollten Sie FullHD-Filme abdecken.

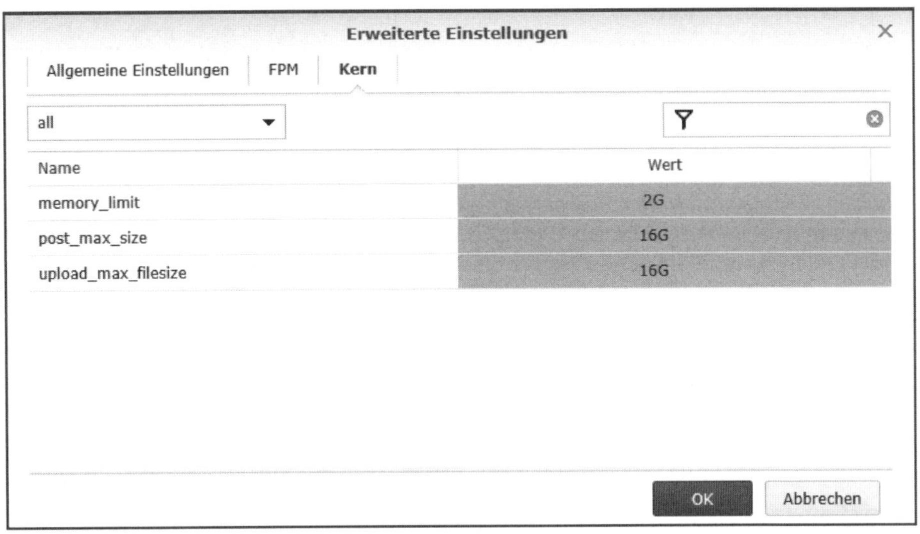

Abb. 21.11: Die drei geänderten Variablen im (bearbeiteten) Überblick

21.3.4 HSTS aktivieren

Auch hierbei handelt es sich um eine Warnung von Nextcloud: »Der 'Strict-Transport-Security' HTTP-Header ist nicht auf mindestens "15768000" Sekunden eingestellt. Um die Sicherheit zu erhöhen, empfehlen wir das Aktivieren von HSTS, wie es in unseren Sicherheitshinweisen erläutert ist.«

HSTS können Sie auf zwei Arten aktivieren, entweder in den Einstellungen des virtuellen Hosts (siehe Abbildung 21.3) oder für den Webserver generell (siehe Abschnitt 20.1.6 »https erzwingen«).

21.3.5 PHP-Memory-Cache aktivieren

Hierbei handelt es sich nicht mehr um eine Warnung, sondern um eine Empfehlung, um die Leistung von Nextcloud zu steigern. Den PHP-Cache sollten Sie bereits in den Vorbereitungen aktiviert haben. Dieser muss aber in der Konfigurationsdatei von Nextcloud konfiguriert werden.

Wichtig

Bearbeiten Sie die Konfigurationsdatei von Nextcloud immer über die Kommandozeile als *root*. Bearbeiten Sie die Datei über DSM, ändert sich der Besitzer der Datei und Nextcloud kann sie nicht mehr lesen.

1. Kontrollieren Sie, ob Sie im PHP-Profil das Häkchen bei PHP-CACHE AKTIVIEREN gesetzt haben.
2. Öffnen Sie über die Kommandozeile die Datei `/volume1/web/nextcloud/config/config.php`.
3. Fügen Sie am Ende der Datei – aber noch vor der schließenden Klammer – folgende Zeile ein:

```
'memcache,local' => '\\OC\\Memcache\\APCu',
```

4. Speichern und schließen Sie die Datei.

21.3.6 Redis – für besseres File Locking

Redis ist ebenfalls ein Memory-Cache. Es bietet bessere Performance gerade in Verbindung mit dem *Transactional file locking* (wird eine Datei oder ein Ordner bearbeitet, wird dieser gesperrt – das verhindert, dass Dateien beschädigt werden, wenn zur selben Zeit ein anderer Prozess eine Änderung vornehmen möchte).

Redis ist mit wenigen Schritten installiert und eingerichtet:

1. Installieren Sie das Paket *Redis*. Sie finden es im Community-Repository (siehe Abschnitt 3.3.6 »Paket-Zentrum«).

Abb. 21.12: Redis im Community-Repository

2. Redis muss jetzt in der Konfigurationsdatei von Nextcloud richtig konfiguriert werden. Öffnen Sie in der Kommandozeile die Datei `/volume1/web/nextcloud/config/config.php`.
3. Am Ende der Datei vor der schließenden Klammer fügen Sie folgende Zeilen hinzu:

```
'memcache.locking' => '\\OC\\Memcache\\Redis',
'redis' =>
array (
    'host' => '<lokale IP Ihres NAS>',
    'port' => 6379,
    'timeout' => 0,
    'password' => '',
    'dbindex' => 0,
),
```

4. Speichern und schließen Sie die Datei.

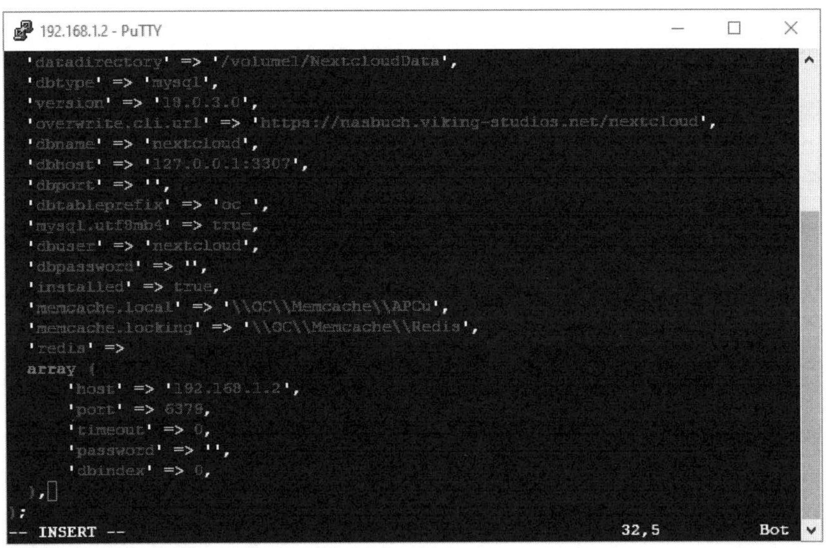

Abb. 21.13: Die Zeile, wo Sie den Block einfügen, ist egal, solange er sich zwischen den Klammern befindet.

21.3.7 Hintergrundaufgaben über den Cron vom NAS erledigen lassen

Für den ordentlichen Betrieb muss Nextcloud einige Aufgaben im Hintergrund erledigen. Diese werden aber nur erledigt, wenn das Webinterface geöffnet ist. Damit die Aufgaben auch wirklich im Hintergrund abgearbeitet werden können, müssen sie von einem Dienst von außen aufgerufen werden. Der Dienst nennt sich *Cron* und auf Ihrem NAS versteckt er sich hinter der Aufgabenverwaltung.

1. In DSM gehen Sie zu SYSTEMSTEUERUNG|AUFGABENPLANER.
2. Gehen Sie auf ERSTELLEN|GEPLANTE AUFGABE|BENUTZERDEFINIERTES SKRIPT.
3. Vergeben Sie einen Namen für die Aufgabe. Als Benutzer belassen Sie ROOT.

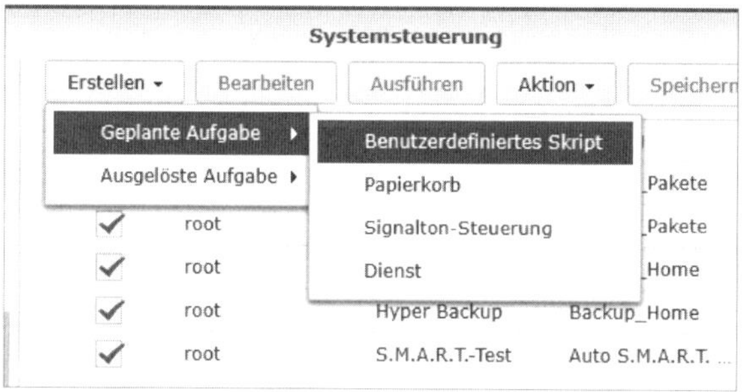

Abb. 21.14: Eigene Skripte über den Aufgabenplaner ausführen

4. Unter ZEITPLAN belassen Sie als Datum TÄGLICH. Im Abschnitt ZEIT legen Sie fest, dass die Aufgabe alle 5 Minuten durchgeführt werden soll. Als letzte Ausführungszeit legen Sie 23:55 fest.

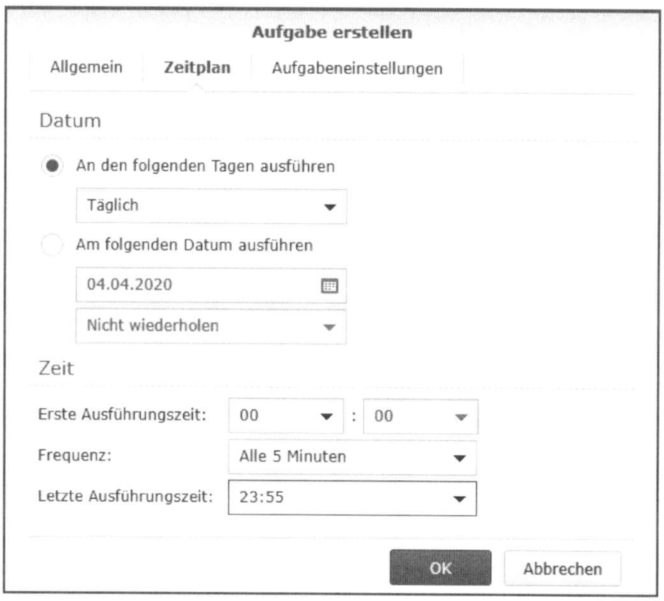

Abb. 21.15: Das Skript soll alle fünf Minuten ausgeführt werden.

5. Unter AUFGABENEINSTELLUNGEN können Sie Benachrichtigungen per E-Mail aktivieren. Für einen ersten Test sollten Sie sich immer benachrichtigen lassen. Funktioniert die Ausführung, sollten Sie unbedingt AUSFÜHRUNGSDETAILS ÜBERSENDEN, WENN DAS SKRIPT UNNORMAL BEENDET WIRD aktivieren. Der verkorkste Satz heißt nichts anderes, als dass Sie E-Mails nur im Fehlerfall bekommen.
6. Unter BENUTZERDEFINIERTES SKRIPT geben Sie folgende Zeile ein:

```
sudo -u http php73 /var/services/web/nextcloud/cron.php
```

Denken Sie daran, `nextcloud` zu ersetzen, sollten Sie den Ordner in /web umbenannt haben.

Abb. 21.16: Die E-Mail-Benachrichtigung hilft, Fehler frühzeitig zu erkennen.

7. Bestätigen Sie mit OK.
8. Wechseln Sie in das Webinterface von Nextcloud. Unter EINSTELLUNGEN|GRUNDEINSTELLUNGEN|HINTERGRUND-AUFGABEN aktivieren Sie die Option CRON.
9. Jetzt müssen Sie ca. fünf Minuten warten und die Seite aktualisieren. Der Kreis neben HINTERGRUND-AUFGABEN muss grün sein und die Zeitangabe darf nicht höher als fünf Minuten sein. Dann läuft alles, wie es soll.

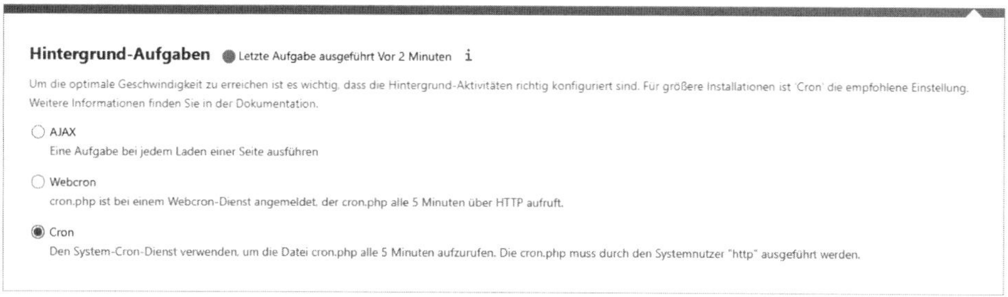

Abb. 21.17: Ein grüner Kreis und Zeitangaben unter fünf Minuten signalisieren eine korrekte Umsetzung.

21.3.8 Upload-Probleme beheben/vermeiden

Dateien werden beim Upload in mehrere Segmente zerlegt und in ein temporäres Verzeichnis hochgeladen. Das Standardverzeichnis kann auf Synology-Geräten zu Problemen führen. Die Lösung dafür ist aber schnell umgesetzt.

1. Erstellen Sie im Datenverzeichnis einen neuen Ordner (z.B. `upload-tmp`). Am besten, Sie erledigen das via Kommandozeile mit dem Befehl:

```
mkdir /volume1/NextcloudData/upload-tmp ↵
```

2. Passen Sie die Rechte für den Ordner an:

```
chown http:http /volume1/NextcloudData/upload-tmp ↵
chmod 750 /volume1/NextcloudData/upload-tmp ↵
```

   Alternativ können Sie auch das Skript aus Abschnitt 21.3.12 »Rechte anpassen« ausführen.

3. Gehen Sie zu WEB STATION|PHP-EINSTELLUNGEN, bearbeiten Sie das genutzte PHP-Profil und suchen Sie im Reiter KERN die Variable `upload_temp_dir` und tragen Sie dort den Pfad des angelegten Ordners ein (z.B. `/volume1/NextcloudData/upload-temp`).
4. Bestätigen Sie die Änderung mit OK.

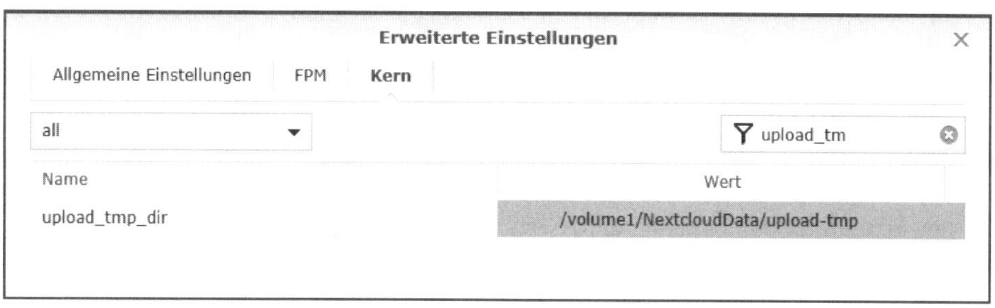

Abb. 21.18: Ein eigenes temporäres Upload-Verzeichnis verbessert den Betrieb der eigenen Cloud.

21.3.9 Das fehlende PHP-Modul »imagick«

Das ist das einzige Problem, das sich derzeit auf Synology-Geräten nicht lösen lässt. Das Modul ist in keinem PHP-Paket von Synology vorhanden. Sie finden im Pakete-Zentrum zwar das Paket *ImageMagick* (wie *imagick* mit vollem Namen heißt), dabei handelt es sich aber um die Desktop-Version, nicht um das PHP-Modul. Die Community versucht seit Langem, das Modul auf Synology-Geräten zu installieren, ist aber bisher gescheitert.

Gründe dafür, dass ImageMagick (als PHP-Modul) nicht in den Synology-Paketen vorhanden ist, könnten sein, dass das Modul zum einen Sicherheitslücken aufweist und zum anderen seit mehr als einem Jahr keine Aktualisierungen mehr vorgenommen wurden. Das Modul gilt als verwaist. Seine Nutzung in Nextcloud ist deswegen auch umstritten, allerdings gibt es derzeit keinen Ersatz für die genutzten Funktionen. Nextcloud nutzt ImageMagick für die Generierung von Favicons, wenn Sie im Bereich DESIGN ein eigenes Logo hochladen. Auch in der App *Gallery* kommt das Modul zum Einsatz, um gewisse Bildformate darstellen zu können.

Sie müssen derzeit also ohne diese Funktionen auskommen. Stört Sie die Meldung und nutzen Sie das Standarddesign von *Nextcloud*, können Sie unter APPS die App *Theming* suchen und deaktivieren.

21.3.10 Ein Blick in die Konfigurationsdatei von Nextcloud

In der Konfigurationsdatei stehen nur die wichtigsten Einträge, die zum Betrieb notwendig sind. Je nachdem, wie Sie Nextcloud betreiben wollen, kann es aber durchaus sinnvoll sein, hier noch einige Ergänzungen zu machen.

Die Konfigurationsdatei finden Sie unter `/volume1/web/nextcloud/config/config.php`.

Die Beispieldatei finden Sie im selben Verzeichnis unter dem Namen `config.sample.php`.

Hier noch eine Liste der wichtigsten Einträge der Konfiguration:

- `trusted_domains` – Hier können Sie weitere Domains, IP-Adressen oder den NAS-Namen eintragen, unter der Nextcloud erreichbar sein soll. Die Domain, unter der Sie die Installation durchgeführt haben, ist bereits eingetragen. Prinzipiell können Sie Nextcloud (oder jede andere Seite) über mehrere Domains erreichen. Sie können auch virtuelle Host-Domains mit normalen Domains mischen z.B. `cloud.meinnas.com` (als virtueller Host) und `MyDiskStation/nextcloud`. Es kann aber zu gewissen Problemen kommen. So kann die Weiterleitung für `well-known/caldav` (bzw. `carddav`) nur für eine Domain festgelegt werden.
- `datadirectory` – Der Pfad zum Datenverzeichnis. Falls Sie das Verzeichnis auf ein anderes Volume verschieben oder einen anderen gemeinsamen Ordner benutzen wollen, können Sie den Pfad hier anpassen.
- `htaccess.RewriteBase` – Sorgt dafür, dass Nextcloud-URLs nicht `/index.php/` enthalten. Diesen Wert müssen Sie selbst setzen und er hängt davon ab, wie Sie Nextcloud aufrufen. Bei `cloud.meinnas.com` lautet der Eintrag `'/'` und bei `meinnas.com/nextcloud` lautet er `'/nextcloud'`.

Achtung

Tragen Sie hier einen Wert ein, lässt sich Nextcloud nicht mehr über gemischte URLs, also mit und ohne `/nextcloud` (z.B. `cloud.meinnas.com` und `MyDIskStation/nextcloud`) aufrufen. Entweder nutzen Sie Nextcloud mit verschiedenen Domains, IP und NAS-Namen, aber ohne virtuellen Host (was wieder zu anderen Problemen führt) oder Sie nutzen Nextcloud nur über eine oder mehrere festgelegte Domains, für die Sie virtuelle Hosts anlegen. Benötigen Sie die gemischten Aufrufe, können Sie den Wert für `htaccess.RewriteBase` auch leer lassen, müssen dann aber mit dem `/index.php/` in der URL leben.

Welche weiteren Parameter zur Verfügung stehen und was sie bezwecken, können Sie der Nextcloud-Dokumentation entnehmen oder der Beispieldatei.

Das sind natürlich nicht alle Werte, aber die, die nach der Installation wichtig sind bzw. die Sie selbst setzen müssen. Alle Werte finden Sie inklusive Erklärung in der Beispiel-Konfiguration.

21.3.11 Ergänzungen für open_basedir

Zwei weitere Einträge sind für *open_basedir* notwendig. Ergänzen Sie die Einträge im PHP-Profil in der Web Station.

- `/dev/urandom` – Wird zur Erzeugung von Zufallszahlen verwendet.
- `/proc/meminfo` – In den Einstellungen von Nextcloud findet sich eine Status-Seite, die Werte vom Server anzeigt (Speicherbelegung, RAM-Auslastung et cetera). Fehlt dieser Eintrag, können die Werte nicht ausgelesen werden, das resultiert in Fehlermeldungen in der Nextcloud-Logdatei.

21.3.12 Rechte anpassen

Sind alle Einstellungen vorgenommen, ist es an der Zeit, die Rechte so anzupassen, wie sie von Nextcloud für den Betrieb empfohlen werden.

Legen Sie dazu ein Skript mit folgendem Inhalt an:

```
#!/bin/bash
ncpath='/volume1/web/nextcloud/'
ncdatapath='/volume1/NextcloudData/'
htuser='http'
htgroup='http'
rootuser='root'

printf "chmod Files and Directories\n"
find ${ncpath}/ -type f -print0|xargs -0 chmod 0640
find ${ncpath}/ -type d -print0|xargs -0 chmod 0750
find ${ncdatapath} -type f -print0|xargs -0 chmod 0640
```

```
find ${ncdatapath} -type d -print0|xargs -0 chmod 0750

printf "chown Directories\n"
chown -R ${rootuser}:${htgroup} ${ncpath}/
chown -R ${htuser}:${htgroup} ${ncpath}/apps/
chown -R ${htuser}:${htgroup} ${ncpath}/config/
chown -R ${htuser}:${htgroup} ${ncpath}/themes/
chown -R ${htuser}:${htgroup} ${ncpath}/updater/

chmod +x ${ncpath}/occ

printf "chmod/chown .htaccess\n"
if [ -f ${ncpath}/.htaccess ]
then
chmod 0644 ${ncpath}/.htaccess
chown ${htuser}:${htgroup} ${ncpath}/.htaccess
fi

chown ${htuser}:${htgroup} ${ncpath}/.user.ini
```

Achten Sie dabei darauf, `ncpath` und `ncdatapath` anzupassen, falls diese bei Ihnen abweichen. Dieses Skript stellt das Gegenstück zum Skript mit den Installationsrechten dar. Aktualisieren Sie Ihre Nextcloud, führen Sie vor dem Update das Skript mit den Installationsrechten aus und nach dem Update das Skript mit den Betriebsrechten.

Führen Sie das Skript anschließend aus.

21.3.13 Die Änderungs-Checkliste

Sie können bei der Optimierung von Nextcloud alle Änderungen in beliebiger Reihenfolge durchführen. Sie können einzelne Themenbereiche so wie oben beschrieben abarbeiten oder die einzelnen Stellen aufsuchen und dort alle Änderungen durchführen. In der unten stehenden Liste sind diese Änderungen nach den Stellen gruppiert, an denen sie vorgenommen werden müssen.

DSM

- Kontrollieren, ob *PHP-Memory-Cache* aktiviert ist (siehe Abschnitt 21.3.5)
- `open_basedir` ergänzen (siehe Abschnitt 21.3.11)
- PHP-Variablen ändern (siehe Abschnitt 21.3.3 und 21.3.8)
- *Redis* installieren (siehe Abschnitt 21.3.6)
- Hintergrundaufgabe erstellen (siehe Abschnitt 21.3.7)

PuTTY

- Datenbank aktualisieren (siehe Abschnitt 21.3.1)
- Temporäres Upload-Verzeichnis erstellen (siehe Abschnitt 21.3.8)
- Einträge für *HSTS* in der *Nginx*-Konfiguration (siehe Abschnitt 21.3.4)
- Änderungen in die Nextcloud-Konfigurationsdatei eintragen (siehe Abschnitt 21.3.5, 21.3.6 und 21.3.10)
- Rechte anpassen (siehe Abschnitt 21.3.8 und 21.3.12)

Nextcloud

- *Cron* in den Nextcloud-Einstellungen umstellen (siehe Abschnitt 21.3.7)

Das waren die wichtigsten Anpassungen, die Sie vornehmen sollten. Je nach Konfiguration und Aufbau Ihres NAS, Ihres lokalen Netzwerks und des Webservers können weitere oder andere Anpassungen notwendig sein. Je nach DSM- und Nextcloud-Version können die Meldungen abweichen, Einstellungen nicht mehr erforderlich oder neue Lösungen notwendig sein. Die offizielle Dokumentation hilft Ihnen bei weiteren Einstellungen und gibt Tipps, wie Sie die Sicherheit weiter erhöhen können. Auf meinem Blog halte ich Sie ebenfalls auf dem Laufenden.

21.4 Nextcloud aktualisieren

Nextcloud hat sehr kurze Release-Zyklen, dementsprechend häufig erscheinen neue Versionen. Eine Aktualisierung ist im Hinblick auf Sicherheit sinnvoll. Dabei muss aber nicht notwendigerweise immer die neueste Hauptversion installiert werden. Es werden immer die letzten drei Hauptversionen mit Sicherheitsupdates versorgt. Hauptversionen erscheinen ca. zweimal im Jahr. Hier ist eine Aktualisierung wohl zu überlegen, da dabei neue Funktionen und größere Änderungen ausgeliefert werden. Das kann nach dem Update einen höheren Aufwand mit sich bringen, da Sie neue Optimierungen und Anpassungen durchführen müssen. Schlimmstenfalls kann es dazu führen, dass etwas, das vorher funktioniert hat, jetzt nicht mehr funktioniert. Aufgrund der speziellen Situation auf Synology-Geräten kann es immer ein wenig dauern, bis die passenden Lösungen bekannt werden.

Grundsätzlich haben Sie zwei Möglichkeiten, Nextcloud zu aktualisieren: entweder manuell oder über den eingebauten *Updater*. Beide Methoden haben ihre Vor- und Nachteile.

Updater

Beim *Updater* sind kaum Schritte selbst zu erledigen, das Ganze geschieht automatisch und Sie können nur wenig falsch machen. Allerdings dauert es länger, bis Sie Zugriff auf Updates erhalten.

Hinweis

Neue Versionen werden erst für den Updater freigeschaltet, wenn sie ausreichend stabil sind. Neue Hauptversionen (x.0.0) erscheinen oft sehr früh und die Chance, dass Fehler auftreten, ist hoch. Diese Versionen werden so gut wie nie über den Updater ausgeliefert. Erst wenn alle schwerwiegenderen Probleme ausgebessert wurden, werden diese Versionen für den Updater freigeschaltet (z.B. x.0.2). Die Freischaltung erfolgt dann in Wellen, das heißt, einige User erhalten Updates früher als andere. Der Updater kann aber jederzeit auf den Beta-Kanal umgestellt werden, um so Versionen früher zu beziehen.

Ich empfehle, generell den Updater zu verwenden, solange Sie damit keine Probleme haben. Neue Versionen (manuell oder über den Beta-Kanal) sollten Sie nur auf Test-Instanzen von Nextcloud verwenden. Für Instanzen, die Sie tatsächlich benutzen, sollten Sie immer auf stabile Versionen warten.

Manuell

Sie müssen alle Schritte selbst ausführen, haben dafür aber mehr Kontrolle darüber, was passiert. Bei besonders großen Datenbanken kann das Update länger dauern. Die manuelle Methode stellt hier den sichereren und stabileren Weg dar. Zudem haben Sie die Möglichkeit, Updates sofort zu installieren, sobald sie veröffentlicht werden.

21.4.1 Nextcloud mit dem Updater aktualisieren

Stellen Sie sicher, dass Sie das Webserver-Timeout erhöht haben (siehe Abschnitt »Webserver-Timeout erhöhen« auf Seite 538), ansonsten läuft der Updater in ein Timeout.

1. Erstellen Sie eine Sicherung der Datenbank. Entweder sichern Sie den kompletten Datenbankserver über Hyper Backup über phpMyAdmin oder per SQL-Statements über phpMyAdmin, die Kommandozeile oder andere Programme.
2. Führen Sie das in Abschnitt 21.2.2 »Nextcloud installieren«, Punkt 3 angelegte Skript zur Anpassung der Rechte aus.
3. Öffnen Sie das Webinterface von Nextcloud und gehen Sie zu EINSTELLUNGEN|ÜBERSICHT.

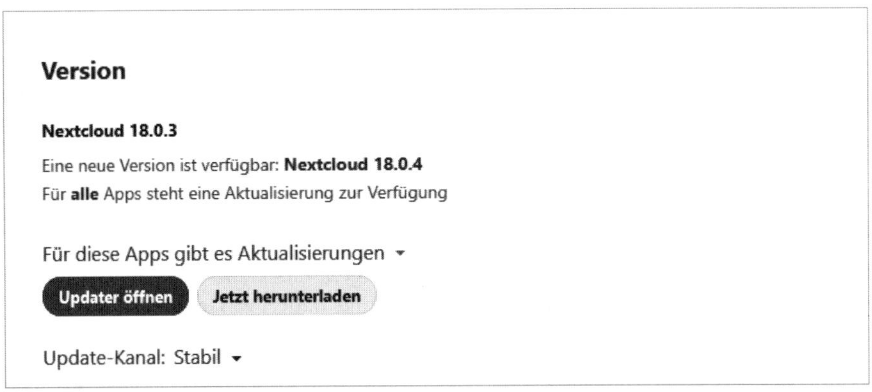

Abb. 21.19: Den Updater finden Sie in der Übersicht der Admin-Einstellungen.

4. Klicken Sie auf UPDATER ÖFFNEN.

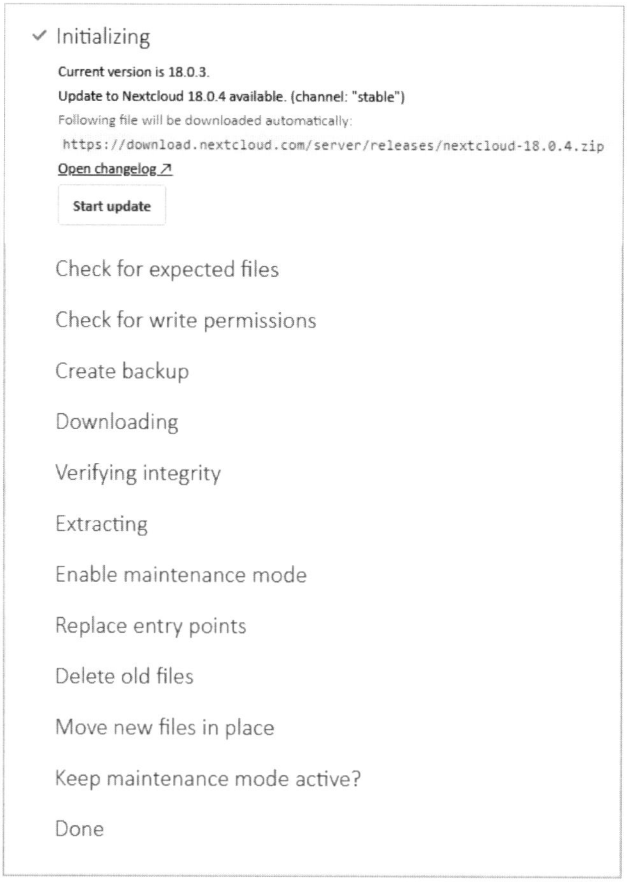

Abb. 21.20: Der Updater nimmt Ihnen einige Aufgaben ab.

5. Klicken Sie auf START UPDATE. Der Updater prüft, ob die Rechte richtig gesetzt wurden. Das Aktivieren des Maintenance-Modes, das Erstellen einer Sicherungskopie des Ordners, das Herunterladen und Extrahieren der neuen Dateien übernimmt der Updater für Sie.

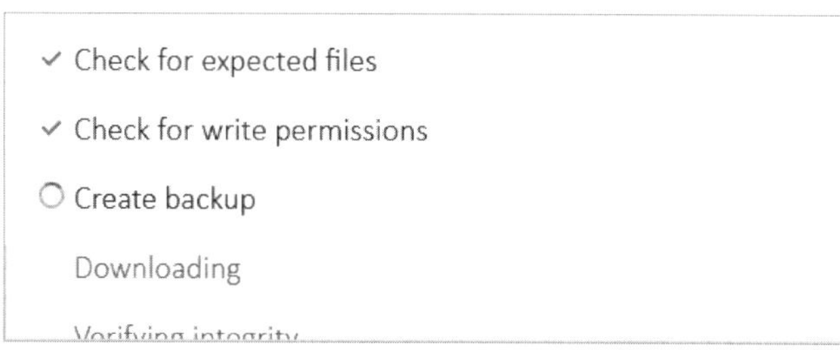

Abb. 21.21: Einige Schritte dauern nur wenige Sekunden, andere mehrere Minuten.

6. Nachdem Abschluss des Vorgangs, werden Sie gefragt ob Sie den Maintenance-Mode beibehalten möchten. Hier haben Sie die Wahl. Sie können das Aktualisieren der Datenbank vom Updater übernehmen lassen oder manuell über die Kommandozeile ausführen. Letztere Option empfiehlt sich bei sehr großen Datenbanken. Beantworten Sie die Frage entsprechend. Aktualisieren Sie die Datenbank manuell, lesen Sie in Abschnitt 21.4.2 bei Punkt 12 weiter.

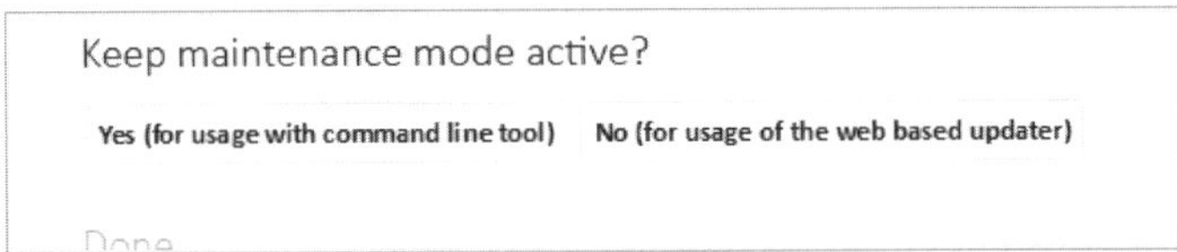

Abb. 21.22: Sie entscheiden ob Sie den Rest auch dem Updater überlassen oder manuell weitermachen.

7. Per Klick auf den Button wird Nextcloud erneut aufgerufen. Sie sehen eine Update-Meldung und mit Klick auf START UPDATE wird der letzte Schritt durchgeführt.

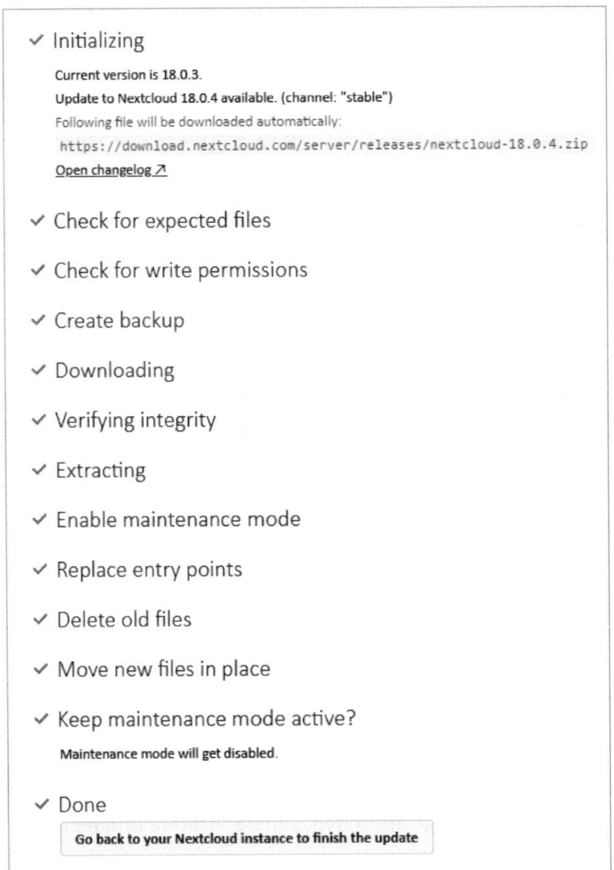

Abb. 21.23: Der Updater ist an dieser Stelle fertig ...

Abb. 21.24: ... und macht in der neuen Instanz weiter.

8. War das Update erfolgreich, werden Sie automatisch auf die Startseite von Nextcloud weitergeleitet.

Wann ist die Datenbank zu groß?

Das ist schwer zu sagen, das hängt davon ab, wie viele Benutzer es gibt, wie viele Dateien diese mit der Cloud synchronisieren und wie viele Änderungen erfasst sind. Ich habe Ihnen vorgeschlagen, das Timeout des Webservers auf zehn Minuten zu erhöhen. Solange das Update in keinem Timeout endet, müssen Sie auch nicht auf die Kommandozeile wechseln. Selbst wenn Ihre Datenbank zu groß ist, können Sie für den ersten Teil des Updates immer noch den Updater verwenden, müssen dann aber die Frage nach dem Maintenance-Mode mit JA beantworten und die Datenbank über die Kommandozeile aktualisieren.

21.4.2 Nextcloud manuell aktualisieren

1. Erstellen Sie eine Sicherungskopie des Nextcloud-Ordners (`/web/nextcloud`).
2. Erstellen Sie eine Sicherung der Datenbank. Entweder sichern Sie den kompletten Datenbankserver über Hyper Backup (siehe Abschnitt 8.3.2) über phpMyAdmin oder per SQL-Statements über phpMyAdmin, die Kommandozeile oder andere Programme.
3. Aktivieren Sie über die Kommandozeile den Maintenance-Mode. Führen Sie dazu im Nextcloud-Ordner folgenden Befehl aus:

```
sudo -u http php73 occ maintenance:mode --on ↵
```

4. Stoppen Sie den Apache (siehe Abschnitt 20.1.4 »Webserver neu starten«).
5. Benennen Sie das Nextcloud-Verzeichnis um (z.B. `/volume1/web/nextcloud_old`).

6. Laden Sie die neueste Nextcloud-Version von der Homepage herunter. Kopieren Sie das Verzeichnis auf Ihr NAS und entpacken Sie es nach `/web`. Benennen Sie das Verzeichnis um, falls Sie einen anderen Verzeichnisnamen benutzen. Der Ordner muss so heißen wie die alte Installation vor dem Umbenennen in Schritt 5.
7. Kopieren Sie die Konfigurationsdatei aus dem alten in das neue Verzeichnis. Befehl für die Kommandozeile:

```
cp /volume1/web/nextcloud_old/config/config.php /volume1/web/
nextcloud/config/ ↵
```

8. Haben Sie Ihr Datenverzeichnis noch innerhalb des Nextcloud-Ordners, müssen Sie dieses auch in den neuen Ordner kopieren.
9. Haben Sie ein eigenes Design erstellt, kopieren Sie den Inhalt aus dem Ordner `.../nextcloud_old/themes` in den gleichnamigen Ordner im neuen Verzeichnis.
10. Führen Sie das in Abschnitt 21.2.2 »Nextcloud installieren«, Punkt 3 angelegte Skript zur Anpassung der Rechte aus.
11. Starten Sie jetzt den Apache wieder.
12. Führen Sie über die Kommandozeile folgenden Befehl aus:

```
sudo -u http php73 occ upgrade ↵
```

    Achten Sie darauf, dass Sie diesen Befehl ausführen, während Sie sich im neuen Nextcloud-Verzeichnis befinden (`cd /volume1/web/nextcloud` ↵). Die Ausführung benötigt einige Momente. Je größer die Datenbank ist, umso länger dauert der Vorgang.
13. Deaktivieren Sie den Maintenance-Mode wieder:

```
sudo -u htto php73 occ maintenance:mode --off ↵
```

14. Das Update ist somit eingespielt. In Abschnitt 21.4.3 erfahren Sie, welche Schritte Sie nach dem Update durchführen sollten.

21.4.3 Nach dem Update

Nach dem Update müssen Sie noch einige Schritte erledigen. Zuerst sollten Sie im Webinterface unter EINSTELLUNGEN|ÜBERSICHT kontrollieren, ob hier neue Warnungen oder Hinweise hinzugekommen sind, um die Sie sich kümmern müssen. Manche davon können Sie einfach mit den angegebenen Hinweisen lösen. Muss beispielsweise etwas in der Datenbank geändert werden, steht der entsprechende occ-Befehl im Hinweistext. Vergessen Sie nicht, in der Kommandozeile in das Nextcloud-Verzeichnis zu wechseln und vor dem occ-Befehl `sudo -u http php73` einzugeben. Für neue Konfigurationen des Webservers gilt es, für Synology-Geräte herauszufinden, wo diese erfolgen müssen. Hier hilft oft ein Blick in die deutsche Synology-Community.

Als Nächstes müssen Sie die Rechte wieder anpassen. Führen Sie dazu das Skript zum Setzen der Betriebsrechte aus (siehe Abschnitt 21.3.12 »Rechte anpassen«).

Zu guter Letzt kontrollieren Sie die Apps. Der Updater versucht, zuvor installierte Apps zu übernehmen. Das gelingt eigentlich auch, ein Kontrollblick schadet aber nicht. Beim manuellen Update passiert das nicht, hier müssen Sie die gewünschten Apps nachinstallieren bzw. wieder aktivieren.

21.5 Nextcloud und Ihr Synology NAS

In diesem Abschnitt zeige ich Ihnen, wie Sie einige Themen dieses Buches in Nextcloud umsetzen. Nextcloud verfügt über einen App-Store und kann mit unzähligen Funktionen erweitert werden. Allerdings ist ein Synology NAS nicht für alle davon geeignet bzw. gibt es modellabhängige Einschränkungen.

21.5.1 Dokumentenkollaboration mit OnlyOffice

Achtung

OnlyOffice setzt eine x86-CPU voraus. Auf NAS-Modellen mit ARM-CPU lassen sich keine Dokumente bearbeiten.

Wichtig

Die weiteren Schritte funktionieren nur, wenn Sie auch ein gültiges Zertifikat für die Domain besitzen, unter der Sie Nextcloud betreiben. Lesen Sie in Abschnitt 9.2 »Externen Zugriff einrichten« nach, wie Sie Domain und Zertifikat einrichten.

Nextcloud bietet auch die Möglichkeit, gemeinsam an Dokumenten zu arbeiten, ähnlich wie die Kombination aus Synology Drive und Synology Office.

1. Öffnen Sie den Bereich APPS in der Nextcloud-Weboberfläche.
2. Suchen Sie nach der App *ONLYOFFICE*. Sie befindet sich im Bereich BÜRO & TEXT. Klicken Sie auf HERUNTERLADEN UND AKTIVIEREN.
3. Nach Abschluss der Installation suchen Sie die App *Community Document Server*, ebenfalls unter BÜRO & TEXT. Klicken Sie wieder auf HERUNTERLADEN UND AKTIVIEREN. Dieser Vorgang dauert etwas länger, da die App gut 200 MB groß ist.
4. Synology macht hier wieder Probleme und braucht eine Extrabehandlung. Laden Sie *libstdc++6* für Debian von der offiziellen Seite (`https://packages.debian.org/buster/amd64/libstdc++6/download`) herunter.
5. Entpacken Sie (z.B. mit *7zip*) folgende Datei aus der `.deb`-Datei:

```
data.tar\.\usr\lib\x86_64-linux-gnu\libstdc++.so.6.0.25
```

6. Benennen Sie die Datei in `libstdc++.so.6` um.

Achtung

Das Archiv enthält zwar eine Datei mit dem Namen `libstdc++.so.6`, diese kann aber nicht entpackt werden, da es sich nur um einen symbolischen Link handelt.

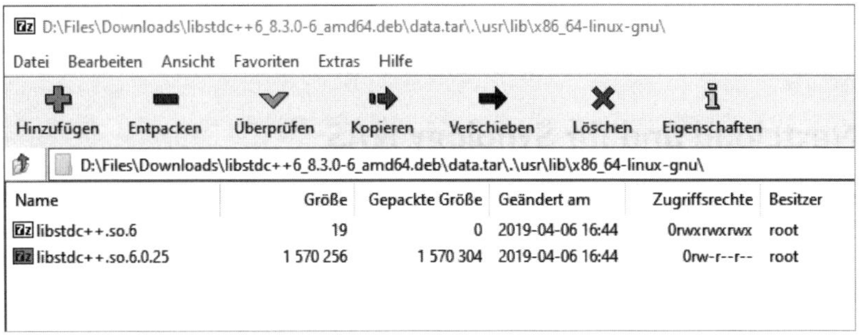

Abb. 21.25: Achten Sie darauf, die eigentliche Datei zu entpacken und umzubenennen, und nicht den Link.

7. Laden Sie die Datei auf Ihr NAS.
8. Kopieren Sie die Datei über die Kommandozeile:

```
cp <PfadZurDatei> /volume1/web/nextcloud/apps/documentserver_
community/3rdparty/onlyoffice/documentserver/server/FileConverter/
bin ↵
```

9. Führen Sie das Skript mit den Betriebsrechten aus oder passen Sie die Rechte manuell an.

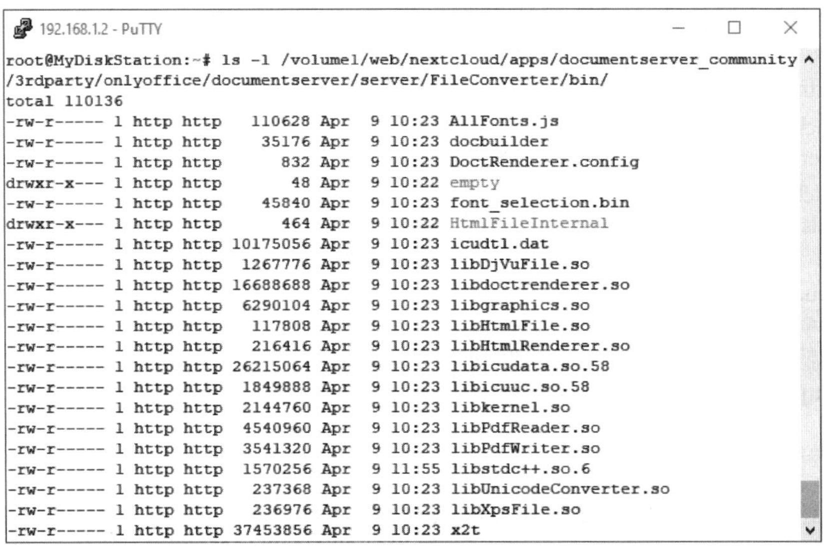

Abb. 21.26: So müssen die Rechte aussehen.

10. Wechseln Sie zu MENÜ|EINSTELLUNGEN|ONLYOFFICE. Kontrollieren Sie dort die Einstellungen. Unter SERVICEADRESSE DER DOKUMENTENBEARBEITUNG muss folgende URL eingetragen sein: `https://<Domain>/index.php/apps/documentserver_community/`

Die weiteren Felder müssen leer bleiben. Darunter finden Sie Einstellungen zu Berechtigungen und Dateiformaten. Spezielle Einstellungen sind aber nicht erforderlich.

11. Jetzt können Sie Office-Dokumente über das Nextcloud-Webinterface bearbeiten. Auch das gleichzeitige Bearbeiten durch mehrere Benutzer ist möglich.

Abb. 21.27: Office-Dokumente gemeinsam mit anderen bearbeiten

21.5.2 Kalender und Kontakte

Die Verwendung von Kalendern und Kontakten funktioniert genauso wie auch bei der Synology-Version. Einziger Nachteil: Sie haben keinen Zugriff auf die DSM-Benutzer. Dafür haben Sie im Kalender Zugriff auf alle Kontakte, während Calendar keinen Zugriff auf das CardDAV-Adressbuch hat. Kalender und Kontakte finden Sie als gleichnamige Apps im App-Store von Nextcloud. Kalender und Kontakte unterstützen CalDAV bzw. CardDAV, daher funktioniert auch die Synchronisierung wie in Abschnitt 16.2.8 »Kalender über CalDAV einbinden« und Abschnitt 16.3.2 »Geräte mit dem CardDAV Server verbinden« beschrieben. Lediglich die Verbindungsdaten ändern sich hier.

Für CalDAV gibt es eine generelle URL, sie enthält alle Kalender. Sie finden diese in der Kalender-Ansicht von Nextcloud, links unten unter EINSTELLUNGEN & IMPORT|PRIMÄRE CALDAV-ADRESSE KOPIEREN bzw. für Apple iOS/macOS CALDAV-ADRESSE KOPIEREN. Diese enthält alle Kalender, bei der Einbindung in Outlook, Android oder Apple können Sie den gewünschten Kalender auswählen.

Sie können aber auch direkt die kalenderspezifische URL verwenden. Klicken Sie dazu auf das Dreipunktemenü neben dem Kalender und wählen Sie PRIVATEN LINK KOPIEREN.

Für CardDAV gibt es nur eine Adressbuch-spezifische URL. Diese finden Sie in der Kontakte-Ansicht unter EINSTELLUNGEN|Dreipunktemenü des Adressbuchs|LINK KOPIEREN.

CalDAV-URLs

`https://`*<Domain>*`/remote.php/dav` (generell)

`https://`*<Domain>*`/remote.php/dav/calendars/`*<Benutzer>*`/`*<Kalender>*

CardDAV-URL

`https://`*<Domain>*`/remote.php/dav/addressbooks/users/`*<Benutzer>*`/`*<Adressbuch>*`/`

Für die Logindaten ist der jeweilige Nextcloud-Benutzer zu verwenden.

21.5.3 Gemeinsame Ordner in Nextcloud einbinden

Nextcloud legt die Daten alle im Dateiverzeichnis ab. Daten in diesem Verzeichnis sollten Sie nur auf Endgeräten bearbeiten, die mit Nextcloud synchronisiert werden. Bearbeiten Sie die Daten auf andere Weise, z.B. indem Sie auf die Daten direkt über das Dateisystem zugreifen (SMB/Netzlaufwerk) oder über andere Protokolle, die DSM bereitstellt, können diese nicht richtig von Nextcloud verarbeitet werden.

Möchten Sie Dateien dennoch über andere Kanäle konsumieren oder bearbeiten, lässt sich das relativ einfach umsetzen. Nextcloud bietet die Funktion, externen Speicher einzubinden. Dabei ist egal, ob der Speicher auf demselben Server liegt oder auf einem anderen Server. Sie haben die Auswahl zwischen verschiedenen Anbindungen wie (S)FTP, WebDAV, anderen Nextcloud-Instanzen und weiteren Speichersystemen. Nextcloud unterstützt auch SMB, das das Synology NAS zwar auch beherrscht, allerdings merkt Nextcloud an, dass SMB-Server auf Linux einige Limitierungen aufweisen und daher nicht zuverlässig genug sind. Da Synology-Geräte auf Linux basieren, fällt SMB daher aus, mit WebDAV steht aber eine sehr gute Alternative zur Verfügung.

1. Richten Sie auf dem NAS den *WebDAV Server* ein, wie in Abschnitt 6.4 »WebDAV« beschrieben.
2. Erstellen Sie einen neuen Benutzer, dieser muss Zugriff auf die Ordner, die Sie in Nextcloud einbinden möchten, sowie auf die Anwendung *WebDAV Server* haben.
3. Gehen Sie im Nextcloud-Webinterface in den Bereich APPS|DEAKTIVIERTE APPS und aktivieren Sie die App *External storage support*.

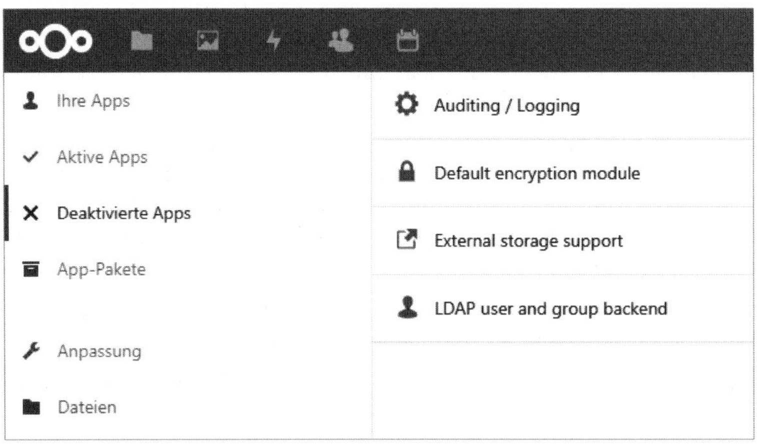

Abb. 21.28: Die App schaltet ein neues Menü in den Einstellungen frei.

Sie haben zwei Möglichkeiten, externen Speicher einzubinden. Entweder global für alle Benutzer (Beschränkung auf Benutzer und Gruppen möglich) oder Sie erlauben Benutzern, selbst externen Speicher hinzuzufügen.

Externer Speicher für alle

1. In *Nextcloud*: Wechseln Sie zu EINSTELLUNGEN|EXTERNER SPEICHER (Verwaltung).
2. Legen Sie folgende Werte fest:
    a. Ordnername – Der Name, der in Nextcloud angezeigt wird
    b. Externer Speicher – Wählen Sie WEBDAV.
    c. Authentifizierung – Bleibt auf Benutzername und Passwort
    d. URL – Tragen Sie hier https://<Domain>:5006 ein, für die Domain muss ein SSL-Zertifikat existieren (siehe Abschnitt 9.2.5 »Sicherheit durch SSL-Verschlüsselung«). Alternativ verwenden Sie http und den http-Port 5005. http ist in Ordnung, da Nextcloud und WebDAV am selben Server laufen.
    e. Entfernter Unterordner – Tragen Sie hier den Namen des gemeinsamen Ordners bzw. den Pfad zum Unterordner ein, den Sie einbinden möchten.
    f. SICHERES HTTPS:// – Aktivieren Sie diese Option, wenn Sie *https* verwenden wollen.
    g. Benutzername und Passwort – Geben Sie hier die Anmeldedaten des vorhin angelegten Benutzers ein.
    h. Verfügbar für – Hier können Sie Nextcloud-Benutzer und -Gruppen eingeben, wenn Sie den externen Speicher auf diese beschränken wollen.
3. Klicken Sie auf das Häkchen. Ein Laden-Symbol erscheint am Beginn des Eintrags. Kann die Verbindung aufgebaut werden, wird das Symbol grün, schlägt die Verbindung fehl, wird es rot. Unter PROTOKOLLIERUNG können Sie die Fehlermeldungen einsehen.

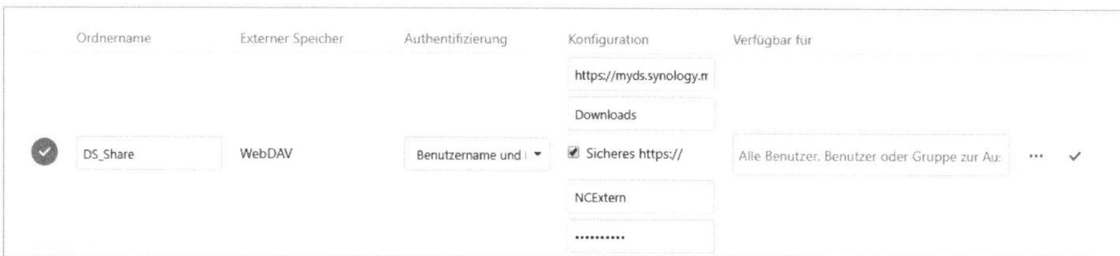

Abb. 21.29: Sie können auf diese Weise mehrere Ordner hinzufügen.

Der Ordner wird jetzt im Bereich DATEIEN aller berechtigter Benutzer angezeigt.

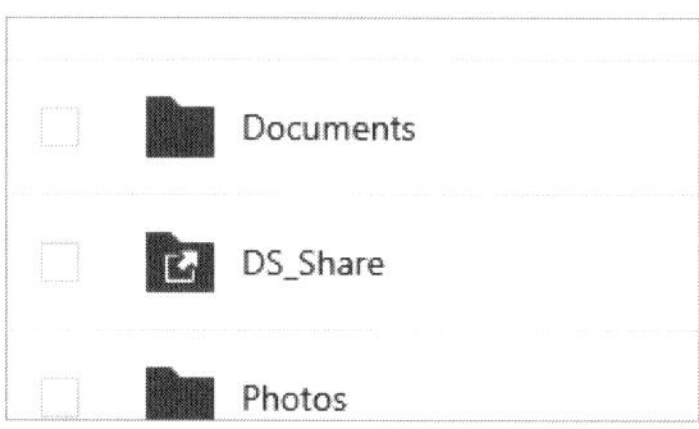

Abb. 21.30: Ordner, die auf externen Speicher verweisen, haben ein eigenes Icon.

> **Achtung**
>
> Änderungen, die über DSM erfolgen, werden zwar in Nextcloud übernommen, allerdings werden sie nicht im Versionierungssystem erfasst.

Externer Speicher auf Benutzerebene

1. Wechseln Sie zu Einstellungen|Externer Speicher (Verwaltung).
2. Aktivieren Sie Benutzern erlauben, externen Speichern einzubinden und geben Sie WebDAV an.

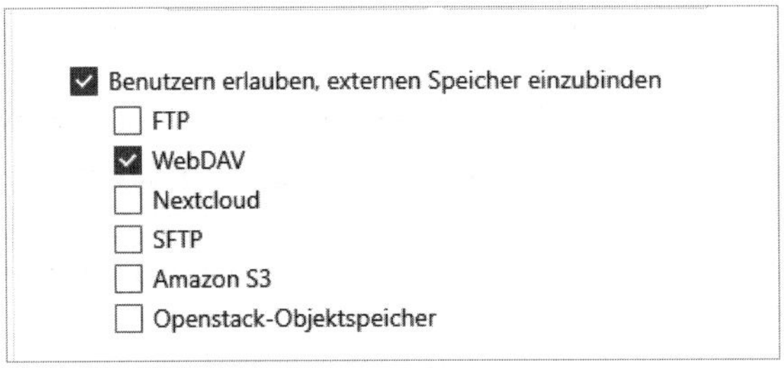

Abb. 21.31: Mit dieser Option darf jeder Benutzer eigenen externen Speicher einbinden, den sieht dann auch kein anderer Nutzer, externe Ordner können aber auch geteilt werden.

3. Wechseln Sie zu Einstellungen|Externer Speicher (Persönlich). Dieser Menüpunkt steht jetzt jedem Nextcloud-Benutzer zur Verfügung.
4. Tragen Sie hier dieselben Daten ein wie oben aufgelistet.

Der Ordner wird jetzt im Bereich Dateien des Benutzers angezeigt, mit dem Sie diesen eingerichtet haben.

Auf diese Weise können Sie beispielsweise den gemeinsamen Ordner `/photo` in Nextcloud integrieren und so die Cloud zur Sicherung und Synchronisation Ihrer Bilder verwenden sowie die Photo Station zur Betrachtung. Dasselbe gilt für `/music` und `/video`.

Ob Sie lieber die Synology-Pakete verwenden oder Nextcloud oder einen Mix aus beiden, bleibt Ihnen überlassen und hängt von Ihren Anforderungen an Ihr NAS ab. Aber selbst, wenn Sie Nextcloud nicht verwenden wollen, hat Ihnen dieses Kapitel gezeigt, wie Sie auch abseits der von Synology vorgegebenen Wege Ihr NAS nutzen können, mit welchen Hürden Sie dabei rechnen müssen und wie Sie diese umgehen bzw. lernen können, damit zu leben. Beim nächsten Softwareupdate oder einer neuen DSM-Version kann schon wieder alles anders sein. Das ist aber nicht immer negativ. Viele Probleme werden auch gelöst. Viele Einschränkungen und zusätzliche Einrichtungsschritte, die in früheren Versionen notwendig waren, sind mittlerweile verschwunden.

Kapitel 22

Weitere Themen rund um Ihr NAS

Es gibt noch unzählige Themengebiete rund um ein Synology NAS, doch nicht alle passen in dieses Buch. Einige davon sind nicht umfangreich genug für ein eigenes Kapitel, aber sehr wichtig, für mehrere Kapitel relevant oder lassen sich schlicht schwer einordnen, sodass sie nicht im Zuge anderer Kapitel abgehandelt werden können. Daher habe ich diese Themen in diesem Kapitel zusammengefasst. Sie finden an den entsprechenden Stellen im Buch Referenzen hier hin.

22.1 Mit der Kommandozeile auf Ihr NAS zugreifen

SSH-Zugriff ist dann erforderlich, wenn Sie auf das grundlegende Dateisystem zugreifen müssen, also auf Ordner und Dateien, die nicht in gemeinsamen Ordnern liegen. Der Zugriff ist eigentlich recht schnell hergestellt. Es gibt aber einiges zu beachten.

Zuerst benötigen Sie eine Kommandozeile mit SSH-Unterstützung. Für Windows empfiehlt sich *PuTTY* (`https://putty.org`). Damit können Sie mehrere Verbindungsprofile speichern und so schnell eine Verbindung aufbauen, auch zu mehreren NAS-Geräten.

Wichtig

Ihr NAS unterstützt auch Telnet. Telnet ist komplett ungeschützt, nutzen Sie es daher nicht. Verwenden Sie stattdessen immer SSH.

22.1.1 SSH auf dem NAS aktivieren

1. Öffnen Sie in DSM SYSTEMSTEUERUNG|TERMINAL & SNMP.
2. Setzen Sie den Haken bei SSH-DIENST AKTIVIEREN.
3. Vergeben Sie unbedingt eine eigene Portnummer.
4. Bestätigen Sie mit einem Klick auf ÜBERNEHMEN.

Wichtig

Der Zugriff über die Kommandozeile ist ein sehr mächtiges Werkzeug und sollte nie leichtfertig eingesetzt werden. Beachten Sie daher folgende Punkte:

- Legen Sie eine eigene Portnummer fest (49152 bis 65535).
- Geben Sie diesen Port nicht im Internet frei.
- Aktivieren Sie den SSH-Dienst nur, wenn Sie ihn benötigen, und deaktivieren Sie ihn danach wieder.
- Schützen Sie den Port per Firewall.

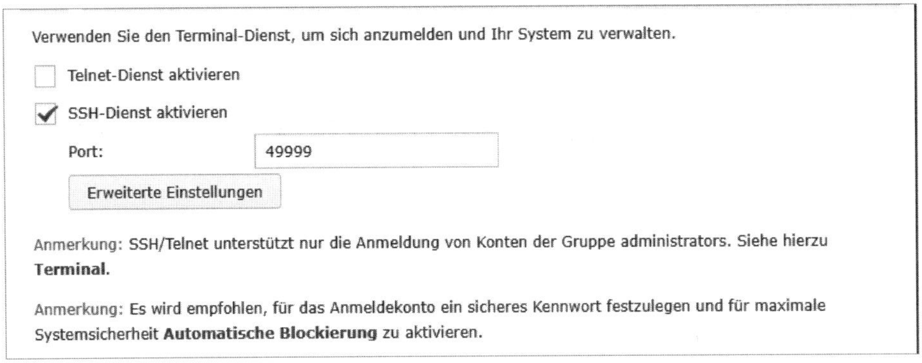

Abb. 22.1: Verwenden Sie aus Sicherheitsgründen niemals Telnet und vergeben Sie einen eigenen SSH-Port.

22.1.2 Mit PuTTY zum NAS verbinden

1. Starten Sie PuTTY.
2. Geben Sie den Hostnamen (NAS-Name oder Domain) oder die IP-Adresse Ihres NAS sowie den festgelegten SSH-Port ein.
3. Möchten Sie die Verbindungsdaten speichern, geben Sie unter SAVED SESSIONS einen Namen ein und klicken Sie auf SAVE.
4. Starten Sie die Session mit einem Klick auf OPEN. Gespeicherte Sessions können Sie mit LOAD zuerst laden oder per Doppelklick direkt starten.
5. Stellen Sie die Verbindung zum ersten Mal her, zeigt Ihnen PuTTY das SSL-Zertifikat Ihres NAS. Bestätigen Sie dieses.

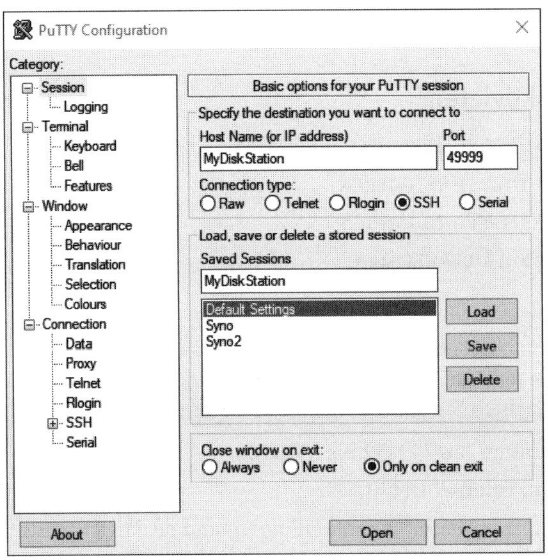

Abb. 22.2: Sie benötigen nur NAS-Name, Domain oder IP sowie den selbst gewählten SSH-Port.

6. Im Terminal-Fenster sehen Sie die Ausgabe `login as:`. Geben Sie den Benutzernamen ein und bestätigen Sie mit ↵. Geben Sie jetzt das Passwort ein, Sie sehen keine Ausgabe auf dem Bildschirm. Bestätigen Sie erneut mit ↵.
7. Sie sind jetzt mit Ihrem NAS verbunden.

Hinweis

Synology-Geräte akzeptieren für den SSH-Zugriff nur Benutzer, die Mitglieder der Gruppe *administrators* sind.

22.1.3 Arbeiten als root

Die meisten Änderungen, die Sie über SSH durchführen, müssen Sie mit *root*-Rechten durchführen. Auch wenn Sie sich mit Ihrem Administratorkonto anmelden, so sind Sie doch nur ein weiterer Benutzer, wenn auch mit mehr Rechten.

Damit ein Befehl mit *root*-Rechten ausgeführt wird, tippen Sie vor dem Befehl `sudo -u root` ein. Bestätigen Sie den Befehl mit ↵, werden Sie dazu aufgefordert, Ihr Passwort einzugeben. Bestätigen Sie die Eingabe erneut mit ↵ und der Befehl wird ausgeführt.

Müssen Sie mehrere Befehle als *root* ausführen, tippen Sie zuerst folgenden Befehl ein:

```
sudo -i ↵
```

Bestätigen Sie mit der Eingabe Ihres Passworts. Jetzt wird jeder Befehl mit *root*-Rechten ausgeführt.

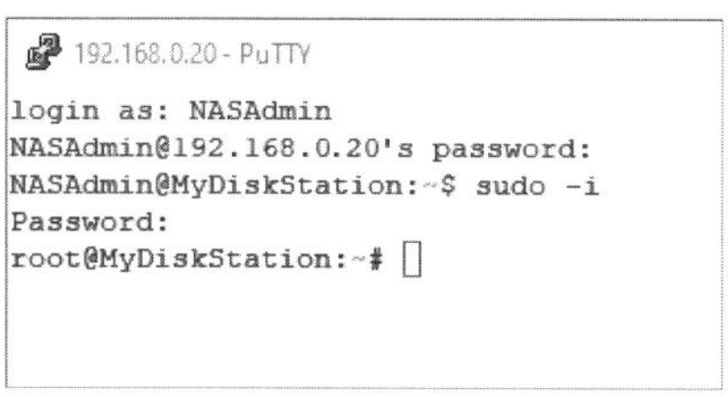

Abb. 22.3: Befehle als *root* ausführen

Für weitere Informationen zum Umgang mit der Kommandozeile helfen Ihnen die Dokumentation von PuTTY sowie Quellen zu Unix-Befehlen weiter.

22.1.4 Dateien und Skripte

Um Dateien direkt auf der Kommandozeile zu bearbeiten, benötigen Sie einen Text-Editor. Mit *vim* ist ein berühmt-berüchtigter Editor auf jedem Synology NAS vorhanden. Sollte Ihnen dieser nicht zusagen, können Sie mit etwas Bastelarbeit auch andere Editoren (z.B. *nano*) installieren.

Sie können den SSH-Zugriff auch dazu nutzen, Bash-Skripte zu erstellen und diese manuell oder über den Aufgabenplaner ausführen zu lassen. Skripte können Sie entweder auf

Ihrem Rechner erstellen und auf Ihr NAS hochladen oder direkt in PuTTY über vim. Auf der Kommandozeile können Sie Skripte mit `sh /<PfadZumSkript>` ↵ ausführen. Sie können Skripte mit PuTTY zwar überall im Dateisystem ablegen; wenn das Skript ein DSM-Update überleben soll, speichern Sie es aber am besten in einem gemeinsamen Ordner.

22.1.5 Indizierung über die Kommandozeile

Die Indizierung großer Datenmengen kann auf schwachen NAS-Modellen mehrere Stunden in Anspruch nehmen. Das NAS ist zu dieser Zeit nur eingeschränkt nutzbar. Sie können den Indizierungsdienst aber auch über die Kommandozeile ansprechen, und zwar über den Befehl `synoindex`.

Tippen Sie einfach nur `synoindex` in die Kommandozeile und bestätigen Sie mit ↵, wird Ihnen die Hilfe zum Befehl angezeigt, inklusive aller Parameter.

Mit `synoindex -R` können Sie die Reindizierung starten. Fügen Sie noch eine der Optionen (`all|media|photo|music|video|thumb`) hinzu, beschränken Sie die Indizierung auf besagten Bereich. Mit der Option `dirpath` können Sie sogar ein konkretes Unterverzeichnis angeben: z.B. `synoindex -R dirpath /volume1/video/Filme`

Sie können so Ihr NAS entlasten. Der Befehl lässt sich auch in Skripte einbauen und über den Aufgabenplaner gezielt ausführen lassen.

22.1.6 Wichtige Dateien und Pfade auf Ihrem NAS

Auch wenn DSM als das Betriebssystem der Synology-Geräte bezeichnet wird, basiert das eigentliche Betriebssystem auf Linux. Über die Kommandozeile haben Sie Zugriff auf die bekannte Ordnerstruktur. Allerdings liegt nicht immer alles dort, wie Sie es von Linux eventuell gewohnt sind bzw. wie es in Anleitungen beschrieben ist. Im Anschluss finden Sie einige wichtige Dateien und Pfade. Die meisten davon stehen in Zusammenhang mit Themen aus diesem Buch.

Achtung

Einige Dateien werden beim Hochfahren des NAS erzeugt und Änderungen darin sind nicht persistent. Für diese Dateien gibt es oft – aber nicht immer – eine persistente Alternative. Andere Dateien überstehen zwar einen Neustart, werden aber bei Softwareupdates (von zugehörigen Paketen) oder beim Aktualisieren von DSM neu erzeugt.

Tipp

Machen Sie sich immer eine Sicherungskopie von geänderten Konfigurationsdateien. Werden diese überschrieben, können Sie so Ihre Anpassungen wiederherstellen. Dokumentieren Sie auch immer, welche Änderungen Sie durchgeführt haben und wo die Datei liegt. Neue DSM-Versionen bringen oft Änderungen mit sich und es ist meist schwer nachzuvollziehen, warum gewisse Dinge funktionieren und andere nicht.

Achtung

Nehmen Sie hier nur die Änderungen vor, die Sie über DSM nicht erledigen können – auch wenn Sie versierter Linux-Anwender sind. Änderungen über die Kommandozeile können zu Konflikten mit DSM führen. Das kann so weit gehen, dass der entsprechende Dienst oder die Anwendung nicht mehr ausgeführt werden kann. Im schlimmsten Fall hilft ein Rückgängigmachen der Änderungen nicht und Sie müssen DSM neu aufsetzen.

Nginx

Pfad	Enthält
`/usr/local/etc/nginx/sites-enabled/`	Konfiguration für einzelne Seiten
`/usr/local/etc/nginx/conf.d/`	Konfiguration
`/var/tmp/nginx/app.d/`	Konfiguration der Synology-Pakete
`/var/log/nginx`	Error-Log

Tabelle 22.1: Wichtige Pfade für den Nginx-Webserver

Apache

Pfad	Enthält
`/usr/local/etc/apache2x/conf/`	Konfiguration
`/usr/local/etc/apache2x/logs/`	Log-Dateien
`/usr/local/etc/apache2x/sites-enabled/`	Konfiguration für einzelne Seiten
`/var/log/httpd/apache2x-error.log`	Error-Log

Tabelle 22.2: Wichtige Pfade für den Apache-Webserver

Das Access-Log des Apache müssen Sie erst aktivieren. Öffnen Sie dazu die Datei `/usr/local/etc/apache24/conf/httpd24.conf`.

Kommentieren Sie die Zeile `CustomLog /dev/null combine` mit Raute (#) aus und passen Sie die Zeile `#CustomLog /run/apache24-access_log combine` so an, dass dort steht `CustomLog /var/log/httpd/user-access_log`.

Starten Sie anschließend den Apache neu, jetzt finden Sie auch das Access-Log im angegebenen Ordner.

Der Apache schreibt alle Fehlermeldungen in das oben angegebene Error-Log. Das kann bei mehreren Seiten/Anwendungen etwas unübersichtlich werden. Sie können für jedes PHP-Profil ein eigenes Error-Log festlegen. Suchen Sie dazu im PHP-Profil unter KERN die Variable `error_log` und legen Sie dort eine Datei samt Pfad fest, z.B. `/var/log/httpd/`*<Name>*`-error.log`, ersetzen Sie *<Name>* durch den virtuellen Host oder die Anwendung, die dieses PHP-Profil benutzt.

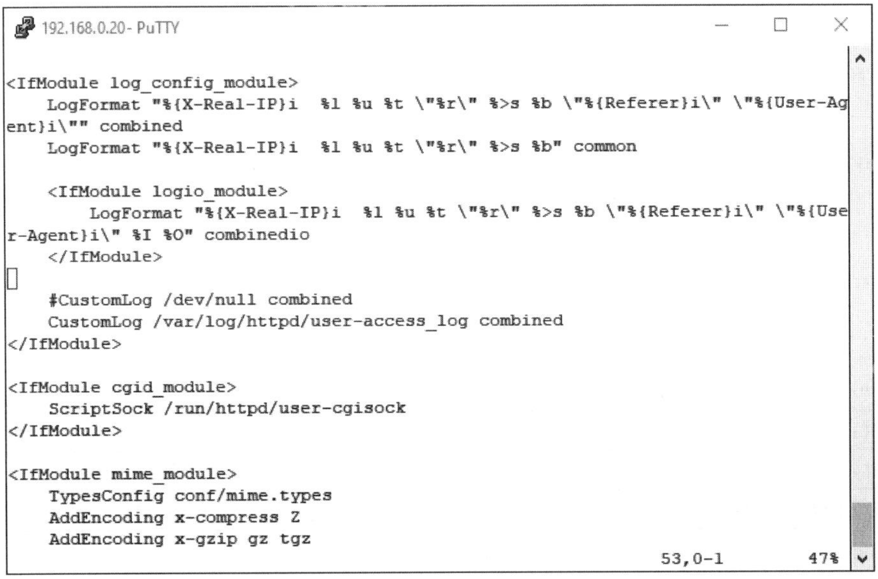

Abb. 22.4: Aktivieren Sie das Access-Log, wenn Sie die Ursachen für spezielle Fehler suchen.

22.2 NAS mit einem VPN verbinden

In Kapitel 9 habe Sie bereits gelernt, wie Sie auf Ihrem NAS einen VPN-Server betreiben und somit von außen sicher auf Ihr Heimnetzwerk zugreifen. Was aber, wenn Sie sich mit Geräten in Ihrem Heimnetzwerk mit einem anderen VPN verbinden wollen? Möchten Sie sich mit Ihrem NAS mit einem anderen VPN verbinden, haben Sie zwei Möglichkeiten: Sie können den VPN-Zugang auf Ihrem Router konfigurieren (sofern dieser das unterstützt) oder Sie verbinden Ihr NAS direkt mit dem VPN.

Achtung

Sie können Ihr NAS nicht mit einem VPN verbinden, solange der VPN-Server am NAS läuft. Sie müssen den VPN-Server stoppen, wenn Sie eine Verbindung aufbauen wollen.

1. Öffnen Sie SYSTEMSTEUERUNG|NETZWERK|NETZWERK-SCHNITTSTELLE.
2. Klicken Sie auf ERSTELLEN > VPN-PROFIL erstellen.
3. Sie haben jetzt die Auswahl zwischen PPTP, OpenVPN und L2PT/IPSec. Sie können die Verbindung manuell konfigurieren oder im Fall von OpenVPN auch eine `.ovpn`-Datei importieren.

Hinweis

Einige VPN-Anbieter stellen `.ovpn`-Dateien zur Verfügung. Laden Sie diese herunter. Ihr NAS stellt Ihnen natürlich nicht die bequemen Funktionen zur Verfügung, die VPN-Anbieter in ihren Clients bereitstellen, wie z.B. eine automatische Serversuche oder der schnelle Serverwechsel. Möchten Sie mehrere Server nutzen (z.B. aus verschiedenen Ländern), können Sie mehrere Profile anlegen.

4. Je nach Auswahl müssen Sie im nächsten Schritt die Verbindungsdaten manuell eingeben oder aber die `.ovpn`-Datei von der Festplatte laden. Vergeben Sie noch einen Profilnamen und geben Sie die Zugangsdaten für das VPN ein. Klicken Sie auf WEITER. Die nachfolgenden Schritte können abweichen, je nachdem welche Option Sie gewählt haben.
5. Im nächsten Schritt müssen Sie die drei Optionen aktivieren. Wichtig ist vor allem STANDARD-GATEWAY AUF REMOTE-NETZWERK VERWENDEN, damit Ihr NAS seine Anfragen überhaupt an das VPN richtet, sowie WIEDER VERBINDEN, WENN DIE VPN VERBINDUNG VERLOREN WURDE.

Wichtig

Das NAS verfügt über keine *KillSwitch*-Funktionalität. Eine KillSwitch-Funktion unterbricht die Internetverbindung des Geräts komplett, wenn die Verbindung zum VPN verloren geht. Dadurch wird verhindert, dass das Gerät Anfragen über die normale Internetverbindung schickt. Wird das VPN genutzt, um im Internet anonym zu bleiben bzw. um Internetzensur zu umgehen, und es ist kein KillSwitch vorhanden, kann das Gerät bei unterbrochener VPN-Verbindung Anfragen über die nicht-anonyme bzw. zensierte Verbindung zum Internetprovider übertragen.

6. Das neue Profil wurde angelegt. Um das NAS mit dem VPN zu verbinden, wählen Sie das Profil aus und klicken auf VERBINDEN.
7. Das NAS versucht jetzt, die Verbindung herzustellen.
8. Durch einen Klick auf TRENNEN können Sie die Verbindung wieder trennen.

Achtung

Solange Ihr NAS mit dem VPN verbunden ist, ist es nicht mehr über das Internet erreichbar, sofern Sie eine Portweiterleitung am Router konfiguriert haben.

22.3 NAS migrieren

Die Chancen stehen gut, dass irgendwann im Leben eines NAS-Besitzers der Punkt kommt, dass das NAS nicht mehr ausreicht. Das kann verschiedene Gründe haben. Was auch immer die Gründe sind, man kann sie auf zwei Schlussfolgerungen herunterbrechen:

- Der Festplattenspeicher muss erweitert werden.
- Ein neues NAS ist erforderlich.

Natürlich kann auch eine Kombination aus beidem auftreten und es ist nicht immer ein Muss. Manchmal will man einfach etwas Neues ausprobieren und ist dem Einstiegsgerät entwachsen.

22.3.1 Mehr Festplattenspeicher muss her

Vielleicht haben Sie diesen Moment kommen sehen und bei der Anschaffung des NAS aus Rücksicht darauf eines mit mehr Einschüben gekauft und nicht alle belegt. Wenn dem so ist, stehen die Chancen gut, dass Sie mit recht wenig Arbeit – und billiger – davonkommen. Sind schon alle Einschübe belegt, müssen Sie wohl oder übel die eingebauten Festplatten gegen größere tauschen (sofern Sie kein neues Gerät anschaffen möchten und es noch größere Platten gibt). Das kann natürlich teurer werden. Statt einer weiteren 6-TB-Platte müssten Sie dann schon in eine 12-TB-Platte investieren, um denselben Speicherzuwachs zu bekommen. Da ja keine Einschübe frei sind, bleibt Ihnen die ausgewechselte Platte über, für die Sie eventuell keinen Bedarf haben. Der Aufwand (für beide Fälle) hängt davon ab, welches RAID Sie konfiguriert haben.

Weitere Festplatten einbauen

Einbauen können Sie neue Festplatten ganz einfach, die Frage ist, was Sie danach damit machen möchten. Der einfachste Weg ist es, einen neuen Speicherpool mit der/den hinzugefügten Festplatte(n) zu erzeugen und darauf ein neues Volume anzulegen. Das Anlegen von Speicherpools und Volumes ist in Abschnitt 3.2 »Speicherplatz verwalten« beschrieben. Möchten Sie neue HDDs in einen bestehendem Speicherpool hinzufügen und diesen so erweitern, kommt es darauf an, welches RAID-Level Sie konfiguriert haben.

Festplatten können zu folgenden RAID-Levels hinzugefügt werden:

- SHR (enthält das SHR nur eine HDD, bewirkt eine zweite HDD Redundanz, aber kein Anwachsen der Kapazität, erst wenn zwei HDDs hinzugefügt werden, wächst auch das Volumen)
- JBOD
- RAID 5
- RAID 6
- RAID F1

Für alle anderen RAIDs müssen Sie einen neuen Speicherpool anlegen oder Sie nutzen die Chance und löschen den/die bestehenden Pool(s) und konfigurieren einen neuen Pool mit einem RAID (SHR, RAID 5 oder RAID 1).

Speicherpool erweitern

1. Schalten Sie Ihr NAS aus.
2. Bauen Sie die neue(n) HDD(s) ein.
3. Starten Sie Ihr NAS.
4. Öffnen Sie SPEICHER-MANAGER|SPEICHERPOOL.
5. Markieren Sie den Speicherpool, der erweitert werden soll, und wählen Sie AKTION|LAUFWERK HINZUFÜGEN.
6. Wählen Sie das neue Laufwerk, klicken Sie auf WEITER und bestätigen Sie die Meldung mit OK. Bestätigen Sie den Vorgang mit Klick auf ÜBERNEHMEN.
7. Die neue Festplatte wird jetzt hinzugefügt. Warten Sie, bis der Speicherpool mit der Verarbeitung fertig ist.

8. Sie müssen jetzt noch das Volume erweitern. Wechseln Sie dazu in die Ansicht VOLUME, wählen Sie das entsprechende Volume aus und klicken Sie auf AKTION|KONFIGURIEREN. Klicken Sie bei GRÖẞE ZUWEISEN auf MAX und bestätigen Sie mit OK.
9. Nach kurzer Verarbeitungszeit nutzt das Volume den neuen Speicherplatz.

Festplatten tauschen

Hierbei kommt es ganz darauf an, welches RAID Sie konfiguriert haben. Haben Sie ein RAID (SHR, RAID 1 oder höher), haben Sie Glück (oder das Ganze auch vorausgeplant). Der Tausch gelingt relativ schnell. Die Dauer hängt vom Datenvolumen ab, aber es sind nur wenige und einfache Schritte notwendig, um den Tausch zu vollziehen.

Festplattentausch bei bestehender RAID-Konfiguration

1. Schalten Sie Ihr NAS aus.
2. Tauschen Sie die Festplatte aus. Möchten Sie insgesamt mehrere Platten tauschen, wechseln Sie immer nur eine Platte pro Durchgang.
3. Schalten Sie das NAS wieder ein.
4. DSM meldet jetzt ein defektes RAID, ein Piep-Ton ertönt wiederholt.
5. Öffnen Sie den Speicher-Manager und schalten Sie den Piep-Ton aus.
6. Wechseln Sie in die Ansicht SPEICHERPOOL und wählen Sie den beschädigten Pool aus. Klicken Sie auf AKTION|REPARIEREN. Wählen Sie das neu eingesetzte Laufwerk aus und klicken Sie sich durch den Assistenten.
7. Das RAID-System wird jetzt repariert, indem die neue HDD in das System integriert wird. Bei einem RAID 1 beispielsweise wird der Inhalt der bestehenden (alten) Platte auf die neue Platte kopiert.
8. Ist der Vorgang abgeschlossen, wiederholen Sie ihn für die weiteren Festplatten, die Sie tauschen möchten.
9. Als Letztes müssen Sie noch das Volume, wie oben beschrieben, erweitern.

Festplattentausch ohne RAID

Sonderfall RAID 0

Ein RAID 0 ist kein RAID und es wird auch an vielen Stellen von vielen Personen abgeraten, ein RAID 0 zu verwenden. Auch ich habe Ihnen von einem RAID 0 in Ihrem Synology NAS abgeraten. In einem RAID 0 die Festplatten zu tauschen, funktioniert theoretisch; sofern keine davon defekt ist, müssen die Festplatten nur geklont werden. Geht aber auch nur eine Kleinigkeit schief, ist die Kopie unbrauchbar. Ein RAID 0 ist derart fragil, dass nur ein kleiner Zwischenfall zum totalen Datenverlust führen kann. Für Synology NAS wird vom Klonen von Festplatten abgeraten (egal, welche Speicherpool-Konfiguration vorliegt). Wird eine neue Festplatte in das NAS eingebaut, werden diverse Prüfungen vorgenommen und defekte Sektoren markiert. Wird eine Platte nur geklont, wird diese Prüfung nicht durchgeführt und es kann früher oder später zu Problemen kommen, die zum Datenverlust führen können.

Sonderfall JBOD

Bei einem JBOD sind alle Festplatten zu einem logischen Laufwerk zusammengefasst, das heißt, das bzw. die Volume(s) liegen verteilt auf allen Festplatten. Dabei ist nicht festzustellen, was wo liegt. Ein Tausch der Festplatten ist ohne eine komplette Neuinstallation nicht möglich.

Haben Sie einen (oder mehrere) Speicherpool(s) mit Basic (Synologys JBOD-Version, bei der Sie jede Platte einzeln verwenden können) konfiguriert, können Sie die Konfiguration nicht reparieren, da keine Redundanz vorliegt. Ein Tausch der Festplatten ohne Klonen ist aber dennoch möglich, auch wenn wieder ein Griff in die Trickkiste notwendig ist. Grundsätzlich sind folgende Schritte notwendig:

- Den Basic-Speicherpool mit der neuen Platte in ein RAID1 umwandeln
- Die alte Platte entfernen
- Das RAID wieder auflösen

Der Vorgang funktioniert unabhängig davon, wie viele Festplatten Sie tauschen möchten. Um die Beschreibung einfach und verständlich zu halten, gehe ich als Beispiel von einem NAS mit zwei Einschüben aus, wobei beide Festplatten je einen Basic-Speicherpool aufweisen und beide getauscht werden sollen. Die Screenshots basieren auf diesem Vorgang, wobei zwei 3-TB-Platten gegen zwei 6-TB-Platten getauscht wurden.

1. Schalten Sie Ihr NAS aus.
2. Entfernen Sie die Festplatte (B) aus Einschub 2 (hat Ihr NAS mehr Einschübe, entfernen Sie auch diese HDDs, sodass nur eine im Gehäuse bleibt). Beschriften Sie diese, um Verwechslungen zu vermeiden.
3. Bauen Sie die neue Festplatte (X) in Einschub 2 ein.
4. Starten Sie Ihr NAS.

Von Basic zu RAID

1. Öffnen Sie SPEICHER-MANAGER|SPEICHERPOOL, wählen Sie den Speicherpool aus und gehen Sie auf AKTION|RAID-TYP ÄNDERN.
2. Im Assistenten ist RAID 1 vorausgewählt, klicken Sie auf WEITER.
3. Wählen Sie die neue Festplatte (X) aus und klicken Sie sich durch den Assistenten.
4. Die Daten werden jetzt von der alten (A) auf die neue (X) HDD gespiegelt.
5. Ist der Vorgang abgeschlossen, fahren Sie Ihr NAS wieder herunter.

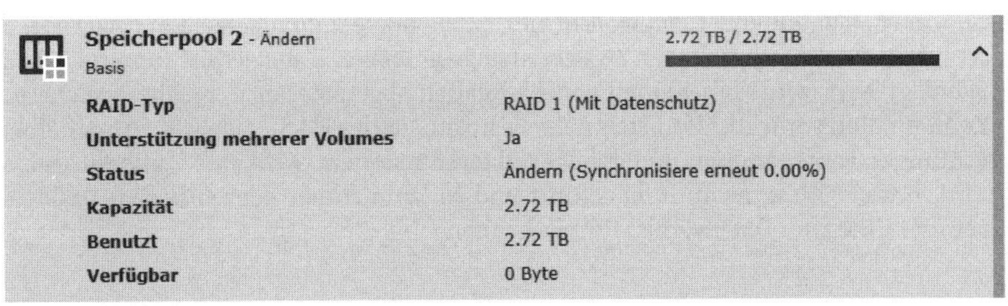

Abb. 22.5: Der Spiegelungsvorgang dauert je nach Festplattengröße einige Zeit.

Von RAID zu Basic

1. Entfernen Sie die alte HDD (A) aus Einschub 1, verwechseln Sie sie nicht mit der zuvor ausgebauten Platte (B).
2. Entnehmen Sie die neue Festplatte (X) aus Einschub 2 und stecken Sie sie in Einschub 1.
3. Starten Sie Ihr NAS wieder.
4. DSM meldet ein beschädigtes RAID. Schalten Sie den Piep-Ton aus, aber ignorieren Sie den Speicher-Manager.

Abb. 22.6: Der Speicher-Manager zeigt ein fehlerhaftes RAID an.

5. Verbinden Sie sich mit Ihrem NAS per SSH (siehe Abschnitt 22.1 »Mit der Kommandozeile auf Ihr NAS zugreifen«).
6. Geben Sie folgenden Befehl ein:

```
cat /proc/mdstat ↵
```

```
root@MyDiskStation:~# cat /proc/mdstat
Personalities : [linear] [raid0] [raid1] [raid10] [raid6] [raid5] [raid4]
md3 : active raid1 sdb3[1]
↑     2925444544 blocks super 1.2 [2/1] [_U]

md1 : active raid1 sdb2[0]
      2097088 blocks [2/1] [U_]

md0 : active raid1 sdb1[0]
      2490176 blocks [2/1] [U_]

unused devices: <none>
```

Abb. 22.7: Ermitteln des RAID-Volumes

7. Ermitteln Sie das Volume des RAID (siehe Pfeil in Abbildung 22.7).
8. Lösen Sie das RAID mit dem folgenden Befehl auf:

```
mdadm -grow -raid-devices=1 -force /dev/md3 [↵]
```

Ersetzen Sie `md3` durch den von Ihnen ermittelten Wert.

Speicherpool und Volume erweitern

1. Im Speicher-Manager müssen Sie in der Ansicht SPEICHERPOOL den Pool erweitern. Markieren Sie dazu den Speicherpool und gehen Sie auf AKTION|ERWEITERN. Klicken Sie sich durch den Assistenten und warten Sie, bis der Vorgang abgeschlossen ist.

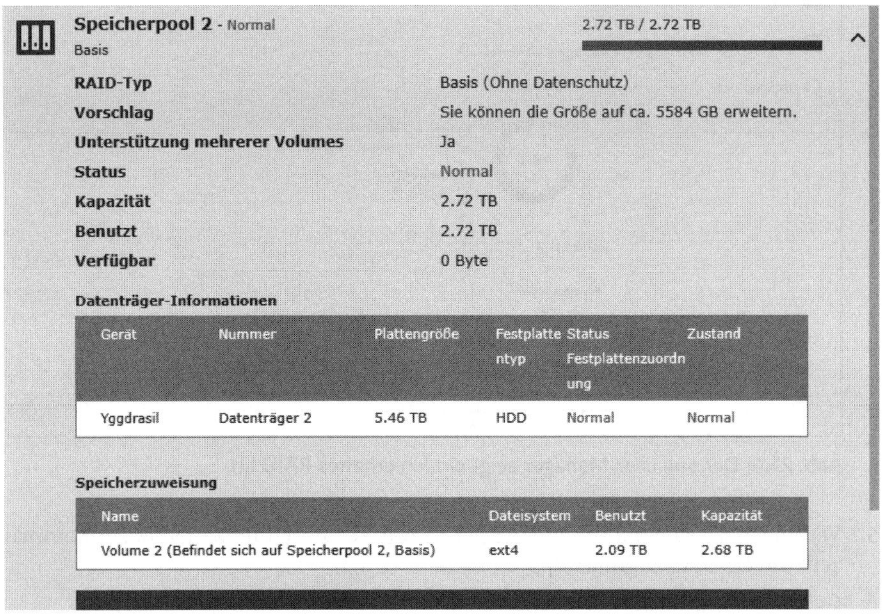

Abb. 22.8: Der Speicherpool zeigt an, dass er erweitert werden kann.

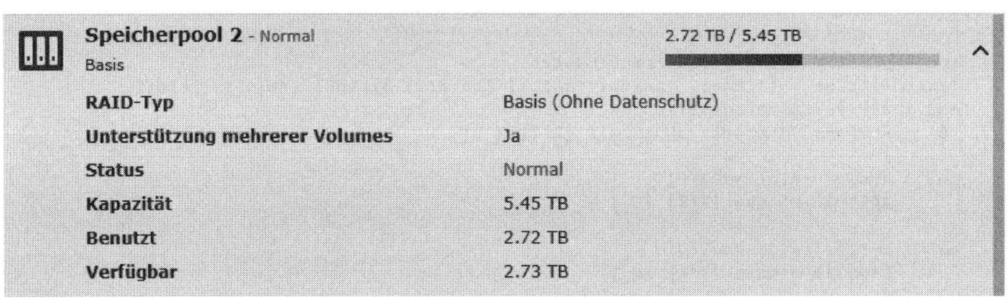

Abb. 22.9: Sie sehen sofort, wie sich die Speicherauslastung ändert.

2. Wechseln Sie in die Ansicht VOLUME, markieren Sie das Volume und gehen Sie auf AKTION|KONFIGURIEREN. Klicken Sie bei GRÖßE ZUWEISEN auf MAX und bestätigen Sie mit OK.

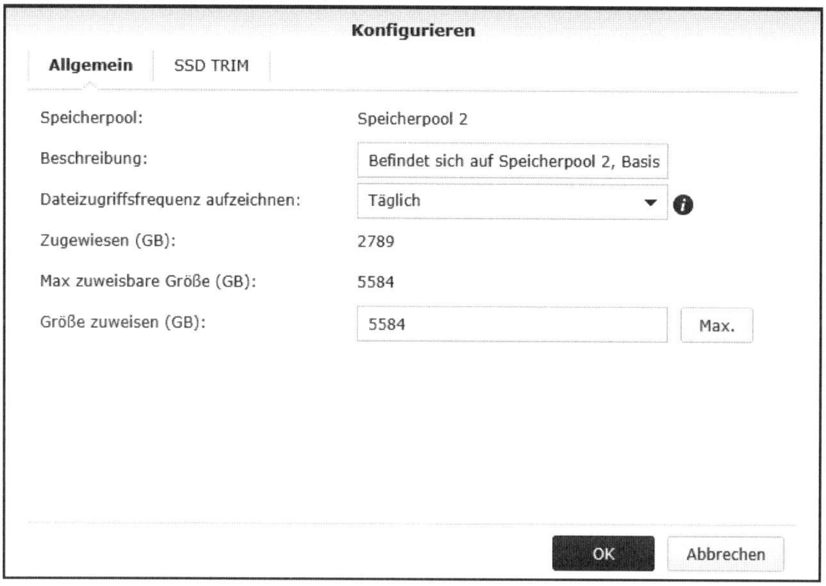

Abb. 22.10: Auch das Volume lässt sich einfach erweitern ...

3. Nach kurzer Wartezeit ist das Volume auf die neue Festplattenkapazität angewachsen.

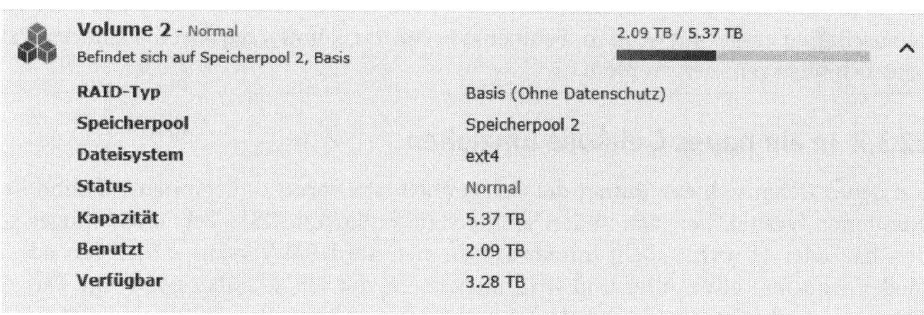

Abb. 22.11: ... und zeigt kurz darauf das gewünschte Resultat.

Für weitere Festplatten entfernen Sie die neue, fertig eingerichtete HDD (X) und beginnen den Prozess mit der alten HDD (B) in Einschub 2 und der zweiten neuen HDD (Y) in Einschub 1 von vorne. Beenden Sie den Vorgang mit der ersten neuen HDD (X) in Einschub 1 und der zweiten HDD (Y) in Einschub 2.

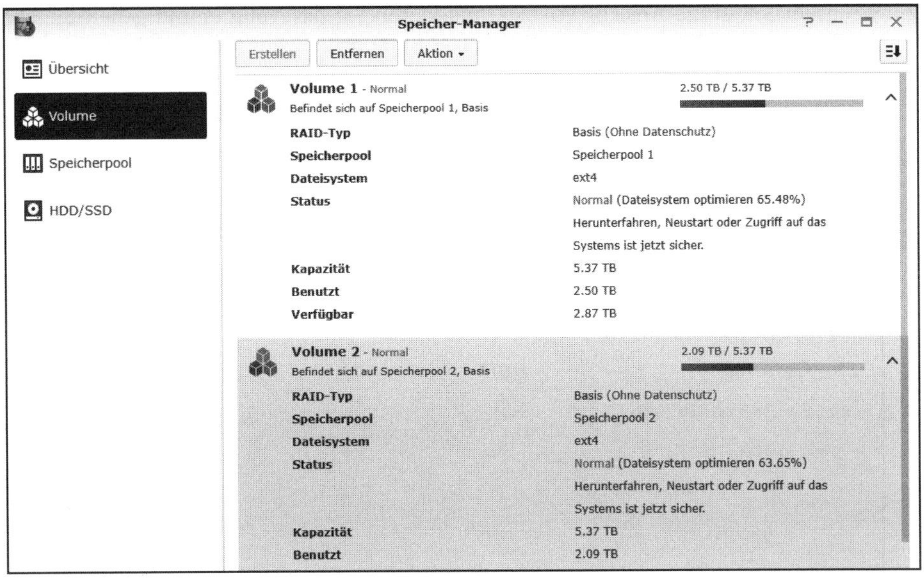

Abb. 22.12: Mit ein wenig Aufwand tauschen Sie zwei HDDs gegen größere Platten aus.

Pakete reparieren

Da DSM auf einer eigenen Partition mit RAID1 auf allen Festplatten vorhanden ist, können Sie den Wechsel durchführen, ohne Ihr aktuelles System zu verlieren. Lediglich die installierten Pakete benötigen eine kleine Nachsorge. Nach dem Wechsel der Festplatten meldet DSM Probleme mit den Paketen. Öffnen Sie das Paket-Zentrum und klicken Sie auf ALLE REPARIEREN. Ist der Vorgang abgeschlossen, ist Ihr NAS wieder betriebsbereit und läuft wie vor dem Tausch. Wichtig ist, dass Sie die Pakete erst reparieren, wenn alle Festplatten getauscht und eingebaut wurden. Fehlt eine Festplatte, können die dort installierten Pakete natürlich nicht repariert werden.

22.3.2 In ein neues Gehäuse umziehen

Ein neues Gehäuse bietet immer die Gelegenheit, von vorne zu beginnen. Oft sind Konfigurationen veraltet, weil sich in den seither veröffentlichten DSM-Versionen einiges geändert hat, oder es wurde nicht immer auf die neueste DSM-Version aktualisiert oder das Modell ist schon etwas älter und wird nicht mehr mit DSM-Updates versorgt. Das neue Gehäuse ist oft leistungsfähiger als das vorherige und bietet dadurch neue DSM-Funktionen oder Pakete. Da macht es durchaus Sinn, das alte NAS weiterlaufen zu lassen und währenddessen das neue NAS zu erkunden sowie nach Wunsch zu konfigurieren und danach nur noch die Daten zu migrieren.

Natürlich gibt es auch diverse Gründe, direkt zu migrieren. Für das Umziehen in ein neues Gehäuse gibt es ebenfalls verschiedene Methoden. Grundsätzlich wird zwischen zwei Migrationsvorgängen unterschieden, entweder Sie möchten die Festplatten aus dem alten Quell-NAS in das neue Ziel-NAS mitnehmen oder Sie möchten nur die Daten und die Konfiguration auf die Platten des neuen Gehäuses kopieren. Dazu bietet Synology drei Methoden an, die *Festplattenmigration*, den *Migration Assistant* und die Migration mit *Hyper Backup*.

Wichtig

Auch für den Umzug in ein neues Gehäuse gilt – auch wenn Sie die Festplatten beibehalten –, vorher immer ein Backup von Daten und Konfiguration zu erstellen.

- *Festplattenmigration* – Wenn Sie einfach nur die alten Festplatten im neuen Gehäuse weiterverwenden wollen, steht Ihnen diese Methode zur Verfügung. In der Online-Hilfe von Synology finden Sie zum Thema »Migration« eine Kompatibilitätsliste bzw. eher eine Ausschlussliste. Ist das Quell-NAS eines der aufgelisteten Geräte, steht die Festplattenmigration nicht zur Verfügung.

Hinweis

Nehmen Sie die Liste nicht ganz so ernst. So ist dort beispielsweise das Modell DS215+ aufgelistet, dennoch konnte ich eine Festplattenmigration wie eben beschrieben mit diesem Modell durchführen. Im Zweifelsfall also einfach ausprobieren.

- *Migration Assistant* – Der Migration Assistant ermöglicht die Migration, wenn im neuen Gehäuse auch neue Festplatten zum Einsatz kommen. Wie schon im vorherigen Abschnitt erwähnt, wird das Klonen von Festplatten nicht empfohlen. Der Migration Assistant überträgt Daten und Konfiguration auf das neue Gehäuse und nimmt alle notwendigen Änderungen vor. Der Assistant steht nur auf großen und leistungsfähigen NAS-Modellen zur Verfügung (überwiegend *RackStation*-Modelle und einige größere bzw. leistungsstarke *DiskStation*-Modelle). Der Assistant wird in diesem Buch nicht behandelt, Sie finden aber eine detaillierte Anleitung in der Online-Hilfe von Synology.
- Steht Ihnen keine der beiden Methoden zur Verfügung, können Sie eine Migration mit *Hyper Backup* durchführen. Sie müssen dazu eine Sicherung der Systemkonfiguration und aller gewünschten Pakete und Daten erstellen. Auf dem neuen Gerät installieren Sie DSM und stellen die zuvor angefertigte Sicherung wieder her. Näheres zu Hyper Backup können Sie in Abschnitt 8.3.2 »Hyper Backup – die ultimative Backup-Lösung« nachlesen.

Festplattenmigration

Die Festplattenmigration ist mit wenigen, einfachen Schritten ein schneller Vorgang, dennoch sollten Sie einiges beachten.

Einschränkungen

Folgende Daten und Konfigurationen können nicht migriert werden:

- *Photo Station-*/Blog-Inhalte
- Video-Info-Inhalte der *Video Station*
- *Mail Server-* und *Mail Station*-Einstellungen
- *Surveillance Station*-Einstellungen
- Einstellungen der automatischen Blockierung
- LDAP-Server-Datenbank
- Aufgaben und temporärer Speicher der *Download Station*

Nach der Migration werden alle Medieninhalte neu indiziert.

Achtung

Befindet sich eine Festplatte, die Sie im neuen NAS verwenden möchten, in einem RAID-Verbund, müssen Sie alle Festplatten des Verbundes mit einbauen.

Vorbereitung

- Aktualisieren Sie DSM auf dem Quell-NAS auf die neueste Version, sofern möglich. Zwar wird auf dem Ziel-NAS die neueste DSM-Version installiert, Sie können so aber schon auf dem alten NAS prüfen, ob alles noch funktioniert.
- Deaktivieren Sie die Firewall.
- Deaktivieren Sie alle IP-gebundenen Beschränkungen, denken Sie dabei auch an Einstellungen, die nicht auf dem NAS getätigt wurden (Router, Switch, Firewall, andere Server, hosts-Datei et cetera).
- Sichern Sie die oben aufgezählten Elemente über Hyper Backup; ist auch das nicht möglich, machen Sie sich Notizen oder fertigen Sie Screenshots an.

Diese Schritte sind nicht erforderlich, machen die Sache aber einfacher. Funktioniert nach der Migration etwas nicht, kann es mitunter schwierig sein, den Fehler zu finden, gerade wenn Quelle und Ziel eine unterschiedliche DSM-Version aufweisen.

Hinweis

Versionsunterschiede von DSM spielen kaum eine Rolle, wenn es sich um kleine Updates handelt (3. Stelle der Versionsnummer). Unterscheidet sich die Minor-Version (die 2. Stelle), können schon neue Funktionen hinzukommen, alte Funktionen entfernt oder umgearbeitet werden und so Probleme auslösen. Unterscheidet sich die Mayor-Version (1. Stelle), sollten Sie von einer Migration absehen und das neue NAS neu aufsetzen und nur die Daten migrieren.

Die Migration durchführen

1. Melden Sie sich am Quell-NAS an und sichern Sie die Systemkonfiguration (siehe Abschnitt 8.3.1 »Konfiguration manuell sichern«).
2. Schalten Sie beide Geräte aus.
3. Entfernen Sie die Festplatten aus dem Quell-NAS und bauen Sie sie im Ziel-NAS ein.

Wichtig

Beachten Sie die Reihenfolge und die Position der Festplatten. Diese müssen im Ziel-NAS in dieselben Einschübe eingebaut werden, in denen sie sich im Quell-NAS befunden haben.

4. Starten Sie das Ziel-NAS.
5. Suchen Sie das neue NAS über `find.synology.com` oder mit dem *Synology Assistant.*

6. Das Ziel-NAS muss den Status MIGRIERBAR aufweisen, um den Vorgang durchführen zu können. Klicken Sie auf INSTALLIEREN.

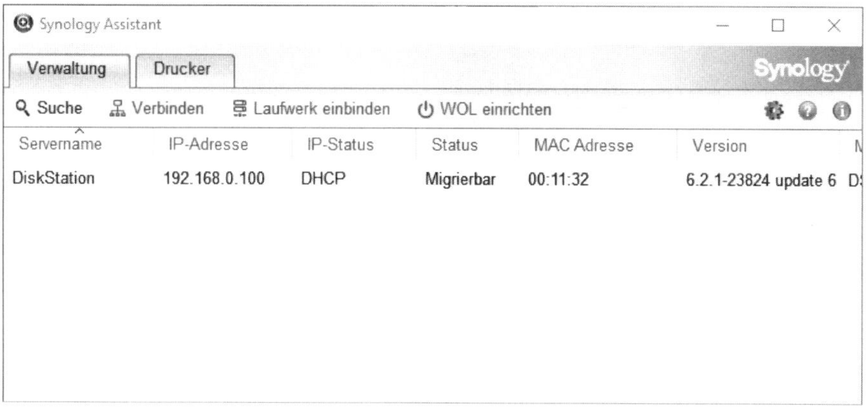

Abb. 22.13: Das Ziel-NAS zeigt im Assistant an, ob es migrierbar ist.

Achtung

Erhalten Sie eine Warnmeldung, die besagt, dass alle auf den Festplatten befindlichen Daten gelöscht werden, beenden Sie den Vorgang und vergewissern Sie sich, ob die Festplatten in den richtigen Einschüben stecken.

7. Wählen Sie die Option MIGRATION: MEINE DATEN UND DIE MEISTEN EINSTELLUNGEN BEHALTEN.
8. Wählen Sie eine Option zur Installation von DSM aus (für Details siehe Abschnitt 2.3 »Firmware-Installation: die erste Inbetriebnahme«). Erledigen Sie die weiteren Schritte des Assistenten.
9. Nach Abschluss des Vorgangs wird das NAS neu gestartet. Melden Sie sich danach mit dem Administrator an.
10. Stellen Sie jetzt die Systemkonfiguration wieder her.

Die Migration ist jetzt abgeschlossen. Sie können nun separat gesicherte Einstellungen und Daten wiederherstellen und die nicht migrierten bzw. gesicherten Konfigurationen (Firewall, Beschränkungen etc.) wiederherstellen.

22.4 Arbeitsspeicher erweitern

Einige NAS-Geräte von Synology haben weitere RAM-Steckplätze, mit denen Sie den verfügbaren Arbeitsspeicher nachrüsten können. Synology stellt dafür eigene RAM-Riegel zur Verfügung. Je nach Modell sind andere Riegel erforderlich. Die bei Privatanwendern verbreiteten DiskStation-Modelle (DS418play, DS218+, DS718+, DS918+) benötigen beispielsweise einen DDR3L-1866-Riegel. Synology bietet diesen in einer 4-GB-Variante an. Der Steckplatz ist nach Ausbau der Festplatten leicht zugänglich. Ein Auseinandernehmen des Gehäuses ist nicht notwendig.

Abb. 22.14: Der zusätzliche RAM-Steckplatz bei einer DS218+

22.4.1 Ist mehr RAM notwendig?

Mehr RAM schadet prinzipiell nie. Ob sich die Investition lohnt und Sie davon profitieren, hängt davon ab, welche Dienste und Anwendungen Sie auf Ihrem NAS betreiben. Setzen Sie auf Ihrem NAS Virtualisierung ein (nur auf besonders leistungsfähigen Modellen verfügbar), kann nie genug RAM vorhanden sein. Auch bei vielen gleichzeitigen Anwendungen oder RAM-lastigen (Web-)Anwendungen kann mehr RAM nicht schaden. Vergessen Sie aber nicht, dass die CPU schnell das ausbremsende Element werden kann. Aber auch wenn Anwendungen nicht den kompletten RAM belegen, profitiert ein Synology NAS dennoch von mehr RAM, da nicht benutzter RAM als Zwischenspeicher genutzt wird.

RAM-Riegel anderer Hersteller

Synology empfiehlt zwar, die eigenen Riegel zu verwenden, es ist aber nicht verboten, Riegel anderer Hersteller einzubauen. Allerdings garantiert Synology keinen technischen Support bei Problemen mit Riegeln anderer Hersteller. Damit sind auch größere Riegel, und daher mehr Arbeitsspeicher, möglich (das gilt nur für Modelle aus der 18er-Serie, ältere Modelle unterstützen nicht mehr RAM als angegeben). In der Community konnten bereits mehrfach einige Riegel von Crucial und HyperX als kompatibel bestätigt werden. Ich selbst habe erfolgreich einen *HyperX HX318LS11IB/8, DDR3L, 8GB 1866MHz, CL11, SODIMM 1.35V Riegel* in eine DS218+ eingesetzt. Näheres zu kompatiblen Riegeln können Sie in der Community und im Internet nachlesen. Denken Sie aber daran, dass Sie hier auf eigene Verantwortung handeln.

22.4.2 RAM-Riegel einsetzen

Das Einsetzen ist nicht schwierig, vor allem, wenn Sie bereits DDR3L-Riegel eingesetzt haben. Diese stellen nämlich die einzige Besonderheit an dem Vorgang dar, da sie nicht wie andere DDRx-Riegel gerade von oben in den Steckplatz gesteckt werden, sondern schräg eingesetzt und dann niedergedrückt werden.

1. Schalten Sie Ihr NAS aus und trennen Sie es vom Strom.
2. Entfernen Sie alle Festplatteneinschübe.
3. Der RAM-Steckplatz sollte im vorderen Bereich auf Seite der Platine ersichtlich sein.
4. Setzen Sie den Riegel im Winkel von 30° bis 45° in den Steckplatz und schieben Sie ihn mit leichtem Druck hinein, bis er vorne ansteht.
5. Drücken Sie den Riegel an der Hinterkante in Richtung Platine, bis der Sicherungsbügel einschnappt. Passt der Bügel nicht (dieser muss genau in die Ausfräsung passen) bzw. schnappt er nicht ein, sitzt der Riegel nicht komplett im Steckplatz. Bringen Sie den Riegel wieder in Ausgangsstellung und drücken Sie ihn komplett hinein.

Abb. 22.15: Links: der Riegel schräg eingesetzt und nach vorne gedrückt; rechts: der Riegel zur Platine gedrückt mit eingerastetem Sicherheitsbügel

6. Starten Sie das NAS.
7. Starten Sie den *Synology Assistant*.
8. Öffnen Sie die EINSTELLUNGEN (Zahnrad-Symbol) und aktivieren Sie den SPEICHERTEST.

9. Klicken Sie in der Liste mit der rechten Maustaste auf das NAS und starten Sie den Speichertest. Akzeptieren Sie die Meldung und das NAS startet neu.
10. Ist der Speichertest abgeschlossen, kann das NAS auf den neuen Arbeitsspeicher zugreifen. Es dauert nur einige Zeit, bis das NAS diesen auch tatsächlich nutzt, da die Prozesse auf den geringen Arbeitsspeicher hin optimiert wurden.

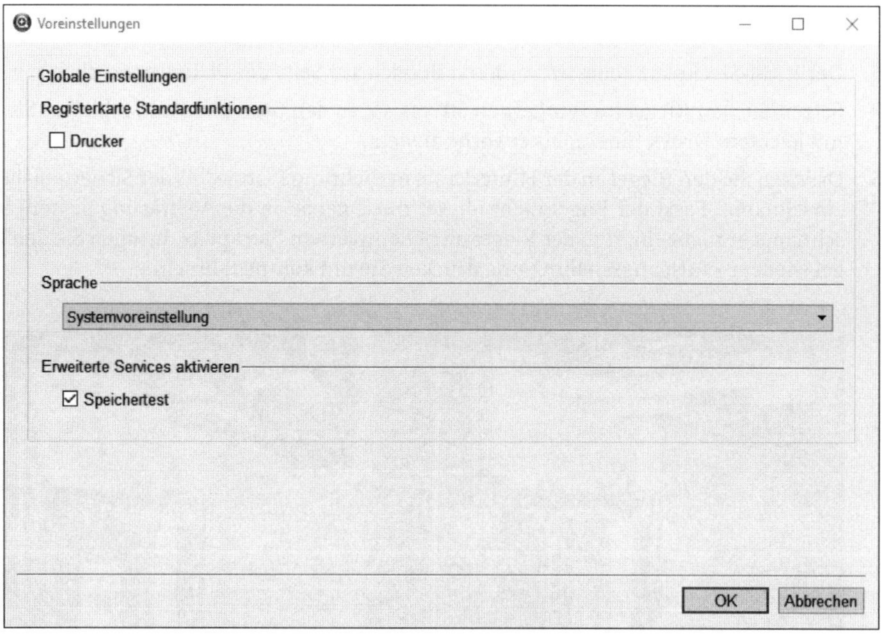

Abb. 22.16: Der Speichertest muss erst als Funktion aktiviert werden ...

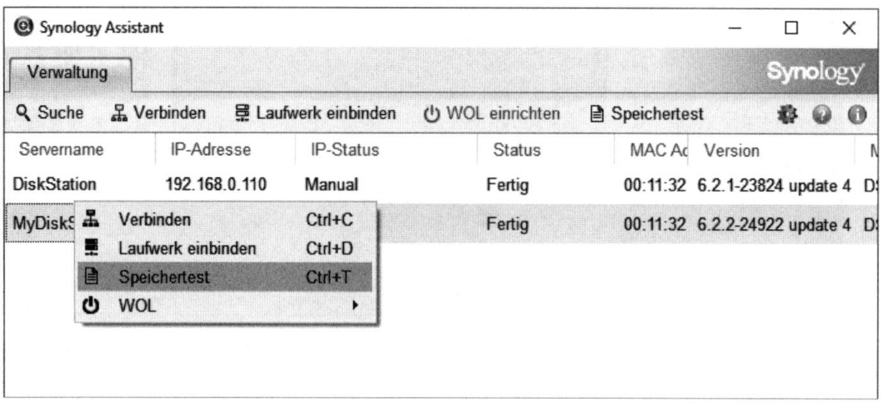

Abb. 22.17: ... danach ist er im Kontextmenü verfügbar.

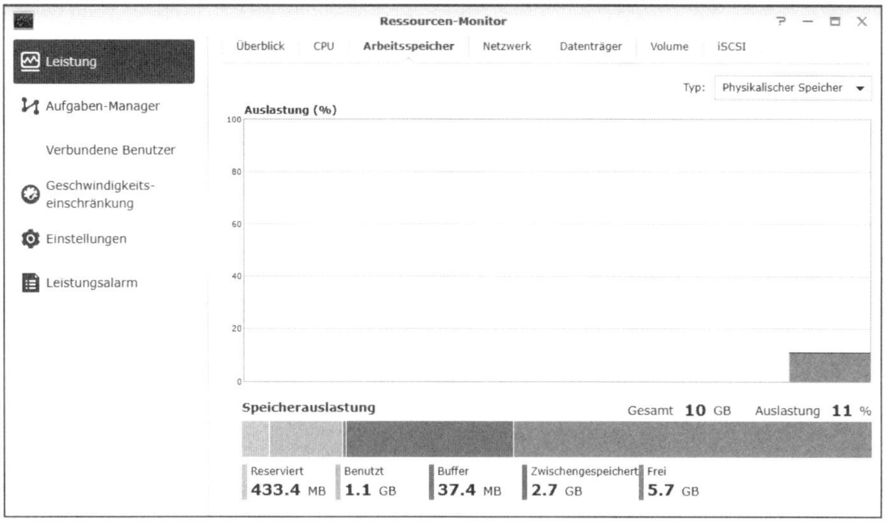

Abb. 22.18: Nach dem Hochfahren ist das NAS noch recht zögerlich, was die Nutzung des Arbeitsspeichers angeht; laufen aber mehrere Dienste, wird keiner eingeschränkt und je länger das NAS in Betrieb ist, umso mehr nicht genutzter RAM wird als Zwischenspeicher genutzt.

Sie sind jetzt am Ende dieses Buches angelangt. Auf den vergangenen Seiten haben Sie viel über Ihr Synology NAS erfahren. Von den Grundlagen bis hin zu den Funktionen und Anwendungen habe ich versucht, Ihnen nicht nur eine Erklärung und einfache Einrichtungsanleitungen zu liefern, sondern Ihnen ein Verständnis für die Themen, deren Möglichkeiten und Probleme zu vermitteln. In den letzten Kapiteln habe ich Ihnen gezeigt, welches Potenzial in Ihrem NAS steckt, aber das war längst nicht alles. Es gibt noch so viele Bereiche, in denen Sie Ihr NAS einsetzen können, so viele Anwendungen, die sich darauf installieren lassen. Dank des Wissens, das Sie erworben haben, sollten Sie in der Lage sein, gegebenenfalls auf eigene Faust zu recherchieren und das umzusetzen, was Sie nicht in diesem Buch finden konnten. Sie können auch gerne auf meinem Blog `https://blog.viking-studios.net` vorbeischauen. Dort finden Sie das ein oder andere zusätzliche Thema, aber auch Anleitungen, die auf die neuesten Änderungen durch Softwareupdates eingehen.

An dieser Stelle möchte ich mich bei Ihnen dafür bedanken, dass Sie sich für dieses Buch entschieden haben und ich Sie auf diese Weise bei Ihren Projekten mit Ihrem Synology NAS begleiten durfte.

Stichwortverzeichnis

2-Faktor-Authentifizierung 282
Token 282
3-2-1-Regel 198
#recycle. 137
+-Serie 24

A

AC3 401
admin 99
Adminer 521
Administrator 99
root 569
Adressbuch 431
Adresse des NAS 146
AES-Ni-Modul 28
Aktionsregel 501
Album
durchsuchen 334
erstellen 332
Filterregeln 345
kategorisieren 347
Sichtbarkeit ändern 333
verwalten 334
Alexa 356
Alias 291, 294, 352, 376, 458
Sicherheit 295
Alphabet 262
Zeichen 262
Amazon Fire TV 371, 397
AMD 26
Änderungen
anzeigen 71
Android 371, 397, 423, 430, 563
Anmeldeanalyse 288
Anmeldeversuche 71
Antivirus Essentials 287
Antwortadresse 455
Anwendungen 482
Anforderungen 26
aufrufen 291, 326
Kosten 29
manuell installieren 533
Anwendungsberechtigung 105, 107, 110
Anwendungsportal 89, 291, 352, 376, 433, 466
Audio Station 352
Calendar 408
Chat 441
Download Station 466
Note Station 433
Video Station 376
Apache 510, 516, 517, 539, 571
Access-Log 571
neu starten 516
App 56, 371, 397, 439, 445, 498
Apple 371, 397, 426, 431, 563
App-Store 89
Arbeitsspeicher 25, 305, 583, 584
als Cache 193
RAM-Riegel 584
Archiv automatisch entpacken 469
Audio Station 351, 356
Berechtigung 353
Einstellungen 353
Gruppenwiedergabeliste 365
installieren 351
Internetradio 368
Lieder zur Wiedergabeliste hinzufügen 366
Liedinformationen 362
Musik hinzufügen 357
persönliche Bibliothek 355
persönliche Wiedergabeliste 365
Ports 352
Smart Wiedergabeliste 365
Sprachsteuerung 356
Suchfunktion 358
Warteschlange 362
Wiedergabeliste erstellen 365
Wiedergabelisten 365
Wiedergabelisten bearbeiten 367
Zugriff 352
Audioformat 382
Aufgabe 416, 437, 448
bearbeiten 418
erstellen 417
löschen 418
Aufgabenliste *siehe* Aufgabe
Aufgaben-Manager 306
Aufgabenplaner 516, 570
geplante Aufgaben 71
Aufnahme 484, 489, 496
Aufnahmequalität 486
Exportieren 496
konfigurieren 497
Optimierung 487

Profile 490
Speicher 498
Aufstellort 49, 50
aum-Datei 354
Ausfallsicherheit 35
Auslastung *siehe* Leistung
Ausschalten
automatisch 203, 301
Automatisches Abmelden 299
AXIS 494

B

Backup 36, 197, 209, 223
außer Haus 198
Backup-Images 209
erstellen 200
geplant 215
Integritätsprüfung 215, 218
Kopie 198
Medium 198
prüfen 200
Sicherungsziel 222
Strategie 197
wiederherstellen 204, 220
Bandbreite 467
Barrierefreiheit 73
Benachrichtigung 302, 409, 410, 494
Aufgabenbenachrichtigung 214
konfigurieren 303
Benachrichtigungen 71, 466
per E-Mail 73
Benachrichtigungseinstellungen 72
Benutzer 85, 166, 260
admin 100
anlegen 59, 101
bearbeiten 106
Berechtigung 103
Datenvolumen 104
deaktivieren 106
guest 100
löschen 106
Sicherheit 100
Standardbenutzer 99
Verbindung trennen 71
verbundene 71
Benutzer-Home-Dienst 115, 164
Berechtigung 103, 120, 134, 166, 291, 296, 319, 330, 353, 376, 408, 439, 453, 466, 539, 553
bearbeiten 134
benutzerdefinierte Berechtigungen 109
Dateien und Ordner 134
effektive 135
erweiterte Berechtigungen 108, 120
prüfen 135
vererben 135
Beta-Pakete 90
Betriebslautstärke 51
Betriebssystem 31, 52
Bewegungserkennung 475
Bilder 313, 325, 328
hinzufügen 334, 338
sortieren 316
verwalten 340
wiedergeben 319, 341
Bitrot 198
Blacklisting 111, 271
Bonjour 206
Browser-Plugin 438
Brute Force 284
Btrfs 79, 104, 118

C

Cache 66
CalDAV 420, 423, 426, 546, 563
Calendar *siehe* Kalender
CardDAV 428, 431, 534, 546, 563
CardDAV Server 428, 431
CAT 5 50
CAT 7 50
Chat 441, 444
Abstimmungen 448
Admin-Konsole 441
Benachrichtigungen 450
Einstellungen 442, 444
Kanal erstellen 445
Kanäle 445
Kanalverwaltung 443
Konversationen 446
Nachricht 447
Nachschlagen 442
Protokolle 442
Server 441
Zugriff 441
Chatfunktionen 448
Chatnachricht
anpinnen 447
Chiffre *siehe* Verschlüsselung
Cloud 161, 199, 533
beschleunigen 193
Client einrichten 169
Geräte synchronisieren 169
lokaler Ordner 173
Versionskontrolle 165
Cloud Station Server 162
Codec 27
Code-Snippets 448
Community-Paketquelle 94
Content Security Policy (CSP) 284
CPU *siehe* Prozessor
CRON 88
Cron 549
Cross-Site-Request-Forgery 284
CryptoLocker 36, 194, 198, 258
Cuesheet 355

D

Datei
- herunterladen 125
- hochladen 124, 334, 448
- überschreiben 570
- umbenennen 125
- verschieben 126
- versenden 448
- wiederherstellen 137, 138, 179
- zusammenführen 181

Dateianforderung 131
Dateiaufgaben-Monitor 67
Dateiberechtigung *siehe* Ordnerberechtigung
Dateidienste 84, 143
Dateieigenschaften 128
Dateiformat 382
Dateikomprimierung 119
Dateikonflikte 174, 180
Dateisystem 79
Dateiversionsverlauf 205
Dateiverwaltung 115
Daten sichern 200
Datenbank
- Größe 559

Datenbank-Indizes 545
Datenbankserver *siehe* MariaDB
Datenbanktabellenpräfix 525
Datenrettung 198
Datenschutz 161
Datensicherungsaufgabe *siehe* Synchronisierung
Datenträger
- extern 212, 215, 266

Datenträger *siehe* Festplatte
Datenverlust 197
Datenzuwachsrate 34
Datum 87, 409
Dauerbetrieb 31
DDNS 234
- Anbieter hinzufügen 237
- DDNS-Client 235, 237
- DDNS-Domain 235, 453
- DDNS-Service von Synology 237
- Funktionsweise 234
- Router 237

DDoS *siehe* DoS
DDR3L 585
Defekte Festplatte 43
Desktop 69, 128
- anpassen 72
- Symbole hinzufügen 68

DHCP 52, 245
Diashow 342
Dienst 306
- Status 86

DiskStation 22
DiskStation Expansion 22
DiskStation Manager *siehe* DSM
DLNA 313, 356, 370
- Client 319, 370, 376, 396, 398
- Darstellung 314, 316
- Dateiformate 318, 322
- Einschränkungen 313
- Kompatibilität 319
- Menüstil 315
- Ordner erstellen 317
- Ordner ohne Inhalt 322
- Server 314, 370
- Sicherheit 313
- Sortierung 314, 316
- Verbindungsprobleme 323
- Zugriff 319, 323

DNS 52, 234, 240
- CNAME 240
- dnsmasq 241
- DNS-Rebind-Schutz 246
- Forward Zone 242
- lokaler 241, 254
- Master-Zone 242, 243
- Ressourceneintrag 242, 244
- Reverse Zone 243
- verwenden 245, 254

DNS-base Blackhole List Filter 457
Docker 91
Document Viewer 403
Document-Root 512
Dokument 404
- bearbeiten 404
- erstellen 405
- exportieren 405
- öffnen 404

Domain 234, 240, 246, 295, 331, 517, 561
- benutzerdefiniert 295

DoS 259, 284
Download 125, 465
- deaktivieren 121
- hinzufügen 467
- suchen 473
- überwachen 470
- verwalten 467

Download Station 465
- Einstellungen 466
- installieren 465

Download-Manager *siehe* Download Station
Drive 162, 163, 165, 194, 200, 265, 408, 534
- Client-Liste 191
- Desktop-Client 169
- Drive App 183, 187
- Drive-Client 188
- Globale Einstellungen 174
- Ordner 164
- Synology Drive Admin-Konsole 163, 190
- Synology Drive Server 162, 164
- Synology Drive ShareSync 163, 226
- Webinterface 187

DS audio 371

DS cam 494, 498
  Zugriff 498
DS cloud 185, 187
DS file 140, 184, 187
DS finder 56, 494
DS note 439
DS photo 331
DS video 397, 401
DS120j 30
DS218 30
DSM 31, 51, 65, 81
  absichern 284
  DSM-Benutzeroberfläche 65
  Hintergrund ändern 72
  Installation 51, 56
  Installationsfehler 58
  personalisieren 72
  Ports 352, 479
  Tastenkürzel 73
DSM Hilfe 82
DTS 400
Dynamic DNS 235

E

Effektive Berechtigung 135
Eigenschaften 128
E-Mail 451, 460
  automatische Antwort 459, 461
  automatische Weiterleitung 459, 461
  E-Mail-Adresse 458
  Größe 453
  IMAP *siehe* IMAP
  lesen 460
  POP3 *siehe* POP3
  Ports 459
  Postausgangsserver 453
  schreiben 460
  Server 451, 459
  SMTP *siehe* SMTP
  Spam *siehe* Spam
E-Mail-Benachrichtigungsdienst 73
E-Mail-Konto verknüpfen 73, 410
Emoji 448
Energie 301
  sparen 299
Erreichbarkeit 291
Evernote 434
exFAT 29, 79
Explorer 121
Externe Geräte 66, 88, 117
Externer Zugriff *siehe* Internet, Zugriff
extra storage *siehe* xs

F

Facebook 345
Fernzugriffsdienste 89
Festplatte 31
  2,5 Zoll 32
  3,5 Zoll 32
  Anzahl 22
  Drehzahl 32
  einbauen 44, 574
  energiesparend 32
  Fehlerkorrektur 31
  Festplattenspeicher erweitern 574
  geräuscharm 31
  Geschwindigkeit 32
  Hersteller 32
  Kapazität 33
  Kompatibilität prüfen 33
  professionell 31
  Ruhezustand 301
  tauschen 43, 575
Festplatteneinschub 22, 26
File Station 121
  Ansicht anpassen 133
File-Hoster 472
FileZilla 156
Film 381
find.synology.com 53
Finder 121, 149, 337
Firewall 182, 252, 269, 294, 352, 376
  aktivieren 271
  Port 274
  Prioritäten 273
  Profile 272
  Regel 270, 275, 278
  Regel erstellen 273
  Regel testen 276
FlashStation 22
Fotos 328
  Beschreibung hinzufügen 342
  bewerten 342
  Kommentare 342
  Link erstellen 344
  teilen 343
Freigabe 128, 181, 194, 343, 367, 393, 418
  anderer Benutzer 133
  Dateien hochladen 131
  Link anzeigen 132
  löschen 132
Freigabeprotokoll 120
Freigegebene Ordner 118
Fritz!Box 246
FS-Serie 24
FTP 120, 151, 467, 468
FTPS 151
  einrichten 152
  mit NAS verbinden 153

G

Gehäuse 21, 43, 580
Gemeinsame Daten 84
Gemeinsamer Ordner 84, 89, 104, 116, 260, 564

ausblenden 118
entschlüsseln 265
erstellen 118
Kontingent 119
löschen 121
Ordnerstruktur 260
sichern 213
verschlüsseln 264
Verschlüsselung aufheben 269
vorgegebene Ordner 117
Gemeinsames Arbeiten 403, 406, 561
Geo-Blocking 275, 280
Geofencing 500
Geplante Aufgaben 71
Gerätetypen 21
Geräuschpegel 51
Geschwindigkeitsbeschränkung 106, 112
Gesichtserkennung 330
Google 397
Google Authenticator 282
Google Cloud Print 88
Google Maps 416
Google-Kalender 412
GPS 500
Gruppen 85, 107
erstellen 107
Mitglieder 108
Standardgruppen 107
Gruppenchat 446
guest 99

H

Hacker 522
Hacking 257, 259
Hardware-Verschlüsselung 28, 264
Hashtag 448
Hauptmenü 68
Ansicht ändern 69
Liste 69
Herunterladen *siehe* Download
Hilfe *siehe* DSM Hilfe
Hintergrundaufgaben 67
Hintergrundbild ändern 72
Hochladen *siehe* Upload
home *siehe* Benutzer-Home-Dienst
Host
virtueller 517
hosts-Datei 246, 247
Hotfix 286
HotSwap 43
HTML5 Player 354
HTTPS 247, 249, 264, 284, 327, 547, 565
Hyper Backup 211, 520
Einzelversion 211
Hyper Backup Browser 212
Hyper Backup Vault 223, 225
wiederherstellen 220

I

ics-Datei 412, 420
iFrame 284
IMAP 455, 459, 462
IMAP SSL/TLS 455, 459
IMDB 382
Inbetriebnahme 51
Namen vergeben 59
Indizierung 97, 570
Indizierungsdienst 89, 318
Info-Center 85
Installation
Fehler beheben 58
Intel 25
Internet 61, 279, 384, 451, 459
Musik-Informationen 363
Zugriff 85, 223, 227, 231, 250, 331, 408, 412, 428, 512
Internet Service Provider *siehe* ISP
Internetradio 368
Favoriten 369
hinzufügen 369
Intervallsicherung 200
IP-Adresse 54, 70, 85, 270, 275, 278, 297
blockieren 111
dynamisch 234
extern 234
fixe 276
global 234
länderspezifisch 281
lokal 239, 241, 246
statisch 234, 239
IP-Kamera *siehe* Kamera
IronWolf 33
ISP 234
iTunes 354

J

j-Serie 23

K

Kalender 407, 563
Benachrichtigung 410, 413, 419
Einstellungen 409, 411
erstellen 410
exportieren 420
importieren 412
mehrere 422
synchronisieren 420, 422, 423, 426
teilen 418
Termin bearbeiten 416
Termin erstellen 412
Termin löschen 416
Zugriff 407
Kamera
Aufnahmebereich 476
Belichtungsmodus 487

Bewegungserkennung 490, 491
Blickwinkel 476
Bullet 475
Dome 475
einrichten 482
Einstellungen 485
hinzufügen 483
Kompatibilität 478
Lichtstärke 476
Live-Bild 487
Modell wählen 475
Netzwerkanschluss 476
PIR 491, 494
Stromversorgung 477
WLAN 476
Zoom 476
Kodi 401
Kollaboration *siehe* Gemeinsames Arbeiten
Kommandozeile 535, 538, 539, 567
Kommunikation 441
Kompatibilität 26, 397, 478
Konnektivität 84
Kontakte 428, 429, 563
synchronisieren 429, 431

L

LAN 276
absichern 257, 276
LAN-Kabel 50
Abschirmung 50
Laufwerk
extern *siehe* Datenträger, extern
Laufwerksprüfung 78
Lautstärke
Festplatten und Lüfter 51
LED
blinkt 58
leuchtet 58
Leistung 193, 304, 309, 491
Leistungsalarm 307
Leistungsdaten
aufzeichnen 306
Leserechte 110, 539
Limitierungen
umgehen 28
Link Aggregation 273, 306
Linkgrabber 468
Linux 52
Lizenz 29, 452, 479
MailPlus 29
Surveillance Station 29
Lüfter 300
Lüftermodus 300
LyricWiki 354

M

MAC-Adresse 85
Mail Server 452
Einstellungen 456, 459
Serverüberwachung 459
Mail Station 452, 460
MailPlus 29, 452
Man-In-The-Middle-Attacke 285
MariaDB 519, 535, 541
installieren 519
Zugriff 522
Massenspeicher
formatieren 88
MediaWiki 523
aufrufen 524
Einstellungen 529
installieren 523
Medienindizierung 317, 377
Medienserver 315
Metadaten 362
durchsuchen 97
Migration 573
Festplattenmigration 581
Migration Assistant 580
Migration mit Hyper Backup 580
mkv-Datei 401
Modelle
ältere 30
für Ambitionierte 24, 30
für Backups 23
für Einsteiger 23, 30
für KMUs 24
für Multimedia 24
für Unternehmen 24, 30
für Videoüberwachung 25
Kompatibilität 26
Limitierungen 29
mehrere verwenden 29
mit SSDs 25
skalierbar 24
Vergleichsfunktion 29
Modellvergleich 29
Mp3tag 364
Multimedia 313
Musik 313, 351
Cover anzeigen 316
filtern 357
hinzufügen 357
offline verfügbar machen 373
verwalten 356
wiedergeben 319, 360
mx-Eintrag 453
MXPlayer 400

N

Nachricht schreiben 447
Nachrichten planen 448
Namen vergeben 59
Namensauflösung *siehe* DNS
nano 569
NAS-Festplatte 31
NAT 237
  Loopback 241
  NAT-Tabelle 238
Netzlaufwerk 147, 194
Netzwerk 52, 85
  Fehler finden 56
Netzwerkanschluss 476
Netzwerkkonfiguration 56
Netzwerkschnittstelle 49, 85, 260
Netzwerkumgebung 118, 144
Netzwerkverbindung
  konfigurieren 62
Nextcloud 196, 533, 538, 543, 560, 561
  aktualisieren 555
  aufrufen 541, 552
  externer Speicher 565, 566
  gemeinsamen Ordner einbinden 564
  häufige Fehler 543
  imagick 552
  Installationsprobleme 543
  installieren 534, 539
  konfigurieren 552
  manuelles Update 556, 559
  nach dem Update 560
  OnlyOffice *siehe* OnlyOffice
  optimieren 543
  Updater 555, 556
Nginx 510, 515, 517, 519, 538, 571
  neu starten 515
Note Station 433
  Einstellungen 433
  Note Station Client 439
  Zugriff 433
Notiz 433, 436
  erstellen 436
  Notizbuch 434
  Notizbuch erstellen 434
  Präsentation 436
NTP-Dienst 87, 480
NVR 25, 480
NZB 467, 470

O

Office *siehe* Synology Office
OnlyOffice 543, 561
ONVIF 478, 484
Open Source 534
Optimieren 299
Ordner
  erstellen 123
  freigegebene 118
  herunterladen 125
  hochladen 124
  indizieren 97
  umbenennen 125
  verschieben 126
Ordnerberechtigung 103, 107, 108, 120, 528
Organisation 403
Outlook 420, 429, 461, 563
Outlook CalDav Synchronizer 420
Overhead 195

P

Paket 89
  Abhängigkeiten 92, 162
  aktualisieren 94
  deinstallieren 93
  Drittanbieter 94
  installieren 91
  manuell installieren 91
  reparieren 580
  Sicherheitseinstellungen 95
  sichern 213
  starten 91
  startet nicht 163
  stoppen 93
  suchen 91
  verwalten 92
Paketquelle 94
  Community 95
  hinzufügen 94
Paket-Zentrum 89
  Ansicht 90
Papierkorb 115, 118, 136, 179
  leeren 138
Paritätsblock 39
Partition 52
Passphrase 263, 266
  Kriterien 263
  Sicherheit 263
Passwort 261
  ändern 72
  Kriterien 261
  Sicherheit 262, 263
Passwortsafe 263
Personalisieren 72, 87, 291, 298, 348, 409, 444
Photo Station 325, 340
  Album 332, 340
  Album-Sichtbarkeit 327, 332
  aufrufen 326, 330
  Berechtigung 326, 330, 333
  Bilder hinzufügen 334, 338
  Dateien ausnehmen 330
  Dateien hochladen 334
  Einstellungen 327
  Indexierung 330
  Installation 325

Kommentare 342
Konvertierung 330
navigieren 340
Optik anpassen 348
Ordneransicht 329
personalisieren 348
Persönliche Photo Station 327
Photo Station Uploader 326, 336
Portfolio 347
Profil erstellen 348
Rechtsklicks deaktivieren 329
Sicherheit 327, 331
Smart-Album 345
Zugriff 330
PHP 511, 513, 535, 546
Erweiterung 514, 536
Memory-Cache 547
Memory-Limit 546
open_basedir 553
Uploadgröße 546
Variablen 546
phpMyAdmin 521, 535
aufrufen 521
Pilot View
aktivieren 68
PIR 494
play 23
Plex 401
PoE 477
POP3 455, 459, 462
POP3 SSL/TLS 455, 459
Port 234, 238, 270, 278, 291, 352, 428, 433, 453, 459
ändern 291
benutzerdefiniert 239, 292, 294
ermitteln 238
SSH 567
Standardports 281
Portforwarding 238
Portfreigabe 237, 272, 408
Portweiterleitung *siehe* Portfreigabe
Powerline-Adapter 50
PPPoE 274
Produktivität 403
Protokolle 71, 442, 459
Dateiänderungsprotokoll 71, 214
Protokoll-Center 96
Synchronisierungsprotokoll 174, 191
Prozess 306
Prozessor 25, 305
ARM-Architektur 26
x86-Architektur 26
Prozessor-Architektur 26
Push-Benachrichtigung 303
PuTTY *siehe* Kommandozeile

Q

QuickConnect 59, 85, 227, 231
aktivieren 232
Dienste beschränken 232
Einschränkungen 231
ID 233
Portweiterleitungsregeln 232
Relay-Dienst 232
Quote 72, 104

R

RackStation 22, 31
RackStation Expansion 22
RAID 35, 77, 209, 574
auflösen 577
Basic 576
defektes RAID 575
echtes 36
JBOD 36, 574, 576
konfigurieren 75
konvertieren 576
Level 35, 36
RAID 0 37, 575
RAID 01 40
RAID 1 37
RAID 10 40
RAID 5 39, 574
RAID 6 40, 574
RAID F1 574
RAID-Typ ändern 576
SHR 41
Typ Basis 77
unechtes 36
RAID-Controller 35
RAID-Rechner 41
RAM *siehe* Arbeitsspeicher
Rechte *siehe* Berechtigung
Redis 547
Redundanz 35
Regal 434
Ressourcen-Monitor 70, 89, 304
Rollen 181
root 569
Administrator 569
root-Benutzer 520
Root-Verzeichnis 152
Rotation 165, 216
Rotationsrichtlinie 165
Roundcube 460, 461
Router 50
Ruhezustand 301

S

Samsung 397
Schadsoftware 258
Schreibrechte 110, 539
Screenshot 448
Seagate 32

Serie 386
Episode 389
Seriennummer 235
Service-Port 239
SFTP 154, 468
einrichten 154
mit NAS verbinden 156
SHOUTcast 368
SHR 76
SHR-1 76
SHR-Volume 62
Sicherheit 85, 257, 456, 522
Bedrohungen 257
Benutzer 100
DLNA 313
Photo Station *siehe* Photo Station, Sicherheit
physisch 259
Sicherheitsberater 287
konfigurieren 289
scannen 288
Warnung ausschalten 288
Warnungen 288
Sicherungsaufgabe 169, 174, 200, 201, 211
Ausnahme 202
durchführen 217
fortsetzen 203
geplante Datensicherung 202
kontinuierliche Sicherung 202
manuelle Datensicherung 202
neu verknüpfen 222
Statistik 218
Status 217
verwalten 217
Sicherungsziel 202, 206, 207, 223
Signalton-Steuerung 300
Skin 87
Skript 540, 549, 553
Skripte 569
Slack 444
slim 23
Smart-Notizbuch 435
SMB 118, 143
SMTP 453, 459
SMTP TLS 454, 459
SMTP-Relais 454
Software-Update 534
Spam 451, 456
SpamAssassin 456
Speicher 70, 498
gemeinsam 165
Komprimierung 299
Speicher-Analysator 308
Speicherkonfiguration 76
Speicher-Manager 74, 574
Speicherpool 74, 574
anlegen 76
erweitern 574, 578
löschen 81
Speichertest 586
Sprache 409
Spyware 258
SSH 567
SSL 285
SSL-Verschlüsselung 234, 247
Standort 436
freigeben 60
Staubfilter 50
Steckdosenleiste 51
Sticker 448
Streamen 394, 397
Stripping 37
Stromausfall 300
Subnetzmaske 277
Suche 96, 391
indizieren 97
Support 17
Support-Center 83
Surveillance Station 29, 475, 479
Audio 490
Aufnahme 496
Aufnahmequalität 485
Benachrichtigung 494
Bewegungserkennung 490, 491, 492
Chronik 495
Desktop-Client 480
Device Pack 482
Einstellungen 481, 485, 489, 490
Ereigniserkennung 490, 497
Geräteeinstellungen 485
Home Mode 498, 499
installieren 479
IP-Kamera 482, 483
Kamera 475, 483
Live-Ansicht 487
Manipulation 491
PIR 491
Ports 479
Videoformat 485
Widgets 481
Zugriff 498
Swaps 299
Synchronisierung 161, 167, 169, 171, 173, 185, 227, 420, 422, 423, 426
Dateien hinzufügen 176
Dateigröße 167, 173, 186
Dateityp 168
Dauer 173
einschränken 167, 172
Fortschritt anzeigen 176
lokale Dateien schützen 178
NAS miteinander synchronisieren 226
Ordner 171
Probleme 182
Status überprüfen 176
Symbole 176
Synchronisationsmodus 172

Synchronisierung bei Bedarf 172, 177
Synchronisierungsprofil 167, 169
Synchronisierungsstatus 176
Synchronisierungsaufgabe *siehe* Synchronisierung
Synology Assistant 54, 56
Synology Chat *siehe* Chat
Synology Office 403
Dokumente bearbeiten 404
Dokumente erstellen 405
Dokumente exportieren 405
Dokumente öffnen 404
unterstützte Formate 403
Synology Web Clipper 438
Synology-Konto 232, 235
verbinden 87
Systemauslastung 70
Systembenachrichtigungen 66, 71, 302
E-Mail 302
Push 303
SMS 302
Systemkonfiguration 209
sichern 209, 215
wiederherstellen 210, 221
Systemsteuerung 83
erweiterter Modus 84
Systemtemperatur 300
Systemzustand 70

T

Tags 437
Taskleiste 66
anheften 68
Task-Manager 89
Tastenkürzel 73
TeamSpeak 26
Teilen *siehe* Freigabe
Telnet 567
Temperatur 50, 300
Text-Plugin 354
Thema 444
Thema (Skin) 87
Thunderbird 423
Time Machine 205, 206
To-do 433, 437, 444
Torrent 467, 470
Toshiba 32
Transcodierung 27, 322, 356, 398
offline 399
Offline-Transcodierung 399
Sound 399
Trojaner 258
Twitter 345

U

Überspannungsschutz 51
Überwachung 475
auslösende Regel 503
automatisieren 501
geplante Regel 504
Regeln 502
Uhrzeit 87
Universal Search *siehe* Suche
Update 285
DSM 285
Paket 94
Upload 67, 124, 151, 188, 334, 551
abbrechen 68
UPnP 233
URL 59
USB-Gerät
auswerfen 66

V

Value-Serie 23
Verbundene Benutzer 71
Vergleichsfunktion 29
Verknüpfung 128
Verschlüsselter Ordner 264
anhängen 265, 268
automatisch anhängen 268
Verschlüsselung aufheben 269
Verschlüsselung 28, 118, 199, 263, 268, 454
aufheben 269
clientseitig 215
Rechnerschlüssel 267
Schlüssel 266, 267
Schlüssel-Manager 266, 268
Schlüsselspeicher initialisieren 266
Übertragung 258, 284
Übertragungsverschlüsselung 224
Verschlüsselungscontainer 199
Versionierung 34
Versionskontrolle 165, 178, 188
Versionierungsdatenbank 190
Video 313, 375, 485
Cover anzeigen 316, 385
Filmcover 381, 385
hinzufügen 377
organisieren 380
Probleme bei der Audio-Wiedergabe 400
stockende Wiedergabe 400
streamen 394
Videodatei hängt 400
Videomaterial auf der Festplatte vorbereiten 380
wiedergeben 319, 394
Video Station 317, 375, 377, 400
Alternativen 401
Auswahlmodus 393
Backup 381
Berechtigung 376
Bibliothek 377, 381
Bibliothek durchsuchen 391
Bibliothek hinzufügen 377
Bibliotheken ausblenden 380
eigene Ordner 377

Einstellungen 396
Favoriten 391
Film 381
installieren 375
Ordner einer Bibliothek zuweisen 378
Ports 376
Serie 386
streamen 394
umziehen 380
Videoinformationen 383, 387
Videos hinzufügen 377
Videos organisieren 380
Watchlist 391
Wiedergabe steuern 395
Video-Codec 27
Videopuffer 489
Videoüberwachung *siehe* Überwachung
vim 569
Virenscanner 287
Virenschutz 458
Virtueller Host 517, 519, 537, 546
VisualStation 22, 25, 480
Volume 76, 574
anlegen 79
erweitern 574, 578
löschen 81
VPN 250, 274, 280, 572
Client 572
Internetzugriff 255
KillSwitch 573
OpenVPN 250, 251, 253, 572
Probleme 246
Split-Tunneling 247
VPN-Anbieter 281
VPN-Client 253
VPN-Server 250
VS 480

W

Warntöne 300
WD Red 33
Web Station 509
installieren 510
PHP 512
PHP-Profil 513, 535
Virtueller Host *siehe* Virtueller Host
Webanwendung 52, 461, 523
WebDAV 120, 157, 564
WebDAV-Server 157
Webserver 326, 509, 510, 512, 518, 534, 537, 539
Apache 571
Konfiguration 513
Neustart 515
Timeout 538, 556
Western Digital 32
WhatsApp 441
Whitelisting 111, 271
Wichtige Dateien und Pfade 570
Widget
entfernen 69
Größe ändern 69
hinzufügen 69
Widgets 69, 481
anpassen 69
Wildcard 168
Windows Media Player 320
Windows-Explorer 143, 337
WinSCP 159
WLAN 49
WordPress 530
Einstellungen 530
installieren 530

X

xs 23
xs/xs+-Serie 24

Z

Zeitplan 112, 301, 471, 489, 549
Zeitstrahl 495
Zertifikat 171, 224, 247, 420, 561
erneuern 249
erstellen 248
importieren 248
Let's Encrypt 248
selbst signiert 247
verwalten 250
Zugangskontrolle *siehe* Berechtigung
Zusammenbau 43

Mike Meyers

CompTIA® A+ Prüfungsvorbereitung ALL IN ONE

Das umfassende Praxis-Handbuch

für IT-Administration, Netzwerktechnik und Support

10. Auflage

Alle Inhalte der A+-Prüfungen für PC-Techniker ausführlich erläutert mit praktischen Übungsfragen und Examenstipps

Praxiswissen für Systemadministration und Wartung von Hardware, Betriebssystemen und Netzwerken sowie Sicherheit und Support

Handbuch und Nachschlagewerk für Berufseinstieg und Arbeitsalltag

Dieses Buch deckt alle Aspekte der aktuellen A+-Zertifizierung zum PC-Techniker ab und behandelt anschaulich und umfassend alle Inhalte, die Sie brauchen, um das Examen der Kurse 220-1001 und 220-1002 erfolgreich zu bestehen. Neben ausführlichen Erläuterungen zu allen offiziellen Prüfungszielen finden Sie in jedem Kapitel hilfreiche Examenstipps und praktische Übungsfragen mit Lösungen sowie zahlreiche Abbildungen.

Mit diesem verständlich geschriebenen und praxisnahen Buch werden Sie nicht nur die A+-Zertifizierung erfolgreich meistern, sondern ebenso ausgezeichnet auf Ihre Tätigkeit als PC-Techniker vorbereitet sein.

Auch für diejenigen, die keine Prüfung machen wollen, sondern beruflich oder privat alle PC-Probleme selbst lösen möchten, ist dies ein hilfreiches und kompetentes Handbuch und Nachschlagewerk.

ISBN 978-3-7475-0099-6

Probekapitel und Infos erhalten Sie unter:
www.mitp.de/0099